# 中国基本单位统计年鉴

# CHINA BASIC STATISTICAL UNITS YEARBOOK

## 2003

国家统计局普查中心　编

Compiled by
Census Center
National Bureau of Statistics

中国统计出版社
China Statistics Press

(京)新登字 041 号

**图书在版编目(CIP)数据**

中国基本单位统计年鉴 .2003/国家统计局普查中心编.
-北京:中国统计出版社,2003.8
ISBN 7-5037-4241-0

Ⅰ.中…
Ⅱ.国…
Ⅲ.组织机构-统计资料-中国-2003-年鉴
Ⅳ. C832-54

中国版本图书馆 CIP 数据核字(2003)第 079223 号

中国基本单位统计年鉴—2003

责任编辑/陈悟朝
装帧设计/张　冰
出版发行/中国统计出版社
通信地址/北京市西城区月坛南街 75 号　邮政编码/100826
办公地址/北京市丰台区西三环南路甲 6 号
电　　话/(010)63459084、63266600-22500(发行部)
印　　刷/科伦克三莱印务(北京)有限公司
经　　销/新华书店
开　　本/787×1092mm　1/16
印　　张/26
字　　数/800 千字
印　　数/1-1000 册
版　　别/2003 年 10 月第 1 版
版　　次/2003 年 10 月北京第 1 次印刷
书　　号/ISBN 7-5037-4241-0/F·1726
定　　价/128.00 元

# 《中国基本单位统计年鉴－2003》
# 编 辑 委 员 会

# 编者说明

一、《中国基本单位统计年鉴－2003》是一部反映中华人民共和国各类基本单位情况的资料性工具书。本书分为三部分，第一部分和第二部分是对近几年来全国各类法人单位按地区、国民经济行业、登记注册类型和从业人员、营业收入规模等进行各种分组汇总而成的综合资料；第三部分收录了近期全国部分限额以上工业企业、建筑业企业、批发零售贸易业企业和餐饮业企业名录。

二、1996 年数据来源于第一次全国基本单位普查资料，2001 年数据来源于第二次全国基本单位普查资料，其他年份的数据来源于基本单位年度统计调查资料。

三、资料的汇总范围为我国境内从事社会经济活动的法人单位，未包括香港、澳门特别行政区和台湾省。

四、限额以上企业范围分别是：

工业企业：全部国有工业企业法人及年销售收入 500 万元以上的非国有工业企业法人。

建筑业企业：资质等级四级及以上的建筑业企业法人。

批发业企业：年销售额 2000 万元及以上，且年末从业人员为 20 人及以上的批发业企业法人。

零售业企业：年销售额 500 万元及以上，且年末从业人员为 60 人及以上的零售业企业法人。

餐饮业企业：年营业额 200 万元及以上，且年末从业人员为 40 人及以上的餐饮业企业法人。

五、考虑到按地区进行国民经济核算的需要，对金融、保险业和邮电业的县一级机构均视为法人单位统计。

《中国基本单位统计年鉴－2003》内容系统、新颖，具有较强的实用性，可作为各级政府和经济管理部门进行宏观管理、制定政策的参考，也是企业生产经营及投资决策和科研机构、大专院校进行科研及教学活动的辅助资料。

恳请广大读者对本书提出宝贵意见。

# 目 录

## 第一部分 全部法人单位综合资料



## 第二部分 限额以上企业法人单位综合资料

## 第三部分　部分限额以上企业名录（按行业大类索引）

# CONTENTS

## Part 1 INSTITUTIONAL UNITS

## Part 2 ENTERPRISES ABOVE DESIGNATED SIZE

## Part 3 PARTIAL ENTERPRISES ABOVE DESIGNATED SIZE OF 2002

# 第一部分　全部法人单位综合资料

# 1-1 全部法人单位按行业门类分组的单位数

单位:个

| 行业门类 | 法人单位数 | | | | | | |
| --- | --- | --- | --- | --- | --- | --- | --- |
| | 1996年 | 1997年 | 1998年 | 1999年 | 2000年 | 2001年 | 2002年 |
| **全国总计** | **4402276** | **4344278** | **4417508** | **4221995** | **4366141** | **5107015** | **5170852** |
| 农、林、牧、渔业 | 142003 | 142557 | 139496 | 135932 | 135788 | 165964 | 165464 |
| 采掘业 | 102454 | 101469 | 106272 | 93453 | 92862 | 72551 | 71935 |
| F 制造业 | 1275912 | 1238692 | 1309299 | 1209389 | 1261701 | 1240655 | 1259474 |
| 电力、煤气及水的生产和供应业 | 27078 | 26670 | 26712 | 26595 | 27308 | 31546 | 31774 |
| 建筑业 | 126704 | 125471 | 125533 | 112968 | 118235 | 123185 | 129058 |
| 地质勘查业、水利管理业 | 20858 | 20821 | 21104 | 20150 | 20171 | 28296 | 28108 |
| 交通运输、仓储及邮电通信业 | 62793 | 61713 | 62559 | 57883 | 60177 | 86955 | 88 |
| 批发和零售贸易、餐饮业 | 742608 | 731866 | 726655 | 712442 | 754762 | 882479 | 905596 |
| 金融、保险业 | 73824 | 74054 | 73941 | 69029 | 70228 | 63996 | 64806 |
| 房地产业 | 39693 | 40903 | 44606 | 44051 | 48363 | 92417 | 96795 |
| 社会服务业 | 154697 | 153461 | 160825 | 156948 | 173901 | 351255 | 361363 |
| 卫生、体育和社会福利业 | 116075 | 116167 | 116604 | 116209 | 118388 | 205732 | 206465 |
| 教育、文化艺术及广播电影电视业 | 267591 | 265168 | 266837 | 261996 | 266346 | 399086 | 398758 |
| 科学研究和综合技术服务业 | 46335 | 47694 | 47986 | 47868 | 51465 | 81568 | 85667 |
| 国家机关、政党机关和社会团体 | 1163943 | 1158144 | 1148491 | 1118239 | 1122089 | 1205343 | 1200473 |
| 其他行业 | 39708 | 39428 | 40588 | 38843 | 44357 | 75987 | 76835 |

# 1－2 全部法人单位按行业大类、地区分组的单位数

(2002 年)　　单位:个

| 地区 | 代码 | 总计 | 农业 | 林业 | 畜牧业 |
|---|---|---|---|---|---|
| **全国** | **00** | **5170852** | **21534** | **14359** | **13869** |
| 北京 | 11 | 252363 | 1006 | 283 | 585 |
| 天津 | 12 | 94682 | 175 | 29 | 111 |
| 河北 | 13 | 220054 | 417 | 390 | 666 |
| 山西 | 14 | 127477 | 381 | 405 | 444 |
| 内蒙古 | 15 | 71904 | 356 | 377 | 335 |
| 辽宁 | 21 | 222855 | 628 | 517 | 487 |
| 吉林 | 22 | 87841 | 329 | 338 | 298 |
| 黑龙江 | 23 | 108415 | 478 | 473 | 308 |
| 上海 | 31 | 286588 | 723 | 174 | 527 |
| 江苏 | 32 | 409869 | 810 | 354 | 622 |
| 浙江 | 33 | 370988 | 948 | 316 | 719 |
| 安徽 | 34 | 179435 | 507 | 927 | 642 |
| 福建 | 35 | 158013 | 1107 | 531 | 601 |
| 江西 | 36 | 141883 | 1602 | 2040 | 445 |
| 山东 | 37 | 346415 | 624 | 436 | 807 |
| 河南 | 41 | 266230 | 1086 | 552 | 2617 |
| 湖北 | 42 | 162121 | 983 | 557 | 298 |
| 湖南 | 43 | 187731 | 2541 | 1749 | 339 |
| 广东 | 44 | 408586 | 1245 | 530 | 523 |
| 广西 | 45 | 123163 | 478 | 493 | 244 |
| 海南 | 46 | 34492 | 1446 | 274 | 115 |
| 重庆 | 50 | 91443 | 441 | 227 | 143 |
| 四川 | 51 | 262672 | 654 | 546 | 389 |
| 贵州 | 52 | 85209 | 214 | 141 | 100 |
| 云南 | 53 | 97400 | 756 | 448 | 259 |
| 西藏 | 54 | 15778 | 14 | 4 | 18 |
| 陕西 | 61 | 161663 | 473 | 562 | 391 |
| 甘肃 | 62 | 83185 | 315 | 363 | 305 |
| 青海 | 63 | 20760 | 85 | 90 | 115 |
| 宁夏 | 64 | 25451 | 182 | 91 | 171 |
| 新疆 | 65 | 66186 | 530 | 142 | 245 |

1－2 续表 1

单位：个

| 地区 | 代码 | 渔业 | 农、林、牧、渔服务业 | 煤炭采选业 | 石油和天然气开采业 |
|---|---|---|---|---|---|
| **全国** | **00** | **9760** | **105942** | **26576** | **247** |
| 北京 | 11 | 82 | 734 | 256 | 3 |
| 天津 | 12 | 103 | 513 | 9 | 14 |
| 河北 | 13 | 98 | 1830 | 963 | 8 |
| 山西 | 14 | 42 | 1533 | 6036 | 1 |
| 内蒙古 | 15 | 25 | 2347 | 814 | 6 |
| 辽宁 | 21 | 544 | 5118 | 856 | 10 |
| 吉林 | 22 | 53 | 3901 | 280 | 35 |
| 黑龙江 | 23 | 67 | 3867 | 1053 | 14 |
| 上海 | 31 | 257 | 1202 | 1 | 2 |
| 江苏 | 32 | 901 | 6829 | 71 | 2 |
| 浙江 | 33 | 661 | 2828 | 95 | |
| 安徽 | 34 | 764 | 2188 | 356 | 2 |
| 福建 | 35 | 1255 | 2859 | 354 | |
| 江西 | 36 | 717 | 6029 | 1003 | |
| 山东 | 37 | 675 | 2485 | 614 | 24 |
| 河南 | 41 | 349 | 6755 | 2004 | 11 |
| 湖北 | 42 | 698 | 5242 | 463 | 4 |
| 湖南 | 43 | 935 | 3481 | 3415 | |
| 广东 | 44 | 595 | 4560 | 191 | 2 |
| 广西 | 45 | 124 | 6607 | 74 | 3 |
| 海南 | 46 | 286 | 368 | 2 | 3 |
| 重庆 | 50 | 143 | 3044 | 1153 | 11 |
| 四川 | 51 | 119 | 14578 | 2270 | 22 |
| 贵州 | 52 | 15 | 3372 | 1496 | 2 |
| 云南 | 53 | 71 | 4651 | 816 | 2 |
| 西藏 | 54 | 1 | 112 | 1 | |
| 陕西 | 61 | 84 | 3832 | 878 | 44 |
| 甘肃 | 62 | 35 | 1680 | 314 | 4 |
| 青海 | 63 | 8 | 568 | 30 | 2 |
| 宁夏 | 64 | 23 | 355 | 219 | 8 |
| 新疆 | 65 | 30 | 2474 | 489 | 8 |

1－2续表2

单位：个

| 地　区 | 代码 | 黑色金属矿采选业 | 有色金属矿采选业 | 非金属矿采选业 | 木材及竹材采运业 |
|---|---|---|---|---|---|
| **全　国** | **00** | **6233** | **6264** | **31257** | **1084** |
| 北　京 | 11 | 27 | 12 | 356 | |
| 天　津 | 12 | 4 | 3 | 168 | |
| 河　北 | 13 | 1667 | 190 | 1213 | 1 |
| 山　西 | 14 | 1140 | 110 | 1090 | 1 |
| 内蒙古 | 15 | 83 | 151 | 471 | 20 |
| 辽　宁 | 21 | 522 | 459 | 1790 | 73 |
| 吉　林 | 22 | 32 | 64 | 558 | 86 |
| 黑龙江 | 23 | 6 | 41 | 580 | 74 |
| 上　海 | 31 | 1 | | 2 | |
| 江　苏 | 32 | 15 | 15 | 1796 | |
| 浙　江 | 33 | 14 | 109 | 2456 | 8 |
| 安　徽 | 34 | 205 | 265 | 1643 | 23 |
| 福　建 | 35 | 123 | 135 | 1154 | 198 |
| 江　西 | 36 | 69 | 293 | 1658 | 169 |
| 山　东 | 37 | 134 | 287 | 1626 | |
| 河　南 | 41 | 439 | 715 | 2308 | |
| 湖　北 | 42 | 237 | 158 | 1221 | 12 |
| 湖　南 | 43 | 507 | 922 | 2720 | 152 |
| 广　东 | 44 | 119 | 292 | 2843 | 79 |
| 广　西 | 45 | 155 | 331 | 456 | 25 |
| 海　南 | 46 | 9 | 79 | 42 | 8 |
| 重　庆 | 50 | 81 | 38 | 583 | 4 |
| 四　川 | 51 | 177 | 215 | 1907 | 26 |
| 贵　州 | 52 | 54 | 139 | 323 | 51 |
| 云　南 | 53 | 146 | 556 | 502 | 49 |
| 西　藏 | 54 | 15 | 20 | 12 | |
| 陕　西 | 61 | 141 | 361 | 890 | 5 |
| 甘　肃 | 62 | 44 | 176 | 376 | 3 |
| 青　海 | 63 | 19 | 35 | 176 | |
| 宁　夏 | 64 | 0 | 4 | 112 | |
| 新　疆 | 65 | 48 | 89 | 225 | 17 |

1-2续表3

单位:个

| 地 区 | 代码 | 食品加工业 | 食品制造业 | 饮料制造业 | 烟草加工业 |
|---|---|---|---|---|---|
| **全 国** | **00** | **73793** | **33605** | **28889** | **447** |
| 北 京 | 11 | 1114 | 1101 | 499 | 7 |
| 天 津 | 12 | 854 | 855 | 361 | 1 |
| 河 北 | 13 | 3359 | 1579 | 838 | 3 |
| 山 西 | 14 | 1061 | 906 | 372 | 7 |
| 内 蒙 古 | 15 | 858 | 340 | 408 | 4 |
| 辽 宁 | 21 | 2742 | 1603 | 1413 | 8 |
| 吉 林 | 22 | 725 | 518 | 724 | 10 |
| 黑 龙 江 | 23 | 1690 | 880 | 804 | 18 |
| 上 海 | 31 | 833 | 1300 | 402 | 3 |
| 江 苏 | 32 | 5962 | 2520 | 2069 | 11 |
| 浙 江 | 33 | 3978 | 2252 | 2443 | 7 |
| 安 徽 | 34 | 5447 | 1203 | 1224 | 18 |
| 福 建 | 35 | 2647 | 1613 | 1795 | 19 |
| 江 西 | 36 | 3713 | 720 | 765 | 9 |
| 山 东 | 37 | 8487 | 3126 | 1906 | 16 |
| 河 南 | 41 | 9059 | 2421 | 1329 | 47 |
| 湖 北 | 42 | 2494 | 715 | 1010 | 29 |
| 湖 南 | 43 | 3573 | 921 | 1040 | 22 |
| 广 东 | 44 | 4815 | 3752 | 1492 | 39 |
| 广 西 | 45 | 875 | 696 | 735 | 14 |
| 海 南 | 46 | 237 | 165 | 116 | 2 |
| 重 庆 | 50 | 948 | 448 | 829 | 10 |
| 四 川 | 51 | 3404 | 1300 | 3578 | 28 |
| 贵 州 | 52 | 546 | 276 | 646 | 32 |
| 云 南 | 53 | 805 | 496 | 895 | 27 |
| 西 藏 | 54 | 28 | 8 | 15 | |
| 陕 西 | 61 | 1401 | 810 | 554 | 18 |
| 甘 肃 | 62 | 975 | 486 | 274 | 27 |
| 青 海 | 63 | 192 | 78 | 58 | |
| 宁 夏 | 64 | 377 | 241 | 69 | 2 |
| 新 疆 | 65 | 594 | 276 | 226 | 9 |

1－2 续表 4

单位：个

| 地　区 | 代码 | 纺织业 | 服装及其他纤维制品制造业 | 皮革、毛皮、羽绒及其制品业 | 木材加工及竹、藤、棕、草制品业 |
|---|---|---|---|---|---|
| **全　国** | **00** | **67716** | **58545** | **23014** | **37046** |
| 北　京 | 11 | 721 | 2730 | 240 | 396 |
| 天　津 | 12 | 1160 | 1601 | 351 | 384 |
| 河　北 | 13 | 3445 | 1501 | 1038 | 786 |
| 山　西 | 14 | 360 | 294 | 71 | 153 |
| 内 蒙 古 | 15 | 439 | 254 | 107 | 233 |
| 辽　宁 | 21 | 1766 | 2394 | 524 | 1919 |
| 吉　林 | 22 | 286 | 335 | 79 | 953 |
| 黑 龙 江 | 23 | 449 | 380 | 107 | 1523 |
| 上　海 | 31 | 3899 | 6269 | 994 | 1249 |
| 江　苏 | 32 | 16122 | 8357 | 1993 | 4332 |
| 浙　江 | 33 | 13236 | 8827 | 5595 | 3203 |
| 安　徽 | 34 | 1280 | 731 | 294 | 1742 |
| 福　建 | 35 | 2050 | 4951 | 2420 | 2724 |
| 江　西 | 36 | 723 | 438 | 239 | 2034 |
| 山　东 | 37 | 5694 | 3079 | 1244 | 2713 |
| 河　南 | 41 | 2710 | 1150 | 1065 | 2961 |
| 湖　北 | 42 | 1446 | 991 | 214 | 489 |
| 湖　南 | 43 | 698 | 656 | 527 | 2574 |
| 广　东 | 44 | 7712 | 11330 | 4517 | 3065 |
| 广　西 | 45 | 332 | 237 | 190 | 888 |
| 海　南 | 46 | 42 | 129 | 13 | 101 |
| 重　庆 | 50 | 675 | 238 | 215 | 171 |
| 四　川 | 51 | 879 | 507 | 424 | 832 |
| 贵　州 | 52 | 83 | 107 | 52 | 218 |
| 云　南 | 53 | 177 | 200 | 92 | 568 |
| 西　藏 | 54 | 22 | 13 | 1 | 25 |
| 陕　西 | 61 | 632 | 479 | 89 | 486 |
| 甘　肃 | 62 | 300 | 159 | 134 | 156 |
| 青　海 | 63 | 32 | 57 | 20 | 14 |
| 宁　夏 | 64 | 55 | 40 | 102 | 40 |
| 新　疆 | 65 | 291 | 111 | 63 | 114 |

1－2 续表 5 单位：个

| 地　区 | 代码 | 家具制造业 | 造纸及纸制品业 | 印刷业、记录媒介的复制 | 文教体育用品制造业 |
|---|---|---|---|---|---|
| **全　国** | **00** | **25197** | **37219** | **39455** | **14896** |
| 北　京 | 11 | 991 | 788 | 1359 | 331 |
| 天　津 | 12 | 352 | 908 | 829 | 415 |
| 河　北 | 13 | 829 | 2179 | 1576 | 245 |
| 山　西 | 14 | 263 | 695 | 594 | 82 |
| 内蒙古 | 15 | 141 | 160 | 317 | 42 |
| 辽　宁 | 21 | 739 | 1443 | 1755 | 234 |
| 吉　林 | 22 | 268 | 378 | 769 | 53 |
| 黑龙江 | 23 | 383 | 495 | 773 | 108 |
| 上　海 | 31 | 2038 | 1697 | 2460 | 1467 |
| 江　苏 | 32 | 1769 | 3616 | 4762 | 2588 |
| 浙　江 | 33 | 1712 | 4312 | 5047 | 3131 |
| 安　徽 | 34 | 717 | 887 | 932 | 411 |
| 福　建 | 35 | 826 | 1821 | 1394 | 609 |
| 江　西 | 36 | 737 | 648 | 690 | 296 |
| 山　东 | 37 | 2187 | 3102 | 2567 | 788 |
| 河　南 | 41 | 1788 | 2549 | 1359 | 298 |
| 湖　北 | 42 | 527 | 838 | 921 | 109 |
| 湖　南 | 43 | 1007 | 1346 | 1069 | 195 |
| 广　东 | 44 | 4792 | 4855 | 5074 | 2747 |
| 广　西 | 45 | 289 | 790 | 624 | 66 |
| 海　南 | 46 | 93 | 79 | 151 | 10 |
| 重　庆 | 50 | 276 | 383 | 629 | 74 |
| 四　川 | 51 | 981 | 1078 | 1321 | 236 |
| 贵　州 | 52 | 138 | 213 | 373 | 57 |
| 云　南 | 53 | 232 | 358 | 477 | 58 |
| 西　藏 | 54 | 9 |  | 14 | 1 |
| 陕　西 | 61 | 725 | 1143 | 791 | 121 |
| 甘　肃 | 62 | 182 | 219 | 338 | 55 |
| 青　海 | 63 | 18 | 19 | 73 | 7 |
| 宁　夏 | 64 | 68 | 84 | 117 | 29 |
| 新　疆 | 65 | 120 | 136 | 300 | 33 |

单位:个

| 地　　区 | 代码 | 石油加工及炼焦业 | 化学原料及化学制品制造业 | 医药制造业 | 化学纤维制造业 |
|---|---|---|---|---|---|
| **全　　国** | **00** | **6602** | **71680** | **10455** | **4373** |
| 北　　京 | 11 | 246 | 2216 | 458 | 65 |
| 天　　津 | 12 | 126 | 2596 | 298 | 88 |
| 河　　北 | 13 | 297 | 3536 | 525 | 170 |
| 山　　西 | 14 | 1669 | 1362 | 218 | 30 |
| 内 蒙 古 | 15 | 116 | 451 | 91 | 5 |
| 辽　　宁 | 21 | 713 | 3926 | 550 | 138 |
| 吉　　林 | 22 | 94 | 999 | 448 | 31 |
| 黑 龙 江 | 23 | 208 | 1004 | 232 | 24 |
| 上　　海 | 31 | 166 | 3876 | 568 | 228 |
| 江　　苏 | 32 | 614 | 12042 | 896 | 1192 |
| 浙　　江 | 33 | 160 | 6163 | 773 | 691 |
| 安　　徽 | 34 | 43 | 1666 | 271 | 131 |
| 福　　建 | 35 | 61 | 1749 | 198 | 159 |
| 江　　西 | 36 | 39 | 1216 | 234 | 37 |
| 山　　东 | 37 | 546 | 6685 | 662 | 509 |
| 河　　南 | 41 | 354 | 3851 | 525 | 90 |
| 湖　　北 | 42 | 62 | 1687 | 374 | 66 |
| 湖　　南 | 43 | 79 | 1871 | 250 | 93 |
| 广　　东 | 44 | 223 | 6049 | 706 | 467 |
| 广　　西 | 45 | 35 | 1134 | 298 | 19 |
| 海　　南 | 46 | 9 | 192 | 150 | 12 |
| 重　　庆 | 50 | 38 | 807 | 149 | 19 |
| 四　　川 | 51 | 149 | 2472 | 502 | 45 |
| 贵　　州 | 52 | 114 | 647 | 187 | 5 |
| 云　　南 | 53 | 84 | 833 | 191 | 6 |
| 西　　藏 | 54 |  | 7 | 24 |  |
| 陕　　西 | 61 | 172 | 1207 | 410 | 33 |
| 甘　　肃 | 62 | 68 | 705 | 133 | 7 |
| 青　　海 | 63 | 5 | 127 | 27 |  |
| 宁　　夏 | 64 | 28 | 204 | 35 | 3 |
| 新　　疆 | 65 | 84 | 400 | 72 | 10 |

单位:个

| 地　区 | 代码 | 橡胶制品业 | 塑料制品业 | 非金属矿物制品业 | 黑色金属冶炼及压延加工业 |
|---|---|---|---|---|---|
| **全　国** | **00** | **13144** | **66096** | **173154** | **13655** |
| 北　京 | 11 | 189 | 1177 | 2672 | 119 |
| 天　津 | 12 | 485 | 1278 | 1331 | 398 |
| 河　北 | 13 | 961 | 2567 | 8738 | 1217 |
| 山　西 | 14 | 158 | 470 | 6231 | 1559 |
| 内蒙古 | 15 | 25 | 209 | 1910 | 209 |
| 辽　宁 | 21 | 860 | 2583 | 6491 | 1114 |
| 吉　林 | 22 | 156 | 645 | 2079 | 139 |
| 黑龙江 | 23 | 161 | 680 | 2485 | 109 |
| 上　海 | 31 | 898 | 4170 | 3099 | 352 |
| 江　苏 | 32 | 1978 | 8866 | 14150 | 1634 |
| 浙　江 | 33 | 1816 | 11576 | 8482 | 891 |
| 安　徽 | 34 | 269 | 1401 | 9875 | 248 |
| 福　建 | 35 | 362 | 2857 | 7232 | 311 |
| 江　西 | 36 | 143 | 697 | 5959 | 198 |
| 山　东 | 37 | 1539 | 4890 | 13862 | 573 |
| 河　南 | 41 | 470 | 2594 | 23812 | 671 |
| 湖　北 | 42 | 190 | 1052 | 5039 | 244 |
| 湖　南 | 43 | 222 | 917 | 10289 | 588 |
| 广　东 | 44 | 1073 | 12510 | 11303 | 935 |
| 广　西 | 45 | 108 | 637 | 2643 | 204 |
| 海　南 | 46 | 64 | 86 | 238 | 9 |
| 重　庆 | 50 | 183 | 583 | 2814 | 223 |
| 四　川 | 51 | 253 | 1468 | 8680 | 630 |
| 贵　州 | 52 | 107 | 253 | 1377 | 258 |
| 云　南 | 53 | 112 | 441 | 1880 | 247 |
| 西　藏 | 54 |  | 3 | 33 | 2 |
| 陕　西 | 61 | 250 | 711 | 5784 | 213 |
| 甘　肃 | 62 | 48 | 312 | 2206 | 157 |
| 青　海 | 63 | 3 | 36 | 427 | 50 |
| 宁　夏 | 64 | 20 | 116 | 928 | 91 |
| 新　疆 | 65 | 41 | 311 | 1105 | 62 |

1－2 续表 8

单位:个

| 地　区 | 代码 | 有色金属冶炼及压延加工业 | 金属制品业 | 普通机械制造业 | 专用设备制造业 |
|---|---|---|---|---|---|
| **全　国** | **00** | **11621** | **98390** | **94382** | **50072** |
| 北　京 | 11 | 189 | 3801 | 1746 | 1653 |
| 天　津 | 12 | 295 | 3500 | 2517 | 1599 |
| 河　北 | 13 | 574 | 4697 | 4502 | 1922 |
| 山　西 | 14 | 278 | 1492 | 1809 | 655 |
| 内蒙古 | 15 | 163 | 531 | 481 | 215 |
| 辽　宁 | 21 | 755 | 4349 | 8030 | 3053 |
| 吉　林 | 22 | 75 | 955 | 1033 | 731 |
| 黑龙江 | 23 | 54 | 1184 | 1253 | 980 |
| 上　海 | 31 | 547 | 9064 | 7668 | 3832 |
| 江　苏 | 32 | 1863 | 14460 | 17213 | 10125 |
| 浙　江 | 33 | 1297 | 13302 | 17083 | 6482 |
| 安　徽 | 34 | 153 | 1636 | 1751 | 927 |
| 福　建 | 35 | 118 | 2246 | 1722 | 927 |
| 江　西 | 36 | 236 | 968 | 899 | 580 |
| 山　东 | 37 | 387 | 7061 | 8695 | 4611 |
| 河　南 | 41 | 731 | 2754 | 3502 | 3171 |
| 湖　北 | 42 | 185 | 1714 | 1381 | 886 |
| 湖　南 | 43 | 762 | 1575 | 1743 | 898 |
| 广　东 | 44 | 947 | 15129 | 4182 | 2599 |
| 广　西 | 45 | 244 | 780 | 639 | 564 |
| 海　南 | 46 | 8 | 123 | 24 | 74 |
| 重　庆 | 50 | 154 | 919 | 1175 | 353 |
| 四　川 | 51 | 320 | 2153 | 2120 | 1011 |
| 贵　州 | 52 | 338 | 407 | 314 | 154 |
| 云　南 | 53 | 392 | 895 | 422 | 344 |
| 西　藏 | 54 | 4 | 9 | 2 | 5 |
| 陕　西 | 61 | 282 | 1211 | 1583 | 1107 |
| 甘　肃 | 62 | 131 | 704 | 421 | 298 |
| 青　海 | 63 | 38 | 125 | 88 | 53 |
| 宁　夏 | 64 | 57 | 200 | 166 | 101 |
| 新　疆 | 65 | 44 | 446 | 218 | 162 |

单位:个

| 地　区 | 代码 | 交通运输设备制造业 | 电气机械及器材制造业 | 电子及通信设备制造业 | 仪器仪表及文化、办公用机械制造业 |
|---|---|---|---|---|---|
| **全　国** | **00** | **60674** | **56694** | **28059** | **16360** |
| 北　京 | 11 | 2030 | 1448 | 1285 | 898 |
| 天　津 | 12 | 2289 | 1706 | 895 | 750 |
| 河　北 | 13 | 2540 | 1923 | 548 | 367 |
| 山　西 | 14 | 902 | 306 | 82 | 75 |
| 内蒙古 | 15 | 314 | 173 | 42 | 22 |
| 辽　宁 | 21 | 3596 | 3064 | 895 | 1199 |
| 吉　林 | 22 | 1392 | 520 | 168 | 201 |
| 黑龙江 | 23 | 1130 | 675 | 128 | 208 |
| 上　海 | 31 | 3626 | 5173 | 2834 | 1853 |
| 江　苏 | 32 | 7505 | 10045 | 5163 | 2562 |
| 浙　江 | 33 | 8713 | 11212 | 3849 | 2593 |
| 安　徽 | 34 | 1166 | 960 | 333 | 247 |
| 福　建 | 35 | 1749 | 1011 | 826 | 366 |
| 江　西 | 36 | 1004 | 530 | 202 | 156 |
| 山　东 | 37 | 4079 | 3067 | 1177 | 1010 |
| 河　南 | 41 | 2035 | 1444 | 297 | 368 |
| 湖　北 | 42 | 1677 | 793 | 341 | 240 |
| 湖　南 | 43 | 1332 | 905 | 318 | 207 |
| 广　东 | 44 | 4435 | 8185 | 7197 | 1805 |
| 广　西 | 45 | 891 | 302 | 168 | 94 |
| 海　南 | 46 | 223 | 53 | 54 | 12 |
| 重　庆 | 50 | 2774 | 482 | 147 | 280 |
| 四　川 | 51 | 1875 | 1057 | 539 | 217 |
| 贵　州 | 52 | 483 | 167 | 58 | 47 |
| 云　南 | 53 | 820 | 216 | 40 | 88 |
| 西　藏 | 54 | 26 | 3 | | |
| 陕　西 | 61 | 1018 | 802 | 406 | 380 |
| 甘　肃 | 62 | 447 | 208 | 49 | 74 |
| 青　海 | 63 | 127 | 34 | 2 | 6 |
| 宁　夏 | 64 | 155 | 60 | 9 | 21 |
| 新　疆 | 65 | 321 | 170 | 7 | 14 |

| 地　区 | 代码 | 其他制造业 | 电力、蒸汽、热水的生产和供应业 | 煤气生产和供应业 | 自来水的生产和供应业 |
|---|---|---|---|---|---|
| **全　国** | | **44241** | **20874** | **1203** | **9697** |
| 北　京 | | 2995 | 88 | 25 | 41 |
| 天　津 | | 755 | 129 | 79 | 47 |
| 河　北 | | 1183 | 422 | 36 | 178 |
| 山　西 | | 397 | 316 | 29 | 143 |
| 内蒙古 | | 124 | 229 | 9 | 103 |
| 辽　宁 | | 1072 | 476 | 35 | 181 |
| 吉　林 | | 218 | 268 | 24 | 96 |
| 黑龙江 | | 266 | 339 | 22 | 151 |
| 上　海 | | 1453 | 56 | 62 | 202 |
| 江　苏 | | 4319 | 372 | 102 | 1716 |
| 浙　江 | | 7131 | 1998 | 78 | 734 |
| 安　徽 | | 953 | 492 | 32 | 546 |
| 福　建 | | 3160 | 2523 | 14 | 450 |
| 江　西 | | 2067 | 1128 | 25 | 235 |
| 山　东 | | 3388 | 413 | 80 | 240 |
| 河　南 | | 2372 | 478 | 32 | 218 |
| 湖　北 | | 527 | 751 | 55 | 647 |
| 湖　南 | | 2664 | 1371 | 21 | 438 |
| 广　东 | | 5493 | 3894 | 87 | 944 |
| 广　西 | | 634 | 710 | 19 | 350 |
| 海　南 | | 100 | 111 | 13 | 59 |
| 重　庆 | | 290 | 466 | 59 | 293 |
| 四　川 | | 986 | 1580 | 183 | 824 |
| 贵　州 | | 177 | 382 | 10 | 166 |
| 云　南 | | 217 | 625 | 11 | 235 |
| 西　藏 | | 29 | 99 | | 13 |
| 陕　西 | | 566 | 405 | 25 | 200 |
| 甘　肃 | | 481 | 278 | 13 | 75 |
| 青　海 | | 85 | 122 | 6 | 42 |
| 宁　夏 | | 47 | 56 | 3 | 20 |
| 新　疆 | | 92 | 297 | 14 | 110 |

单位:个

| 地　区 | 代码 | 土木工程建筑业 | 线路、管道和设备安装业 | 装修装饰业 | 地质勘探业 |
|---|---|---|---|---|---|
| **全　国** | **00** | **74399** | **23239** | **31420** | **3161** |
| 北　京 | 11 | 2828 | 1929 | 4199 | 82 |
| 天　津 | 12 | 1387 | 1243 | 1100 | 63 |
| 河　北 | 13 | 2886 | 563 | 550 | 142 |
| 山　西 | 14 | 1702 | 388 | 359 | 97 |
| 内 蒙 古 | 15 | 1053 | 230 | 204 | 87 |
| 辽　宁 | 21 | 3780 | 2075 | 1626 | 139 |
| 吉　林 | 22 | 1238 | 472 | 358 | 74 |
| 黑 龙 江 | 23 | 1942 | 613 | 374 | 114 |
| 上　海 | 31 | 3130 | 2383 | 3942 | 46 |
| 江　苏 | 32 | 6324 | 2422 | 2845 | 138 |
| 浙　江 | 33 | 3876 | 1582 | 2458 | 155 |
| 安　徽 | 34 | 3197 | 407 | 731 | 109 |
| 福　建 | 35 | 2075 | 519 | 1018 | 99 |
| 江　西 | 36 | 1566 | 308 | 394 | 129 |
| 山　东 | 37 | 6933 | 1685 | 2327 | 137 |
| 河　南 | 41 | 4468 | 500 | 521 | 154 |
| 湖　北 | 42 | 2703 | 352 | 603 | 125 |
| 湖　南 | 43 | 3224 | 290 | 217 | 111 |
| 广　东 | 44 | 4513 | 2212 | 2981 | 199 |
| 广　西 | 45 | 1271 | 317 | 369 | 105 |
| 海　南 | 46 | 621 | 377 | 784 | 29 |
| 重　庆 | 50 | 1976 | 384 | 602 | 51 |
| 四　川 | 51 | 3752 | 749 | 1260 | 161 |
| 贵　州 | 52 | 704 | 104 | 155 | 110 |
| 云　南 | 53 | 1795 | 180 | 420 | 131 |
| 西　藏 | 54 | 207 | 17 | 12 | 18 |
| 陕　西 | 61 | 2346 | 390 | 453 | 129 |
| 甘　肃 | 62 | 1069 | 155 | 171 | 78 |
| 青　海 | 63 | 308 | 49 | 67 | 41 |
| 宁　夏 | 64 | 723 | 96 | 142 | 20 |
| 新　疆 | 65 | 802 | 248 | 178 | 88 |

单位:个

| 地　区 | 代码 | 水利管理业 | 铁路运输业 | 公路运输业 | 管道运输业 |
|---|---|---|---|---|---|
| **全　国** | **00** | **24947** | **1936** | **25130** | **50** |
| 北　京 | 11 | 215 | 78 | 1046 | 2 |
| 天　津 | 12 | 355 | 36 | 883 | 1 |
| 河　北 | 13 | 580 | 77 | 972 | 3 |
| 山　西 | 14 | 603 | 137 | 652 | |
| 内蒙古 | 15 | 543 | 57 | 222 | 1 |
| 辽　宁 | 21 | 1356 | 174 | 1197 | 7 |
| 吉　林 | 22 | 736 | 82 | 388 | 3 |
| 黑龙江 | 23 | 687 | 78 | 434 | 4 |
| 上　海 | 31 | 198 | 28 | 2210 | 3 |
| 江　苏 | 32 | 2211 | 123 | 2390 | 4 |
| 浙　江 | 33 | 814 | 116 | 1748 | 1 |
| 安　徽 | 34 | 926 | 45 | 990 | |
| 福　建 | 35 | 719 | 46 | 854 | |
| 江　西 | 36 | 1136 | 31 | 799 | 1 |
| 山　东 | 37 | 867 | 157 | 1391 | 1 |
| 河　南 | 41 | 1657 | 41 | 788 | 1 |
| 湖　北 | 42 | 1513 | 39 | 729 | 3 |
| 湖　南 | 43 | 1157 | 51 | 546 | 1 |
| 广　东 | 44 | 1199 | 153 | 2231 | 2 |
| 广　西 | 45 | 1344 | 49 | 557 | |
| 海　南 | 46 | 115 | 18 | 195 | |
| 重　庆 | 50 | 359 | 32 | 582 | 1 |
| 四　川 | 51 | 1651 | 72 | 1049 | 3 |
| 贵　州 | 52 | 750 | 8 | 216 | |
| 云　南 | 53 | 927 | 22 | 472 | 1 |
| 西　藏 | 54 | 16 | 1 | 40 | |
| 陕　西 | 61 | 1071 | 44 | 558 | 1 |
| 甘　肃 | 62 | 434 | 50 | 330 | |
| 青　海 | 63 | 172 | 29 | 103 | |
| 宁　夏 | 64 | 221 | 16 | 125 | 2 |
| 新　疆 | 65 | 415 | 46 | 433 | 4 |

单位：个

| 地　区 | 代码 | 水上运输业 | 航空运输业 | 交通运输辅助业 | 其他交通运输业 |
|---|---|---|---|---|---|
| **全　国** | **00** | **3897** | **443** | **30621** | **446** |
| 北　京 | 11 | 16 | 29 | 944 | 119 |
| 天　津 | 12 | 60 | 22 | 1225 | 36 |
| 河　北 | 13 | 19 | 3 | 882 | 14 |
| 山　西 | 14 | 2 | 4 | 529 | 1 |
| 内蒙古 | 15 | 2 | 4 | 522 | 5 |
| 辽　宁 | 21 | 80 | 17 | 1592 | 12 |
| 吉　林 | 22 | 6 | 6 | 329 | 8 |
| 黑龙江 | 23 | 30 | 11 | 859 | 8 |
| 上　海 | 31 | 268 | 32 | 2488 | 46 |
| 江　苏 | 32 | 717 | 12 | 2868 | 22 |
| 浙　江 | 33 | 402 | 4 | 3207 | 3 |
| 安　徽 | 34 | 276 | 10 | 718 | 8 |
| 福　建 | 35 | 228 | 14 | 962 | 8 |
| 江　西 | 36 | 109 | 4 | 975 | 5 |
| 山　东 | 37 | 202 | 35 | 1241 | 19 |
| 河　南 | 41 | 33 | 4 | 876 | |
| 湖　北 | 42 | 208 | 20 | 1131 | 20 |
| 湖　南 | 43 | 133 | 6 | 864 | 11 |
| 广　东 | 44 | 584 | 103 | 2289 | 58 |
| 广　西 | 45 | 173 | 9 | 1110 | 3 |
| 海　南 | 46 | 99 | 28 | 270 | 1 |
| 重　庆 | 50 | 120 | 7 | 543 | 9 |
| 四　川 | 51 | 88 | 20 | 1313 | 14 |
| 贵　州 | 52 | 9 | 6 | 446 | 1 |
| 云　南 | 53 | 18 | 10 | 692 | 4 |
| 西　藏 | 54 | | 2 | 55 | |
| 陕　西 | 61 | 9 | 10 | 656 | 3 |
| 甘　肃 | 62 | 3 | 3 | 394 | 2 |
| 青　海 | 63 | | 3 | 176 | 1 |
| 宁　夏 | 64 | 3 | 1 | 94 | 2 |
| 新　疆 | 65 | | 4 | 371 | 3 |

单位:个

| 地区 | 代码 | 仓储业 | 邮电通信业 | 食品、饮料、烟草和家庭用品批发业 | 能源、材料和机械电子设备批发业 |
|---|---|---|---|---|---|
| **全国** | **00** | **11798** | **13960** | **185848** | **200840** |
| 北京 | 11 | 399 | 206 | 7511 | 9615 |
| 天津 | 12 | 577 | 142 | 6071 | 6071 |
| 河北 | 13 | 658 | 591 | 6289 | 6245 |
| 山西 | 14 | 289 | 450 | 2903 | 3363 |
| 内蒙古 | 15 | 208 | 435 | 1425 | 1374 |
| 辽宁 | 21 | 687 | 462 | 8835 | 14573 |
| 吉林 | 22 | 509 | 255 | 2638 | 3175 |
| 黑龙江 | 23 | 547 | 636 | 3138 | 4298 |
| 上海 | 31 | 1509 | 829 | 22485 | 24736 |
| 江苏 | 32 | 671 | 603 | 17559 | 18734 |
| 浙江 | 33 | 390 | 668 | 16626 | 19399 |
| 安徽 | 34 | 299 | 483 | 4809 | 3399 |
| 福建 | 35 | 168 | 336 | 5418 | 5868 |
| 江西 | 36 | 240 | 392 | 3531 | 3020 |
| 山东 | 37 | 1135 | 678 | 12148 | 13414 |
| 河南 | 41 | 481 | 537 | 5801 | 5312 |
| 湖北 | 42 | 260 | 477 | 4366 | 3748 |
| 湖南 | 43 | 255 | 523 | 4296 | 3494 |
| 广东 | 44 | 761 | 1059 | 23505 | 22327 |
| 广西 | 45 | 349 | 542 | 3262 | 3212 |
| 海南 | 46 | 38 | 126 | 3094 | 2509 |
| 重庆 | 50 | 114 | 222 | 2241 | 2537 |
| 四川 | 51 | 278 | 730 | 5178 | 6348 |
| 贵州 | 52 | 88 | 321 | 1545 | 1586 |
| 云南 | 53 | 161 | 610 | 2333 | 2884 |
| 西藏 | 54 | 8 | 175 | 93 | 39 |
| 陕西 | 61 | 397 | 475 | 3814 | 3787 |
| 甘肃 | 62 | 172 | 334 | 2143 | 1661 |
| 青海 | 63 | 48 | 177 | 383 | 636 |
| 宁夏 | 64 | 18 | 90 | 624 | 984 |
| 新疆 | 65 | 84 | 396 | 1784 | 2492 |

1－2 续表 15

单位：个

| 地区 | 代码 | 其他批发业 | 零售业 | 商业经纪与代理业 | 餐饮业 |
|---|---|---|---|---|---|
| **全国** | **00** | **44322** | **401919** | **7342** | **65325** |
| 北京 | 11 | 3325 | 53358 | 163 | 6345 |
| 天津 | 12 | 1591 | 11878 | 265 | 1525 |
| 河北 | 13 | 1917 | 14865 | 36 | 2178 |
| 山西 | 14 | 613 | 8622 | 34 | 1219 |
| 内蒙古 | 15 | 488 | 5257 | 56 | 712 |
| 辽宁 | 21 | 2155 | 20206 | 485 | 4386 |
| 吉林 | 22 | 782 | 9711 | 73 | 1319 |
| 黑龙江 | 23 | 952 | 8812 | 54 | 1463 |
| 上海 | 31 | 2333 | 45579 | 3513 | 7639 |
| 江苏 | 32 | 2562 | 32108 | 221 | 4976 |
| 浙江 | 33 | 2825 | 17056 | 319 | 2382 |
| 安徽 | 34 | 1941 | 9535 | 110 | 2117 |
| 福建 | 35 | 1564 | 10512 | 103 | 1568 |
| 江西 | 36 | 1239 | 6812 | 31 | 1747 |
| 山东 | 37 | 2920 | 21179 | 147 | 3939 |
| 河南 | 41 | 1943 | 11776 | 84 | 2669 |
| 湖北 | 42 | 1379 | 9232 | 64 | 1526 |
| 湖南 | 43 | 1202 | 6286 | 45 | 1321 |
| 广东 | 44 | 5209 | 33844 | 1120 | 6105 |
| 广西 | 45 | 1041 | 7397 | 116 | 830 |
| 海南 | 46 | 451 | 2468 | 45 | 635 |
| 重庆 | 50 | 481 | 6492 | 22 | 1032 |
| 四川 | 51 | 1378 | 12094 | 60 | 2639 |
| 贵州 | 52 | 484 | 3872 | 8 | 449 |
| 云南 | 53 | 769 | 7346 | 50 | 746 |
| 西藏 | 54 | 29 | 319 | 11 | 41 |
| 陕西 | 61 | 1041 | 10961 | 44 | 2189 |
| 甘肃 | 62 | 603 | 5840 | 18 | 726 |
| 青海 | 63 | 92 | 1496 | 4 | 191 |
| 宁夏 | 64 | 278 | 2821 | 3 | 294 |
| 新疆 | 65 | 735 | 4185 | 38 | 417 |

1-2 续表 16

单位:个

| 地　区 | 代码 | 金融业 | 保险业 | 房地产开发与经营业 | 房地产管理业 |
|---|---|---|---|---|---|
| **全　国** | **00** | **57539** | **7267** | **55173** | **30942** |
| 北　京 | 11 | 1532 | 136 | 3069 | 2718 |
| 天　津 | 12 | 697 | 73 | 1511 | 728 |
| 河　北 | 13 | 3400 | 344 | 998 | 532 |
| 山　西 | 14 | 2762 | 288 | 753 | 358 |
| 内蒙古 | 15 | 1702 | 238 | 532 | 385 |
| 辽　宁 | 21 | 2780 | 288 | 2397 | 1615 |
| 吉　林 | 22 | 1214 | 168 | 748 | 717 |
| 黑龙江 | 23 | 1683 | 330 | 1081 | 680 |
| 上　海 | 31 | 1521 | 110 | 5654 | 3280 |
| 江　苏 | 32 | 1626 | 327 | 3566 | 2332 |
| 浙　江 | 33 | 2438 | 276 | 3425 | 1601 |
| 安　徽 | 34 | 2654 | 233 | 1392 | 819 |
| 福　建 | 35 | 1621 | 212 | 2602 | 1071 |
| 江　西 | 36 | 2384 | 232 | 1161 | 1004 |
| 山　东 | 37 | 3196 | 452 | 2550 | 1247 |
| 河　南 | 41 | 2975 | 347 | 1422 | 875 |
| 湖　北 | 42 | 1933 | 294 | 1556 | 1294 |
| 湖　南 | 43 | 2689 | 338 | 1742 | 588 |
| 广　东 | 44 | 3268 | 364 | 7647 | 3592 |
| 广　西 | 45 | 1857 | 224 | 1148 | 1079 |
| 海　南 | 46 | 499 | 51 | 1559 | 527 |
| 重　庆 | 50 | 1150 | 132 | 1863 | 920 |
| 四　川 | 51 | 3510 | 407 | 2221 | 1232 |
| 贵　州 | 52 | 1111 | 195 | 1135 | 52 |
| 云　南 | 53 | 1879 | 254 | 1028 | 488 |
| 西　藏 | 54 | 117 | 5 | 9 | 5 |
| 陕　西 | 61 | 2307 | 292 | 1001 | 428 |
| 甘　肃 | 62 | 1581 | 190 | 448 | 263 |
| 青　海 | 63 | 313 | 71 | 132 | 71 |
| 宁　夏 | 64 | 289 | 48 | 210 | 81 |
| 新　疆 | 65 | 851 | 348 | 613 | 360 |

1－2 续表 17

单位:个

| 地　区 | 代码 | 房地产经纪与代理业 | 公共设施服务业 | 居民服务业 | 旅馆业 |
|---|---|---|---|---|---|
| **全　国** | **00** | **10680** | **47364** | **57223** | **36919** |
| 北　京 | 11 | 676 | 2391 | 5843 | 2837 |
| 天　津 | 12 | 255 | 1062 | 1529 | 637 |
| 河　北 | 13 | 173 | 1202 | 1466 | 1234 |
| 山　西 | 14 | 90 | 772 | 919 | 852 |
| 内蒙古 | 15 | 69 | 701 | 559 | 541 |
| 辽　宁 | 21 | 482 | 2256 | 3332 | 1938 |
| 吉　林 | 22 | 68 | 917 | 1051 | 549 |
| 黑龙江 | 23 | 110 | 1328 | 1226 | 1011 |
| 上　海 | 31 | 2431 | 2913 | 10941 | 1672 |
| 江　苏 | 32 | 1059 | 5250 | 4992 | 2220 |
| 浙　江 | 33 | 782 | 3739 | 3139 | 2430 |
| 安　徽 | 34 | 156 | 1326 | 1822 | 1295 |
| 福　建 | 35 | 299 | 1673 | 1305 | 1013 |
| 江　西 | 36 | 165 | 1276 | 1163 | 988 |
| 山　东 | 37 | 410 | 2412 | 2519 | 1854 |
| 河　南 | 41 | 179 | 1689 | 1241 | 1697 |
| 湖　北 | 42 | 177 | 2151 | 1036 | 1070 |
| 湖　南 | 43 | 94 | 1376 | 733 | 1025 |
| 广　东 | 44 | 1768 | 2970 | 4998 | 2607 |
| 广　西 | 45 | 200 | 1557 | 786 | 1064 |
| 海　南 | 46 | 74 | 426 | 422 | 719 |
| 重　庆 | 50 | 152 | 883 | 828 | 570 |
| 四　川 | 51 | 362 | 2696 | 1695 | 1706 |
| 贵　州 | 52 | 13 | 561 | 350 | 463 |
| 云　南 | 53 | 175 | 996 | 761 | 1628 |
| 西　藏 | 54 | 3 | 42 | 22 | 100 |
| 陕　西 | 61 | 118 | 1133 | 1318 | 1414 |
| 甘　肃 | 62 | 44 | 540 | 471 | 774 |
| 青　海 | 63 | 17 | 146 | 122 | 267 |
| 宁　夏 | 64 | 17 | 252 | 174 | 167 |
| 新　疆 | 65 | 62 | 728 | 460 | 577 |

1－2 续表 18

单位:个

| 地　区 | 代码 | 租赁服务业 | 旅游业 | 娱乐服务业 | 信息、咨询服务业 |
| --- | --- | --- | --- | --- | --- |
| **全　国** | **00** | **7201** | **10812** | **13283** | **107226** |
| 北　京 | 11 | 1222 | 659 | 932 | 27912 |
| 天　津 | 12 | 218 | 208 | 263 | 2452 |
| 河　北 | 13 | 170 | 303 | 237 | 1861 |
| 山　西 | 14 | 98 | 194 | 186 | 1234 |
| 内蒙古 | 15 | 57 | 114 | 100 | 927 |
| 辽　宁 | 21 | 312 | 551 | 665 | 4021 |
| 吉　林 | 22 | 100 | 114 | 127 | 1304 |
| 黑龙江 | 23 | 104 | 293 | 165 | 1869 |
| 上　海 | 31 | 755 | 623 | 1762 | 10776 |
| 江　苏 | 32 | 607 | 771 | 1359 | 7444 |
| 浙　江 | 33 | 443 | 860 | 1350 | 6112 |
| 安　徽 | 34 | 102 | 327 | 345 | 2135 |
| 福　建 | 35 | 115 | 400 | 546 | 2486 |
| 江　西 | 36 | 61 | 284 | 315 | 1669 |
| 山　东 | 37 | 652 | 832 | 299 | 5539 |
| 河　南 | 41 | 184 | 376 | 198 | 2538 |
| 湖　北 | 42 | 97 | 274 | 240 | 2093 |
| 湖　南 | 43 | 81 | 308 | 218 | 1415 |
| 广　东 | 44 | 519 | 742 | 1360 | 8742 |
| 广　西 | 45 | 88 | 386 | 354 | 1557 |
| 海　南 | 46 | 63 | 395 | 192 | 1483 |
| 重　庆 | 50 | 172 | 236 | 195 | 1455 |
| 四　川 | 51 | 265 | 423 | 716 | 3891 |
| 贵　州 | 52 | 116 | 112 | 126 | 533 |
| 云　南 | 53 | 133 | 398 | 354 | 1616 |
| 西　藏 | 54 | 6 | 17 | 28 | 50 |
| 陕　西 | 61 | 208 | 234 | 358 | 1742 |
| 甘　肃 | 62 | 51 | 120 | 144 | 742 |
| 青　海 | 63 | 40 | 49 | 34 | 224 |
| 宁　夏 | 64 | 38 | 40 | 43 | 334 |
| 新　疆 | 65 | 124 | 169 | 72 | 1070 |

1－2续表19

单位:个

| 地区 | 代码 | 计算机应用服务业 | 其他社会服务业 | 卫生 | 体育 |
|---|---|---|---|---|---|
| **全国** | **00** | **31927** | **49408** | **174720** | **4026** |
| 北京 | 11 | 7660 | 15674 | 1007 | 379 |
| 天津 | 12 | 790 | 1196 | 784 | 152 |
| 河北 | 13 | 386 | 786 | 7645 | 91 |
| 山西 | 14 | 172 | 517 | 3075 | 83 |
| 内蒙古 | 15 | 193 | 319 | 2804 | 65 |
| 辽宁 | 21 | 1542 | 1496 | 7775 | 179 |
| 吉林 | 22 | 585 | 561 | 2605 | 112 |
| 黑龙江 | 23 | 333 | 758 | 3855 | 78 |
| 上海 | 31 | 4121 | 3782 | 1250 | 236 |
| 江苏 | 32 | 1962 | 3678 | 17080 | 295 |
| 浙江 | 33 | 2217 | 2748 | 4840 | 454 |
| 安徽 | 34 | 344 | 1210 | 5071 | 70 |
| 福建 | 35 | 643 | 1190 | 2533 | 109 |
| 江西 | 36 | 310 | 933 | 8033 | 72 |
| 山东 | 37 | 1274 | 1460 | 8166 | 252 |
| 河南 | 41 | 659 | 1088 | 24920 | 99 |
| 湖北 | 42 | 333 | 1305 | 4382 | 129 |
| 湖南 | 43 | 347 | 861 | 4950 | 115 |
| 广东 | 44 | 4620 | 4733 | 6713 | 341 |
| 广西 | 45 | 344 | 1021 | 5446 | 108 |
| 海南 | 46 | 684 | 186 | 1025 | 15 |
| 重庆 | 50 | 382 | 423 | 3403 | 52 |
| 四川 | 51 | 712 | 1396 | 13281 | 177 |
| 贵州 | 52 | 84 | 237 | 3085 | 40 |
| 云南 | 53 | 397 | 583 | 3580 | 92 |
| 西藏 | 54 | 8 | 28 | 190 | 4 |
| 陕西 | 61 | 389 | 460 | 20817 | 105 |
| 甘肃 | 62 | 132 | 260 | 3371 | 51 |
| 青海 | 63 | 50 | 97 | 539 | 15 |
| 宁夏 | 64 | 73 | 74 | 630 | 16 |
| 新疆 | 65 | 181 | 348 | 1865 | 40 |

| 地　区 | 代码 | 社会福利保障业 | 教　育 | 文化艺术业 | 广播电影电视业 |
|---|---|---|---|---|---|
| **全　国** | **00** | **27719** | **308320** | **67007** | **23431** |
| 北　京 | 11 | 573 | 4628 | 2998 | 425 |
| 天　津 | 12 | 304 | 2736 | 415 | 156 |
| 河　北 | 13 | 955 | 18812 | 1275 | 492 |
| 山　西 | 14 | 517 | 7520 | 1285 | 405 |
| 内蒙古 | 15 | 628 | 4850 | 1213 | 394 |
| 辽　宁 | 21 | 2179 | 9460 | 1716 | 879 |
| 吉　林 | 22 | 981 | 5025 | 1504 | 602 |
| 黑龙江 | 23 | 984 | 6116 | 1343 | 1003 |
| 上　海 | 31 | 1113 | 5632 | 1405 | 505 |
| 江　苏 | 32 | 2451 | 13551 | 2755 | 2003 |
| 浙　江 | 33 | 1056 | 11693 | 6794 | 1065 |
| 安　徽 | 34 | 846 | 27923 | 2455 | 847 |
| 福　建 | 35 | 774 | 9885 | 2245 | 643 |
| 江　西 | 36 | 2002 | 10613 | 1832 | 981 |
| 山　东 | 37 | 1357 | 14795 | 1546 | 555 |
| 河　南 | 41 | 1458 | 14394 | 2748 | 1428 |
| 湖　北 | 42 | 1458 | 18062 | 1828 | 1140 |
| 湖　南 | 43 | 853 | 10519 | 1396 | 597 |
| 广　东 | 44 | 1250 | 21809 | 1888 | 1072 |
| 广　西 | 45 | 752 | 18618 | 1677 | 1391 |
| 海　南 | 46 | 82 | 1792 | 312 | 114 |
| 重　庆 | 50 | 598 | 6448 | 717 | 728 |
| 四　川 | 51 | 1840 | 20571 | 3644 | 2733 |
| 贵　州 | 52 | 171 | 7118 | 615 | 718 |
| 云　南 | 53 | 757 | 6893 | 2271 | 666 |
| 西　藏 | 54 | 22 | 922 | 1454 | 110 |
| 陕　西 | 61 | 949 | 13420 | 1346 | 868 |
| 甘　肃 | 62 | 262 | 7345 | 4679 | 263 |
| 青　海 | 63 | 118 | 1028 | 1994 | 122 |
| 宁　夏 | 64 | 82 | 1178 | 3688 | 91 |
| 新　疆 | 65 | 347 | 4964 | 5969 | 435 |

| 地区 | 代码 | 科学研究业 | 综合技术服务业 | 国家机关 | 政党机关 |
|---|---|---|---|---|---|
| **全国** | **00** | **10847** | **74820** | **231131** | **76104** |
| 北京 | 11 | 1014 | 21632 | 1812 | 414 |
| 天津 | 12 | 224 | 3072 | 1473 | 238 |
| 河北 | 13 | 272 | 1537 | 11871 | 4075 |
| 山西 | 14 | 264 | 1026 | 8223 | 2721 |
| 内蒙古 | 15 | 172 | 728 | 6498 | 2294 |
| 辽宁 | 21 | 615 | 3042 | 6921 | 2389 |
| 吉林 | 22 | 238 | 1225 | 5564 | 1352 |
| 黑龙江 | 23 | 380 | 1405 | 8363 | 2306 |
| 上海 | 31 | 501 | 6526 | 2119 | 524 |
| 江苏 | 32 | 609 | 3729 | 7693 | 3018 |
| 浙江 | 33 | 607 | 3622 | 5910 | 1308 |
| 安徽 | 34 | 318 | 1170 | 10675 | 3291 |
| 福建 | 35 | 325 | 1572 | 6713 | 2471 |
| 江西 | 36 | 287 | 1428 | 8082 | 3307 |
| 山东 | 37 | 678 | 2553 | 12097 | 3613 |
| 河南 | 41 | 385 | 2027 | 12547 | 3893 |
| 湖北 | 42 | 410 | 1788 | 9716 | 2449 |
| 湖南 | 43 | 346 | 1326 | 11833 | 3896 |
| 广东 | 44 | 844 | 5060 | 10816 | 2895 |
| 广西 | 45 | 360 | 1504 | 9497 | 2794 |
| 海南 | 46 | 132 | 680 | 1205 | 520 |
| 重庆 | 50 | 114 | 874 | 4373 | 1849 |
| 四川 | 51 | 572 | 2242 | 16402 | 7561 |
| 贵州 | 52 | 126 | 477 | 9879 | 2990 |
| 云南 | 53 | 240 | 1370 | 8801 | 3228 |
| 西藏 | 54 | 23 | 39 | 2728 | 1205 |
| 陕西 | 61 | 397 | 1227 | 11107 | 3209 |
| 甘肃 | 62 | 156 | 703 | 7952 | 2863 |
| 青海 | 63 | 42 | 215 | 2316 | 789 |
| 宁夏 | 64 | 57 | 219 | 1574 | 546 |
| 新疆 | 65 | 139 | 802 | 6371 | 2096 |

单位:个

| 地区 | 代码 | 社会团体 | 基层群众自治组织 | 其他行业 |
|---|---|---|---|---|
| **全国** | **00** | **107942** | **785296** | **76835** |
| 北京 | 11 | 2236 | 7942 | 4654 |
| 天津 | 12 | 1908 | 5429 | 1280 |
| 河北 | 13 | 3518 | 53541 | 1676 |
| 山西 | 14 | 2349 | 33378 | 1244 |
| 内蒙古 | 15 | 2202 | 16277 | 747 |
| 辽宁 | 21 | 4458 | 20575 | 4518 |
| 吉林 | 22 | 2452 | 13393 | 1052 |
| 黑龙江 | 23 | 2780 | 16280 | 1633 |
| 上海 | 31 | 2799 | 6399 | 8614 |
| 江苏 | 32 | 8056 | 25761 | 5829 |
| 浙江 | 33 | 8594 | 43826 | 8686 |
| 安徽 | 34 | 3602 | 32192 | 1195 |
| 福建 | 35 | 5601 | 16740 | 1918 |
| 江西 | 36 | 3795 | 22982 | 2456 |
| 山东 | 37 | 6551 | 90140 | 2748 |
| 河南 | 41 | 2500 | 51600 | 1752 |
| 湖北 | 42 | 5073 | 33218 | 2543 |
| 湖南 | 43 | 4482 | 51903 | 2713 |
| 广东 | 44 | 5496 | 27915 | 10757 |
| 广西 | 45 | 3326 | 15976 | 2730 |
| 海南 | 46 | 784 | 2922 | 340 |
| 重庆 | 50 | 2206 | 19125 | 814 |
| 四川 | 51 | 8947 | 60084 | 1998 |
| 贵州 | 52 | 1260 | 27344 | 1136 |
| 云南 | 53 | 3536 | 13918 | 1039 |
| 西藏 | 54 | 435 | 6499 | 32 |
| 陕西 | 61 | 3264 | 32284 | 1211 |
| 甘肃 | 62 | 2151 | 19092 | 610 |
| 青海 | 63 | 387 | 4364 | 121 |
| 宁夏 | 64 | 946 | 3080 | 235 |
| 新疆 | 65 | 2248 | 11117 | 554 |

# 1-3 全部法人单位按三次产业、地区分组的单位数

(2002年)　　单位:个

| 地区 | 代码 | 法人单位数 | 第一产业 | 第二产业 | 第三产业 |
|---|---|---|---|---|---|
| **全国** | **00** | **5170852** | **59522** | **1363183** | **3748147** |
| 北京 | 11 | 252363 | 1956 | 34289 | 216118 |
| 天津 | 12 | 94682 | 418 | 29430 | 64834 |
| 河北 | 13 | 220054 | 1571 | 58331 | 160152 |
| 山西 | 14 | 127477 | 1272 | 31420 | 94785 |
| 内蒙古 | 15 | 71904 | 1093 | 10270 | 60541 |
| 辽宁 | 21 | 222855 | 2176 | 63336 | 157343 |
| 吉林 | 22 | 87841 | 1018 | 16432 | 70391 |
| 黑龙江 | 23 | 108415 | 1326 | 20671 | 86418 |
| 上海 | 31 | 286588 | 1681 | 72344 | 212563 |
| 江苏 | 32 | 409869 | 2687 | 172820 | 234362 |
| 浙江 | 33 | 370988 | 2644 | 161470 | 206874 |
| 安徽 | 34 | 179435 | 2840 | 40482 | 136113 |
| 福建 | 35 | 158013 | 3494 | 52876 | 101643 |
| 江西 | 36 | 141883 | 4804 | 30766 | 106313 |
| 山东 | 37 | 346415 | 2542 | 101086 | 242787 |
| 河南 | 41 | 266230 | 4604 | 82006 | 179620 |
| 湖北 | 42 | 162121 | 2536 | 29796 | 129789 |
| 湖南 | 43 | 187731 | 5564 | 47909 | 134258 |
| 广东 | 44 | 408586 | 2893 | 145893 | 259800 |
| 广西 | 45 | 123163 | 1339 | 17317 | 104507 |
| 海南 | 46 | 34492 | 2121 | 2897 | 29474 |
| 重庆 | 50 | 91443 | 954 | 18976 | 71513 |
| 四川 | 51 | 262672 | 1708 | 46265 | 214699 |
| 贵州 | 52 | 85209 | 470 | 10458 | 74281 |
| 云南 | 53 | 97400 | 1534 | 14563 | 81303 |
| 西藏 | 54 | 15778 | 37 | 443 | 15298 |
| 陕西 | 61 | 161663 | 1510 | 26337 | 133816 |
| 甘肃 | 62 | 83185 | 1018 | 11043 | 71124 |
| 青海 | 63 | 20760 | 298 | 2235 | 18227 |
| 宁夏 | 64 | 25451 | 467 | 3890 | 21094 |
| 新疆 | 65 | 66186 | 947 | 7132 | 58107 |

# 1－4 全部法人单位按行业小类分组的单位数

（2002年）

单位：个

| 行业小类 | 代码 | 法人单位数 | 从事单一活动或位于一个地点的法人单位 | 从事多种活动或位于多个地点的法人单位 |
|---|---|---|---|---|
| **全国总计** | **0000** | **5170852** | **4734386** | **436466** |
| **农、林、牧、渔业** | **A** | **165464** | **155654** | **9810** |
| 农业 | 0100 | 21534 | 20136 | 1398 |
| 种植业 | 0110 | 20738 | 19361 | 1377 |
| 其他农业 | 0190 | 796 | 775 | 21 |
| 林业 | 0200 | 14359 | 13238 | 1121 |
| 畜牧业 | 0300 | 13869 | 13416 | 453 |
| 牲畜饲养放牧业 | 0310 | 7646 | 7352 | 294 |
| 家禽饲养业 | 0320 | 4672 | 4558 | 114 |
| 狩猎业 | 0330 | 109 | 102 | 7 |
| 其他畜牧业 | 0390 | 1442 | 1404 | 38 |
| 渔业 | 0400 | 9760 | 9524 | 236 |
| 海洋渔业 | 0410 | 2544 | 2451 | 93 |
| 海水养殖业 | 0411 | 2147 | 2090 | 57 |
| 海洋捕捞业 | 0412 | 397 | 361 | 36 |
| 淡水渔业 | 0420 | 7216 | 7073 | 143 |
| 淡水养殖业 | 0421 | 7122 | 6984 | 138 |
| 淡水捕捞业 | 0422 | 94 | 89 | 5 |
| 农、林、牧、渔服务业 | 0500 | 105942 | 99340 | 6602 |
| 农业服务业 | 0510 | 55989 | 51520 | 4469 |
| 林业服务业 | 0520 | 15354 | 14822 | 532 |
| 畜牧兽医服务业 | 0530 | 25499 | 24221 | 1278 |
| 渔业服务业 | 0540 | 4196 | 4068 | 128 |
| 其他农、林、牧、渔服务业 | 0590 | 4904 | 4709 | 195 |
| **采掘业** | **B** | **71935** | **69994** | **1941** |
| 煤炭采选业 | 0600 | 26576 | 25698 | 878 |
| 煤炭开采业 | 0610 | 24578 | 23763 | 815 |
| 煤炭洗选业 | 0620 | 1998 | 1935 | 63 |

| 行业小类 | 代码 | 法人单位数 | 从事单一活动或位于一个地点的法人单位 | 从事多种活动或位于多个地点的法人单位 |
|---|---|---|---|---|
| 石油和天然气开采业 | 0700 | 247 | 203 | 44 |
| 天然原油开采业 | 0710 | 188 | 156 | 32 |
| 天然气开采业 | 0720 | 52 | 40 | 12 |
| 油页岩开采业 | 0730 | 7 | 7 | |
| 黑色金属矿采选业 | 0800 | 6233 | 6097 | 136 |
| 铁矿采选业 | 0810 | 5426 | 5312 | 114 |
| 其他黑色金属矿采选业 | 0820 | 807 | 785 | 22 |
| 锰矿采选业 | 0821 | 779 | 760 | 19 |
| 铬矿采选业 | 0822 | 28 | 25 | 3 |
| 有色金属矿采选业 | 0900 | 6264 | 6005 | 259 |
| 重有色金属矿采选业 | 0910 | 3107 | 2958 | 149 |
| 铜矿采选业 | 0911 | 730 | 679 | 51 |
| 铅锌矿采选业 | 0912 | 1668 | 1605 | 63 |
| 镍钴矿采选业 | 0914 | 18 | 15 | 3 |
| 锡矿采选业 | 0915 | 515 | 488 | 27 |
| 锑矿采选业 | 0916 | 86 | 85 | 1 |
| 汞矿采选业 | 0917 | 8 | 7 | 1 |
| 其他重有色金属矿采选业 | 0919 | 82 | 79 | 3 |
| 轻有色金属矿采选业 | 0930 | 664 | 654 | 10 |
| 铝矿采选业 | 0931 | 253 | 252 | 1 |
| 镁矿采选业 | 0932 | 146 | 143 | 3 |
| 钛矿采选业 | 0933 | 204 | 199 | 5 |
| 其他轻有色金属矿采选业 | 0939 | 61 | 60 | 1 |
| 非金属矿采选业 | 1000 | 31257 | 30861 | 396 |
| 土砂石开采业 | 1010 | 24828 | 24637 | 191 |
| 石灰石开采业 | 1011 | 4820 | 4773 | 47 |
| 建筑装饰用石开采业 | 1012 | 8807 | 8745 | 62 |
| 耐火土石开采业 | 1013 | 989 | 975 | 14 |

| 行业小类 | 代码 | 法人单位数 | 从事单一活动或位于一个地点的法人单位 | 从事多种活动或位于多个地点的法人单位 |
|---|---|---|---|---|
| 其他土砂石开采业 | 1019 | 10212 | 10144 | 68 |
| 化学矿采选业 | 1020 | 1508 | 1424 | 84 |
| 硫矿采选业 | 1021 | 445 | 430 | 15 |
| 磷矿采选业 | 1022 | 577 | 517 | 60 |
| 天然钾盐采选业 | 1023 | 13 | 13 | |
| 硼矿采选业 | 1024 | 77 | 75 | 2 |
| 其他化学矿采选业 | 1029 | 396 | 389 | 7 |
| 采盐业 | 1030 | 797 | 744 | 53 |
| 海盐业 | 1031 | 670 | 638 | 32 |
| 湖盐业 | 1032 | 28 | 25 | 3 |
| 井盐业 | 1033 | 60 | 51 | 9 |
| 矿盐业 | 1034 | 39 | 30 | 9 |
| 其他非金属矿采选业 | 1090 | 4124 | 4056 | 68 |
| 石棉采选业 | 1091 | 85 | 72 | 13 |
| 云母采选业 | 1092 | 42 | 40 | 2 |
| 石墨采选业 | 1093 | 229 | 226 | 3 |
| 石膏采选业 | 1094 | 509 | 499 | 10 |
| 宝石、玉石采选业 | 1095 | 61 | 61 | |
| 水晶采选业 | 1096 | 21 | 20 | 1 |
| 滑石采选业 | 1097 | 425 | 415 | 10 |
| 其他类未包括的非金属矿采选业 | 1099 | 2752 | 2723 | 29 |
| 木材及竹材采运业 | 1200 | 1084 | 861 | 223 |
| 木材采运业 | 1210 | 1036 | 818 | 218 |
| 竹材采运业 | 1220 | 48 | 43 | 5 |
| **制造业** | **C** | **1259474** | **1226955** | **32519** |
| 食品加工业 | 1300 | 73793 | 71811 | 1982 |
| 粮食及饲料加工业 | 1310 | 39547 | 38797 | 750 |
| 碾米业 | 1311 | 12365 | 12164 | 201 |

| 行业小类 | 代码 | 法人单位数 | 从事单一活动或位于一个地点的法人单位 | 从事多种活动或位于多个地点的法人单位 |
|---|---|---|---|---|
| 磨粉业 | 1312 | 14325 | 14108 | 217 |
| 面、米制品业 | 1313 | 3491 | 3398 | 93 |
| 配合及混合饲料制造业 | 1314 | 7098 | 6887 | 211 |
| 蛋白饲料制造业 | 1315 | 534 | 528 | 6 |
| 水产饲料制造业 | 1317 | 884 | 872 | 12 |
| 其他饲料制造业 | 1319 | 850 | 840 | 10 |
| 植物油加工业 | 1320 | 8231 | 8002 | 229 |
| 食用植物油加工业 | 1321 | 7808 | 7582 | 226 |
| 非食用植物油加工业 | 1322 | 423 | 420 | 3 |
| 制糖业 | 1330 | 870 | 776 | 94 |
| 甘蔗糖业 | 1331 | 514 | 434 | 80 |
| 甜菜糖业 | 1332 | 88 | 78 | 10 |
| 加工糖业 | 1334 | 268 | 264 | 4 |
| 屠宰及肉类蛋类加工业 | 1340 | 10191 | 9591 | 600 |
| 屠宰业 | 1341 | 3806 | 3502 | 304 |
| 肉制品加工业 | 1342 | 5160 | 4887 | 273 |
| 肉类副产品加工业 | 1343 | 780 | 767 | 13 |
| 蛋品加工业 | 1344 | 445 | 435 | 10 |
| 水产品加工业 | 1350 | 5868 | 5706 | 162 |
| 冷冻水产品加工业 | 1351 | 4128 | 4001 | 127 |
| 干制水产品加工业 | 1352 | 850 | 837 | 13 |
| 腌制水产品加工业 | 1353 | 311 | 303 | 8 |
| 鱼糜及鱼糜制品加工业 | 1354 | 152 | 146 | 6 |
| 其它水产品加工业 | 1359 | 427 | 419 | 8 |
| 盐加工业 | 1360 | 157 | 143 | 14 |
| 其他食品加工业 | 1390 | 8929 | 8796 | 133 |
| 食品制造业 | 1400 | 33605 | 32325 | 1280 |
| 糕点、糖果制造业 | 1410 | 12882 | 12310 | 572 |

1－4 续表 4　　单位:个

| 行　业　小　类 | 代码 | 法人单位数 | 从事单一活动或位于一个地点的法人单位 | 从事多种活动或位于多个地点的法人单位 |
|---|---|---|---|---|
| 糖果业 | 1411 | 2457 | 2403 | 54 |
| 糕点业 | 1412 | 4271 | 3899 | 372 |
| 饼干业 | 1413 | 1723 | 1675 | 48 |
| 方便主食品业 | 1414 | 1735 | 1671 | 64 |
| 蜜饯业 | 1415 | 2120 | 2100 | 20 |
| 其他糕点、糖果制品业 | 1419 | 576 | 562 | 14 |
| 乳制品制造业 | 1420 | 1786 | 1659 | 127 |
| 罐头食品制造业 | 1430 | 2651 | 2603 | 48 |
| 肉类罐头制造业 | 1431 | 280 | 269 | 11 |
| 禽类罐头制造业 | 1432 | 46 | 45 | 1 |
| 水产罐头制造业 | 1433 | 137 | 128 | 9 |
| 水果罐头制造业 | 1434 | 744 | 737 | 7 |
| 蔬菜罐头制造业 | 1435 | 1031 | 1016 | 15 |
| 其他罐头食品制造业 | 1439 | 413 | 408 | 5 |
| 发酵制品业 | 1440 | 962 | 919 | 43 |
| 氨基酸制造业 | 1441 | 98 | 97 | 1 |
| 味精制造业 | 1442 | 276 | 250 | 26 |
| 柠檬酸制造业 | 1443 | 69 | 65 | 4 |
| 酵母制品业 | 1444 | 175 | 170 | 5 |
| 酶制剂制造业 | 1445 | 182 | 180 | 2 |
| 其他发酵制品业 | 1449 | 162 | 157 | 5 |
| 调味品制造业 | 1450 | 5655 | 5410 | 245 |
| 酱油、酱类制造业 | 1451 | 3384 | 3196 | 188 |
| 食醋制造业 | 1452 | 658 | 638 | 20 |
| 调味料制造业 | 1453 | 1019 | 1000 | 19 |
| 调味油制造业 | 1454 | 205 | 200 | 5 |
| 其他调味品制造业 | 1459 | 389 | 376 | 13 |
| 其他食品制造业 | 1490 | 9669 | 9424 | 245 |

| 行业小类 | 代码 | 法人单位数 | 从事单一活动或位于一个地点的法人单位 | 从事多种活动或位于多个地点的法人单位 |
|---|---|---|---|---|
| 豆制品制造业 | 1491 | 1599 | 1536 | 63 |
| 淀粉及淀粉制品业 | 1492 | 3007 | 2978 | 29 |
| 代乳品制造业 | 1493 | 141 | 132 | 9 |
| 制冰业 | 1495 | 657 | 654 | 3 |
| 淀粉糖业 | 1497 | 312 | 303 | 9 |
| 冷冻饮品制造业 | 1498 | 1747 | 1683 | 64 |
| 其他类未包括的食品制造业 | 1499 | 2206 | 2138 | 68 |
| 饮料制造业 | 1500 | 28889 | 27766 | 1123 |
| 酒精及饮料酒制造业 | 1510 | 13536 | 13014 | 522 |
| 酒精制造业 | 1511 | 457 | 439 | 18 |
| 白酒制造业 | 1512 | 9953 | 9608 | 345 |
| 啤酒制造业 | 1513 | 864 | 776 | 88 |
| 黄酒制造业 | 1514 | 1066 | 1031 | 35 |
| 葡萄酒制造业 | 1515 | 609 | 593 | 16 |
| 果露酒制造业 | 1516 | 587 | 567 | 20 |
| 软饮料制造业 | 1520 | 8610 | 8199 | 411 |
| 碳酸饮料制造业 | 1521 | 2180 | 2124 | 56 |
| 天然矿泉水制造业 | 1522 | 4161 | 3885 | 276 |
| 果菜汁饮料制造业 | 1523 | 1103 | 1060 | 43 |
| 固体饮料制造业 | 1524 | 538 | 522 | 16 |
| 其他软饮料制造业 | 1529 | 628 | 608 | 20 |
| 制茶业 | 1550 | 5858 | 5703 | 155 |
| 其他饮料制造业 | 1590 | 885 | 850 | 35 |
| 烟草加工业 | 1600 | 447 | 377 | 70 |
| 烟叶复烤业 | 1610 | 133 | 125 | 8 |
| 卷烟制造业 | 1620 | 221 | 163 | 58 |
| 其他烟草加工业 | 1690 | 93 | 89 | 4 |
| 纺织业 | 1700 | 67716 | 65972 | 1744 |

1-4 续表 6 单位:个

| 行 业 小 类 | 代码 | 法人单位数 | 从事单一活动或位于一个地点的法人单位 | 从事多种活动或位于多个地点的法人单位 |
|---|---|---|---|---|
| 纤维原料初步加工业 | 1710 | 4405 | 4236 | 169 |
| 轧花业 | 1711 | 2798 | 2647 | 151 |
| 洗毛业 | 1712 | 209 | 207 | 2 |
| 亚麻纤维初步加工业 | 1713 | 180 | 176 | 4 |
| 苎麻纤维初步加工业 | 1714 | 94 | 92 | 2 |
| 其他纤维原料初步加工业 | 1719 | 1124 | 1114 | 10 |
| 棉纺织业 | 1720 | 27561 | 26821 | 740 |
| 棉纺业 | 1721 | 5088 | 4822 | 266 |
| 棉织业 | 1722 | 8372 | 8232 | 140 |
| 印染业 | 1723 | 3528 | 3447 | 81 |
| 棉制品业 | 1724 | 6392 | 6234 | 158 |
| 棉线带制造业 | 1725 | 2661 | 2602 | 59 |
| 帘子布制造业 | 1726 | 476 | 463 | 13 |
| 其他棉纺织业 | 1729 | 1044 | 1021 | 23 |
| 毛纺织业 | 1740 | 4995 | 4862 | 133 |
| 毛条加工业 | 1741 | 577 | 566 | 11 |
| 毛纺业 | 1742 | 2131 | 2049 | 82 |
| 毛织业 | 1743 | 1125 | 1109 | 16 |
| 毛染整业 | 1744 | 411 | 403 | 8 |
| 工业用呢、工业用毡制造业 | 1745 | 339 | 332 | 7 |
| 其他毛纺织业 | 1749 | 412 | 403 | 9 |
| 麻纺织业 | 1760 | 1138 | 1109 | 29 |
| 苎麻纺织业 | 1761 | 268 | 260 | 8 |
| 亚麻纺织业 | 1762 | 242 | 233 | 9 |
| 黄、洋、青麻纺织业 | 1763 | 358 | 351 | 7 |
| 其他麻纺织业 | 1769 | 270 | 265 | 5 |
| 丝绢纺织业 | 1770 | 7087 | 6930 | 157 |
| 缫丝业 | 1771 | 1156 | 1107 | 49 |

| 行业小类 | 代码 | 法人单位数 | 从事单一活动或位于一个地点的法人单位 | 从事多种活动或位于多个地点的法人单位 |
|---|---|---|---|---|
| 绢纺业 | 1772 | 427 | 417 | 10 |
| 丝织业 | 1773 | 3695 | 3635 | 60 |
| 丝印染业 | 1774 | 579 | 561 | 18 |
| 丝制品业 | 1775 | 926 | 912 | 14 |
| 其他丝绢纺织业 | 1779 | 304 | 298 | 6 |
| 针织品业 | 1780 | 17660 | 17236 | 424 |
| 棉针织品业 | 1781 | 7765 | 7541 | 224 |
| 毛针织品业 | 1782 | 6795 | 6657 | 138 |
| 丝针织品业 | 1783 | 1223 | 1201 | 22 |
| 其他针织品业 | 1789 | 1877 | 1837 | 40 |
| 其他纺织业 | 1790 | 4870 | 4778 | 92 |
| 服装及其他纤维制品制造业 | 1800 | 58545 | 56829 | 1716 |
| 服装制造业 | 1810 | 51147 | 49620 | 1527 |
| 制帽业 | 1820 | 961 | 941 | 20 |
| 制鞋业 | 1830 | 3836 | 3760 | 76 |
| 其他纤维制品制造业 | 1890 | 2601 | 2508 | 93 |
| 皮革、毛皮、羽绒及其制品业 | 1900 | 23014 | 22579 | 435 |
| 制革业 | 1910 | 2732 | 2683 | 49 |
| 轻革业 | 1911 | 1818 | 1781 | 37 |
| 重革业 | 1912 | 218 | 214 | 4 |
| 其他制革业 | 1919 | 696 | 688 | 8 |
| 皮革制品制造业 | 1920 | 17217 | 16885 | 332 |
| 皮鞋制造业 | 1921 | 9213 | 9036 | 177 |
| 革皮服装制造业 | 1923 | 2327 | 2286 | 41 |
| 皮箱制造业 | 1924 | 1169 | 1137 | 32 |
| 皮包制造业 | 1925 | 2373 | 2343 | 30 |
| 其他类未包括的皮革制品业 | 1929 | 2135 | 2083 | 52 |
| 毛皮鞣制及制品业 | 1930 | 1236 | 1223 | 13 |

单位:个

| 行 业 小 类 | 代码 | 法人单位数 | 从事单一活动或位于一个地点的法人单位 | 从事多种活动或位于多个地点的法人单位 |
|---|---|---|---|---|
| 毛皮鞣制业 | 1931 | 419 | 415 | 4 |
| 毛皮服装业 | 1932 | 267 | 264 | 3 |
| 其他毛皮制品业 | 1939 | 550 | 544 | 6 |
| 羽毛(绒)加工及制品业 | 1950 | 1829 | 1788 | 41 |
| 羽毛(绒)加工业 | 1951 | 784 | 773 | 11 |
| 羽毛(绒)制品业 | 1952 | 1045 | 1015 | 30 |
| 木材加工及竹、藤、棕、草制品业 | 2000 | 37046 | 36502 | 544 |
| 锯材、木片加工业 | 2010 | 10765 | 10632 | 133 |
| 锯材加工业 | 2011 | 7032 | 6919 | 113 |
| 木片加工业 | 2012 | 3733 | 3713 | 20 |
| 人造板制造业 | 2020 | 8798 | 8678 | 120 |
| 胶合板制造业 | 2021 | 5354 | 5294 | 60 |
| 纤维板制造业 | 2022 | 615 | 594 | 21 |
| 刨花板制造业 | 2023 | 733 | 721 | 12 |
| 其他人造板制造业 | 2029 | 2096 | 2069 | 27 |
| 木制品业 | 2030 | 12147 | 11897 | 250 |
| 生产用木制品业 | 2031 | 8571 | 8392 | 179 |
| 生活用木制品业 | 2033 | 3576 | 3505 | 71 |
| 竹、藤、棕、草制品业 | 2040 | 5336 | 5295 | 41 |
| 家具制造业 | 2100 | 25197 | 24360 | 837 |
| 木制家具制造业 | 2110 | 19326 | 18716 | 610 |
| 竹、藤家具制造业 | 2120 | 603 | 590 | 13 |
| 金属家具制造业 | 2130 | 2368 | 2274 | 94 |
| 塑料家具制造业 | 2140 | 194 | 191 | 3 |
| 其他家具制造业 | 2190 | 2706 | 2589 | 117 |
| 造纸及纸制品业 | 2200 | 37219 | 36562 | 657 |
| 纸浆制造业 | 2210 | 828 | 815 | 13 |
| 造纸业 | 2220 | 10869 | 10606 | 263 |

| 行　业　小　类 | 代码 | 法人单位数 | 从事单一活动或位于一个地点的法人单位 | 从事多种活动或位于多个地点的法人单位 |
|---|---|---|---|---|
| 机制纸及纸板制造业 | 2221 | 9044 | 8812 | 232 |
| 手工纸制造业 | 2223 | 417 | 415 | 2 |
| 加工纸制造业 | 2224 | 1408 | 1379 | 29 |
| 纸制品业 | 2230 | 25522 | 25141 | 381 |
| 印刷业、记录媒介的复制 | 2300 | 39455 | 38333 | 1122 |
| 印刷业 | 2310 | 39242 | 38126 | 1116 |
| 书、报、刊印刷业 | 2311 | 14103 | 13651 | 452 |
| 包装装潢印刷业 | 2312 | 16002 | 15617 | 385 |
| 其他印刷业 | 2319 | 9137 | 8858 | 279 |
| 记录媒介的复制 | 2320 | 213 | 207 | 6 |
| 文教体育用品制造业 | 2400 | 14896 | 14546 | 350 |
| 文化用品制造业 | 2410 | 6120 | 5954 | 166 |
| 文具制造业 | 2411 | 1755 | 1711 | 44 |
| 本册制造业 | 2413 | 1856 | 1797 | 59 |
| 笔制造业 | 2415 | 1609 | 1567 | 42 |
| 教学标本、模型制造业 | 2417 | 433 | 425 | 8 |
| 其他文化用品制造业 | 2419 | 467 | 454 | 13 |
| 体育用品制造业 | 2420 | 2055 | 2004 | 51 |
| 球类制造业 | 2421 | 427 | 418 | 9 |
| 体育器材制造业 | 2423 | 828 | 813 | 15 |
| 其他体育用品制造业 | 2429 | 800 | 773 | 27 |
| 乐器及其他文娱用品制造业 | 2430 | 843 | 820 | 23 |
| 中乐器制造业 | 2431 | 180 | 176 | 4 |
| 西乐器制造业 | 2433 | 376 | 364 | 12 |
| 电子乐器制造业 | 2435 | 77 | 74 | 3 |
| 其他乐器及文娱用品制造业 | 2439 | 210 | 206 | 4 |
| 玩具制造业 | 2440 | 5117 | 5029 | 88 |
| 游艺器材制造业 | 2450 | 264 | 261 | 3 |

| 行业小类 | 代码 | 法人单位数 | 从事单一活动或位于一个地点的法人单位 | 从事多种活动或位于多个地点的法人单位 |
|---|---|---|---|---|
| 其他类未包括的文教体育用品制造业 | 2490 | 497 | 478 | 19 |
| 石油加工及炼焦业 | 2500 | 6602 | 6395 | 207 |
| 人造原油生产业 | 2510 | 262 | 253 | 9 |
| 原油加工业 | 2520 | 1379 | 1321 | 58 |
| 石油制品业 | 2530 | 2523 | 2424 | 99 |
| 炼焦业 | 2570 | 2438 | 2397 | 41 |
| 化学原料及化学制品制造业 | 2600 | 71680 | 69621 | 2059 |
| 基本化学原料制造业 | 2610 | 12016 | 11657 | 359 |
| 无机酸制造业 | 2611 | 1956 | 1907 | 49 |
| 烧碱制造业 | 2613 | 662 | 623 | 39 |
| 纯碱制造业 | 2615 | 621 | 605 | 16 |
| 无机盐制造业 | 2617 | 4143 | 4057 | 86 |
| 其他基本化学原料制造业 | 2619 | 4634 | 4465 | 169 |
| 化学肥料制造业 | 2620 | 7167 | 6792 | 375 |
| 氮肥制造业 | 2621 | 906 | 769 | 137 |
| 磷肥制造业 | 2622 | 1690 | 1597 | 93 |
| 钾肥制造业 | 2623 | 167 | 160 | 7 |
| 复合肥料制造业 | 2624 | 2486 | 2387 | 99 |
| 微量元素肥料制造业 | 2625 | 332 | 324 | 8 |
| 其他化学肥料制造业 | 2629 | 1586 | 1555 | 31 |
| 化学农药制造业 | 2630 | 2022 | 1935 | 87 |
| 农药原药制造业 | 2631 | 576 | 543 | 33 |
| 农药制剂制造业 | 2633 | 1446 | 1392 | 54 |
| 有机化学产品制造业 | 2650 | 20595 | 20117 | 478 |
| 有机化工原料制造业 | 2651 | 3773 | 3674 | 99 |
| 涂料制造业 | 2652 | 9322 | 9074 | 248 |
| 油墨制造业 | 2653 | 1210 | 1186 | 24 |
| 颜料制造业 | 2654 | 1114 | 1091 | 23 |

| 行业小类 | 代码 | 法人单位数 | 从事单一活动或位于一个地点的法人单位 | 从事多种活动或位于多个地点的法人单位 |
|---|---|---|---|---|
| 染料制造业 | 2655 | 1205 | 1183 | 22 |
| 其他有机化学产品制造业 | 2659 | 3971 | 3909 | 62 |
| 合成材料制造业 | 2660 | 4911 | 4803 | 108 |
| 聚烯烃塑料制造业 | 2661 | 616 | 601 | 15 |
| 热固性树脂及塑料制造业 | 2662 | 841 | 827 | 14 |
| 工程塑料制造业 | 2663 | 690 | 678 | 12 |
| 功能高分子制造业 | 2664 | 715 | 700 | 15 |
| 有机硅氟材料制造业 | 2665 | 408 | 398 | 10 |
| 合成橡胶制造业 | 2666 | 633 | 617 | 16 |
| 合成纤维单(聚合)体制造业 | 2667 | 223 | 213 | 10 |
| 其他合成材料制造业 | 2669 | 785 | 769 | 16 |
| 专用化学产品制造业 | 2670 | 15320 | 14945 | 375 |
| 化学试剂、助剂制造业 | 2671 | 6987 | 6837 | 150 |
| 专项化学用品制造业 | 2672 | 4125 | 4039 | 86 |
| 林产化学产品制造业 | 2673 | 1454 | 1428 | 26 |
| 炸药及火工产品制造业 | 2674 | 727 | 653 | 74 |
| 信息化学品制造业 | 2675 | 544 | 532 | 12 |
| 放射化学产品制造业 | 2676 | 34 | 34 | |
| 添加剂制造业 | 2677 | 1449 | 1422 | 27 |
| 日用化学产品制造业 | 2680 | 9649 | 9372 | 277 |
| 肥皂及皂粉、合成洗涤剂制造业 | 2681 | 2979 | 2893 | 86 |
| 合成脂肪酸制造业 | 2682 | 140 | 137 | 3 |
| 硬脂酸、硬化油制造业 | 2683 | 254 | 250 | 4 |
| 香料、香精制造业 | 2684 | 1030 | 999 | 31 |
| 化妆品制造业 | 2685 | 2052 | 1985 | 67 |
| 牙膏制造业 | 2686 | 143 | 135 | 8 |
| 火柴制造业 | 2687 | 182 | 168 | 14 |
| 动物胶制造业 | 2688 | 343 | 337 | 6 |

| 行业小类 | 代码 | 法人单位数 | 从事单一活动或位于一个地点的法人单位 | 从事多种活动或位于多个地点的法人单位 |
|---|---|---|---|---|
| 其他日用化学产品制造业 | 2689 | 2526 | 2468 | 58 |
| 医药制造业 | 2700 | 10455 | 9861 | 594 |
| 化学药品原药制造业 | 2710 | 1730 | 1655 | 75 |
| 化学药品制剂制造业 | 2720 | 2483 | 2306 | 177 |
| 中药材及中成药加工业 | 2730 | 3351 | 3121 | 230 |
| 动物药品制造业 | 2740 | 1349 | 1293 | 56 |
| 生物制品业 | 2750 | 1542 | 1486 | 56 |
| 化学纤维制造业 | 2800 | 4373 | 4270 | 103 |
| 纤维素纤维制造业 | 2810 | 780 | 757 | 23 |
| 化纤浆粕制造业 | 2811 | 172 | 167 | 5 |
| 粘胶纤维制造业 | 2812 | 400 | 385 | 15 |
| 其他纤维素纤维制造业 | 2819 | 208 | 205 | 3 |
| 合成纤维制造业 | 2820 | 2430 | 2369 | 61 |
| 锦纶纤维制造业 | 2821 | 243 | 233 | 10 |
| 涤纶纤维制造业 | 2822 | 1032 | 997 | 35 |
| 腈纶纤维制造业 | 2823 | 98 | 97 | 1 |
| 维纶纤维制造业 | 2824 | 33 | 28 | 5 |
| 其他合成纤维制造业 | 2829 | 1024 | 1014 | 10 |
| 渔具及渔具材料制造业 | 2850 | 1163 | 1144 | 19 |
| 渔具用丝制造业 | 2851 | 95 | 94 | 1 |
| 渔具用线制造业 | 2852 | 63 | 62 | 1 |
| 渔具用绳制造业 | 2853 | 86 | 83 | 3 |
| 渔网制造业 | 2854 | 543 | 537 | 6 |
| 其他渔具制造业 | 2859 | 376 | 368 | 8 |
| 橡胶制品业 | 2900 | 13144 | 12820 | 324 |
| 轮胎制造业 | 2910 | 875 | 834 | 41 |
| 力车胎制造业 | 2920 | 238 | 233 | 5 |
| 橡胶板、管、带制造业 | 2930 | 2254 | 2181 | 73 |

单位:个

| 行 业 小 类 | 代码 | 法人单位数 | 从事单一活动或位于一个地点的法人单位 | 从事多种活动或位于多个地点的法人单位 |
|---|---|---|---|---|
| 橡胶零件制品业 | 2940 | 3357 | 3293 | 64 |
| 再生橡胶制造业 | 2950 | 674 | 666 | 8 |
| 橡胶靴鞋制造业 | 2960 | 1069 | 1038 | 31 |
| 日用橡胶制品业 | 2970 | 1192 | 1171 | 21 |
| 橡胶制品翻修业 | 2980 | 421 | 411 | 10 |
| 轮胎翻新业 | 2981 | 322 | 312 | 10 |
| 其他橡胶制品翻修业 | 2989 | 99 | 99 | |
| 其他橡胶制品业 | 2990 | 3064 | 2993 | 71 |
| 塑料制品业 | 3000 | 66096 | 65066 | 1030 |
| 塑料薄膜制造业 | 3010 | 5390 | 5249 | 141 |
| 塑料板、管、棒材制造业 | 3020 | 8046 | 7851 | 195 |
| 塑料丝、绳及编织品制造业 | 3030 | 8841 | 8683 | 158 |
| 泡沫塑料及人造革、合成革制造业 | 3040 | 4781 | 4711 | 70 |
| 塑料包装箱及容器制造业 | 3050 | 4583 | 4521 | 62 |
| 塑料鞋制造业 | 3060 | 3844 | 3827 | 17 |
| 日用塑料杂品制造业 | 3070 | 9984 | 9862 | 122 |
| 塑料零件制造业 | 3080 | 5568 | 5507 | 61 |
| 其他塑料制品业 | 3090 | 15059 | 14855 | 204 |
| 非金属矿物制品业 | 3100 | 173154 | 170840 | 2314 |
| 水泥制造业 | 3110 | 8760 | 8289 | 471 |
| 水泥制品和石棉水泥制品业 | 3120 | 33473 | 33103 | 370 |
| 水泥制品业 | 3121 | 14375 | 14161 | 214 |
| 砼结构构件制造业 | 3123 | 17568 | 17435 | 133 |
| 石棉水泥制品业 | 3124 | 861 | 847 | 14 |
| 其他水泥制品业 | 3129 | 669 | 660 | 9 |
| 砖瓦、石灰和轻质建筑材料制造业 | 3130 | 91930 | 91213 | 717 |
| 砖瓦制造业 | 3131 | 61571 | 61204 | 367 |
| 石灰制造业 | 3132 | 5510 | 5471 | 39 |

| 行 业 小 类 | 代码 | 法人单位数 | 从事单一活动或位于一个地点的法人单位 | 从事多种活动或位于多个地点的法人单位 |
|---|---|---|---|---|
| 建筑用石加工业 | 3133 | 14308 | 14171 | 137 |
| 轻质建筑材料制造业 | 3134 | 3001 | 2954 | 47 |
| 防水密封建筑材料制造业 | 3135 | 2075 | 2041 | 34 |
| 隔热保温材料制造业 | 3136 | 2787 | 2746 | 41 |
| 其他砖瓦、石灰和轻质建筑材料制造 | 3139 | 2678 | 2626 | 52 |
| 玻璃及玻璃制品业 | 3140 | 7173 | 6963 | 210 |
| 建筑用玻璃制品业 | 3141 | 1115 | 1069 | 46 |
| 工业技术用玻璃制造业 | 3142 | 888 | 864 | 24 |
| 光学玻璃制造业 | 3143 | 380 | 368 | 12 |
| 玻璃仪器制造业 | 3145 | 474 | 462 | 12 |
| 日用玻璃制品业 | 3147 | 2625 | 2556 | 69 |
| 玻璃保温容器制造业 | 3148 | 271 | 258 | 13 |
| 其他玻璃及玻璃制品业 | 3149 | 1420 | 1386 | 34 |
| 陶瓷制品业 | 3150 | 11749 | 11546 | 203 |
| 建筑、卫生陶瓷制造业 | 3151 | 4169 | 4093 | 76 |
| 工业用陶瓷制造业 | 3153 | 1729 | 1697 | 32 |
| 日用陶瓷制造业 | 3155 | 5225 | 5140 | 85 |
| 其他陶瓷制品业 | 3159 | 626 | 616 | 10 |
| 耐火材料制品业 | 3160 | 8248 | 8141 | 107 |
| 石棉制品业 | 3161 | 1049 | 1032 | 17 |
| 云母制品业 | 3163 | 209 | 207 | 2 |
| 其他耐火材料制品业 | 3169 | 6990 | 6902 | 88 |
| 石墨及碳素制品业 | 3170 | 2358 | 2311 | 47 |
| 冶金用碳素制品业 | 3171 | 1088 | 1066 | 22 |
| 电工用碳素制品业 | 3172 | 353 | 341 | 12 |
| 其他石墨及碳素制品业 | 3179 | 917 | 904 | 13 |
| 矿物纤维及其制品业 | 3180 | 3848 | 3788 | 60 |
| 玻璃纤维及其制品业 | 3181 | 1148 | 1127 | 21 |

单位:个

| 行业小类 | 代码 | 法人单位数 | 从事单一活动或位于一个地点的法人单位 | 从事多种活动或位于多个地点的法人单位 |
|---|---|---|---|---|
| 玻璃钢制品业 | 3182 | 2587 | 2549 | 38 |
| 其他矿物纤维及其制品业 | 3189 | 113 | 112 | 1 |
| 其他类未包括的非金属矿物制品业 | 3190 | 5615 | 5486 | 129 |
| 黑色金属冶炼及压延加工业 | 3200 | 13655 | 13209 | 446 |
| 炼铁业 | 3210 | 3392 | 3317 | 75 |
| 炼钢业 | 3220 | 1314 | 1223 | 91 |
| 钢压延加工业 | 3240 | 7237 | 7011 | 226 |
| 铁合金冶炼业 | 3260 | 1712 | 1658 | 54 |
| 有色金属冶炼及压延加工业 | 3300 | 11621 | 11269 | 352 |
| 重有色金属冶炼业 | 3310 | 2971 | 2870 | 101 |
| 铜冶炼业 | 3311 | 942 | 911 | 31 |
| 铅锌冶炼业 | 3312 | 1079 | 1035 | 44 |
| 镍钴冶炼业 | 3314 | 66 | 63 | 3 |
| 锡冶炼业 | 3316 | 202 | 193 | 9 |
| 锑冶炼业 | 3317 | 247 | 239 | 8 |
| 汞冶炼业 | 3318 | 9 | 8 | 1 |
| 其他重有色金属冶炼业 | 3319 | 426 | 421 | 5 |
| 轻有色金属冶炼业 | 3320 | 1969 | 1913 | 56 |
| 铝冶炼业 | 3321 | 1140 | 1088 | 52 |
| 镁冶炼业 | 3322 | 511 | 508 | 3 |
| 钛冶炼业 | 3323 | 85 | 85 | |
| 其他轻有色金属冶炼业 | 3329 | 233 | 232 | 1 |
| 贵金属冶炼业 | 3330 | 480 | 455 | 25 |
| 金冶炼业 | 3331 | 342 | 322 | 20 |
| 银冶炼业 | 3332 | 60 | 58 | 2 |
| 其他贵金属冶炼业 | 3339 | 78 | 75 | 3 |
| 稀有稀土金属冶炼业 | 3340 | 716 | 694 | 22 |
| 钨钼冶炼业 | 3341 | 276 | 272 | 4 |

| 行业小类 | 代码 | 法人单位数 | 从事单一活动或位于一个地点的法人单位 | 从事多种活动或位于多个地点的法人单位 |
|---|---|---|---|---|
| 其他稀有稀土金属冶炼业 | 3349 | 440 | 422 | 18 |
| 有色金属合金业 | 3360 | 690 | 675 | 15 |
| 有色金属压延加工业 | 3380 | 4795 | 4662 | 133 |
| 重有色金属压延加工业 | 3381 | 2552 | 2487 | 65 |
| 轻有色金属压延加工业 | 3383 | 1897 | 1837 | 60 |
| 贵金属压延加工业 | 3385 | 107 | 103 | 4 |
| 稀有稀土金属压延加工业 | 3387 | 239 | 235 | 4 |
| 金属制品业 | 3400 | 98390 | 96177 | 2213 |
| 金属结构制造业 | 3410 | 8904 | 8628 | 276 |
| 铸铁管制造业 | 3420 | 3141 | 3091 | 50 |
| 工具制造业 | 3430 | 15509 | 15223 | 286 |
| 切削工具制造业 | 3431 | 2841 | 2770 | 71 |
| 模具制造业 | 3434 | 9131 | 8997 | 134 |
| 手工具制造业 | 3435 | 2799 | 2736 | 63 |
| 其他工具制造业 | 3439 | 738 | 720 | 18 |
| 集装箱和金属包装物品制造业 | 3440 | 5038 | 4889 | 149 |
| 集装箱制造业 | 3441 | 177 | 171 | 6 |
| 金属包装物品及容器制造业 | 3442 | 4861 | 4718 | 143 |
| 金属丝绳及其制品业 | 3450 | 7041 | 6878 | 163 |
| 建筑用金属制品业 | 3460 | 22558 | 22006 | 552 |
| 建筑小五金制造业 | 3461 | 4663 | 4582 | 81 |
| 水暖管道零件制造业 | 3463 | 3837 | 3775 | 62 |
| 金属门窗制造业 | 3465 | 11832 | 11487 | 345 |
| 其他建筑用金属制品业 | 3469 | 2226 | 2162 | 64 |
| 金属表面处理及热处理业 | 3470 | 7826 | 7720 | 106 |
| 日用金属制品业 | 3480 | 20669 | 20210 | 459 |
| 搪瓷制造业 | 3481 | 763 | 746 | 17 |
| 铝制品业 | 3482 | 3437 | 3375 | 62 |

| 行业小类 | 代码 | 法人单位数 | 从事单一活动或位于一个地点的法人单位 | 从事多种活动或位于多个地点的法人单位 |
|---|---|---|---|---|
| 不锈钢制品业 | 3483 | 4646 | 4538 | 108 |
| 刀剪制造业 | 3484 | 1089 | 1075 | 14 |
| 制锁业 | 3485 | 1672 | 1634 | 38 |
| 炊事用具制造业 | 3486 | 1940 | 1884 | 56 |
| 燃气用具制造业 | 3487 | 1156 | 1098 | 58 |
| 理发用具制造业 | 3488 | 256 | 250 | 6 |
| 其他日用金属制品业 | 3489 | 5710 | 5610 | 100 |
| 其他金属制品业 | 3490 | 7704 | 7532 | 172 |
| 铁制小农具制造业 | 3491 | 2192 | 2150 | 42 |
| 焊条制造业 | 3495 | 818 | 792 | 26 |
| 其他类未包括的金属制品业 | 3499 | 4694 | 4590 | 104 |
| 普通机械制造业 | 3500 | 94382 | 91754 | 2628 |
| 锅炉及原动机制造业 | 3510 | 6316 | 6008 | 308 |
| 锅炉制造业 | 3511 | 3380 | 3218 | 162 |
| 内燃机制造业 | 3512 | 575 | 510 | 65 |
| 汽轮机制造业 | 3513 | 109 | 92 | 17 |
| 水轮机制造业 | 3514 | 67 | 64 | 3 |
| 内燃机零部件及配件制造业 | 3515 | 1822 | 1770 | 52 |
| 其他锅炉及原动机制造业 | 3519 | 363 | 354 | 9 |
| 金属加工机械制造业 | 3520 | 11471 | 11089 | 382 |
| 金属切削机床制造业 | 3521 | 2798 | 2672 | 126 |
| 锻压设备制造业 | 3523 | 1156 | 1115 | 41 |
| 铸造机械制造业 | 3525 | 1896 | 1857 | 39 |
| 机床附件制造业 | 3526 | 1420 | 1387 | 33 |
| 其他金属加工机械制造业 | 3529 | 4201 | 4058 | 143 |
| 通用设备制造业 | 3530 | 15322 | 14669 | 653 |
| 起重运输设备制造业 | 3531 | 3420 | 3219 | 201 |
| 工矿车辆制造业 | 3532 | 281 | 262 | 19 |

| 行 业 小 类 | 代码 | 法人单位数 | 从事单一活动或位于一个地点的法人单位 | 从事多种活动或位于多个地点的法人单位 |
|---|---|---|---|---|
| 泵制造业 | 3533 | 4251 | 4094 | 157 |
| 风机制造业 | 3534 | 1386 | 1337 | 49 |
| 气体压缩机及气体分离设备制造业 | 3535 | 861 | 817 | 44 |
| 冷冻设备制造业 | 3536 | 1158 | 1116 | 42 |
| 风动工具制造业 | 3537 | 267 | 260 | 7 |
| 电动工具制造业 | 3538 | 1408 | 1364 | 44 |
| 其他通用设备制造业 | 3539 | 2290 | 2200 | 90 |
| 轴承、阀门制造业 | 3540 | 8578 | 8377 | 201 |
| 轴承制造业 | 3541 | 3697 | 3598 | 99 |
| 阀门制造业 | 3542 | 4881 | 4779 | 102 |
| 其他通用零部件制造业 | 3560 | 22966 | 22449 | 517 |
| 液压件及液力件制造业 | 3561 | 2430 | 2364 | 66 |
| 气动元件制造业 | 3562 | 1227 | 1193 | 34 |
| 密封件制造业 | 3563 | 1204 | 1189 | 15 |
| 粉末冶金制品业 | 3564 | 1241 | 1222 | 19 |
| 紧固件制造业 | 3565 | 6308 | 6134 | 174 |
| 弹簧制造业 | 3566 | 1915 | 1878 | 37 |
| 链条制造业 | 3567 | 758 | 729 | 29 |
| 齿轮制造业 | 3568 | 1062 | 1045 | 17 |
| 其他类未包括的通用零部件制造业 | 3569 | 6821 | 6695 | 126 |
| 铸锻件制造业 | 3570 | 21201 | 20902 | 299 |
| 铸件制造业 | 3571 | 17763 | 17529 | 234 |
| 锻件制造业 | 3572 | 3438 | 3373 | 65 |
| 普通机械修理业 | 3580 | 2187 | 2131 | 56 |
| 其他普通机械制造业 | 3590 | 6341 | 6129 | 212 |
| 专用设备制造业 | 3600 | 50072 | 48238 | 1834 |
| 冶金、矿山、机电工业专用设备制造业 | 3610 | 5392 | 5117 | 275 |
| 矿山设备制造业 | 3611 | 2371 | 2227 | 144 |

| 行　业　小　类 | 代码 | 法人单位数 | 从事单一活动或位于一个地点的法人单位 | 从事多种活动或位于多个地点的法人单位 |
|---|---|---|---|---|
| 冶金工业专用设备制造业 | 3613 | 883 | 835 | 48 |
| 电工专用设备制造业 | 3615 | 382 | 364 | 18 |
| 电子工业专用设备制造业 | 3617 | 666 | 638 | 28 |
| 其他机电工业专用设备制造业 | 3619 | 1090 | 1053 | 37 |
| 石化及其他工业专用设备制造业 | 3620 | 7803 | 7532 | 271 |
| 石油工业专用设备制造业 | 3621 | 1224 | 1166 | 58 |
| 化学工业专用设备制造业 | 3622 | 1246 | 1204 | 42 |
| 化学纤维工业专用设备制造业 | 3623 | 182 | 176 | 6 |
| 橡胶工业专用设备制造业 | 3624 | 348 | 335 | 13 |
| 塑料工业专用设备制造业 | 3625 | 1425 | 1399 | 26 |
| 森林工业专用设备制造业 | 3626 | 318 | 295 | 23 |
| 印刷工业专用设备制造业 | 3627 | 980 | 955 | 25 |
| 制药工业专用设备制造业 | 3628 | 492 | 465 | 27 |
| 建筑材料及其他非金属矿物制品专用 | 3629 | 1588 | 1537 | 51 |
| 轻纺工业专用设备制造业 | 3630 | 10517 | 10187 | 330 |
| 食品、饮料、烟草工业专用设备制造 | 3631 | 1788 | 1723 | 65 |
| 粮油工业专用设备制造业 | 3632 | 1228 | 1171 | 57 |
| 饲料工业专用设备制造业 | 3633 | 167 | 162 | 5 |
| 包装工业专用设备制造业 | 3634 | 870 | 848 | 22 |
| 纺织、服装、皮革工业专用设备制造 | 3635 | 4917 | 4788 | 129 |
| 照明器具工业专用设备制造业 | 3636 | 299 | 283 | 16 |
| 日用硅酸制品工业专用设备制造业 | 3637 | 155 | 151 | 4 |
| 制浆、造纸工业专用设备制造业 | 3638 | 726 | 706 | 20 |
| 日用化学工业专用设备制造业 | 3639 | 367 | 355 | 12 |
| 农、林、牧、渔、水利业机械制造业 | 3640 | 6980 | 6746 | 234 |
| 拖拉机制造业 | 3641 | 422 | 383 | 39 |
| 机械化农机具制造业 | 3642 | 2565 | 2477 | 88 |
| 营林机械制造业 | 3643 | 69 | 65 | 4 |

单位：个

| 行 业 小 类 | 代码 | 法人单位数 | 从事单一活动或位于一个地点的法人单位 | 从事多种活动或位于多个地点的法人单位 |
|---|---|---|---|---|
| 畜牧机械制造业 | 3644 | 170 | 165 | 5 |
| 渔业机械制造业 | 3645 | 164 | 157 | 7 |
| 水利机械制造业 | 3646 | 353 | 345 | 8 |
| 拖拉机配件制造业 | 3647 | 1491 | 1450 | 41 |
| 其他农、林、牧、渔、水利业机械制 | 3649 | 1746 | 1704 | 42 |
| 医疗器械制造业 | 3650 | 4158 | 4020 | 138 |
| 手术器械制造业 | 3651 | 400 | 388 | 12 |
| 医疗仪器、设备制造业 | 3652 | 1466 | 1407 | 59 |
| 诊断用品制造业 | 3653 | 303 | 296 | 7 |
| 医用材料及医疗用品制造业 | 3654 | 1856 | 1810 | 46 |
| 假肢、矫形器制造业 | 3655 | 133 | 119 | 14 |
| 其他专用设备制造业 | 3670 | 10558 | 10166 | 392 |
| 建筑机械制造业 | 3671 | 1448 | 1378 | 70 |
| 地质专用设备制造业 | 3672 | 158 | 145 | 13 |
| 畜牧兽医医疗器械制造业 | 3673 | 20 | 20 | |
| 缝纫机制造业 | 3674 | 1159 | 1135 | 24 |
| 商业、饮食业、服务业专用机械制造 | 3675 | 368 | 350 | 18 |
| 邮政机械及器材制造业 | 3676 | 104 | 100 | 4 |
| 环境保护机械制造业 | 3677 | 3307 | 3237 | 70 |
| 社会公共安全设备及器材制造业 | 3678 | 1471 | 1380 | 91 |
| 其他类未包括的专用设备制造业 | 3679 | 2523 | 2421 | 102 |
| 专用机械设备修理业 | 3680 | 4664 | 4470 | 194 |
| 工业专用设备修理业 | 3681 | 1302 | 1218 | 84 |
| 农、林、牧、渔、水利机械修理业 | 3683 | 1598 | 1563 | 35 |
| 医疗器械修理业 | 3685 | 136 | 128 | 8 |
| 其他专用机械设备修理业 | 3689 | 1628 | 1561 | 67 |
| 交通运输设备制造业 | 3700 | 60674 | 58399 | 2275 |
| 铁路运输设备制造业 | 3710 | 1737 | 1606 | 131 |

| 行业小类 | 代码 | 法人单位数 | 从事单一活动或位于一个地点的法人单位 | 从事多种活动或位于多个地点的法人单位 |
|---|---|---|---|---|
| 机车制造业 | 3711 | 55 | 45 | 10 |
| 客车制造业 | 3712 | 48 | 41 | 7 |
| 货车制造业 | 3713 | 45 | 36 | 9 |
| 机车车辆配件制造业 | 3714 | 830 | 771 | 59 |
| 铁路信号设备制造业 | 3715 | 94 | 90 | 4 |
| 铁路专用设备制造业 | 3716 | 134 | 122 | 12 |
| 铁路专用器材制造业 | 3717 | 363 | 343 | 20 |
| 其他铁路运输设备制造业 | 3719 | 168 | 158 | 10 |
| 汽车制造业 | 3720 | 17973 | 17340 | 633 |
| 载重汽车制造业 | 3721 | 173 | 132 | 41 |
| 客车制造业 | 3722 | 200 | 161 | 39 |
| 小轿车制造业 | 3723 | 49 | 43 | 6 |
| 微型汽车制造业 | 3724 | 74 | 65 | 9 |
| 特种车辆及改装汽车制造业 | 3725 | 712 | 628 | 84 |
| 汽车车身制造业 | 3726 | 346 | 328 | 18 |
| 汽车零部件及配件制造业 | 3727 | 16419 | 15983 | 436 |
| 摩托车制造业 | 3730 | 6321 | 6187 | 134 |
| 摩托车整车制造业 | 3731 | 691 | 652 | 39 |
| 摩托车零部件及配件制造业 | 3732 | 5630 | 5535 | 95 |
| 自行车制造业 | 3740 | 2837 | 2749 | 88 |
| 电车制造业 | 3750 | 84 | 81 | 3 |
| 船舶制造业 | 3760 | 1590 | 1488 | 102 |
| 海洋运输船制造业 | 3761 | 164 | 133 | 31 |
| 内河船制造业 | 3762 | 676 | 640 | 36 |
| 渔轮制造业 | 3763 | 143 | 132 | 11 |
| 船舶机械设备制造业 | 3764 | 603 | 580 | 23 |
| 海洋石油平台制造业 | 3765 | 4 | 3 | 1 |
| 航空航天器制造业 | 3770 | 223 | 145 | 78 |

| 行业小类 | 代码 | 法人单位数 | 从事单一活动或位于一个地点的法人单位 | 从事多种活动或位于多个地点的法人单位 |
|---|---|---|---|---|
| 飞机制造业 | 3771 | 148 | 89 | 59 |
| 其他航空航天器制造业 | 3779 | 75 | 56 | 19 |
| 交通运输设备修理业 | 3780 | 29441 | 28344 | 1097 |
| 铁路运输设备修理业 | 3781 | 581 | 503 | 78 |
| 汽车修理业 | 3782 | 25412 | 24514 | 898 |
| 摩托车修理业 | 3783 | 946 | 930 | 16 |
| 电车修理业 | 3784 | 41 | 41 | |
| 船舶修理业 | 3785 | 1828 | 1748 | 80 |
| 飞机修理业 | 3786 | 51 | 44 | 7 |
| 其他交通运输设备修理业 | 3789 | 582 | 564 | 18 |
| 其他交通运输设备制造业 | 3790 | 468 | 459 | 9 |
| 航标器材制造业 | 3791 | 22 | 22 | |
| 潜水装备制造业 | 3792 | 19 | 17 | 2 |
| 公路标志制造业 | 3793 | 427 | 420 | 7 |
| 电气机械及器材制造业 | 4000 | 56694 | 54909 | 1785 |
| 电机制造业 | 4010 | 4676 | 4516 | 160 |
| 发电机制造业 | 4011 | 883 | 839 | 44 |
| 电动机制造业 | 4012 | 2306 | 2221 | 85 |
| 微电机制造业 | 4013 | 1487 | 1456 | 31 |
| 输配电及控制设备制造业 | 4020 | 16140 | 15685 | 455 |
| 变压器制造业 | 4021 | 2642 | 2568 | 74 |
| 整流器制造业 | 4022 | 354 | 340 | 14 |
| 电容器制造业 | 4023 | 691 | 676 | 15 |
| 开关控制设备制造业 | 4024 | 5643 | 5474 | 169 |
| 电器设备元件制造业 | 4027 | 3745 | 3664 | 81 |
| 其他输配电及控制设备制造业 | 4029 | 3065 | 2963 | 102 |
| 电工器材制造业 | 4040 | 13929 | 13445 | 484 |
| 电线电缆制造业 | 4041 | 8751 | 8429 | 322 |

单位:个

| 行业小类 | 代码 | 法人单位数 | 从事单一活动或位于一个地点的法人单位 | 从事多种活动或位于多个地点的法人单位 |
|---|---|---|---|---|
| 绝缘制品业 | 4043 | 998 | 980 | 18 |
| 蓄电池制造业 | 4045 | 1600 | 1520 | 80 |
| 原电池制造业 | 4046 | 606 | 588 | 18 |
| 其他电工器材制造业 | 4049 | 1974 | 1928 | 46 |
| 日用电器制造业 | 4060 | 8226 | 7960 | 266 |
| 洗衣机制造业 | 4061 | 374 | 353 | 21 |
| 吸尘器制造业 | 4062 | 186 | 179 | 7 |
| 电冰箱制造业 | 4063 | 355 | 334 | 21 |
| 电风扇制造业 | 4064 | 735 | 713 | 22 |
| 空调器制造业 | 4065 | 1773 | 1723 | 50 |
| 排油烟机制造业 | 4066 | 262 | 251 | 11 |
| 其他日用电器制造业 | 4069 | 4541 | 4407 | 134 |
| 照明器具制造业 | 4070 | 9377 | 9130 | 247 |
| 电光源制造业 | 4071 | 2103 | 2041 | 62 |
| 灯头、灯座制造业 | 4072 | 734 | 712 | 22 |
| 灯具制造业 | 4073 | 4817 | 4699 | 118 |
| 灯用电器附件制造业 | 4074 | 1147 | 1120 | 27 |
| 其他照明器具制造业 | 4079 | 576 | 558 | 18 |
| 电气机械修理业 | 4080 | 1394 | 1332 | 62 |
| 其他电气机械制造业 | 4090 | 2952 | 2841 | 111 |
| 电焊机制造业 | 4091 | 939 | 894 | 45 |
| 工业用电炉制造业 | 4092 | 395 | 376 | 19 |
| 其他类未包括的电气机械制造业 | 4099 | 1618 | 1571 | 47 |
| 电子及通信设备制造业 | 4100 | 28059 | 27172 | 887 |
| 通信设备制造业 | 4110 | 4198 | 4025 | 173 |
| 传输设备制造业 | 4111 | 706 | 671 | 35 |
| 交换设备制造业 | 4112 | 614 | 578 | 36 |
| 通信终端设备制造业 | 4113 | 968 | 925 | 43 |
| 其他通信设备制造业 | 4119 | 1910 | 1851 | 59 |

| 行业小类 | 代码 | 法人单位数 | 从事单一活动或位于一个地点的法人单位 | 从事多种活动或位于多个地点的法人单位 |
|---|---|---|---|---|
| 雷达制造业 | 4120 | 85 | 66 | 19 |
| 雷达整机制造业 | 4121 | 37 | 26 | 11 |
| 雷达专用配套设备及部件制造业 | 4122 | 48 | 40 | 8 |
| 广播电视设备制造业 | 4130 | 503 | 483 | 20 |
| 电子计算机制造业 | 4140 | 2145 | 2065 | 80 |
| 电子计算机整机制造业 | 4141 | 485 | 448 | 37 |
| 电子计算机外部设备制造业 | 4143 | 1660 | 1617 | 43 |
| 电子器件制造业 | 4150 | 2177 | 2087 | 90 |
| 电真空器件制造业 | 4151 | 385 | 355 | 30 |
| 半导体器件制造业 | 4153 | 1120 | 1079 | 41 |
| 集成电路制造业 | 4155 | 672 | 653 | 19 |
| 电子元件制造业 | 4160 | 11901 | 11651 | 250 |
| 日用电子器具制造业 | 4170 | 2845 | 2754 | 91 |
| 电视机、录像机、摄像机制造业 | 4171 | 1167 | 1125 | 42 |
| 收音机、录音机制造业 | 4172 | 1291 | 1248 | 43 |
| 电子计算器制造业 | 4173 | 387 | 381 | 6 |
| 电子设备及通信设备修理业 | 4180 | 662 | 619 | 43 |
| 通信设备修理业 | 4181 | 204 | 187 | 17 |
| 广播电视设备修理业 | 4182 | 41 | 38 | 3 |
| 电子计算机修理业 | 4183 | 85 | 81 | 4 |
| 其他电子设备修理业 | 4189 | 332 | 313 | 19 |
| 其他电子设备制造业 | 4190 | 3543 | 3422 | 121 |
| 仪器仪表及文化、办公用机械制造业 | 4200 | 16360 | 15750 | 610 |
| 通用仪器仪表制造业 | 4210 | 8030 | 7747 | 283 |
| 工业自动化仪表制造业 | 4211 | 2431 | 2351 | 80 |
| 电工仪器、仪表制造业 | 4212 | 1581 | 1524 | 57 |
| 光学仪器制造业 | 4213 | 1083 | 1038 | 45 |
| 计时仪器制造业 | 4214 | 288 | 278 | 10 |
| 分析仪器制造业 | 4215 | 429 | 419 | 10 |

| 行　业　小　类 | 代码 | 法人单位数 | 从事单一活动或位于一个地点的法人单位 | 从事多种活动或位于多个地点的法人单位 |
|---|---|---|---|---|
| 试验机制造业 | 4216 | 248 | 230 | 18 |
| 实验室仪器及装置制造业 | 4217 | 225 | 213 | 12 |
| 通用仪器仪表元件、器件制造业 | 4218 | 633 | 616 | 17 |
| 其他通用仪器仪表制造业 | 4219 | 1112 | 1078 | 34 |
| 专用仪器仪表制造业 | 4220 | 2319 | 2234 | 85 |
| 环境保护仪器仪表制造业 | 4221 | 554 | 537 | 17 |
| 汽车仪器仪表制造业 | 4222 | 306 | 293 | 13 |
| 导航、制导仪器制造业 | 4223 | 76 | 63 | 13 |
| 农、林、牧、渔仪器仪表制造业 | 4224 | 47 | 47 | |
| 地质勘探、钻采、地震专用仪器制造 | 4225 | 182 | 175 | 7 |
| 气象、海洋、水文、天文测量仪器制 | 4226 | 76 | 75 | 1 |
| 教学仪器制造业 | 4227 | 426 | 417 | 9 |
| 核子及核辐射测量仪器制造业 | 4228 | 38 | 37 | 1 |
| 专用仪器仪表元件、器件制造业 | 4229 | 614 | 590 | 24 |
| 电子测量仪器制造业 | 4230 | 714 | 697 | 17 |
| 计量器具制造业 | 4240 | 1253 | 1183 | 70 |
| 传递标准用计量仪器制造业 | 4241 | 130 | 129 | 1 |
| 量具量仪制造业 | 4242 | 388 | 370 | 18 |
| 衡器制造业 | 4243 | 735 | 684 | 51 |
| 文化、办公用机械制造业 | 4250 | 1116 | 1059 | 57 |
| 电影机械制造业 | 4251 | 51 | 48 | 3 |
| 幻灯机及投影仪制造业 | 4252 | 82 | 78 | 4 |
| 照相机及器材制造业 | 4254 | 334 | 311 | 23 |
| 复印机制造业 | 4256 | 156 | 146 | 10 |
| 打字机及油印机制造业 | 4257 | 121 | 111 | 10 |
| 其他文化、办公用机械制造业 | 4259 | 372 | 365 | 7 |
| 钟表制造业 | 4260 | 1640 | 1579 | 61 |
| 仪器仪表及文化、办公用机械修理业 | 4280 | 315 | 304 | 11 |
| 其他仪器仪表制造业 | 4290 | 973 | 947 | 26 |

1－4 续表 26

单位：个

| 行业小类 | 代码 | 法人单位数 | 从事单一活动或位于一个地点的法人单位 | 从事多种活动或位于多个地点的法人单位 |
|---|---|---|---|---|
| 其他制造业 | 4300 | 44241 | 43243 | 998 |
| 工艺美术品制造业 | 4310 | 28056 | 27455 | 601 |
| 雕塑工艺品制造业 | 4311 | 4166 | 4085 | 81 |
| 金属工艺品制造业 | 4312 | 2200 | 2145 | 55 |
| 漆器工艺品制造业 | 4313 | 355 | 347 | 8 |
| 花画工艺品制造业 | 4314 | 933 | 915 | 18 |
| 竹、藤、棕、草工艺品制造业 | 4315 | 3784 | 3750 | 34 |
| 抽纱刺绣工艺品制造业 | 4316 | 3491 | 3439 | 52 |
| 地毯制造业 | 4317 | 2122 | 2083 | 39 |
| 首饰制造业 | 4318 | 1800 | 1709 | 91 |
| 其他工艺美术品制造业 | 4319 | 9205 | 8982 | 223 |
| 日用杂品制造业 | 4350 | 4282 | 4173 | 109 |
| 制镜业 | 4351 | 433 | 411 | 22 |
| 眼镜制造业 | 4353 | 1457 | 1405 | 52 |
| 制伞业 | 4355 | 955 | 940 | 15 |
| 鬃毛加工及制刷业 | 4357 | 1437 | 1417 | 20 |
| 其他生产、生活用品制造业 | 4390 | 11903 | 11615 | 288 |
| 生产用其他产品制造业 | 4391 | 2371 | 2255 | 116 |
| 生活用其他产品制造业 | 4392 | 9532 | 9360 | 172 |
| **电力、煤气及水的生产和供应业** | **D** | **31774** | **28351** | **3423** |
| 电力、蒸汽、热水的生产和供应业 | 4400 | 20874 | 18418 | 2456 |
| 电力生产业 | 4410 | 15878 | 15046 | 832 |
| 火力发电业 | 4411 | 1577 | 1333 | 244 |
| 水力发电业 | 4412 | 14125 | 13545 | 580 |
| 核力发电业 | 4413 | 12 | 11 | 1 |
| 其他电业 | 4419 | 164 | 157 | 7 |
| 电力供应业 | 4420 | 3960 | 2434 | 1526 |
| 蒸汽、热水生产和供应业 | 4430 | 1036 | 938 | 98 |
| 煤气生产和供应业 | 4500 | 1203 | 1005 | 198 |

| 行业小类 | 代码 | 法人单位数 | 从事单一活动或位于一个地点的法人单位 | 从事多种活动或位于多个地点的法人单位 |
|---|---|---|---|---|
| 煤气生产业 | 4510 | 222 | 201 | 21 |
| 煤气供应业 | 4520 | 981 | 804 | 177 |
| 自来水的生产和供应业 | 4600 | 9697 | 8928 | 769 |
| 自来水生产业 | 4610 | 4756 | 4333 | 423 |
| 自来水供应业 | 4620 | 4941 | 4595 | 346 |
| **建筑业** | **E** | **129058** | **120484** | **8574** |
| 土木工程建筑业 | 4700 | 74399 | 68345 | 6054 |
| 房屋建筑业 | 4710 | 54997 | 50355 | 4642 |
| 矿山建筑业 | 4720 | 472 | 391 | 81 |
| 铁路、公路、遂道、桥梁建筑业 | 4730 | 6083 | 5427 | 656 |
| 堤坝、电站、码头建筑业 | 4740 | 1925 | 1720 | 205 |
| 其他土木工程建筑业 | 4790 | 10922 | 10452 | 470 |
| 线路、管道和设备安装业 | 4800 | 23239 | 21830 | 1409 |
| 线路、管道安装业 | 4810 | 7315 | 6794 | 521 |
| 设备安装业 | 4820 | 15924 | 15036 | 888 |
| 装修装饰业 | 4900 | 31420 | 30309 | 1111 |
| **地质勘查业、水利管理业** | **F** | **28108** | **26048** | **2060** |
| 地质勘查业 | 5000 | 3161 | 2672 | 489 |
| 区域地质勘查业 | 5010 | 332 | 276 | 56 |
| 海洋地质勘查业 | 5020 | 34 | 26 | 8 |
| 矿产地质勘查业 | 5030 | 1346 | 1066 | 280 |
| 石油、天然气地质勘查业 | 5031 | 129 | 100 | 29 |
| 煤炭地质勘查业 | 5032 | 197 | 151 | 46 |
| 黑色金属矿产地质勘查业 | 5033 | 47 | 36 | 11 |
| 有色金属矿产地质勘查业 | 5034 | 168 | 128 | 40 |
| 贵金属矿产地质勘查业 | 5035 | 44 | 29 | 15 |
| 其他金属矿产地质勘查业 | 5036 | 58 | 33 | 25 |
| 非金属矿产地质勘查业 | 5037 | 123 | 105 | 18 |
| 水文地质勘查业 | 5038 | 580 | 484 | 96 |

| 行 业 小 类 | 代码 | 法人单位数 | 从事单一活动或位于一个地点的法人单位 | 从事多种活动或位于多个地点的法人单位 |
|---|---|---|---|---|
| 工程地质勘查业 | 5040 | 1045 | 943 | 102 |
| 环境地质勘查业 | 5050 | 80 | 73 | 7 |
| 地球物理和地球化学勘查业 | 5060 | 48 | 38 | 10 |
| 地质工程技术及其他技术服务业 | 5090 | 276 | 250 | 26 |
| 水利管理业 | 5100 | 24947 | 23376 | 1571 |
| **交通运输、仓储及邮电通信业** | **G** | **88281** | **75133** | **13148** |
| 铁路运输业 | 5200 | 1936 | 1603 | 333 |
| 公路运输业 | 5300 | 25130 | 22502 | 2628 |
| 汽车运输业 | 5310 | 24380 | 21783 | 2597 |
| 其他公路运输业 | 5390 | 750 | 719 | 31 |
| 管道运输业 | 5400 | 50 | 43 | 7 |
| 水上运输业 | 5500 | 3897 | 3434 | 463 |
| 远洋运输业 | 5510 | 348 | 297 | 51 |
| 沿海运输业 | 5520 | 988 | 919 | 69 |
| 内河、内湖运输业 | 5530 | 2278 | 1952 | 326 |
| 其他水上运输业 | 5590 | 283 | 266 | 17 |
| 航空运输业 | 5600 | 443 | 364 | 79 |
| 航空客货运输业 | 5610 | 408 | 332 | 76 |
| 通用航空业 | 5620 | 35 | 32 | 3 |
| 交通运输辅助业 | 5700 | 30621 | 27400 | 3221 |
| 公路管理及养护业 | 5710 | 11626 | 9792 | 1834 |
| 港口业 | 5720 | 937 | 820 | 117 |
| 沿海港口业 | 5721 | 416 | 353 | 63 |
| 内河、内湖港口业 | 5722 | 521 | 467 | 54 |
| 水运辅助业 | 5730 | 3434 | 3201 | 233 |
| 机场及航空运输辅助业 | 5740 | 1429 | 1293 | 136 |
| 装卸搬运业 | 5750 | 5346 | 5030 | 316 |
| 其他类未包括的交通运输辅助业 | 5790 | 7849 | 7264 | 585 |
| 其他交通运输业 | 5800 | 446 | 421 | 25 |

| 行　业　小　类 | 代码 | 法人单位数 | 从事单一活动或位于一个地点的法人单位 | 从事多种活动或位于多个地点的法人单位 |
|---|---|---|---|---|
| 仓储业 | 5900 | 11798 | 10843 | 955 |
| 邮电通信业 | 6000 | 13960 | 8523 | 5437 |
| 邮政业 | 6010 | 3821 | 1274 | 2547 |
| 电信业 | 6020 | 9931 | 7126 | 2805 |
| 邮电业 | 6030 | 208 | 123 | 85 |
| **批发和零售贸易、餐饮业** | **H** | **905596** | **822324** | **83272** |
| 食品、饮料、烟草和家庭用品批发业 | 6100 | 185848 | 164974 | 20874 |
| 食品、饮料、烟草批发业 | 6110 | 66163 | 55544 | 10619 |
| 粮食、食用油批发业 | 6111 | 29827 | 24485 | 5342 |
| 糕点、糖果和饮料批发业 | 6112 | 11937 | 10887 | 1050 |
| 肉、禽、蛋及其制品批发业 | 6113 | 4980 | 4062 | 918 |
| 水产品批发业 | 6114 | 2285 | 2099 | 186 |
| 蔬菜、果品批发业 | 6115 | 3838 | 3474 | 364 |
| 茶叶批发业 | 6116 | 1304 | 1142 | 162 |
| 烟草及其制品批发业 | 6117 | 3104 | 1622 | 1482 |
| 盐及调味品批发业 | 6118 | 2442 | 2003 | 439 |
| 其他食品、饮料、烟草批发业 | 6119 | 6446 | 5770 | 676 |
| 棉、麻、土畜产品批发业 | 6120 | 5048 | 4258 | 790 |
| 棉、麻批发业 | 6121 | 2819 | 2239 | 580 |
| 畜产品批发业 | 6122 | 2229 | 2019 | 210 |
| 纺织品、服装和鞋帽批发业 | 6130 | 24290 | 22950 | 1340 |
| 纺织品批发业 | 6131 | 15023 | 14251 | 772 |
| 服装批发业 | 6132 | 7958 | 7488 | 470 |
| 鞋帽批发业 | 6133 | 1309 | 1211 | 98 |
| 日用百货批发业 | 6140 | 25554 | 23403 | 2151 |
| 百货批发业 | 6141 | 13808 | 12394 | 1414 |
| 文化用品、钟表眼镜批发业 | 6142 | 8004 | 7541 | 463 |
| 其他日用百货批发业 | 6149 | 3742 | 3468 | 274 |
| 日用杂品批发业 | 6150 | 4472 | 3902 | 570 |

1－4 续表 30

单位:个

| 行业小类 | 代码 | 法人单位数 | 从事单一活动或位于一个地点的法人单位 | 从事多种活动或位于多个地点的法人单位 |
|---|---|---|---|---|
| 五金、交电、化工批发业 | 6160 | 49192 | 45954 | 3238 |
| 药品及医疗器械批发业 | 6170 | 11129 | 8963 | 2166 |
| 西药批发业 | 6171 | 4592 | 3151 | 1441 |
| 中草药及制品批发业 | 6172 | 2363 | 1872 | 491 |
| 医疗器械批发业 | 6173 | 4174 | 3940 | 234 |
| 能源、材料和机械电子设备批发业 | 6200 | 200840 | 188365 | 12475 |
| 能源批发业 | 6210 | 22264 | 19683 | 2581 |
| 石油及制品批发业 | 6211 | 12386 | 10498 | 1888 |
| 煤炭及制品批发业 | 6212 | 9333 | 8661 | 672 |
| 其他能源批发业 | 6219 | 545 | 524 | 21 |
| 化工材料批发业 | 6220 | 18811 | 18027 | 784 |
| 木材批发业 | 6230 | 5440 | 4943 | 497 |
| 建筑材料批发业 | 6240 | 32778 | 31123 | 1655 |
| 矿产品批发业 | 6250 | 3090 | 2943 | 147 |
| 金属材料批发业 | 6260 | 35393 | 33695 | 1698 |
| 黑色金属材料批发业 | 6261 | 29453 | 28024 | 1429 |
| 有色金属材料批发业 | 6262 | 5940 | 5671 | 269 |
| 机械、电子设备批发业 | 6270 | 57768 | 54814 | 2954 |
| 汽车、摩托车及零配件批发业 | 6280 | 14054 | 13041 | 1013 |
| 汽车批发业 | 6281 | 4105 | 3765 | 340 |
| 摩托车批发业 | 6282 | 1059 | 963 | 96 |
| 汽车、摩托车零配件批发业 | 6289 | 8890 | 8313 | 577 |
| 再生物资回收批发业 | 6290 | 11242 | 10096 | 1146 |
| 其他批发业 | 6300 | 44322 | 37719 | 6603 |
| 工艺美术品批发业 | 6310 | 2494 | 2374 | 120 |
| 图书报刊批发业 | 6320 | 2468 | 2132 | 336 |
| 农业生产资料批发业 | 6330 | 27334 | 21742 | 5592 |
| 其他类未包括的批发业 | 6390 | 12026 | 11471 | 555 |
| 零售业 | 6400 | 401919 | 362864 | 39055 |

单位：个

| 行业小类 | 代码 | 法人单位数 | 从事单一活动或位于一个地点的法人单位 | 从事多种活动或位于多个地点的法人单位 |
|---|---|---|---|---|
| 食品、饮料和烟草零售业 | 6410 | 50584 | 44353 | 6231 |
| 粮油食品零售业 | 6411 | 15507 | 13339 | 2168 |
| 副食品零售业 | 6412 | 12565 | 11047 | 1518 |
| 其他食品、饮料和烟草零售业 | 6419 | 22512 | 19967 | 2545 |
| 日用百货零售业 | 6420 | 83026 | 68515 | 14511 |
| 百货零售业 | 6421 | 36544 | 30204 | 6340 |
| 文化体育用品零售业 | 6422 | 10089 | 9480 | 609 |
| 钟表、眼镜及照相器材零售业 | 6423 | 3316 | 2887 | 429 |
| 其他日用百货零售业 | 6429 | 33077 | 25944 | 7133 |
| 纺织品、服装和鞋帽零售业 | 6430 | 21369 | 19618 | 1751 |
| 日用杂品零售业 | 6440 | 9349 | 8356 | 993 |
| 五金、交电、化工零售业 | 6450 | 98098 | 92498 | 5600 |
| 药品及医疗器械零售业 | 6470 | 17032 | 14882 | 2150 |
| 图书报刊零售业 | 6480 | 5766 | 4661 | 1105 |
| 其他零售业 | 6490 | 116695 | 109981 | 6714 |
| 家具零售业 | 6491 | 4480 | 4188 | 292 |
| 煤炭零售业 | 6492 | 2847 | 2607 | 240 |
| 石油制品零售业 | 6493 | 25076 | 23345 | 1731 |
| 汽车、摩托车及其零配件零售业 | 6494 | 27649 | 26053 | 1596 |
| 计算机及软件、办公设备零售业 | 6495 | 30744 | 29332 | 1412 |
| 信托业 | 6496 | 1521 | 1439 | 82 |
| 首饰业 | 6497 | 3335 | 3144 | 191 |
| 其他类未包括的零售业 | 6499 | 21043 | 19873 | 1170 |
| 商业经纪与代理业 | 6500 | 7342 | 7000 | 342 |
| 餐饮业 | 6700 | 65325 | 61402 | 3923 |
| 正餐 | 6710 | 53439 | 50218 | 3221 |
| 快餐 | 6720 | 4157 | 3864 | 293 |
| 其他餐饮业 | 6790 | 7729 | 7320 | 409 |
| 小吃 | 6791 | 4247 | 4011 | 236 |

| 行 业 小 类 | 代码 | 法人单位数 | 从事单一活动或位于一个地点的法人单位 | 从事多种活动或位于多个地点的法人单位 |
|---|---|---|---|---|
| 冷饮 | 6793 | 941 | 905 | 36 |
| 茶馆 | 6795 | 1839 | 1770 | 69 |
| 其他类未包括的餐饮业 | 6799 | 702 | 634 | 68 |
| **金融、保险业** | **I** | **64806** | **39541** | **25265** |
| 金融业 | 6800 | 57539 | 32873 | 24666 |
| 中央银行 | 6810 | 2089 | 1933 | 156 |
| 商业银行 | 6820 | 17435 | 5770 | 11665 |
| 其他银行 | 6830 | 1786 | 1617 | 169 |
| 信用合作社 | 6840 | 30365 | 18051 | 12314 |
| 信托投资业 | 6850 | 1488 | 1391 | 97 |
| 证券经纪与交易业 | 6860 | 1568 | 1380 | 188 |
| 其他非银行金融业 | 6870 | 2808 | 2731 | 77 |
| 财务公司 | 6871 | 275 | 265 | 10 |
| 融资租赁公司 | 6872 | 93 | 86 | 7 |
| 典当业 | 6873 | 836 | 817 | 19 |
| 其他类未包括的非银行金融业 | 6879 | 1604 | 1563 | 41 |
| 保险业 | 7000 | 7267 | 6668 | 599 |
| **房地产业** | **J** | **96795** | **89609** | **7186** |
| 房地产开发与经营业 | 7200 | 55173 | 51609 | 3564 |
| 房地产管理业 | 7300 | 30942 | 28256 | 2686 |
| 房地产经纪与代理业 | 7400 | 10680 | 9744 | 936 |
| **社会服务业** | **K** | **361363** | **345483** | **15880** |
| 公共设施服务业 | 7500 | 47364 | 44925 | 2439 |
| 市内公共交通业 | 7510 | 5243 | 4737 | 506 |
| 市内公共汽电车业 | 7511 | 1369 | 1103 | 266 |
| 出租汽车业 | 7512 | 3480 | 3270 | 210 |
| 轨道交通业 | 7513 | 94 | 86 | 8 |
| 市内轮渡业 | 7514 | 95 | 87 | 8 |
| 其他市内公共交通业 | 7519 | 205 | 191 | 14 |

| 行　业　小　类 | 代码 | 法人单位数 | 从事单一活动或位于一个地点的法人单位 | 从事多种活动或位于多个地点的法人单位 |
|---|---|---|---|---|
| 园林绿化业 | 7520 | 7626 | 7120 | 506 |
| 自然保护区管理业 | 7530 | 571 | 495 | 76 |
| 环境卫生业 | 7540 | 6099 | 5844 | 255 |
| 市政工程管理业 | 7550 | 5362 | 5037 | 325 |
| 风景名胜区管理业 | 7560 | 1902 | 1715 | 187 |
| 其他公共服务业 | 7590 | 20561 | 19977 | 584 |
| 居民服务业 | 7600 | 57223 | 54239 | 2984 |
| 理发及美容化妆业 | 7610 | 7901 | 7386 | 515 |
| 沐浴业 | 7620 | 6409 | 6246 | 163 |
| 洗染业 | 7630 | 1802 | 1609 | 193 |
| 摄影及扩印业 | 7640 | 5048 | 4588 | 460 |
| 托儿所 | 7650 | 1096 | 1082 | 14 |
| 日用品修理业 | 7660 | 5038 | 4793 | 245 |
| 家务服务业 | 7670 | 1503 | 1446 | 57 |
| 殡葬业 | 7680 | 3719 | 3538 | 181 |
| 其他居民服务业 | 7690 | 24707 | 23551 | 1156 |
| 旅馆业 | 7800 | 36919 | 32805 | 4114 |
| 租赁服务业 | 7900 | 7201 | 6828 | 373 |
| 旅游业 | 8000 | 10812 | 9901 | 911 |
| 娱乐服务业 | 8100 | 13283 | 12785 | 498 |
| 信息、咨询服务业 | 8200 | 107226 | 105318 | 1908 |
| 广告业 | 8210 | 28781 | 28160 | 621 |
| 咨询服务业 | 8220 | 37571 | 37177 | 394 |
| 公证业 | 8221 | 2160 | 2151 | 9 |
| 律师事务所 | 8222 | 14201 | 14084 | 117 |
| 会计、审计、统计咨询业 | 8223 | 16989 | 16755 | 234 |
| 社会调查业 | 8224 | 4221 | 4187 | 34 |
| 其他类未包括的信息咨询服务业 | 8290 | 40874 | 39981 | 893 |
| 计算机应用服务业 | 8300 | 31927 | 31123 | 804 |

单位:个

| 行 业 小 类 | 代码 | 法人单位数 | 从事单一活动或位于一个地点的法人单位 | 从事多种活动或位于多个地点的法人单位 |
|---|---|---|---|---|
| 软件开发咨询业 | 8310 | 21462 | 20951 | 511 |
| 数据处理业 | 8320 | 797 | 779 | 18 |
| 数据库服务业 | 8330 | 4240 | 4118 | 122 |
| 计算机设备维护咨询业 | 8340 | 5428 | 5275 | 153 |
| 其他社会服务业 | 8400 | 49408 | 47559 | 1849 |
| 市场管理服务业 | 8410 | 21874 | 20859 | 1015 |
| 其他类未包括的社会服务业 | 8490 | 27534 | 26700 | 834 |
| **卫生、体育和社会福利业** | **L** | **206465** | **193584** | **12881** |
| 卫生 | 8500 | 174720 | 162837 | 11883 |
| 医院 | 8510 | 140573 | 129964 | 10609 |
| 综合医院 | 8511 | 12797 | 10143 | 2654 |
| 专科医院 | 8512 | 2699 | 2357 | 342 |
| 中医医院 | 8513 | 2568 | 2048 | 520 |
| 门诊部 | 8514 | 26355 | 26209 | 146 |
| 其他医院 | 8519 | 96154 | 89207 | 6947 |
| 疗养院 | 8520 | 1118 | 1023 | 95 |
| 专科防治所(站) | 8530 | 2634 | 2448 | 186 |
| 卫生防疫站 | 8540 | 4838 | 4480 | 358 |
| 妇幼保健所(站) | 8550 | 3400 | 3210 | 190 |
| 药品检验所(室) | 8560 | 1678 | 1652 | 26 |
| 其他卫生 | 8590 | 20479 | 20060 | 419 |
| 体育 | 8600 | 4026 | 3804 | 222 |
| 社会福利保障业 | 8700 | 27719 | 26943 | 776 |
| 社会福利业 | 8710 | 16457 | 16063 | 394 |
| 干部休养所 | 8711 | 2032 | 1967 | 65 |
| 福利收容院 | 8712 | 11057 | 10901 | 156 |
| 社区服务业 | 8713 | 3368 | 3195 | 173 |
| 社会保险和救济业 | 8720 | 7368 | 7162 | 206 |
| 其他类未包括的社会福利保障业 | 8790 | 3894 | 3718 | 176 |

| 行业小类 | 代码 | 法人单位数 | 从事单一活动或位于一个地点的法人单位 | 从事多种活动或位于多个地点的法人单位 |
|---|---|---|---|---|
| **教育、文化艺术及广播电影电视业** | **M** | **398758** | **353805** | **44953** |
| 教育 | 8900 | 308320 | 267029 | 41291 |
| 高等教育 | 8910 | 5646 | 4915 | 731 |
| 普通高等教育 | 8911 | 1623 | 1127 | 496 |
| 成人高等教育 | 8912 | 4023 | 3788 | 235 |
| 中等教育 | 8920 | 91226 | 84848 | 6378 |
| 中等专业学校 | 8921 | 6419 | 5854 | 565 |
| 普通中学 | 8922 | 64084 | 59105 | 4979 |
| 农业、职业中学 | 8923 | 4649 | 4387 | 262 |
| 技工学校 | 8924 | 2402 | 2228 | 174 |
| 成人中等学校 | 8925 | 13592 | 13196 | 396 |
| 工读学校 | 8926 | 80 | 78 | 2 |
| 初等教育 | 8930 | 145130 | 114773 | 30357 |
| 小学校 | 8931 | 144407 | 114088 | 30319 |
| 成人初等学校 | 8932 | 723 | 685 | 38 |
| 学前教育 | 8940 | 41208 | 40743 | 465 |
| 特殊教育 | 8950 | 1399 | 1354 | 45 |
| 其他教育 | 8990 | 23711 | 20396 | 3315 |
| 文化艺术业 | 9000 | 67007 | 65104 | 1903 |
| 艺术 | 9010 | 5511 | 5260 | 251 |
| 出版 | 9020 | 5192 | 4757 | 435 |
| 文物保护 | 9030 | 3443 | 3266 | 177 |
| 图书馆 | 9040 | 2491 | 2383 | 108 |
| 档案馆 | 9050 | 2386 | 2318 | 68 |
| 群众文化 | 9060 | 13621 | 12996 | 625 |
| 新闻 | 9070 | 734 | 703 | 31 |
| 文化艺术经纪与代理业 | 9080 | 1094 | 1057 | 37 |
| 其他文化艺术业 | 9090 | 32535 | 32364 | 171 |
| 广播电影电视业 | 9100 | 23431 | 21672 | 1759 |

| 行 业 小 类 | 代码 | 法人单位数 | 从事单一活动或位于一个地点的法人单位 | 从事多种活动或位于多个地点的法人单位 |
|---|---|---|---|---|
| 广播 | 9110 | 9281 | 8894 | 387 |
| 电影 | 9120 | 6110 | 5336 | 774 |
| 电视 | 9130 | 8040 | 7442 | 598 |
| **科学研究和综合技术服务业** | **N** | **85667** | **82446** | **3221** |
| 科学研究业 | 9200 | 10847 | 10036 | 811 |
| 自然科学研究 | 9210 | 7591 | 6946 | 645 |
| 社会科学研究 | 9220 | 1883 | 1793 | 90 |
| 其他科学研究 | 9230 | 1373 | 1297 | 76 |
| 综合技术服务业 | 9300 | 74820 | 72410 | 2410 |
| 气象 | 9310 | 2947 | 2707 | 240 |
| 地震 | 9320 | 1055 | 1022 | 33 |
| 测绘 | 9330 | 1975 | 1899 | 76 |
| 技术监督 | 9340 | 9994 | 9627 | 367 |
| 海洋环境 | 9350 | 236 | 217 | 19 |
| 环境保护 | 9360 | 4995 | 4822 | 173 |
| 技术推广和科技交流服务业 | 9370 | 29988 | 29245 | 743 |
| 工程设计业 | 9380 | 9323 | 8891 | 432 |
| 其他综合技术服务业 | 9390 | 14307 | 13980 | 327 |
| **国家机关、政党机关和社会团体** | **O** | **1200473** | **1034344** | **166129** |
| 国家机关 | 9400 | 231131 | 175181 | 55950 |
| 政党机关 | 9500 | 76104 | 73423 | 2681 |
| 社会团体 | 9600 | 107942 | 105233 | 2709 |
| 基层群众自治组织 | 9700 | 785296 | 680507 | 104789 |
| 居民委员会 | 9710 | 87046 | 80988 | 6058 |
| 村民委员会 | 9720 | 698250 | 599519 | 98731 |
| **其他行业** | **P** | **76835** | **70631** | **6204** |
| 其他行业 | 9900 | 76835 | 70631 | 6204 |
| 企业管理机构 | 9910 | 72658 | 66646 | 6012 |
| 其他类未包括的行业 | 9990 | 4177 | 3985 | 192 |

# 1-5 全部法人单位按行业小类、东中西部地区分组的单位数

(2002年) 单位:个

| 行业小类 | 代码 | 法人单位数 | 东部 | 中部 | 西部 |
|---|---|---|---|---|---|
| **全国总计** | **0000** | **5170852** | **2928068** | **1333037** | **909747** |
| **农、林、牧、渔业** | **A** | **165464** | **61455** | **60400** | **43609** |
| 农业 | 0100 | 21534 | 9607 | 8263 | 3664 |
| 种植业 | 0110 | 20738 | 9301 | 7964 | 3473 |
| 其他农业 | 0190 | 796 | 306 | 299 | 191 |
| 林业 | 0200 | 14359 | 4327 | 7418 | 2614 |
| 畜牧业 | 0300 | 13869 | 6007 | 5726 | 2136 |
| 牲畜饲养放牧业 | 0310 | 7646 | 3117 | 3294 | 1235 |
| 家禽饲养业 | 0320 | 4672 | 2140 | 1907 | 625 |
| 狩猎业 | 0330 | 109 | 30 | 56 | 23 |
| 其他畜牧业 | 0390 | 1442 | 720 | 469 | 253 |
| 渔业 | 0400 | 9760 | 5581 | 3650 | 529 |
| 海洋渔业 | 0410 | 2544 | 2521 | 14 | 9 |
| 海水养殖业 | 0411 | 2147 | 2132 | 8 | 7 |
| 海洋捕捞业 | 0412 | 397 | 389 | 6 | 2 |
| 淡水渔业 | 0420 | 7216 | 3060 | 3636 | 520 |
| 淡水养殖业 | 0421 | 7122 | 3020 | 3594 | 508 |
| 淡水捕捞业 | 0422 | 94 | 40 | 42 | 12 |
| 农、林、牧、渔服务业 | 0500 | 105942 | 35933 | 35343 | 34666 |
| 农业服务业 | 0510 | 55989 | 17913 | 19110 | 18966 |
| 林业服务业 | 0520 | 15354 | 4609 | 5128 | 5617 |
| 畜牧兽医服务业 | 0530 | 25499 | 7956 | 8894 | 8649 |
| 渔业服务业 | 0540 | 4196 | 2218 | 1331 | 647 |
| 其他农、林、牧、渔服务业 | 0590 | 4904 | 3237 | 880 | 787 |
| **采掘业** | **B** | **71935** | **22708** | **33794** | **15433** |
| 煤炭采选业 | 0600 | 26576 | 3486 | 15424 | 7666 |
| 煤炭开采业 | 0610 | 24578 | 3120 | 14198 | 7260 |
| 煤炭洗选业 | 0620 | 1998 | 366 | 1226 | 406 |

* 东部:包括北京、天津、河北、辽宁、上海、江苏、浙江、福建、山东、广东、广西、海南
中部:包括山西、内蒙、吉林、黑龙江、安徽、江西、河南、湖北、湖南
西部:包括重庆、四川、贵州、云南、西藏、陕西、甘肃、青海、宁夏、新疆

1－5续表1 单位:个

| 行业小类 | 代码 | 法人单位数 | 东部 | 中部 | 西部 |
|---|---|---|---|---|---|
| 石油和天然气开采业 | 0700 | 247 | 71 | 73 | 103 |
| 天然原油开采业 | 0710 | 188 | 54 | 63 | 71 |
| 天然气开采业 | 0720 | 52 | 17 | 3 | 32 |
| 油页岩开采业 | 0730 | 7 | | 7 | |
| 黑色金属矿采选业 | 0800 | 6233 | 2790 | 2718 | 725 |
| 铁矿采选业 | 0810 | 5426 | 2594 | 2308 | 524 |
| 其他黑色金属矿采选业 | 0820 | 807 | 196 | 410 | 201 |
| 锰矿采选业 | 0821 | 779 | 196 | 407 | 176 |
| 铬矿采选业 | 0822 | 28 | | 3 | 25 |
| 有色金属矿采选业 | 0900 | 6264 | 1912 | 2719 | 1633 |
| 重有色金属矿采选业 | 0910 | 3107 | 672 | 1407 | 1028 |
| 铜矿采选业 | 0911 | 730 | 98 | 393 | 239 |
| 铅锌矿采选业 | 0912 | 1668 | 475 | 590 | 603 |
| 镍钴矿采选业 | 0914 | 18 | 2 | 6 | 10 |
| 锡矿采选业 | 0915 | 515 | 46 | 337 | 132 |
| 锑矿采选业 | 0916 | 86 | 15 | 51 | 20 |
| 汞矿采选业 | 0917 | 8 | | 1 | 7 |
| 其他重有色金属矿采选业 | 0919 | 82 | 36 | 29 | 17 |
| 轻有色金属矿采选业 | 0930 | 664 | 307 | 244 | 113 |
| 铝矿采选业 | 0931 | 253 | 31 | 184 | 38 |
| 镁矿采选业 | 0932 | 146 | 115 | 20 | 11 |
| 钛矿采选业 | 0933 | 204 | 149 | 2 | 53 |
| 其他轻有色金属矿采选业 | 0939 | 61 | 12 | 38 | 11 |
| 非金属矿采选业 | 1000 | 31257 | 13902 | 12249 | 5106 |
| 土砂石开采业 | 1010 | 24828 | 10850 | 9972 | 4006 |
| 石灰石开采业 | 1011 | 4820 | 2049 | 1973 | 798 |
| 建筑装饰用石开采业 | 1012 | 8807 | 4795 | 3222 | 790 |
| 耐火土石开采业 | 1013 | 989 | 333 | 504 | 152 |

单位:个

| 行 业 小 类 | 代码 | 法人单位数 | 东部 | 中部 | 西部 |
|---|---|---|---|---|---|
| 其他土砂石开采业 | 1019 | 10212 | 3673 | 4273 | 2266 |
| 化学矿采选业 | 1020 | 1508 | 347 | 677 | 484 |
| 硫矿采选业 | 1021 | 445 | 73 | 225 | 147 |
| 磷矿采选业 | 1022 | 577 | 18 | 310 | 249 |
| 天然钾盐采选业 | 1023 | 13 | 3 | 4 | 6 |
| 硼矿采选业 | 1024 | 77 | 61 | 6 | 10 |
| 其他化学矿采选业 | 1029 | 396 | 192 | 132 | 72 |
| 采盐业 | 1030 | 797 | 707 | 28 | 62 |
| 海盐业 | 1031 | 670 | 670 | | |
| 湖盐业 | 1032 | 28 | 2 | 9 | 17 |
| 井盐业 | 1033 | 60 | 22 | 4 | 34 |
| 矿盐业 | 1034 | 39 | 13 | 15 | 11 |
| 其他非金属矿采选业 | 1090 | 4124 | 1998 | 1572 | 554 |
| 石棉采选业 | 1091 | 85 | 15 | 11 | 59 |
| 云母采选业 | 1092 | 42 | 23 | 13 | 6 |
| 石墨采选业 | 1093 | 229 | 76 | 139 | 14 |
| 石膏采选业 | 1094 | 509 | 99 | 276 | 134 |
| 宝石、玉石采选业 | 1095 | 61 | 32 | 21 | 8 |
| 水晶采选业 | 1096 | 21 | 9 | 6 | 6 |
| 滑石采选业 | 1097 | 425 | 273 | 93 | 59 |
| 其他类未包括的非金属矿采选业 | 1099 | 2752 | 1471 | 1013 | 268 |
| 木材及竹材采运业 | 1200 | 1084 | 392 | 537 | 155 |
| 木材采运业 | 1210 | 1036 | 373 | 517 | 146 |
| 竹材采运业 | 1220 | 48 | 19 | 20 | 9 |
| **制造业** | **C** | **1259474** | **872417** | **267760** | **119297** |
| 食品加工业 | 1300 | 73793 | 35903 | 28620 | 9270 |
| 粮食及饲料加工业 | 1310 | 39547 | 15455 | 19168 | 4924 |
| 碾米业 | 1311 | 12365 | 3873 | 7543 | 949 |

1-5 续表 3

单位:个

| 行业小类 | 代码 | 法人单位数 | 东部 | 中部 | 西部 |
|---|---|---|---|---|---|
| 磨粉业 | 1312 | 14325 | 4982 | 7551 | 1792 |
| 面、米制品业 | 1313 | 3491 | 1330 | 1365 | 796 |
| 配合及混合饲料制造业 | 1314 | 7098 | 3702 | 2199 | 1197 |
| 蛋白饲料制造业 | 1315 | 534 | 273 | 177 | 84 |
| 水产饲料制造业 | 1317 | 884 | 804 | 63 | 17 |
| 其他饲料制造业 | 1319 | 850 | 491 | 270 | 89 |
| 植物油加工业 | 1320 | 8231 | 3018 | 4065 | 1148 |
| 食用植物油加工业 | 1321 | 7808 | 2845 | 3963 | 1000 |
| 非食用植物油加工业 | 1322 | 423 | 173 | 102 | 148 |
| 制糖业 | 1330 | 870 | 496 | 163 | 211 |
| 甘蔗糖业 | 1331 | 514 | 308 | 56 | 150 |
| 甜菜糖业 | 1332 | 88 | 26 | 43 | 19 |
| 加工糖业 | 1334 | 268 | 162 | 64 | 42 |
| 屠宰及肉类蛋类加工业 | 1340 | 10191 | 5334 | 3132 | 1725 |
| 屠宰业 | 1341 | 3806 | 1897 | 1212 | 697 |
| 肉制品加工业 | 1342 | 5160 | 2738 | 1534 | 888 |
| 肉类副产品加工业 | 1343 | 780 | 449 | 206 | 125 |
| 蛋品加工业 | 1344 | 445 | 250 | 180 | 15 |
| 水产品加工业 | 1350 | 5868 | 5605 | 203 | 60 |
| 冷冻水产品加工业 | 1351 | 4128 | 3988 | 107 | 33 |
| 干制水产品加工业 | 1352 | 850 | 802 | 39 | 9 |
| 腌制水产品加工业 | 1353 | 311 | 282 | 23 | 6 |
| 鱼糜及鱼糜制品加工业 | 1354 | 152 | 138 | 14 | |
| 其它水产品加工业 | 1359 | 427 | 395 | 20 | 12 |
| 盐加工业 | 1360 | 157 | 94 | 33 | 30 |
| 其他食品加工业 | 1390 | 8929 | 5901 | 1856 | 1172 |
| 食品制造业 | 1400 | 33605 | 20562 | 8624 | 4419 |
| 糕点、糖果制造业 | 1410 | 12882 | 8438 | 3024 | 1420 |

单位:个

| 行业小类 | 代码 | 法人单位数 | 东部 | 中部 | 西部 |
| --- | --- | --- | --- | --- | --- |
| 糖果业 | 1411 | 2457 | 1670 | 450 | 337 |
| 糕点业 | 1412 | 4271 | 2482 | 1147 | 642 |
| 饼干业 | 1413 | 1723 | 1097 | 499 | 127 |
| 方便主食品业 | 1414 | 1735 | 1106 | 483 | 146 |
| 蜜饯业 | 1415 | 2120 | 1759 | 272 | 89 |
| 其他糕点、糖果制品业 | 1419 | 576 | 324 | 173 | 79 |
| 乳制品制造业 | 1420 | 1786 | 929 | 541 | 316 |
| 罐头食品制造业 | 1430 | 2651 | 1766 | 606 | 279 |
| 肉类罐头制造业 | 1431 | 280 | 119 | 96 | 65 |
| 禽类罐头制造业 | 1432 | 46 | 31 | 12 | 3 |
| 水产罐头制造业 | 1433 | 137 | 122 | 11 | 4 |
| 水果罐头制造业 | 1434 | 744 | 511 | 168 | 65 |
| 蔬菜罐头制造业 | 1435 | 1031 | 703 | 224 | 104 |
| 其他罐头食品制造业 | 1439 | 413 | 280 | 95 | 38 |
| 发酵制品业 | 1440 | 962 | 631 | 195 | 136 |
| 氨基酸制造业 | 1441 | 98 | 63 | 26 | 9 |
| 味精制造业 | 1442 | 276 | 212 | 31 | 33 |
| 柠檬酸制造业 | 1443 | 69 | 37 | 23 | 9 |
| 酵母制品业 | 1444 | 175 | 111 | 31 | 33 |
| 酶制剂制造业 | 1445 | 182 | 117 | 46 | 19 |
| 其他发酵制品业 | 1449 | 162 | 91 | 38 | 33 |
| 调味品制造业 | 1450 | 5655 | 3054 | 1494 | 1107 |
| 酱油、酱类制造业 | 1451 | 3384 | 1825 | 945 | 614 |
| 食醋制造业 | 1452 | 658 | 218 | 249 | 191 |
| 调味料制造业 | 1453 | 1019 | 673 | 158 | 188 |
| 调味油制造业 | 1454 | 205 | 97 | 51 | 57 |
| 其他调味品制造业 | 1459 | 389 | 241 | 91 | 57 |
| 其他食品制造业 | 1490 | 9669 | 5744 | 2764 | 1161 |

| 行业小类 | 代码 | 法人单位数 | 东部 | 中部 | 西部 |
|---|---|---|---|---|---|
| 豆制品制造业 | 1491 | 1599 | 840 | 554 | 205 |
| 淀粉及淀粉制品业 | 1492 | 3007 | 1473 | 1115 | 419 |
| 代乳品制造业 | 1493 | 141 | 77 | 43 | 21 |
| 制冰业 | 1495 | 657 | 622 | 18 | 17 |
| 淀粉糖业 | 1497 | 312 | 174 | 108 | 30 |
| 冷冻饮品制造业 | 1498 | 1747 | 1032 | 529 | 186 |
| 其他类未包括的食品制造业 | 1499 | 2206 | 1526 | 397 | 283 |
| 饮料制造业 | 1500 | 28889 | 14069 | 7676 | 7144 |
| 酒精及饮料酒制造业 | 1510 | 13536 | 5334 | 3675 | 4527 |
| 酒精制造业 | 1511 | 457 | 230 | 157 | 70 |
| 白酒制造业 | 1512 | 9953 | 3205 | 2656 | 4092 |
| 啤酒制造业 | 1513 | 864 | 452 | 295 | 117 |
| 黄酒制造业 | 1514 | 1066 | 862 | 151 | 53 |
| 葡萄酒制造业 | 1515 | 609 | 299 | 237 | 73 |
| 果露酒制造业 | 1516 | 587 | 286 | 179 | 122 |
| 软饮料制造业 | 1520 | 8610 | 5296 | 2149 | 1165 |
| 碳酸饮料制造业 | 1521 | 2180 | 1220 | 688 | 272 |
| 天然矿泉水制造业 | 1522 | 4161 | 2636 | 945 | 580 |
| 果菜汁饮料制造业 | 1523 | 1103 | 649 | 250 | 204 |
| 固体饮料制造业 | 1524 | 538 | 393 | 103 | 42 |
| 其他软饮料制造业 | 1529 | 628 | 398 | 163 | 67 |
| 制茶业 | 1550 | 5858 | 2855 | 1648 | 1355 |
| 其他饮料制造业 | 1590 | 885 | 584 | 204 | 97 |
| 烟草加工业 | 1600 | 447 | 130 | 164 | 153 |
| 烟叶复烤业 | 1610 | 133 | 22 | 53 | 58 |
| 卷烟制造业 | 1620 | 221 | 71 | 88 | 62 |
| 其他烟草加工业 | 1690 | 93 | 37 | 23 | 33 |
| 纺织业 | 1700 | 67716 | 56179 | 8391 | 3146 |

1-5续表6 单位:个

| 行业小类 | 代码 | 法人单位数 | 东部 | 中部 | 西部 |
|---|---|---|---|---|---|
| 纤维原料初步加工业 | 1710 | 4405 | 2457 | 1572 | 376 |
| 轧花业 | 1711 | 2798 | 1336 | 1208 | 254 |
| 洗毛业 | 1712 | 209 | 119 | 50 | 40 |
| 亚麻纤维初步加工业 | 1713 | 180 | 39 | 114 | 27 |
| 苎麻纤维初步加工业 | 1714 | 94 | 18 | 55 | 21 |
| 其他纤维原料初步加工业 | 1719 | 1124 | 945 | 145 | 34 |
| 棉纺织业 | 1720 | 27561 | 22325 | 3726 | 1510 |
| 棉纺业 | 1721 | 5088 | 3500 | 1226 | 362 |
| 棉织业 | 1722 | 8372 | 6838 | 929 | 605 |
| 印染业 | 1723 | 3528 | 3143 | 258 | 127 |
| 棉制品业 | 1724 | 6392 | 5171 | 914 | 307 |
| 棉线带制造业 | 1725 | 2661 | 2389 | 212 | 60 |
| 帘子布制造业 | 1726 | 476 | 435 | 33 | 8 |
| 其他棉纺织业 | 1729 | 1044 | 849 | 154 | 41 |
| 毛纺织业 | 1740 | 4995 | 4362 | 468 | 165 |
| 毛条加工业 | 1741 | 577 | 496 | 55 | 26 |
| 毛纺业 | 1742 | 2131 | 1897 | 151 | 83 |
| 毛织业 | 1743 | 1125 | 1037 | 70 | 18 |
| 毛染整业 | 1744 | 411 | 366 | 43 | 2 |
| 工业用呢、工业用毡制造业 | 1745 | 339 | 268 | 53 | 18 |
| 其他毛纺织业 | 1749 | 412 | 298 | 96 | 18 |
| 麻纺织业 | 1760 | 1138 | 532 | 476 | 130 |
| 苎麻纺织业 | 1761 | 268 | 96 | 132 | 40 |
| 亚麻纺织业 | 1762 | 242 | 102 | 97 | 43 |
| 黄、洋、青麻纺织业 | 1763 | 358 | 166 | 168 | 24 |
| 其他麻纺织业 | 1769 | 270 | 168 | 79 | 23 |
| 丝绢纺织业 | 1770 | 7087 | 6229 | 401 | 457 |
| 缫丝业 | 1771 | 1156 | 695 | 193 | 268 |

| 行 业 小 类 | 代码 | 法人单位数 | 东部 | 中部 | 西部 |
|---|---|---|---|---|---|
| 绢纺业 | 1772 | 427 | 381 | 12 | 34 |
| 丝织业 | 1773 | 3695 | 3493 | 109 | 93 |
| 丝印染业 | 1774 | 579 | 551 | 20 | 8 |
| 丝制品业 | 1775 | 926 | 834 | 46 | 46 |
| 其他丝绢纺织业 | 1779 | 304 | 275 | 21 | 8 |
| 针织品业 | 1780 | 17660 | 15977 | 1295 | 388 |
| 棉针织品业 | 1781 | 7765 | 6724 | 810 | 231 |
| 毛针织品业 | 1782 | 6795 | 6366 | 341 | 88 |
| 丝针织品业 | 1783 | 1223 | 1144 | 59 | 20 |
| 其他针织品业 | 1789 | 1877 | 1743 | 85 | 49 |
| 其他纺织业 | 1790 | 4870 | 4297 | 453 | 120 |
| 服装及其他纤维制品制造业 | 1800 | 58545 | 51405 | 5229 | 1911 |
| 服装制造业 | 1810 | 51147 | 45278 | 4213 | 1656 |
| 制帽业 | 1820 | 961 | 852 | 80 | 29 |
| 制鞋业 | 1830 | 3836 | 3045 | 639 | 152 |
| 其他纤维制品制造业 | 1890 | 2601 | 2230 | 297 | 74 |
| 皮革、毛皮、羽绒及其制品业 | 1900 | 23014 | 19119 | 2703 | 1192 |
| 制革业 | 1910 | 2732 | 1934 | 589 | 209 |
| 轻革业 | 1911 | 1818 | 1218 | 435 | 165 |
| 重革业 | 1912 | 218 | 201 | 11 | 6 |
| 其他制革业 | 1919 | 696 | 515 | 143 | 38 |
| 皮革制品制造业 | 1920 | 17217 | 15032 | 1435 | 750 |
| 皮鞋制造业 | 1921 | 9213 | 7797 | 850 | 566 |
| 革皮服装制造业 | 1923 | 2327 | 2004 | 221 | 102 |
| 皮箱制造业 | 1924 | 1169 | 1067 | 88 | 14 |
| 皮包制造业 | 1925 | 2373 | 2271 | 84 | 18 |
| 其他类未包括的皮革制品业 | 1929 | 2135 | 1893 | 192 | 50 |
| 毛皮鞣制及制品业 | 1930 | 1236 | 813 | 351 | 72 |

| 行业小类 | 代码 | 法人单位数 | 东部 | 中部 | 西部 |
|---|---|---|---|---|---|
| 毛皮鞣制业 | 1931 | 419 | 238 | 149 | 32 |
| 毛皮服装业 | 1932 | 267 | 215 | 42 | 10 |
| 其他毛皮制品业 | 1939 | 550 | 360 | 160 | 30 |
| 羽毛(绒)加工及制品业 | 1950 | 1829 | 1340 | 328 | 161 |
| 羽毛(绒)加工业 | 1951 | 784 | 493 | 193 | 98 |
| 羽毛(绒)制品业 | 1952 | 1045 | 847 | 135 | 63 |
| 木材加工及竹、藤、棕、草制品业 | 2000 | 37046 | 21760 | 12662 | 2624 |
| 锯材、木片加工业 | 2010 | 10765 | 5521 | 4422 | 822 |
| 锯材加工业 | 2011 | 7032 | 3277 | 3086 | 669 |
| 木片加工业 | 2012 | 3733 | 2244 | 1336 | 153 |
| 人造板制造业 | 2020 | 8798 | 5564 | 2835 | 399 |
| 胶合板制造业 | 2021 | 5354 | 3387 | 1804 | 163 |
| 纤维板制造业 | 2022 | 615 | 333 | 207 | 75 |
| 刨花板制造业 | 2023 | 733 | 396 | 251 | 86 |
| 其他人造板制造业 | 2029 | 2096 | 1448 | 573 | 75 |
| 木制品业 | 2030 | 12147 | 7728 | 3361 | 1058 |
| 生产用木制品业 | 2031 | 8571 | 5442 | 2282 | 847 |
| 生活用木制品业 | 2033 | 3576 | 2286 | 1079 | 211 |
| 竹、藤、棕、草制品业 | 2040 | 5336 | 2947 | 2044 | 345 |
| 家具制造业 | 2100 | 25197 | 16617 | 5831 | 2749 |
| 木制家具制造业 | 2110 | 19326 | 12328 | 4795 | 2203 |
| 竹、藤家具制造业 | 2120 | 603 | 315 | 234 | 54 |
| 金属家具制造业 | 2130 | 2368 | 1782 | 392 | 194 |
| 塑料家具制造业 | 2140 | 194 | 140 | 38 | 16 |
| 其他家具制造业 | 2190 | 2706 | 2052 | 372 | 282 |
| 造纸及纸制品业 | 2200 | 37219 | 25590 | 7996 | 3633 |
| 纸浆制造业 | 2210 | 828 | 390 | 308 | 130 |
| 造纸业 | 2220 | 10869 | 5728 | 3693 | 1448 |

| 行业小类 | 代码 | 法人单位数 | 东部 | 中部 | 西部 |
|---|---|---|---|---|---|
| 机制纸及纸板制造业 | 2221 | 9044 | 4569 | 3284 | 1191 |
| 手工纸制造业 | 2223 | 417 | 154 | 126 | 137 |
| 加工纸制造业 | 2224 | 1408 | 1005 | 283 | 120 |
| 纸制品业 | 2230 | 25522 | 19472 | 3995 | 2055 |
| 印刷业、记录媒介的复制 | 2300 | 39455 | 27598 | 7424 | 4433 |
| 印刷业 | 2310 | 39242 | 27420 | 7402 | 4420 |
| 书、报、刊印刷业 | 2311 | 14103 | 8551 | 3542 | 2010 |
| 包装装潢印刷业 | 2312 | 16002 | 12814 | 2016 | 1172 |
| 其他印刷业 | 2319 | 9137 | 6055 | 1844 | 1238 |
| 记录媒介的复制 | 2320 | 213 | 178 | 22 | 13 |
| 文教体育用品制造业 | 2400 | 14896 | 12631 | 1594 | 671 |
| 文化用品制造业 | 2410 | 6120 | 4611 | 987 | 522 |
| 文具制造业 | 2411 | 1755 | 1510 | 165 | 80 |
| 本册制造业 | 2413 | 1856 | 1057 | 437 | 362 |
| 笔制造业 | 2415 | 1609 | 1332 | 251 | 26 |
| 教学标本、模型制造业 | 2417 | 433 | 322 | 76 | 35 |
| 其他文化用品制造业 | 2419 | 467 | 390 | 58 | 19 |
| 体育用品制造业 | 2420 | 2055 | 1879 | 120 | 56 |
| 球类制造业 | 2421 | 427 | 390 | 27 | 10 |
| 体育器材制造业 | 2423 | 828 | 743 | 51 | 34 |
| 其他体育用品制造业 | 2429 | 800 | 746 | 42 | 12 |
| 乐器及其他文娱用品制造业 | 2430 | 843 | 755 | 69 | 19 |
| 中乐器制造业 | 2431 | 180 | 138 | 36 | 6 |
| 西乐器制造业 | 2433 | 376 | 356 | 12 | 8 |
| 电子乐器制造业 | 2435 | 77 | 74 | 3 | |
| 其他乐器及文娱用品制造业 | 2439 | 210 | 187 | 18 | 5 |
| 玩具制造业 | 2440 | 5117 | 4769 | 319 | 29 |
| 游艺器材制造业 | 2450 | 264 | 208 | 42 | 14 |

单位:个

| 行业小类 | 代码 | 法人单位数 | 东部 | 中部 | 西部 |
|---|---|---|---|---|---|
| 其他类未包括的文教体育用品制造业 | 2490 | 497 | 409 | 57 | 31 |
| 石油加工及炼焦业 | 2500 | 6602 | 3196 | 2664 | 742 |
| 人造原油生产业 | 2510 | 262 | 181 | 42 | 39 |
| 原油加工业 | 2520 | 1379 | 1028 | 220 | 131 |
| 石油制品业 | 2530 | 2523 | 1827 | 467 | 229 |
| 炼焦业 | 2570 | 2438 | 160 | 1935 | 343 |
| 化学原料及化学制品制造业 | 2600 | 71680 | 50164 | 14107 | 7409 |
| 基本化学原料制造业 | 2610 | 12016 | 7131 | 3096 | 1789 |
| 无机酸制造业 | 2611 | 1956 | 1241 | 447 | 268 |
| 烧碱制造业 | 2613 | 662 | 390 | 173 | 99 |
| 纯碱制造业 | 2615 | 621 | 342 | 175 | 104 |
| 无机盐制造业 | 2617 | 4143 | 2407 | 1110 | 626 |
| 其他基本化学原料制造业 | 2619 | 4634 | 2751 | 1191 | 692 |
| 化学肥料制造业 | 2620 | 7167 | 3163 | 2275 | 1729 |
| 氮肥制造业 | 2621 | 906 | 378 | 357 | 171 |
| 磷肥制造业 | 2622 | 1690 | 431 | 588 | 671 |
| 钾肥制造业 | 2623 | 167 | 71 | 36 | 60 |
| 复合肥料制造业 | 2624 | 2486 | 1278 | 737 | 471 |
| 微量元素肥料制造业 | 2625 | 332 | 151 | 99 | 82 |
| 其他化学肥料制造业 | 2629 | 1586 | 854 | 458 | 274 |
| 化学农药制造业 | 2630 | 2022 | 1252 | 540 | 230 |
| 农药原药制造业 | 2631 | 576 | 387 | 130 | 59 |
| 农药制剂制造业 | 2633 | 1446 | 865 | 410 | 171 |
| 有机化学产品制造业 | 2650 | 20595 | 15920 | 3319 | 1356 |
| 有机化工原料制造业 | 2651 | 3773 | 2815 | 720 | 238 |
| 涂料制造业 | 2652 | 9322 | 7071 | 1489 | 762 |
| 油墨制造业 | 2653 | 1210 | 992 | 157 | 61 |
| 颜料制造业 | 2654 | 1114 | 854 | 216 | 44 |

1-5 续表 11 单位:个

| 行业小类 | 代码 | 法人单位数 | 东部 | 中部 | 西部 |
| --- | --- | --- | --- | --- | --- |
| 染料制造业 | 2655 | 1205 | 1045 | 144 | 16 |
| 其他有机化学产品制造业 | 2659 | 3971 | 3143 | 593 | 235 |
| 合成材料制造业 | 2660 | 4911 | 3825 | 773 | 313 |
| 聚烯烃塑料制造业 | 2661 | 616 | 462 | 112 | 42 |
| 热固性树脂及塑料制造业 | 2662 | 841 | 684 | 124 | 33 |
| 工程塑料制造业 | 2663 | 690 | 551 | 95 | 44 |
| 功能高分子制造业 | 2664 | 715 | 563 | 102 | 50 |
| 有机硅氟材料制造业 | 2665 | 408 | 277 | 93 | 38 |
| 合成橡胶制造业 | 2666 | 633 | 480 | 102 | 51 |
| 合成纤维单(聚合)体制造业 | 2667 | 223 | 179 | 29 | 15 |
| 其他合成材料制造业 | 2669 | 785 | 629 | 116 | 40 |
| 专用化学产品制造业 | 2670 | 15320 | 11565 | 2597 | 1158 |
| 化学试剂、助剂制造业 | 2671 | 6987 | 5678 | 911 | 398 |
| 专项化学用品制造业 | 2672 | 4125 | 3215 | 597 | 313 |
| 林产化学产品制造业 | 2673 | 1454 | 942 | 408 | 104 |
| 炸药及火工产品制造业 | 2674 | 727 | 247 | 336 | 144 |
| 信息化学品制造业 | 2675 | 544 | 445 | 68 | 31 |
| 放射化学产品制造业 | 2676 | 34 | 23 | 9 | 2 |
| 添加剂制造业 | 2677 | 1449 | 1015 | 268 | 166 |
| 日用化学产品制造业 | 2680 | 9649 | 7308 | 1507 | 834 |
| 肥皂及皂粉、合成洗涤剂制造业 | 2681 | 2979 | 2176 | 470 | 333 |
| 合成脂肪酸制造业 | 2682 | 140 | 102 | 28 | 10 |
| 硬脂酸、硬化油制造业 | 2683 | 254 | 205 | 32 | 17 |
| 香料、香精制造业 | 2684 | 1030 | 717 | 209 | 104 |
| 化妆品制造业 | 2685 | 2052 | 1820 | 150 | 82 |
| 牙膏制造业 | 2686 | 143 | 115 | 21 | 7 |
| 火柴制造业 | 2687 | 182 | 86 | 57 | 39 |
| 动物胶制造业 | 2688 | 343 | 155 | 123 | 65 |

| 行业小类 | 代码 | 法人单位数 | 东部 | 中部 | 西部 |
|---|---|---|---|---|---|
| 其他日用化学产品制造业 | 2689 | 2526 | 1932 | 417 | 177 |
| 医药制造业 | 2700 | 10455 | 6082 | 2643 | 1730 |
| 化学药品原药制造业 | 2710 | 1730 | 1104 | 382 | 244 |
| 化学药品制剂制造业 | 2720 | 2483 | 1447 | 669 | 367 |
| 中药材及中成药加工业 | 2730 | 3351 | 1614 | 988 | 749 |
| 动物药品制造业 | 2740 | 1349 | 864 | 327 | 158 |
| 生物制品业 | 2750 | 1542 | 1053 | 277 | 212 |
| 化学纤维制造业 | 2800 | 4373 | 3738 | 507 | 128 |
| 纤维素纤维制造业 | 2810 | 780 | 606 | 130 | 44 |
| 化纤浆粕制造业 | 2811 | 172 | 134 | 33 | 5 |
| 粘胶纤维制造业 | 2812 | 400 | 309 | 62 | 29 |
| 其他纤维素纤维制造业 | 2819 | 208 | 163 | 35 | 10 |
| 合成纤维制造业 | 2820 | 2430 | 2147 | 211 | 72 |
| 锦纶纤维制造业 | 2821 | 243 | 201 | 36 | 6 |
| 涤纶纤维制造业 | 2822 | 1032 | 939 | 67 | 26 |
| 腈纶纤维制造业 | 2823 | 98 | 82 | 13 | 3 |
| 维纶纤维制造业 | 2824 | 33 | 22 | 4 | 7 |
| 其他合成纤维制造业 | 2829 | 1024 | 903 | 91 | 30 |
| 渔具及渔具材料制造业 | 2850 | 1163 | 985 | 166 | 12 |
| 渔具用丝制造业 | 2851 | 95 | 59 | 36 | |
| 渔具用线制造业 | 2852 | 63 | 58 | 4 | 1 |
| 渔具用绳制造业 | 2853 | 86 | 80 | 6 | |
| 渔网制造业 | 2854 | 543 | 447 | 89 | 7 |
| 其他渔具制造业 | 2859 | 376 | 341 | 31 | 4 |
| 橡胶制品业 | 2900 | 13144 | 10333 | 1794 | 1017 |
| 轮胎制造业 | 2910 | 875 | 694 | 126 | 55 |
| 力车胎制造业 | 2920 | 238 | 190 | 42 | 6 |
| 橡胶板、管、带制造业 | 2930 | 2254 | 1752 | 358 | 144 |

单位:个

| 行业小类 | 代码 | 法人单位数 | 东部 | 中部 | 西部 |
|---|---|---|---|---|---|
| 橡胶零件制品业 | 2940 | 3357 | 2634 | 392 | 331 |
| 再生橡胶制造业 | 2950 | 674 | 480 | 136 | 58 |
| 橡胶靴鞋制造业 | 2960 | 1069 | 834 | 149 | 86 |
| 日用橡胶制品业 | 2970 | 1192 | 963 | 148 | 81 |
| 橡胶制品翻修业 | 2980 | 421 | 244 | 101 | 76 |
| 轮胎翻新业 | 2981 | 322 | 177 | 82 | 63 |
| 其他橡胶制品翻修业 | 2989 | 99 | 67 | 19 | 13 |
| 其他橡胶制品业 | 2990 | 3064 | 2542 | 342 | 180 |
| 塑料制品业 | 3000 | 66096 | 53197 | 8665 | 4234 |
| 塑料薄膜制造业 | 3010 | 5390 | 4007 | 897 | 486 |
| 塑料板、管、棒材制造业 | 3020 | 8046 | 5962 | 1351 | 733 |
| 塑料丝、绳及编织品制造业 | 3030 | 8841 | 5878 | 2026 | 937 |
| 泡沫塑料及人造革、合成革制造业 | 3040 | 4781 | 3903 | 553 | 325 |
| 塑料包装箱及容器制造业 | 3050 | 4583 | 3683 | 560 | 340 |
| 塑料鞋制造业 | 3060 | 3844 | 3490 | 287 | 67 |
| 日用塑料杂品制造业 | 3070 | 9984 | 8092 | 1307 | 585 |
| 塑料零件制造业 | 3080 | 5568 | 5187 | 229 | 152 |
| 其他塑料制品业 | 3090 | 15059 | 12995 | 1455 | 609 |
| 非金属矿物制品业 | 3100 | 173154 | 80241 | 67679 | 25234 |
| 水泥制造业 | 3110 | 8760 | 4034 | 2831 | 1895 |
| 水泥制品和石棉水泥制品业 | 3120 | 33473 | 12358 | 14875 | 6240 |
| 水泥制品业 | 3121 | 14375 | 6602 | 5385 | 2388 |
| 砼结构构件制造业 | 3123 | 17568 | 5137 | 8855 | 3576 |
| 石棉水泥制品业 | 3124 | 861 | 300 | 400 | 161 |
| 其他水泥制品业 | 3129 | 669 | 319 | 235 | 115 |
| 砖瓦、石灰和轻质建筑材料制造业 | 3130 | 91930 | 39180 | 39163 | 13587 |
| 砖瓦制造业 | 3131 | 61571 | 20970 | 30110 | 10491 |
| 石灰制造业 | 3132 | 5510 | 2503 | 2345 | 662 |

| 行业小类 | 代码 | 法人单位数 | 东部 | 中部 | 西部 |
|---|---|---|---|---|---|
| 建筑用石加工业 | 3133 | 14308 | 9491 | 3893 | 924 |
| 轻质建筑材料制造业 | 3134 | 3001 | 1692 | 854 | 455 |
| 防水密封建筑材料制造业 | 3135 | 2075 | 1160 | 650 | 265 |
| 隔热保温材料制造业 | 3136 | 2787 | 1724 | 723 | 340 |
| 其他砖瓦、石灰和轻质建筑材料制造 | 3139 | 2678 | 1640 | 588 | 450 |
| 玻璃及玻璃制品业 | 3140 | 7173 | 4833 | 1569 | 771 |
| 建筑用玻璃制品业 | 3141 | 1115 | 755 | 207 | 153 |
| 工业技术用玻璃制造业 | 3142 | 888 | 622 | 172 | 94 |
| 光学玻璃制造业 | 3143 | 380 | 267 | 54 | 59 |
| 玻璃仪器制造业 | 3145 | 474 | 382 | 66 | 26 |
| 日用玻璃制品业 | 3147 | 2625 | 1575 | 717 | 333 |
| 玻璃保温容器制造业 | 3148 | 271 | 180 | 70 | 21 |
| 其他玻璃及玻璃制品业 | 3149 | 1420 | 1052 | 283 | 85 |
| 陶瓷制品业 | 3150 | 11749 | 7993 | 2871 | 885 |
| 建筑、卫生陶瓷制造业 | 3151 | 4169 | 3134 | 605 | 430 |
| 工业用陶瓷制造业 | 3153 | 1729 | 955 | 718 | 56 |
| 日用陶瓷制造业 | 3155 | 5225 | 3450 | 1437 | 338 |
| 其他陶瓷制品业 | 3159 | 626 | 454 | 111 | 61 |
| 耐火材料制品业 | 3160 | 8248 | 4340 | 3244 | 664 |
| 石棉制品业 | 3161 | 1049 | 697 | 251 | 101 |
| 云母制品业 | 3163 | 209 | 154 | 34 | 21 |
| 其他耐火材料制品业 | 3169 | 6990 | 3489 | 2959 | 542 |
| 石墨及碳素制品业 | 3170 | 2358 | 1134 | 789 | 435 |
| 冶金用碳素制品业 | 3171 | 1088 | 399 | 427 | 262 |
| 电工用碳素制品业 | 3172 | 353 | 227 | 95 | 31 |
| 其他石墨及碳素制品业 | 3179 | 917 | 508 | 267 | 142 |
| 矿物纤维及其制品业 | 3180 | 3848 | 2728 | 815 | 305 |
| 玻璃纤维及其制品业 | 3181 | 1148 | 763 | 258 | 127 |

| 行业小类 | 代码 | 法人单位数 | 东部 | 中部 | 西部 |
|---|---|---|---|---|---|
| 玻璃钢制品业 | 3182 | 2587 | 1898 | 522 | 167 |
| 其他矿物纤维及其制品业 | 3189 | 113 | 67 | 35 | 11 |
| 其他类未包括的非金属矿物制品业 | 3190 | 5615 | 3641 | 1522 | 452 |
| 黑色金属冶炼及压延加工业 | 3200 | 13655 | 7757 | 3965 | 1933 |
| 炼铁业 | 3210 | 3392 | 1005 | 2002 | 385 |
| 炼钢业 | 3220 | 1314 | 654 | 416 | 244 |
| 钢压延加工业 | 3240 | 7237 | 5509 | 1033 | 695 |
| 铁合金冶炼业 | 3260 | 1712 | 589 | 514 | 609 |
| 有色金属冶炼及压延加工业 | 3300 | 11621 | 7224 | 2637 | 1760 |
| 重有色金属冶炼业 | 3310 | 2971 | 1289 | 898 | 784 |
| 铜冶炼业 | 3311 | 942 | 655 | 162 | 125 |
| 铅锌冶炼业 | 3312 | 1079 | 326 | 333 | 420 |
| 镍钴冶炼业 | 3314 | 66 | 45 | 9 | 12 |
| 锡冶炼业 | 3316 | 202 | 41 | 129 | 32 |
| 锑冶炼业 | 3317 | 247 | 53 | 120 | 74 |
| 汞冶炼业 | 3318 | 9 | 2 | 1 | 6 |
| 其他重有色金属冶炼业 | 3319 | 426 | 167 | 144 | 115 |
| 轻有色金属冶炼业 | 3320 | 1969 | 1102 | 578 | 289 |
| 铝冶炼业 | 3321 | 1140 | 735 | 272 | 133 |
| 镁冶炼业 | 3322 | 511 | 215 | 247 | 49 |
| 钛冶炼业 | 3323 | 85 | 49 | 11 | 25 |
| 其他轻有色金属冶炼业 | 3329 | 233 | 103 | 48 | 82 |
| 贵金属冶炼业 | 3330 | 480 | 182 | 204 | 94 |
| 金冶炼业 | 3331 | 342 | 100 | 162 | 80 |
| 银冶炼业 | 3332 | 60 | 28 | 28 | 4 |
| 其他贵金属冶炼业 | 3339 | 78 | 54 | 14 | 10 |
| 稀有稀土金属冶炼业 | 3340 | 716 | 299 | 321 | 96 |
| 钨钼冶炼业 | 3341 | 276 | 122 | 133 | 21 |

1－5续表16

单位:个

| 行　业　小　类 | 代码 | 法　人<br>单位数 | 东部 | 中部 | 西部 |
|---|---|---|---|---|---|
| 其他稀有稀土金属冶炼业 | 3349 | 440 | 177 | 188 | 75 |
| 有色金属合金业 | 3360 | 690 | 493 | 109 | 88 |
| 有色金属压延加工业 | 3380 | 4795 | 3859 | 527 | 409 |
| 重有色金属压延加工业 | 3381 | 2552 | 2138 | 244 | 170 |
| 轻有色金属压延加工业 | 3383 | 1897 | 1479 | 212 | 206 |
| 贵金属压延加工业 | 3385 | 107 | 81 | 16 | 10 |
| 稀有稀土金属压延加工业 | 3387 | 239 | 161 | 55 | 23 |
| 金属制品业 | 3400 | 98390 | 78512 | 12809 | 7069 |
| 金属结构制造业 | 3410 | 8904 | 6919 | 1323 | 662 |
| 铸铁管制造业 | 3420 | 3141 | 1747 | 927 | 467 |
| 工具制造业 | 3430 | 15509 | 12852 | 1813 | 844 |
| 切削工具制造业 | 3431 | 2841 | 2113 | 536 | 192 |
| 模具制造业 | 3434 | 9131 | 7833 | 833 | 465 |
| 手工具制造业 | 3435 | 2799 | 2289 | 353 | 157 |
| 其他工具制造业 | 3439 | 738 | 617 | 91 | 30 |
| 集装箱和金属包装物品制造业 | 3440 | 5038 | 3936 | 710 | 392 |
| 集装箱制造业 | 3441 | 177 | 143 | 24 | 10 |
| 金属包装物品及容器制造业 | 3442 | 4861 | 3793 | 686 | 382 |
| 金属丝绳及其制品业 | 3450 | 7041 | 5551 | 1048 | 442 |
| 建筑用金属制品业 | 3460 | 22558 | 17323 | 3221 | 2014 |
| 建筑小五金制造业 | 3461 | 4663 | 4169 | 349 | 145 |
| 水暖管道零件制造业 | 3463 | 3837 | 2919 | 732 | 186 |
| 金属门窗制造业 | 3465 | 11832 | 8419 | 1927 | 1486 |
| 其他建筑用金属制品业 | 3469 | 2226 | 1816 | 213 | 197 |
| 金属表面处理及热处理业 | 3470 | 7826 | 6844 | 536 | 446 |
| 日用金属制品业 | 3480 | 20669 | 17674 | 1958 | 1037 |
| 搪瓷制造业 | 3481 | 763 | 616 | 101 | 46 |
| 铝制品业 | 3482 | 3437 | 2655 | 494 | 288 |

| 行业小类 | 代码 | 法人单位数 | 东部 | 中部 | 西部 |
|---|---|---|---|---|---|
| 不锈钢制品业 | 3483 | 4646 | 4271 | 236 | 139 |
| 刀剪制造业 | 3484 | 1089 | 982 | 63 | 44 |
| 制锁业 | 3485 | 1672 | 1550 | 99 | 23 |
| 炊事用具制造业 | 3486 | 1940 | 1154 | 527 | 259 |
| 燃气用具制造业 | 3487 | 1156 | 961 | 87 | 108 |
| 理发用具制造业 | 3488 | 256 | 246 | 8 | 2 |
| 其他日用金属制品业 | 3489 | 5710 | 5239 | 343 | 128 |
| 其他金属制品业 | 3490 | 7704 | 5666 | 1273 | 765 |
| 铁制小农具制造业 | 3491 | 2192 | 1018 | 688 | 486 |
| 焊条制造业 | 3495 | 818 | 593 | 167 | 58 |
| 其他类未包括的金属制品业 | 3499 | 4694 | 4055 | 418 | 221 |
| 普通机械制造业 | 3500 | 94382 | 74021 | 13852 | 6509 |
| 锅炉及原动机制造业 | 3510 | 6316 | 4292 | 1371 | 653 |
| 锅炉制造业 | 3511 | 3380 | 2109 | 853 | 418 |
| 内燃机制造业 | 3512 | 575 | 385 | 129 | 61 |
| 汽轮机制造业 | 3513 | 109 | 83 | 20 | 6 |
| 水轮机制造业 | 3514 | 67 | 42 | 15 | 10 |
| 内燃机零部件及配件制造业 | 3515 | 1822 | 1431 | 278 | 113 |
| 其他锅炉及原动机制造业 | 3519 | 363 | 242 | 76 | 45 |
| 金属加工机械制造业 | 3520 | 11471 | 8418 | 2017 | 1036 |
| 金属切削机床制造业 | 3521 | 2798 | 2123 | 448 | 227 |
| 锻压设备制造业 | 3523 | 1156 | 892 | 193 | 71 |
| 铸造机械制造业 | 3525 | 1896 | 1163 | 543 | 190 |
| 机床附件制造业 | 3526 | 1420 | 1086 | 234 | 100 |
| 其他金属加工机械制造业 | 3529 | 4201 | 3154 | 599 | 448 |
| 通用设备制造业 | 3530 | 15322 | 12751 | 1765 | 806 |
| 起重运输设备制造业 | 3531 | 3420 | 2712 | 483 | 225 |
| 工矿车辆制造业 | 3532 | 281 | 154 | 93 | 34 |

单位：个

| 行 业 小 类 | 代码 | 法 人<br>单位数 | 东部 | 中部 | 西部 |
|---|---|---|---|---|---|
| 泵制造业 | 3533 | 4251 | 3536 | 558 | 157 |
| 风机制造业 | 3534 | 1386 | 1040 | 195 | 151 |
| 气体压缩机及气体分离设备制造业 | 3535 | 861 | 707 | 87 | 67 |
| 冷冻设备制造业 | 3536 | 1158 | 1047 | 71 | 40 |
| 风动工具制造业 | 3537 | 267 | 202 | 43 | 22 |
| 电动工具制造业 | 3538 | 1408 | 1303 | 71 | 34 |
| 其他通用设备制造业 | 3539 | 2290 | 2050 | 164 | 76 |
| 轴承、阀门制造业 | 3540 | 8578 | 7415 | 869 | 294 |
| 轴承制造业 | 3541 | 3697 | 3100 | 468 | 129 |
| 阀门制造业 | 3542 | 4881 | 4315 | 401 | 165 |
| 其他通用零部件制造业 | 3560 | 22966 | 19615 | 2136 | 1215 |
| 液压件及液力件制造业 | 3561 | 2430 | 1971 | 305 | 154 |
| 气动元件制造业 | 3562 | 1227 | 1077 | 97 | 53 |
| 密封件制造业 | 3563 | 1204 | 1027 | 108 | 69 |
| 粉末冶金制品业 | 3564 | 1241 | 974 | 190 | 77 |
| 紧固件制造业 | 3565 | 6308 | 5700 | 379 | 229 |
| 弹簧制造业 | 3566 | 1915 | 1588 | 194 | 133 |
| 链条制造业 | 3567 | 758 | 616 | 110 | 32 |
| 齿轮制造业 | 3568 | 1062 | 789 | 166 | 107 |
| 其他类未包括的通用零部件制造业 | 3569 | 6821 | 5873 | 587 | 361 |
| 铸锻件制造业 | 3570 | 21201 | 15353 | 4191 | 1657 |
| 铸件制造业 | 3571 | 17763 | 12739 | 3624 | 1400 |
| 锻件制造业 | 3572 | 3438 | 2614 | 567 | 257 |
| 普通机械修理业 | 3580 | 2187 | 1420 | 531 | 236 |
| 其他普通机械制造业 | 3590 | 6341 | 4757 | 972 | 612 |
| 专用设备制造业 | 3600 | 50072 | 37441 | 9043 | 3588 |
| 冶金、矿山、机电工业专用设备制造业 | 3610 | 5392 | 3731 | 1226 | 435 |
| 矿山设备制造业 | 3611 | 2371 | 1435 | 752 | 184 |

| 行业小类 | 代码 | 法人单位数 | 东部 | 中部 | 西部 |
|---|---|---|---|---|---|
| 冶金工业专用设备制造业 | 3613 | 883 | 661 | 164 | 58 |
| 电工专用设备制造业 | 3615 | 382 | 268 | 84 | 30 |
| 电子工业专用设备制造业 | 3617 | 666 | 526 | 78 | 62 |
| 其他机电工业专用设备制造业 | 3619 | 1090 | 841 | 148 | 101 |
| 石化及其他工业专用设备制造业 | 3620 | 7803 | 6216 | 1012 | 575 |
| 石油工业专用设备制造业 | 3621 | 1224 | 801 | 242 | 181 |
| 化学工业专用设备制造业 | 3622 | 1246 | 1044 | 115 | 87 |
| 化学纤维工业专用设备制造业 | 3623 | 182 | 160 | 14 | 8 |
| 橡胶工业专用设备制造业 | 3624 | 348 | 290 | 46 | 12 |
| 塑料工业专用设备制造业 | 3625 | 1425 | 1312 | 79 | 34 |
| 森林工业专用设备制造业 | 3626 | 318 | 235 | 65 | 18 |
| 印刷工业专用设备制造业 | 3627 | 980 | 871 | 73 | 36 |
| 制药工业专用设备制造业 | 3628 | 492 | 425 | 49 | 18 |
| 建筑材料及其他非金属矿物制品专用 | 3629 | 1588 | 1078 | 329 | 181 |
| 轻纺工业专用设备制造业 | 3630 | 10517 | 8529 | 1485 | 503 |
| 食品、饮料、烟草工业专用设备制造 | 3631 | 1788 | 1437 | 232 | 119 |
| 粮油工业专用设备制造业 | 3632 | 1228 | 682 | 411 | 135 |
| 饲料工业专用设备制造业 | 3633 | 167 | 117 | 26 | 24 |
| 包装工业专用设备制造业 | 3634 | 870 | 781 | 52 | 37 |
| 纺织、服装、皮革工业专用设备制造 | 3635 | 4917 | 4382 | 436 | 99 |
| 照明器具工业专用设备制造业 | 3636 | 299 | 247 | 38 | 14 |
| 日用硅酸制品工业专用设备制造业 | 3637 | 155 | 112 | 33 | 10 |
| 制浆、造纸工业专用设备制造业 | 3638 | 726 | 486 | 198 | 42 |
| 日用化学工业专用设备制造业 | 3639 | 367 | 285 | 59 | 23 |
| 农、林、牧、渔、水利业机械制造业 | 3640 | 6980 | 3896 | 2366 | 718 |
| 拖拉机制造业 | 3641 | 422 | 259 | 113 | 50 |
| 机械化农机具制造业 | 3642 | 2565 | 1329 | 898 | 338 |
| 营林机械制造业 | 3643 | 69 | 45 | 15 | 9 |

1－5续表20

单位：个

| 行业小类 | 代码 | 法人单位数 | 东部 | 中部 | 西部 |
|---|---|---|---|---|---|
| 畜牧机械制造业 | 3644 | 170 | 115 | 44 | 11 |
| 渔业机械制造业 | 3645 | 164 | 139 | 20 | 5 |
| 水利机械制造业 | 3646 | 353 | 219 | 98 | 36 |
| 拖拉机配件制造业 | 3647 | 1491 | 1049 | 366 | 76 |
| 其他农、林、牧、渔、水利业机械制 | 3649 | 1746 | 741 | 812 | 193 |
| 医疗器械制造业 | 3650 | 4158 | 3397 | 527 | 234 |
| 手术器械制造业 | 3651 | 400 | 340 | 38 | 22 |
| 医疗仪器、设备制造业 | 3652 | 1466 | 1197 | 171 | 98 |
| 诊断用品制造业 | 3653 | 303 | 249 | 37 | 17 |
| 医用材料及医疗用品制造业 | 3654 | 1856 | 1514 | 257 | 85 |
| 假肢、矫形器制造业 | 3655 | 133 | 97 | 24 | 12 |
| 其他专用设备制造业 | 3670 | 10558 | 8768 | 1255 | 535 |
| 建筑机械制造业 | 3671 | 1448 | 1070 | 230 | 148 |
| 地质专用设备制造业 | 3672 | 158 | 114 | 31 | 13 |
| 畜牧兽医医疗器械制造业 | 3673 | 20 | 17 | 1 | 2 |
| 缝纫机制造业 | 3674 | 1159 | 1115 | 27 | 17 |
| 商业、饮食业、服务业专用机械制造 | 3675 | 368 | 283 | 62 | 23 |
| 邮政机械及器材制造业 | 3676 | 104 | 82 | 15 | 7 |
| 环境保护机械制造业 | 3677 | 3307 | 2908 | 279 | 120 |
| 社会公共安全设备及器材制造业 | 3678 | 1471 | 1080 | 286 | 105 |
| 其他类未包括的专用设备制造业 | 3679 | 2523 | 2099 | 324 | 100 |
| 专用机械设备修理业 | 3680 | 4664 | 2904 | 1172 | 588 |
| 工业专用设备修理业 | 3681 | 1302 | 879 | 291 | 132 |
| 农、林、牧、渔、水利机械修理业 | 3683 | 1598 | 774 | 551 | 273 |
| 医疗器械修理业 | 3685 | 136 | 104 | 20 | 12 |
| 其他专用机械设备修理业 | 3689 | 1628 | 1147 | 310 | 171 |
| 交通运输设备制造业 | 3700 | 60674 | 41676 | 10952 | 8046 |
| 铁路运输设备制造业 | 3710 | 1737 | 1036 | 507 | 194 |

1－5 续表 21

单位:个

| 行业小类 | 代码 | 法人单位数 | 东部 | 中部 | 西部 |
|---|---|---|---|---|---|
| 机车制造业 | 3711 | 55 | 38 | 12 | 5 |
| 客车制造业 | 3712 | 48 | 20 | 22 | 6 |
| 货车制造业 | 3713 | 45 | 18 | 20 | 7 |
| 机车车辆配件制造业 | 3714 | 830 | 522 | 227 | 81 |
| 铁路信号设备制造业 | 3715 | 94 | 60 | 24 | 10 |
| 铁路专用设备制造业 | 3716 | 134 | 81 | 32 | 21 |
| 铁路专用器材制造业 | 3717 | 363 | 217 | 106 | 40 |
| 其他铁路运输设备制造业 | 3719 | 168 | 80 | 64 | 24 |
| 汽车制造业 | 3720 | 17973 | 13189 | 3272 | 1512 |
| 载重汽车制造业 | 3721 | 173 | 84 | 57 | 32 |
| 客车制造业 | 3722 | 200 | 115 | 61 | 24 |
| 小轿车制造业 | 3723 | 49 | 33 | 10 | 6 |
| 微型汽车制造业 | 3724 | 74 | 40 | 19 | 15 |
| 特种车辆及改装汽车制造业 | 3725 | 712 | 430 | 192 | 90 |
| 汽车车身制造业 | 3726 | 346 | 182 | 130 | 34 |
| 汽车零部件及配件制造业 | 3727 | 16419 | 12305 | 2803 | 1311 |
| 摩托车制造业 | 3730 | 6321 | 4082 | 545 | 1694 |
| 摩托车整车制造业 | 3731 | 691 | 456 | 161 | 74 |
| 摩托车零部件及配件制造业 | 3732 | 5630 | 3626 | 384 | 1620 |
| 自行车制造业 | 3740 | 2837 | 2630 | 166 | 41 |
| 电车制造业 | 3750 | 84 | 74 | 9 | 1 |
| 船舶制造业 | 3760 | 1590 | 1327 | 211 | 52 |
| 海洋运输船制造业 | 3761 | 164 | 152 | 11 | 1 |
| 内河船制造业 | 3762 | 676 | 495 | 145 | 36 |
| 渔轮制造业 | 3763 | 143 | 139 | 2 | 2 |
| 船舶机械设备制造业 | 3764 | 603 | 538 | 52 | 13 |
| 海洋石油平台制造业 | 3765 | 4 | 3 | 1 | |
| 航空航天器制造业 | 3770 | 223 | 96 | 37 | 90 |

| 行业小类 | 代码 | 法人单位数 | 东部 | 中部 | 西部 |
|---|---|---|---|---|---|
| 飞机制造业 | 3771 | 148 | 55 | 30 | 63 |
| 其他航空航天器制造业 | 3779 | 75 | 41 | 7 | 27 |
| 交通运输设备修理业 | 3780 | 29441 | 18889 | 6138 | 4414 |
| 铁路运输设备修理业 | 3781 | 581 | 269 | 221 | 91 |
| 汽车修理业 | 3782 | 25412 | 15724 | 5523 | 4165 |
| 摩托车修理业 | 3783 | 946 | 724 | 174 | 48 |
| 电车修理业 | 3784 | 41 | 23 | 9 | 9 |
| 船舶修理业 | 3785 | 1828 | 1724 | 72 | 32 |
| 飞机修理业 | 3786 | 51 | 33 | 9 | 9 |
| 其他交通运输设备修理业 | 3789 | 582 | 392 | 130 | 60 |
| 其他交通运输设备制造业 | 3790 | 468 | 353 | 67 | 48 |
| 航标器材制造业 | 3791 | 22 | 18 | 2 | 2 |
| 潜水装备制造业 | 3792 | 19 | 11 | 5 | 3 |
| 公路标志制造业 | 3793 | 427 | 324 | 60 | 43 |
| 电气机械及器材制造业 | 4000 | 56694 | 47189 | 6306 | 3199 |
| 电机制造业 | 4010 | 4676 | 3920 | 546 | 210 |
| 发电机制造业 | 4011 | 883 | 673 | 142 | 68 |
| 电动机制造业 | 4012 | 2306 | 1920 | 294 | 92 |
| 微电机制造业 | 4013 | 1487 | 1327 | 110 | 50 |
| 输配电及控制设备制造业 | 4020 | 16140 | 13276 | 1714 | 1150 |
| 变压器制造业 | 4021 | 2642 | 2061 | 353 | 228 |
| 整流器制造业 | 4022 | 354 | 284 | 49 | 21 |
| 电容器制造业 | 4023 | 691 | 591 | 58 | 42 |
| 开关控制设备制造业 | 4024 | 5643 | 4672 | 621 | 350 |
| 电器设备元件制造业 | 4027 | 3745 | 3236 | 288 | 221 |
| 其他输配电及控制设备制造业 | 4029 | 3065 | 2432 | 345 | 288 |
| 电工器材制造业 | 4040 | 13929 | 10790 | 2230 | 909 |
| 电线电缆制造业 | 4041 | 8751 | 6724 | 1502 | 525 |

单位:个

| 行业小类 | 代码 | 法人单位数 | 东部 | 中部 | 西部 |
|---|---|---|---|---|---|
| 绝缘制品业 | 4043 | 998 | 790 | 138 | 70 |
| 蓄电池制造业 | 4045 | 1600 | 1144 | 311 | 145 |
| 原电池制造业 | 4046 | 606 | 498 | 74 | 34 |
| 其他电工器材制造业 | 4049 | 1974 | 1634 | 205 | 135 |
| 日用电器制造业 | 4060 | 8226 | 7522 | 458 | 246 |
| 洗衣机制造业 | 4061 | 374 | 333 | 26 | 15 |
| 吸尘器制造业 | 4062 | 186 | 170 | 13 | 3 |
| 电冰箱制造业 | 4063 | 355 | 295 | 38 | 22 |
| 电风扇制造业 | 4064 | 735 | 678 | 34 | 23 |
| 空调器制造业 | 4065 | 1773 | 1616 | 117 | 40 |
| 排油烟机制造业 | 4066 | 262 | 238 | 20 | 4 |
| 其他日用电器制造业 | 4069 | 4541 | 4192 | 210 | 139 |
| 照明器具制造业 | 4070 | 9377 | 8349 | 697 | 331 |
| 电光源制造业 | 4071 | 2103 | 1825 | 214 | 64 |
| 灯头、灯座制造业 | 4072 | 734 | 663 | 47 | 24 |
| 灯具制造业 | 4073 | 4817 | 4354 | 292 | 171 |
| 灯用电器附件制造业 | 4074 | 1147 | 1000 | 90 | 57 |
| 其他照明器具制造业 | 4079 | 576 | 507 | 54 | 15 |
| 电气机械修理业 | 4080 | 1394 | 990 | 285 | 119 |
| 其他电气机械制造业 | 4090 | 2952 | 2342 | 376 | 234 |
| 电焊机制造业 | 4091 | 939 | 744 | 98 | 97 |
| 工业用电炉制造业 | 4092 | 395 | 329 | 42 | 24 |
| 其他类未包括的电气机械制造业 | 4099 | 1618 | 1269 | 236 | 113 |
| 电子及通信设备制造业 | 4100 | 28059 | 24891 | 1911 | 1257 |
| 通信设备制造业 | 4110 | 4198 | 3543 | 361 | 294 |
| 传输设备制造业 | 4111 | 706 | 538 | 87 | 81 |
| 交换设备制造业 | 4112 | 614 | 507 | 67 | 40 |
| 通信终端设备制造业 | 4113 | 968 | 862 | 54 | 52 |
| 其他通信设备制造业 | 4119 | 1910 | 1636 | 153 | 121 |

| 行　业　小　类 | 代码 | 法　人单位数 | 东部 | 中部 | 西部 |
|---|---|---|---|---|---|
| 雷达制造业 | 4120 | 85 | 55 | 11 | 19 |
| 雷达整机制造业 | 4121 | 37 | 27 | 4 | 6 |
| 雷达专用配套设备及部件制造业 | 4122 | 48 | 28 | 7 | 13 |
| 广播电视设备制造业 | 4130 | 503 | 421 | 40 | 42 |
| 电子计算机制造业 | 4140 | 2145 | 1939 | 134 | 72 |
| 电子计算机整机制造业 | 4141 | 485 | 411 | 50 | 24 |
| 电子计算机外部设备制造业 | 4143 | 1660 | 1528 | 84 | 48 |
| 电子器件制造业 | 4150 | 2177 | 1925 | 149 | 103 |
| 电真空器件制造业 | 4151 | 385 | 316 | 36 | 33 |
| 半导体器件制造业 | 4153 | 1120 | 980 | 92 | 48 |
| 集成电路制造业 | 4155 | 672 | 629 | 21 | 22 |
| 电子元件制造业 | 4160 | 11901 | 10743 | 721 | 437 |
| 日用电子器具制造业 | 4170 | 2845 | 2675 | 103 | 67 |
| 电视机、录像机、摄像机制造业 | 4171 | 1167 | 1069 | 57 | 41 |
| 收音机、录音机制造业 | 4172 | 1291 | 1237 | 33 | 21 |
| 电子计算器制造业 | 4173 | 387 | 369 | 13 | 5 |
| 电子设备及通信设备修理业 | 4180 | 662 | 487 | 111 | 64 |
| 通信设备修理业 | 4181 | 204 | 152 | 31 | 21 |
| 广播电视设备修理业 | 4182 | 41 | 27 | 8 | 6 |
| 电子计算机修理业 | 4183 | 85 | 67 | 10 | 8 |
| 其他电子设备修理业 | 4189 | 332 | 241 | 62 | 29 |
| 其他电子设备制造业 | 4190 | 3543 | 3103 | 281 | 159 |
| 仪器仪表及文化、办公用机械制造业 | 4200 | 16360 | 13509 | 1724 | 1127 |
| 通用仪器仪表制造业 | 4210 | 8030 | 6630 | 827 | 573 |
| 工业自动化仪表制造业 | 4211 | 2431 | 1975 | 283 | 173 |
| 电工仪器、仪表制造业 | 4212 | 1581 | 1291 | 185 | 105 |
| 光学仪器制造业 | 4213 | 1083 | 820 | 114 | 149 |
| 计时仪器制造业 | 4214 | 288 | 256 | 22 | 10 |
| 分析仪器制造业 | 4215 | 429 | 387 | 28 | 14 |

| 行业小类 | 代码 | 法人单位数 | 东部 | 中部 | 西部 |
|---|---|---|---|---|---|
| 试验机制造业 | 4216 | 248 | 223 | 18 | 7 |
| 实验室仪器及装置制造业 | 4217 | 225 | 194 | 23 | 8 |
| 通用仪器仪表元件、器件制造业 | 4218 | 633 | 551 | 35 | 47 |
| 其他通用仪器仪表制造业 | 4219 | 1112 | 933 | 119 | 60 |
| 专用仪器仪表制造业 | 4220 | 2319 | 1813 | 322 | 184 |
| 环境保护仪器仪表制造业 | 4221 | 554 | 448 | 71 | 35 |
| 汽车仪器仪表制造业 | 4222 | 306 | 248 | 40 | 18 |
| 导航、制导仪器制造业 | 4223 | 76 | 54 | 10 | 12 |
| 农、林、牧、渔仪器仪表制造业 | 4224 | 47 | 31 | 8 | 8 |
| 地质勘探、钻采、地震专用仪器制造 | 4225 | 182 | 141 | 22 | 19 |
| 气象、海洋、水文、天文测量仪器制 | 4226 | 76 | 64 | 10 | 2 |
| 教学仪器制造业 | 4227 | 426 | 314 | 82 | 30 |
| 核子及核辐射测量仪器制造业 | 4228 | 38 | 27 | 7 | 4 |
| 专用仪器仪表元件、器件制造业 | 4229 | 614 | 486 | 72 | 56 |
| 电子测量仪器制造业 | 4230 | 714 | 579 | 77 | 58 |
| 计量器具制造业 | 4240 | 1253 | 922 | 234 | 97 |
| 传递标准用计量仪器制造业 | 4241 | 130 | 104 | 19 | 7 |
| 量具量仪制造业 | 4242 | 388 | 291 | 62 | 35 |
| 衡器制造业 | 4243 | 735 | 527 | 153 | 55 |
| 文化、办公用机械制造业 | 4250 | 1116 | 974 | 85 | 57 |
| 电影机械制造业 | 4251 | 51 | 45 | 5 | 1 |
| 幻灯机及投影仪制造业 | 4252 | 82 | 63 | 8 | 11 |
| 照相机及器材制造业 | 4254 | 334 | 311 | 15 | 8 |
| 复印机制造业 | 4256 | 156 | 146 | 6 | 4 |
| 打字机及油印机制造业 | 4257 | 121 | 99 | 12 | 10 |
| 其他文化、办公用机械制造业 | 4259 | 372 | 310 | 39 | 23 |
| 钟表制造业 | 4260 | 1640 | 1572 | 53 | 15 |
| 仪器仪表及文化、办公用机械修理业 | 4280 | 315 | 250 | 38 | 27 |
| 其他仪器仪表制造业 | 4290 | 973 | 769 | 88 | 116 |

单位:个

| 行业小类 | 代码 | 法人单位数 | 东部 | 中部 | 西部 |
|---|---|---|---|---|---|
| 其他制造业 | 4300 | 44241 | 31683 | 9588 | 2970 |
| 工艺美术品制造业 | 4310 | 28056 | 20578 | 6100 | 1378 |
| 雕塑工艺品制造业 | 4311 | 4166 | 3485 | 455 | 226 |
| 金属工艺品制造业 | 4312 | 2200 | 1793 | 257 | 150 |
| 漆器工艺品制造业 | 4313 | 355 | 308 | 22 | 25 |
| 花画工艺品制造业 | 4314 | 933 | 846 | 70 | 17 |
| 竹、藤、棕、草工艺品制造业 | 4315 | 3784 | 3275 | 397 | 112 |
| 抽纱刺绣工艺品制造业 | 4316 | 3491 | 3217 | 203 | 71 |
| 地毯制造业 | 4317 | 2122 | 1182 | 639 | 301 |
| 首饰制造业 | 4318 | 1800 | 1644 | 93 | 63 |
| 其他工艺美术品制造业 | 4319 | 9205 | 4828 | 3964 | 413 |
| 日用杂品制造业 | 4350 | 4282 | 3485 | 539 | 258 |
| 制镜业 | 4351 | 433 | 296 | 106 | 31 |
| 眼镜制造业 | 4353 | 1457 | 1390 | 45 | 22 |
| 制伞业 | 4355 | 955 | 851 | 85 | 19 |
| 鬃毛加工及制刷业 | 4357 | 1437 | 948 | 303 | 186 |
| 其他生产、生活用品制造业 | 4390 | 11903 | 7620 | 2949 | 1334 |
| 生产用其他产品制造业 | 4391 | 2371 | 1912 | 280 | 179 |
| 生活用其他产品制造业 | 4392 | 9532 | 5708 | 2669 | 1155 |
| **电力、煤气及水的生产和供应业** | **D** | **31774** | **16964** | **8198** | **6612** |
| 电力、蒸汽、热水的生产和供应业 | 4400 | 20874 | 11192 | 5372 | 4310 |
| 电力生产业 | 4410 | 15878 | 9087 | 3594 | 3197 |
| 火力发电业 | 4411 | 1577 | 892 | 481 | 204 |
| 水力发电业 | 4412 | 14125 | 8100 | 3071 | 2954 |
| 核力发电业 | 4413 | 12 | 9 | 3 | |
| 其他电业 | 4419 | 164 | 86 | 39 | 39 |
| 电力供应业 | 4420 | 3960 | 1567 | 1480 | 913 |
| 蒸汽、热水生产和供应业 | 4430 | 1036 | 538 | 298 | 200 |
| 煤气生产和供应业 | 4500 | 1203 | 630 | 249 | 324 |

单位:个

| 行业小类 | 代码 | 法人单位数 | 东部 | 中部 | 西部 |
|---|---|---|---|---|---|
| 煤气生产业 | 4510 | 222 | 145 | 54 | 23 |
| 煤气供应业 | 4520 | 981 | 485 | 195 | 301 |
| 自来水的生产和供应业 | 4600 | 9697 | 5142 | 2577 | 1978 |
| 自来水生产业 | 4610 | 4756 | 2636 | 1197 | 923 |
| 自来水供应业 | 4620 | 4941 | 2506 | 1380 | 1055 |
| **建筑业** | **E** | **129058** | **81130** | **28414** | **19514** |
| 土木工程建筑业 | 4700 | 74399 | 39624 | 21093 | 13682 |
| 房屋建筑业 | 4710 | 54997 | 27109 | 16797 | 11091 |
| 矿山建筑业 | 4720 | 472 | 194 | 193 | 85 |
| 铁路、公路、遂道、桥梁建筑业 | 4730 | 6083 | 3448 | 1577 | 1058 |
| 堤坝、电站、码头建筑业 | 4740 | 1925 | 1130 | 488 | 307 |
| 其他土木工程建筑业 | 4790 | 10922 | 7743 | 2038 | 1141 |
| 线路、管道和设备安装业 | 4800 | 23239 | 17307 | 3560 | 2372 |
| 线路、管道安装业 | 4810 | 7315 | 5035 | 1336 | 944 |
| 设备安装业 | 4820 | 15924 | 12272 | 2224 | 1428 |
| 装修装饰业 | 4900 | 31420 | 24199 | 3761 | 3460 |
| **地质勘查业、水利管理业** | **F** | **28108** | **11307** | **9958** | **6843** |
| 地质勘查业 | 5000 | 3161 | 1334 | 1000 | 827 |
| 区域地质勘查业 | 5010 | 332 | 111 | 106 | 115 |
| 海洋地质勘查业 | 5020 | 34 | 23 | 1 | 10 |
| 矿产地质勘查业 | 5030 | 1346 | 491 | 458 | 397 |
| 石油、天然气地质勘查业 | 5031 | 129 | 73 | 23 | 33 |
| 煤炭地质勘查业 | 5032 | 197 | 59 | 82 | 56 |
| 黑色金属矿产地质勘查业 | 5033 | 47 | 18 | 16 | 13 |
| 有色金属矿产地质勘查业 | 5034 | 168 | 54 | 52 | 62 |
| 贵金属矿产地质勘查业 | 5035 | 44 | 18 | 12 | 14 |
| 其他金属矿产地质勘查业 | 5036 | 58 | 18 | 23 | 17 |
| 非金属矿产地质勘查业 | 5037 | 123 | 47 | 41 | 35 |
| 水文地质勘查业 | 5038 | 580 | 204 | 209 | 167 |

单位:个

| 行业小类 | 代码 | 法人单位数 | 东部 | 中部 | 西部 |
|---|---|---|---|---|---|
| 工程地质勘查业 | 5040 | 1045 | 519 | 296 | 230 |
| 环境地质勘查业 | 5050 | 80 | 40 | 29 | 11 |
| 地球物理和地球化学勘查业 | 5060 | 48 | 18 | 19 | 11 |
| 地质工程技术及其他技术服务业 | 5090 | 276 | 132 | 91 | 53 |
| 水利管理业 | 5100 | 24947 | 9973 | 8958 | 6016 |
| **交通运输、仓储及邮电通信业** | **G** | **88281** | **52912** | **21136** | **14233** |
| 铁路运输业 | 5200 | 1936 | 1055 | 561 | 320 |
| 公路运输业 | 5300 | 25130 | 15674 | 5548 | 3908 |
| 汽车运输业 | 5310 | 24380 | 15147 | 5396 | 3837 |
| 其他公路运输业 | 5390 | 750 | 527 | 152 | 71 |
| 管道运输业 | 5400 | 50 | 24 | 14 | 12 |
| 水上运输业 | 5500 | 3897 | 2848 | 799 | 250 |
| 远洋运输业 | 5510 | 348 | 325 | 20 | 3 |
| 沿海运输业 | 5520 | 988 | 976 | 9 | 3 |
| 内河、内湖运输业 | 5530 | 2278 | 1381 | 677 | 220 |
| 其他水上运输业 | 5590 | 283 | 166 | 93 | 24 |
| 航空运输业 | 5600 | 443 | 308 | 69 | 66 |
| 航空客货运输业 | 5610 | 408 | 287 | 60 | 61 |
| 通用航空业 | 5620 | 35 | 21 | 9 | 5 |
| 交通运输辅助业 | 5700 | 30621 | 19078 | 6803 | 4740 |
| 公路管理及养护业 | 5710 | 11626 | 4647 | 3967 | 3012 |
| 港口业 | 5720 | 937 | 790 | 127 | 20 |
| 沿海港口业 | 5721 | 416 | 411 | 4 | 1 |
| 内河、内湖港口业 | 5722 | 521 | 379 | 123 | 19 |
| 水运辅助业 | 5730 | 3434 | 2656 | 479 | 299 |
| 机场及航空运输辅助业 | 5740 | 1429 | 1156 | 95 | 178 |
| 装卸搬运业 | 5750 | 5346 | 3206 | 1478 | 662 |
| 其他类未包括的交通运输辅助业 | 5790 | 7849 | 6623 | 657 | 569 |
| 其他交通运输业 | 5800 | 446 | 341 | 66 | 39 |

单位:个

| 行 业 小 类 | 代码 | 法 人<br>单位数 | 东部 | 中部 | 西部 |
|---|---|---|---|---|---|
| 仓储业 | 5900 | 11798 | 7342 | 3088 | 1368 |
| 邮电通信业 | 6000 | 13960 | 6242 | 4188 | 3530 |
| 邮政业 | 6010 | 3821 | 1834 | 1068 | 919 |
| 电信业 | 6020 | 9931 | 4306 | 3073 | 2552 |
| 邮电业 | 6030 | 208 | 102 | 47 | 59 |
| **批发和零售贸易、餐饮业** | **H** | **905596** | **626890** | **165316** | **113390** |
| 食品、饮料、烟草和家庭用品批发业 | 6100 | 185848 | 132803 | 32907 | 20138 |
| 食品、饮料、烟草批发业 | 6110 | 66163 | 39087 | 18242 | 8834 |
| 粮食、食用油批发业 | 6111 | 29827 | 15334 | 10377 | 4116 |
| 糕点、糖果和饮料批发业 | 6112 | 11937 | 8190 | 2315 | 1432 |
| 肉、禽、蛋及其制品批发业 | 6113 | 4980 | 3022 | 1471 | 487 |
| 水产品批发业 | 6114 | 2285 | 1936 | 251 | 98 |
| 蔬菜、果品批发业 | 6115 | 3838 | 2373 | 913 | 552 |
| 茶叶批发业 | 6116 | 1304 | 882 | 225 | 197 |
| 烟草及其制品批发业 | 6117 | 3104 | 1301 | 1018 | 785 |
| 盐及调味品批发业 | 6118 | 2442 | 1171 | 801 | 470 |
| 其他食品、饮料、烟草批发业 | 6119 | 6446 | 4878 | 871 | 697 |
| 棉、麻、土畜产品批发业 | 6120 | 5048 | 2322 | 1793 | 933 |
| 棉、麻批发业 | 6121 | 2819 | 1173 | 1179 | 467 |
| 畜产品批发业 | 6122 | 2229 | 1149 | 614 | 466 |
| 纺织品、服装和鞋帽批发业 | 6130 | 24290 | 21631 | 1648 | 1011 |
| 纺织品批发业 | 6131 | 15023 | 13459 | 994 | 570 |
| 服装批发业 | 6132 | 7958 | 7068 | 520 | 370 |
| 鞋帽批发业 | 6133 | 1309 | 1104 | 134 | 71 |
| 日用百货批发业 | 6140 | 25554 | 20254 | 2948 | 2352 |
| 百货批发业 | 6141 | 13808 | 10591 | 1867 | 1350 |
| 文化用品、钟表眼镜批发业 | 6142 | 8004 | 6692 | 645 | 667 |
| 其他日用百货批发业 | 6149 | 3742 | 2971 | 436 | 335 |
| 日用杂品批发业 | 6150 | 4472 | 3147 | 822 | 503 |

1－5续表30　　单位：个

| 行业小类 | 代码 | 法人单位数 | 东部 | 中部 | 西部 |
|---|---|---|---|---|---|
| 五金、交电、化工批发业 | 6160 | 49192 | 39142 | 5219 | 4831 |
| 药品及医疗器械批发业 | 6170 | 11129 | 7220 | 2235 | 1674 |
| 西药批发业 | 6171 | 4592 | 2587 | 1184 | 821 |
| 中草药及制品批发业 | 6172 | 2363 | 1381 | 550 | 432 |
| 医疗器械批发业 | 6173 | 4174 | 3252 | 501 | 421 |
| 能源、材料和机械电子设备批发业 | 6200 | 200840 | 146703 | 31183 | 22954 |
| 能源批发业 | 6210 | 22264 | 14268 | 5278 | 2718 |
| 石油及制品批发业 | 6211 | 12386 | 8281 | 2367 | 1738 |
| 煤炭及制品批发业 | 6212 | 9333 | 5618 | 2802 | 913 |
| 其他能源批发业 | 6219 | 545 | 369 | 109 | 67 |
| 化工材料批发业 | 6220 | 18811 | 15182 | 1989 | 1640 |
| 木材批发业 | 6230 | 5440 | 3202 | 1575 | 663 |
| 建筑材料批发业 | 6240 | 32778 | 25228 | 4107 | 3443 |
| 矿产品批发业 | 6250 | 3090 | 1606 | 666 | 818 |
| 金属材料批发业 | 6260 | 35393 | 26023 | 5405 | 3965 |
| 黑色金属材料批发业 | 6261 | 29453 | 21621 | 4629 | 3203 |
| 有色金属材料批发业 | 6262 | 5940 | 4402 | 776 | 762 |
| 机械、电子设备批发业 | 6270 | 57768 | 43813 | 7042 | 6913 |
| 汽车、摩托车及零配件批发业 | 6280 | 14054 | 9542 | 2779 | 1733 |
| 汽车批发业 | 6281 | 4105 | 2501 | 1233 | 371 |
| 摩托车批发业 | 6282 | 1059 | 688 | 223 | 148 |
| 汽车、摩托车零配件批发业 | 6289 | 8890 | 6353 | 1323 | 1214 |
| 再生物资回收批发业 | 6290 | 11242 | 7839 | 2342 | 1061 |
| 其他批发业 | 6300 | 44322 | 27893 | 10539 | 5890 |
| 工艺美术品批发业 | 6310 | 2494 | 2158 | 190 | 146 |
| 图书报刊批发业 | 6320 | 2468 | 1364 | 509 | 595 |
| 农业生产资料批发业 | 6330 | 27334 | 14251 | 8760 | 4323 |
| 其他类未包括的批发业 | 6390 | 12026 | 10120 | 1080 | 826 |
| 零售业 | 6400 | 401919 | 270450 | 76043 | 55426 |

| 行业小类 | 代码 | 法人单位数 | 东部 | 中部 | 西部 |
|---|---|---|---|---|---|
| 食品、饮料和烟草零售业 | 6410 | 50584 | 33768 | 9646 | 7170 |
| 粮油食品零售业 | 6411 | 15507 | 8825 | 3817 | 2865 |
| 副食品零售业 | 6412 | 12565 | 7986 | 2604 | 1975 |
| 其他食品、饮料和烟草零售业 | 6419 | 22512 | 16957 | 3225 | 2330 |
| 日用百货零售业 | 6420 | 83026 | 52165 | 18140 | 12721 |
| 百货零售业 | 6421 | 36544 | 20428 | 9690 | 6426 |
| 文化体育用品零售业 | 6422 | 10089 | 7496 | 1401 | 1192 |
| 钟表、眼镜及照相器材零售业 | 6423 | 3316 | 2306 | 594 | 416 |
| 其他日用百货零售业 | 6429 | 33077 | 21935 | 6455 | 4687 |
| 纺织品、服装和鞋帽零售业 | 6430 | 21369 | 15113 | 3871 | 2385 |
| 日用杂品零售业 | 6440 | 9349 | 6453 | 1626 | 1270 |
| 五金、交电、化工零售业 | 6450 | 98098 | 69930 | 15852 | 12316 |
| 药品及医疗器械零售业 | 6470 | 17032 | 10169 | 4389 | 2474 |
| 图书报刊零售业 | 6480 | 5766 | 3660 | 1165 | 941 |
| 其他零售业 | 6490 | 116695 | 79192 | 21354 | 16149 |
| 家具零售业 | 6491 | 4480 | 3135 | 762 | 583 |
| 煤炭零售业 | 6492 | 2847 | 1769 | 703 | 375 |
| 石油制品零售业 | 6493 | 25076 | 16014 | 5298 | 3764 |
| 汽车、摩托车及其零配件零售业 | 6494 | 27649 | 17722 | 5620 | 4307 |
| 计算机及软件、办公设备零售业 | 6495 | 30744 | 21531 | 5054 | 4159 |
| 信托业 | 6496 | 1521 | 1385 | 82 | 54 |
| 首饰业 | 6497 | 3335 | 2271 | 626 | 438 |
| 其他类未包括的零售业 | 6499 | 21043 | 15365 | 3209 | 2469 |
| 商业经纪与代理业 | 6500 | 7342 | 6533 | 551 | 258 |
| 餐饮业 | 6700 | 65325 | 42508 | 14093 | 8724 |
| 正餐 | 6710 | 53439 | 33753 | 12488 | 7198 |
| 快餐 | 6720 | 4157 | 3176 | 708 | 273 |
| 其他餐饮业 | 6790 | 7729 | 5579 | 897 | 1253 |
| 小吃 | 6791 | 4247 | 3258 | 524 | 465 |

| 行业小类 | 代码 | 法人单位数 | 东部 | 中部 | 西部 |
|---|---|---|---|---|---|
| 冷饮 | 6793 | 941 | 718 | 108 | 115 |
| 茶馆 | 6795 | 1839 | 1083 | 183 | 573 |
| 其他类未包括的餐饮业 | 6799 | 702 | 520 | 82 | 100 |
| **金融、保险业** | **I** | **64806** | **27292** | **22464** | **15050** |
| 金融业 | 6800 | 57539 | 24435 | 19996 | 13108 |
| 中央银行 | 6810 | 2089 | 727 | 786 | 576 |
| 商业银行 | 6820 | 17435 | 8554 | 5654 | 3227 |
| 其他银行 | 6830 | 1786 | 655 | 693 | 438 |
| 信用合作社 | 6840 | 30365 | 10785 | 11723 | 7857 |
| 信托投资业 | 6850 | 1488 | 1080 | 199 | 209 |
| 证券经纪与交易业 | 6860 | 1568 | 1143 | 304 | 121 |
| 其他非银行金融业 | 6870 | 2808 | 1491 | 637 | 680 |
| 财务公司 | 6871 | 275 | 196 | 45 | 34 |
| 融资租赁公司 | 6872 | 93 | 51 | 23 | 19 |
| 典当业 | 6873 | 836 | 439 | 218 | 179 |
| 其他类未包括的非银行金融业 | 6879 | 1604 | 805 | 351 | 448 |
| 保险业 | 7000 | 7267 | 2857 | 2468 | 1942 |
| **房地产业** | **J** | **96795** | **65057** | **18215** | **13523** |
| 房地产开发与经营业 | 7200 | 55173 | 36126 | 10387 | 8660 |
| 房地产管理业 | 7300 | 30942 | 20322 | 6720 | 3900 |
| 房地产经纪与代理业 | 7400 | 10680 | 8609 | 1108 | 963 |
| **社会服务业** | **K** | **361363** | **255139** | **61388** | **44836** |
| 公共设施服务业 | 7500 | 47364 | 27851 | 11536 | 7977 |
| 市内公共交通业 | 7510 | 5243 | 3018 | 1290 | 935 |
| 市内公共汽电车业 | 7511 | 1369 | 757 | 388 | 224 |
| 出租汽车业 | 7512 | 3480 | 1998 | 825 | 657 |
| 轨道交通业 | 7513 | 94 | 57 | 13 | 24 |
| 市内轮渡业 | 7514 | 95 | 51 | 33 | 11 |
| 其他市内公共交通业 | 7519 | 205 | 155 | 31 | 19 |

| 行业小类 | 代码 | 法人单位数 | 东部 | 中部 | 西部 |
|---|---|---|---|---|---|
| 园林绿化业 | 7520 | 7626 | 5059 | 1393 | 1174 |
| 自然保护区管理业 | 7530 | 571 | 224 | 164 | 183 |
| 环境卫生业 | 7540 | 6099 | 3482 | 1632 | 985 |
| 市政工程管理业 | 7550 | 5362 | 3013 | 1470 | 879 |
| 风景名胜区管理业 | 7560 | 1902 | 997 | 522 | 383 |
| 其他公共服务业 | 7590 | 20561 | 12058 | 5065 | 3438 |
| 居民服务业 | 7600 | 57223 | 41272 | 9750 | 6201 |
| 理发及美容化妆业 | 7610 | 7901 | 5931 | 1188 | 782 |
| 沐浴业 | 7620 | 6409 | 4108 | 1851 | 450 |
| 洗染业 | 7630 | 1802 | 1404 | 236 | 162 |
| 摄影及扩印业 | 7640 | 5048 | 3265 | 1054 | 729 |
| 托儿所 | 7650 | 1096 | 787 | 143 | 166 |
| 日用品修理业 | 7660 | 5038 | 3933 | 653 | 452 |
| 家务服务业 | 7670 | 1503 | 1118 | 175 | 210 |
| 殡葬业 | 7680 | 3719 | 2077 | 1064 | 578 |
| 其他居民服务业 | 7690 | 24707 | 18649 | 3386 | 2672 |
| 旅馆业 | 7800 | 36919 | 20225 | 9028 | 7666 |
| 租赁服务业 | 7900 | 7201 | 5164 | 884 | 1153 |
| 旅游业 | 8000 | 10812 | 6730 | 2284 | 1798 |
| 娱乐服务业 | 8100 | 13283 | 9319 | 1894 | 2070 |
| 信息、咨询服务业 | 8200 | 107226 | 80385 | 15184 | 11657 |
| 广告业 | 8210 | 28781 | 22063 | 3463 | 3255 |
| 咨询服务业 | 8220 | 37571 | 23539 | 8409 | 5623 |
| 公证业 | 8221 | 2160 | 1131 | 603 | 426 |
| 律师事务所 | 8222 | 14201 | 7918 | 3653 | 2630 |
| 会计、审计、统计咨询业 | 8223 | 16989 | 12388 | 2783 | 1818 |
| 社会调查业 | 8224 | 4221 | 2102 | 1370 | 749 |
| 其他类未包括的信息咨询服务业 | 8290 | 40874 | 34783 | 3312 | 2779 |
| 计算机应用服务业 | 8300 | 31927 | 26243 | 3276 | 2408 |

| 行业小类 | 代码 | 法人单位数 | 东部 | 中部 | 西部 |
|---|---|---|---|---|---|
| 软件开发咨询业 | 8310 | 21462 | 18070 | 1972 | 1420 |
| 数据处理业 | 8320 | 797 | 544 | 168 | 85 |
| 数据库服务业 | 8330 | 4240 | 3239 | 596 | 405 |
| 计算机设备维护咨询业 | 8340 | 5428 | 4390 | 540 | 498 |
| 其他社会服务业 | 8400 | 49408 | 37950 | 7552 | 3906 |
| 市场管理服务业 | 8410 | 21874 | 14508 | 5113 | 2253 |
| 其他类未包括的社会服务业 | 8490 | 27534 | 23442 | 2439 | 1653 |
| **卫生、体育和社会福利业** | **L** | **206465** | **79721** | **70245** | **56499** |
| 卫生 | 8500 | 174720 | 64264 | 59695 | 50761 |
| 医院 | 8510 | 140573 | 51753 | 48344 | 40476 |
| 综合医院 | 8511 | 12797 | 5060 | 4560 | 3177 |
| 专科医院 | 8512 | 2699 | 1221 | 946 | 532 |
| 中医医院 | 8513 | 2568 | 932 | 908 | 728 |
| 门诊部 | 8514 | 26355 | 8780 | 14979 | 2596 |
| 其他医院 | 8519 | 96154 | 35760 | 26951 | 33443 |
| 疗养院 | 8520 | 1118 | 539 | 465 | 114 |
| 专科防治所(站) | 8530 | 2634 | 1054 | 1190 | 390 |
| 卫生防疫站 | 8540 | 4838 | 2118 | 1570 | 1150 |
| 妇幼保健所(站) | 8550 | 3400 | 1126 | 1131 | 1143 |
| 药品检验所(室) | 8560 | 1678 | 637 | 603 | 438 |
| 其他卫生 | 8590 | 20479 | 7037 | 6392 | 7050 |
| 体育 | 8600 | 4026 | 2611 | 823 | 592 |
| 社会福利保障业 | 8700 | 27719 | 12846 | 9727 | 5146 |
| 社会福利业 | 8710 | 16457 | 7789 | 5750 | 2918 |
| 干部休养所 | 8711 | 2032 | 974 | 589 | 469 |
| 福利收容院 | 8712 | 11057 | 4772 | 4334 | 1951 |
| 社区服务业 | 8713 | 3368 | 2043 | 827 | 498 |
| 社会保险和救济业 | 8720 | 7368 | 3532 | 2255 | 1581 |
| 其他类未包括的社会福利保障业 | 8790 | 3894 | 1525 | 1722 | 647 |

| 行　业　小　类 | 代码 | 法　人<br>单位数 | 东部 | 中部 | 西部 |
|---|---|---|---|---|---|
| **教育、文化艺术及广播电影电视业** | **M** | **398758** | **167737** | **128023** | **102998** |
| 教育 | 8900 | 308320 | 133411 | 105022 | 69887 |
| 高等教育 | 8910 | 5646 | 2763 | 1768 | 1115 |
| 普通高等教育 | 8911 | 1623 | 769 | 523 | 331 |
| 成人高等教育 | 8912 | 4023 | 1994 | 1245 | 784 |
| 中等教育 | 8920 | 91226 | 39717 | 31869 | 19640 |
| 中等专业学校 | 8921 | 6419 | 2908 | 2236 | 1275 |
| 普通中学 | 8922 | 64084 | 26191 | 23566 | 14327 |
| 农业、职业中学 | 8923 | 4649 | 1856 | 1664 | 1129 |
| 技工学校 | 8924 | 2402 | 1267 | 761 | 374 |
| 成人中等学校 | 8925 | 13592 | 7445 | 3624 | 2523 |
| 工读学校 | 8926 | 80 | 50 | 18 | 12 |
| 初等教育 | 8930 | 145130 | 56906 | 53888 | 34336 |
| 小学校 | 8931 | 144407 | 56645 | 53680 | 34082 |
| 成人初等学校 | 8932 | 723 | 261 | 208 | 254 |
| 学前教育 | 8940 | 41208 | 21491 | 10010 | 9707 |
| 特殊教育 | 8950 | 1399 | 675 | 498 | 226 |
| 其他教育 | 8990 | 23711 | 11859 | 6989 | 4863 |
| 文化艺术业 | 9000 | 67007 | 25026 | 15604 | 26377 |
| 艺术 | 9010 | 5511 | 2847 | 1778 | 886 |
| 出版 | 9020 | 5192 | 3147 | 1244 | 801 |
| 文物保护 | 9030 | 3443 | 1404 | 1251 | 788 |
| 图书馆 | 9040 | 2491 | 987 | 877 | 627 |
| 档案馆 | 9050 | 2386 | 966 | 754 | 666 |
| 群众文化 | 9060 | 13621 | 5596 | 4255 | 3770 |
| 新闻 | 9070 | 734 | 352 | 234 | 148 |
| 文化艺术经纪与代理业 | 9080 | 1094 | 904 | 123 | 67 |
| 其他文化艺术业 | 9090 | 32535 | 8823 | 5088 | 18624 |
| 广播电影电视业 | 9100 | 23431 | 9300 | 7397 | 6734 |

单位:个

| 行业小类 | 代码 | 法人单位数 | 东部 | 中部 | 西部 |
|---|---|---|---|---|---|
| 广播 | 9110 | 9281 | 2755 | 3157 | 3369 |
| 电影 | 9120 | 6110 | 3278 | 1667 | 1165 |
| 电视 | 9130 | 8040 | 3267 | 2573 | 2200 |
| **科学研究和综合技术服务业** | **N** | **85667** | **60710** | **14923** | **10034** |
| 科学研究业 | 9200 | 10847 | 6181 | 2800 | 1866 |
| 自然科学研究 | 9210 | 7591 | 4469 | 1902 | 1220 |
| 社会科学研究 | 9220 | 1883 | 945 | 490 | 448 |
| 其他科学研究 | 9230 | 1373 | 767 | 408 | 198 |
| 综合技术服务业 | 9300 | 74820 | 54529 | 12123 | 8168 |
| 气象 | 9310 | 2947 | 1169 | 866 | 912 |
| 地震 | 9320 | 1055 | 406 | 284 | 365 |
| 测绘 | 9330 | 1975 | 1061 | 569 | 345 |
| 技术监督 | 9340 | 9994 | 5369 | 3016 | 1609 |
| 海洋环境 | 9350 | 236 | 235 | 1 | |
| 环境保护 | 9360 | 4995 | 2549 | 1500 | 946 |
| 技术推广和科技交流服务业 | 9370 | 29988 | 25427 | 2817 | 1744 |
| 工程设计业 | 9380 | 9323 | 5819 | 2016 | 1488 |
| 其他综合技术服务业 | 9390 | 14307 | 12494 | 1054 | 759 |
| **国家机关、政党机关和社会团体** | **O** | **1200473** | **472879** | **407468** | **320126** |
| 国家机关 | 9400 | 231131 | 78127 | 81501 | 71503 |
| 政党机关 | 9500 | 76104 | 24259 | 25509 | 26336 |
| 社会团体 | 9600 | 107942 | 53327 | 29235 | 25380 |
| 基层群众自治组织 | 9700 | 785296 | 317166 | 271223 | 196907 |
| 居民委员会 | 9710 | 87046 | 39913 | 31868 | 15265 |
| 村民委员会 | 9720 | 698250 | 277253 | 239355 | 181642 |
| **其他行业** | **P** | **76835** | **53750** | **15335** | **7750** |
| 其他行业 | 9900 | 76835 | 53750 | 15335 | 7750 |
| 企业管理机构 | 9910 | 72658 | 51000 | 14432 | 7226 |
| 其他类未包括的行业 | 9990 | 4177 | 2750 | 903 | 524 |

# 1-6 全部法人单位按地区分组的单位数

单位:个

| 地　区 | 代码 | 法人单位数（2001） | 从事单一活动或位于一个地点的法人单位 | 法人单位数（2002） | 从事单一活动或位于一个地点的法人单位 |
|---|---|---|---|---|---|
| **全　国** | **00** | **5107015** | **4664928** | **5170852** | **4734386** |
| 北　京 | 11 | 246810 | 241575 | 252363 | 246866 |
| 天　津 | 12 | 93365 | 91507 | 94682 | 92828 |
| 河　北 | 13 | 218826 | 205054 | 220054 | 206868 |
| 山　西 | 14 | 126332 | 109229 | 127477 | 110487 |
| 内蒙古 | 15 | 72492 | 66155 | 71904 | 65664 |
| 辽　宁 | 21 | 218115 | 205695 | 222855 | 210741 |
| 吉　林 | 22 | 87412 | 82350 | 87841 | 82950 |
| 黑龙江 | 23 | 107455 | 93245 | 108415 | 94355 |
| 上　海 | 31 | 259097 | 232404 | 286588 | 258443 |
| 江　苏 | 32 | 402323 | 381073 | 409869 | 389004 |
| 浙　江 | 33 | 359869 | 341777 | 370988 | 353371 |
| 安　徽 | 34 | 178914 | 143659 | 179435 | 144832 |
| 福　建 | 35 | 156794 | 134562 | 158013 | 136173 |
| 江　西 | 36 | 147107 | 135367 | 141883 | 130765 |
| 山　东 | 37 | 348473 | 311790 | 346415 | 309732 |
| 河　南 | 41 | 267881 | 253313 | 266230 | 251907 |
| 湖　北 | 42 | 161920 | 130866 | 162121 | 132299 |
| 湖　南 | 43 | 187468 | 171283 | 187731 | 171647 |
| 广　东 | 44 | 403309 | 379848 | 408586 | 385474 |
| 广　西 | 45 | 123071 | 107711 | 123163 | 107876 |
| 海　南 | 46 | 31428 | 29546 | 34492 | 32617 |
| 重　庆 | 50 | 90306 | 79161 | 91443 | 80462 |
| 四　川 | 51 | 259869 | 236902 | 262672 | 239891 |
| 贵　州 | 52 | 85843 | 79424 | 85209 | 78964 |
| 云　南 | 53 | 98325 | 84737 | 97400 | 84234 |
| 西　藏 | 54 | 15595 | 14136 | 15778 | 14320 |
| 陕　西 | 61 | 162552 | 146951 | 161663 | 146122 |
| 甘　肃 | 62 | 83323 | 71876 | 83185 | 71885 |
| 青　海 | 63 | 20862 | 18859 | 20760 | 18809 |
| 宁　夏 | 64 | 25402 | 24016 | 25451 | 24064 |
| 新　疆 | 65 | 66477 | 60857 | 66186 | 60736 |

# 1－7  农、林、牧、渔业法人单位按地区分组的单位数

单位:个

| 地区 | 代码 | 法人单位数(2001) | 从事单一活动或位于一个地点的法人单位 | 法人单位数(2002) | 从事单一活动或位于一个地点的法人单位 |
|---|---|---|---|---|---|
| **全国** | **00** | **165964** | **156030** | **165464** | **155654** |
| 北京 | 11 | 2934 | 2860 | 2690 | 2638 |
| 天津 | 12 | 924 | 897 | 931 | 904 |
| 河北 | 13 | 3402 | 3213 | 3401 | 3212 |
| 山西 | 14 | 2719 | 2580 | 2805 | 2659 |
| 内蒙古 | 15 | 3497 | 3309 | 3440 | 3254 |
| 辽宁 | 21 | 7238 | 7015 | 7294 | 7062 |
| 吉林 | 22 | 4920 | 4810 | 4919 | 4809 |
| 黑龙江 | 23 | 5156 | 4544 | 5193 | 4573 |
| 上海 | 31 | 2654 | 2474 | 2883 | 2704 |
| 江苏 | 32 | 9555 | 8612 | 9516 | 8578 |
| 浙江 | 33 | 5458 | 5112 | 5472 | 5172 |
| 安徽 | 34 | 5028 | 4516 | 5028 | 4516 |
| 福建 | 35 | 6417 | 6114 | 6353 | 6054 |
| 江西 | 36 | 11037 | 10687 | 10833 | 10483 |
| 山东 | 37 | 5027 | 4792 | 5027 | 4792 |
| 河南 | 41 | 11670 | 11485 | 11359 | 11182 |
| 湖北 | 42 | 7839 | 7185 | 7778 | 7134 |
| 湖南 | 43 | 9087 | 8742 | 9045 | 8704 |
| 广东 | 44 | 7379 | 7084 | 7453 | 7162 |
| 广西 | 45 | 8080 | 7252 | 7946 | 7129 |
| 海南 | 46 | 2306 | 2135 | 2489 | 2322 |
| 重庆 | 50 | 3882 | 3614 | 3998 | 3728 |
| 四川 | 51 | 16219 | 15330 | 16286 | 15399 |
| 贵州 | 52 | 3904 | 3785 | 3842 | 3726 |
| 云南 | 53 | 6285 | 5689 | 6185 | 5606 |
| 西藏 | 54 | 149 | 103 | 149 | 103 |
| 陕西 | 61 | 5373 | 5107 | 5342 | 5078 |
| 甘肃 | 62 | 2696 | 2432 | 2698 | 2436 |
| 青海 | 63 | 867 | 803 | 866 | 804 |
| 宁夏 | 64 | 823 | 770 | 822 | 769 |
| 新疆 | 65 | 3439 | 2979 | 3421 | 2962 |

# 1-8 采掘业法人单位按地区分组的单位数

单位:个

| 地　　区 | 代码 | 法人单位数(2001) | 从事单一活动或位于一个地点的法人单位 | 法人单位数(2002) | 从事单一活动或位于一个地点的法人单位 |
|---|---|---|---|---|---|
| **全　　国** | **00** | **72551** | **70535** | **71935** | **69994** |
| 北　　京 | 11 | 679 | 673 | 671 | 664 |
| 天　　津 | 12 | 215 | 212 | 198 | 195 |
| 河　　北 | 13 | 4011 | 3932 | 4050 | 3981 |
| 山　　西 | 14 | 8541 | 8362 | 8381 | 8201 |
| 内 蒙 古 | 15 | 1554 | 1470 | 1545 | 1463 |
| 辽　　宁 | 21 | 3667 | 3610 | 3716 | 3662 |
| 吉　　林 | 22 | 1067 | 1013 | 1062 | 1013 |
| 黑 龙 江 | 23 | 1759 | 1612 | 1768 | 1626 |
| 上　　海 | 31 | 2 | 2 | 6 | 5 |
| 江　　苏 | 32 | 1912 | 1864 | 1902 | 1856 |
| 浙　　江 | 33 | 2695 | 2661 | 2703 | 2670 |
| 安　　徽 | 34 | 2484 | 2374 | 2496 | 2391 |
| 福　　建 | 35 | 1948 | 1872 | 1966 | 1890 |
| 江　　西 | 36 | 3833 | 3716 | 3201 | 3123 |
| 山　　东 | 37 | 2703 | 2593 | 2703 | 2593 |
| 河　　南 | 41 | 5665 | 5595 | 5501 | 5431 |
| 湖　　北 | 42 | 2069 | 1955 | 2102 | 1988 |
| 湖　　南 | 43 | 7822 | 7747 | 7738 | 7665 |
| 广　　东 | 44 | 3541 | 3504 | 3540 | 3503 |
| 广　　西 | 45 | 1158 | 1085 | 1108 | 1036 |
| 海　　南 | 46 | 140 | 135 | 145 | 140 |
| 重　　庆 | 50 | 1815 | 1755 | 1872 | 1810 |
| 四　　川 | 51 | 4368 | 4212 | 4633 | 4478 |
| 贵　　州 | 52 | 1998 | 1955 | 2066 | 2023 |
| 云　　南 | 53 | 2105 | 1999 | 2079 | 1974 |
| 西　　藏 | 54 | 35 | 31 | 48 | 44 |
| 陕　　西 | 61 | 2340 | 2273 | 2323 | 2256 |
| 甘　　肃 | 62 | 927 | 885 | 923 | 881 |
| 青　　海 | 63 | 263 | 248 | 264 | 252 |
| 宁　　夏 | 64 | 346 | 338 | 346 | 338 |
| 新　　疆 | 65 | 889 | 852 | 879 | 842 |

# 1－9 制造业法人单位按地区分组的单位数

单位:个

| 地　区 | 代码 | 法人单位数(2001) | 从事单一活动或位于一个地点的法人单位 | 法人单位数(2002) | 从事单一活动或位于一个地点的法人单位 |
|---|---|---|---|---|---|
| **全　国** | **00** | **1240655** | **1206706** | **1259474** | **1226955** |
| 北　京 | 11 | 33309 | 32766 | 33464 | 32920 |
| 天　津 | 12 | 28614 | 28396 | 28977 | 28760 |
| 河　北 | 13 | 52954 | 52012 | 53645 | 52927 |
| 山　西 | 14 | 22158 | 21457 | 22551 | 21867 |
| 内蒙古 | 15 | 8327 | 7969 | 8384 | 8038 |
| 辽　宁 | 21 | 57526 | 56631 | 58928 | 58093 |
| 吉　林 | 22 | 14794 | 14502 | 14982 | 14722 |
| 黑龙江 | 23 | 17514 | 16569 | 18391 | 17461 |
| 上　海 | 31 | 67932 | 62289 | 72018 | 65991 |
| 江　苏 | 32 | 164258 | 160500 | 168728 | 165195 |
| 浙　江 | 33 | 149350 | 146679 | 155957 | 153372 |
| 安　徽 | 34 | 36653 | 34995 | 36916 | 35659 |
| 福　建 | 35 | 47463 | 46599 | 47923 | 47099 |
| 江　西 | 36 | 28557 | 27866 | 26177 | 25671 |
| 山　东 | 37 | 98450 | 96396 | 97650 | 95596 |
| 河　南 | 41 | 77292 | 76354 | 75777 | 74884 |
| 湖　北 | 42 | 25861 | 24407 | 26241 | 24848 |
| 湖　南 | 43 | 37911 | 37262 | 38341 | 37668 |
| 广　东 | 44 | 135248 | 133109 | 137428 | 135472 |
| 广　西 | 45 | 14982 | 13801 | 15130 | 13959 |
| 海　南 | 46 | 2343 | 2263 | 2569 | 2495 |
| 重　庆 | 50 | 15907 | 14958 | 16286 | 15380 |
| 四　川 | 51 | 38555 | 37221 | 39045 | 37754 |
| 贵　州 | 52 | 8126 | 7836 | 7834 | 7584 |
| 云　南 | 53 | 11932 | 10923 | 11613 | 10650 |
| 西　藏 | 54 | 264 | 241 | 283 | 260 |
| 陕　西 | 61 | 23387 | 22787 | 23384 | 22783 |
| 甘　肃 | 62 | 9819 | 9311 | 9754 | 9270 |
| 青　海 | 63 | 1762 | 1647 | 1801 | 1694 |
| 宁　夏 | 64 | 3445 | 3354 | 3465 | 3374 |
| 新　疆 | 65 | 5962 | 5606 | 5832 | 5509 |

# 1－10 电力、煤气及水的生产和供应业法人单位按地区分组的单位数

单位：个

| 地区 | 代码 | 法人单位数（2001） | 从事单一活动或位于一个地点的法人单位 | 法人单位数（2002） | 从事单一活动或位于一个地点的法人单位 |
|---|---|---|---|---|---|
| **全国** | **00** | **31546** | **27795** | **31774** | **28351** |
| 北京 | 11 | 136 | 123 | 154 | 139 |
| 天津 | 12 | 252 | 241 | 255 | 244 |
| 河北 | 13 | 620 | 466 | 636 | 571 |
| 山西 | 14 | 474 | 356 | 488 | 368 |
| 内蒙古 | 15 | 339 | 256 | 341 | 260 |
| 辽宁 | 21 | 664 | 540 | 692 | 570 |
| 吉林 | 22 | 391 | 316 | 388 | 329 |
| 黑龙江 | 23 | 513 | 342 | 512 | 342 |
| 上海 | 31 | 319 | 262 | 320 | 265 |
| 江苏 | 32 | 2218 | 2024 | 2190 | 2008 |
| 浙江 | 33 | 2743 | 2570 | 2810 | 2636 |
| 安徽 | 34 | 1072 | 853 | 1070 | 949 |
| 福建 | 35 | 2960 | 2840 | 2987 | 2886 |
| 江西 | 36 | 1529 | 1397 | 1388 | 1297 |
| 山东 | 37 | 733 | 549 | 733 | 549 |
| 河南 | 41 | 716 | 578 | 728 | 594 |
| 湖北 | 42 | 1459 | 1188 | 1453 | 1193 |
| 湖南 | 43 | 1810 | 1651 | 1830 | 1676 |
| 广东 | 44 | 4772 | 4530 | 4925 | 4685 |
| 广西 | 45 | 1060 | 908 | 1079 | 929 |
| 海南 | 46 | 179 | 155 | 183 | 159 |
| 重庆 | 50 | 807 | 724 | 818 | 735 |
| 四川 | 51 | 2566 | 2325 | 2587 | 2356 |
| 贵州 | 52 | 581 | 514 | 558 | 496 |
| 云南 | 53 | 876 | 703 | 871 | 700 |
| 西藏 | 54 | 91 | 74 | 112 | 95 |
| 陕西 | 61 | 630 | 508 | 630 | 509 |
| 甘肃 | 62 | 366 | 259 | 366 | 264 |
| 青海 | 63 | 177 | 151 | 170 | 144 |
| 宁夏 | 64 | 78 | 59 | 79 | 60 |
| 新疆 | 65 | 415 | 333 | 421 | 343 |

# 1－11 建筑业法人单位按地区分组的单位数

单位:个

| 地　区 | 代码 | 法人单位数(2001) | 从事单一活动或位于一个地点的法人单位 | 法人单位数(2002) | 从事单一活动或位于一个地点的法人单位 |
|---|---|---|---|---|---|
| **全　国** | **00** | **123185** | **114011** | **129058** | **120484** |
| 北　京 | 11 | 8675 | 8492 | 8956 | 8771 |
| 天　津 | 12 | 3475 | 3379 | 3730 | 3634 |
| 河　北 | 13 | 3529 | 3242 | 3999 | 3780 |
| 山　西 | 14 | 2093 | 1907 | 2449 | 2265 |
| 内蒙古 | 15 | 1467 | 1346 | 1487 | 1370 |
| 辽　宁 | 21 | 6963 | 6677 | 7481 | 7240 |
| 吉　林 | 22 | 1884 | 1806 | 2068 | 2036 |
| 黑龙江 | 23 | 2894 | 2627 | 2929 | 2667 |
| 上　海 | 31 | 8498 | 7414 | 9455 | 8282 |
| 江　苏 | 32 | 10584 | 9734 | 11591 | 10774 |
| 浙　江 | 33 | 7390 | 6945 | 7916 | 7501 |
| 安　徽 | 34 | 4119 | 3639 | 4335 | 3931 |
| 福　建 | 35 | 3297 | 3021 | 3612 | 3393 |
| 江　西 | 36 | 2881 | 2726 | 2268 | 2174 |
| 山　东 | 37 | 11095 | 10566 | 10945 | 10416 |
| 河　南 | 41 | 5292 | 5013 | 5489 | 5222 |
| 湖　北 | 42 | 3464 | 3082 | 3658 | 3306 |
| 湖　南 | 43 | 3666 | 3454 | 3731 | 3530 |
| 广　东 | 44 | 9420 | 8746 | 9706 | 9061 |
| 广　西 | 45 | 1799 | 1580 | 1957 | 1745 |
| 海　南 | 46 | 1492 | 1470 | 1782 | 1759 |
| 重　庆 | 50 | 2587 | 2240 | 2962 | 2635 |
| 四　川 | 51 | 5343 | 4882 | 5761 | 5332 |
| 贵　州 | 52 | 1096 | 986 | 963 | 907 |
| 云　南 | 53 | 2892 | 2471 | 2395 | 2030 |
| 西　藏 | 54 | 135 | 109 | 236 | 211 |
| 陕　西 | 61 | 3212 | 3002 | 3189 | 2982 |
| 甘　肃 | 62 | 1394 | 1226 | 1395 | 1230 |
| 青　海 | 63 | 422 | 373 | 424 | 377 |
| 宁　夏 | 64 | 947 | 893 | 961 | 906 |
| 新　疆 | 65 | 1180 | 963 | 1228 | 1017 |

# 1－12 地质勘查业、水利管理业法人单位按地区分组的单位数

单位：个

| 地区 | 代码 | 法人单位数 (2001) | 从事单一活动或位于一个地点的法人单位 | 法人单位数 (2002) | 从事单一活动或位于一个地点的法人单位 |
|---|---|---|---|---|---|
| **全国** | **00** | **28296** | **26220** | **28108** | **26048** |
| 北京 | 11 | 336 | 312 | 297 | 277 |
| 天津 | 12 | 412 | 406 | 418 | 412 |
| 河北 | 13 | 722 | 661 | 722 | 661 |
| 山西 | 14 | 702 | 665 | 700 | 663 |
| 内蒙古 | 15 | 627 | 593 | 630 | 597 |
| 辽宁 | 21 | 1508 | 1469 | 1495 | 1457 |
| 吉林 | 22 | 804 | 770 | 810 | 778 |
| 黑龙江 | 23 | 826 | 785 | 801 | 759 |
| 上海 | 31 | 242 | 206 | 244 | 204 |
| 江苏 | 32 | 2356 | 2180 | 2349 | 2173 |
| 浙江 | 33 | 948 | 887 | 969 | 907 |
| 安徽 | 34 | 1035 | 834 | 1035 | 834 |
| 福建 | 35 | 811 | 765 | 818 | 774 |
| 江西 | 36 | 1274 | 1218 | 1265 | 1208 |
| 山东 | 37 | 1004 | 914 | 1004 | 914 |
| 河南 | 41 | 1815 | 1760 | 1811 | 1756 |
| 湖北 | 42 | 1629 | 1444 | 1638 | 1454 |
| 湖南 | 43 | 1301 | 1153 | 1268 | 1119 |
| 广东 | 44 | 1340 | 1238 | 1398 | 1293 |
| 广西 | 45 | 1482 | 1355 | 1449 | 1326 |
| 海南 | 46 | 136 | 132 | 144 | 139 |
| 重庆 | 50 | 405 | 369 | 410 | 375 |
| 四川 | 51 | 1851 | 1754 | 1812 | 1721 |
| 贵州 | 52 | 911 | 879 | 860 | 830 |
| 云南 | 53 | 1084 | 998 | 1058 | 974 |
| 西藏 | 54 | 32 | 25 | 34 | 26 |
| 陕西 | 61 | 1236 | 1176 | 1200 | 1140 |
| 甘肃 | 62 | 513 | 427 | 512 | 428 |
| 青海 | 63 | 213 | 191 | 213 | 192 |
| 宁夏 | 64 | 241 | 231 | 241 | 231 |
| 新疆 | 65 | 500 | 423 | 503 | 426 |

# 1-13 交通运输、仓储及邮电通信业法人单位按地区分组的单位数

单位:个

| 地　　区 | 代码 | 法人单位数(2001) | 从事单一活动或位于一个地点的法人单位 | 法人单位数(2002) | 从事单一活动或位于一个地点的法人单位 |
|---|---|---|---|---|---|
| **全　　国** | **00** | **86955** | **73661** | **88281** | **75133** |
| 北　　京 | 11 | 2602 | 2504 | 2839 | 2733 |
| 天　　津 | 12 | 2960 | 2890 | 2982 | 2912 |
| 河　　北 | 13 | 3225 | 2743 | 3219 | 2737 |
| 山　　西 | 14 | 2006 | 1613 | 2064 | 1670 |
| 内 蒙 古 | 15 | 1462 | 1124 | 1456 | 1115 |
| 辽　　宁 | 21 | 4058 | 3674 | 4228 | 3850 |
| 吉　　林 | 22 | 1599 | 1413 | 1586 | 1403 |
| 黑 龙 江 | 23 | 2647 | 2000 | 2607 | 1985 |
| 上　　海 | 31 | 7054 | 6226 | 7413 | 6587 |
| 江　　苏 | 32 | 7298 | 6450 | 7410 | 6571 |
| 浙　　江 | 33 | 6244 | 5644 | 6539 | 5941 |
| 安　　徽 | 34 | 2829 | 2085 | 2829 | 2085 |
| 福　　建 | 35 | 2622 | 2269 | 2616 | 2267 |
| 江　　西 | 36 | 2587 | 2158 | 2556 | 2129 |
| 山　　东 | 37 | 4859 | 4195 | 4859 | 4195 |
| 河　　南 | 41 | 2788 | 2262 | 2761 | 2243 |
| 湖　　北 | 42 | 2922 | 2323 | 2887 | 2312 |
| 湖　　南 | 43 | 2411 | 1870 | 2390 | 1858 |
| 广　　东 | 44 | 7094 | 6130 | 7240 | 6287 |
| 广　　西 | 45 | 2785 | 2224 | 2792 | 2235 |
| 海　　南 | 46 | 672 | 594 | 775 | 697 |
| 重　　庆 | 50 | 1583 | 1227 | 1630 | 1274 |
| 四　　川 | 51 | 3536 | 2888 | 3567 | 2927 |
| 贵　　州 | 52 | 1108 | 925 | 1095 | 918 |
| 云　　南 | 53 | 2039 | 1539 | 1990 | 1514 |
| 西　　藏 | 54 | 274 | 196 | 281 | 203 |
| 陕　　西 | 61 | 2154 | 1709 | 2153 | 1710 |
| 甘　　肃 | 62 | 1310 | 1008 | 1288 | 991 |
| 青　　海 | 63 | 540 | 444 | 537 | 445 |
| 宁　　夏 | 64 | 351 | 293 | 351 | 293 |
| 新　　疆 | 65 | 1336 | 1041 | 1341 | 1046 |

# 1-14 批发和零售贸易、餐饮业法人单位按地区分组的单位数

单位:个

| 地　区 | 代码 | 法人单位数(2001) | 从事单一活动或位于一个地点的法人单位 | 法人单位数(2002) | 从事单一活动或位于一个地点的法人单位 |
|---|---|---|---|---|---|
| **全　国** | **00** | **882479** | **798163** | **905596** | **822324** |
| 北　京 | 11 | 79582 | 77804 | 80317 | 78533 |
| 天　津 | 12 | 27235 | 26444 | 27401 | 26612 |
| 河　北 | 13 | 31467 | 29106 | 31530 | 29347 |
| 山　西 | 14 | 16188 | 14074 | 16754 | 14663 |
| 内蒙古 | 15 | 9376 | 8480 | 9312 | 8438 |
| 辽　宁 | 21 | 49067 | 47188 | 50640 | 48818 |
| 吉　林 | 22 | 17149 | 16384 | 17698 | 16979 |
| 黑龙江 | 23 | 18076 | 16150 | 18717 | 16804 |
| 上　海 | 31 | 94606 | 83087 | 106285 | 94155 |
| 江　苏 | 32 | 74468 | 66881 | 76160 | 68647 |
| 浙　江 | 33 | 55996 | 51234 | 58607 | 53996 |
| 安　徽 | 34 | 21883 | 17481 | 21911 | 17576 |
| 福　建 | 35 | 24573 | 21717 | 25033 | 22423 |
| 江　西 | 36 | 17296 | 15104 | 16380 | 14432 |
| 山　东 | 37 | 54647 | 50755 | 53747 | 49855 |
| 河　南 | 41 | 27473 | 23968 | 27585 | 24156 |
| 湖　北 | 42 | 20190 | 16846 | 20315 | 17018 |
| 湖　南 | 43 | 16595 | 14325 | 16644 | 14396 |
| 广　东 | 44 | 90463 | 83084 | 92110 | 84821 |
| 广　西 | 45 | 15707 | 12119 | 15858 | 12272 |
| 海　南 | 46 | 7933 | 7595 | 9202 | 8862 |
| 重　庆 | 50 | 12403 | 10283 | 12805 | 10735 |
| 四　川 | 51 | 26766 | 22995 | 27697 | 23972 |
| 贵　州 | 52 | 8034 | 7183 | 7944 | 7101 |
| 云　南 | 53 | 14366 | 11944 | 14128 | 11793 |
| 西　藏 | 54 | 531 | 396 | 532 | 397 |
| 陕　西 | 61 | 21828 | 19835 | 21836 | 19848 |
| 甘　肃 | 62 | 11010 | 9657 | 10991 | 9689 |
| 青　海 | 63 | 2859 | 2542 | 2802 | 2493 |
| 宁　夏 | 64 | 4992 | 4831 | 5004 | 4843 |
| 新　疆 | 65 | 9720 | 8671 | 9651 | 8650 |

# 1－15 金融、保险业法人单位按地区分组的单位数

单位:个

| 地区 | 代码 | 法人单位数(2001) | 从事单一活动或位于一个地点的法人单位 | 法人单位数(2002) | 从事单一活动或位于一个地点的法人单位 |
|---|---|---|---|---|---|
| **全国** | **00** | **63996** | **38616** | **64806** | **39541** |
| 北京 | 11 | 1625 | 1179 | 1668 | 1247 |
| 天津 | 12 | 726 | 621 | 770 | 665 |
| 河北 | 13 | 3744 | 2589 | 3744 | 2589 |
| 山西 | 14 | 3018 | 1921 | 3050 | 1947 |
| 内蒙古 | 15 | 1960 | 1261 | 1940 | 1252 |
| 辽宁 | 21 | 3036 | 1680 | 3068 | 1717 |
| 吉林 | 22 | 1376 | 733 | 1382 | 740 |
| 黑龙江 | 23 | 1977 | 1145 | 2013 | 1177 |
| 上海 | 31 | 958 | 771 | 1631 | 1400 |
| 江苏 | 32 | 1943 | 1140 | 1953 | 1149 |
| 浙江 | 33 | 2642 | 1064 | 2714 | 1149 |
| 安徽 | 34 | 2886 | 1477 | 2887 | 1478 |
| 福建 | 35 | 1826 | 1028 | 1833 | 1037 |
| 江西 | 36 | 2624 | 1653 | 2616 | 1647 |
| 山东 | 37 | 3648 | 2109 | 3648 | 2109 |
| 河南 | 41 | 3367 | 1942 | 3322 | 1914 |
| 湖北 | 42 | 2207 | 1105 | 2227 | 1133 |
| 湖南 | 43 | 3048 | 1852 | 3027 | 1852 |
| 广东 | 44 | 3671 | 2066 | 3632 | 2036 |
| 广西 | 45 | 2087 | 1261 | 2081 | 1262 |
| 海南 | 46 | 543 | 335 | 550 | 342 |
| 重庆 | 50 | 1250 | 596 | 1282 | 626 |
| 四川 | 51 | 3924 | 2376 | 3917 | 2380 |
| 贵州 | 52 | 1303 | 889 | 1306 | 905 |
| 云南 | 53 | 2191 | 1536 | 2133 | 1487 |
| 西藏 | 54 | 121 | 30 | 122 | 31 |
| 陕西 | 61 | 2606 | 1740 | 2599 | 1736 |
| 甘肃 | 62 | 1770 | 1238 | 1771 | 1242 |
| 青海 | 63 | 391 | 232 | 384 | 227 |
| 宁夏 | 64 | 337 | 233 | 337 | 233 |
| 新疆 | 65 | 1191 | 814 | 1199 | 832 |

# 1-16 房地产业法人单位按地区分组的单位数

单位:个

| 地 区 | 代码 | 法人单位数(2001) | 从事单一活动或位于一个地点的法人单位 | 法人单位数(2002) | 从事单一活动或位于一个地点的法人单位 |
|---|---|---|---|---|---|
| **全 国** | **00** | **92417** | **85310** | **96795** | **89609** |
| 北 京 | 11 | 6028 | 5870 | 6463 | 6236 |
| 天 津 | 12 | 2386 | 2346 | 2494 | 2454 |
| 河 北 | 13 | 1710 | 1614 | 1703 | 1608 |
| 山 西 | 14 | 1080 | 992 | 1201 | 1113 |
| 内 蒙 古 | 15 | 965 | 914 | 986 | 935 |
| 辽 宁 | 21 | 4214 | 4088 | 4494 | 4376 |
| 吉 林 | 22 | 1496 | 1457 | 1533 | 1497 |
| 黑 龙 江 | 23 | 1803 | 1613 | 1871 | 1676 |
| 上 海 | 31 | 10019 | 8137 | 11365 | 9408 |
| 江 苏 | 32 | 6773 | 6254 | 6957 | 6449 |
| 浙 江 | 33 | 5786 | 5460 | 5808 | 5500 |
| 安 徽 | 34 | 2367 | 2052 | 2367 | 2052 |
| 福 建 | 35 | 3946 | 3805 | 3972 | 3833 |
| 江 西 | 36 | 2296 | 2220 | 2330 | 2253 |
| 山 东 | 37 | 4207 | 3985 | 4207 | 3985 |
| 河 南 | 41 | 2348 | 2257 | 2476 | 2390 |
| 湖 北 | 42 | 2897 | 2649 | 3027 | 2779 |
| 湖 南 | 43 | 2404 | 2253 | 2424 | 2274 |
| 广 东 | 44 | 12585 | 11508 | 13007 | 11915 |
| 广 西 | 45 | 2385 | 2197 | 2427 | 2241 |
| 海 南 | 46 | 1906 | 1845 | 2160 | 2100 |
| 重 庆 | 50 | 2511 | 2197 | 2935 | 2624 |
| 四 川 | 51 | 3755 | 3502 | 3815 | 3571 |
| 贵 州 | 52 | 1109 | 1084 | 1200 | 1191 |
| 云 南 | 53 | 1626 | 1474 | 1691 | 1539 |
| 西 藏 | 54 | 17 | 12 | 17 | 12 |
| 陕 西 | 61 | 1549 | 1466 | 1547 | 1464 |
| 甘 肃 | 62 | 737 | 659 | 755 | 679 |
| 青 海 | 63 | 218 | 199 | 220 | 201 |
| 宁 夏 | 64 | 308 | 290 | 308 | 290 |
| 新 疆 | 65 | 986 | 911 | 1035 | 964 |

# 1－17 社会服务业法人单位按地区分组的单位数

单位：个

| 地　区 | 代码 | 法人单位数(2001) | 从事单一活动或位于一个地点的法人单位 | 法人单位数(2002) | 从事单一活动或位于一个地点的法人单位 |
|---|---|---|---|---|---|
| **全　国** | **00** | **351255** | **335496** | **361363** | **345483** |
| 北　京 | 11 | 63725 | 63025 | 65130 | 64283 |
| 天　津 | 12 | 8157 | 8021 | 8355 | 8220 |
| 河　北 | 13 | 7656 | 7345 | 7645 | 7341 |
| 山　西 | 14 | 4728 | 4522 | 4944 | 4736 |
| 内蒙古 | 15 | 3497 | 3327 | 3511 | 3341 |
| 辽　宁 | 21 | 15353 | 15067 | 16113 | 15842 |
| 吉　林 | 22 | 5277 | 5181 | 5308 | 5223 |
| 黑龙江 | 23 | 7004 | 6642 | 7087 | 6731 |
| 上　海 | 31 | 32593 | 29845 | 37345 | 34465 |
| 江　苏 | 32 | 27698 | 26452 | 28283 | 27057 |
| 浙　江 | 33 | 21778 | 20521 | 23038 | 21760 |
| 安　徽 | 34 | 8904 | 8258 | 8906 | 8260 |
| 福　建 | 35 | 9436 | 8868 | 9371 | 8814 |
| 江　西 | 36 | 7024 | 6663 | 6999 | 6638 |
| 山　东 | 37 | 16991 | 16396 | 16841 | 16246 |
| 河　南 | 41 | 9539 | 9107 | 9670 | 9247 |
| 湖　北 | 42 | 8592 | 8078 | 8599 | 8094 |
| 湖　南 | 43 | 6448 | 6145 | 6364 | 6061 |
| 广　东 | 44 | 31381 | 29742 | 31291 | 29669 |
| 广　西 | 45 | 7130 | 6532 | 7157 | 6573 |
| 海　南 | 46 | 3921 | 3817 | 4570 | 4467 |
| 重　庆 | 50 | 5025 | 4639 | 5144 | 4767 |
| 四　川 | 51 | 13140 | 12529 | 13500 | 12892 |
| 贵　州 | 52 | 2596 | 2510 | 2582 | 2499 |
| 云　南 | 53 | 7007 | 6478 | 6866 | 6357 |
| 西　藏 | 54 | 303 | 281 | 301 | 279 |
| 陕　西 | 61 | 7264 | 6967 | 7256 | 6961 |
| 甘　肃 | 62 | 3234 | 3012 | 3234 | 3029 |
| 青　海 | 63 | 1007 | 959 | 1029 | 981 |
| 宁　夏 | 64 | 1194 | 1154 | 1195 | 1155 |
| 新　疆 | 65 | 3653 | 3413 | 3729 | 3495 |

# 1－18 卫生、体育和社会福利业法人单位按地区分组的单位数

单位：个

| 地区 | 代码 | 法人单位数（2001） | 从事单一活动或位于一个地点的法人单位 | 法人单位数（2002） | 从事单一活动或位于一个地点的法人单位 |
|---|---|---|---|---|---|
| **全国** | **00** | **205732** | **192821** | **206465** | **193584** |
| 北京 | 11 | 1937 | 1836 | 1959 | 1857 |
| 天津 | 12 | 1239 | 1213 | 1240 | 1214 |
| 河北 | 13 | 8692 | 8182 | 8691 | 8181 |
| 山西 | 14 | 3630 | 3333 | 3675 | 3378 |
| 内蒙古 | 15 | 3491 | 3301 | 3497 | 3307 |
| 辽宁 | 21 | 10091 | 9874 | 10133 | 9919 |
| 吉林 | 22 | 3692 | 3562 | 3698 | 3568 |
| 黑龙江 | 23 | 4938 | 4215 | 4917 | 4195 |
| 上海 | 31 | 2455 | 2211 | 2599 | 2350 |
| 江苏 | 32 | 19789 | 19225 | 19826 | 19262 |
| 浙江 | 33 | 5992 | 5327 | 6350 | 5688 |
| 安徽 | 34 | 5987 | 5156 | 5987 | 5156 |
| 福建 | 35 | 3415 | 3094 | 3416 | 3095 |
| 江西 | 36 | 10131 | 9734 | 10107 | 9714 |
| 山东 | 37 | 9775 | 8623 | 9775 | 8623 |
| 河南 | 41 | 26264 | 26038 | 26477 | 26262 |
| 湖北 | 42 | 5962 | 4965 | 5969 | 4963 |
| 湖南 | 43 | 5949 | 5112 | 5918 | 5090 |
| 广东 | 44 | 8223 | 7506 | 8304 | 7592 |
| 广西 | 45 | 6447 | 5935 | 6306 | 5797 |
| 海南 | 46 | 1109 | 1073 | 1122 | 1084 |
| 重庆 | 50 | 3945 | 3238 | 4053 | 3328 |
| 四川 | 51 | 15253 | 14568 | 15298 | 14616 |
| 贵州 | 52 | 3300 | 2828 | 3296 | 2827 |
| 云南 | 53 | 4501 | 3939 | 4429 | 3879 |
| 西藏 | 54 | 205 | 146 | 216 | 157 |
| 陕西 | 61 | 21966 | 21662 | 21871 | 21567 |
| 甘肃 | 62 | 3683 | 3374 | 3684 | 3380 |
| 青海 | 63 | 674 | 646 | 672 | 644 |
| 宁夏 | 64 | 727 | 722 | 728 | 723 |
| 新疆 | 65 | 2270 | 2183 | 2252 | 2168 |

# 1-19 教育、文化艺术及广播电影电视业法人单位按地区分组的单位数

单位:个

| 地区 | 代码 | 法人单位数（2001） | 从事单一活动或位于一个地点的法人单位 | 法人单位数（2002） | 从事单一活动或位于一个地点的法人单位 |
|---|---|---|---|---|---|
| **全国** | **00** | **399086** | **354096** | **398758** | **353805** |
| 北京 | 11 | 7983 | 7577 | 8051 | 7637 |
| 天津 | 12 | 3291 | 3116 | 3307 | 3132 |
| 河北 | 13 | 20584 | 17779 | 20579 | 17774 |
| 山西 | 14 | 9133 | 7328 | 9210 | 7387 |
| 内蒙古 | 15 | 6505 | 5476 | 6457 | 5430 |
| 辽宁 | 21 | 12060 | 10804 | 12055 | 10802 |
| 吉林 | 22 | 7117 | 6199 | 7131 | 6215 |
| 黑龙江 | 23 | 8517 | 7444 | 8462 | 7397 |
| 上海 | 31 | 7127 | 6461 | 7542 | 6893 |
| 江苏 | 32 | 18294 | 17006 | 18309 | 17025 |
| 浙江 | 33 | 19711 | 17356 | 19552 | 17238 |
| 安徽 | 34 | 31225 | 29615 | 31225 | 29615 |
| 福建 | 35 | 12747 | 11550 | 12773 | 11575 |
| 江西 | 36 | 13482 | 11637 | 13426 | 11590 |
| 山东 | 37 | 16896 | 15300 | 16896 | 15300 |
| 河南 | 41 | 18645 | 15285 | 18570 | 15230 |
| 湖北 | 42 | 21106 | 20073 | 21030 | 20014 |
| 湖南 | 43 | 12568 | 10058 | 12512 | 9997 |
| 广东 | 44 | 24553 | 23644 | 24769 | 23829 |
| 广西 | 45 | 21764 | 20068 | 21686 | 19991 |
| 海南 | 46 | 2149 | 1830 | 2218 | 1900 |
| 重庆 | 50 | 7779 | 5588 | 7893 | 5650 |
| 四川 | 51 | 27024 | 21608 | 26948 | 21538 |
| 贵州 | 52 | 8423 | 6569 | 8451 | 6576 |
| 云南 | 53 | 9855 | 7914 | 9830 | 7935 |
| 西藏 | 54 | 2482 | 2024 | 2486 | 2028 |
| 陕西 | 61 | 15711 | 14696 | 15634 | 14593 |
| 甘肃 | 62 | 12285 | 11066 | 12287 | 11075 |
| 青海 | 63 | 3175 | 2913 | 3144 | 2888 |
| 宁夏 | 64 | 4957 | 4732 | 4957 | 4732 |
| 新疆 | 65 | 11938 | 11380 | 11368 | 10819 |

## 1-20 科学研究和综合技术服务业法人单位按地区分组的单位数

单位:个

| 地区 | 代码 | 法人单位数(2001) | 从事单一活动或位于一个地点的法人单位 | 法人单位数(2002) | 从事单一活动或位于一个地点的法人单位 |
|---|---|---|---|---|---|
| **全国** | **00** | **81568** | **78417** | **85667** | **82446** |
| 北京 | 11 | 20107 | 19951 | 22646 | 22440 |
| 天津 | 12 | 3222 | 3190 | 3296 | 3264 |
| 河北 | 13 | 1810 | 1725 | 1809 | 1724 |
| 山西 | 14 | 1254 | 1191 | 1290 | 1222 |
| 内蒙古 | 15 | 903 | 866 | 900 | 861 |
| 辽宁 | 21 | 3579 | 3506 | 3657 | 3586 |
| 吉林 | 22 | 1446 | 1420 | 1463 | 1438 |
| 黑龙江 | 23 | 1767 | 1666 | 1785 | 1683 |
| 上海 | 31 | 6340 | 5774 | 7027 | 6454 |
| 江苏 | 32 | 4318 | 4156 | 4338 | 4176 |
| 浙江 | 33 | 3990 | 3873 | 4229 | 4103 |
| 安徽 | 34 | 1488 | 1374 | 1488 | 1374 |
| 福建 | 35 | 1868 | 1791 | 1897 | 1820 |
| 江西 | 36 | 1712 | 1642 | 1715 | 1645 |
| 山东 | 37 | 3231 | 3052 | 3231 | 3052 |
| 河南 | 41 | 2454 | 2366 | 2412 | 2325 |
| 湖北 | 42 | 2221 | 2073 | 2198 | 2057 |
| 湖南 | 43 | 1683 | 1584 | 1672 | 1574 |
| 广东 | 44 | 5629 | 5425 | 5904 | 5689 |
| 广西 | 45 | 1865 | 1713 | 1864 | 1712 |
| 海南 | 46 | 741 | 714 | 812 | 783 |
| 重庆 | 50 | 953 | 891 | 988 | 929 |
| 四川 | 51 | 2773 | 2639 | 2814 | 2679 |
| 贵州 | 52 | 607 | 595 | 603 | 592 |
| 云南 | 53 | 1591 | 1469 | 1610 | 1489 |
| 西藏 | 54 | 62 | 50 | 62 | 50 |
| 陕西 | 61 | 1630 | 1527 | 1624 | 1521 |
| 甘肃 | 62 | 872 | 817 | 859 | 803 |
| 青海 | 63 | 258 | 242 | 257 | 241 |
| 宁夏 | 64 | 276 | 262 | 276 | 262 |
| 新疆 | 65 | 918 | 873 | 941 | 898 |

# 1-21 国家机关、政党机关、社会团体及基层群众自治组织法人单位按地区分组的单位数

单位:个

| 地区 | 代码 | 法人单位数(2001) | 从事单一活动或位于一个地点的法人单位 | 法人单位数(2002) | 从事单一活动或位于一个地点的法人单位 |
|---|---|---|---|---|---|
| **全国** | **00** | **1205343** | **1037310** | **1200473** | **1034344** |
| 北京 | 11 | 12500 | 12104 | 12404 | 12009 |
| 天津 | 12 | 9023 | 8938 | 9048 | 8963 |
| 河北 | 13 | 73009 | 68996 | 73005 | 68993 |
| 山西 | 14 | 47415 | 37906 | 46671 | 37273 |
| 内蒙古 | 15 | 27715 | 25750 | 27271 | 25349 |
| 辽宁 | 21 | 34589 | 29612 | 34343 | 29465 |
| 吉林 | 22 | 23359 | 21817 | 22761 | 21221 |
| 黑龙江 | 23 | 30365 | 24504 | 29729 | 23928 |
| 上海 | 31 | 11282 | 10653 | 11841 | 11198 |
| 江苏 | 32 | 44953 | 43010 | 44528 | 42581 |
| 浙江 | 33 | 60483 | 58003 | 59638 | 57263 |
| 安徽 | 34 | 49766 | 28000 | 49760 | 27998 |
| 福建 | 35 | 31524 | 17433 | 31525 | 17436 |
| 江西 | 36 | 38375 | 34648 | 38166 | 34471 |
| 山东 | 37 | 112459 | 89165 | 112401 | 89107 |
| 河南 | 41 | 70785 | 67670 | 70540 | 67445 |
| 湖北 | 42 | 50900 | 31236 | 50456 | 31790 |
| 湖南 | 43 | 71713 | 65332 | 72114 | 65733 |
| 广东 | 44 | 47194 | 42819 | 47122 | 42798 |
| 广西 | 45 | 31551 | 27218 | 31593 | 27260 |
| 海南 | 46 | 5541 | 5155 | 5431 | 5047 |
| 重庆 | 50 | 28630 | 26095 | 27553 | 25119 |
| 四川 | 51 | 92784 | 86179 | 92994 | 86395 |
| 贵州 | 52 | 41560 | 39752 | 41473 | 39700 |
| 云南 | 53 | 28901 | 24755 | 29483 | 25428 |
| 西藏 | 54 | 10864 | 10391 | 10867 | 10396 |
| 陕西 | 61 | 50450 | 41392 | 49864 | 40882 |
| 甘肃 | 62 | 32103 | 26051 | 32058 | 26031 |
| 青海 | 63 | 7918 | 7166 | 7856 | 7120 |
| 宁夏 | 64 | 6145 | 5635 | 6146 | 5636 |
| 新疆 | 65 | 21487 | 19925 | 21832 | 20309 |

# 第二部分　限额以上企业法人单位综合资料

# 2-1 限额以上企业按行业大类分组的单位数、从业人数和营业收入

(2002年)

| 行业大类 | 代码 | 企业单位数(个) | 从业人员(万人) | | | 营业收入(亿元) |
|---|---|---|---|---|---|---|
| | | | | 男 | 女 | |
| **全国总计** | **0000** | **283748** | **9570.31** | **6560.54** | **3009.77** | **151950.02** |
| **采掘业** | **B** | **7888** | **602.54** | **464.97** | **137.57** | **5385.49** |
| 煤炭采选业 | 0600 | 3223 | 376.71 | 301.1 | 75.61 | 1856.07 |
| 石油和天然气开采业 | 0700 | 99 | 51.87 | 34.2 | 17.67 | 2391.95 |
| 黑色金属矿采选业 | 0800 | 743 | 26.02 | 19.93 | 6.09 | 220.43 |
| 有色金属矿采选业 | 0900 | 1431 | 43.96 | 33.67 | 10.28 | 436.26 |
| 非金属矿采选业 | 1000 | 1947 | 46.52 | 35.75 | 10.77 | 374.25 |
| 木材及竹材采运业 | 1200 | 422 | 57.20 | 40.12 | 17.08 | 103.28 |
| **制造业** | **C** | **177528** | **4543.62** | **2494.19** | **2049.44** | **88525.84** |
| 食品加工业 | 1300 | 11644 | 167.00 | 96.06 | 70.94 | 4043.44 |
| 食品制造业 | 1400 | 5046 | 99.71 | 49.15 | 50.56 | 1745.18 |
| 饮料制造业 | 1500 | 3613 | 94.72 | 55.56 | 39.16 | 1720.77 |
| 烟草加工业 | 1600 | 299 | 24.15 | 13.52 | 10.63 | 1929.43 |
| 纺织业 | 1700 | 13668 | 468.79 | 162.62 | 306.16 | 5824.88 |
| 服装及其他纤维制品制造业 | 1800 | 9316 | 250.39 | 67.36 | 183.03 | 2608.22 |
| 皮革、毛皮、羽绒及其制品业 | 1900 | 3992 | 135.87 | 44.84 | 91.03 | 1612.37 |
| 木材加工及竹、藤、棕、草制品业 | 2000 | 3398 | 54.71 | 30.78 | 23.93 | 751.22 |
| 家具制造业 | 2100 | 1901 | 31.52 | 20.85 | 10.68 | 460.45 |
| 造纸及纸制品业 | 2200 | 5432 | 112.07 | 67.17 | 44.90 | 1827.19 |
| 印刷业、记录媒介的复制 | 2300 | 4288 | 54.59 | 27.73 | 26.85 | 728.01 |
| 文教体育用品制造业 | 2400 | 2368 | 73.03 | 24.21 | 48.82 | 731.95 |
| 石油加工及炼焦业 | 2500 | 1228 | 55.43 | 38.13 | 17.30 | 4594.05 |
| 化学原料及化学制品制造业 | 2600 | 13276 | 307.87 | 203.66 | 104.21 | 6676.11 |
| 医药制造业 | 2700 | 3781 | 101.00 | 52.10 | 48.90 | 2031.84 |
| 化学纤维制造业 | 2800 | 953 | 39.64 | 20.72 | 18.92 | 1088.66 |

| 行　业　大　类 | 代　码 | 企业单位数（个） | 从业人员（万人） | 男 | 女 | 营业收入（亿元） |
|---|---|---|---|---|---|---|
| 橡胶制品业 | 2900 | 1901 | 63.35 | 34.56 | 28.80 | 928.29 |
| 塑料制品业 | 3000 | 8020 | 125.56 | 61.35 | 64.21 | 2243.90 |
| 非金属矿物制品业 | 3100 | 16332 | 393.5 | 265.59 | 127.91 | 3987.90 |
| 黑色金属冶炼及压延加工业 | 3200 | 3457 | 229.75 | 170.27 | 59.48 | 6000.98 |
| 有色金属冶炼及压延加工业 | 3300 | 3166 | 96.84 | 69.13 | 27.71 | 2299.69 |
| 金属制品业 | 3400 | 10677 | 172.93 | 111.91 | 61.02 | 2940.17 |
| 普通机械制造业 | 3500 | 11351 | 266.88 | 181.62 | 85.27 | 3692.3 |
| 专用设备制造业 | 3600 | 7155 | 184.18 | 124.39 | 59.79 | 2423.14 |
| 交通运输设备制造业 | 3700 | 8398 | 296.01 | 199.88 | 96.13 | 7610.58 |
| 电气机械及器材制造业 | 4000 | 9888 | 234.92 | 125.37 | 109.54 | 6098.19 |
| 电子及通信设备制造业 | 4100 | 5841 | 220.79 | 91.70 | 129.09 | 9653.70 |
| 仪器仪表及文化、办公用机械制造业 | 4200 | 2410 | 56.13 | 27.63 | 28.50 | 1029.01 |
| 其他制造业 | 4300 | 4729 | 132.28 | 56.31 | 75.96 | 1244.21 |
| **电力、煤气及水的生产和供应业** | **D** | **8736** | **312.41** | **213.33** | **99.08** | **10173.73** |
| 电力、蒸汽、热水的生产和供应业 | 4400 | 5827 | 249.56 | 176.08 | 73.48 | 9504.47 |
| 煤气生产和供应业 | 4500 | 376 | 16.10 | 10.38 | 5.72 | 292.55 |
| 自来水的生产和供应业 | 4600 | 2533 | 46.75 | 26.86 | 19.89 | 376.71 |
| **建筑业** | **E** | **53559** | **3625.59** | **3152.04** | **473.55** | **13434.02** |
| 土木工程建筑业 | 4700 | 37285 | 3288.11 | 2866.28 | 421.83 | 11165.06 |
| 线路、管道和设备安装业 | 4800 | 7342 | 239.87 | 202.42 | 37.44 | 1661.44 |
| 装修装饰业 | 4900 | 8932 | 97.62 | 83.34 | 14.28 | 607.51 |
| **批发和零售贸易、餐饮业** | **H** | **36037** | **486.15** | **236.01** | **250.13** | **34430.94** |
| 食品、饮料、烟草和家庭用品批发业 | 6100 | 8631 | 118.63 | 68.91 | 49.71 | 11553.76 |
| 能源、材料和机械电子设备批发业 | 6200 | 7005 | 59.79 | 38.29 | 21.50 | 14064.85 |
| 其他批发业 | 6300 | 1974 | 15.81 | 9.23 | 6.58 | 1838.45 |
| 零售业 | 6400 | 12854 | 211.41 | 84.94 | 126.47 | 6352.67 |
| 餐饮业 | 6700 | 5573 | 80.51 | 34.63 | 45.88 | 621.21 |

# 2-2 限额以上企业按地区分组的单位数、从业人数和营业收入

(2002)

| 地区 | 代码 | 企业单位数（个） | 从业人员（万人） | | | 营业收入（亿元） |
|---|---|---|---|---|---|---|
| | | | | 男 | 女 | |
| **全国** | **00** | **283748** | **9570.31** | **6560.54** | **3009.77** | **151950.02** |
| 北京 | 11 | 9275 | 181.09 | 117.78 | 63.30 | 6530.25 |
| 天津 | 12 | 6894 | 131.89 | 81.65 | 50.24 | 4082.11 |
| 河北 | 13 | 10368 | 379.87 | 243.95 | 135.92 | 5105.40 |
| 山西 | 14 | 7068 | 268.09 | 193.77 | 74.32 | 2642.05 |
| 内蒙古 | 15 | 3104 | 110.93 | 73.47 | 37.46 | 1271.22 |
| 辽宁 | 21 | 9930 | 375.32 | 252.77 | 122.55 | 7405.89 |
| 吉林 | 22 | 5734 | 190.07 | 127.40 | 62.67 | 3581.34 |
| 黑龙江 | 23 | 7361 | 278.20 | 190.28 | 87.92 | 3546.57 |
| 上海 | 31 | 12739 | 286.23 | 167.07 | 119.15 | 12024.62 |
| 江苏 | 32 | 27437 | 733.35 | 453.98 | 279.37 | 17256.43 |
| 浙江 | 33 | 27271 | 498.39 | 292.26 | 206.13 | 13310.69 |
| 安徽 | 34 | 6323 | 251.43 | 170.83 | 80.60 | 3409.93 |
| 福建 | 35 | 10929 | 225.41 | 121.88 | 103.53 | 4485.66 |
| 江西 | 36 | 4945 | 130.31 | 84.41 | 45.90 | 1480.80 |
| 山东 | 37 | 20035 | 2379.94 | 1952.38 | 427.56 | 12670.26 |
| 河南 | 41 | 13982 | 445.20 | 300.28 | 144.92 | 3886.24 |
| 湖北 | 42 | 12241 | 368.17 | 233.6 | 134.57 | 5892.13 |
| 湖南 | 43 | 8331 | 255.37 | 177.38 | 77.98 | 3135.70 |
| 广东 | 44 | 34587 | 824.39 | 437.03 | 387.36 | 24883.19 |
| 广西 | 45 | 6251 | 133.49 | 85.68 | 47.81 | 1811.51 |
| 海南 | 46 | 972 | 13.41 | 9.37 | 4.04 | 87.48 |
| 重庆 | 50 | 4209 | 156.35 | 113.87 | 42.48 | 1751.28 |
| 四川 | 51 | 9115 | 390.69 | 286.67 | 104.02 | 4063.92 |
| 贵州 | 52 | 3498 | 97.74 | 68.05 | 29.69 | 1107.62 |
| 云南 | 53 | 5565 | 142.53 | 102.9 | 39.63 | 2759.18 |
| 西藏 | 54 | 361 | 2.75 | 1.95 | 0.80 | 17.87 |
| 陕西 | 61 | 3740 | 132.10 | 92.73 | 39.37 | 1003.68 |
| 甘肃 | 62 | 3085 | 102.92 | 71.61 | 31.31 | 1183.28 |
| 青海 | 63 | 1591 | 11.53 | 7.73 | 3.80 | 181.37 |
| 宁夏 | 64 | 1357 | 18.22 | 12.52 | 5.69 | 164.48 |
| 新疆 | 65 | 5450 | 54.96 | 35.30 | 19.66 | 1217.86 |

## 2－3 限额以上企业按地区、营业状态分组的单位数

（2002 年）

单位：个

| 地区 | 代码 | 企业单位数 | 营业 | 停业 | 筹建 | 当年撤消 | 其他 |
|---|---|---|---|---|---|---|---|
| **全国** | **00** | **283748** | **272774** | **7655** | **1222** | **1204** | **893** |
| 北京 | 11 | 9275 | 9140 | 49 | 62 | 12 | 12 |
| 天津 | 12 | 6894 | 6382 | 408 | 15 | 31 | 58 |
| 河北 | 13 | 10368 | 9927 | 332 | 70 | 9 | 30 |
| 山西 | 14 | 7068 | 6359 | 590 | 38 | 45 | 36 |
| 内蒙古 | 15 | 3104 | 2998 | 75 | 22 | 7 | 2 |
| 辽宁 | 21 | 9930 | 9606 | 268 | 38 | 8 | 10 |
| 吉林 | 22 | 5734 | 5047 | 562 | 15 | 70 | 40 |
| 黑龙江 | 23 | 7361 | 6563 | 696 | 33 | 57 | 12 |
| 上海 | 31 | 12739 | 12456 | 108 |  | 76 | 99 |
| 江苏 | 32 | 27437 | 27314 | 54 | 51 | 9 | 9 |
| 浙江 | 33 | 27271 | 26905 | 108 | 199 | 39 | 20 |
| 安徽 | 34 | 6323 | 6205 | 47 | 40 | 20 | 11 |
| 福建 | 35 | 10929 | 10758 | 93 | 33 | 22 | 23 |
| 江西 | 36 | 4945 | 4632 | 230 | 36 | 28 | 19 |
| 山东 | 37 | 20035 | 19760 | 177 | 56 | 21 | 21 |
| 河南 | 41 | 13982 | 12841 | 539 | 49 | 360 | 193 |
| 湖北 | 42 | 12241 | 11277 | 711 | 74 | 104 | 75 |
| 湖南 | 43 | 8331 | 7917 | 300 | 51 | 36 | 27 |
| 广东 | 44 | 34587 | 34102 | 299 | 106 | 27 | 53 |
| 广西 | 45 | 6251 | 5579 | 538 | 40 | 44 | 50 |
| 海南 | 46 | 972 | 858 | 94 | 3 | 3 | 14 |
| 重庆 | 50 | 4209 | 4173 | 19 | 15 | 1 | 1 |
| 四川 | 51 | 9115 | 8954 | 109 | 37 | 8 | 7 |
| 贵州 | 52 | 3498 | 3001 | 427 | 29 | 35 | 6 |
| 云南 | 53 | 5565 | 5207 | 258 | 31 | 49 | 20 |
| 西藏 | 54 | 361 | 361 |  |  |  |  |
| 陕西 | 61 | 3740 | 3598 | 101 | 2 | 11 | 28 |
| 甘肃 | 62 | 3085 | 3067 | 14 | 1 | 1 | 2 |
| 青海 | 63 | 1591 | 1431 | 101 | 22 | 34 | 3 |
| 宁夏 | 64 | 1357 | 1266 | 77 | 3 | 8 | 3 |
| 新疆 | 65 | 5450 | 5090 | 271 | 51 | 29 | 9 |

## 2－4 限额以上企业按地区、国有经济控股情况分组的单位数

(2002 年)

| 地区 | 代码 | 企业单位数(个) | #国有经济控股企业 | | | 国有经济控股企业占限额以上企业比重(%) |
|---|---|---|---|---|---|---|
| | | | | 绝对控股 | 相对控股 | |
| **全国** | **00** | **283748** | **79767** | **74157** | **5610** | **28.11** |
| 北京 | 11 | 9275 | 3479 | 3162 | 317 | 37.51 |
| 天津 | 12 | 6894 | 3110 | 2961 | 149 | 45.11 |
| 河北 | 13 | 10368 | 3403 | 2876 | 527 | 32.82 |
| 山西 | 14 | 7068 | 3494 | 3400 | 94 | 49.43 |
| 内蒙古 | 15 | 3104 | 1294 | 1173 | 121 | 41.69 |
| 辽宁 | 21 | 9930 | 3059 | 2911 | 148 | 30.81 |
| 吉林 | 22 | 5734 | 3157 | 3034 | 123 | 55.06 |
| 黑龙江 | 23 | 7361 | 3993 | 3858 | 135 | 54.25 |
| 上海 | 31 | 12739 | 2766 | 2349 | 417 | 21.71 |
| 江苏 | 32 | 27437 | 3333 | 3109 | 224 | 12.15 |
| 浙江 | 33 | 27271 | 2082 | 1827 | 255 | 7.63 |
| 安徽 | 34 | 6323 | 1647 | 1568 | 79 | 26.05 |
| 福建 | 35 | 10929 | 2154 | 1999 | 155 | 19.71 |
| 江西 | 36 | 4945 | 2378 | 2310 | 68 | 48.09 |
| 山东 | 37 | 20035 | 3831 | 3534 | 297 | 19.12 |
| 河南 | 41 | 13982 | 3919 | 3774 | 145 | 28.03 |
| 湖北 | 42 | 12241 | 5732 | 5346 | 386 | 46.83 |
| 湖南 | 43 | 8331 | 3375 | 3047 | 328 | 40.51 |
| 广东 | 44 | 34587 | 5573 | 5073 | 500 | 16.11 |
| 广西 | 45 | 6251 | 3502 | 3343 | 159 | 56.02 |
| 海南 | 46 | 972 | 724 | 707 | 17 | 74.49 |
| 重庆 | 50 | 4209 | 1006 | 906 | 100 | 23.90 |
| 四川 | 51 | 9115 | 2174 | 1996 | 178 | 23.85 |
| 贵州 | 52 | 3498 | 2084 | 2024 | 60 | 59.58 |
| 云南 | 53 | 5565 | 2493 | 2333 | 160 | 44.80 |
| 西藏 | 54 | 361 | 234 | 230 | 4 | 64.82 |
| 陕西 | 61 | 3740 | 1815 | 1753 | 62 | 48.53 |
| 甘肃 | 62 | 3085 | 1204 | 1010 | 194 | 39.03 |
| 青海 | 63 | 1591 | 550 | 516 | 34 | 34.57 |
| 宁夏 | 64 | 1357 | 353 | 331 | 22 | 26.01 |
| 新疆 | 65 | 5450 | 1849 | 1697 | 152 | 33.93 |

注:国有经济控股企业是指国有及国有控股企业。

# 2－5 限额以上企业按地区、

(2002 年)

| 地　区 | 代　码 | 企　业<br>单位数 | 7 人及以下 | 8－19 人 | 20－49 人 |
|---|---|---|---|---|---|
| **全　国** | **00** | **283748** | **8971** | **20195** | **48759** |
| 北　京 | 11 | 9275 | 388 | 1450 | 2285 |
| 天　津 | 12 | 6894 | 574 | 1235 | 1404 |
| 河　北 | 13 | 10368 | 115 | 260 | 1442 |
| 山　西 | 14 | 7068 | 268 | 421 | 1005 |
| 内蒙古 | 15 | 3104 | 136 | 206 | 510 |
| 辽　宁 | 21 | 9930 | 173 | 625 | 1672 |
| 吉　林 | 22 | 5734 | 290 | 521 | 977 |
| 黑龙江 | 23 | 7361 | 410 | 713 | 1312 |
| 上　海 | 31 | 12739 | 79 | 551 | 2434 |
| 江　苏 | 32 | 27437 | 176 | 1097 | 4698 |
| 浙　江 | 33 | 27271 | 402 | 1764 | 5432 |
| 安　徽 | 34 | 6323 | 13 | 219 | 820 |
| 福　建 | 35 | 10929 | 398 | 964 | 2064 |
| 江　西 | 36 | 4945 | 145 | 363 | 861 |
| 山　东 | 37 | 20035 | 52 | 445 | 2220 |
| 河　南 | 41 | 13982 | 248 | 769 | 2565 |
| 湖　北 | 42 | 12241 | 600 | 907 | 2075 |
| 湖　南 | 43 | 8331 | 172 | 340 | 1289 |
| 广　东 | 44 | 34587 | 1080 | 2529 | 6202 |
| 广　西 | 45 | 6251 | 466 | 667 | 1020 |
| 海　南 | 46 | 972 | 186 | 220 | 141 |
| 重　庆 | 50 | 4209 | 38 | 203 | 581 |
| 四　川 | 51 | 9115 | 97 | 283 | 1036 |
| 贵　州 | 52 | 3498 | 179 | 311 | 570 |
| 云　南 | 53 | 5565 | 259 | 416 | 1005 |
| 西　藏 | 54 | 361 | 9 | 44 | 191 |
| 陕　西 | 61 | 3740 | | | 106 |
| 甘　肃 | 62 | 3085 | 51 | 250 | 624 |
| 青　海 | 63 | 1591 | 470 | 423 | 344 |
| 宁　夏 | 64 | 1357 | 281 | 373 | 289 |
| 新　疆 | 65 | 5450 | 1216 | 1520 | 1286 |

# 从业人员规模分组的单位数

单位:个

| 50－99人 | 100－299人 | 300－499人 | 500－999人 | 1000－4999人 | 5000－9999人 | 10000人以上 | 代码 |
|---|---|---|---|---|---|---|---|
| **58949** | **85834** | **25240** | **19612** | **14106** | **1419** | **663** | **00** |
| 1915 | 2043 | 509 | 383 | 275 | 19 | 8 | 11 |
| 1228 | 1502 | 431 | 306 | 195 | 13 | 6 | 12 |
| 2189 | 3516 | 1144 | 975 | 680 | 28 | 19 | 13 |
| 1256 | 2358 | 744 | 567 | 396 | 36 | 17 | 14 |
| 614 | 886 | 306 | 252 | 171 | 14 | 9 | 15 |
| 1961 | 2964 | 989 | 860 | 621 | 36 | 29 | 21 |
| 1101 | 1599 | 496 | 421 | 290 | 23 | 16 | 22 |
| 1372 | 2031 | 581 | 477 | 385 | 63 | 17 | 23 |
| 3389 | 4209 | 1015 | 647 | 382 | 22 | 11 | 31 |
| 6555 | 9245 | 2612 | 1833 | 1145 | 52 | 24 | 32 |
| 7180 | 8975 | 1794 | 1068 | 613 | 36 | 7 | 33 |
| 1256 | 2055 | 804 | 709 | 421 | 16 | 10 | 34 |
| 2373 | 3327 | 886 | 582 | 316 | 15 | 4 | 35 |
| 938 | 1620 | 470 | 310 | 223 | 9 | 6 | 36 |
| 3362 | 6024 | 2161 | 2023 | 2625 | 737 | 386 | 37 |
| 3094 | 4188 | 1260 | 1050 | 753 | 39 | 16 | 41 |
| 2367 | 3631 | 1086 | 932 | 592 | 34 | 17 | 42 |
| 1805 | 2696 | 867 | 677 | 453 | 25 | 7 | 43 |
| 7378 | 10532 | 3085 | 2381 | 1330 | 59 | 11 | 44 |
| 1200 | 1752 | 564 | 380 | 189 | 12 | 1 | 45 |
| 118 | 188 | 62 | 40 | 16 | 1 | 0 | 46 |
| 760 | 1329 | 516 | 444 | 319 | 14 | 5 | 50 |
| 1573 | 3046 | 1211 | 1017 | 791 | 44 | 17 | 51 |
| 706 | 1051 | 291 | 214 | 157 | 15 | 4 | 52 |
| 1067 | 1634 | 518 | 419 | 234 | 10 | 3 | 53 |
| 49 | 50 | 11 | 7 |  |  |  | 54 |
| 626 | 1666 | 375 | 305 | 233 | 20 | 4 | 61 |
| 598 | 919 | 237 | 197 | 187 | 17 | 5 | 62 |
| 165 | 110 | 38 | 23 | 17 | 1 |  | 63 |
| 157 | 160 | 35 | 31 | 28 | 1 | 2 | 64 |
| 597 | 528 | 142 | 82 | 69 | 8 | 2 | 65 |

# 2－6 限额以上企业按地区、

（2002 年）

| 地　区 | 代　码 | 企业单位数 | 50 万元及以下 | 50－100 万元 |
|---|---|---|---|---|
| **全　国** | **00** | **283748** | **25920** | **9435** |
| 北　京 | 11 | 9275 | 798 | 373 |
| 天　津 | 12 | 6894 | 1256 | 283 |
| 河　北 | 13 | 10368 | 876 | 327 |
| 山　西 | 14 | 7068 | 1236 | 306 |
| 内蒙古 | 15 | 3104 | 368 | 137 |
| 辽　宁 | 21 | 9930 | 459 | 238 |
| 吉　林 | 22 | 5734 | 1076 | 270 |
| 黑龙江 | 23 | 7361 | 1495 | 406 |
| 上　海 | 31 | 12739 | 451 | 269 |
| 江　苏 | 32 | 27437 | 410 | 276 |
| 浙　江 | 33 | 27271 | 960 | 407 |
| 安　徽 | 34 | 6323 | 212 | 152 |
| 福　建 | 35 | 10929 | 1075 | 252 |
| 江　西 | 36 | 4945 | 702 | 293 |
| 山　东 | 37 | 20035 | 1845 | 846 |
| 河　南 | 41 | 13982 | 1208 | 419 |
| 湖　北 | 42 | 12241 | 1676 | 511 |
| 湖　南 | 43 | 8331 | 636 | 381 |
| 广　东 | 44 | 34587 | 1182 | 503 |
| 广　西 | 45 | 6251 | 1341 | 377 |
| 海　南 | 46 | 972 | 439 | 108 |
| 重　庆 | 50 | 4209 | 288 | 169 |
| 四　川 | 51 | 9115 | 521 | 259 |
| 贵　州 | 52 | 3498 | 750 | 200 |
| 云　南 | 53 | 5565 | 763 | 248 |
| 西　藏 | 54 | 361 | 66 | 39 |
| 陕　西 | 61 | 3740 | 601 | 294 |
| 甘　肃 | 62 | 3085 | 94 | 52 |
| 青　海 | 63 | 1591 | 848 | 187 |
| 宁　夏 | 64 | 1357 | 499 | 204 |
| 新　疆 | 65 | 5450 | 1789 | 649 |

# 营业收入规模规模分组的单位数

单位:个

| 100－500<br>万　　元 | 500－1000<br>万　　元 | 1000－5000<br>万　　元 | 5000 万元<br>－1 亿元 | 1 亿元以上 | 代码 |
|---|---|---|---|---|---|
| **42382** | **60646** | **100993** | **21784** | **22588** | **00** |
| 1745 | 1744 | 3002 | 640 | 973 | 11 |
| 792 | 1569 | 2061 | 391 | 542 | 12 |
| 1749 | 2198 | 3610 | 855 | 753 | 13 |
| 1087 | 1553 | 2101 | 382 | 403 | 14 |
| 567 | 675 | 975 | 195 | 187 | 15 |
| 1374 | 2300 | 3849 | 823 | 887 | 21 |
| 960 | 1039 | 1628 | 378 | 383 | 22 |
| 1342 | 1354 | 1895 | 448 | 421 | 23 |
| 1028 | 3017 | 5373 | 1165 | 1436 | 31 |
| 2462 | 5830 | 12885 | 2706 | 2868 | 32 |
| 2911 | 6743 | 11795 | 2206 | 2249 | 33 |
| 1087 | 1276 | 2552 | 539 | 505 | 34 |
| 1281 | 2555 | 4145 | 862 | 759 | 35 |
| 1191 | 1003 | 1303 | 219 | 234 | 36 |
| 2600 | 4335 | 6737 | 1748 | 1924 | 37 |
| 3636 | 3092 | 4302 | 734 | 591 | 41 |
| 2019 | 2640 | 3779 | 840 | 776 | 42 |
| 1578 | 2111 | 2579 | 551 | 495 | 43 |
| 2897 | 7757 | 14788 | 3617 | 3843 | 44 |
| 1101 | 1153 | 1642 | 326 | 311 | 45 |
| 195 | 81 | 110 | 28 | 11 | 46 |
| 737 | 877 | 1475 | 392 | 271 | 50 |
| 1225 | 2131 | 3566 | 775 | 638 | 51 |
| 692 | 729 | 792 | 150 | 185 | 52 |
| 1027 | 1077 | 1684 | 368 | 398 | 53 |
| 203 | 24 | 25 | 1 | 3 | 54 |
| 1371 | 504 | 691 | 135 | 144 | 61 |
| 1272 | 592 | 764 | 136 | 175 | 62 |
| 332 | 88 | 84 | 21 | 31 | 63 |
| 371 | 107 | 123 | 28 | 25 | 64 |
| 1550 | 492 | 678 | 125 | 167 | 65 |

## 2－7 限额以上企业按行业中类、

（2002 年）

| 行业中类 | 代 码 | 企 业<br>单位数 | 北 京 | 天 津 | 河 北 | 山 西 | 内蒙古 |
|---|---|---|---|---|---|---|---|
| **全国总计** | **0000** | **283748** | **9275** | **6894** | **10368** | **7068** | **3104** |
| **采掘业** | **B** | **7888** | **43** | **36** | **418** | **905** | **230** |
| 煤炭采选业 | 0600 | 3223 | 21 | 4 | 106 | 785 | 111 |
| 煤炭开采业 | 0610 | 2897 | 17 | | 95 | 646 | 101 |
| 煤炭洗选业 | 0620 | 326 | 4 | 4 | 11 | 139 | 10 |
| 石油和天然气开采业 | 0700 | 99 | 1 | 10 | 1 | | 4 |
| 天然原油开采业 | 0710 | 90 | 1 | 10 | 1 | | 4 |
| 天然气开采业 | 0720 | 8 | | | | | |
| 油页岩开采业 | 0730 | 1 | | | | | |
| 黑色金属矿采选业 | 0800 | 743 | 3 | | 204 | 62 | 18 |
| 铁矿采选业 | 0810 | 654 | 3 | | 204 | 59 | 17 |
| 其他黑色金属矿采选业 | 0820 | 89 | | | | 3 | 1 |
| 有色金属矿采选业 | 0900 | 1431 | 2 | 1 | 41 | 19 | 48 |
| 重有色金属矿采选业 | 0910 | 601 | 1 | | 6 | 7 | 26 |
| 轻有色金属矿采选业 | 0930 | 56 | | | 1 | 7 | |
| 非金属矿采选业 | 1000 | 1947 | 16 | 21 | 66 | 37 | 32 |
| 土砂石开采业 | 1010 | 1101 | 12 | 15 | 37 | 22 | 13 |
| 化学矿采选业 | 1020 | 204 | 1 | | 1 | 12 | 3 |
| 采盐业 | 1030 | 184 | | 6 | 18 | 7 | |
| 其他非金属矿采选业 | 1090 | 458 | 3 | | 10 | 3 | 9 |
| 木材及竹材采运业 | 1200 | 422 | | | | 1 | 17 |
| 木材采运业 | 1210 | 413 | | | | 1 | 17 |
| 竹材采运业 | 1220 | 9 | | | | | |
| **制造业** | **C** | **177528** | **4460** | **5161** | **6873** | **3472** | **1311** |
| 食品加工业 | 1300 | 11644 | 166 | 207 | 455 | 250 | 171 |
| 粮食及饲料加工业 | 1310 | 5433 | 71 | 102 | 224 | 157 | 38 |
| 植物油加工业 | 1320 | 1354 | 5 | 16 | 50 | 28 | 29 |
| 制糖业 | 1330 | 379 | | 3 | 4 | 2 | 10 |
| 屠宰及肉类蛋类加工业 | 1340 | 2170 | 67 | 31 | 116 | 48 | 83 |
| 水产品加工业 | 1350 | 1127 | 2 | 19 | 18 | 1 | |
| 盐加工业 | 1360 | 51 | 1 | 3 | 1 | | |
| 其他食品加工业 | 1390 | 1130 | 20 | 33 | 42 | 15 | 10 |
| 食品制造业 | 1400 | 5046 | 160 | 165 | 301 | 160 | 64 |
| 糕点、糖果制造业 | 1410 | 1593 | 77 | 51 | 82 | 74 | 7 |
| 乳制品制造业 | 1420 | 560 | 21 | 15 | 46 | 22 | 38 |
| 罐头食品制造业 | 1430 | 544 | 3 | 6 | 13 | 17 | 2 |

## 地区分组的单位数

单位:个

| 辽 宁 | 吉 林 | 黑龙江 | 上 海 | 江 苏 | 浙 江 | 安 徽 | 福 建 | 江 西 | 山 东 | 代 码 |
|---|---|---|---|---|---|---|---|---|---|---|
| **9930** | **5734** | **7361** | **12739** | **27437** | **27271** | **6323** | **10929** | **4945** | **20035** | **0000** |
| **258** | **215** | **335** | **2** | **166** | **149** | **147** | **203** | **297** | **527** | **B** |
| 52 | 69 | 144 | 1 | 7 | 2 | 56 | 49 | 57 | 238 | 0600 |
| 41 | 65 | 118 | 1 | 6 | 2 | 56 | 49 | 55 | 218 | 0610 |
| 11 | 4 | 26 |  | 1 |  |  |  | 2 | 20 | 0620 |
| 2 | 20 | 9 | 1 | 1 |  |  |  |  | 4 | 0700 |
| 2 | 20 | 9 |  | 1 |  |  |  |  | 3 | 0710 |
|  |  |  | 1 |  |  |  |  |  |  | 0720 |
|  |  |  |  |  |  |  |  |  | 1 | 0730 |
| 77 | 15 | 3 |  | 9 | 3 | 18 | 22 | 5 | 27 | 0800 |
| 74 | 15 | 3 |  | 9 | 3 | 17 | 21 | 5 | 27 | 0810 |
| 3 |  |  |  |  |  | 1 | 1 |  |  | 0820 |
| 58 | 27 | 29 |  | 5 | 21 | 22 | 26 | 87 | 106 | 0900 |
| 13 | 5 | 6 |  | 2 | 10 | 16 | 13 | 16 | 2 | 0910 |
| 4 |  |  |  |  |  |  |  |  | 5 | 0930 |
| 69 | 43 | 85 |  | 143 | 121 | 51 | 68 | 54 | 152 | 1000 |
| 32 | 24 | 72 |  | 112 | 73 | 32 | 36 | 21 | 42 | 1010 |
| 9 | 1 |  |  | 7 | 14 | 5 | 4 | 2 | 2 | 1020 |
| 8 |  |  |  | 17 | 5 | 1 | 11 | 2 | 42 | 1030 |
| 20 | 18 | 13 |  | 7 | 29 | 13 | 17 | 29 | 66 | 1090 |
|  | 41 | 65 |  |  |  |  | 38 | 94 |  | 1200 |
|  | 41 | 65 |  |  |  |  | 38 | 88 |  | 1210 |
|  |  |  |  |  |  |  |  | 6 |  | 1220 |
| **5467** | **3203** | **3764** | **9995** | **21342** | **21344** | **3584** | **6903** | **2688** | **12896** | **C** |
| 404 | 276 | 507 | 135 | 901 | 599 | 358 | 404 | 344 | 1444 | 1300 |
| 129 | 138 | 236 | 41 | 444 | 168 | 203 | 114 | 263 | 446 | 1310 |
| 33 | 47 | 127 | 16 | 103 | 32 | 64 | 10 | 20 | 142 | 1320 |
| 4 | 6 | 18 |  | 14 | 1 | 1 | 3 | 8 | 11 | 1330 |
| 104 | 53 | 100 | 50 | 123 | 52 | 53 | 33 | 40 | 253 | 1340 |
| 85 | 9 | 1 | 7 | 133 | 248 | 4 | 143 | 4 | 280 | 1350 |
| 4 | 3 | 5 |  | 2 | 1 |  | 2 | 1 | 4 | 1360 |
| 45 | 20 | 20 | 21 | 82 | 97 | 33 | 99 | 8 | 308 | 1390 |
| 127 | 152 | 228 | 226 | 300 | 246 | 84 | 229 | 88 | 459 | 1400 |
| 32 | 37 | 63 | 110 | 65 | 56 | 16 | 77 | 20 | 116 | 1410 |
| 12 | 11 | 70 | 14 | 34 | 37 | 10 | 10 | 9 | 40 | 1420 |
| 13 | 3 | 7 | 9 | 22 | 76 | 17 | 84 | 13 | 49 | 1430 |

2－7续表1

| 行业中类 | 代　码 | 河　南 | 湖　北 | 湖　南 | 广　东 | 广　西 | 海　南 |
|---|---|---|---|---|---|---|---|
| **全国总计** | **0000** | **13982** | **12241** | **8331** | **34587** | **6251** | **972** |
| **采掘业** | **B** | **673** | **406** | **518** | **338** | **248** | **29** |
| 煤炭采选业 | 0600 | 348 | 66 | 232 | 21 | 29 | 1 |
| 煤炭开采业 | 0610 | 321 | 65 | 225 | 20 | 29 | 1 |
| 煤炭洗选业 | 0620 | 27 | 1 | 7 | 1 | | |
| 石油和天然气开采业 | 0700 | 4 | 2 | 2 | 2 | | |
| 天然原油开采业 | 0710 | 4 | 2 | | 2 | 2 | |
| 天然气开采业 | 0720 | | | | | | |
| 油页岩开采业 | 0730 | | | | | | |
| 黑色金属矿采选业 | 0800 | 23 | 66 | 28 | 23 | 37 | 1 |
| 铁矿采选业 | 0810 | 23 | 66 | 14 | 21 | 5 | 1 |
| 其他黑色金属矿采选业 | 0820 | | | 14 | 2 | 32 | |
| 有色金属矿采选业 | 0900 | 208 | 53 | 154 | 40 | 91 | 8 |
| 重有色金属矿采选业 | 0910 | 33 | 37 | 98 | 16 | 56 | 1 |
| 轻有色金属矿采选业 | 0930 | 6 | | 6 | 3 | 14 | 6 |
| 非金属矿采选业 | 1000 | 89 | 212 | 86 | 215 | 59 | 12 |
| 土砂石开采业 | 1010 | 69 | 111 | 45 | 165 | 28 | 5 |
| 化学矿采选业 | 1020 | 2 | 62 | 9 | 4 | 9 | |
| 采盐业 | 1030 | | 7 | 2 | 7 | 4 | 7 |
| 其他非金属矿采选业 | 1090 | 18 | 32 | 30 | 39 | 18 | |
| 木材及竹材采运业 | 1200 | | 5 | 17 | 35 | 18 | 7 |
| 木材采运业 | 1210 | | 5 | 17 | 35 | 18 | 7 |
| 竹材采运业 | 1220 | | | | | | |
| **制造业** | **C** | **8558** | **7236** | **4948** | **23612** | **3321** | **408** |
| 食品加工业 | 1300 | 1087 | 746 | 416 | 653 | 447 | 79 |
| 粮食及饲料加工业 | 1310 | 681 | 422 | 240 | 300 | 192 | 26 |
| 植物油加工业 | 1320 | 152 | 136 | 55 | 28 | 24 | 4 |
| 制糖业 | 1330 | 8 | 4 | 11 | 54 | 94 | 17 |
| 屠宰及肉类蛋类加工业 | 1340 | 199 | 144 | 67 | 108 | 104 | 22 |
| 水产品加工业 | 1350 | 1 | 12 | 7 | 113 | 18 | 7 |
| 盐加工业 | 1360 | 3 | 4 | | 2 | 2 | 1 |
| 其他食品加工业 | 1390 | 43 | 24 | 36 | 48 | 13 | 2 |
| 食品制造业 | 1400 | 337 | 225 | 148 | 518 | 172 | 20 |
| 糕点、糖果制造业 | 1410 | 136 | 64 | 40 | 246 | 35 | 9 |
| 乳制品制造业 | 1420 | 13 | 17 | 7 | 20 | 7 | |
| 罐头食品制造业 | 1430 | 20 | 26 | 28 | 41 | 36 | 2 |

单位:个

| 重 庆 | 四 川 | 贵 州 | 云 南 | 西 藏 | 陕 西 | 甘 肃 | 青 海 | 宁 夏 | 新 疆 | 代 码 |
|---|---|---|---|---|---|---|---|---|---|---|
| **4209** | **9115** | **3498** | **5565** | **361** | **3740** | **3085** | **1591** | **1357** | **5450** | **0000** |
| **86** | **313** | **204** | **274** | **19** | **194** | **216** | **77** | **52** | **310** | **B** |
| 66 | 174 | 84 | 93 | 1 | 74 | 77 | 16 | 43 | 196 | 0600 |
| 60 | 160 | 80 | 81 | 1 | 73 | 77 | 15 | 23 | 196 | 0610 |
| 6 | 14 | 4 | 12 |  | 1 |  | 1 | 20 |  | 0620 |
| 2 | 5 | 1 | 1 |  | 17 | 2 | 2 |  | 6 | 0700 |
|  | 1 | 1 |  |  | 17 | 2 | 2 |  | 6 | 0710 |
| 2 | 4 |  | 1 |  |  |  |  |  |  | 0720 |
|  |  |  |  |  |  |  |  |  |  | 0730 |
| 7 | 24 | 6 | 17 | 4 | 10 | 13 | 10 |  | 8 | 0800 |
| 1 | 21 | 2 | 11 |  | 6 | 11 | 8 |  | 7 | 0810 |
| 6 | 3 | 4 | 6 | 4 | 4 | 2 | 2 |  | 1 | 0820 |
| 2 | 46 | 52 | 111 | 7 | 75 | 71 | 13 |  | 8 | 0900 |
| 1 | 27 | 17 | 94 | 2 | 29 | 53 | 8 |  | 6 | 0910 |
| 1 | 1 |  | 2 |  |  |  |  |  |  | 0930 |
| 9 | 54 | 26 | 27 | 6 | 15 | 52 | 36 | 9 | 82 | 1000 |
| 3 | 11 | 5 | 5 |  | 9 | 19 | 22 | 7 | 54 | 1010 |
| 2 | 10 | 19 | 11 | 6 | 2 | 6 | 1 |  |  | 1020 |
| 3 | 18 |  | 7 |  | 1 | 1 | 4 |  | 6 | 1030 |
| 1 | 15 | 2 | 4 |  | 3 | 26 | 9 | 2 | 22 | 1090 |
|  | 10 | 35 | 25 | 1 | 3 |  |  |  | 10 | 1200 |
|  | 10 | 32 | 25 | 1 | 3 |  |  |  | 10 | 1210 |
|  |  | 3 |  |  |  |  |  |  |  | 1220 |
| **1814** | **4121** | **2000** | **2199** | **90** | **2031** | **1833** | **569** | **391** | **1934** | **C** |
| 60 | 351 | 217 | 263 | 11 | 176 | 169 | 71 | 36 | 241 | 1300 |
| 22 | 149 | 111 | 115 | 6 | 122 | 98 | 16 | 21 | 138 | 1310 |
| 7 | 48 | 49 | 14 | 1 | 23 | 11 | 15 | 4 | 61 | 1320 |
| 1 | 9 | 4 | 77 |  | 1 | 3 | 1 |  | 10 | 1330 |
| 18 | 119 | 48 | 33 | 3 | 22 | 19 | 37 | 5 | 16 | 1340 |
|  | 3 | 2 | 3 |  | 3 | 1 |  | 1 | 2 | 1350 |
|  | 3 |  | 2 | 1 |  | 1 | 1 |  | 4 | 1360 |
| 12 | 20 | 3 | 19 |  | 5 | 36 | 1 | 5 | 10 | 1390 |
| 35 | 134 | 66 | 77 | 5 | 104 | 74 | 19 | 21 | 102 | 1400 |
| 10 | 38 | 22 | 36 | 4 | 24 | 12 | 7 | 2 | 25 | 1410 |
| 4 | 14 | 2 | 7 |  | 36 | 14 | 4 | 4 | 22 | 1420 |
| 5 | 19 | 4 | 5 |  | 2 | 3 |  | 1 | 18 | 1430 |

2－7续表2

| 行业中类 | 代码 | 企业单位数 | 北京 | 天津 | 河北 | 山西 | 内蒙古 |
|---|---|---|---|---|---|---|---|
| 发酵制品业 | 1440 | 278 | 6 | 5 | 14 | 2 | 2 |
| 调味品制造业 | 1450 | 748 | 14 | 24 | 41 | 23 | 3 |
| 其他食品制造业 | 1490 | 1323 | 39 | 64 | 105 | 22 | 12 |
| 饮料制造业 | 1500 | 3613 | 68 | 63 | 165 | 73 | 63 |
| 酒精及饮料酒制造业 | 1510 | 2144 | 23 | 25 | 108 | 48 | 55 |
| 软饮料制造业 | 1520 | 956 | 38 | 35 | 54 | 25 | 8 |
| 制茶业 | 1550 | 416 | 3 | 1 | 1 | | |
| 其他饮料制造业 | 1590 | 97 | 4 | 2 | 2 | | |
| 烟草加工业 | 1600 | 299 | 1 | 1 | 3 | 4 | 2 |
| 烟叶复烤业 | 1610 | 82 | | | | 3 | |
| 卷烟制造业 | 1620 | 187 | 1 | 1 | 3 | 1 | 2 |
| 其他烟草加工业 | 1690 | 30 | | | | | |
| 纺织业 | 1700 | 13668 | 140 | 265 | 587 | 100 | 120 |
| 纤维原料初步加工业 | 1710 | 1100 | 2 | 14 | 58 | 9 | 5 |
| 棉纺织业 | 1720 | 5798 | 40 | 119 | 259 | 54 | 5 |
| 毛纺织业 | 1740 | 1232 | 18 | 34 | 167 | 8 | 69 |
| 麻纺织业 | 1760 | 269 | 1 | 1 | 2 | 5 | 2 |
| 丝绢纺织业 | 1770 | 1854 | 3 | 18 | 10 | 10 | |
| 针织品业 | 1780 | 2690 | 64 | 69 | 68 | 12 | 39 |
| 其他纺织业 | 1790 | 725 | 12 | 10 | 23 | 2 | |
| 服装及其他纤维制品制造业 | 1800 | 9316 | 227 | 244 | 194 | 32 | 24 |
| 服装制造业 | 1810 | 8150 | 211 | 217 | 175 | 28 | 24 |
| 制帽业 | 1820 | 174 | 3 | 5 | 6 | | |
| 制鞋业 | 1830 | 637 | 6 | 12 | 9 | 2 | |
| 其他纤维制品制造业 | 1890 | 355 | 7 | 10 | 4 | 2 | |
| 皮革、毛皮、羽绒及其制品业 | 1900 | 3992 | 36 | 65 | 120 | 13 | 11 |
| 制革业 | 1910 | 602 | 4 | 6 | 33 | 1 | 2 |
| 皮革制品制造业 | 1920 | 2769 | 26 | 48 | 37 | 6 | 2 |
| 毛皮鞣制及制品业 | 1930 | 219 | 3 | 4 | 35 | 3 | 7 |
| 羽毛(绒)加工及制品业 | 1950 | 402 | 3 | 7 | 15 | 3 | |
| 木材加工及竹、藤、棕、草制品业 | 2000 | 3398 | 35 | 65 | 89 | 7 | 18 |
| 锯材、木片加工业 | 2010 | 539 | 6 | 13 | 2 | | 2 |
| 人造板制造业 | 2020 | 1621 | 6 | 13 | 67 | 6 | 14 |
| 木制品业 | 2030 | 910 | 22 | 36 | 18 | 1 | 2 |
| 竹、藤、棕、草制品业 | 2040 | 328 | 1 | 3 | 2 | | |
| 家具制造业 | 2100 | 1901 | 84 | 63 | 62 | 18 | 6 |

单位:个

| 辽宁 | 吉林 | 黑龙江 | 上海 | 江苏 | 浙江 | 安徽 | 福建 | 江西 | 山东 | 代码 |
|---|---|---|---|---|---|---|---|---|---|---|
| 4 | 8 | 5 | 8 | 39 | 19 | 5 | 14 | 6 | 34 | 1440 |
| 24 | 26 | 27 | 19 | 55 | 16 | 13 | 16 | 19 | 79 | 1450 |
| 42 | 67 | 56 | 66 | 85 | 42 | 23 | 28 | 21 | 141 | 1490 |
| 100 | 140 | 161 | 56 | 195 | 204 | 125 | 155 | 111 | 267 | 1500 |
| 66 | 99 | 117 | 17 | 138 | 95 | 92 | 42 | 70 | 194 | 1510 |
| 30 | 40 | 42 | 33 | 33 | 34 | 13 | 42 | 20 | 61 | 1520 |
|  |  | 2 | 2 | 15 | 70 | 18 | 68 | 18 | 7 | 1550 |
| 4 | 1 |  | 4 | 9 | 5 | 2 | 3 | 3 | 5 | 1590 |
| 3 | 8 | 16 | 2 | 6 | 5 | 16 | 9 | 8 | 15 | 1600 |
|  | 4 | 9 |  |  |  | 3 | 4 | 2 | 2 | 1610 |
| 3 | 4 | 6 | 2 | 5 | 3 | 11 | 3 | 5 | 13 | 1620 |
|  |  | 1 |  | 1 | 2 | 2 | 2 | 1 |  | 1690 |
| 257 | 100 | 148 | 687 | 2802 | 2716 | 358 | 404 | 183 | 1303 | 1700 |
| 3 | 7 | 23 | 3 | 179 | 41 | 122 | 4 | 7 | 248 | 1710 |
| 112 | 36 | 49 | 269 | 1268 | 835 | 138 | 197 | 74 | 660 | 1720 |
| 15 | 16 | 7 | 90 | 297 | 167 | 9 | 18 | 5 | 81 | 1740 |
| 5 | 11 | 40 | 2 | 30 | 11 | 16 | 4 | 20 | 16 | 1760 |
| 48 | 1 | 4 | 25 | 344 | 962 | 45 | 7 | 19 | 66 | 1770 |
| 57 | 24 | 18 | 256 | 442 | 579 | 20 | 145 | 55 | 181 | 1780 |
| 17 | 5 | 7 | 44 | 242 | 121 | 8 | 29 | 3 | 51 | 1790 |
| 241 | 56 | 20 | 890 | 1410 | 1869 | 116 | 612 | 53 | 465 | 1800 |
| 228 | 49 | 18 | 818 | 1240 | 1627 | 107 | 462 | 51 | 390 | 1810 |
| 2 | 2 |  | 19 | 49 | 14 |  | 3 |  | 13 | 1820 |
| 2 | 3 | 2 | 28 | 66 | 192 | 6 | 78 | 2 | 39 | 1830 |
| 9 | 2 |  | 25 | 55 | 36 | 3 | 69 |  | 23 | 1890 |
| 60 | 12 | 15 | 165 | 348 | 1017 | 57 | 370 | 29 | 238 | 1900 |
| 9 | 1 | 2 | 9 | 28 | 157 | 5 | 35 | 3 | 37 | 1910 |
| 31 | 8 | 8 | 146 | 242 | 745 | 19 | 307 | 13 | 169 | 1920 |
| 10 |  | 2 | 3 | 22 | 10 | 2 | 9 |  | 13 | 1930 |
| 10 | 3 | 3 | 7 | 56 | 105 | 31 | 19 | 13 | 19 | 1950 |
| 134 | 131 | 224 | 135 | 442 | 289 | 146 | 211 | 126 | 213 | 2000 |
| 21 | 29 | 69 | 11 | 62 | 6 | 20 | 11 | 10 | 26 | 2010 |
| 38 | 53 | 59 | 49 | 295 | 136 | 84 | 124 | 85 | 120 | 2020 |
| 71 | 48 | 92 | 67 | 68 | 51 | 22 | 47 | 22 | 46 | 2030 |
| 4 | 1 | 4 | 8 | 17 | 96 | 20 | 29 | 9 | 21 | 2040 |
| 44 | 20 | 58 | 134 | 115 | 169 | 15 | 84 | 24 | 160 | 2100 |

| 行业中类 | 代码 | 河南 | 湖北 | 湖南 | 广东 | 广西 | 海南 |
|---|---|---|---|---|---|---|---|
| 发酵制品业 | 1440 | 14 | 21 | 7 | 23 | 11 | |
| 调味品制造业 | 1450 | 59 | 43 | 24 | 80 | 20 | 1 |
| 其他食品制造业 | 1490 | 95 | 54 | 42 | 108 | 63 | 8 |
| 饮料制造业 | 1500 | 213 | 217 | 121 | 244 | 125 | 19 |
| 酒精及饮料酒制造业 | 1510 | 144 | 108 | 57 | 84 | 75 | 7 |
| 软饮料制造业 | 1520 | 55 | 63 | 23 | 111 | 32 | 9 |
| 制茶业 | 1550 | 5 | 37 | 39 | 26 | 14 | 2 |
| 其他饮料制造业 | 1590 | 9 | 9 | 2 | 23 | 4 | 1 |
| 烟草加工业 | 1600 | 32 | 25 | 15 | 19 | 12 | 1 |
| 烟叶复烤业 | 1610 | 7 | 4 | 2 | 2 | | |
| 卷烟制造业 | 1620 | 23 | 18 | 13 | 10 | 10 | 1 |
| 其他烟草加工业 | 1690 | 2 | 3 | | 7 | 2 | |
| 纺织业 | 1700 | 596 | 575 | 230 | 1295 | 112 | 10 |
| 纤维原料初步加工业 | 1710 | 149 | 59 | 57 | 11 | 4 | |
| 棉纺织业 | 1720 | 327 | 374 | 120 | 531 | 49 | 2 |
| 毛纺织业 | 1740 | 30 | 20 | 6 | 120 | | 1 |
| 麻纺织业 | 1760 | 17 | 19 | 17 | 12 | 13 | |
| 丝绢纺织业 | 1770 | 22 | 32 | 2 | 49 | 20 | 3 |
| 针织品业 | 1780 | 43 | 41 | 20 | 482 | 22 | 2 |
| 其他纺织业 | 1790 | 8 | 30 | 8 | 90 | 4 | 2 |
| 服装及其他纤维制品制造业 | 1800 | 124 | 294 | 75 | 2144 | 26 | 3 |
| 服装制造业 | 1810 | 89 | 254 | 66 | 1902 | 23 | 3 |
| 制帽业 | 1820 | 4 | 3 | 1 | 48 | 1 | |
| 制鞋业 | 1830 | 26 | 10 | 5 | 135 | | |
| 其他纤维制品制造业 | 1890 | 5 | 27 | 3 | 59 | 2 | |
| 皮革、毛皮、羽绒及其制品业 | 1900 | 186 | 47 | 64 | 954 | 45 | 1 |
| 制革业 | 1910 | 76 | 13 | 29 | 111 | 9 | |
| 皮革制品制造业 | 1920 | 39 | 29 | 32 | 775 | 20 | |
| 毛皮鞣制及制品业 | 1930 | 64 | | | 16 | | |
| 羽毛(绒)加工及制品业 | 1950 | 7 | 5 | 3 | 52 | 16 | 1 |
| 木材加工及竹、藤、棕、草制品业 | 2000 | 163 | 104 | 173 | 320 | 90 | 19 |
| 锯材、木片加工业 | 2010 | 51 | 12 | 11 | 41 | 27 | 12 |
| 人造板制造业 | 2020 | 80 | 54 | 111 | 114 | 27 | 5 |
| 木制品业 | 2030 | 22 | 34 | 22 | 121 | 22 | 2 |
| 竹、藤、棕、草制品业 | 2040 | 10 | 4 | 29 | 44 | 14 | |
| 家具制造业 | 2100 | 75 | 89 | 36 | 491 | 14 | 3 |

单位:个

| 重庆 | 四川 | 贵州 | 云南 | 西藏 | 陕西 | 甘肃 | 青海 | 宁夏 | 新疆 | 代码 |
|---|---|---|---|---|---|---|---|---|---|---|
| 2 | 6 | | 3 | | 1 | 10 | | 1 | 8 | 1440 |
| 7 | 33 | 29 | 13 | 1 | 15 | 7 | 4 | 2 | 11 | 1450 |
| 7 | 24 | 9 | 13 | | 26 | 28 | 4 | 11 | 18 | 1490 |
| 37 | 204 | 129 | 129 | 1 | 62 | 64 | 21 | 4 | 77 | 1500 |
| 20 | 154 | 91 | 65 | 1 | 33 | 51 | 14 | 2 | 49 | 1510 |
| 9 | 27 | 23 | 25 | | 26 | 12 | 7 | | 26 | 1520 |
| 8 | 22 | 14 | 39 | | 3 | 1 | | 1 | | 1550 |
| | 1 | 1 | | | | | | 1 | 2 | 1590 |
| 5 | 15 | 28 | 23 | | 13 | 6 | | 1 | 5 | 1600 |
| 2 | 5 | 17 | 8 | | 3 | 3 | | | 2 | 1610 |
| 3 | 7 | 11 | 12 | | 10 | 3 | | 1 | 2 | 1620 |
| | 3 | | 3 | | | | | | 1 | 1690 |
| 73 | 218 | 36 | 30 | 2 | 89 | 90 | 12 | 8 | 122 | 1700 |
| 1 | 6 | | | | 2 | 48 | 1 | 4 | 33 | 1710 |
| 26 | 84 | 15 | 19 | | 56 | 19 | 2 | 2 | 57 | 1720 |
| 4 | 5 | 4 | 2 | 2 | 6 | 16 | 5 | | 10 | 1740 |
| 3 | 12 | 3 | 3 | | 1 | 3 | | | 2 | 1760 |
| 35 | 103 | 3 | 4 | | 14 | 1 | | 1 | 3 | 1770 |
| 2 | 7 | 10 | 1 | | 10 | 3 | 4 | | 14 | 1780 |
| 2 | 1 | 1 | 1 | | | | | 1 | 3 | 1790 |
| 16 | 25 | 17 | 23 | 2 | 21 | 20 | 18 | 7 | 48 | 1800 |
| 9 | 24 | 15 | 20 | 2 | 21 | 16 | 15 | 6 | 40 | 1810 |
| | | | | | | | 1 | | | 1820 |
| 4 | 1 | 2 | 1 | | | 3 | | 1 | 2 | 1830 |
| 3 | | | 2 | | | 1 | 2 | | 6 | 1890 |
| 21 | 41 | 10 | 9 | 1 | 7 | 23 | 3 | 5 | 19 | 1900 |
| 1 | 11 | 3 | | | 1 | 10 | 1 | 1 | 4 | 1910 |
| 10 | 15 | 5 | 9 | 1 | 4 | 9 | 2 | 1 | 11 | 1920 |
| 1 | 4 | 2 | | | 1 | 3 | | 1 | 4 | 1930 |
| 9 | 11 | | | | 1 | 1 | | 2 | | 1950 |
| 9 | 41 | 44 | 74 | 13 | 9 | 12 | 6 | 3 | 53 | 2000 |
| | 10 | 21 | 21 | 10 | 3 | 3 | 3 | 1 | 25 | 2010 |
| 3 | 16 | 10 | 27 | | 2 | 3 | 2 | 1 | 17 | 2020 |
| 5 | 11 | 9 | 26 | 3 | 4 | 5 | 1 | 1 | 9 | 2030 |
| 1 | 4 | 4 | | | | 1 | | | 2 | 2040 |
| 15 | 23 | 11 | 9 | | 19 | 14 | 6 | 5 | 35 | 2100 |

2－7 续表 4

| 行业中类 | 代码 | 企业单位数 | 北京 | 天津 | 河北 | 山西 | 内蒙古 |
|---|---|---|---|---|---|---|---|
| 木制家具制造业 | 2110 | 1275 | 56 | 40 | 47 | 10 | 6 |
| 竹、藤家具制造业 | 2120 | 20 | | | | | |
| 金属家具制造业 | 2130 | 368 | 15 | 16 | 11 | 6 | |
| 塑料家具制造业 | 2140 | 15 | | 1 | | 1 | |
| 其他家具制造业 | 2190 | 223 | 13 | 6 | 4 | 1 | |
| 造纸及纸制品业 | 2200 | 5432 | 90 | 119 | 289 | 50 | 18 |
| 纸浆制造业 | 2210 | 93 | 1 | 3 | 1 | 1 | 2 |
| 造纸业 | 2220 | 2628 | 21 | 45 | 192 | 30 | 9 |
| 纸制品业 | 2230 | 2711 | 68 | 71 | 96 | 19 | 7 |
| 印刷业、记录媒介的复制 | 2300 | 4288 | 339 | 148 | 99 | 98 | 24 |
| 印刷业 | 2310 | 4219 | 319 | 146 | 98 | 98 | 23 |
| 记录媒介的复制 | 2320 | 69 | 20 | 2 | 1 | | 1 |
| 文教体育用品制造业 | 2400 | 2368 | 52 | 61 | 35 | 16 | |
| 文化用品制造业 | 2410 | 699 | 14 | 24 | 7 | 3 | |
| 体育用品制造业 | 2420 | 419 | 7 | 14 | 10 | 12 | |
| 乐器及其他文娱用品制造业 | 2430 | 154 | 12 | 16 | 16 | 1 | |
| 玩具制造业 | 2440 | 1021 | 12 | 5 | 1 | | |
| 游艺器材制造业 | 2450 | 27 | 4 | | 1 | | |
| 其他类未包括的文教体育用品制造业 | 2490 | 48 | 3 | 2 | | | |
| 石油加工及炼焦业 | 2500 | 1228 | 42 | 36 | 58 | 283 | 16 |
| 人造原油生产业 | 2510 | 25 | | | 1 | | |
| 原油加工业 | 2520 | 298 | 22 | 11 | 15 | 4 | 2 |
| 石油制品业 | 2530 | 453 | 18 | 25 | 16 | 7 | 1 |
| 炼焦业 | 2570 | 452 | 2 | | 26 | 272 | 13 |
| 化学原料及化学制品制造业 | 2600 | 13276 | 291 | 459 | 613 | 351 | 128 |
| 基本化学原料制造业 | 2610 | 2366 | 33 | 85 | 119 | 108 | 55 |
| 化学肥料制造业 | 2620 | 1930 | 17 | 17 | 101 | 90 | 16 |
| 化学农药制造业 | 2630 | 624 | 7 | 17 | 39 | 8 | 1 |
| 有机化学产品制造业 | 2650 | 3338 | 78 | 154 | 172 | 60 | 14 |
| 合成材料制造业 | 2660 | 1065 | 30 | 34 | 39 | 17 | 5 |
| 专用化学产品制造业 | 2670 | 2702 | 87 | 105 | 106 | 53 | 29 |
| 日用化学产品制造业 | 2680 | 1251 | 39 | 47 | 37 | 15 | 8 |
| 医药制造业 | 2700 | 3781 | 147 | 99 | 172 | 99 | 49 |
| 化学药品原药制造业 | 2710 | 736 | 9 | 23 | 48 | 17 | 10 |
| 化学药品制剂制造业 | 2720 | 1083 | 45 | 34 | 41 | 41 | 14 |
| 中药材及中成药加工业 | 2730 | 1323 | 51 | 21 | 59 | 32 | 20 |

单位:个

| 辽宁 | 吉林 | 黑龙江 | 上海 | 江苏 | 浙江 | 安徽 | 福建 | 江西 | 山东 | 代码 |
|---|---|---|---|---|---|---|---|---|---|---|
| 39 | 18 | 44 | 86 | 79 | 75 | 13 | 44 | 22 | 139 | 2110 |
|  |  |  | 1 | 1 | 2 |  |  |  | 2 | 2120 |
| 1 | 1 | 4 | 19 | 24 | 69 |  | 28 | 1 | 7 | 2130 |
|  |  | 1 | 2 |  | 3 |  | 1 |  |  | 2140 |
| 4 | 1 | 9 | 26 | 11 | 20 | 2 | 11 | 1 | 12 | 2190 |
| 117 | 70 | 104 | 208 | 374 | 679 | 96 | 312 | 85 | 437 | 2200 |
|  | 1 | 4 |  | 2 | 1 |  | 3 |  | 6 | 2210 |
| 56 | 39 | 45 | 48 | 120 | 386 | 62 | 126 | 53 | 222 | 2220 |
| 61 | 30 | 55 | 160 | 252 | 292 | 34 | 183 | 32 | 209 | 2230 |
| 102 | 110 | 150 | 250 | 265 | 384 | 72 | 132 | 68 | 160 | 2300 |
| 101 | 109 | 150 | 248 | 262 | 382 | 72 | 130 | 68 | 159 | 2310 |
| 1 | 1 |  | 2 | 3 | 2 |  | 2 |  | 1 | 2320 |
| 15 | 5 | 23 | 284 | 380 | 466 | 45 | 118 | 34 | 130 | 2400 |
| 3 | 3 | 18 | 106 | 151 | 214 | 10 | 28 | 28 | 28 | 2410 |
| 5 |  | 4 | 58 | 67 | 78 | 8 | 47 |  | 19 | 2420 |
| 5 | 2 | 1 | 19 | 15 | 10 |  | 5 | 1 | 10 | 2430 |
| 2 |  |  | 97 | 244 | 147 | 27 | 35 | 4 | 69 | 2440 |
|  |  |  | 1 |  | 6 |  |  | 1 |  | 2450 |
|  |  |  | 3 | 3 | 11 |  | 3 |  | 4 | 2490 |
| 96 | 24 | 51 | 37 | 95 | 23 | 9 | 8 | 10 | 113 | 2500 |
| 5 | 3 | 5 | 1 | 2 |  |  |  |  | 2 | 2510 |
| 38 | 7 | 11 | 2 | 41 | 5 | 4 | 1 | 3 | 52 | 2520 |
| 48 | 14 | 26 | 32 | 47 | 18 | 3 | 6 | 5 | 49 | 2530 |
| 5 |  | 9 | 2 | 5 |  | 2 | 1 | 2 | 10 | 2570 |
| 429 | 253 | 256 | 756 | 2015 | 944 | 289 | 293 | 213 | 1091 | 2600 |
| 84 | 39 | 45 | 110 | 297 | 101 | 39 | 30 | 41 | 188 | 2610 |
| 35 | 35 | 49 | 15 | 162 | 35 | 79 | 50 | 31 | 165 | 2620 |
| 16 | 11 | 15 | 16 | 121 | 57 | 22 | 8 | 20 | 62 | 2630 |
| 104 | 78 | 50 | 258 | 672 | 335 | 60 | 60 | 24 | 301 | 2650 |
| 32 | 22 | 15 | 85 | 197 | 103 | 25 | 31 | 16 | 110 | 2660 |
| 137 | 55 | 59 | 152 | 425 | 227 | 34 | 74 | 55 | 200 | 2670 |
| 21 | 13 | 23 | 120 | 141 | 86 | 30 | 40 | 26 | 65 | 2680 |
| 118 | 229 | 114 | 170 | 287 | 276 | 94 | 67 | 105 | 205 | 2700 |
| 22 | 14 | 12 | 37 | 107 | 116 | 10 | 9 | 12 | 49 | 2710 |
| 50 | 49 | 47 | 59 | 102 | 77 | 29 | 24 | 23 | 51 | 2720 |
| 31 | 137 | 42 | 36 | 32 | 48 | 37 | 21 | 53 | 42 | 2730 |

| 行业中类 | 代码 | 河南 | 湖北 | 湖南 | 广东 | 广西 | 海南 |
|---|---|---|---|---|---|---|---|
| 木制家具制造业 | 2110 | 49 | 72 | 29 | 288 | 10 | 3 |
| 竹、藤家具制造业 | 2120 | | 1 | 2 | 9 | 1 | |
| 金属家具制造业 | 2130 | 19 | 12 | 1 | 115 | 2 | |
| 塑料家具制造业 | 2140 | | | | 5 | | |
| 其他家具制造业 | 2190 | 7 | 4 | 4 | 74 | 1 | |
| 造纸及纸制品业 | 2200 | 445 | 230 | 199 | 872 | 105 | 8 |
| 纸浆制造业 | 2210 | 14 | 19 | 7 | 8 | 5 | |
| 造纸业 | 2220 | 344 | 98 | 126 | 266 | 48 | 2 |
| 纸制品业 | 2230 | 87 | 113 | 66 | 598 | 52 | 6 |
| 印刷业、记录媒介的复制 | 2300 | 182 | 228 | 131 | 623 | 136 | 35 |
| 印刷业 | 2310 | 181 | 224 | 130 | 599 | 135 | 35 |
| 记录媒介的复制 | 2320 | 1 | 4 | 1 | 24 | 1 | |
| 文教体育用品制造业 | 2400 | 17 | 25 | 23 | 576 | 8 | |
| 文化用品制造业 | 2410 | 5 | 11 | 15 | 80 | 4 | |
| 体育用品制造业 | 2420 | | | 4 | 81 | 2 | |
| 乐器及其他文娱用品制造业 | 2430 | 4 | 3 | | 32 | | |
| 玩具制造业 | 2440 | 4 | 9 | 2 | 361 | 2 | |
| 游艺器材制造业 | 2450 | 2 | | | 11 | | |
| 其他类未包括的文教体育用品制造业 | 2490 | 2 | 2 | 2 | 11 | | |
| 石油加工及炼焦业 | 2500 | 64 | 26 | 14 | 53 | 11 | 1 |
| 人造原油生产业 | 2510 | 1 | | | 2 | | |
| 原油加工业 | 2520 | 13 | 11 | 2 | 13 | 6 | |
| 石油制品业 | 2530 | 26 | 10 | 8 | 37 | 5 | 1 |
| 炼焦业 | 2570 | 24 | 5 | 4 | 1 | | |
| 化学原料及化学制品制造业 | 2600 | 681 | 567 | 454 | 1296 | 322 | 32 |
| 基本化学原料制造业 | 2610 | 123 | 110 | 144 | 105 | 57 | 4 |
| 化学肥料制造业 | 2620 | 152 | 152 | 113 | 84 | 87 | 8 |
| 化学农药制造业 | 2630 | 49 | 37 | 28 | 21 | 18 | 2 |
| 有机化学产品制造业 | 2650 | 127 | 92 | 62 | 424 | 38 | 3 |
| 合成材料制造业 | 2660 | 29 | 37 | 21 | 156 | 8 | 1 |
| 专用化学产品制造业 | 2670 | 140 | 99 | 56 | 265 | 76 | 9 |
| 日用化学产品制造业 | 2680 | 61 | 40 | 30 | 241 | 38 | 5 |
| 医药制造业 | 2700 | 201 | 188 | 128 | 272 | 132 | 13 |
| 化学药品原药制造业 | 2710 | 41 | 48 | 17 | 25 | 11 | |
| 化学药品制剂制造业 | 2720 | 65 | 43 | 36 | 77 | 24 | 5 |
| 中药材及中成药加工业 | 2730 | 58 | 59 | 54 | 109 | 75 | 3 |

单位:个

| 重庆 | 四川 | 贵州 | 云南 | 西藏 | 陕西 | 甘肃 | 青海 | 宁夏 | 新疆 | 代码 |
|---|---|---|---|---|---|---|---|---|---|---|
| 12 | 15 | 9 | 6 | | 14 | 11 | 6 | 5 | 28 | 2110 |
| | 1 | | | | | | | | | 2120 |
| 2 | 4 | 2 | | | 3 | 1 | | | 5 | 2130 |
| | | | | | | | | | 1 | 2140 |
| 1 | 3 | | 3 | | 2 | 2 | | | 1 | 2190 |
| 43 | 170 | 41 | 70 | | 83 | 50 | 7 | 10 | 51 | 2200 |
| | 3 | 1 | 2 | | 3 | 5 | 1 | | | 2210 |
| 20 | 93 | 20 | 41 | | 60 | 27 | 3 | 8 | 18 | 2220 |
| 23 | 74 | 20 | 27 | | 20 | 18 | 3 | 2 | 33 | 2230 |
| 46 | 89 | 79 | 100 | 6 | 69 | 38 | 20 | 16 | 89 | 2300 |
| 46 | 88 | 78 | 100 | 6 | 69 | 38 | 20 | 16 | 89 | 2310 |
| | 1 | 1 | | | | | | | | 2320 |
| 5 | 8 | 7 | 5 | 1 | 5 | 3 | 2 | 5 | 14 | 2400 |
| 4 | 7 | 6 | 3 | 1 | 3 | 2 | 2 | 5 | 14 | 2410 |
| | 1 | 1 | | | | 1 | | | | 2420 |
| | | | 1 | | 1 | | | | | 2430 |
| | | | | | | | | | | 2440 |
| | | | | | 1 | | | | | 2450 |
| 1 | | | 1 | | | | | | | 2490 |
| 7 | 18 | 11 | 28 | | 36 | 23 | 1 | 5 | 29 | 2500 |
| | | | 2 | | | | 1 | | | 2510 |
| 2 | 5 | | 1 | | 8 | 7 | | 2 | 10 | 2520 |
| 5 | 7 | 3 | 5 | | 3 | 12 | | | 16 | 2530 |
| | 6 | 8 | 20 | | 25 | 4 | | 3 | 3 | 2570 |
| 154 | 416 | 201 | 244 | 2 | 149 | 169 | 31 | 41 | 136 | 2600 |
| 37 | 132 | 61 | 83 | 1 | 33 | 46 | 12 | 14 | 30 | 2610 |
| 30 | 121 | 87 | 74 | | 42 | 41 | 13 | 10 | 19 | 2620 |
| 6 | 19 | 9 | 7 | | 4 | 1 | | | 3 | 2630 |
| 28 | 35 | 10 | 14 | | 24 | 25 | 1 | 5 | 30 | 2650 |
| 6 | 16 | 1 | 7 | | 6 | 8 | | 2 | 6 | 2660 |
| 24 | 66 | 22 | 29 | 1 | 33 | 33 | 1 | 9 | 41 | 2670 |
| 23 | 27 | 11 | 30 | | 7 | 15 | 4 | 1 | 7 | 2680 |
| 51 | 170 | 85 | 80 | 13 | 144 | 39 | 8 | 1 | 25 | 2700 |
| 17 | 27 | 7 | 5 | | 34 | 3 | | | 6 | 2710 |
| 15 | 37 | 16 | 25 | | 42 | 8 | 2 | | 2 | 2720 |
| 17 | 74 | 57 | 44 | 13 | 57 | 22 | 4 | 1 | 14 | 2730 |

2－7 续表 6

| 行业中类 | 代　码 | 企　业<br>单位数 | 北　京 | 天　津 | 河　北 | 山　西 | 内蒙古 |
|---|---|---|---|---|---|---|---|
| 动物药品制造业 | 2740 | 285 | 14 | 5 | 17 | 6 | 3 |
| 生物制品业 | 2750 | 354 | 28 | 16 | 7 | 3 | 2 |
| 化学纤维制造业 | 2800 | 953 | 12 | 24 | 29 | 7 | 2 |
| 纤维素纤维制造业 | 2810 | 143 | 1 | 4 | 8 | 2 | 1 |
| 合成纤维制造业 | 2820 | 673 | 11 | 13 | 16 | 5 | |
| 渔具及渔具材料制造业 | 2850 | 137 | | 7 | 5 | | 1 |
| 橡胶制品业 | 2900 | 1901 | 23 | 87 | 134 | 23 | 5 |
| 轮胎制造业 | 2910 | 245 | 1 | 11 | 9 | 2 | 1 |
| 力车胎制造业 | 2920 | 84 | | 6 | 4 | 1 | 1 |
| 橡胶板、管、带制造业 | 2930 | 374 | 2 | 11 | 48 | 8 | 1 |
| 橡胶零件制品业 | 2940 | 311 | 9 | 17 | 16 | 6 | |
| 再生橡胶制造业 | 2950 | 99 | | 3 | 13 | 4 | |
| 橡胶靴鞋制造业 | 2960 | 299 | 1 | 15 | 14 | 1 | |
| 日用橡胶制品业 | 2970 | 158 | 1 | 11 | 3 | | 2 |
| 橡胶制品翻修业 | 2980 | 39 | 1 | 2 | 2 | | |
| 其他橡胶制品业 | 2990 | 292 | 8 | 11 | 25 | 1 | |
| 塑料制品业 | 3000 | 8020 | 172 | 191 | 225 | 54 | 21 |
| 塑料薄膜制造业 | 3010 | 820 | 21 | 26 | 35 | 8 | 4 |
| 塑料板、管、棒材制造业 | 3020 | 1161 | 13 | 26 | 62 | 15 | 6 |
| 塑料丝、绳及编织品制造业 | 3030 | 1208 | 13 | 25 | 40 | 18 | 6 |
| 泡沫塑料及人造革、合成革制造业 | 3040 | 857 | 28 | 16 | 34 | 6 | 1 |
| 塑料包装箱及容器制造业 | 3050 | 664 | 26 | 20 | 16 | 1 | 2 |
| 塑料鞋制造业 | 3060 | 416 | | 3 | 1 | | |
| 日用塑料杂品制造业 | 3070 | 774 | 25 | 19 | 7 | 2 | |
| 塑料零件制造业 | 3080 | 534 | 9 | 21 | 4 | | |
| 其他塑料制品业 | 3090 | 1586 | 37 | 35 | 26 | 4 | 2 |
| 非金属矿物制品业 | 3100 | 16332 | 328 | 193 | 930 | 443 | 178 |
| 水泥制造业 | 3110 | 4804 | 42 | 22 | 343 | 156 | 70 |
| 水泥制品和石棉水泥制品业 | 3120 | 1981 | 103 | 30 | 87 | 60 | 25 |
| 砖瓦、石灰和轻质建筑材料制造业 | 3130 | 3495 | 95 | 65 | 159 | 54 | 36 |
| 玻璃及玻璃制品业 | 3140 | 1395 | 36 | 24 | 117 | 40 | 15 |
| 陶瓷制品业 | 3150 | 2159 | 10 | 10 | 88 | 39 | 11 |
| 耐火材料制品业 | 3160 | 920 | 14 | 13 | 60 | 29 | 8 |
| 石墨及碳素制品业 | 3170 | 447 | 2 | 11 | 19 | 46 | 8 |
| 矿物纤维及其制品业 | 3180 | 452 | 15 | 7 | 35 | 6 | 1 |
| 其他类未包括的非金属矿物制品业 | 3190 | 679 | 11 | 11 | 22 | 13 | 4 |

单位:个

| 辽　宁 | 吉　林 | 黑龙江 | 上　海 | 江　苏 | 浙　江 | 安　徽 | 福　建 | 江　西 | 山　东 | 代　码 |
|---|---|---|---|---|---|---|---|---|---|---|
| 5 | 8 | 7 | 10 | 20 | 14 | 9 | 3 | 10 | 33 | 2740 |
| 10 | 21 | 6 | 28 | 26 | 21 | 9 | 10 | 7 | 30 | 2750 |
| 25 | 12 | 5 | 60 | 225 | 151 | 22 | 37 | 9 | 113 | 2800 |
| 4 | 6 | | 10 | 19 | 14 | 4 | 5 | 2 | 14 | 2810 |
| 16 | 6 | 5 | 48 | 184 | 124 | 10 | 25 | 6 | 67 | 2820 |
| 5 | | | 2 | 22 | 13 | 8 | 7 | 1 | 32 | 2850 |
| 72 | 27 | 26 | 153 | 220 | 174 | 43 | 60 | 19 | 246 | 2900 |
| 14 | 3 | 3 | 10 | 9 | 9 | 2 | 5 | 4 | 102 | 2910 |
| 1 | 2 | | 11 | 17 | 6 | 3 | | | 12 | 2920 |
| 17 | 10 | 9 | 26 | 55 | 34 | 14 | 4 | 4 | 38 | 2930 |
| 12 | 4 | 5 | 34 | 41 | 41 | 11 | 10 | 2 | 16 | 2940 |
| 3 | 2 | | 4 | 10 | 10 | | 3 | 4 | 8 | 2950 |
| 11 | 2 | 6 | 22 | 31 | 39 | 5 | 22 | 1 | 24 | 2960 |
| 4 | 1 | | 12 | 20 | 15 | 4 | 5 | | 11 | 2970 |
| 3 | 2 | 2 | | 2 | 2 | | 3 | 2 | 3 | 2980 |
| 7 | 1 | 1 | 34 | 35 | 18 | 4 | 8 | 2 | 32 | 2990 |
| 209 | 112 | 124 | 611 | 858 | 1279 | 182 | 440 | 48 | 532 | 3000 |
| 19 | 22 | 23 | 64 | 66 | 75 | 18 | 26 | 9 | 66 | 3010 |
| 59 | 25 | 26 | 103 | 153 | 131 | 23 | 33 | 9 | 108 | 3020 |
| 45 | 17 | 32 | 26 | 91 | 165 | 59 | 24 | 14 | 124 | 3030 |
| 19 | 13 | 9 | 73 | 134 | 168 | 20 | 49 | 4 | 51 | 3040 |
| 20 | 7 | 6 | 91 | 72 | 93 | 14 | 19 | 5 | 33 | 3050 |
| | | 1 | 7 | 18 | 92 | 6 | 136 | | 9 | 3060 |
| 14 | 6 | 10 | 39 | 65 | 167 | 10 | 48 | 4 | 41 | 3070 |
| 9 | 7 | 2 | 63 | 69 | 151 | 10 | 12 | | 28 | 3080 |
| 24 | 15 | 15 | 145 | 190 | 237 | 22 | 93 | 3 | 72 | 3090 |
| 586 | 308 | 362 | 414 | 1214 | 762 | 358 | 870 | 364 | 1281 | 3100 |
| 154 | 63 | 86 | 20 | 250 | 254 | 152 | 181 | 146 | 311 | 3110 |
| 66 | 55 | 72 | 123 | 163 | 111 | 45 | 46 | 33 | 107 | 3120 |
| 81 | 112 | 134 | 108 | 260 | 134 | 59 | 285 | 52 | 282 | 3130 |
| 36 | 23 | 16 | 73 | 170 | 73 | 39 | 22 | 16 | 125 | 3140 |
| 19 | 9 | 10 | 27 | 80 | 76 | 13 | 302 | 79 | 251 | 3150 |
| 156 | 18 | 12 | 27 | 78 | 52 | 13 | 1 | 4 | 84 | 3160 |
| 20 | 11 | 8 | 10 | 38 | 15 | 8 | 8 | 5 | 40 | 3170 |
| 16 | 7 | 7 | 17 | 85 | 26 | 15 | 4 | 12 | 43 | 3180 |
| 38 | 10 | 17 | 9 | 90 | 21 | 14 | 21 | 17 | 38 | 3190 |

2－7 续表 7

| 行业中类 | 代码 | 河南 | 湖北 | 湖南 | 广东 | 广西 | 海南 |
|---|---|---|---|---|---|---|---|
| 动物药品制造业 | 2740 | 24 | 18 | 14 | 18 | 17 | 2 |
| 生物制品业 | 2750 | 13 | 20 | 7 | 43 | 5 | 3 |
| 化学纤维制造业 | 2800 | 29 | 23 | 20 | 104 | 12 | 3 |
| 纤维素纤维制造业 | 2810 | 9 | 6 | 2 | 20 | 2 | |
| 合成纤维制造业 | 2820 | 18 | 16 | 13 | 61 | 10 | 2 |
| 渔具及渔具材料制造业 | 2850 | 2 | 1 | 5 | 23 | | 1 |
| 橡胶制品业 | 2900 | 91 | 57 | 44 | 226 | 23 | 13 |
| 轮胎制造业 | 2910 | 14 | 7 | 5 | 13 | 3 | 2 |
| 力车胎制造业 | 2920 | 4 | 3 | 4 | 6 | 1 | |
| 橡胶板、管、带制造业 | 2930 | 26 | 13 | 6 | 20 | 3 | 1 |
| 橡胶零件制品业 | 2940 | 10 | 9 | 7 | 27 | 2 | |
| 再生橡胶制造业 | 2950 | 5 | 5 | 6 | 11 | 1 | |
| 橡胶靴鞋制造业 | 2960 | 20 | 7 | 10 | 34 | 2 | 2 |
| 日用橡胶制品业 | 2970 | 3 | 6 | 2 | 43 | 4 | 5 |
| 橡胶制品翻修业 | 2980 | 1 | 2 | | 4 | 2 | |
| 其他橡胶制品业 | 2990 | 8 | 5 | 4 | 68 | 5 | 3 |
| 塑料制品业 | 3000 | 283 | 269 | 111 | 1659 | 78 | 10 |
| 塑料薄膜制造业 | 3010 | 35 | 21 | 12 | 147 | 7 | 2 |
| 塑料板、管、棒材制造业 | 3020 | 34 | 39 | 28 | 151 | 8 | |
| 塑料丝、绳及编织品制造业 | 3030 | 121 | 72 | 24 | 87 | 35 | 2 |
| 泡沫塑料及人造革、合成革制造业 | 3040 | 14 | 20 | 10 | 158 | 2 | 2 |
| 塑料包装箱及容器制造业 | 3050 | 16 | 29 | 15 | 126 | 7 | 1 |
| 塑料鞋制造业 | 3060 | 15 | 9 | 3 | 111 | 1 | |
| 日用塑料杂品制造业 | 3070 | 13 | 33 | 6 | 229 | 7 | 3 |
| 塑料零件制造业 | 3080 | 6 | 12 | 3 | 114 | 1 | |
| 其他塑料制品业 | 3090 | 29 | 34 | 10 | 536 | 10 | |
| 非金属矿物制品业 | 3100 | 1306 | 901 | 751 | 1690 | 429 | 48 |
| 水泥制造业 | 3110 | 279 | 233 | 310 | 437 | 216 | 15 |
| 水泥制品和石棉水泥制品业 | 3120 | 126 | 139 | 51 | 172 | 40 | 10 |
| 砖瓦、石灰和轻质建筑材料制造业 | 3130 | 238 | 341 | 118 | 225 | 70 | 11 |
| 玻璃及玻璃制品业 | 3140 | 102 | 58 | 42 | 186 | 17 | 2 |
| 陶瓷制品业 | 3150 | 83 | 41 | 149 | 572 | 59 | 8 |
| 耐火材料制品业 | 3160 | 218 | 34 | 22 | 15 | 4 | 1 |
| 石墨及碳素制品业 | 3170 | 70 | 17 | 21 | 8 | 4 | |
| 矿物纤维及其制品业 | 3180 | 61 | 15 | 11 | 24 | 4 | |
| 其他类未包括的非金属矿物制品业 | 3190 | 129 | 23 | 27 | 51 | 15 | 1 |

单位：个

| 重庆 | 四川 | 贵州 | 云南 | 西藏 | 陕西 | 甘肃 | 青海 | 宁夏 | 新疆 | 代码 |
|---|---|---|---|---|---|---|---|---|---|---|
| 1 | 13 | 3 | 2 | | 4 | 2 | 1 | | 2 | 2740 |
| 1 | 19 | 2 | 4 | | 7 | 4 | 1 | | 1 | 2750 |
| 4 | 13 | 3 | 2 | | 2 | 2 | | | 3 | 2800 |
| | 3 | | 2 | | 2 | 1 | | | 2 | 2810 |
| 3 | 10 | 3 | | | | 1 | | | | 2820 |
| 1 | | | | | | | | | 1 | 2850 |
| 21 | 30 | 28 | 18 | | 17 | 9 | 1 | | 11 | 2900 |
| 3 | 3 | 4 | 3 | | 1 | | | | 2 | 2910 |
| | | | 2 | | | | | | | 2920 |
| 3 | 2 | 1 | 3 | | 9 | 2 | | | 4 | 2930 |
| 2 | 12 | 8 | 4 | | 3 | 1 | | | 2 | 2940 |
| | 2 | 1 | 1 | | | 1 | | | 2 | 2950 |
| 9 | 7 | 9 | 3 | | 2 | | | | | 2960 |
| 1 | 1 | 1 | 1 | | | 1 | 1 | | | 2970 |
| 1 | 1 | 3 | | | | | | | 1 | 2980 |
| 2 | 2 | 1 | 1 | | 2 | 4 | | | | 2990 |
| 51 | 132 | 44 | 69 | 1 | 41 | 82 | 12 | 18 | 102 | 3000 |
| 2 | 25 | 5 | 25 | | 10 | 17 | 1 | 2 | 27 | 3010 |
| 13 | 42 | 8 | 3 | | 8 | 12 | 2 | 2 | 19 | 3020 |
| 4 | 30 | 14 | 30 | | 13 | 38 | 5 | 7 | 27 | 3030 |
| 7 | 2 | 4 | 2 | | | 3 | | 1 | 7 | 3040 |
| 6 | 13 | 2 | 5 | | 4 | 7 | 3 | | 5 | 3050 |
| 1 | | | 2 | | | 1 | | | | 3060 |
| 5 | 4 | 3 | 1 | 1 | | 2 | 1 | 3 | 6 | 3070 |
| 6 | 4 | 3 | | | | | | | | 3080 |
| 7 | 12 | 5 | 1 | | 6 | 2 | | 3 | 11 | 3090 |
| 231 | 697 | 269 | 273 | 17 | 261 | 276 | 140 | 95 | 357 | 3100 |
| 123 | 285 | 134 | 185 | 11 | 145 | 113 | 15 | 10 | 43 | 3110 |
| 19 | 43 | 27 | 32 | 4 | 35 | 35 | 25 | 15 | 82 | 3120 |
| 32 | 55 | 45 | 22 | 2 | 31 | 79 | 78 | 35 | 197 | 3130 |
| 20 | 81 | 12 | 8 | | 16 | 10 | 2 | 1 | 13 | 3140 |
| 20 | 148 | 5 | 13 | | 12 | 9 | 2 | 6 | 8 | 3150 |
| 8 | 23 | 6 | 2 | | 5 | 4 | 1 | 2 | 6 | 3160 |
| 2 | 16 | 5 | 2 | | 8 | 21 | 3 | 18 | 3 | 3170 |
| 5 | 21 | 2 | 2 | | 3 | | 4 | | 4 | 3180 |
| 2 | 25 | 33 | 7 | | 6 | 5 | 10 | 8 | 1 | 3190 |

2－7续表8

| 行业中类 | 代码 | 企业单位数 | 北京 | 天津 | 河北 | 山西 | 内蒙古 |
|---|---|---|---|---|---|---|---|
| 黑色金属冶炼及压延加工业 | 3200 | 3457 | 13 | 111 | 301 | 368 | 81 |
| 炼铁业 | 3210 | 693 | 1 | 4 | 72 | 308 | 11 |
| 炼钢业 | 3220 | 290 | | 8 | 30 | 15 | 7 |
| 钢压延加工业 | 3240 | 1828 | 12 | 94 | 189 | 15 | 27 |
| 铁合金冶炼业 | 3260 | 646 | | 5 | 10 | 30 | 36 |
| 有色金属冶炼及压延加工业 | 3300 | 3166 | 47 | 85 | 103 | 118 | 59 |
| 重有色金属冶炼业 | 3310 | 845 | 6 | 16 | 25 | 9 | 8 |
| 轻有色金属冶炼业 | 3320 | 482 | 4 | 2 | 22 | 82 | 9 |
| 贵金属冶炼业 | 3330 | 182 | 2 | 2 | 11 | 2 | 3 |
| 稀有稀土金属冶炼业 | 3340 | 247 | 6 | 5 | 2 | 2 | 30 |
| 有色金属合金业 | 3360 | 154 | 4 | 5 | 7 | 1 | 4 |
| 有色金属压延加工业 | 3380 | 1256 | 25 | 55 | 36 | 22 | 5 |
| 金属制品业 | 3400 | 10677 | 348 | 476 | 447 | 162 | 45 |
| 金属结构制造业 | 3410 | 1195 | 65 | 50 | 56 | 19 | 7 |
| 铸铁管制造业 | 3420 | 340 | 12 | 11 | 22 | 18 | 5 |
| 工具制造业 | 3430 | 1451 | 31 | 68 | 50 | 16 | 6 |
| 集装箱和金属包装物品制造业 | 3440 | 816 | 26 | 28 | 40 | 8 | 1 |
| 金属丝绳及其制品业 | 3450 | 895 | 11 | 86 | 93 | 10 | 9 |
| 建筑用金属制品业 | 3460 | 1772 | 120 | 71 | 71 | 60 | 10 |
| 金属表面处理及热处理业 | 3470 | 736 | 16 | 29 | 18 | 4 | |
| 日用金属制品业 | 3480 | 2657 | 46 | 80 | 54 | 17 | 2 |
| 其他金属制品业 | 3490 | 815 | 21 | 53 | 43 | 10 | 5 |
| 普通机械制造业 | 3500 | 11351 | 240 | 372 | 443 | 265 | 78 |
| 锅炉及原动机制造业 | 3510 | 1237 | 36 | 37 | 47 | 35 | 12 |
| 金属加工机械制造业 | 3520 | 1369 | 42 | 81 | 38 | 33 | 7 |
| 通用设备制造业 | 3530 | 2487 | 49 | 79 | 79 | 50 | 11 |
| 轴承、阀门制造业 | 3540 | 1379 | 15 | 34 | 38 | 12 | 2 |
| 其他通用零部件制造业 | 3560 | 2143 | 46 | 65 | 65 | 40 | 4 |
| 铸锻件制造业 | 3570 | 2152 | 29 | 49 | 161 | 75 | 22 |
| 普通机械修理业 | 3580 | 118 | 6 | 9 | 3 | 9 | 4 |
| 其他普通机械制造业 | 3590 | 466 | 17 | 18 | 12 | 11 | 16 |
| 专用设备制造业 | 3600 | 7155 | 248 | 283 | 273 | 178 | 29 |
| 冶金、矿山、机电工业专用设备制造业 | 3610 | 860 | 31 | 32 | 48 | 43 | 7 |
| 石化及其他工业专用设备制造业 | 3620 | 1287 | 46 | 50 | 54 | 17 | 1 |
| 轻纺工业专用设备制造业 | 3630 | 1469 | 26 | 55 | 53 | 22 | 2 |
| 农、林、牧、渔、水利业机械制造业 | 3640 | 1173 | 13 | 18 | 45 | 29 | 8 |

单位:个

| 辽宁 | 吉林 | 黑龙江 | 上海 | 江苏 | 浙江 | 安徽 | 福建 | 江西 | 山东 | 代码 |
|---|---|---|---|---|---|---|---|---|---|---|
| 218 | 56 | 35 | 123 | 404 | 202 | 50 | 89 | 35 | 123 | 3200 |
| 13 | 5 | 14 | 4 | 28 | 1 | 7 | 10 | 2 | 27 | 3210 |
| 15 | 7 | 3 | 11 | 20 | 12 | 6 | 10 | 8 | 7 | 3220 |
| 155 | 31 | 14 | 96 | 342 | 178 | 36 | 38 | 25 | 86 | 3240 |
| 35 | 13 | 4 | 12 | 14 | 11 | 1 | 31 |  | 3 | 3260 |
| 159 | 26 | 17 | 133 | 382 | 311 | 46 | 50 | 79 | 74 | 3300 |
| 26 | 8 | 4 | 21 | 46 | 42 | 16 | 7 | 11 | 12 | 3310 |
| 38 | 8 | 3 | 11 | 25 | 20 | 7 | 2 | 3 | 9 | 3320 |
| 9 | 2 |  | 7 | 8 | 8 | 4 | 4 | 3 | 7 | 3330 |
| 24 | 2 | 2 | 6 | 22 | 1 |  | 13 | 38 | 2 | 3340 |
| 6 | 1 | 3 | 16 | 30 | 22 |  | 2 | 4 | 3 | 3360 |
| 56 | 5 | 5 | 72 | 251 | 218 | 19 | 22 | 20 | 41 | 3380 |
| 282 | 133 | 130 | 944 | 1384 | 1441 | 133 | 258 | 78 | 612 | 3400 |
| 34 | 12 | 16 | 159 | 178 | 92 | 20 | 22 | 13 | 67 | 3410 |
| 21 | 4 | 11 | 2 | 38 | 15 | 3 | 8 | 1 | 33 | 3420 |
| 32 | 18 | 22 | 131 | 197 | 300 | 17 | 33 | 13 | 99 | 3430 |
| 32 | 12 | 10 | 80 | 111 | 85 | 13 | 35 | 11 | 46 | 3440 |
| 26 | 11 | 4 | 65 | 168 | 80 | 21 | 18 | 9 | 47 | 3450 |
| 52 | 45 | 37 | 125 | 166 | 247 | 13 | 47 | 12 | 101 | 3460 |
| 18 | 3 | 6 | 99 | 151 | 112 | 2 | 15 |  | 21 | 3470 |
| 38 | 12 | 18 | 203 | 269 | 462 | 22 | 60 | 15 | 140 | 3480 |
| 29 | 16 | 6 | 80 | 106 | 48 | 22 | 20 | 4 | 58 | 3490 |
| 549 | 164 | 227 | 851 | 1906 | 1964 | 246 | 220 | 118 | 966 | 3500 |
| 60 | 24 | 54 | 60 | 262 | 73 | 36 | 9 | 13 | 146 | 3510 |
| 60 | 22 | 38 | 123 | 210 | 113 | 35 | 22 | 17 | 134 | 3520 |
| 111 | 46 | 32 | 293 | 385 | 498 | 37 | 39 | 24 | 180 | 3530 |
| 68 | 11 | 19 | 91 | 210 | 497 | 26 | 26 | 10 | 84 | 3540 |
| 83 | 21 | 28 | 155 | 387 | 504 | 49 | 48 | 25 | 161 | 3560 |
| 133 | 27 | 25 | 111 | 366 | 236 | 53 | 61 | 26 | 238 | 3570 |
| 7 | 3 | 13 | 3 | 6 | 2 |  | 1 | 1 | 3 | 3580 |
| 27 | 10 | 18 | 15 | 80 | 41 | 10 | 14 | 2 | 20 | 3590 |
| 248 | 166 | 249 | 480 | 1087 | 710 | 130 | 131 | 90 | 583 | 3600 |
| 50 | 35 | 36 | 54 | 102 | 57 | 16 | 7 | 10 | 53 | 3610 |
| 62 | 31 | 55 | 97 | 214 | 159 | 9 | 15 | 11 | 102 | 3620 |
| 45 | 15 | 27 | 97 | 292 | 174 | 24 | 28 | 11 | 121 | 3630 |
| 16 | 25 | 64 | 21 | 123 | 55 | 33 | 22 | 22 | 181 | 3640 |

| 行业中类 | 代 码 | 河 南 | 湖 北 | 湖 南 | 广 东 | 广 西 | 海 南 |
|---|---|---|---|---|---|---|---|
| 黑色金属冶炼及压延加工业 | 3200 | 135 | 112 | 138 | 199 | 80 | 2 |
| 炼铁业 | 3210 | 35 | 22 | 13 | 9 | 9 | 2 |
| 炼钢业 | 3220 | 18 | 23 | 12 | 18 | 7 | |
| 钢压延加工业 | 3240 | 49 | 48 | 43 | 168 | 19 | |
| 铁合金冶炼业 | 3260 | 33 | 19 | 70 | 4 | 45 | |
| 有色金属冶炼及压延加工业 | 3300 | 194 | 79 | 216 | 264 | 95 | 3 |
| 重有色金属冶炼业 | 3310 | 45 | 25 | 105 | 35 | 65 | 2 |
| 轻有色金属冶炼业 | 3320 | 67 | 21 | 24 | 13 | 9 | 1 |
| 贵金属冶炼业 | 3330 | 6 | 2 | 34 | 2 | 3 | |
| 稀有稀土金属冶炼业 | 3340 | 10 | 1 | 20 | 19 | 4 | |
| 有色金属合金业 | 3360 | 11 | 1 | 9 | 10 | 3 | |
| 有色金属压延加工业 | 3380 | 55 | 29 | 24 | 185 | 11 | |
| 金属制品业 | 3400 | 298 | 345 | 191 | 2147 | 87 | 13 |
| 金属结构制造业 | 3410 | 28 | 92 | 21 | 151 | 12 | 1 |
| 铸铁管制造业 | 3420 | 24 | 13 | 11 | 42 | 6 | 1 |
| 工具制造业 | 3430 | 38 | 49 | 28 | 226 | 12 | 1 |
| 集装箱和金属包装物品制造业 | 3440 | 19 | 29 | 10 | 142 | 3 | 2 |
| 金属丝绳及其制品业 | 3450 | 39 | 22 | 14 | 95 | 4 | 1 |
| 建筑用金属制品业 | 3460 | 49 | 51 | 25 | 244 | 14 | 4 |
| 金属表面处理及热处理业 | 3470 | 15 | 13 | 12 | 167 | 6 | |
| 日用金属制品业 | 3480 | 68 | 55 | 34 | 938 | 22 | 2 |
| 其他金属制品业 | 3490 | 18 | 21 | 36 | 142 | 8 | 1 |
| 普通机械制造业 | 3500 | 473 | 445 | 285 | 619 | 141 | 5 |
| 锅炉及原动机制造业 | 3510 | 39 | 53 | 43 | 39 | 31 | |
| 金属加工机械制造业 | 3520 | 53 | 86 | 38 | 79 | 19 | |
| 通用设备制造业 | 3530 | 91 | 75 | 72 | 147 | 35 | 2 |
| 轴承、阀门制造业 | 3540 | 78 | 40 | 20 | 30 | 9 | |
| 其他通用零部件制造业 | 3560 | 72 | 77 | 43 | 135 | 11 | 1 |
| 铸锻件制造业 | 3570 | 111 | 84 | 52 | 134 | 23 | 1 |
| 普通机械修理业 | 3580 | 3 | 8 | 4 | 9 | 1 | 1 |
| 其他普通机械制造业 | 3590 | 26 | 22 | 13 | 46 | 12 | |
| 专用设备制造业 | 3600 | 505 | 293 | 189 | 465 | 157 | 18 |
| 冶金、矿山、机电工业专用设备制造业 | 3610 | 70 | 35 | 32 | 43 | 19 | |
| 石化及其他工业专用设备制造业 | 3620 | 53 | 40 | 32 | 96 | 16 | 1 |
| 轻纺工业专用设备制造业 | 3630 | 125 | 68 | 42 | 114 | 26 | 1 |
| 农、林、牧、渔、水利业机械制造业 | 3640 | 169 | 45 | 42 | 28 | 52 | 11 |

单位:个

| 重庆 | 四川 | 贵州 | 云南 | 西藏 | 陕西 | 甘肃 | 青海 | 宁夏 | 新疆 | 代码 |
|---|---|---|---|---|---|---|---|---|---|---|
| 58 | 164 | 118 | 86 | 2 | 40 | 67 | 20 | 18 | 9 | 3200 |
| 3 | 16 | 22 | 31 |  | 8 | 8 | 5 | 1 | 2 | 3210 |
| 5 | 19 | 3 | 7 |  | 6 | 12 | 1 |  |  | 3220 |
| 38 | 62 | 8 | 24 | 1 | 15 | 7 | 1 | 2 | 5 | 3240 |
| 12 | 67 | 85 | 24 | 1 | 11 | 40 | 13 | 15 | 2 | 3260 |
| 30 | 95 | 163 | 170 | 1 | 47 | 81 | 14 | 9 | 16 | 3300 |
| 5 | 40 | 74 | 126 | 1 | 20 | 37 | 3 | 2 | 3 | 3310 |
| 10 | 10 | 27 | 20 |  | 6 | 15 | 9 | 2 | 3 | 3320 |
|  |  | 47 | 4 |  | 2 | 2 |  |  | 8 | 3330 |
|  | 17 | 1 | 8 |  | 3 | 5 | 1 | 2 | 1 | 3340 |
|  | 4 | 2 |  |  | 1 | 4 | 1 |  |  | 3360 |
| 15 | 24 | 12 | 12 |  | 15 | 18 |  | 3 | 1 | 3380 |
| 90 | 147 | 54 | 76 | 3 | 68 | 106 | 52 | 17 | 110 | 3400 |
| 6 | 22 | 6 | 11 |  | 7 | 12 | 4 | 2 | 10 | 3410 |
| 6 | 5 | 3 | 6 |  | 7 | 7 | 1 |  | 4 | 3420 |
| 7 | 20 | 9 | 6 |  | 10 | 7 | 3 |  | 2 | 3430 |
| 4 | 9 | 7 | 10 |  | 13 | 15 | 2 | 3 | 10 | 3440 |
| 10 | 12 | 10 | 1 |  | 5 | 6 | 5 | 6 | 7 | 3450 |
| 21 | 38 | 4 | 15 | 2 | 11 | 34 | 20 | 2 | 61 | 3460 |
| 10 | 7 |  | 3 |  | 2 | 4 | 1 |  | 2 | 3470 |
| 16 | 22 | 10 | 10 |  | 7 | 11 | 12 | 3 | 9 | 3480 |
| 10 | 12 | 5 | 14 | 1 | 6 | 10 | 4 | 1 | 5 | 3490 |
| 111 | 217 | 67 | 60 |  | 119 | 97 | 23 | 26 | 54 | 3500 |
| 17 | 32 | 8 | 7 |  | 20 | 22 | 4 | 5 | 13 | 3510 |
| 13 | 30 | 10 | 12 |  | 19 | 19 | 6 | 3 | 7 | 3520 |
| 25 | 40 | 13 | 11 |  | 38 | 13 | 2 |  | 10 | 3530 |
| 9 | 21 | 4 | 5 |  | 6 | 11 |  | 2 | 1 | 3540 |
| 25 | 47 | 11 | 7 |  | 11 | 8 | 2 | 1 | 11 | 3560 |
| 20 | 35 | 11 | 12 |  | 19 | 18 | 4 | 11 | 5 | 3570 |
|  | 5 | 2 | 3 |  | 5 | 1 |  | 3 | 3 | 3580 |
| 2 | 7 | 8 | 3 |  | 1 | 5 | 5 | 1 | 4 | 3590 |
| 36 | 139 | 48 | 96 | 2 | 134 | 97 | 19 | 15 | 57 | 3600 |
| 6 | 21 | 7 | 14 |  | 13 | 10 | 2 | 6 | 1 | 3610 |
| 11 | 30 | 1 | 12 |  | 29 | 36 | 2 | 2 | 3 | 3620 |
| 5 | 22 | 10 | 21 |  | 29 | 9 | 1 | 1 | 3 | 3630 |
| 1 | 27 | 10 | 27 | 1 | 27 | 22 | 7 | 6 | 23 | 3640 |

2－7 续表 10

| 行业中类 | 代 码 | 企 业<br>单位数 | 北 京 | 天 津 | 河 北 | 山 西 | 内蒙古 |
|---|---|---|---|---|---|---|---|
| 医疗器械制造业 | 3650 | 691 | 51 | 39 | 12 | 12 | |
| 其他专用设备制造业 | 3670 | 1301 | 65 | 67 | 51 | 14 | 4 |
| 专用机械设备修理业 | 3680 | 374 | 16 | 22 | 10 | 41 | 7 |
| 交通运输设备制造业 | 3700 | 8398 | 323 | 391 | 248 | 134 | 34 |
| 铁路运输设备制造业 | 3710 | 419 | 28 | 19 | 17 | 26 | 2 |
| 汽车制造业 | 3720 | 3807 | 114 | 148 | 154 | 31 | 12 |
| 摩托车制造业 | 3730 | 1198 | 2 | 21 | 16 | 1 | 2 |
| 自行车制造业 | 3740 | 498 | | 71 | 15 | 2 | |
| 电车制造业 | 3750 | 8 | | 2 | | | |
| 船舶制造业 | 3760 | 335 | | 6 | 2 | | |
| 航空航天器制造业 | 3770 | 143 | 15 | 1 | 2 | 1 | 2 |
| 交通运输设备修理业 | 3780 | 1911 | 162 | 122 | 37 | 73 | 15 |
| 其他交通运输设备制造业 | 3790 | 79 | 2 | 1 | 5 | | 1 |
| 电气机械及器材制造业 | 4000 | 9888 | 238 | 340 | 278 | 86 | 35 |
| 电机制造业 | 4010 | 961 | 14 | 32 | 15 | 9 | 4 |
| 输配电及控制设备制造业 | 4020 | 2779 | 111 | 114 | 53 | 33 | 9 |
| 电工器材制造业 | 4040 | 3027 | 36 | 98 | 179 | 27 | 12 |
| 日用电器制造业 | 4060 | 1332 | 30 | 34 | 6 | 2 | 1 |
| 照明器具制造业 | 4070 | 1383 | 25 | 24 | 12 | 6 | 2 |
| 电气机械修理业 | 4080 | 82 | 9 | 9 | 2 | 4 | 7 |
| 其他电气机械制造业 | 4090 | 324 | 13 | 29 | 11 | 5 | |
| 电子及通信设备制造业 | 4100 | 5841 | 327 | 276 | 68 | 32 | 18 |
| 通信设备制造业 | 4110 | 956 | 75 | 36 | 12 | 7 | 1 |
| 雷达制造业 | 4120 | 51 | 1 | 1 | | | |
| 广播电视设备制造业 | 4130 | 125 | 16 | 2 | 2 | 1 | 1 |
| 电子计算机制造业 | 4140 | 608 | 51 | 33 | 2 | 2 | 2 |
| 电子器件制造业 | 4150 | 635 | 31 | 26 | 18 | 2 | 1 |
| 电子元件制造业 | 4160 | 2186 | 65 | 143 | 28 | 11 | 9 |
| 日用电子器具制造业 | 4170 | 677 | 9 | 21 | | 4 | 1 |
| 电子设备及通信设备修理业 | 4180 | 36 | 3 | 3 | 1 | 2 | 2 |
| 其他电子设备制造业 | 4190 | 567 | 76 | 11 | 5 | 3 | 1 |
| 仪器仪表及文化、办公用机械制造业 | 4200 | 2410 | 173 | 155 | 42 | 23 | 2 |
| 通用仪器仪表制造业 | 4210 | 1145 | 88 | 64 | 21 | 7 | 1 |
| 专用仪器仪表制造业 | 4220 | 317 | 23 | 27 | 7 | 10 | |
| 电子测量仪器制造业 | 4230 | 108 | 24 | 12 | 2 | 1 | 1 |
| 计量器具制造业 | 4240 | 190 | 11 | 8 | 5 | 2 | |

单位:个

| 辽宁 | 吉林 | 黑龙江 | 上海 | 江苏 | 浙江 | 安徽 | 福建 | 江西 | 山东 | 代码 |
|---|---|---|---|---|---|---|---|---|---|---|
| 10 | 12 | 6 | 91 | 111 | 88 | 19 | 14 | 15 | 30 | 3650 |
| 51 | 21 | 20 | 100 | 233 | 174 | 25 | 43 | 20 | 87 | 3670 |
| 14 | 27 | 41 | 20 | 12 | 3 | 4 | 2 | 1 | 9 | 3680 |
| 260 | 390 | 222 | 508 | 836 | 1044 | 143 | 198 | 130 | 449 | 3700 |
| 34 | 35 | 40 | 5 | 36 | 14 | 8 | 2 | 5 | 26 | 3710 |
| 120 | 265 | 68 | 310 | 355 | 555 | 95 | 107 | 50 | 236 | 3720 |
|  | 7 | 2 | 29 | 160 | 266 | 4 | 43 | 22 | 60 | 3730 |
| 2 | 3 | 1 | 37 | 112 | 96 | 1 | 2 | 1 | 13 | 3740 |
| 1 |  | 1 |  | 2 |  |  |  |  | 1 | 3750 |
| 19 | 1 | 1 | 20 | 81 | 38 | 14 | 12 | 9 | 28 | 3760 |
| 6 | 1 | 2 | 8 | 3 |  | 2 |  | 3 | 1 | 3770 |
| 77 | 78 | 105 | 86 | 78 | 68 | 17 | 31 | 38 | 79 | 3780 |
| 1 |  | 2 | 13 | 9 | 7 | 2 | 1 | 2 | 5 | 3790 |
| 317 | 102 | 162 | 792 | 1411 | 1664 | 207 | 212 | 93 | 459 | 4000 |
| 29 | 10 | 27 | 71 | 153 | 158 | 28 | 48 | 14 | 48 | 4010 |
| 135 | 42 | 57 | 227 | 411 | 448 | 43 | 51 | 24 | 156 | 4020 |
| 111 | 26 | 51 | 255 | 454 | 395 | 100 | 52 | 36 | 153 | 4040 |
| 12 | 5 | 5 | 82 | 146 | 274 | 20 | 17 | 4 | 59 | 4060 |
| 19 | 12 | 7 | 123 | 192 | 365 | 11 | 36 | 10 | 29 | 4070 |
| 4 | 3 | 4 |  | 2 | 1 |  |  |  | 4 | 4080 |
| 7 | 4 | 11 | 34 | 53 | 23 | 5 | 8 | 5 | 10 | 4090 |
| 123 | 58 | 40 | 424 | 802 | 543 | 73 | 225 | 40 | 224 | 4100 |
| 17 | 11 | 6 | 79 | 99 | 102 | 4 | 36 | 9 | 32 | 4110 |
| 4 | 1 | 1 |  | 9 |  | 3 | 1 |  | 1 | 4120 |
| 1 | 1 | 4 | 9 | 14 | 27 | 2 |  | 2 | 2 | 4130 |
| 14 | 8 | 6 | 58 | 73 | 17 | 6 | 29 | 2 | 21 | 4140 |
| 25 | 6 | 7 | 81 | 100 | 45 | 4 | 17 | 3 | 26 | 4150 |
| 31 | 14 | 5 | 136 | 383 | 240 | 40 | 78 | 15 | 101 | 4160 |
| 7 | 5 | 4 | 42 | 65 | 62 | 6 | 31 | 5 | 14 | 4170 |
|  | 1 | 2 | 3 | 1 |  |  | 1 |  | 2 | 4180 |
| 24 | 11 | 5 | 16 | 58 | 50 | 8 | 32 | 4 | 25 | 4190 |
| 102 | 44 | 51 | 200 | 261 | 296 | 24 | 82 | 25 | 99 | 4200 |
| 56 | 28 | 28 | 90 | 144 | 182 | 10 | 27 | 7 | 51 | 4210 |
| 14 | 9 | 8 | 26 | 34 | 50 | 7 | 4 | 4 | 9 | 4220 |
| 8 |  | 2 | 7 | 14 | 6 | 3 |  |  | 6 | 4230 |
| 8 | 4 | 3 | 18 | 27 | 22 | 2 | 9 | 4 | 15 | 4240 |

2－7续表11

| 行业中类 | 代码 | 河南 | 湖北 | 湖南 | 广东 | 广西 | 海南 |
|---|---|---|---|---|---|---|---|
| 医疗器械制造业 | 3650 | 18 | 27 | 9 | 75 | 8 | 1 |
| 其他专用设备制造业 | 3670 | 57 | 51 | 26 | 89 | 18 | 3 |
| 专用机械设备修理业 | 3680 | 13 | 27 | 6 | 20 | 18 | 1 |
| 交通运输设备制造业 | 3700 | 256 | 599 | 215 | 656 | 219 | 30 |
| 铁路运输设备制造业 | 3710 | 12 | 15 | 24 | 8 | 7 | |
| 汽车制造业 | 3720 | 105 | 376 | 117 | 159 | 94 | 2 |
| 摩托车制造业 | 3730 | 56 | 8 | 13 | 161 | 8 | 3 |
| 自行车制造业 | 3740 | 15 | 7 | | 106 | 5 | 1 |
| 电车制造业 | 3750 | | | | 1 | | |
| 船舶制造业 | 3760 | 4 | 40 | 5 | 34 | 8 | 1 |
| 航空航天器制造业 | 3770 | 5 | 5 | 5 | | | |
| 交通运输设备修理业 | 3780 | 54 | 146 | 50 | 181 | 95 | 22 |
| 其他交通运输设备制造业 | 3790 | 5 | 2 | 1 | 6 | 2 | 1 |
| 电气机械及器材制造业 | 4000 | 305 | 264 | 206 | 2026 | 91 | 5 |
| 电机制造业 | 4010 | 30 | 28 | 33 | 145 | 15 | |
| 输配电及控制设备制造业 | 4020 | 79 | 63 | 65 | 388 | 30 | 1 |
| 电工器材制造业 | 4040 | 155 | 105 | 62 | 488 | 31 | 3 |
| 日用电器制造业 | 4060 | 13 | 31 | 16 | 530 | 10 | 1 |
| 照明器具制造业 | 4070 | 19 | 15 | 15 | 424 | 3 | |
| 电气机械修理业 | 4080 | 3 | 12 | 2 | 4 | 1 | |
| 其他电气机械制造业 | 4090 | 6 | 10 | 13 | 47 | 1 | |
| 电子及通信设备制造业 | 4100 | 56 | 96 | 89 | 1990 | 48 | 9 |
| 通信设备制造业 | 4110 | 18 | 29 | 20 | 261 | 18 | 1 |
| 雷达制造业 | 4120 | | 1 | 2 | 1 | 3 | |
| 广播电视设备制造业 | 4130 | | 2 | 4 | 25 | | 2 |
| 电子计算机制造业 | 4140 | 3 | 5 | 7 | 243 | 4 | |
| 电子器件制造业 | 4150 | 7 | 8 | 13 | 182 | 4 | |
| 电子元件制造业 | 4160 | 15 | 37 | 29 | 716 | 11 | 5 |
| 日用电子器具制造业 | 4170 | 3 | 6 | 3 | 368 | 3 | 1 |
| 电子设备及通信设备修理业 | 4180 | | | 2 | 8 | | |
| 其他电子设备制造业 | 4190 | 10 | 8 | 9 | 186 | 5 | |
| 仪器仪表及文化、办公用机械制造业 | 4200 | 57 | 101 | 48 | 432 | 26 | |
| 通用仪器仪表制造业 | 4210 | 26 | 54 | 33 | 110 | 10 | |
| 专用仪器仪表制造业 | 4220 | 6 | 18 | 7 | 25 | 3 | |
| 电子测量仪器制造业 | 4230 | 3 | 1 | 1 | 10 | 1 | |
| 计量器具制造业 | 4240 | 15 | 6 | 4 | 15 | 6 | |

单位:个

| 重庆 | 四川 | 贵州 | 云南 | 西藏 | 陕西 | 甘肃 | 青海 | 宁夏 | 新疆 | 代码 |
|---|---|---|---|---|---|---|---|---|---|---|
| 6 | 14 | 4 | 3 |  | 8 | 6 |  |  | 2 | 3650 |
| 7 | 23 | 8 | 8 |  | 28 | 6 |  |  | 2 | 3670 |
|  | 2 | 8 | 11 | 1 |  | 8 | 7 |  | 23 | 3680 |
| 420 | 205 | 120 | 84 | 5 | 94 | 63 | 28 | 5 | 89 | 3700 |
| 3 | 19 | 4 | 2 |  | 18 | 10 |  |  |  | 3710 |
| 114 | 122 | 28 | 28 |  | 24 | 6 | 2 |  | 10 | 3720 |
| 287 | 20 | 4 |  |  | 2 | 1 |  |  |  | 3730 |
|  | 3 |  |  |  | 4 | 1 |  |  |  | 3740 |
|  |  |  |  |  |  |  |  |  |  | 3750 |
| 8 | 3 | 1 |  |  |  |  |  |  |  | 3760 |
| 1 | 9 | 36 | 1 |  | 31 | 3 |  |  |  | 3770 |
| 7 | 27 | 45 | 52 | 5 | 15 | 42 | 25 | 4 | 75 | 3780 |
|  | 2 | 2 | 1 |  |  |  | 1 | 1 | 4 | 3790 |
| 87 | 178 | 40 | 57 |  | 100 | 73 | 7 | 8 | 45 | 4000 |
| 12 | 13 | 3 | 5 |  | 11 | 5 |  | 1 |  | 4010 |
| 29 | 49 | 16 | 28 |  | 48 | 44 | 2 | 2 | 21 | 4020 |
| 30 | 76 | 12 | 20 |  | 29 | 13 | 3 | 2 | 13 | 4040 |
| 7 | 13 | 4 |  |  | 4 | 3 | 2 |  | 1 | 4060 |
| 8 | 11 | 4 | 1 |  | 4 | 1 |  | 1 | 4 | 4070 |
|  | 3 | 1 | 2 |  |  | 1 |  | 2 | 2 | 4080 |
| 1 | 13 |  | 1 |  | 4 | 6 |  |  | 4 | 4090 |
| 28 | 121 | 31 | 10 |  | 65 | 24 |  | 1 |  | 4100 |
| 11 | 41 | 5 | 2 |  | 20 | 4 |  |  |  | 4110 |
|  | 11 | 3 |  |  | 6 | 2 |  |  |  | 4120 |
|  | 4 | 1 | 1 |  | 2 |  |  |  |  | 4130 |
| 3 | 11 | 2 | 1 |  | 5 |  |  |  |  | 4140 |
| 3 | 11 | 3 | 2 |  | 5 | 5 |  |  |  | 4150 |
| 5 | 33 | 13 | 1 |  | 17 | 4 |  | 1 |  | 4160 |
| 2 | 6 | 3 |  |  | 5 | 1 |  |  |  | 4170 |
|  |  |  | 1 |  | 1 | 3 |  |  |  | 4180 |
| 4 | 4 | 1 | 2 |  | 4 | 5 |  |  |  | 4190 |
| 40 | 29 | 19 | 24 |  | 28 | 21 |  | 4 | 2 | 4200 |
| 27 | 15 | 16 | 18 |  | 17 | 11 |  | 3 | 1 | 4210 |
| 8 | 7 | 1 | 3 |  | 3 | 3 |  |  | 1 | 4220 |
|  | 3 |  |  |  | 2 | 1 |  |  |  | 4230 |
| 1 | 1 | 1 | 1 |  | 2 |  |  |  |  | 4240 |

2－7续表12

| 行业中类 | 代码 | 企业单位数 | 北京 | 天津 | 河北 | 山西 | 内蒙古 |
|---|---|---|---|---|---|---|---|
| 文化、办公用机械制造业 | 4250 | 233 | 15 | 16 | | | |
| 钟表制造业 | 4260 | 294 | 4 | 15 | 2 | | |
| 仪器仪表及文化、办公用机械修理业 | 4280 | 23 | 2 | 5 | 1 | 2 | |
| 其他仪器仪表制造业 | 4290 | 100 | 6 | 8 | 4 | 1 | |
| 其他制造业 | 4300 | 4729 | 90 | 117 | 110 | 25 | 10 |
| 工艺美术品制造业 | 4310 | 3209 | 42 | 76 | 73 | 7 | 7 |
| 日用杂品制造业 | 4350 | 624 | 12 | 14 | 16 | | |
| 其他生产、生活用品制造业 | 4390 | 896 | 36 | 27 | 21 | 18 | 3 |
| **电力、煤气及水的生产和供应业** | **D** | **8736** | **47** | **117** | **329** | **372** | **221** |
| 电力、蒸汽、热水的生产和供应业 | 4400 | 5827 | 30 | 84 | 227 | 238 | 146 |
| 电力生产业 | 4410 | 3135 | 15 | 14 | 92 | 97 | 40 |
| 电力供应业 | 4420 | 2249 | 1 | 38 | 118 | 114 | 86 |
| 蒸汽、热水生产和供应业 | 4430 | 443 | 14 | 32 | 17 | 27 | 20 |
| 煤气生产和供应业 | 4500 | 376 | 7 | 16 | 16 | 20 | 4 |
| 煤气生产业 | 4510 | 64 | 1 | 6 | 3 | 5 | 1 |
| 煤气供应业 | 4520 | 312 | 6 | 10 | 13 | 15 | 3 |
| 自来水的生产和供应业 | 4600 | 2533 | 10 | 17 | 86 | 114 | 71 |
| 自来水生产业 | 4610 | 1356 | 4 | 8 | 36 | 47 | 30 |
| 自来水供应业 | 4620 | 1177 | 6 | 9 | 50 | 67 | 41 |
| **建筑业** | **E** | **53559** | **2122** | **906** | **1660** | **1463** | **827** |
| 土木工程建筑业 | 4700 | 37285 | 944 | 500 | 1330 | 1033 | 686 |
| 房屋建筑业 | 4710 | 29213 | 675 | 318 | 1125 | 736 | 580 |
| 矿山建筑业 | 4720 | 305 | 4 | 1 | 21 | 19 | 3 |
| 铁路、公路、遂道、桥梁建筑业 | 4730 | 3079 | 74 | 42 | 95 | 107 | 62 |
| 堤坝、电站、码头建筑业 | 4740 | 1015 | 15 | 23 | 20 | 15 | 11 |
| 其他土木工程建筑业 | 4790 | 3673 | 176 | 116 | 69 | 156 | 30 |
| 线路、管道和设备安装业 | 4800 | 7342 | 463 | 227 | 160 | 223 | 96 |
| 线路、管道安装业 | 4810 | 2805 | 177 | 109 | 86 | 76 | 60 |
| 设备安装业 | 4820 | 4537 | 286 | 118 | 74 | 147 | 36 |
| 装修装饰业 | 4900 | 8932 | 715 | 179 | 170 | 207 | 45 |
| **批发和零售贸易、餐饮业** | **H** | **36037** | **2603** | **674** | **1088** | **856** | **515** |
| 食品、饮料、烟草和家庭用品批发业 | 6100 | 8631 | 396 | 153 | 326 | 163 | 114 |
| 食品、饮料、烟草批发业 | 6110 | 4397 | 114 | 49 | 220 | 117 | 99 |
| 棉、麻、土畜产品批发业 | 6120 | 475 | 15 | 9 | 23 | 9 | 1 |
| 纺织品、服装和鞋帽批发业 | 6130 | 893 | 54 | 23 | 9 | 4 | 2 |
| 日用百货批发业 | 6140 | 575 | 50 | 15 | 6 | 3 | 3 |

单位:个

| 辽 宁 | 吉 林 | 黑龙江 | 上 海 | 江 苏 | 浙 江 | 安 徽 | 福 建 | 江 西 | 山 东 | 代 码 |
|---|---|---|---|---|---|---|---|---|---|---|
| 7 | | 4 | 38 | 24 | 18 | 1 | 8 | 1 | 4 | 4250 |
| 5 | | 4 | 9 | 7 | 13 | | 31 | 3 | 11 | 4260 |
| 1 | 1 | 2 | | | | | | | | 4280 |
| 3 | 2 | | 12 | 11 | 5 | 1 | 3 | 6 | 3 | 4290 |
| 75 | 16 | 30 | 174 | 419 | 924 | 44 | 627 | 82 | 435 | 4300 |
| 49 | 6 | 11 | 92 | 261 | 537 | 27 | 482 | 57 | 382 | 4310 |
| 5 | 1 | 1 | 33 | 76 | 195 | 8 | 80 | 5 | 17 | 4350 |
| 21 | 9 | 18 | 49 | 82 | 192 | 9 | 65 | 20 | 36 | 4390 |
| **292** | **271** | **410** | **56** | **238** | **371** | **189** | **349** | **316** | **401** | **D** |
| 198 | 193 | 289 | 20 | 135 | 243 | 107 | 259 | 220 | 250 | 4400 |
| 72 | 56 | 82 | 13 | 104 | 175 | 38 | 182 | 127 | 107 | 4410 |
| 61 | 80 | 152 | 2 | 16 | 64 | 64 | 72 | 93 | 116 | 4420 |
| 65 | 57 | 55 | 5 | 15 | 4 | 5 | 5 | | 27 | 4430 |
| 22 | 15 | 15 | 8 | 20 | 12 | 15 | 8 | 8 | 17 | 4500 |
| 4 | | 4 | 3 | 3 | | 3 | 1 | 4 | 4 | 4510 |
| 18 | 15 | 11 | 5 | 17 | 12 | 12 | 7 | 4 | 13 | 4520 |
| 72 | 63 | 106 | 28 | 83 | 116 | 67 | 82 | 88 | 134 | 4600 |
| 39 | 33 | 51 | 21 | 63 | 91 | 51 | 59 | 66 | 58 | 4610 |
| 33 | 30 | 55 | 7 | 20 | 25 | 16 | 23 | 22 | 76 | 4620 |
| **2505** | **1328** | **2188** | **1671** | **3687** | **3000** | **1770** | **1648** | **1117** | **4220** | **E** |
| 1428 | 924 | 1554 | 933 | 2432 | 1828 | 1256 | 986 | 842 | 3169 | 4700 |
| 1030 | 663 | 1219 | 577 | 1779 | 1200 | 889 | 705 | 671 | 2729 | 4710 |
| 16 | 16 | 10 | | 27 | 19 | 68 | 5 | 4 | 8 | 4720 |
| 151 | 135 | 170 | 138 | 206 | 314 | 94 | 99 | 68 | 103 | 4730 |
| 32 | 26 | 45 | 29 | 58 | 87 | 45 | 42 | 29 | 40 | 4740 |
| 199 | 84 | 110 | 189 | 362 | 208 | 160 | 135 | 70 | 289 | 4790 |
| 629 | 280 | 389 | 299 | 551 | 448 | 163 | 210 | 115 | 479 | 4800 |
| 206 | 111 | 142 | 31 | 171 | 193 | 118 | 99 | 33 | 182 | 4810 |
| 423 | 169 | 247 | 268 | 380 | 255 | 45 | 111 | 82 | 297 | 4820 |
| 448 | 124 | 245 | 439 | 704 | 724 | 351 | 452 | 160 | 572 | 4900 |
| **1408** | **717** | **664** | **1015** | **2004** | **2407** | **633** | **1826** | **527** | **1991** | **H** |
| 280 | 184 | 149 | 236 | 491 | 709 | 211 | 429 | 177 | 460 | 6100 |
| 175 | 143 | 97 | 78 | 206 | 249 | 120 | 166 | 115 | 245 | 6110 |
| 6 | 1 | 4 | 2 | 42 | 20 | 32 | 3 | 6 | 36 | 6120 |
| 21 | 6 | 4 | 66 | 94 | 168 | 11 | 95 | 13 | 43 | 6130 |
| 10 | 6 | 6 | 21 | 26 | 70 | 2 | 47 | 3 | 13 | 6140 |

2－7 续表 13

| 行业中类 | 代码 | 河南 | 湖北 | 湖南 | 广东 | 广西 | 海南 |
|---|---|---|---|---|---|---|---|
| 文化、办公用机械制造业 | 4250 | 1 | 9 | | 77 | 1 | |
| 钟表制造业 | 4260 | 3 | 4 | 1 | 177 | 2 | |
| 仪器仪表及文化、办公用机械修理业 | 4280 | 1 | 1 | | 2 | 2 | |
| 其他仪器仪表制造业 | 4290 | 2 | 8 | 2 | 16 | 1 | |
| 其他制造业 | 4300 | 167 | 66 | 218 | 805 | 78 | 5 |
| 工艺美术品制造业 | 4310 | 125 | 33 | 190 | 582 | 59 | 2 |
| 日用杂品制造业 | 4350 | 17 | 1 | 5 | 109 | 4 | 1 |
| 其他生产、生活用品制造业 | 4390 | 25 | 32 | 23 | 114 | 15 | 2 |
| **电力、煤气及水的生产和供应业** | **D** | **372** | **560** | **401** | **821** | **461** | **89** |
| 电力、蒸汽、热水的生产和供应业 | 4400 | 242 | 393 | 282 | 550 | 324 | 63 |
| 电力生产业 | 4410 | 107 | 194 | 180 | 414 | 195 | 43 |
| 电力供应业 | 4420 | 128 | 192 | 101 | 132 | 128 | 19 |
| 蒸汽、热水生产和供应业 | 4430 | 7 | 7 | 1 | 4 | 1 | 1 |
| 煤气生产和供应业 | 4500 | 8 | 20 | 6 | 37 | 9 | 4 |
| 煤气生产业 | 4510 | 1 | 3 | 2 | 7 | 2 | |
| 煤气供应业 | 4520 | 7 | 17 | 4 | 30 | 7 | 4 |
| 自来水的生产和供应业 | 4600 | 122 | 147 | 113 | 234 | 128 | 22 |
| 自来水生产业 | 4610 | 66 | 73 | 74 | 110 | 59 | 10 |
| 自来水供应业 | 4620 | 56 | 74 | 39 | 124 | 69 | 12 |
| **建筑业** | **E** | **1904** | **2855** | **1554** | **5324** | **1504** | **446** |
| 土木工程建筑业 | 4700 | 1519 | 2186 | 1346 | 3195 | 1101 | 289 |
| 房屋建筑业 | 4710 | 1226 | 1829 | 1158 | 2473 | 833 | 195 |
| 矿山建筑业 | 4720 | 9 | 12 | 7 | 3 | 2 | 2 |
| 铁路、公路、遂道、桥梁建筑业 | 4730 | 144 | 94 | 83 | 256 | 88 | 21 |
| 堤坝、电站、码头建筑业 | 4740 | 38 | 81 | 39 | 104 | 55 | 13 |
| 其他土木工程建筑业 | 4790 | 102 | 170 | 59 | 359 | 123 | 58 |
| 线路、管道和设备安装业 | 4800 | 216 | 232 | 117 | 931 | 196 | 66 |
| 线路、管道安装业 | 4810 | 93 | 79 | 36 | 297 | 78 | 12 |
| 设备安装业 | 4820 | 123 | 153 | 81 | 634 | 118 | 54 |
| 装修装饰业 | 4900 | 169 | 437 | 91 | 1198 | 207 | 91 |
| **批发和零售贸易、餐饮业** | **H** | **2475** | **1184** | **910** | **4492** | **717** | |
| 食品、饮料、烟草和家庭用品批发业 | 6100 | 460 | 276 | 281 | 1185 | 153 | |
| 食品、饮料、烟草批发业 | 6110 | 273 | 160 | 163 | 444 | 100 | |
| 棉、麻、土畜产品批发业 | 6120 | 58 | 29 | 25 | 27 | 6 | |
| 纺织品、服装和鞋帽批发业 | 6130 | 18 | 18 | 11 | 164 | 1 | |
| 日用百货批发业 | 6140 | 19 | 11 | 9 | 140 | 12 | |

单位：个

| 重庆 | 四川 | 贵州 | 云南 | 西藏 | 陕西 | 甘肃 | 青海 | 宁夏 | 新疆 | 代码 |
|---|---|---|---|---|---|---|---|---|---|---|
| 1 | | | 1 | | 1 | 6 | | | | 4250 |
| 1 | 1 | 1 | | | | | | | | 4260 |
| 1 | | | | | 1 | | | 1 | | 4280 |
| 1 | 2 | | 1 | | 2 | | | | | 4290 |
| 30 | 31 | 14 | 10 | 2 | 29 | 41 | 28 | 7 | 33 | 4300 |
| 6 | 8 | 5 | 4 | 2 | 14 | 27 | 11 | 6 | 26 | 4310 |
| 6 | 13 | 2 | | | 1 | 1 | | | 1 | 4350 |
| 18 | 10 | 7 | 6 | | 14 | 13 | 17 | 1 | 6 | 4390 |
| **109** | **478** | **286** | **395** | **78** | **234** | **159** | **74** | **23** | **217** | **D** |
| 60 | 289 | 194 | 252 | 70 | 130 | 134 | 46 | 16 | 143 | 4400 |
| 37 | 202 | 117 | 140 | 64 | 81 | 44 | 31 | 5 | 67 | 4410 |
| 21 | 86 | 77 | 112 | 6 | 45 | 76 | 11 | 6 | 32 | 4420 |
| 2 | 1 | | | | 4 | 14 | 4 | 5 | 44 | 4430 |
| 12 | 54 | 4 | 3 | | 4 | 5 | 2 | | 5 | 4500 |
| 1 | 1 | 1 | 1 | | 1 | 2 | | | | 4510 |
| 11 | 53 | 3 | 2 | | 3 | 3 | 2 | | 5 | 4520 |
| 37 | 135 | 88 | 140 | 8 | 100 | 20 | 26 | 7 | 69 | 4600 |
| 21 | 93 | 34 | 69 | 2 | 42 | 10 | 3 | 3 | 30 | 4610 |
| 16 | 42 | 54 | 71 | 6 | 58 | 10 | 23 | 4 | 39 | 4620 |
| **1684** | **3387** | **727** | **1775** | **155** | **904** | **543** | **98** | **162** | **425** | **E** |
| 1331 | 2516 | 605 | 1431 | 143 | 778 | 453 | 87 | 136 | 324 | 4700 |
| 1182 | 2186 | 505 | 1188 | 114 | 646 | 377 | 64 | 96 | 245 | 4710 |
| 9 | 12 | 3 | 5 | 2 | 7 | 3 | 1 | 3 | 4 | 4720 |
| 52 | 138 | 56 | 121 | 20 | 69 | 19 | 13 | 16 | 31 | 4730 |
| 13 | 36 | 19 | 32 | 5 | 18 | 14 | 4 | 13 | 14 | 4740 |
| 75 | 144 | 22 | 85 | 2 | 38 | 40 | 5 | 8 | 30 | 4790 |
| 150 | 327 | 58 | 96 | 10 | 71 | 51 | 6 | 18 | 65 | 4800 |
| 67 | 187 | 21 | 55 | 6 | 29 | 18 | 4 | 9 | 20 | 4810 |
| 83 | 140 | 37 | 41 | 4 | 42 | 33 | 2 | 9 | 45 | 4820 |
| 203 | 544 | 64 | 248 | 2 | 55 | 39 | 5 | 8 | 36 | 4900 |
| **516** | **816** | **281** | **922** | **19** | **377** | **334** | **773** | **729** | **2564** | **H** |
| 141 | 200 | 98 | 299 | 6 | 134 | 77 | 124 | 109 | 610 | 6100 |
| 74 | 136 | 87 | 226 | 3 | 84 | 54 | 71 | 59 | 270 | 6110 |
| 1 | 9 | | 3 | 1 | 4 | | 11 | 2 | 90 | 6120 |
| 7 | 5 | 2 | 9 | | 11 | 2 | 1 | 3 | 28 | 6130 |
| 11 | 6 | 2 | 16 | | 7 | 4 | 3 | 12 | 42 | 6140 |

| 行业中类 | 代 码 | 企 业<br>单位数 | 北 京 | 天 津 | 河 北 | 山 西 | 内蒙古 |
|---|---|---|---|---|---|---|---|
| 日用杂品批发业 | 6150 | 99 | 3 | | 4 | | |
| 五金、交电、化工批发业 | 6160 | 997 | 74 | 36 | 19 | 6 | 2 |
| 药品及医疗器械批发业 | 6170 | 1195 | 86 | 21 | 45 | 24 | 7 |
| 能源、材料和机械电子设备批发业 | 6200 | 7005 | 510 | 166 | 196 | 217 | 67 |
| 能源批发业 | 6210 | 2111 | 76 | 28 | 89 | 154 | 34 |
| 化工材料批发业 | 6220 | 696 | 47 | 17 | 15 | 7 | 2 |
| 木材批发业 | 6230 | 83 | 8 | 1 | 2 | | 1 |
| 建筑材料批发业 | 6240 | 375 | 38 | 11 | 5 | 7 | 3 |
| 矿产品批发业 | 6250 | 82 | 6 | 1 | 1 | 3 | 2 |
| 金属材料批发业 | 6260 | 1298 | 129 | 63 | 37 | 21 | 6 |
| 机械、电子设备批发业 | 6270 | 1362 | 163 | 24 | 18 | 9 | 7 |
| 汽车、摩托车及零配件批发业 | 6280 | 707 | 35 | 16 | 21 | 12 | 9 |
| 再生物资回收批发业 | 6290 | 291 | 8 | 5 | 8 | 4 | 3 |
| 其他批发业 | 6300 | 1974 | 91 | 31 | 101 | 16 | 25 |
| 工艺美术品批发业 | 6310 | 88 | 7 | 2 | 1 | | |
| 图书报刊批发业 | 6320 | 217 | 16 | 6 | 1 | 1 | 2 |
| 农业生产资料批发业 | 6330 | 1288 | 18 | 11 | 98 | 11 | 18 |
| 其他类未包括的批发业 | 6390 | 381 | 50 | 12 | 1 | 4 | 5 |
| 零售业 | 6400 | 12854 | 1197 | 181 | 382 | 304 | 200 |
| 食品、饮料和烟草零售业 | 6410 | 1366 | 108 | 42 | 43 | 27 | 24 |
| 日用百货零售业 | 6420 | 4442 | 217 | 64 | 175 | 125 | 51 |
| 纺织品、服装和鞋帽零售业 | 6430 | 420 | 55 | 14 | 13 | 20 | 6 |
| 日用杂品零售业 | 6440 | 129 | 9 | 2 | 1 | 2 | 2 |
| 五金、交电、化工零售业 | 6450 | 1432 | 178 | 18 | 45 | 26 | 29 |
| 药品及医疗器械零售业 | 6470 | 870 | 84 | 4 | 35 | 22 | 19 |
| 图书报刊零售业 | 6480 | 987 | 35 | 9 | 40 | 10 | 20 |
| 其他零售业 | 6490 | 3208 | 511 | 28 | 30 | 72 | 49 |
| 餐饮业 | 6700 | 5573 | 409 | 143 | 83 | 156 | 109 |
| 正餐 | 6710 | 5234 | 357 | 124 | 82 | 149 | 106 |
| 快餐 | 6720 | 231 | 41 | 13 | 1 | 4 | 3 |
| 其他餐饮业 | 6790 | 108 | 11 | 6 | | 3 | |

单位:个

| 辽宁 | 吉林 | 黑龙江 | 上海 | 江苏 | 浙江 | 安徽 | 福建 | 江西 | 山东 | 代码 |
|---|---|---|---|---|---|---|---|---|---|---|
| 1 | | 4 | 3 | 4 | 6 | 1 | 11 | 2 | 2 | 6150 |
| 23 | 14 | 7 | 25 | 64 | 105 | 17 | 61 | 12 | 43 | 6160 |
| 44 | 14 | 27 | 41 | 55 | 91 | 28 | 46 | 26 | 78 | 6170 |
| 330 | 103 | 163 | 239 | 349 | 681 | 126 | 455 | 99 | 321 | 6200 |
| 86 | 53 | 86 | 37 | 120 | 193 | 61 | 93 | 48 | 115 | 6210 |
| 25 | 3 | 5 | 42 | 32 | 91 | 14 | 66 | 4 | 47 | 6220 |
| 1 | 1 | 7 | 2 | 5 | 7 | | 8 | | 6 | 6230 |
| 6 | 2 | 5 | 22 | 14 | 23 | 3 | 55 | 2 | 5 | 6240 |
| 6 | | 1 | 1 | 2 | 3 | 1 | 12 | | 1 | 6250 |
| 73 | 17 | 14 | 50 | 77 | 143 | 10 | 73 | 10 | 56 | 6260 |
| 69 | 12 | 20 | 50 | 43 | 98 | 12 | 94 | 8 | 39 | 6270 |
| 59 | 14 | 15 | 27 | 23 | 60 | 19 | 49 | 25 | 41 | 6280 |
| 5 | 1 | 10 | 8 | 33 | 63 | 6 | 5 | 2 | 11 | 6290 |
| 46 | 33 | 36 | 40 | 107 | 84 | 53 | 104 | 31 | 155 | 6300 |
| 2 | 1 | | 2 | 7 | 14 | 1 | 27 | | 4 | 6310 |
| 3 | 4 | 2 | 8 | 6 | 10 | 7 | 7 | 6 | 20 | 6320 |
| 31 | 23 | 32 | 8 | 72 | 42 | 40 | 36 | 19 | 115 | 6330 |
| 10 | 5 | 2 | 22 | 22 | 18 | 5 | 34 | 6 | 16 | 6390 |
| 458 | 274 | 201 | 299 | 692 | 625 | 210 | 580 | 171 | 749 | 6400 |
| 32 | 20 | 17 | 47 | 67 | 68 | 28 | 48 | 10 | 65 | 6410 |
| 182 | 100 | 90 | 136 | 343 | 227 | 91 | 129 | 48 | 306 | 6420 |
| 18 | 7 | 9 | 21 | 21 | 9 | 6 | 11 | 5 | 17 | 6430 |
| 2 | 2 | | | 3 | 4 | 1 | 2 | | 8 | 6440 |
| 27 | 31 | 20 | 27 | 65 | 62 | 13 | 67 | 16 | 72 | 6450 |
| 26 | 17 | 21 | 22 | 45 | 31 | 21 | 42 | 19 | 55 | 6470 |
| 41 | 30 | 10 | 17 | 64 | 56 | 34 | 45 | 40 | 89 | 6480 |
| 130 | 67 | 34 | 29 | 84 | 168 | 16 | 236 | 33 | 137 | 6490 |
| 294 | 123 | 115 | 201 | 365 | 308 | 33 | 258 | 49 | 306 | 6700 |
| 286 | 119 | 107 | 167 | 343 | 290 | 32 | 241 | 47 | 300 | 6710 |
| 7 | 2 | 5 | 17 | 17 | 9 | 1 | 12 | 2 | 6 | 6720 |
| 1 | 2 | 3 | 17 | 5 | 9 | | 5 | | | 6790 |

2－7续表15

| 行业中类 | 代码 | 河南 | 湖北 | 湖南 | 广东 | 广西 | 海南 |
|---|---|---|---|---|---|---|---|
| 日用杂品批发业 | 6150 | 4 | 1 | 2 | 26 | 1 | |
| 五金、交电、化工批发业 | 6160 | 31 | 23 | 12 | 186 | 10 | |
| 药品及医疗器械批发业 | 6170 | 57 | 34 | 59 | 198 | 23 | |
| 能源、材料和机械电子设备批发业 | 6200 | 251 | 168 | 145 | 907 | 121 | |
| 能源批发业 | 6210 | 110 | 69 | 56 | 261 | 54 | |
| 化工材料批发业 | 6220 | 16 | 11 | 8 | 109 | 7 | |
| 木材批发业 | 6230 | 1 | 1 | 1 | 9 | 4 | |
| 建筑材料批发业 | 6240 | 2 | 10 | 5 | 45 | 4 | |
| 矿产品批发业 | 6250 | 6 | 2 | 1 | 9 | 5 | |
| 金属材料批发业 | 6260 | 60 | 29 | 26 | 132 | 13 | |
| 机械、电子设备批发业 | 6270 | 27 | 18 | 23 | 236 | 22 | |
| 汽车、摩托车及零配件批发业 | 6280 | 18 | 24 | 20 | 79 | 8 | |
| 再生物资回收批发业 | 6290 | 11 | 4 | 5 | 27 | 4 | |
| 其他批发业 | 6300 | 148 | 43 | 44 | 176 | 51 | |
| 工艺美术品批发业 | 6310 | 1 | 1 | 4 | 12 | 1 | |
| 图书报刊批发业 | 6320 | 28 | 4 | 12 | 22 | 8 | |
| 农业生产资料批发业 | 6330 | 113 | 26 | 25 | 50 | 34 | |
| 其他类未包括的批发业 | 6390 | 6 | 12 | 3 | 92 | 8 | |
| 零售业 | 6400 | 1382 | 441 | 316 | 1002 | 291 | |
| 食品、饮料和烟草零售业 | 6410 | 147 | 56 | 25 | 73 | 20 | |
| 日用百货零售业 | 6420 | 636 | 178 | 105 | 307 | 140 | |
| 纺织品、服装和鞋帽零售业 | 6430 | 55 | 25 | 9 | 24 | 4 | |
| 日用杂品零售业 | 6440 | 30 | 12 | | 3 | 3 | |
| 五金、交电、化工零售业 | 6450 | 147 | 34 | 25 | 87 | 30 | |
| 药品及医疗器械零售业 | 6470 | 57 | 50 | 26 | 67 | 29 | |
| 图书报刊零售业 | 6480 | 83 | 28 | 67 | 50 | 11 | |
| 其他零售业 | 6490 | 227 | 58 | 59 | 391 | 54 | |
| 餐饮业 | 6700 | 234 | 256 | 124 | 1222 | 101 | |
| 正餐 | 6710 | 219 | 248 | 113 | 1162 | 97 | |
| 快餐 | 6720 | 10 | 6 | 6 | 46 | 3 | |
| 其他餐饮业 | 6790 | 5 | 2 | 5 | 14 | 1 | |

单位:个

| 重 庆 | 四 川 | 贵 州 | 云 南 | 西 藏 | 陕 西 | 甘 肃 | 青 海 | 宁 夏 | 新 疆 | 代 码 |
|---|---|---|---|---|---|---|---|---|---|---|
| 1 | 1 | | 2 | 1 | 2 | | 1 | | 16 | 6150 |
| 21 | 10 | 3 | 16 | | 10 | 5 | 22 | 18 | 122 | 6160 |
| 26 | 33 | 4 | 27 | 1 | 16 | 12 | 15 | 15 | 42 | 6170 |
| 94 | 107 | 53 | 175 | | 60 | 34 | 210 | 146 | 512 | 6200 |
| 14 | 35 | 22 | 45 | | 14 | 10 | 22 | 79 | 47 | 6210 |
| 13 | 3 | 3 | 19 | | 7 | 2 | 12 | 5 | 64 | 6220 |
| 1 | 1 | | 3 | | | | 5 | 1 | 7 | 6230 |
| 5 | 6 | | 15 | | 2 | 2 | 29 | 12 | 37 | 6240 |
| 1 | 1 | 1 | 8 | | | 2 | 2 | 1 | 3 | 6250 |
| 21 | 18 | 5 | 39 | | 15 | 7 | 56 | 14 | 84 | 6260 |
| 12 | 17 | 14 | 20 | | 11 | 8 | 69 | 19 | 200 | 6270 |
| 22 | 17 | 6 | 19 | | 8 | 2 | 7 | 8 | 44 | 6280 |
| 5 | 9 | 2 | 7 | | 3 | 1 | 8 | 7 | 26 | 6290 |
| 22 | 38 | 12 | 69 | 2 | 23 | 21 | 29 | 61 | 282 | 6300 |
| | 1 | | | | | | | | | 6310 |
| 7 | 12 | 3 | 4 | | 3 | 1 | 1 | 2 | 11 | 6320 |
| 13 | 21 | 7 | 55 | 2 | 18 | 20 | 26 | 56 | 248 | 6330 |
| 2 | 4 | 2 | 10 | | 2 | | 2 | 3 | 23 | 6390 |
| 181 | 288 | 67 | 303 | 11 | 116 | 161 | 382 | 349 | 1041 | 6400 |
| 13 | 40 | 9 | 67 | | 6 | 16 | 87 | 38 | 123 | 6410 |
| 65 | 109 | 25 | 101 | 3 | 63 | 32 | 96 | 114 | 184 | 6420 |
| 6 | 8 | 3 | 6 | | 2 | 2 | 3 | 4 | 37 | 6430 |
| 2 | 4 | | 6 | | 2 | 1 | 7 | 2 | 19 | 6440 |
| 25 | 33 | 8 | 15 | | 7 | 15 | 30 | 63 | 217 | 6450 |
| 8 | 20 | 6 | 28 | | 11 | 14 | 26 | 11 | 54 | 6470 |
| 21 | 32 | 5 | 19 | 1 | 19 | 26 | 29 | 8 | 48 | 6480 |
| 41 | 42 | 11 | 61 | 7 | 6 | 55 | 104 | 109 | 359 | 6490 |
| 78 | 183 | 51 | 76 | | 44 | 41 | 28 | 64 | 119 | 6700 |
| 75 | 175 | 51 | 70 | | 40 | 38 | 23 | 62 | 111 | 6710 |
| 1 | 6 | | 4 | | 4 | 2 | | | 3 | 6720 |
| 2 | 2 | | 2 | | | 1 | 5 | 2 | 5 | 6790 |

# 2-8 限额以上企业按行业小类、东中西部地区分组的单位数

(2002 年)　　　　单位:个

| 行业小类 | 代码 | 企业单位数 | 东部 | 中部 | 西部 |
|---|---|---|---|---|---|
| **全国总计** | **0000** | **283748** | **176688** | **69089** | **37971** |
| **采掘业** | **B** | **7888** | **2417** | **3726** | **1745** |
| 煤炭采选业 | 0600 | 3223 | 531 | 1868 | 824 |
| 煤炭开采业 | 0610 | 2897 | 479 | 1652 | 766 |
| 煤炭洗选业 | 0620 | 326 | 52 | 216 | 58 |
| 石油和天然气开采业 | 0700 | 99 | 24 | 39 | 36 |
| 天然原油开采业 | 0710 | 90 | 22 | 39 | 29 |
| 天然气开采业 | 0720 | 8 | 1 | | 7 |
| 油页岩开采业 | 0730 | 1 | 1 | | |
| 黑色金属矿采选业 | 0800 | 743 | 406 | 238 | 99 |
| 铁矿采选业 | 0810 | 654 | 368 | 219 | 67 |
| 其他黑色金属矿采选业 | 0820 | 89 | 38 | 19 | 32 |
| 锰矿采选业 | 0821 | 83 | 38 | 18 | 27 |
| 铬矿采选业 | 0822 | 6 | | 1 | 5 |
| 有色金属矿采选业 | 0900 | 1431 | 399 | 647 | 385 |
| 重有色金属矿采选业 | 0910 | 601 | 120 | 244 | 237 |
| 铜矿采选业 | 0911 | 155 | 12 | 78 | 65 |
| 铅锌矿采选业 | 0912 | 347 | 88 | 121 | 138 |
| 镍钴矿采选业 | 0914 | 7 | | 3 | 4 |
| 锡矿采选业 | 0915 | 66 | 11 | 29 | 26 |
| 锑矿采选业 | 0916 | 12 | 6 | 5 | 1 |
| 汞矿采选业 | 0917 | 3 | | | 3 |
| 其他重有色金属矿采选业 | 0919 | 11 | 3 | 8 | |
| 轻有色金属矿采选业 | 0930 | 56 | 33 | 19 | 4 |
| 铝矿采选业 | 0931 | 13 | 3 | 9 | 1 |
| 镁矿采选业 | 0932 | 11 | 8 | 3 | |
| 钛矿采选业 | 0933 | 25 | 21 | 1 | 3 |
| 其他轻有色金属矿采选业 | 0939 | 7 | 1 | 6 | |
| 非金属矿采选业 | 1000 | 1947 | 942 | 689 | 316 |
| 土砂石开采业 | 1010 | 1101 | 557 | 409 | 135 |
| 石灰石开采业 | 1011 | 231 | 131 | 69 | 31 |
| 建筑装饰用石开采业 | 1012 | 399 | 242 | 137 | 20 |
| 耐火土石开采业 | 1013 | 45 | 18 | 25 | 2 |
| 其他土砂石开采业 | 1019 | 426 | 166 | 178 | 82 |
| 化学矿采选业 | 1020 | 204 | 51 | 96 | 57 |
| 硫矿采选业 | 1021 | 39 | 11 | 20 | 8 |
| 磷矿采选业 | 1022 | 105 | 6 | 65 | 34 |
| 天然钾盐采选业 | 1023 | 3 | 3 | | 0 |

* 东部:包括北京、天津、河北、辽宁、上海、江苏、浙江、福建、山东、广东、广西、海南
中部:包括山西、内蒙、吉林、黑龙江、安徽、江西、河南、湖北、湖南
西部:包括重庆、四川、贵州、云南、西藏、陕西、甘肃、青海、宁夏、新疆

| 行业小类 | 代　码 | 企　业<br>单位数 | 东　部 | 中　部 | 西　部 |
|---|---|---|---|---|---|
| 硼矿采选业 | 1024 | 13 | 6 | 1 | 6 |
| 其他化学矿采选业 | 1029 | 44 | 25 | 10 | 9 |
| 采盐业 | 1030 | 184 | 125 | 19 | 40 |
| 海盐业 | 1031 | 117 | 117 | | |
| 湖盐业 | 1032 | 18 | | 7 | 11 |
| 井盐业 | 1033 | 31 | 5 | 2 | 24 |
| 矿盐业 | 1034 | 18 | 3 | 10 | 5 |
| 其他非金属矿采选业 | 1090 | 458 | 209 | 165 | 84 |
| 石棉采选业 | 1091 | 29 | 1 | | 28 |
| 云母采选业 | 1092 | 4 | 2 | 1 | 1 |
| 石墨采选业 | 1093 | 43 | 17 | 24 | 2 |
| 石膏采选业 | 1094 | 77 | 35 | 30 | 12 |
| 宝石、玉石采选业 | 1095 | 10 | 4 | 3 | 3 |
| 水晶采选业 | 1096 | 1 | 1 | | |
| 滑石采选业 | 1097 | 36 | 28 | 6 | 2 |
| 其他类未包括的非金属矿采选业 | 1099 | 258 | 121 | 101 | 36 |
| 木材及竹材采运业 | 1200 | 422 | 98 | 240 | 84 |
| 木材采运业 | 1210 | 413 | 98 | 234 | 81 |
| 竹材采运业 | 1220 | 9 | | 6 | 3 |
| **制造业** | C | **177528** | **121782** | **38764** | **16982** |
| 食品加工业 | 1300 | 11644 | 5894 | 4155 | 1595 |
| 粮食及饲料加工业 | 1310 | 5433 | 2257 | 2378 | 798 |
| 碾米业 | 1311 | 1206 | 381 | 749 | 76 |
| 磨粉业 | 1312 | 1751 | 626 | 768 | 357 |
| 面、米制品业 | 1313 | 393 | 151 | 172 | 70 |
| 配合及混合饲料制造业 | 1314 | 1764 | 877 | 608 | 279 |
| 蛋白饲料制造业 | 1315 | 67 | 33 | 29 | 5 |
| 水产饲料制造业 | 1317 | 125 | 109 | 14 | 2 |
| 其他饲料制造业 | 1319 | 127 | 80 | 38 | 9 |
| 植物油加工业 | 1320 | 1354 | 463 | 658 | 233 |
| 食用植物油加工业 | 1321 | 1298 | 432 | 647 | 219 |
| 非食用植物油加工业 | 1322 | 56 | 31 | 11 | 14 |
| 制糖业 | 1330 | 379 | 205 | 68 | 106 |
| 甘蔗糖业 | 1331 | 289 | 177 | 25 | 87 |
| 甜菜糖业 | 1332 | 57 | 9 | 35 | 13 |
| 加工糖业 | 1334 | 33 | 19 | 8 | 6 |
| 屠宰及肉类蛋类加工业 | 1340 | 2170 | 1063 | 787 | 320 |
| 屠宰业 | 1341 | 880 | 436 | 339 | 105 |

| 行业小类 | 代码 | 企业单位数 | 东部 | 中部 | 西部 |
|---|---|---|---|---|---|
| 肉制品加工业 | 1342 | 1094 | 517 | 383 | 194 |
| 肉类副产品加工业 | 1343 | 138 | 82 | 37 | 19 |
| 蛋品加工业 | 1344 | 58 | 28 | 28 | 2 |
| 水产品加工业 | 1350 | 1127 | 1073 | 39 | 15 |
| 冷冻水产品加工业 | 1351 | 862 | 825 | 29 | 8 |
| 干制水产品加工业 | 1352 | 160 | 150 | 7 | 3 |
| 腌制水产品加工业 | 1353 | 26 | 20 | 3 | 3 |
| 鱼糜及鱼糜制品加工业 | 1354 | 27 | 27 | | |
| 其它水产品加工业 | 1359 | 52 | 51 | | 1 |
| 盐加工业 | 1360 | 51 | 23 | 16 | 12 |
| 其他食品加工业 | 1390 | 1130 | 810 | 209 | 111 |
| 食品制造业 | 1400 | 5046 | 2923 | 1486 | 637 |
| 糕点、糖果制造业 | 1410 | 1593 | 956 | 457 | 180 |
| 糖果业 | 1411 | 278 | 195 | 60 | 23 |
| 糕点业 | 1412 | 471 | 228 | 153 | 90 |
| 饼干业 | 1413 | 295 | 183 | 94 | 18 |
| 方便主食品业 | 1414 | 324 | 194 | 103 | 27 |
| 蜜饯业 | 1415 | 159 | 123 | 22 | 14 |
| 其他糕点、糖果制品业 | 1419 | 66 | 33 | 25 | 8 |
| 乳制品制造业 | 1420 | 560 | 256 | 197 | 107 |
| 罐头食品制造业 | 1430 | 544 | 354 | 133 | 57 |
| 肉类罐头制造业 | 1431 | 67 | 31 | 19 | 17 |
| 禽类罐头制造业 | 1432 | 5 | 3 | 2 | |
| 水产罐头制造业 | 1433 | 29 | 25 | 3 | 1 |
| 水果罐头制造业 | 1434 | 153 | 103 | 42 | 8 |
| 蔬菜罐头制造业 | 1435 | 213 | 139 | 49 | 25 |
| 其他罐头食品制造业 | 1439 | 77 | 53 | 18 | 6 |
| 发酵制品业 | 1440 | 278 | 177 | 70 | 31 |
| 氨基酸制造业 | 1441 | 30 | 16 | 12 | 2 |
| 味精制造业 | 1442 | 96 | 70 | 15 | 11 |
| 柠檬酸制造业 | 1443 | 33 | 20 | 10 | 3 |
| 酵母制品业 | 1444 | 32 | 21 | 7 | 4 |
| 酶制剂制造业 | 1445 | 45 | 23 | 21 | 1 |
| 其他发酵制品业 | 1449 | 42 | 27 | 5 | 10 |
| 调味品制造业 | 1450 | 748 | 389 | 237 | 122 |
| 酱油、酱类制造业 | 1451 | 471 | 234 | 161 | 76 |
| 食醋制造业 | 1452 | 57 | 26 | 18 | 13 |
| 调味料制造业 | 1453 | 135 | 86 | 31 | 18 |

单位:个

| 行业小类 | 代码 | 企业单位数 | 东部 | 中部 | 西部 |
|---|---|---|---|---|---|
| 调味油制造业 | 1454 | 19 | 9 | 4 | 6 |
| 其他调味品制造业 | 1459 | 66 | 34 | 23 | 9 |
| 其他食品制造业 | 1490 | 1323 | 791 | 392 | 140 |
| 豆制品制造业 | 1491 | 161 | 88 | 60 | 13 |
| 淀粉及淀粉制品业 | 1492 | 433 | 251 | 124 | 58 |
| 代乳品制造业 | 1493 | 40 | 20 | 14 | 6 |
| 制冰业 | 1495 | 33 | 32 |  | 1 |
| 淀粉糖业 | 1497 | 70 | 43 | 23 | 4 |
| 冷冻饮品制造业 | 1498 | 213 | 107 | 76 | 30 |
| 其他类未包括的食品制造业 | 1499 | 373 | 250 | 95 | 28 |
| 饮料制造业 | 1500 | 3613 | 1661 | 1224 | 728 |
| 酒精及饮料酒制造业 | 1510 | 2144 | 874 | 790 | 480 |
| 酒精制造业 | 1511 | 165 | 88 | 58 | 19 |
| 白酒制造业 | 1512 | 1211 | 387 | 471 | 353 |
| 啤酒制造业 | 1513 | 509 | 244 | 198 | 67 |
| 黄酒制造业 | 1514 | 95 | 70 | 15 | 10 |
| 葡萄酒制造业 | 1515 | 107 | 60 | 27 | 20 |
| 果露酒制造业 | 1516 | 57 | 25 | 21 | 11 |
| 软饮料制造业 | 1520 | 956 | 512 | 289 | 155 |
| 碳酸饮料制造业 | 1521 | 242 | 117 | 88 | 37 |
| 天然矿泉水制造业 | 1522 | 290 | 155 | 85 | 50 |
| 果菜汁饮料制造业 | 1523 | 251 | 137 | 62 | 52 |
| 固体饮料制造业 | 1524 | 74 | 54 | 14 | 6 |
| 其他软饮料制造业 | 1529 | 99 | 49 | 40 | 10 |
| 制茶业 | 1550 | 416 | 209 | 119 | 88 |
| 其他饮料制造业 | 1590 | 97 | 66 | 26 | 5 |
| 烟草加工业 | 1600 | 299 | 77 | 126 | 96 |
| 烟叶复烤业 | 1610 | 82 | 8 | 34 | 40 |
| 卷烟制造业 | 1620 | 187 | 55 | 83 | 49 |
| 其他烟草加工业 | 1690 | 30 | 14 | 9 | 7 |
| 纺织业 | 1700 | 13668 | 10578 | 2410 | 680 |
| 纤维原料初步加工业 | 1710 | 1100 | 567 | 438 | 95 |
| 轧花业 | 1711 | 865 | 433 | 359 | 73 |
| 洗毛业 | 1712 | 34 | 19 | 7 | 8 |
| 亚麻纤维初步加工业 | 1713 | 38 | 4 | 25 | 9 |
| 苎麻纤维初步加工业 | 1714 | 33 | 7 | 23 | 3 |
| 其他纤维原料初步加工业 | 1719 | 130 | 104 | 24 | 2 |
| 棉纺织业 | 1720 | 5798 | 4341 | 1177 | 280 |

2-8 续表 4

单位:个

| 行业小类 | 代码 | 企业单位数 | 东部 | 中部 | 西部 |
| --- | --- | --- | --- | --- | --- |
| 棉纺业 | 1721 | 1813 | 1112 | 561 | 140 |
| 棉织业 | 1722 | 1523 | 1177 | 280 | 66 |
| 印染业 | 1723 | 1074 | 964 | 84 | 26 |
| 棉制品业 | 1724 | 944 | 718 | 191 | 35 |
| 棉线带制造业 | 1725 | 191 | 162 | 25 | 4 |
| 帘子布制造业 | 1726 | 65 | 57 | 5 | 3 |
| 其他棉纺织业 | 1729 | 188 | 151 | 31 | 6 |
| 毛纺织业 | 1740 | 1232 | 1008 | 170 | 54 |
| 毛条加工业 | 1741 | 93 | 69 | 14 | 10 |
| 毛纺业 | 1742 | 639 | 544 | 63 | 32 |
| 毛织业 | 1743 | 198 | 169 | 27 | 2 |
| 毛染整业 | 1744 | 98 | 87 | 11 | |
| 工业用呢、工业用毡制造业 | 1745 | 75 | 56 | 12 | 7 |
| 其他毛纺织业 | 1749 | 129 | 83 | 43 | 3 |
| 麻纺织业 | 1760 | 269 | 95 | 147 | 27 |
| 苎麻纺织业 | 1761 | 84 | 22 | 49 | 13 |
| 亚麻纺织业 | 1762 | 79 | 26 | 49 | 4 |
| 黄、洋、青麻纺织业 | 1763 | 71 | 21 | 42 | 8 |
| 其他麻纺织业 | 1769 | 35 | 26 | 7 | 2 |
| 丝绢纺织业 | 1770 | 1854 | 1555 | 135 | 164 |
| 缫丝业 | 1771 | 486 | 297 | 69 | 120 |
| 绢纺业 | 1772 | 102 | 88 | 5 | 9 |
| 丝织业 | 1773 | 907 | 842 | 40 | 25 |
| 丝印染业 | 1774 | 196 | 187 | 7 | 2 |
| 丝制品业 | 1775 | 114 | 96 | 10 | 8 |
| 其他丝绢纺织业 | 1779 | 49 | 45 | 4 | |
| 针织品业 | 1780 | 2690 | 2367 | 272 | 51 |
| 棉针织品业 | 1781 | 1275 | 1072 | 173 | 30 |
| 毛针织品业 | 1782 | 925 | 838 | 69 | 18 |
| 丝针织品业 | 1783 | 210 | 198 | 11 | 1 |
| 其他针织品业 | 1789 | 280 | 259 | 19 | 2 |
| 其他纺织业 | 1790 | 725 | 645 | 71 | 9 |
| 服装及其他纤维制品制造业 | 1800 | 9316 | 8325 | 794 | 197 |
| 服装制造业 | 1810 | 8150 | 7296 | 686 | 168 |
| 制帽业 | 1820 | 174 | 163 | 10 | 1 |
| 制鞋业 | 1830 | 637 | 567 | 56 | 14 |
| 其他纤维制品制造业 | 1890 | 355 | 299 | 42 | 14 |
| 皮革、毛皮、羽绒及其制品业 | 1900 | 3992 | 3419 | 434 | 139 |

单位:个

| 行业小类 | 代码 | 企业单位数 | 东部 | 中部 | 西部 |
|---|---|---|---|---|---|
| 制革业 | 1910 | 602 | 438 | 132 | 32 |
| 轻革业 | 1911 | 481 | 339 | 112 | 30 |
| 重革业 | 1912 | 36 | 31 | 5 | |
| 其他制革业 | 1919 | 85 | 68 | 15 | 2 |
| 皮革制品制造业 | 1920 | 2769 | 2546 | 156 | 67 |
| 皮鞋制造业 | 1921 | 1308 | 1204 | 63 | 41 |
| 革皮服装制造业 | 1923 | 385 | 325 | 40 | 20 |
| 皮箱制造业 | 1924 | 228 | 216 | 12 | |
| 皮包制造业 | 1925 | 494 | 482 | 10 | 2 |
| 其他类未包括的皮革制品业 | 1929 | 354 | 319 | 31 | 4 |
| 毛皮鞣制及制品业 | 1930 | 219 | 125 | 78 | 16 |
| 毛皮鞣制业 | 1931 | 82 | 37 | 35 | 10 |
| 毛皮服装业 | 1932 | 58 | 41 | 15 | 2 |
| 其他毛皮制品业 | 1939 | 79 | 47 | 28 | 4 |
| 羽毛(绒)加工及制品业 | 1950 | 402 | 310 | 68 | 24 |
| 羽毛(绒)加工业 | 1951 | 143 | 92 | 32 | 19 |
| 羽毛(绒)制品业 | 1952 | 259 | 218 | 36 | 5 |
| 木材加工及竹、藤、棕、草制品业 | 2000 | 3398 | 2042 | 1092 | 264 |
| 锯材、木片加工业 | 2010 | 539 | 238 | 204 | 97 |
| 锯材加工业 | 2011 | 376 | 134 | 155 | 87 |
| 木片加工业 | 2012 | 163 | 104 | 49 | 10 |
| 人造板制造业 | 2020 | 1621 | 994 | 546 | 81 |
| 胶合板制造业 | 2021 | 886 | 524 | 333 | 29 |
| 纤维板制造业 | 2022 | 235 | 127 | 81 | 27 |
| 刨花板制造业 | 2023 | 125 | 49 | 58 | 18 |
| 其他人造板制造业 | 2029 | 375 | 294 | 74 | 7 |
| 木制品业 | 2030 | 910 | 571 | 265 | 74 |
| 生产用木制品业 | 2031 | 569 | 321 | 183 | 65 |
| 生活用木制品业 | 2033 | 341 | 250 | 82 | 9 |
| 竹、藤、棕、草制品业 | 2040 | 328 | 239 | 77 | 12 |
| 家具制造业 | 2100 | 1901 | 1423 | 341 | 137 |
| 木制家具制造业 | 2110 | 1275 | 906 | 263 | 106 |
| 竹、藤家具制造业 | 2120 | 20 | 16 | 3 | 1 |
| 金属家具制造业 | 2130 | 368 | 307 | 44 | 17 |
| 塑料家具制造业 | 2140 | 15 | 12 | 2 | 1 |
| 其他家具制造业 | 2190 | 223 | 182 | 29 | 12 |
| 造纸及纸制品业 | 2200 | 5432 | 3610 | 1297 | 525 |
| 纸浆制造业 | 2210 | 93 | 30 | 48 | 15 |

| 行业小类 | 代码 | 企业单位数 | 东部 | 中部 | 西部 |
|---|---|---|---|---|---|
| 造纸业 | 2220 | 2628 | 1532 | 806 | 290 |
| 机制纸及纸板制造业 | 2221 | 2322 | 1287 | 764 | 271 |
| 手工纸制造业 | 2223 | 14 | 8 | 5 | 1 |
| 加工纸制造业 | 2224 | 292 | 237 | 37 | 18 |
| 纸制品业 | 2230 | 2711 | 2048 | 443 | 220 |
| 印刷业、记录媒介的复制 | 2300 | 4288 | 2673 | 1063 | 552 |
| 印刷业 | 2310 | 4219 | 2614 | 1055 | 550 |
| 书、报、刊印刷业 | 2311 | 1809 | 954 | 578 | 277 |
| 包装装潢印刷业 | 2312 | 1529 | 1133 | 261 | 135 |
| 其他印刷业 | 2319 | 881 | 527 | 216 | 138 |
| 记录媒介的复制 | 2320 | 69 | 59 | 8 | 2 |
| 文教体育用品制造业 | 2400 | 2368 | 2125 | 188 | 55 |
| 文化用品制造业 | 2410 | 699 | 559 | 93 | 47 |
| 文具制造业 | 2411 | 215 | 196 | 14 | 5 |
| 本册制造业 | 2413 | 146 | 86 | 24 | 36 |
| 笔制造业 | 2415 | 228 | 192 | 35 | 1 |
| 教学标本、模型制造业 | 2417 | 36 | 24 | 9 | 3 |
| 其他文化用品制造业 | 2419 | 74 | 61 | 11 | 2 |
| 体育用品制造业 | 2420 | 419 | 388 | 28 | 3 |
| 球类制造业 | 2421 | 99 | 92 | 6 | 1 |
| 体育器材制造业 | 2423 | 133 | 124 | 8 | 1 |
| 其他体育用品制造业 | 2429 | 187 | 172 | 14 | 1 |
| 乐器及其他文娱用品制造业 | 2430 | 154 | 140 | 12 | 2 |
| 中乐器制造业 | 2431 | 23 | 14 | 7 | 2 |
| 西乐器制造业 | 2433 | 86 | 83 | 3 | |
| 电子乐器制造业 | 2435 | 23 | 22 | 1 | 0 |
| 其他乐器及文娱用品制造业 | 2439 | 22 | 21 | 1 | |
| 玩具制造业 | 2440 | 1021 | 975 | 46 | |
| 游艺器材制造业 | 2450 | 27 | 23 | 3 | 1 |
| 其他类未包括的文教体育用品制造业 | 2490 | 48 | 40 | 6 | 2 |
| 石油加工及炼焦业 | 2500 | 1228 | 573 | 497 | 158 |
| 人造原油生产业 | 2510 | 25 | 13 | 9 | 3 |
| 原油加工业 | 2520 | 298 | 206 | 57 | 35 |
| 石油制品业 | 2530 | 453 | 302 | 100 | 51 |
| 炼焦业 | 2570 | 452 | 52 | 331 | 69 |
| 化学原料及化学制品制造业 | 2600 | 13276 | 8541 | 3192 | 1543 |
| 基本化学原料制造业 | 2610 | 2366 | 1213 | 704 | 449 |
| 无机酸制造业 | 2611 | 384 | 219 | 108 | 57 |

| 行业小类 | 代　码 | 企　业<br>单位数 | 东　部 | 中　部 | 西　部 |
|---|---|---|---|---|---|
| 烧碱制造业 | 2613 | 190 | 95 | 52 | 43 |
| 纯碱制造业 | 2615 | 91 | 45 | 32 | 14 |
| 无机盐制造业 | 2617 | 743 | 376 | 235 | 132 |
| 其他基本化学原料制造业 | 2619 | 958 | 478 | 277 | 203 |
| 化学肥料制造业 | 2620 | 1930 | 776 | 717 | 437 |
| 氮肥制造业 | 2621 | 612 | 222 | 267 | 123 |
| 磷肥制造业 | 2622 | 478 | 144 | 181 | 153 |
| 钾肥制造业 | 2623 | 43 | 18 | 10 | 15 |
| 复合肥料制造业 | 2624 | 544 | 270 | 174 | 100 |
| 微量元素肥料制造业 | 2625 | 46 | 17 | 16 | 13 |
| 其他化学肥料制造业 | 2629 | 207 | 105 | 69 | 33 |
| 化学农药制造业 | 2630 | 624 | 384 | 191 | 49 |
| 农药原药制造业 | 2631 | 245 | 164 | 64 | 17 |
| 农药制剂制造业 | 2633 | 379 | 220 | 127 | 32 |
| 有机化学产品制造业 | 2650 | 3338 | 2599 | 567 | 172 |
| 有机化工原料制造业 | 2651 | 965 | 707 | 194 | 64 |
| 涂料制造业 | 2652 | 1079 | 827 | 183 | 69 |
| 油墨制造业 | 2653 | 181 | 152 | 21 | 8 |
| 颜料制造业 | 2654 | 287 | 237 | 44 | 6 |
| 染料制造业 | 2655 | 330 | 295 | 33 | 2 |
| 其他有机化学产品制造业 | 2659 | 496 | 381 | 92 | 23 |
| 合成材料制造业 | 2660 | 1065 | 826 | 187 | 52 |
| 聚烯烃塑料制造业 | 2661 | 164 | 126 | 32 | 6 |
| 热固性树脂及塑料制造业 | 2662 | 198 | 161 | 32 | 5 |
| 工程塑料制造业 | 2663 | 131 | 106 | 20 | 5 |
| 功能高分子制造业 | 2664 | 163 | 125 | 29 | 9 |
| 有机硅氟材料制造业 | 2665 | 83 | 56 | 22 | 5 |
| 合成橡胶制造业 | 2666 | 104 | 78 | 17 | 9 |
| 合成纤维单(聚合)体制造业 | 2667 | 74 | 58 | 12 | 4 |
| 其他合成材料制造业 | 2669 | 148 | 116 | 23 | 9 |
| 专用化学产品制造业 | 2670 | 2702 | 1863 | 580 | 259 |
| 化学试剂、助剂制造业 | 2671 | 1175 | 869 | 218 | 88 |
| 专项化学用品制造业 | 2672 | 582 | 428 | 103 | 51 |
| 林产化学产品制造业 | 2673 | 246 | 170 | 57 | 19 |
| 炸药及火工产品制造业 | 2674 | 280 | 104 | 108 | 68 |
| 信息化学品制造业 | 2675 | 164 | 126 | 26 | 12 |
| 放射化学产品制造业 | 2676 | 7 | 7 | | |
| 添加剂制造业 | 2677 | 248 | 159 | 68 | 21 |

单位:个

| 行业小类 | 代码 | 企业单位数 | 东部 | 中部 | 西部 |
|---|---|---|---|---|---|
| 日用化学产品制造业 | 2680 | 1251 | 880 | 246 | 125 |
| 肥皂及皂粉、合成洗涤剂制造业 | 2681 | 355 | 225 | 82 | 48 |
| 合成脂肪酸制造业 | 2682 | 26 | 18 | 6 | 2 |
| 硬脂酸、硬化油制造业 | 2683 | 44 | 29 | 12 | 3 |
| 香料、香精制造业 | 2684 | 226 | 147 | 50 | 29 |
| 化妆品制造业 | 2685 | 258 | 234 | 17 | 7 |
| 牙膏制造业 | 2686 | 40 | 31 | 4 | 5 |
| 火柴制造业 | 2687 | 55 | 22 | 23 | 10 |
| 动物胶制造业 | 2688 | 55 | 22 | 21 | 12 |
| 其他日用化学产品制造业 | 2689 | 192 | 152 | 31 | 9 |
| 医药制造业 | 2700 | 3781 | 1958 | 1207 | 616 |
| 化学药品原药制造业 | 2710 | 736 | 456 | 181 | 99 |
| 化学药品制剂制造业 | 2720 | 1083 | 589 | 347 | 147 |
| 中药材及中成药加工业 | 2730 | 1323 | 528 | 492 | 303 |
| 动物药品制造业 | 2740 | 285 | 158 | 99 | 28 |
| 生物制品业 | 2750 | 354 | 227 | 88 | 39 |
| 化学纤维制造业 | 2800 | 953 | 795 | 129 | 29 |
| 纤维素纤维制造业 | 2810 | 143 | 101 | 32 | 10 |
| 化纤浆粕制造业 | 2811 | 34 | 23 | 10 | 1 |
| 粘胶纤维制造业 | 2812 | 74 | 53 | 16 | 5 |
| 其他纤维素纤维制造业 | 2819 | 35 | 25 | 6 | 4 |
| 合成纤维制造业 | 2820 | 673 | 577 | 79 | 17 |
| 锦纶纤维制造业 | 2821 | 85 | 68 | 15 | 2 |
| 涤纶纤维制造业 | 2822 | 367 | 317 | 38 | 12 |
| 腈纶纤维制造业 | 2823 | 30 | 27 | 3 | |
| 维纶纤维制造业 | 2824 | 13 | 7 | 4 | 2 |
| 其他合成纤维制造业 | 2829 | 178 | 158 | 19 | 1 |
| 渔具及渔具材料制造业 | 2850 | 137 | 117 | 18 | 2 |
| 渔具用丝制造业 | 2851 | 13 | 10 | 3 | |
| 渔具用线制造业 | 2852 | 5 | 4 | 1 | |
| 渔具用绳制造业 | 2853 | 5 | 5 | | |
| 渔网制造业 | 2854 | 62 | 49 | 11 | 2 |
| 其他渔具制造业 | 2859 | 52 | 49 | 3 | |
| 橡胶制品业 | 2900 | 1901 | 1431 | 335 | 135 |
| 轮胎制造业 | 2910 | 245 | 188 | 41 | 16 |
| 力车胎制造业 | 2920 | 84 | 64 | 18 | 2 |
| 橡胶板、管、带制造业 | 2930 | 374 | 259 | 91 | 24 |
| 橡胶零件制品业 | 2940 | 311 | 225 | 54 | 32 |

| 行业小类 | 代　码 | 企　业<br>单位数 | 东　部 | 中　部 | 西　部 |
|---|---|---|---|---|---|
| 再生橡胶制造业 | 2950 | 99 | 66 | 26 | 7 |
| 橡胶靴鞋制造业 | 2960 | 299 | 217 | 52 | 30 |
| 日用橡胶制品业 | 2970 | 158 | 134 | 18 | 6 |
| 橡胶制品翻修业 | 2980 | 39 | 24 | 9 | 6 |
| 轮胎翻新业 | 2981 | 32 | 19 | 7 | 6 |
| 其他橡胶制品翻修业 | 2989 | 7 | 5 | 2 | |
| 其他橡胶制品业 | 2990 | 292 | 254 | 26 | 12 |
| 塑料制品业 | 3000 | 8020 | 6264 | 1204 | 552 |
| 塑料薄膜制造业 | 3010 | 820 | 554 | 152 | 114 |
| 塑料板、管、棒材制造业 | 3020 | 1161 | 847 | 205 | 109 |
| 塑料丝、绳及编织品制造业 | 3030 | 1208 | 677 | 363 | 168 |
| 泡沫塑料及人造革、合成革制造业 | 3040 | 857 | 734 | 97 | 26 |
| 塑料包装箱及容器制造业 | 3050 | 664 | 524 | 95 | 45 |
| 塑料鞋制造业 | 3060 | 416 | 378 | 34 | 4 |
| 日用塑料杂品制造业 | 3070 | 774 | 664 | 84 | 26 |
| 塑料零件制造业 | 3080 | 534 | 481 | 40 | 13 |
| 其他塑料制品业 | 3090 | 1586 | 1405 | 134 | 47 |
| 非金属矿物制品业 | 3100 | 16332 | 8745 | 4971 | 2616 |
| 水泥制造业 | 3110 | 4804 | 2245 | 1495 | 1064 |
| 水泥制品和石棉水泥制品业 | 3120 | 1981 | 1058 | 606 | 317 |
| 水泥制品业 | 3121 | 1346 | 766 | 376 | 204 |
| 砼结构构件制造业 | 3123 | 501 | 227 | 177 | 97 |
| 石棉水泥制品业 | 3124 | 97 | 43 | 44 | 10 |
| 其他水泥制品业 | 3129 | 37 | 22 | 9 | 6 |
| 砖瓦、石灰和轻质建筑材料制造业 | 3130 | 3495 | 1775 | 1144 | 576 |
| 砖瓦制造业 | 3131 | 1634 | 588 | 661 | 385 |
| 石灰制造业 | 3132 | 182 | 96 | 67 | 19 |
| 建筑用石加工业 | 3133 | 818 | 603 | 167 | 48 |
| 轻质建筑材料制造业 | 3134 | 311 | 174 | 89 | 48 |
| 防水密封建筑材料制造业 | 3135 | 200 | 114 | 56 | 30 |
| 隔热保温材料制造业 | 3136 | 181 | 101 | 49 | 31 |
| 其他砖瓦、石灰和轻质建筑材料制造业 | 3139 | 169 | 99 | 55 | 15 |
| 玻璃及玻璃制品业 | 3140 | 1395 | 881 | 351 | 163 |
| 建筑用玻璃制品业 | 3141 | 238 | 146 | 61 | 31 |

单位:个

| 行业小类 | 代码 | 企业单位数 | 东部 | 中部 | 西部 |
|---|---|---|---|---|---|
| 工业技术用玻璃制造业 | 3142 | 167 | 120 | 39 | 8 |
| 光学玻璃制造业 | 3143 | 71 | 41 | 20 | 10 |
| 玻璃仪器制造业 | 3145 | 47 | 32 | 8 | 7 |
| 日用玻璃制品业 | 3147 | 609 | 361 | 154 | 94 |
| 玻璃保温容器制造业 | 3148 | 67 | 44 | 19 | 4 |
| 其他玻璃及玻璃制品业 | 3149 | 196 | 137 | 50 | 9 |
| 陶瓷制品业 | 3150 | 2159 | 1502 | 434 | 223 |
| 建筑、卫生陶瓷制造业 | 3151 | 1127 | 817 | 141 | 169 |
| 工业用陶瓷制造业 | 3153 | 232 | 115 | 101 | 16 |
| 日用陶瓷制造业 | 3155 | 735 | 517 | 187 | 31 |
| 其他陶瓷制品业 | 3159 | 65 | 53 | 5 | 7 |
| 耐火材料制品业 | 3160 | 920 | 505 | 358 | 57 |
| 石棉制品业 | 3161 | 85 | 63 | 17 | 5 |
| 云母制品业 | 3163 | 30 | 19 | 6 | 5 |
| 其他耐火材料制品业 | 3169 | 805 | 423 | 335 | 47 |
| 石墨及碳素制品业 | 3170 | 447 | 175 | 194 | 78 |
| 冶金用碳素制品业 | 3171 | 243 | 83 | 107 | 53 |
| 电工用碳素制品业 | 3172 | 48 | 23 | 19 | 6 |
| 其他石墨及碳素制品业 | 3179 | 156 | 69 | 68 | 19 |
| 矿物纤维及其制品业 | 3180 | 452 | 276 | 135 | 41 |
| 玻璃纤维及其制品业 | 3181 | 174 | 111 | 42 | 21 |
| 玻璃钢制品业 | 3182 | 259 | 153 | 86 | 20 |
| 其他矿物纤维及其制品业 | 3189 | 19 | 12 | 7 | 0 |
| 其他类未包括的非金属矿物制品业 | 3190 | 679 | 328 | 254 | 97 |
| 黑色金属冶炼及压延加工业 | 3200 | 3457 | 1865 | 1010 | 582 |
| 炼铁业 | 3210 | 693 | 180 | 417 | 96 |
| 炼钢业 | 3220 | 290 | 138 | 99 | 53 |
| 钢压延加工业 | 3240 | 1828 | 1377 | 288 | 163 |
| 铁合金冶炼业 | 3260 | 646 | 170 | 206 | 270 |
| 有色金属冶炼及压延加工业 | 3300 | 3166 | 1706 | 834 | 626 |
| 重有色金属冶炼业 | 3310 | 845 | 303 | 231 | 311 |
| 铜冶炼业 | 3311 | 226 | 138 | 49 | 39 |
| 铅锌冶炼业 | 3312 | 350 | 87 | 85 | 178 |
| 镍钴冶炼业 | 3314 | 20 | 8 | 7 | 5 |
| 锡冶炼业 | 3316 | 42 | 12 | 11 | 19 |
| 锑冶炼业 | 3317 | 74 | 23 | 32 | 19 |
| 汞冶炼业 | 3318 | 5 | | | 5 |
| 其他重有色金属冶炼业 | 3319 | 128 | 35 | 47 | 46 |
| 轻有色金属冶炼业 | 3320 | 482 | 156 | 224 | 102 |
| 铝冶炼业 | 3321 | 270 | 109 | 105 | 56 |
| 镁冶炼业 | 3322 | 138 | 26 | 102 | 10 |
| 钛冶炼业 | 3323 | 15 | 9 | 1 | 5 |

| 行业小类 | 代　码 | 企　业<br>单位数 | 东　部 | 中　部 | 西　部 |
|---|---|---|---|---|---|
| 其他轻有色金属冶炼业 | 3329 | 59 | 12 | 16 | 31 |
| 贵金属冶炼业 | 3330 | 182 | 63 | 56 | 63 |
| 金冶炼业 | 3331 | 139 | 38 | 42 | 59 |
| 银冶炼业 | 3332 | 20 | 9 | 9 | 2 |
| 其他贵金属冶炼业 | 3339 | 23 | 16 | 5 | 2 |
| 稀有稀土金属冶炼业 | 3340 | 247 | 104 | 105 | 38 |
| 钨钼冶炼业 | 3341 | 81 | 37 | 40 | 4 |
| 其他稀有稀土金属冶炼业 | 3349 | 166 | 67 | 65 | 34 |
| 有色金属合金业 | 3360 | 154 | 108 | 34 | 12 |
| 有色金属压延加工业 | 3380 | 1256 | 972 | 184 | 100 |
| 重有色金属压延加工业 | 3381 | 607 | 492 | 77 | 38 |
| 轻有色金属压延加工业 | 3383 | 557 | 421 | 85 | 51 |
| 贵金属压延加工业 | 3385 | 23 | 18 | 2 | 3 |
| 稀有稀土金属压延加工业 | 3387 | 69 | 41 | 20 | 8 |
| 金属制品业 | 3400 | 10677 | 8439 | 1515 | 723 |
| 金属结构制造业 | 3410 | 1195 | 887 | 228 | 80 |
| 铸铁管制造业 | 3420 | 340 | 211 | 90 | 39 |
| 工具制造业 | 3430 | 1451 | 1180 | 207 | 64 |
| 切削工具制造业 | 3431 | 332 | 234 | 74 | 24 |
| 模具制造业 | 3434 | 632 | 530 | 77 | 25 |
| 手工具制造业 | 3435 | 388 | 329 | 45 | 14 |
| 其他工具制造业 | 3439 | 99 | 87 | 11 | 1 |
| 集装箱和金属包装物品制造业 | 3440 | 816 | 630 | 113 | 73 |
| 集装箱制造业 | 3441 | 51 | 45 | 4 | 2 |
| 金属包装物品及容器制造业 | 3442 | 765 | 585 | 109 | 71 |
| 金属丝绳及其制品业 | 3450 | 895 | 694 | 139 | 62 |
| 建筑用金属制品业 | 3460 | 1772 | 1262 | 302 | 208 |
| 建筑小五金制造业 | 3461 | 252 | 222 | 24 | 6 |
| 水暖管道零件制造业 | 3463 | 503 | 377 | 98 | 28 |
| 金属门窗制造业 | 3465 | 793 | 486 | 160 | 147 |
| 其他建筑用金属制品业 | 3469 | 224 | 177 | 20 | 27 |
| 金属表面处理及热处理业 | 3470 | 736 | 652 | 55 | 29 |
| 日用金属制品业 | 3480 | 2657 | 2314 | 243 | 100 |
| 搪瓷制造业 | 3481 | 151 | 117 | 26 | 8 |
| 铝制品业 | 3482 | 513 | 395 | 78 | 40 |
| 不锈钢制品业 | 3483 | 690 | 656 | 23 | 11 |
| 刀剪制造业 | 3484 | 115 | 111 | 4 |  |
| 制锁业 | 3485 | 286 | 265 | 14 | 7 |

| 行业小类 | 代　码 | 企　业<br>单位数 | 东　部 | 中　部 | 西　部 |
|---|---|---|---|---|---|
| 炊事用具制造业 | 3486 | 178 | 105 | 51 | 22 |
| 燃气用具制造业 | 3487 | 166 | 142 | 15 | 9 |
| 理发用具制造业 | 3488 | 45 | 45 | | |
| 其他日用金属制品业 | 3489 | 513 | 478 | 32 | 3 |
| 其他金属制品业 | 3490 | 815 | 609 | 138 | 68 |
| 铁制小农具制造业 | 3491 | 111 | 60 | 31 | 20 |
| 焊条制造业 | 3495 | 164 | 116 | 36 | 12 |
| 其他类未包括的金属制品业 | 3499 | 540 | 433 | 71 | 36 |
| 普通机械制造业 | 3500 | 11351 | 8276 | 2301 | 774 |
| 锅炉及原动机制造业 | 3510 | 1237 | 800 | 309 | 128 |
| 锅炉制造业 | 3511 | 545 | 321 | 160 | 64 |
| 内燃机制造业 | 3512 | 220 | 141 | 55 | 24 |
| 汽轮机制造业 | 3513 | 33 | 22 | 8 | 3 |
| 水轮机制造业 | 3514 | 28 | 20 | 5 | 3 |
| 内燃机零部件及配件制造业 | 3515 | 360 | 270 | 72 | 18 |
| 其他锅炉及原动机制造业 | 3519 | 51 | 26 | 9 | 16 |
| 金属加工机械制造业 | 3520 | 1369 | 921 | 329 | 119 |
| 金属切削机床制造业 | 3521 | 457 | 298 | 105 | 54 |
| 锻压设备制造业 | 3523 | 228 | 156 | 58 | 14 |
| 铸造机械制造业 | 3525 | 168 | 106 | 47 | 15 |
| 机床附件制造业 | 3526 | 126 | 89 | 33 | 4 |
| 其他金属加工机械制造业 | 3529 | 390 | 272 | 86 | 32 |
| 通用设备制造业 | 3530 | 2487 | 1897 | 438 | 152 |
| 起重运输设备制造业 | 3531 | 687 | 488 | 158 | 41 |
| 工矿车辆制造业 | 3532 | 50 | 23 | 17 | 10 |
| 泵制造业 | 3533 | 637 | 470 | 134 | 33 |
| 风机制造业 | 3534 | 183 | 133 | 29 | 21 |
| 气体压缩机及气体分离设备制造业 | 3535 | 153 | 117 | 21 | 15 |
| 冷冻设备制造业 | 3536 | 233 | 207 | 20 | 6 |
| 风动工具制造业 | 3537 | 36 | 24 | 9 | 3 |
| 电动工具制造业 | 3538 | 267 | 245 | 17 | 5 |
| 其他通用设备制造业 | 3539 | 241 | 190 | 33 | 18 |
| 轴承、阀门制造业 | 3540 | 1379 | 1102 | 218 | 59 |
| 轴承制造业 | 3541 | 709 | 548 | 130 | 31 |
| 阀门制造业 | 3542 | 670 | 554 | 88 | 28 |
| 其他通用零部件制造业 | 3560 | 2143 | 1661 | 359 | 123 |
| 液压件及液力件制造业 | 3561 | 337 | 250 | 70 | 17 |
| 气动元件制造业 | 3562 | 114 | 100 | 11 | 3 |

 单位：个

| 行业小类 | 代码 | 企业单位数 | 东部 | 中部 | 西部 |
|---|---|---|---|---|---|
| 密封件制造业 | 3563 | 100 | 77 | 16 | 7 |
| 粉末冶金制品业 | 3564 | 198 | 147 | 40 | 11 |
| 紧固件制造业 | 3565 | 507 | 422 | 57 | 28 |
| 弹簧制造业 | 3566 | 142 | 113 | 21 | 8 |
| 链条制造业 | 3567 | 129 | 93 | 33 | 3 |
| 齿轮制造业 | 3568 | 188 | 122 | 43 | 23 |
| 其他类未包括的通用零部件制造业 | 3569 | 428 | 337 | 68 | 23 |
| 铸锻件制造业 | 3570 | 2152 | 1542 | 475 | 135 |
| 铸件制造业 | 3571 | 1817 | 1304 | 398 | 115 |
| 锻件制造业 | 3572 | 335 | 238 | 77 | 20 |
| 普通机械修理业 | 3580 | 118 | 51 | 45 | 22 |
| 其他普通机械制造业 | 3590 | 466 | 302 | 128 | 36 |
| 专用设备制造业 | 3600 | 7155 | 4683 | 1829 | 643 |
| 冶金、矿山、机电工业专用设备制造业 | 3610 | 860 | 496 | 284 | 80 |
| 矿山设备制造业 | 3611 | 400 | 176 | 184 | 40 |
| 冶金工业专用设备制造业 | 3613 | 184 | 122 | 43 | 19 |
| 电工专用设备制造业 | 3615 | 55 | 38 | 13 | 4 |
| 电子工业专用设备制造业 | 3617 | 107 | 75 | 21 | 11 |
| 其他机电工业专用设备制造业 | 3619 | 114 | 85 | 23 | 6 |
| 石化及其他工业专用设备制造业 | 3620 | 1287 | 912 | 249 | 126 |
| 石油工业专用设备制造业 | 3621 | 272 | 139 | 72 | 61 |
| 化学工业专用设备制造业 | 3622 | 206 | 150 | 41 | 15 |
| 化学纤维工业专用设备制造业 | 3623 | 36 | 30 | 4 | 2 |
| 橡胶工业专用设备制造业 | 3624 | 61 | 50 | 9 | 2 |
| 塑料工业专用设备制造业 | 3625 | 213 | 190 | 19 | 4 |
| 森林工业专用设备制造业 | 3626 | 70 | 46 | 19 | 5 |
| 印刷工业专用设备制造业 | 3627 | 150 | 124 | 17 | 9 |
| 制药工业专用设备制造业 | 3628 | 80 | 58 | 19 | 3 |
| 建筑材料及其他非金属矿物制品专用设备 | 3629 | 199 | 125 | 49 | 25 |
| 轻纺工业专用设备制造业 | 3630 | 1469 | 1032 | 336 | 101 |
| 食品、饮料、烟草工业专用设备制造业 | 3631 | 228 | 159 | 41 | 28 |
| 粮油工业专用设备制造业 | 3632 | 264 | 116 | 117 | 31 |
| 饲料工业专用设备制造业 | 3633 | 36 | 20 | 9 | 7 |
| 包装工业专用设备制造业 | 3634 | 112 | 94 | 15 | 3 |
| 纺织、服装、皮革工业专用设备制造业 | 3635 | 578 | 473 | 92 | 13 |
| 照明器具工业专用设备制造业 | 3636 | 40 | 29 | 7 | 4 |
| 日用硅酸制品工业专用设备制造业 | 3637 | 17 | 12 | 5 | |
| 制浆、造纸工业专用设备制造业 | 3638 | 147 | 95 | 43 | 9 |

| 行业小类 | 代　码 | 企　业单位数 | 东　部 | 中　部 | 西　部 |
|---|---|---|---|---|---|
| 日用化学工业专用设备制造业 | 3639 | 47 | 34 | 7 | 6 |
| 农、林、牧、渔、水利业机械制造业 | 3640 | 1173 | 585 | 437 | 151 |
| 拖拉机制造业 | 3641 | 169 | 90 | 55 | 24 |
| 机械化农机具制造业 | 3642 | 376 | 145 | 173 | 58 |
| 营林机械制造业 | 3643 | 12 | 8 | 2 | 2 |
| 畜牧机械制造业 | 3644 | 26 | 16 | 5 | 5 |
| 渔业机械制造业 | 3645 | 31 | 25 | 5 | 1 |
| 水利机械制造业 | 3646 | 62 | 33 | 23 | 6 |
| 拖拉机配件制造业 | 3647 | 240 | 147 | 71 | 22 |
| 其他农、林、牧、渔、水利业机械制造业 | 3649 | 257 | 121 | 103 | 33 |
| 医疗器械制造业 | 3650 | 691 | 530 | 118 | 43 |
| 手术器械制造业 | 3651 | 65 | 60 | 2 | 3 |
| 医疗仪器、设备制造业 | 3652 | 225 | 176 | 29 | 20 |
| 诊断用品制造业 | 3653 | 79 | 58 | 16 | 5 |
| 医用材料及医疗用品制造业 | 3654 | 287 | 214 | 62 | 11 |
| 假肢、矫形器制造业 | 3655 | 35 | 22 | 9 | 4 |
| 其他专用设备制造业 | 3670 | 1301 | 981 | 238 | 82 |
| 建筑机械制造业 | 3671 | 301 | 195 | 75 | 31 |
| 地质专用设备制造业 | 3672 | 41 | 25 | 13 | 3 |
| 畜牧兽医医疗器械制造业 | 3673 | 1 |  | 1 |  |
| 缝纫机制造业 | 3674 | 179 | 159 | 10 | 10 |
| 商业、饮食业、服务业专用机械制造业 | 3675 | 51 | 35 | 11 | 5 |
| 邮政机械及器材制造业 | 3676 | 24 | 16 | 7 | 1 |
| 环境保护机械制造业 | 3677 | 242 | 202 | 35 | 5 |
| 社会公共安全设备及器材制造业 | 3678 | 193 | 145 | 37 | 11 |
| 其他类未包括的专用设备制造业 | 3679 | 269 | 204 | 49 | 16 |
| 专用机械设备修理业 | 3680 | 374 | 147 | 167 | 60 |
| 工业专用设备修理业 | 3681 | 118 | 34 | 66 | 18 |
| 农、林、牧、渔、水利机械修理业 | 3683 | 102 | 24 | 54 | 24 |
| 医疗器械修理业 | 3685 | 29 | 21 | 6 | 2 |
| 其他专用机械设备修理业 | 3689 | 125 | 68 | 41 | 16 |
| 交通运输设备制造业 | 3700 | 8398 | 5162 | 2123 | 1113 |
| 铁路运输设备制造业 | 3710 | 419 | 196 | 167 | 56 |
| 机车制造业 | 3711 | 19 | 8 | 8 | 3 |
| 客车制造业 | 3712 | 15 | 5 | 7 | 3 |
| 货车制造业 | 3713 | 20 | 5 | 9 | 6 |
| 机车车辆配件制造业 | 3714 | 196 | 86 | 89 | 21 |
| 铁路信号设备制造业 | 3715 | 29 | 16 | 9 | 4 |

| 行业小类 | 代码 | 企业单位数 | 东部 | 中部 | 西部 |
|---|---|---|---|---|---|
| 铁路专用设备制造业 | 3716 | 36 | 17 | 13 | 6 |
| 铁路专用器材制造业 | 3717 | 68 | 43 | 15 | 10 |
| 其他铁路运输设备制造业 | 3719 | 36 | 16 | 17 | 3 |
| 汽车制造业 | 3720 | 3807 | 2354 | 1119 | 334 |
| 载重汽车制造业 | 3721 | 92 | 38 | 40 | 14 |
| 客车制造业 | 3722 | 102 | 54 | 34 | 14 |
| 小轿车制造业 | 3723 | 21 | 12 | 7 | 2 |
| 微型汽车制造业 | 3724 | 32 | 17 | 10 | 5 |
| 特种车辆及改装汽车制造业 | 3725 | 327 | 177 | 107 | 43 |
| 汽车车身制造业 | 3726 | 115 | 60 | 45 | 10 |
| 汽车零部件及配件制造业 | 3727 | 3118 | 1996 | 876 | 246 |
| 摩托车制造业 | 3730 | 1198 | 769 | 115 | 314 |
| 摩托车整车制造业 | 3731 | 224 | 143 | 46 | 35 |
| 摩托车零部件及配件制造业 | 3732 | 974 | 626 | 69 | 279 |
| 自行车制造业 | 3740 | 498 | 460 | 30 | 8 |
| 电车制造业 | 3750 | 8 | 7 | 1 | 0 |
| 船舶制造业 | 3760 | 335 | 249 | 74 | 12 |
| 海洋运输船制造业 | 3761 | 74 | 63 | 10 | 1 |
| 内河船制造业 | 3762 | 118 | 69 | 42 | 7 |
| 渔轮制造业 | 3763 | 48 | 47 | 1 | |
| 船舶机械设备制造业 | 3764 | 92 | 68 | 20 | 4 |
| 海洋石油平台制造业 | 3765 | 3 | 2 | 1 | 0 |
| 航空航天器制造业 | 3770 | 143 | 36 | 26 | 81 |
| 飞机制造业 | 3771 | 102 | 19 | 22 | 61 |
| 其他航空航天器制造业 | 3779 | 41 | 17 | 4 | 20 |
| 交通运输设备修理业 | 3780 | 1911 | 1038 | 576 | 297 |
| 铁路运输设备修理业 | 3781 | 157 | 47 | 83 | 27 |
| 汽车修理业 | 3782 | 1504 | 793 | 455 | 256 |
| 摩托车修理业 | 3783 | 14 | 5 | 7 | 2 |
| 电车修理业 | 3784 | 5 | 2 | 2 | 1 |
| 船舶修理业 | 3785 | 166 | 154 | 11 | 1 |
| 飞机修理业 | 3786 | 26 | 12 | 8 | 6 |
| 其他交通运输设备修理业 | 3789 | 39 | 25 | 10 | 4 |
| 其他交通运输设备制造业 | 3790 | 79 | 53 | 15 | 11 |
| 航标器材制造业 | 3791 | 9 | 9 | | |
| 潜水装备制造业 | 3792 | 5 | 4 | 1 | |
| 公路标志制造业 | 3793 | 65 | 40 | 14 | 11 |
| 电气机械及器材制造业 | 4000 | 9888 | 7833 | 1460 | 595 |

2－8 续表 16

单位：个

| 行业小类 | 代 码 | 企业单位数 | 东 部 | 中 部 | 西 部 |
|---|---|---|---|---|---|
| 电机制造业 | 4010 | 961 | 728 | 183 | 50 |
| 发电机制造业 | 4011 | 185 | 118 | 53 | 14 |
| 电动机制造业 | 4012 | 459 | 336 | 97 | 26 |
| 微电机制造业 | 4013 | 317 | 274 | 33 | 10 |
| 输配电及控制设备制造业 | 4020 | 2779 | 2125 | 415 | 239 |
| 变压器制造业 | 4021 | 627 | 429 | 128 | 70 |
| 整流器制造业 | 4022 | 60 | 46 | 12 | 2 |
| 电容器制造业 | 4023 | 146 | 127 | 14 | 5 |
| 开关控制设备制造业 | 4024 | 982 | 762 | 133 | 87 |
| 电器设备元件制造业 | 4027 | 453 | 366 | 51 | 36 |
| 其他输配电及控制设备制造业 | 4029 | 511 | 395 | 77 | 39 |
| 电工器材制造业 | 4040 | 3027 | 2255 | 574 | 198 |
| 电线电缆制造业 | 4041 | 2080 | 1518 | 417 | 145 |
| 绝缘制品业 | 4043 | 194 | 145 | 38 | 11 |
| 蓄电池制造业 | 4045 | 314 | 227 | 68 | 19 |
| 原电池制造业 | 4046 | 188 | 153 | 24 | 11 |
| 其他电工器材制造业 | 4049 | 251 | 212 | 27 | 12 |
| 日用电器制造业 | 4060 | 1332 | 1201 | 97 | 34 |
| 洗衣机制造业 | 4061 | 103 | 85 | 14 | 4 |
| 吸尘器制造业 | 4062 | 36 | 36 |  |  |
| 电冰箱制造业 | 4063 | 89 | 65 | 16 | 8 |
| 电风扇制造业 | 4064 | 165 | 152 | 8 | 5 |
| 空调器制造业 | 4065 | 287 | 246 | 32 | 9 |
| 排油烟机制造业 | 4066 | 55 | 52 | 3 |  |
| 其他日用电器制造业 | 4069 | 597 | 565 | 24 | 8 |
| 照明器具制造业 | 4070 | 1383 | 1252 | 97 | 34 |
| 电光源制造业 | 4071 | 355 | 312 | 34 | 9 |
| 灯头、灯座制造业 | 4072 | 83 | 71 | 8 | 4 |
| 灯具制造业 | 4073 | 705 | 666 | 28 | 11 |
| 灯用电器附件制造业 | 4074 | 146 | 122 | 16 | 8 |
| 其他照明器具制造业 | 4079 | 94 | 81 | 11 | 2 |
| 电气机械修理业 | 4080 | 82 | 36 | 35 | 11 |
| 其他电气机械制造业 | 4090 | 324 | 236 | 59 | 29 |
| 电焊机制造业 | 4091 | 108 | 86 | 14 | 8 |
| 工业用电炉制造业 | 4092 | 45 | 32 | 10 | 3 |
| 其他类未包括的电气机械制造业 | 4099 | 171 | 118 | 35 | 18 |
| 电子及通信设备制造业 | 4100 | 5841 | 5059 | 502 | 280 |

| 行业小类 | 代码 | 企业单位数 | 东部 | 中部 | 西部 |
|---|---|---|---|---|---|
| 通信设备制造业 | 4110 | 956 | 768 | 105 | 83 |
| 传输设备制造业 | 4111 | 178 | 117 | 30 | 31 |
| 交换设备制造业 | 4112 | 161 | 133 | 17 | 11 |
| 通信终端设备制造业 | 4113 | 250 | 217 | 22 | 11 |
| 其他通信设备制造业 | 4119 | 367 | 301 | 36 | 30 |
| 雷达制造业 | 4120 | 51 | 21 | 8 | 22 |
| 雷达整机制造业 | 4121 | 27 | 15 | 3 | 9 |
| 雷达专用配套设备及部件制造业 | 4122 | 24 | 6 | 5 | 13 |
| 广播电视设备制造业 | 4130 | 125 | 100 | 17 | 8 |
| 电子计算机制造业 | 4140 | 608 | 545 | 41 | 22 |
| 电子计算机整机制造业 | 4141 | 149 | 122 | 16 | 11 |
| 电子计算机外部设备制造业 | 4143 | 459 | 423 | 25 | 11 |
| 电子器件制造业 | 4150 | 635 | 555 | 51 | 29 |
| 电真空器件制造业 | 4151 | 113 | 89 | 16 | 8 |
| 半导体器件制造业 | 4153 | 324 | 276 | 32 | 16 |
| 集成电路制造业 | 4155 | 198 | 190 | 3 | 5 |
| 电子元件制造业 | 4160 | 2186 | 1937 | 175 | 74 |
| 日用电子器具制造业 | 4170 | 677 | 623 | 37 | 17 |
| 电视机、录像机、摄像机制造业 | 4171 | 308 | 272 | 22 | 14 |
| 收音机、录音机制造业 | 4172 | 293 | 280 | 11 | 2 |
| 电子计算器制造业 | 4173 | 76 | 71 | 4 | 1 |
| 电子设备及通信设备修理业 | 4180 | 36 | 22 | 9 | 5 |
| 通信设备修理业 | 4181 | 12 | 8 | 2 | 2 |
| 广播电视设备修理业 | 4182 | 3 | 2 |  | 1 |
| 电子计算机修理业 | 4183 | 3 | 1 | 2 |  |
| 其他电子设备修理业 | 4189 | 18 | 11 | 5 | 2 |
| 其他电子设备制造业 | 4190 | 567 | 488 | 59 | 20 |
| 仪器仪表及文化、办公用机械制造业 | 4200 | 2410 | 1868 | 375 | 167 |
| 通用仪器仪表制造业 | 4210 | 1145 | 843 | 194 | 108 |
| 工业自动化仪表制造业 | 4211 | 330 | 239 | 62 | 29 |
| 电工仪器、仪表制造业 | 4212 | 203 | 139 | 42 | 22 |
| 光学仪器制造业 | 4213 | 223 | 145 | 38 | 40 |
| 计时仪器制造业 | 4214 | 44 | 41 | 2 | 1 |
| 分析仪器制造业 | 4215 | 71 | 55 | 12 | 4 |
| 试验机制造业 | 4216 | 55 | 45 | 7 | 3 |
| 实验室仪器及装置制造业 | 4217 | 39 | 26 | 12 | 1 |
| 通用仪器仪表元件、器件制造业 | 4218 | 57 | 48 | 5 | 4 |
| 其他通用仪器仪表制造业 | 4219 | 123 | 105 | 14 | 4 |
| 专用仪器仪表制造业 | 4220 | 317 | 222 | 69 | 26 |

单位:个

| 行业小类 | 代码 | 企业单位数 | 东部 | 中部 | 西部 |
|---|---|---|---|---|---|
| 环境保护仪器仪表制造业 | 4221 | 46 | 33 | 9 | 4 |
| 汽车仪器仪表制造业 | 4222 | 55 | 41 | 9 | 5 |
| 导航、制导仪器制造业 | 4223 | 26 | 14 | 8 | 4 |
| 农、林、牧、渔仪器仪表制造业 | 4224 | 3 | 2 |  | 1 |
| 地质勘探、钻采、地震专用仪器制造业 | 4225 | 31 | 20 | 7 | 4 |
| 气象、海洋、水文、天文测量仪器制造业 | 4226 | 10 | 5 | 4 | 1 |
| 教学仪器制造业 | 4227 | 70 | 51 | 16 | 3 |
| 核子及核辐射测量仪器制造业 | 4228 | 9 | 5 | 2 | 2 |
| 专用仪器仪表元件、器件制造业 | 4229 | 67 | 51 | 14 | 2 |
| 电子测量仪器制造业 | 4230 | 108 | 90 | 12 | 6 |
| 计量器具制造业 | 4240 | 190 | 144 | 40 | 6 |
| 传递标准用计量仪器制造业 | 4241 | 23 | 17 | 6 |  |
| 量具量仪制造业 | 4242 | 54 | 38 | 14 | 2 |
| 衡器制造业 | 4243 | 113 | 89 | 20 | 4 |
| 文化、办公用机械制造业 | 4250 | 233 | 208 | 16 | 9 |
| 电影机械制造业 | 4251 | 9 | 6 | 3 |  |
| 幻灯机及投影仪制造业 | 4252 | 15 | 12 |  | 3 |
| 照相机及器材制造业 | 4254 | 111 | 102 | 5 | 4 |
| 复印机制造业 | 4256 | 37 | 34 | 3 |  |
| 打字机及油印机制造业 | 4257 | 20 | 18 | 2 |  |
| 其他文化、办公用机械制造业 | 4259 | 41 | 36 | 3 | 2 |
| 钟表制造业 | 4260 | 294 | 276 | 15 | 3 |
| 仪器仪表及文化、办公用机械修理业 | 4280 | 23 | 13 | 7 | 3 |
| 其他仪器仪表制造业 | 4290 | 100 | 72 | 22 | 6 |
| 其他制造业 | 4300 | 4729 | 3834 | 670 | 225 |
| 工艺美术品制造业 | 4310 | 3209 | 2637 | 463 | 109 |
| 雕塑工艺品制造业 | 4311 | 455 | 410 | 37 | 8 |
| 金属工艺品制造业 | 4312 | 173 | 154 | 11 | 8 |
| 漆器工艺品制造业 | 4313 | 32 | 27 | 2 | 3 |
| 花画工艺品制造业 | 4314 | 138 | 127 | 9 | 2 |
| 竹、藤、棕、草工艺品制造业 | 4315 | 481 | 455 | 24 | 2 |
| 抽纱刺绣工艺品制造业 | 4316 | 374 | 343 | 26 | 5 |
| 地毯制造业 | 4317 | 325 | 219 | 47 | 59 |
| 首饰制造业 | 4318 | 235 | 205 | 22 | 8 |
| 其他工艺美术品制造业 | 4319 | 996 | 697 | 285 | 14 |
| 日用杂品制造业 | 4350 | 624 | 562 | 38 | 24 |
| 制镜业 | 4351 | 30 | 22 | 6 | 2 |
| 眼镜制造业 | 4353 | 230 | 227 | 2 | 1 |

单位:个

| 行业小类 | 代码 | 企业单位数 | 东部 | 中部 | 西部 |
|---|---|---|---|---|---|
| 制伞业 | 4355 | 191 | 187 | 3 | 1 |
| 鬃毛加工及制刷业 | 4357 | 173 | 126 | 27 | 20 |
| 其他生产、生活用品制造业 | 4390 | 896 | 635 | 169 | 92 |
| 生产用其他产品制造业 | 4391 | 286 | 171 | 78 | 37 |
| 生活用其他产品制造业 | 4392 | 610 | 464 | 91 | 55 |
| **电力、煤气及水的生产和供应业** | **D** | **8736** | **3571** | **3112** | **2053** |
| 电力、蒸汽、热水的生产和供应业 | 4400 | 5827 | 2383 | 2110 | 1334 |
| 电力生产业 | 4410 | 3135 | 1426 | 921 | 788 |
| 火力发电业 | 4411 | 1135 | 635 | 357 | 143 |
| 水力发电业 | 4412 | 1945 | 757 | 553 | 635 |
| 核力发电业 | 4413 | 4 | 4 | | |
| 其他电业 | 4419 | 51 | 30 | 11 | 10 |
| 电力供应业 | 4420 | 2249 | 767 | 1010 | 472 |
| 蒸汽、热水生产和供应业 | 4430 | 443 | 190 | 179 | 74 |
| 煤气生产和供应业 | 4500 | 376 | 176 | 111 | 89 |
| 煤气生产业 | 4510 | 64 | 34 | 23 | 7 |
| 煤气供应业 | 4520 | 312 | 142 | 88 | 82 |
| 自来水的生产和供应业 | 4600 | 2533 | 1012 | 891 | 630 |
| 自来水生产业 | 4610 | 1356 | 558 | 491 | 307 |
| 自来水供应业 | 4620 | 1177 | 454 | 400 | 323 |
| **建筑业** | **E** | **53559** | **28693** | **15006** | **9860** |
| 土木工程建筑业 | 4700 | 37285 | 18135 | 11346 | 7804 |
| 房屋建筑业 | 4710 | 29213 | 13639 | 8971 | 6603 |
| 矿山建筑业 | 4720 | 305 | 108 | 148 | 49 |
| 铁路、公路、遂道、桥梁建筑业 | 4730 | 3079 | 1587 | 957 | 535 |
| 堤坝、电站、码头建筑业 | 4740 | 1015 | 518 | 329 | 168 |
| 其他土木工程建筑业 | 4790 | 3673 | 2283 | 941 | 449 |
| 线路、管道和设备安装业 | 4800 | 7342 | 4659 | 1831 | 852 |
| 线路、管道安装业 | 4810 | 2805 | 1641 | 748 | 416 |
| 设备安装业 | 4820 | 4537 | 3018 | 1083 | 436 |
| 装修装饰业 | 4900 | 8932 | 5899 | 1829 | 1204 |
| **批发和零售贸易、餐饮业** | **H** | **36037** | **20225** | **8481** | **7331** |
| 食品、饮料、烟草和家庭用品批发业 | 6100 | 8631 | 4818 | 2015 | 1798 |
| 食品、饮料、烟草批发业 | 6110 | 4397 | 2046 | 1287 | 1064 |
| 粮食、食用油批发业 | 6111 | 1180 | 552 | 356 | 272 |
| 糕点、糖果和饮料批发业 | 6112 | 445 | 260 | 76 | 109 |
| 肉、禽、蛋及其制品批发业 | 6113 | 251 | 148 | 58 | 45 |
| 水产品批发业 | 6114 | 63 | 54 | 5 | 4 |

| 行业小类 | 代　码 | 企业单位数 | 东　部 | 中　部 | 西　部 |
|---|---|---|---|---|---|
| 蔬菜、果品批发业 | 6115 | 111 | 67 | 21 | 23 |
| 茶叶批发业 | 6116 | 44 | 24 | 5 | 15 |
| 烟草及其制品批发业 | 6117 | 1885 | 730 | 677 | 478 |
| 盐及调味品批发业 | 6118 | 168 | 72 | 39 | 57 |
| 其他食品、饮料、烟草批发业 | 6119 | 250 | 139 | 50 | 61 |
| 棉、麻、土畜产品批发业 | 6120 | 475 | 189 | 165 | 121 |
| 棉、麻批发业 | 6121 | 356 | 131 | 147 | 78 |
| 畜产品批发业 | 6122 | 119 | 58 | 18 | 43 |
| 纺织品、服装和鞋帽批发业 | 6130 | 893 | 738 | 87 | 68 |
| 纺织品批发业 | 6131 | 523 | 413 | 56 | 54 |
| 服装批发业 | 6132 | 307 | 265 | 28 | 14 |
| 鞋帽批发业 | 6133 | 63 | 60 | 3 | |
| 日用百货批发业 | 6140 | 575 | 410 | 62 | 103 |
| 百货批发业 | 6141 | 330 | 221 | 44 | 65 |
| 文化用品、钟表眼镜批发业 | 6142 | 180 | 143 | 11 | 26 |
| 其他日用百货批发业 | 6149 | 65 | 46 | 7 | 12 |
| 日用杂品批发业 | 6150 | 99 | 61 | 14 | 24 |
| 五金、交电、化工批发业 | 6160 | 997 | 646 | 124 | 227 |
| 药品及医疗器械批发业 | 6170 | 1195 | 728 | 276 | 191 |
| 西药批发业 | 6171 | 837 | 496 | 213 | 128 |
| 中草药及制品批发业 | 6172 | 268 | 166 | 51 | 51 |
| 医疗器械批发业 | 6173 | 90 | 66 | 12 | 12 |
| 能源、材料和机械电子设备批发业 | 6200 | 7005 | 4275 | 1339 | 1391 |
| 能源批发业 | 6210 | 2111 | 1152 | 671 | 288 |
| 石油及制品批发业 | 6211 | 1623 | 937 | 498 | 188 |
| 煤炭及制品批发业 | 6212 | 475 | 208 | 170 | 97 |
| 其他能源批发业 | 6219 | 13 | 7 | 3 | 3 |
| 化工材料批发业 | 6220 | 696 | 498 | 70 | 128 |
| 木材批发业 | 6230 | 83 | 53 | 12 | 18 |
| 建筑材料批发业 | 6240 | 375 | 228 | 39 | 108 |
| 矿产品批发业 | 6250 | 82 | 47 | 16 | 19 |
| 金属材料批发业 | 6260 | 1298 | 846 | 193 | 259 |
| 黑色金属材料批发业 | 6261 | 1078 | 704 | 159 | 215 |
| 有色金属材料批发业 | 6262 | 220 | 142 | 34 | 44 |
| 机械、电子设备批发业 | 6270 | 1362 | 856 | 136 | 370 |
| 汽车、摩托车及零配件批发业 | 6280 | 707 | 418 | 156 | 133 |
| 汽车批发业 | 6281 | 468 | 287 | 117 | 64 |
| 摩托车批发业 | 6282 | 70 | 38 | 12 | 20 |

| 行业小类 | 代　码 | 企业单位数 | 东　部 | 中　部 | 西　部 |
|---|---|---|---|---|---|
| 汽车、摩托车零配件批发业 | 6289 | 169 | 93 | 27 | 49 |
| 再生物资回收批发业 | 6290 | 291 | 177 | 46 | 68 |
| 其他批发业 | 6300 | 1974 | 986 | 429 | 559 |
| 工艺美术品批发业 | 6310 | 88 | 79 | 8 | 1 |
| 图书报刊批发业 | 6320 | 217 | 107 | 66 | 44 |
| 农业生产资料批发业 | 6330 | 1288 | 515 | 307 | 466 |
| 其他类未包括的批发业 | 6390 | 381 | 285 | 48 | 48 |
| 零售业 | 6400 | 12854 | 6456 | 3499 | 2899 |
| 食品、饮料和烟草零售业 | 6410 | 1366 | 613 | 354 | 399 |
| 粮油食品零售业 | 6411 | 455 | 118 | 115 | 222 |
| 副食品零售业 | 6412 | 414 | 201 | 134 | 79 |
| 其他食品、饮料和烟草零售业 | 6419 | 497 | 294 | 105 | 98 |
| 日用百货零售业 | 6420 | 4442 | 2226 | 1424 | 792 |
| 百货零售业 | 6421 | 3517 | 1842 | 1090 | 585 |
| 文化体育用品零售业 | 6422 | 116 | 66 | 17 | 33 |
| 钟表、眼镜及照相器材零售业 | 6423 | 78 | 48 | 10 | 20 |
| 其他日用百货零售业 | 6429 | 731 | 270 | 307 | 154 |
| 纺织品、服装和鞋帽零售业 | 6430 | 420 | 207 | 142 | 71 |
| 日用杂品零售业 | 6440 | 129 | 37 | 49 | 43 |
| 五金、交电、化工零售业 | 6450 | 1432 | 678 | 341 | 413 |
| 药品及医疗器械零售业 | 6470 | 870 | 440 | 252 | 178 |
| 图书报刊零售业 | 6480 | 987 | 457 | 322 | 208 |
| 其他零售业 | 6490 | 3208 | 1798 | 615 | 795 |
| 家具零售业 | 6491 | 75 | 41 | 17 | 17 |
| 煤炭零售业 | 6492 | 95 | 42 | 26 | 27 |
| 石油制品零售业 | 6493 | 1121 | 579 | 275 | 267 |
| 汽车、摩托车及其零配件零售业 | 6494 | 1102 | 663 | 169 | 270 |
| 计算机及软件、办公设备零售业 | 6495 | 563 | 353 | 82 | 128 |
| 信托业 | 6496 | 1 |  | 1 | 0 |
| 首饰业 | 6497 | 75 | 37 | 13 | 25 |
| 其他类未包括的零售业 | 6499 | 176 | 83 | 32 | 61 |
| 餐饮业 | 6700 | 5573 | 3690 | 1199 | 684 |
| 正餐 | 6710 | 5234 | 3449 | 1140 | 645 |
| 快餐 | 6720 | 231 | 172 | 39 | 20 |
| 其他餐饮业 | 6790 | 108 | 69 | 20 | 19 |
| 小吃 | 6791 | 49 | 31 | 10 | 8 |
| 冷饮 | 6793 | 14 | 7 | 5 | 2 |
| 茶馆 | 6795 | 11 | 7 |  | 4 |
| 其他类未包括的餐饮业 | 6799 | 34 | 24 | 5 | 5 |

# 2－9 限额以上企业按行业大类、直辖市和省会城市以及计划单列市分组的单位数

（2002 年）

单位：个

| 地　　区 | 代　　码 | 总　　计 | 煤炭采选业 | 石油和天然气开采业 | 黑色金属矿采选业 |
|---|---|---|---|---|---|
| **全　　国** | **0000** | **101420** | **451** | **19** | **47** |
| 北　　京 | 1100 | 9275 | 21 | 1 | 3 |
| 天　　津 | 1200 | 6894 | 4 | 10 | |
| 石 家 庄 | 1301 | 1886 | 10 | | 12 |
| 太　　原 | 1401 | 1412 | 67 | | 4 |
| 呼和浩特 | 1501 | 459 | | | |
| 沈　　阳 | 2101 | 2267 | 6 | | 1 |
| 长　　春 | 2201 | 1949 | 14 | 2 | |
| 哈 尔 滨 | 2301 | 2543 | 4 | | |
| 上　　海 | 3100 | 12739 | 1 | 1 | |
| 南　　京 | 3201 | 2743 | | | 5 |
| 杭　　州 | 3301 | 5218 | 1 | | 1 |
| 合　　肥 | 3401 | 986 | | | |
| 福　　州 | 3501 | 2526 | | | |
| 南　　昌 | 3601 | 916 | 1 | | |
| 济　　南 | 3701 | 1823 | 40 | | 3 |
| 郑　　州 | 4101 | 2373 | 144 | 1 | 1 |
| 武　　汉 | 4201 | 3413 | | | 1 |
| 长　　沙 | 4301 | 1642 | 20 | | |
| 广　　州 | 4401 | 7507 | 1 | | |
| 南　　宁 | 4501 | 1021 | 2 | | 2 |
| 海　　口 | 4601 | 493 | | | |
| 重　　庆 | 5000 | 4209 | 66 | 2 | 7 |
| 成　　都 | 5101 | 2623 | 6 | | |
| 贵　　阳 | 5201 | 1192 | 12 | | |
| 昆　　明 | 5301 | 1546 | 4 | | 1 |
| 拉　　萨 | 5401 | 140 | | | 2 |
| 西　　安 | 6101 | 1190 | | 1 | 1 |
| 兰　　州 | 6201 | 1096 | 14 | | |
| 西　　宁 | 6301 | 704 | 1 | | 3 |
| 银　　川 | 6401 | 144 | 1 | | |
| 乌鲁木齐 | 6501 | 1273 | 11 | | |
| 大　　连 | 2102 | 2092 | | | |
| 宁　　波 | 3302 | 4923 | | | |
| 厦　　门 | 3502 | 1874 | | | |
| 青　　岛 | 3702 | 3055 | | | |
| 深　　圳 | 4403 | 5274 | | 1 | |

单位:个

| 地区 | 代码 | 食品加工业 | 有色金属矿采选业 | 非金属矿采选业 | 木材及竹材采运业 |
|---|---|---|---|---|---|
| **全国** | **0000** | **55** | **401** | **17** | **2475** |
| 北京 | 1100 | 2 | 16 | | 166 |
| 天津 | 1200 | 1 | 21 | | 207 |
| 石家庄 | 1301 | 3 | 13 | | 134 |
| 太原 | 1401 | 1 | 2 | | 27 |
| 呼和浩特 | 1501 | 1 | | | 6 |
| 沈阳 | 2101 | 2 | 7 | | 50 |
| 长春 | 2201 | 1 | 5 | | 80 |
| 哈尔滨 | 2301 | 3 | 36 | 14 | 116 |
| 上海 | 3100 | | | | 135 |
| 南京 | 3201 | 4 | 31 | | 49 |
| 杭州 | 3301 | 7 | 25 | | 67 |
| 合肥 | 3401 | | 1 | | 15 |
| 福州 | 3501 | 1 | 15 | | 152 |
| 南昌 | 3601 | | 1 | | 41 |
| 济南 | 3701 | 1 | 7 | | 52 |
| 郑州 | 4101 | 3 | 10 | | 69 |
| 武汉 | 4201 | | 5 | | 95 |
| 长沙 | 4301 | 3 | 5 | 2 | 43 |
| 广州 | 4401 | 1 | 80 | | 92 |
| 南宁 | 4501 | 3 | 9 | | 83 |
| 海口 | 4601 | 1 | | | 10 |
| 重庆 | 5000 | 2 | 9 | | 60 |
| 成都 | 5101 | | 1 | | 74 |
| 贵阳 | 5201 | | 12 | | 42 |
| 昆明 | 5301 | 4 | 12 | | 42 |
| 拉萨 | 5401 | 3 | 4 | | 4 |
| 西安 | 6101 | 3 | 2 | 1 | 37 |
| 兰州 | 6201 | 2 | 16 | | 21 |
| 西宁 | 6301 | | 9 | | 21 |
| 银川 | 6401 | | 1 | | 14 |
| 乌鲁木齐 | 6501 | | 3 | | 6 |
| 大连 | 2102 | | 8 | | 104 |
| 宁波 | 3302 | | 6 | | 90 |
| 厦门 | 3502 | | 1 | | 34 |
| 青岛 | 3702 | 3 | 21 | | 188 |
| 深圳 | 4403 | | 7 | | 49 |

| 地　　区 | 代　码 | 食品制造业 | 饮料制造业 | 烟草加工业 | 纺织业 |
|---|---|---|---|---|---|
| **全　　国** | **0000** | **1694** | **839** | **62** | **3530** |
| 北　　京 | 1100 | 160 | 68 | 1 | 140 |
| 天　　津 | 1200 | 165 | 63 | 1 | 265 |
| 石 家 庄 | 1301 | 68 | 26 | 1 | 107 |
| 太　　原 | 1401 | 27 | 10 | 2 | 13 |
| 呼和浩特 | 1501 | 15 | 5 | 1 | 24 |
| 沈　　阳 | 2101 | 32 | 20 | 1 | 28 |
| 长　　春 | 2201 | 47 | 29 | 1 | 17 |
| 哈 尔 滨 | 2301 | 76 | 44 | 2 | 57 |
| 上　　海 | 3100 | 226 | 56 | 2 | 687 |
| 南　　京 | 3201 | 32 | 13 | 1 | 60 |
| 杭　　州 | 3301 | 71 | 34 | 2 | 656 |
| 合　　肥 | 3401 | 10 | 6 | 1 | 31 |
| 福　　州 | 3501 | 34 | 43 | 1 | 102 |
| 南　　昌 | 3601 | 19 | 12 | 1 | 56 |
| 济　　南 | 3701 | 26 | 17 | 2 | 61 |
| 郑　　州 | 4101 | 36 | 15 | 6 | 38 |
| 武　　汉 | 4201 | 60 | 25 | 3 | 90 |
| 长　　沙 | 4301 | 23 | 19 | 1 | 23 |
| 广　　州 | 4401 | 101 | 40 | 3 | 238 |
| 南　　宁 | 4501 | 38 | 11 | 2 | 11 |
| 海　　口 | 4601 | 7 | 8 |  | 4 |
| 重　　庆 | 5000 | 35 | 37 | 5 | 73 |
| 成　　都 | 5101 | 50 | 69 | 4 | 22 |
| 贵　　阳 | 5201 | 24 | 19 | 4 | 12 |
| 昆　　明 | 5301 | 23 | 22 | 3 | 11 |
| 拉　　萨 | 5401 | 2 | 1 |  |  |
| 西　　安 | 6101 | 28 | 13 | 1 | 25 |
| 兰　　州 | 6201 | 16 | 11 | 2 | 12 |
| 西　　宁 | 6301 | 10 | 6 |  | 8 |
| 银　　川 | 6401 | 7 |  |  | 1 |
| 乌鲁木齐 | 6501 | 16 | 6 |  | 17 |
| 大　　连 | 2102 | 30 | 7 |  | 35 |
| 宁　　波 | 3302 | 42 | 21 | 2 | 317 |
| 厦　　门 | 3502 | 16 | 12 | 3 | 27 |
| 青　　岛 | 3702 | 58 | 26 | 2 | 173 |
| 深　　圳 | 4403 | 64 | 25 | 1 | 89 |

单位：个

| 地　　区 | 代　　码 | 服装及其他纤维制品制造业 | 皮革、毛皮、羽绒及其制品业 | 木材加工及竹、藤、棕、草制品业 | 家　具制造业 |
|---|---|---|---|---|---|
| **全　　国** | **0000** | **3835** | **1177** | **776** | **810** |
| 北　　京 | 1100 | 227 | 36 | 35 | 84 |
| 天　　津 | 1200 | 244 | 65 | 65 | 63 |
| 石 家 庄 | 1301 | 45 | 27 | 30 | 15 |
| 太　　原 | 1401 | 12 | 4 | 2 | 7 |
| 呼和浩特 | 1501 | 10 | 1 | 1 | 2 |
| 沈　　阳 | 2101 | 21 | 8 | 20 | 16 |
| 长　　春 | 2201 | 27 | 6 | 26 | 7 |
| 哈 尔 滨 | 2301 | 6 | 4 | 58 | 19 |
| 上　　海 | 3100 | 890 | 165 | 135 | 134 |
| 南　　京 | 3201 | 139 | 43 | 21 | 19 |
| 杭　　州 | 3301 | 273 | 147 | 49 | 37 |
| 合　　肥 | 3401 | 16 | 4 | 6 | 4 |
| 福　　州 | 3501 | 68 | 37 | 27 | 20 |
| 南　　昌 | 3601 | 14 | 2 | 2 | 2 |
| 济　　南 | 3701 | 28 | 14 | 6 | 9 |
| 郑　　州 | 4101 | 25 | 6 | 12 | 7 |
| 武　　汉 | 4201 | 112 | 13 | 21 | 35 |
| 长　　沙 | 4301 | 33 | 15 | 8 | 7 |
| 广　　州 | 4401 | 519 | 238 | 51 | 92 |
| 南　　宁 | 4501 | 7 | 6 | 5 | 3 |
| 海　　口 | 4601 | 1 | 1 | 2 | 3 |
| 重　　庆 | 5000 | 16 | 21 | 9 | 15 |
| 成　　都 | 5101 | 12 | 21 | 20 | 17 |
| 贵　　阳 | 5201 | 8 | 6 | 6 | 5 |
| 昆　　明 | 5301 | 13 | 2 | 9 | 4 |
| 拉　　萨 | 5401 | 2 | 1 | 1 | |
| 西　　安 | 6101 | 7 | 3 | 2 | 9 |
| 兰　　州 | 6201 | 14 | 3 | 4 | 7 |
| 西　　宁 | 6301 | 7 | 2 | 6 | 3 |
| 银　　川 | 6401 | | 3 | | 2 |
| 乌鲁木齐 | 6501 | 17 | 3 | 2 | 9 |
| 大　　连 | 2102 | 99 | 22 | 50 | 17 |
| 宁　　波 | 3302 | 427 | 27 | 35 | 21 |
| 厦　　门 | 3502 | 65 | 30 | 8 | 11 |
| 青　　岛 | 3702 | 156 | 98 | 25 | 29 |
| 深　　圳 | 4403 | 275 | 93 | 17 | 76 |

2－9续表4

单位:个

| 地区 | 代码 | 造纸及纸制品业 | 印刷业、记录媒介的复制 | 文教体育用品制造业 | 石油加工及炼及炼焦业 |
|---|---|---|---|---|---|
| **全国** | **0000** | **1865** | **1977** | **1069** | **364** |
| 北京 | 1100 | 90 | 339 | 52 | 42 |
| 天津 | 1200 | 119 | 148 | 61 | 36 |
| 石家庄 | 1301 | 52 | 17 | 1 | 14 |
| 太原 | 1401 | 8 | 28 | 2 | 37 |
| 呼和浩特 | 1501 | 1 | 6 | | 1 |
| 沈阳 | 2101 | 22 | 33 | 2 | 8 |
| 长春 | 2201 | 13 | 42 | 1 | 14 |
| 哈尔滨 | 2301 | 36 | 58 | 12 | 8 |
| 上海 | 3100 | 208 | 250 | 284 | 37 |
| 南京 | 3201 | 47 | 24 | 52 | 22 |
| 杭州 | 3301 | 312 | 88 | 71 | 8 |
| 合肥 | 3401 | 9 | 28 | 2 | 1 |
| 福州 | 3501 | 58 | 35 | 17 | |
| 南昌 | 3601 | 9 | 20 | 18 | 1 |
| 济南 | 3701 | 36 | 22 | 10 | 14 |
| 郑州 | 4101 | 115 | 52 | 1 | 8 |
| 武汉 | 4201 | 44 | 70 | 12 | 15 |
| 长沙 | 4301 | 42 | 33 | 9 | 5 |
| 广州 | 4401 | 144 | 112 | 123 | 17 |
| 南宁 | 4501 | 14 | 32 | | 2 |
| 海口 | 4601 | 1 | 20 | | 1 |
| 重庆 | 5000 | 43 | 46 | 5 | 7 |
| 成都 | 5101 | 33 | 49 | 3 | 2 |
| 贵阳 | 5201 | 17 | 44 | 3 | 2 |
| 昆明 | 5301 | 14 | 38 | 2 | 3 |
| 拉萨 | 5401 | | 4 | | |
| 西安 | 6101 | 37 | 34 | 2 | 7 |
| 兰州 | 6201 | 19 | 25 | 1 | 17 |
| 西宁 | 6301 | 5 | 6 | 1 | 1 |
| 银川 | 6401 | 1 | 1 | | |
| 乌鲁木齐 | 6501 | 19 | 31 | | 2 |
| 大连 | 2102 | 17 | 13 | 7 | 8 |
| 宁波 | 3302 | 65 | 37 | 130 | 8 |
| 厦门 | 3502 | 41 | 39 | 27 | 4 |
| 青岛 | 3702 | 78 | 29 | 54 | 7 |
| 深圳 | 4403 | 96 | 124 | 104 | 5 |

单位:个

| 地　区 | 代　码 | 化学原料及化学制品制造业 | 医药制造业 | 化学纤维制造业 | 橡胶制品业 |
|---|---|---|---|---|---|
| **全　国** | **0000** | **4267** | **1476** | **296** | **733** |
| 北　京 | 1100 | 291 | 147 | 12 | 23 |
| 天　津 | 1200 | 459 | 99 | 24 | 87 |
| 石家庄 | 1301 | 191 | 52 | 7 | 10 |
| 太　原 | 1401 | 59 | 18 | 3 | 2 |
| 呼和浩特 | 1501 | 11 | 8 | 1 | 2 |
| 沈　阳 | 2101 | 61 | 44 | 1 | 24 |
| 长　春 | 2201 | 50 | 63 | 3 | 10 |
| 哈尔滨 | 2301 | 70 | 52 | 5 | 11 |
| 上　海 | 3100 | 756 | 170 | 60 | 153 |
| 南　京 | 3201 | 211 | 37 | 4 | 15 |
| 杭　州 | 3301 | 235 | 49 | 28 | 24 |
| 合　肥 | 3401 | 27 | 12 | 2 | 4 |
| 福　州 | 3501 | 42 | 20 | 11 | 11 |
| 南　昌 | 3601 | 36 | 19 | 2 | 6 |
| 济　南 | 3701 | 99 | 46 | 10 | 8 |
| 郑　州 | 4101 | 92 | 32 | 6 | 10 |
| 武　汉 | 4201 | 106 | 53 | 7 | 17 |
| 长　沙 | 4301 | 63 | 34 | 1 | 10 |
| 广　州 | 4401 | 332 | 60 | 16 | 52 |
| 南　宁 | 4501 | 40 | 32 | 3 | 2 |
| 海　口 | 4601 | 11 | 8 | 1 | 6 |
| 重　庆 | 5000 | 154 | 51 | 4 | 21 |
| 成　都 | 5101 | 92 | 80 | 4 | 12 |
| 贵　阳 | 5201 | 71 | 58 | 1 | 19 |
| 昆　明 | 5301 | 93 | 42 | 1 | 11 |
| 拉　萨 | 5401 | 1 | 8 | | |
| 西　安 | 6101 | 36 | 51 | 2 | 5 |
| 兰　州 | 6201 | 79 | 12 | 2 | 4 |
| 西　宁 | 6301 | 14 | 6 | | 1 |
| 银　川 | 6401 | 3 | | | |
| 乌鲁木齐 | 6501 | 35 | 3 | 1 | 2 |
| 大　连 | 2102 | 55 | 12 | 7 | 8 |
| 宁　波 | 3302 | 90 | 21 | 41 | 32 |
| 厦　门 | 3502 | 33 | 14 | 8 | 18 |
| 青　岛 | 3702 | 118 | 13 | 18 | 78 |
| 深　圳 | 4403 | 151 | 50 | 7 | 35 |

2-9续表6 单位:个

| 地区 | 代码 | 塑料制品业 | 非金属矿物制品业 | 黑色金属冶炼及压延加工业 | 有色金属冶炼及压延加工业 |
|---|---|---|---|---|---|
| **全国** | **0000** | **3161** | **4198** | **854** | **837** |
| 北京 | 1100 | 172 | 328 | 13 | 47 |
| 天津 | 1200 | 191 | 193 | 111 | 85 |
| 石家庄 | 1301 | 52 | 208 | 25 | 17 |
| 太原 | 1401 | 15 | 55 | 26 | 27 |
| 呼和浩特 | 1501 | 8 | 17 | 2 | 6 |
| 沈阳 | 2101 | 44 | 76 | 16 | 29 |
| 长春 | 2201 | 40 | 82 | 19 | 5 |
| 哈尔滨 | 2301 | 32 | 104 | 11 | 11 |
| 上海 | 3100 | 611 | 414 | 123 | 133 |
| 南京 | 3201 | 76 | 144 | 31 | 38 |
| 杭州 | 3301 | 164 | 168 | 38 | 26 |
| 合肥 | 3401 | 23 | 27 | 6 | 2 |
| 福州 | 3501 | 168 | 165 | 23 | 9 |
| 南昌 | 3601 | 14 | 24 | 4 | 6 |
| 济南 | 3701 | 43 | 89 | 14 | 8 |
| 郑州 | 4101 | 29 | 376 | 27 | 40 |
| 武汉 | 4201 | 49 | 160 | 37 | 23 |
| 长沙 | 4301 | 27 | 84 | 4 | 27 |
| 广州 | 4401 | 278 | 289 | 40 | 45 |
| 南宁 | 4501 | 16 | 35 | 2 | 5 |
| 海口 | 4601 | 6 | 7 |  | 3 |
| 重庆 | 5000 | 51 | 231 | 58 | 30 |
| 成都 | 5101 | 45 | 119 | 29 | 17 |
| 贵阳 | 5201 | 28 | 96 | 22 | 22 |
| 昆明 | 5301 | 32 | 56 | 27 | 22 |
| 拉萨 | 5401 |  | 7 | 2 | 1 |
| 西安 | 6101 | 11 | 68 | 7 | 11 |
| 兰州 | 6201 | 48 | 112 | 31 | 23 |
| 西宁 | 6301 | 7 | 46 | 12 | 2 |
| 银川 | 6401 | 7 | 15 | 2 | 1 |
| 乌鲁木齐 | 6501 | 27 | 49 | 2 | 3 |
| 大连 | 2102 | 47 | 73 | 17 | 8 |
| 宁波 | 3302 | 314 | 64 | 54 | 82 |
| 厦门 | 3502 | 70 | 44 | 3 | 7 |
| 青岛 | 3702 | 125 | 81 | 7 | 9 |
| 深圳 | 4403 | 291 | 92 | 9 | 7 |

2－9续表7

单位:个

| 地　　区 | 代　　码 | 金　属<br>制品业 | 普通机械<br>制造业 | 专用设备<br>制造业 | 交通运输<br>设备制造业 |
|---|---|---|---|---|---|
| **全　　国** | **0000** | **4600** | **4407** | **2706** | **4063** |
| 北　　京 | 1100 | 348 | 240 | 248 | 323 |
| 天　　津 | 1200 | 476 | 372 | 283 | 391 |
| 石 家 庄 | 1301 | 69 | 85 | 52 | 33 |
| 太　　原 | 1401 | 63 | 68 | 46 | 43 |
| 呼和浩特 | 1501 | 2 | 12 | 6 | 9 |
| 沈　　阳 | 2101 | 50 | 126 | 61 | 88 |
| 长　　春 | 2201 | 61 | 68 | 57 | 216 |
| 哈 尔 滨 | 2301 | 74 | 99 | 72 | 106 |
| 上　　海 | 3100 | 944 | 851 | 480 | 508 |
| 南　　京 | 3201 | 126 | 168 | 83 | 115 |
| 杭　　州 | 3301 | 270 | 300 | 133 | 162 |
| 合　　肥 | 3401 | 26 | 26 | 30 | 34 |
| 福　　州 | 3501 | 56 | 53 | 28 | 69 |
| 南　　昌 | 3601 | 17 | 32 | 31 | 36 |
| 济　　南 | 3701 | 76 | 108 | 53 | 61 |
| 郑　　州 | 4101 | 57 | 88 | 106 | 45 |
| 武　　汉 | 4201 | 117 | 152 | 101 | 169 |
| 长　　沙 | 4301 | 38 | 72 | 44 | 67 |
| 广　　州 | 4401 | 368 | 157 | 96 | 221 |
| 南　　宁 | 4501 | 17 | 16 | 21 | 29 |
| 海　　口 | 4601 | 6 | 1 | 8 | 18 |
| 重　　庆 | 5000 | 90 | 111 | 36 | 420 |
| 成　　都 | 5101 | 78 | 76 | 55 | 108 |
| 贵　　阳 | 5201 | 34 | 32 | 24 | 64 |
| 昆　　明 | 5301 | 36 | 34 | 53 | 34 |
| 拉　　萨 | 5401 | 2 |  |  | 4 |
| 西　　安 | 6101 | 37 | 51 | 65 | 50 |
| 兰　　州 | 6201 | 64 | 51 | 62 | 35 |
| 西　　宁 | 6301 | 30 | 20 | 11 | 14 |
| 银　　川 | 6401 | 4 | 12 | 1 | 12 |
| 乌鲁木齐 | 6501 | 20 | 17 | 9 | 25 |
| 大　　连 | 2102 | 64 | 148 | 41 | 69 |
| 宁　　波 | 3302 | 385 | 503 | 141 | 253 |
| 厦　　门 | 3502 | 72 | 33 | 12 | 30 |
| 青　　岛 | 3702 | 117 | 158 | 62 | 84 |
| 深　　圳 | 4403 | 306 | 67 | 95 | 130 |

| 地　区 | 代　码 | 电气机械及器材制造业 | 电子及通信设备制造业 | 仪器仪表及文化、办公用机械制造业 | 其　他制造业 |
|---|---|---|---|---|---|
| **全　国** | **0000** | **4193** | **3257** | **1427** | **1447** |
| 北　京 | 1100 | 238 | 327 | 173 | 90 |
| 天　津 | 1200 | 340 | 276 | 155 | 117 |
| 石家庄 | 1301 | 34 | 17 | 6 | 23 |
| 太　原 | 1401 | 19 | 24 | 12 | 7 |
| 呼和浩特 | 1501 | 9 | 5 | 1 | 1 |
| 沈　阳 | 2101 | 106 | 37 | 27 | 12 |
| 长　春 | 2201 | 35 | 37 | 26 | 11 |
| 哈尔滨 | 2301 | 85 | 30 | 30 | 13 |
| 上　海 | 3100 | 792 | 424 | 200 | 174 |
| 南　京 | 3201 | 122 | 122 | 35 | 30 |
| 杭　州 | 3301 | 264 | 115 | 58 | 72 |
| 合　肥 | 3401 | 46 | 25 | 7 | 4 |
| 福　州 | 3501 | 77 | 76 | 23 | 76 |
| 南　昌 | 3601 | 31 | 13 | 5 | 9 |
| 济　南 | 3701 | 55 | 35 | 18 | 18 |
| 郑　州 | 4101 | 65 | 23 | 12 | 5 |
| 武　汉 | 4201 | 116 | 51 | 53 | 14 |
| 长　沙 | 4301 | 51 | 28 | 21 | 119 |
| 广　州 | 4401 | 293 | 247 | 63 | 139 |
| 南　宁 | 4501 | 14 | 3 | 5 | 5 |
| 海　口 | 4601 | 3 | 9 |  | 3 |
| 重　庆 | 5000 | 87 | 28 | 40 | 30 |
| 成　都 | 5101 | 89 | 75 | 19 | 9 |
| 贵　阳 | 5201 | 31 | 12 | 18 | 2 |
| 昆　明 | 5301 | 30 | 8 | 22 | 3 |
| 拉　萨 | 5401 |  |  |  | 1 |
| 西　安 | 6101 | 64 | 41 | 26 | 11 |
| 兰　州 | 6201 | 25 | 12 | 12 | 7 |
| 西　宁 | 6301 | 5 |  |  | 14 |
| 银　川 | 6401 | 1 |  |  |  |
| 乌鲁木齐 | 6501 | 19 |  |  | 6 |
| 大　连 | 2102 | 63 | 35 | 20 | 14 |
| 宁　波 | 3302 | 460 | 160 | 96 | 89 |
| 厦　门 | 3502 | 49 | 85 | 19 | 75 |
| 青　岛 | 3702 | 83 | 67 | 21 | 116 |
| 深　圳 | 4403 | 392 | 810 | 204 | 128 |

2－9 续表 9

单位：个

| 地　区 | 代　码 | 电力、蒸汽、热水的生产和供应业 | 煤气生产和供应业 | 自来水的生产和供应业 | 土木工程建筑业 |
|---|---|---|---|---|---|
| **全　国** | **0000** | **853** | **121** | **388** | **11727** |
| 北　京 | 1100 | 30 | 7 | 10 | 944 |
| 天　津 | 1200 | 84 | 16 | 17 | 500 |
| 石家庄 | 1301 | 20 | 2 | 9 | 150 |
| 太　原 | 1401 | 17 | 3 | 6 | 210 |
| 呼和浩特 | 1501 | 7 | 1 | 6 | 108 |
| 沈　阳 | 2101 | 27 | 3 | 8 | 228 |
| 长　春 | 2201 | 30 | 5 | 7 | 262 |
| 哈尔滨 | 2301 | 42 | 3 | 21 | 495 |
| 上　海 | 3100 | 20 | 8 | 28 | 933 |
| 南　京 | 3201 | 12 | 4 | 9 | 253 |
| 杭　州 | 3301 | 37 | 2 | 14 | 326 |
| 合　肥 | 3401 | 6 | 1 | 4 | 177 |
| 福　州 | 3501 | 30 | 4 | 11 | 245 |
| 南　昌 | 3601 | 8 | 1 | 5 | 145 |
| 济　南 | 3701 | 25 | 2 | 7 | 297 |
| 郑　州 | 4101 | 23 | 1 | 11 | 192 |
| 武　汉 | 4201 | 44 | 4 | 27 | 695 |
| 长　沙 | 4301 | 25 | 2 | 9 | 258 |
| 广　州 | 4401 | 46 | 7 | 22 | 593 |
| 南　宁 | 4501 | 16 | 1 | 10 | 193 |
| 海　口 | 4601 | 2 | 3 | 1 | 192 |
| 重　庆 | 5000 | 60 | 12 | 37 | 1331 |
| 成　都 | 5101 | 34 | 10 | 15 | 628 |
| 贵　阳 | 5201 | 22 | 3 | 9 | 185 |
| 昆　明 | 5301 | 25 | 2 | 14 | 278 |
| 拉　萨 | 5401 | 16 |  | 2 | 56 |
| 西　安 | 6101 | 7 | 1 | 7 | 148 |
| 兰　州 | 6201 | 25 | 2 | 4 | 90 |
| 西　宁 | 6301 | 4 | 1 | 2 | 30 |
| 银　川 | 6401 |  |  | 1 | 5 |
| 乌鲁木齐 | 6501 | 13 | 1 | 2 | 82 |
| 大　连 | 2102 | 16 | 3 | 7 | 370 |
| 宁　波 | 3302 | 28 | 3 | 12 | 237 |
| 厦　门 | 3502 | 7 | 1 | 2 | 209 |
| 青　岛 | 3702 | 19 | 2 | 11 | 435 |
| 深　圳 | 4403 | 26 |  | 21 | 247 |

2-9 续表 10　　单位:个

| 地区 | 代码 | 线路、管道和设备安装 | 装修装饰业 | 食品、饮料、烟草和家庭日用品批发业 | 能源材料和机械电子设备批发业 |
|---|---|---|---|---|---|
| **全国** | **0000** | **3680** | **4970** | **3678** | **3931** |
| 北京 | 1100 | 463 | 715 | 396 | 510 |
| 天津 | 1200 | 227 | 179 | 153 | 166 |
| 石家庄 | 1301 | 16 | 18 | 62 | 48 |
| 太原 | 1401 | 102 | 106 | 31 | 54 |
| 呼和浩特 | 1501 | 22 | 5 | 23 | 20 |
| 沈阳 | 2101 | 190 | 177 | 100 | 151 |
| 长春 | 2201 | 114 | 72 | 64 | 59 |
| 哈尔滨 | 2301 | 180 | 159 | 58 | 68 |
| 上海 | 3100 | 299 | 439 | 236 | 239 |
| 南京 | 3201 | 102 | 161 | 75 | 53 |
| 杭州 | 3301 | 99 | 177 | 190 | 220 |
| 合肥 | 3401 | 49 | 147 | 56 | 50 |
| 福州 | 3501 | 66 | 133 | 93 | 87 |
| 南昌 | 3601 | 42 | 61 | 41 | 47 |
| 济南 | 3701 | 103 | 175 | 38 | 36 |
| 郑州 | 4101 | 66 | 52 | 78 | 75 |
| 武汉 | 4201 | 134 | 265 | 89 | 74 |
| 长沙 | 4301 | 35 | 47 | 83 | 71 |
| 广州 | 4401 | 395 | 383 | 374 | 332 |
| 南宁 | 4501 | 68 | 110 | 36 | 35 |
| 海口 | 4601 | 63 | 83 | | |
| 重庆 | 5000 | 150 | 203 | 141 | 94 |
| 成都 | 5101 | 121 | 232 | 59 | 52 |
| 贵阳 | 5201 | 33 | 47 | 27 | 34 |
| 昆明 | 5301 | 41 | 90 | 122 | 104 |
| 拉萨 | 5401 | 7 | | 4 | |
| 西安 | 6101 | 41 | 33 | 50 | 43 |
| 兰州 | 6201 | 32 | 29 | 27 | 24 |
| 西宁 | 6301 | 4 | 4 | 54 | 186 |
| 银川 | 6401 | | | 15 | |
| 乌鲁木齐 | 6501 | 33 | 25 | 192 | 263 |
| 大连 | 2102 | 141 | 86 | 67 | 100 |
| 宁波 | 3302 | 93 | 169 | 127 | 95 |
| 厦门 | 3502 | 45 | 97 | 193 | 234 |
| 青岛 | 3702 | 53 | 101 | 68 | 80 |
| 深圳 | 4403 | 51 | 190 | 256 | 227 |

2－9 续表 11　　　　　　　　　　　　　　　　　　　　　　　　单位：个

| 地　　区 | 代　　码 | 其　他<br>批发业 | 零售业 | 餐饮业 |
|---|---|---|---|---|
| **全　　国** | **0000** | **731** | **4921** | **3042** |
| 北　　京 | 1100 | 91 | 1197 | 409 |
| 天　　津 | 1200 | 31 | 181 | 143 |
| 石 家 庄 | 1301 | 20 | 64 | 21 |
| 太　　原 | 1401 | 3 | 68 | 72 |
| 呼和浩特 | 1501 | 7 | 43 | 43 |
| 沈　　阳 | 2101 | 21 | 171 | 112 |
| 长　　春 | 2201 | 14 | 130 | 77 |
| 哈 尔 滨 | 2301 | 16 | 79 | 64 |
| 上　　海 | 3100 | 40 | 299 | 201 |
| 南　　京 | 3201 | 15 | 85 | 55 |
| 杭　　州 | 3301 | 19 | 116 | 63 |
| 合　　肥 | 3401 | 12 | 34 | 15 |
| 福　　州 | 3501 | 30 | 201 | 109 |
| 南　　昌 | 3601 | 11 | 36 | 35 |
| 济　　南 | 3701 | 11 | 28 | 12 |
| 郑　　州 | 4101 | 21 | 220 | 72 |
| 武　　汉 | 4201 | 22 | 107 | 133 |
| 长　　沙 | 4301 | 9 | 57 | 65 |
| 广　　州 | 4401 | 76 | 318 | 413 |
| 南　　宁 | 4501 | 10 | 43 | 24 |
| 海　　口 | 4601 | | | |
| 重　　庆 | 5000 | 22 | 181 | 78 |
| 成　　都 | 5101 | 10 | 77 | 95 |
| 贵　　阳 | 5201 | 5 | 35 | 42 |
| 昆　　明 | 5301 | 19 | 85 | 55 |
| 拉　　萨 | 5401 | | 5 | |
| 西　　安 | 6101 | 12 | 60 | 39 |
| 兰　　州 | 6201 | 2 | 65 | 33 |
| 西　　宁 | 6301 | 14 | 113 | 21 |
| 银　　川 | 6401 | 11 | 30 | 5 |
| 乌鲁木齐 | 6501 | 41 | 195 | 66 |
| 大　　连 | 2102 | 14 | 111 | 79 |
| 宁　　波 | 3302 | 11 | 78 | 57 |
| 厦　　门 | 3502 | 42 | 98 | 56 |
| 青　　岛 | 3702 | 19 | 95 | 68 |
| 深　　圳 | 4403 | 30 | 216 | 210 |

# 2-10 限额以上企业按行业大类分组的实收资本构成比例

(2002年)

单位:%

| 行业大类 | 代码 | 国家资本 | 集体资本 | 法人资本 | 个人资本 | 港澳台资本 | 外商资本 |
|---|---|---|---|---|---|---|---|
| **全国总计** | **0000** | **39.76** | **7.50** | **23.39** | **11.08** | **8.08** | **10.20** |
| **采掘业** | **B** | **78.10** | **3.42** | **12.73** | **2.89** | **2.67** | **0.19** |
| 煤炭采选业 | 0600 | 76.18 | 4.41 | 15.32 | 3.78 | 0.10 | 0.22 |
| 石油和天然气开采业 | 0700 | 83.47 | 0.36 | 10.18 | 0.42 | 5.55 | 0.02 |
| 黑色金属矿采选业 | 0800 | 69.32 | 7.00 | 15.61 | 7.78 | 0.28 | |
| 有色金属矿采选业 | 0900 | 61.17 | 15.32 | 14.45 | 8.68 | 0.19 | 0.18 |
| 非金属矿采选业 | 1000 | 65.04 | 8.88 | 14.46 | 7.92 | 2.10 | 1.59 |
| 其他矿采选业 | 1100 | 20.70 | 21.62 | 22.51 | 35.17 | | |
| 木材及竹材采运业 | 1200 | 90.41 | 0.06 | 8.06 | 1.34 | 0.12 | 0.01 |
| **制造业** | **C** | **30.59** | **7.26** | **23.55** | **11.91** | **11.60** | **15.10** |
| 食品加工业 | 1300 | 28.00 | 10.09 | 19.37 | 18.31 | 9.71 | 14.52 |
| 食品制造业 | 1400 | 16.03 | 7.23 | 20.17 | 11.66 | 16.17 | 28.74 |
| 饮料制造业 | 1500 | 30.90 | 4.63 | 19.00 | 11.98 | 14.62 | 18.88 |
| 烟草加工业 | 1600 | 93.82 | 0.90 | 4.27 | 0.22 | 0.33 | 0.46 |
| 纺织业 | 1700 | 23.81 | 11.97 | 18.71 | 17.33 | 17.96 | 10.23 |
| 服装及其他纤维制品制造业 | 1800 | 6.50 | 12.77 | 15.62 | 18.80 | 28.06 | 18.25 |
| 皮革、毛皮、羽绒及其制品业 | 1900 | 6.41 | 9.97 | 11.40 | 21.68 | 33.12 | 17.42 |
| 木材加工及竹、藤、棕、草制品业 | 2000 | 24.67 | 7.78 | 19.50 | 17.88 | 16.57 | 13.60 |
| 家具制造业 | 2100 | 8.93 | 9.00 | 22.67 | 18.51 | 24.86 | 16.04 |
| 造纸及纸制品业 | 2200 | 27.42 | 8.89 | 15.53 | 12.70 | 12.79 | 22.68 |
| 印刷业、记录媒介的复制 | 2300 | 31.65 | 8.26 | 21.51 | 11.21 | 19.89 | 7.48 |
| 文教体育用品制造业 | 2400 | 5.54 | 7.87 | 10.49 | 12.43 | 47.62 | 16.05 |
| 石油加工及炼焦业 | 2500 | 50.65 | 2.91 | 33.35 | 5.34 | 4.62 | 3.13 |
| 化学原料及化学制品制造业 | 2600 | 34.85 | 5.06 | 31.39 | 9.80 | 5.02 | 13.87 |
| 医药制造业 | 2700 | 27.72 | 6.29 | 30.81 | 15.95 | 5.50 | 13.72 |
| 化学纤维制造业 | 2800 | 32.08 | 7.13 | 21.88 | 11.15 | 17.08 | 10.68 |

2－10 续表 1 单位：%

| 行业大类 | 代码 | 国家资本 | 集体资本 | 法人资本 | 个人资本 | 港澳台资本 | 外商资本 |
|---|---|---|---|---|---|---|---|
| 橡胶制品业 | 2900 | 25.13 | 7.14 | 16.07 | 13.79 | 10.82 | 27.05 |
| 塑料制品业 | 3000 | 10.47 | 9.54 | 17.74 | 14.82 | 29.23 | 18.21 |
| 非金属矿物制品业 | 3100 | 25.62 | 13.54 | 23.11 | 15.65 | 10.23 | 11.85 |
| 黑色金属冶炼及压延加工业 | 3200 | 63.42 | 4.62 | 20.54 | 7.02 | 2.82 | 1.57 |
| 有色金属冶炼及压延加工业 | 3300 | 48.03 | 6.44 | 25.02 | 10.89 | 5.10 | 4.52 |
| 金属制品业 | 3400 | 14.61 | 11.54 | 16.56 | 16.64 | 23.31 | 17.34 |
| 普通机械制造业 | 3500 | 29.58 | 8.59 | 21.45 | 14.81 | 5.31 | 20.26 |
| 专用设备制造业 | 3600 | 37.16 | 7.82 | 25.33 | 14.62 | 4.98 | 10.08 |
| 交通运输设备制造业 | 3700 | 34.48 | 5.47 | 33.66 | 6.35 | 5.40 | 14.65 |
| 武器弹药制造业 | 3900 | 51.14 | 0.39 | 48.11 | 0.35 |  | 0.01 |
| 电气机械及器材制造业 | 4000 | 16.15 | 10.2 | 21.85 | 16.06 | 13.39 | 22.34 |
| 电子及通信设备制造业 | 4100 | 15.09 | 1.80 | 24.23 | 7.07 | 18.44 | 33.36 |
| 仪器仪表及文化、办公用机械制造业 | 4200 | 25.56 | 3.27 | 22.13 | 10.68 | 14.79 | 23.56 |
| 其他制造业 | 4300 | 4.99 | 12.28 | 13.84 | 18.18 | 34.72 | 15.99 |
| **电力、煤气及水的生产和供应业** | **D** | **58.37** | **2.06** | **28.65** | **1.84** | **3.92** | **5.15** |
| 电力、蒸汽、热水的生产和供应业 | 4400 | 54.37 | 2.08 | 32.83 | 1.98 | 4.40 | 4.35 |
| 煤气生产和供应业 | 4500 | 81.50 | 0.50 | 10.75 | 1.86 | 1.77 | 3.62 |
| 自来水的生产和供应业 | 4600 | 78.86 | 2.68 | 4.43 | 0.79 | 1.17 | 12.07 |
| **建筑业** | **E** | **39.18** | **17.14** | **22.02** | **20.78** | **0.58** | **0.29** |
| 土木工程建筑业 | 4700 | 41.62 | 17.71 | 20.55 | 19.71 | 0.26 | 0.15 |
| 线路、管道和设备安装业 | 4800 | 31.66 | 16.40 | 31.24 | 19.43 | 0.74 | 0.53 |
| 装修装饰业 | 4900 | 11.43 | 8.82 | 30.12 | 41.56 | 5.88 | 2.20 |
| 批发和零售贸易、餐饮业 | H | 46.22 | 8.12 | 25.8 | 13.36 | 2.97 | 3.53 |
| 食品、饮料、烟草和家庭用品批发业 | 6100 | 58.87 | 8.04 | 22.47 | 8.68 | 0.81 | 1.13 |
| 能源、材料和机械电子设备批发业 | 6200 | 53.13 | 4.19 | 30.03 | 10.01 | 0.70 | 1.94 |
| 其他批发业 | 6300 | 55.89 | 19.66 | 13.64 | 7.64 | 0.43 | 2.74 |
| 零售业 | 6400 | 32.51 | 8.87 | 28.44 | 20.43 | 3.60 | 6.14 |
| 餐饮业 | 6700 | 25.13 | 11.17 | 21.89 | 19.56 | 14.54 | 7.71 |

## 2-11 限额以上企业按地区分组的实收资本构成比例

(2002年)

单位:%

| 地区 | 代码 | 国家资本 | 集体资本 | 法人资本 |
|---|---|---|---|---|
| **全国** | **00** | **39.76** | **7.50** | **23.39** |
| 北京 | 11 | 37.02 | 4.37 | 35.66 |
| 天津 | 12 | 42.18 | 5.27 | 20.78 |
| 河北 | 13 | 52.29 | 7.71 | 16.99 |
| 山西 | 14 | 55.78 | 6.39 | 25.35 |
| 内蒙古 | 15 | 54.45 | 3.25 | 29.13 |
| 辽宁 | 21 | 47.53 | 6.24 | 21.82 |
| 吉林 | 22 | 53.56 | 4.44 | 26.66 |
| 黑龙江 | 23 | 64.37 | 4.41 | 21.12 |
| 上海 | 31 | 17.87 | 5.46 | 34.13 |
| 江苏 | 32 | 23.52 | 10.69 | 21.42 |
| 浙江 | 33 | 15.76 | 10.07 | 22.99 |
| 安徽 | 34 | 45.81 | 12.25 | 21.40 |
| 福建 | 35 | 22.62 | 3.87 | 17.49 |
| 江西 | 36 | 59.02 | 5.98 | 19.50 |
| 山东 | 37 | 39.78 | 12.78 | 23.01 |
| 河南 | 41 | 46.16 | 13.67 | 22.68 |
| 湖北 | 42 | 55.23 | 7.31 | 25.09 |
| 湖南 | 43 | 51.79 | 8.95 | 19.67 |
| 广东 | 44 | 19.28 | 6.91 | 20.55 |
| 广西 | 45 | 53.34 | 7.62 | 21.31 |
| 海南 | 46 | 83.69 | 3.22 | 8.80 |
| 重庆 | 50 | 35.35 | 6.40 | 31.02 |
| 四川 | 51 | 50.93 | 6.13 | 21.24 |
| 贵州 | 52 | 71.06 | 3.43 | 16.65 |
| 云南 | 53 | 50.62 | 9.15 | 26.17 |
| 西藏 | 54 | 45.11 | 7.93 | 43.94 |
| 陕西 | 61 | 63.90 | 4.59 | 19.44 |
| 甘肃 | 62 | 59.40 | 7.93 | 24.99 |
| 青海 | 63 | 58.39 | 6.72 | 27.70 |
| 宁夏 | 64 | 59.93 | 6.39 | 15.03 |
| 新疆 | 65 | 77.72 | 4.45 | 11.34 |

单位：%

| 地区 | 代码 | 个人资本 | 港澳台资本 | 外商资本 |
| --- | --- | --- | --- | --- |
| **全国** | **00** | **11.08** | **8.08** | **10.20** |
| 北京 | 11 | 6.48 | 3.06 | 13.40 |
| 天津 | 12 | 3.96 | 6.02 | 21.78 |
| 河北 | 13 | 13.20 | 3.68 | 6.13 |
| 山西 | 14 | 9.86 | 0.88 | 1.73 |
| 内蒙古 | 15 | 10.22 | 1.18 | 1.76 |
| 辽宁 | 21 | 10.47 | 3.76 | 10.18 |
| 吉林 | 22 | 9.28 | 1.72 | 4.35 |
| 黑龙江 | 23 | 7.15 | 0.97 | 1.98 |
| 上海 | 31 | 5.56 | 8.86 | 28.11 |
| 江苏 | 32 | 13.27 | 9.99 | 21.11 |
| 浙江 | 33 | 36.16 | 6.57 | 8.44 |
| 安徽 | 34 | 10.09 | 2.92 | 7.54 |
| 福建 | 35 | 12.38 | 26.86 | 16.78 |
| 江西 | 36 | 9.60 | 2.27 | 3.63 |
| 山东 | 37 | 12.78 | 3.31 | 8.35 |
| 河南 | 41 | 13.03 | 2.55 | 1.91 |
| 湖北 | 42 | 7.17 | 1.61 | 3.59 |
| 湖南 | 43 | 13.62 | 1.78 | 4.20 |
| 广东 | 44 | 8.05 | 31.90 | 13.32 |
| 广西 | 45 | 6.51 | 2.52 | 8.69 |
| 海南 | 46 | 3.51 | 0.49 | 0.30 |
| 重庆 | 50 | 17.47 | 3.16 | 6.60 |
| 四川 | 51 | 17.05 | 1.56 | 3.09 |
| 贵州 | 52 | 6.51 | 1.41 | 0.93 |
| 云南 | 53 | 10.83 | 1.16 | 2.07 |
| 西藏 | 54 | 3.02 | | |
| 陕西 | 61 | 7.34 | 2.79 | 1.95 |
| 甘肃 | 62 | 5.93 | 0.81 | 0.94 |
| 青海 | 63 | 7.00 | 0.17 | 0.03 |
| 宁夏 | 64 | 17.95 | 0.29 | 0.42 |
| 新疆 | 65 | 5.03 | 1.18 | 0.28 |

## 2－12 限额以上企业按地区、

(2002年)

| 地区 | 代码 | 企业单位数 | 内资企业 | 国有企业 | 集体企业 |
|---|---|---|---|---|---|
| **全国** | **00** | **283748** | **245887** | **59233** | **47175** |
| 北京 | 11 | 9275 | 7992 | 2428 | 1421 |
| 天津 | 12 | 6894 | 5558 | 2390 | 1222 |
| 河北 | 13 | 10368 | 9538 | 2352 | 1976 |
| 山西 | 14 | 7068 | 6915 | 2966 | 1280 |
| 内蒙古 | 15 | 3104 | 2979 | 795 | 336 |
| 辽宁 | 21 | 9930 | 8514 | 2270 | 1784 |
| 吉林 | 22 | 5734 | 5449 | 2646 | 802 |
| 黑龙江 | 23 | 7361 | 7122 | 3463 | 1121 |
| 上海 | 31 | 12739 | 8650 | 1164 | 1675 |
| 江苏 | 32 | 27437 | 23142 | 2198 | 3714 |
| 浙江 | 33 | 27271 | 24051 | 1109 | 1695 |
| 安徽 | 34 | 6323 | 5973 | 1067 | 1260 |
| 福建 | 35 | 10929 | 7531 | 1488 | 1200 |
| 江西 | 36 | 4945 | 4731 | 2055 | 799 |
| 山东 | 37 | 20035 | 17448 | 2623 | 3983 |
| 河南 | 41 | 13982 | 13531 | 3153 | 4419 |
| 湖北 | 42 | 12241 | 11719 | 4572 | 2619 |
| 湖南 | 43 | 8331 | 8019 | 2584 | 1908 |
| 广东 | 44 | 34587 | 23215 | 3888 | 5157 |
| 广西 | 45 | 6251 | 5954 | 2966 | 1242 |
| 海南 | 46 | 972 | 955 | 696 | 86 |
| 重庆 | 50 | 4209 | 4027 | 629 | 680 |
| 四川 | 51 | 9115 | 8761 | 1557 | 1394 |
| 贵州 | 52 | 3498 | 3413 | 1820 | 544 |
| 云南 | 53 | 5565 | 5397 | 1848 | 1143 |
| 西藏 | 54 | 361 | 361 | 217 | 84 |
| 陕西 | 61 | 3740 | 3594 | 1427 | 704 |
| 甘肃 | 62 | 3085 | 3020 | 806 | 919 |
| 青海 | 63 | 1591 | 1585 | 434 | 357 |
| 宁夏 | 64 | 1357 | 1346 | 272 | 396 |
| 新疆 | 65 | 5450 | 5397 | 1350 | 1255 |

## 登记注册类型分组的单位数

单位:个

| 股份合作企业 | 国有联营企业 | 集体联营企业 | 国有与集体联营 | 国有独资公司 | 其他企业 | 港、澳、台商投资企业 | 外商投资企业 | 代码 |
|---|---|---|---|---|---|---|---|---|
| **13243** | **656** | **745** | **868** | **2220** | **121747** | **22217** | **15644** | **00** |
| 466 | 35 | 17 | 39 | 55 | 3531 | 513 | 770 | 11 |
| 130 | 41 | 14 | 35 | 93 | 1633 | 413 | 923 | 12 |
| 339 | 14 | 18 | 9 | 102 | 4728 | 357 | 473 | 13 |
| 191 | 9 | 26 | 9 | 76 | 2358 | 83 | 70 | 14 |
| 77 | 3 | 6 | 2 | 58 | 1702 | 60 | 65 | 15 |
| 400 | 8 | 10 | 15 | 105 | 3922 | 455 | 961 | 21 |
| 113 | 2 | 5 | 5 | 92 | 1784 | 112 | 173 | 22 |
| 188 | 4 | 6 | 8 | 45 | 2287 | 100 | 139 | 23 |
| 747 | 47 | 84 | 342 | 111 | 4480 | 1716 | 2373 | 31 |
| 2903 | 28 | 92 | 104 | 157 | 13946 | 2118 | 2177 | 32 |
| 2682 | 20 | 38 | 30 | 138 | 18339 | 1701 | 1519 | 33 |
| 328 | 9 | 12 | 10 | 103 | 3184 | 76 | 274 | 34 |
| 524 | 73 | 38 | 34 | 41 | 4133 | 2499 | 899 | 35 |
| 192 | 9 | 9 | 6 | 33 | 1628 | 144 | 70 | 36 |
| 698 | 35 | 38 | 16 | 96 | 9959 | 839 | 1748 | 37 |
| 458 | 22 | 34 | 13 | 118 | 5314 | 250 | 201 | 41 |
| 299 | 25 | 36 | 28 | 76 | 4064 | 333 | 189 | 42 |
| 362 | 16 | 26 | 13 | 81 | 3029 | 190 | 122 | 43 |
| 592 | 166 | 125 | 65 | 205 | 13017 | 9501 | 1871 | 44 |
| 145 | 9 | 9 | 9 | 63 | 1511 | 193 | 104 | 45 |
| 2 | 1 | 1 | 1 | 2 | 166 | 13 | 4 | 46 |
| 202 | 4 | 8 | 9 | 45 | 2450 | 84 | 98 | 51 |
| 354 | 18 | 20 | 25 | 58 | 5335 | 169 | 185 | 52 |
| 72 | 7 | 9 | 9 | 54 | 898 | 44 | 41 | 53 |
| 214 | 21 | 21 | 9 | 50 | 2091 | 106 | 62 | 54 |
| 7 |  | 2 |  | 1 | 50 |  |  | 55 |
| 111 | 13 | 14 | 8 | 43 | 1274 | 68 | 78 | 61 |
| 150 | 4 | 14 | 4 | 25 | 1098 | 42 | 23 | 62 |
| 111 | 3 | 4 | 3 | 9 | 664 | 5 | 1 | 63 |
| 55 |  |  | 1 | 11 | 611 | 5 | 6 | 64 |
| 131 | 10 | 9 | 7 | 74 | 2561 | 28 | 25 | 65 |

# 2－13 限额以上企业按行业中类、

(2002 年)

| 行业中类 | 代 码 | 企 业 单位数 | 内资企业 | 国有企业 | 集体企业 |
|---|---|---|---|---|---|
| **全国总计** | **8888** | **283748** | **245887** | **59233** | **47175** |
| **采掘业** | **B** | **7888** | **7770** | **2680** | **2384** |
| 煤炭采选业 | 0600 | 3223 | 3208 | 1159 | 1083 |
| 煤炭开采业 | 0610 | 2897 | 2890 | 1117 | 993 |
| 煤炭洗选业 | 0620 | 326 | 318 | 42 | 90 |
| 石油和天然气开采业 | 0700 | 99 | 95 | 38 | 1 |
| 天然原油开采业 | 0710 | 90 | 86 | 35 | |
| 天然气开采业 | 0720 | 8 | 8 | 3 | |
| 油页岩开采业 | 0730 | 1 | 1 | | 1 |
| 黑色金属矿采选业 | 0800 | 743 | 734 | 117 | 230 |
| 铁矿采选业 | 0810 | 654 | 646 | 84 | 207 |
| 其他黑色金属矿采选业 | 0820 | 89 | 88 | 33 | 23 |
| 有色金属矿采选业 | 0900 | 1431 | 1416 | 454 | 438 |
| 重有色金属矿采选业 | 0910 | 601 | 591 | 152 | 146 |
| 轻有色金属矿采选业 | 0930 | 56 | 53 | 22 | 7 |
| 非金属矿采选业 | 1000 | 1947 | 1872 | 502 | 623 |
| 土砂石开采业 | 1010 | 1101 | 1062 | 220 | 423 |
| 化学矿采选业 | 1020 | 204 | 200 | 90 | 36 |
| 采盐业 | 1030 | 184 | 182 | 96 | 28 |
| 其他非金属矿采选业 | 1090 | 458 | 428 | 96 | 136 |
| 木材及竹材采运业 | 1200 | 422 | 422 | 403 | 4 |
| 木材采运业 | 1210 | 413 | 413 | 394 | 4 |
| 竹材采运业 | 1220 | 9 | 9 | 9 | |
| **制造业** | **C** | **177528** | **142392** | **29467** | **24616** |
| 食品加工业 | 1300 | 11644 | 10251 | 3661 | 1231 |
| 粮食及饲料加工业 | 1310 | 5433 | 5089 | 1968 | 546 |
| 植物油加工业 | 1320 | 1354 | 1270 | 435 | 196 |
| 制糖业 | 1330 | 379 | 364 | 139 | 19 |

## 登记注册类型分组的单位数

单位:个

| 股份合作企业 | 国有联营企业 | 集体联营企业 | 国有与集体联营 | 国有独资公司 | 其他企业 | 港、澳、台商投资企业 | 外商投资企业 | 代码 |
|---|---|---|---|---|---|---|---|---|
| **13243** | **656** | **745** | **868** | **2220** | **121747** | **22217** | **15644** | **8888** |
| **263** | **23** | **60** | **19** | **103** | **2238** | **71** | **47** | **B** |
| 110 | 5 | 31 | 5 | 52 | 763 | 12 | 3 | 0600 |
| 87 | 5 | 29 | 3 | 48 | 608 | 6 | 1 | 0610 |
| 23 | | 2 | 2 | 4 | 155 | 6 | 2 | 0620 |
| 11 | 1 | | | 6 | 38 | 3 | 1 | 0700 |
| 11 | 1 | | | 6 | 33 | 3 | 1 | 0710 |
| | | | | | 5 | | | 0720 |
| | | | | | | | | 0730 |
| 26 | | 6 | 1 | 11 | 343 | 8 | 1 | 0800 |
| 19 | | 6 | 1 | 11 | 318 | 8 | | 0810 |
| 7 | | | | | 25 | | 1 | 0820 |
| 47 | 12 | 8 | 7 | 11 | 439 | 8 | 7 | 0900 |
| 29 | 2 | 6 | 1 | 4 | 251 | 7 | 3 | 0910 |
| 1 | | | 1 | | 22 | 1 | 2 | 0930 |
| 66 | 5 | 15 | 6 | 21 | 634 | 40 | 35 | 1000 |
| 39 | 1 | 12 | 3 | 5 | 359 | 21 | 18 | 1010 |
| 6 | | | 1 | 4 | 63 | 3 | 1 | 1020 |
| 5 | 3 | 1 | | 8 | 41 | | 2 | 1030 |
| 16 | 1 | 2 | 2 | 4 | 171 | 16 | 14 | 1090 |
| 1 | | | | 2 | 12 | | | 1200 |
| 1 | | | | 2 | 12 | | | 1210 |
| | | | | | | | | 1220 |
| **9752** | **322** | **492** | **682** | **1134** | **75927** | **20498** | **14638** | **C** |
| 444 | 25 | 25 | 16 | 58 | 4791 | 594 | 799 | 1300 |
| 199 | 9 | 10 | 7 | 24 | 2326 | 171 | 173 | 1310 |
| 55 | 4 | 3 | 2 | 5 | 570 | 40 | 44 | 1320 |
| 20 | 3 | | | 11 | 172 | 8 | 7 | 1330 |

| 行业中类 | 代码 | 企业单位数 | 内资企业 | 国有企业 | 集体企业 |
|---|---|---|---|---|---|
| 屠宰及肉类蛋类加工业 | 1340 | 2170 | 1999 | 857 | 226 |
| 水产品加工业 | 1350 | 1127 | 785 | 130 | 143 |
| 盐加工业 | 1360 | 51 | 50 | 34 | 2 |
| 其他食品加工业 | 1390 | 1130 | 694 | 98 | 99 |
| 食品制造业 | 1400 | 5046 | 4020 | 1358 | 467 |
| 糕点、糖果制造业 | 1410 | 1593 | 1172 | 475 | 125 |
| 乳制品制造业 | 1420 | 560 | 508 | 118 | 33 |
| 罐头食品制造业 | 1430 | 544 | 398 | 111 | 41 |
| 发酵制品业 | 1440 | 278 | 233 | 48 | 34 |
| 调味品制造业 | 1450 | 748 | 649 | 304 | 58 |
| 其他食品制造业 | 1490 | 1323 | 1060 | 302 | 176 |
| 饮料制造业 | 1500 | 3613 | 3143 | 1076 | 289 |
| 酒精及饮料酒制造业 | 1510 | 2144 | 1970 | 698 | 138 |
| 软饮料制造业 | 1520 | 956 | 721 | 227 | 74 |
| 制茶业 | 1550 | 416 | 386 | 131 | 66 |
| 其他饮料制造业 | 1590 | 97 | 66 | 20 | 11 |
| 烟草加工业 | 1600 | 299 | 293 | 219 | 24 |
| 烟叶复烤业 | 1610 | 82 | 80 | 62 | 1 |
| 卷烟制造业 | 1620 | 187 | 183 | 144 | 17 |
| 其他烟草加工业 | 1690 | 30 | 30 | 13 | 6 |
| 纺织业 | 1700 | 13668 | 11002 | 1375 | 1968 |
| 纤维原料初步加工业 | 1710 | 1100 | 1053 | 138 | 496 |
| 棉纺织业 | 1720 | 5798 | 4858 | 654 | 780 |
| 毛纺织业 | 1740 | 1232 | 950 | 128 | 136 |
| 麻纺织业 | 1760 | 269 | 235 | 73 | 37 |
| 丝绢纺织业 | 1770 | 1854 | 1680 | 137 | 208 |
| 针织品业 | 1780 | 2690 | 1730 | 206 | 247 |
| 其他纺织业 | 1790 | 725 | 496 | 39 | 64 |

单位:个

| 股份合作企业 | 国有联营企业 | 集体联营企业 | 国有与集体联营 | 国有独资公司 | 其他企业 | 港、澳、台商投资企业 | 外商投资企业 | 代码 |
|---|---|---|---|---|---|---|---|---|
| 68 | 5 | 8 | 3 | 12 | 820 | 73 | 98 | 1340 |
| 76 | 2 | 1 | | 3 | 430 | 146 | 196 | 1350 |
| 1 | | | 1 | 1 | 11 | | 1 | 1360 |
| 25 | 2 | 3 | 3 | 2 | 462 | 156 | 280 | 1390 |
| 160 | 10 | 9 | 12 | 30 | 1974 | 506 | 520 | 1400 |
| 38 | 1 | 2 | 2 | 4 | 525 | 248 | 173 | 1410 |
| 17 | 3 | | 3 | 5 | 329 | 13 | 39 | 1420 |
| 17 | | 1 | 2 | 2 | 224 | 60 | 86 | 1430 |
| 15 | | 2 | 2 | 4 | 128 | 21 | 24 | 1440 |
| 29 | 4 | | 2 | 7 | 245 | 47 | 52 | 1450 |
| 44 | 2 | 4 | 1 | 8 | 523 | 117 | 146 | 1490 |
| 123 | 14 | 8 | 12 | 46 | 1575 | 230 | 240 | 1500 |
| 80 | 10 | 4 | 11 | 37 | 992 | 90 | 84 | 1510 |
| 24 | 4 | 2 | 1 | 7 | 382 | 111 | 124 | 1520 |
| 17 | | 1 | | 2 | 169 | 14 | 16 | 1550 |
| 2 | | 1 | | | 32 | 15 | 16 | 1590 |
| 3 | 2 | | 1 | 6 | 38 | 3 | 3 | 1600 |
| 2 | 1 | | | 1 | 13 | 2 | | 1610 |
| 1 | 1 | | | 4 | 16 | 1 | 3 | 1620 |
| | | | 1 | 1 | 9 | | | 1690 |
| 680 | 8 | 27 | 48 | 70 | 6826 | 1820 | 846 | 1700 |
| 41 | | 1 | 1 | 3 | 373 | 30 | 17 | 1710 |
| 323 | 7 | 14 | 29 | 46 | 3005 | 676 | 264 | 1720 |
| 70 | 1 | 3 | 6 | 6 | 600 | 193 | 89 | 1740 |
| 16 | | | 1 | 3 | 105 | 24 | 10 | 1760 |
| 84 | | 1 | 5 | 6 | 1239 | 124 | 50 | 1770 |
| 121 | | 6 | 5 | 5 | 1140 | 606 | 354 | 1780 |
| 25 | | 2 | 1 | 1 | 364 | 167 | 62 | 1790 |

| 行业中类 | 代码 | 企业单位数 | 内资企业 | 国有企业 | 集体企业 |
| --- | --- | --- | --- | --- | --- |
| 服装及其他纤维制品制造业 | 1800 | 9316 | 5519 | 389 | 910 |
| 服装制造业 | 1810 | 8150 | 4810 | 347 | 782 |
| 制帽业 | 1820 | 174 | 100 | 6 | 24 |
| 制鞋业 | 1830 | 637 | 422 | 15 | 60 |
| 其他纤维制品制造业 | 1890 | 355 | 187 | 21 | 44 |
| 皮革、毛皮、羽绒及其制品业 | 1900 | 3992 | 2387 | 185 | 387 |
| 制革业 | 1910 | 602 | 428 | 32 | 89 |
| 皮革制品制造业 | 1920 | 2769 | 1517 | 101 | 213 |
| 毛皮鞣制及制品业 | 1930 | 219 | 150 | 19 | 43 |
| 羽毛(绒)加工及制品业 | 1950 | 402 | 292 | 33 | 42 |
| 木材加工及竹、藤、棕、草制品业 | 2000 | 3398 | 2750 | 575 | 378 |
| 锯材、木片加工业 | 2010 | 539 | 486 | 204 | 73 |
| 人造板制造业 | 2020 | 1621 | 1399 | 197 | 149 |
| 木制品业 | 2030 | 910 | 639 | 162 | 115 |
| 竹、藤、棕、草制品业 | 2040 | 328 | 226 | 12 | 41 |
| 家具制造业 | 2100 | 1901 | 1336 | 191 | 205 |
| 木制家具制造业 | 2110 | 1275 | 912 | 144 | 140 |
| 竹、藤家具制造业 | 2120 | 20 | 13 | 2 | 4 |
| 金属家具制造业 | 2130 | 368 | 262 | 31 | 40 |
| 塑料家具制造业 | 2140 | 15 | 14 | 1 | 1 |
| 其他家具制造业 | 2190 | 223 | 135 | 13 | 20 |
| 造纸及纸制品业 | 2200 | 5432 | 4622 | 607 | 1201 |
| 纸浆制造业 | 2210 | 93 | 81 | 17 | 16 |
| 造纸业 | 2220 | 2628 | 2415 | 327 | 655 |
| 纸制品业 | 2230 | 2711 | 2126 | 263 | 530 |
| 印刷业、记录媒介的复制 | 2300 | 4288 | 3720 | 1863 | 439 |
| 印刷业 | 2310 | 4219 | 3676 | 1839 | 437 |
| 记录媒介的复制 | 2320 | 69 | 44 | 24 | 2 |

单位：个

| 股份合作企业 | 国有联营企业 | 集体联营企业 | 国有与集体联营 | 国有独资公司 | 其他企业 | 港、澳、台商投资企业 | 外商投资企业 | 代码 |
|---|---|---|---|---|---|---|---|---|
| 347 | 3 | 16 | 16 | 7 | 3831 | 2311 | 1486 | 1800 |
| 251 | 3 | 16 | 15 | 6 | 3390 | 1995 | 1345 | 1810 |
| 8 | | | | | 62 | 51 | 23 | 1820 |
| 73 | | | | 1 | 273 | 157 | 58 | 1830 |
| 15 | | | 1 | | 106 | 108 | 60 | 1890 |
| 177 | | 6 | 8 | 5 | 1619 | 1016 | 589 | 1900 |
| 44 | | | | | 263 | 119 | 55 | 1910 |
| 115 | | 5 | 8 | 5 | 1070 | 801 | 451 | 1920 |
| 7 | | 1 | | | 80 | 36 | 33 | 1930 |
| 11 | | | | | 206 | 60 | 50 | 1950 |
| 103 | 4 | 5 | 3 | 11 | 1671 | 380 | 268 | 2000 |
| 14 | | | 2 | 1 | 192 | 24 | 29 | 2010 |
| 47 | 4 | 3 | 1 | 7 | 991 | 153 | 69 | 2020 |
| 29 | | 1 | | 3 | 329 | 146 | 125 | 2030 |
| 13 | | 1 | | | 159 | 57 | 45 | 2040 |
| 63 | 2 | 6 | 2 | 2 | 865 | 351 | 214 | 2100 |
| 45 | | 6 | 2 | 1 | 574 | 222 | 141 | 2110 |
| | | | | | 7 | 6 | 1 | 2120 |
| 11 | 1 | | | 1 | 178 | 69 | 37 | 2130 |
| | | | | | 12 | 1 | | 2140 |
| 7 | 1 | | | | 94 | 53 | 35 | 2190 |
| 263 | 8 | 18 | 16 | 20 | 2489 | 539 | 271 | 2200 |
| 2 | 1 | 1 | 1 | 2 | 41 | 7 | 5 | 2210 |
| 106 | 3 | 8 | 7 | 14 | 1295 | 131 | 82 | 2220 |
| 155 | 4 | 9 | 8 | 4 | 1153 | 401 | 184 | 2230 |
| 207 | 6 | 10 | 11 | 16 | 1168 | 426 | 142 | 2300 |
| 206 | 6 | 10 | 11 | 15 | 1152 | 405 | 138 | 2310 |
| 1 | | | | 1 | 16 | 21 | 4 | 2320 |

| 行业中类 | 代码 | 企业单位数 | 内资企业 | 国有企业 | 集体企业 |
|---|---|---|---|---|---|
| 文教体育用品制造业 | 2400 | 2368 | 1298 | 165 | 230 |
| 文化用品制造业 | 2410 | 699 | 519 | 112 | 91 |
| 体育用品制造业 | 2420 | 419 | 187 | 17 | 31 |
| 乐器及其他文娱用品制造业 | 2430 | 154 | 83 | 14 | 15 |
| 玩具制造业 | 2440 | 1021 | 464 | 16 | 89 |
| 游艺器材制造业 | 2450 | 27 | 16 | 2 | 1 |
| 其他类未包括的文教体育用品制造业 | 2490 | 48 | 29 | 4 | 3 |
| 石油加工及炼焦业 | 2500 | 1228 | 1112 | 171 | 228 |
| 人造原油生产业 | 2510 | 25 | 24 | 2 | 8 |
| 原油加工业 | 2520 | 298 | 268 | 56 | 43 |
| 石油制品业 | 2530 | 453 | 382 | 53 | 90 |
| 炼焦业 | 2570 | 452 | 438 | 60 | 87 |
| 化学原料及化学制品制造业 | 2600 | 13276 | 11377 | 2261 | 2025 |
| 基本化学原料制造业 | 2610 | 2366 | 2140 | 418 | 434 |
| 化学肥料制造业 | 2620 | 1930 | 1846 | 624 | 225 |
| 化学农药制造业 | 2630 | 624 | 578 | 123 | 84 |
| 有机化学产品制造业 | 2650 | 3338 | 2713 | 350 | 523 |
| 合成材料制造业 | 2660 | 1065 | 810 | 102 | 143 |
| 专用化学产品制造业 | 2670 | 2702 | 2315 | 453 | 461 |
| 日用化学产品制造业 | 2680 | 1251 | 975 | 191 | 155 |
| 医药制造业 | 2700 | 3781 | 3186 | 808 | 300 |
| 化学药品原药制造业 | 2710 | 736 | 631 | 112 | 75 |
| 化学药品制剂制造业 | 2720 | 1083 | 862 | 232 | 72 |
| 中药材及中成药加工业 | 2730 | 1323 | 1156 | 314 | 99 |
| 动物药品制造业 | 2740 | 285 | 266 | 85 | 40 |
| 生物制品业 | 2750 | 354 | 271 | 65 | 14 |
| 化学纤维制造业 | 2800 | 953 | 710 | 92 | 105 |
| 纤维素纤维制造业 | 2810 | 143 | 109 | 15 | 17 |

单位：个

| 股份合作企业 | 国有联营企业 | 集体联营企业 | 国有与集体联营 | 国有独资公司 | 其他企业 | 港、澳、台商投资企业 | 外商投资企业 | 代码 |
|---|---|---|---|---|---|---|---|---|
| 87 | 2 | 4 | 8 | 2 | 800 | 712 | 358 | 2400 |
| 35 |  | 1 | 5 | 1 | 274 | 110 | 70 | 2410 |
| 9 | 1 |  |  |  | 129 | 156 | 76 | 2420 |
| 8 |  | 1 |  | 1 | 44 | 34 | 37 | 2430 |
| 32 | 1 | 2 | 3 |  | 321 | 394 | 163 | 2440 |
| 2 |  |  |  |  | 11 | 8 | 3 | 2450 |
| 1 |  |  |  |  | 21 | 10 | 9 | 2490 |
| 65 | 6 | 6 | 8 | 8 | 620 | 46 | 70 | 2500 |
| 1 |  |  |  |  | 13 |  | 1 | 2510 |
| 19 |  | 2 | 1 | 2 | 145 | 13 | 17 | 2520 |
| 29 | 6 | 3 | 7 |  | 194 | 24 | 47 | 2530 |
| 16 |  | 1 |  | 6 | 268 | 9 | 5 | 2570 |
| 963 | 34 | 51 | 67 | 143 | 5833 | 1043 | 856 | 2600 |
| 149 | 8 | 13 | 14 | 39 | 1065 | 104 | 122 | 2610 |
| 95 | 4 | 6 | 5 | 33 | 854 | 46 | 38 | 2620 |
| 65 | 3 | 3 | 1 | 10 | 289 | 25 | 21 | 2630 |
| 287 | 9 | 15 | 21 | 20 | 1488 | 357 | 268 | 2650 |
| 76 | 2 | 2 | 3 | 11 | 471 | 141 | 114 | 2660 |
| 239 | 7 | 6 | 15 | 23 | 1111 | 219 | 168 | 2670 |
| 52 | 1 | 6 | 8 | 7 | 555 | 151 | 125 | 2680 |
| 175 | 16 | 12 | 35 | 45 | 1795 | 277 | 318 | 2700 |
| 48 | 3 | 3 | 10 | 12 | 368 | 49 | 56 | 2710 |
| 41 | 8 | 4 | 8 | 20 | 477 | 94 | 127 | 2720 |
| 60 | 2 | 3 | 11 | 13 | 654 | 91 | 76 | 2730 |
| 14 | 2 |  | 2 |  | 123 | 8 | 11 | 2740 |
| 12 | 1 | 2 | 4 |  | 173 | 35 | 48 | 2750 |
| 64 | 3 | 2 | 3 | 16 | 425 | 151 | 92 | 2800 |
| 4 |  |  |  | 8 | 65 | 20 | 14 | 2810 |

| 行业中类 | 代码 | 企业单位数 | 内资企业 | 国有企业 | 集体企业 |
|---|---|---|---|---|---|
| 合成纤维制造业 | 2820 | 673 | 511 | 66 | 68 |
| 渔具及渔具材料制造业 | 2850 | 137 | 90 | 11 | 20 |
| 橡胶制品业 | 2900 | 1901 | 1506 | 239 | 317 |
| 轮胎制造业 | 2910 | 245 | 209 | 23 | 23 |
| 力车胎制造业 | 2920 | 84 | 68 | 10 | 14 |
| 橡胶板、管、带制造业 | 2930 | 374 | 330 | 52 | 71 |
| 橡胶零件制品业 | 2940 | 311 | 238 | 41 | 47 |
| 再生橡胶制造业 | 2950 | 99 | 96 | 7 | 29 |
| 橡胶靴鞋制造业 | 2960 | 299 | 215 | 39 | 48 |
| 日用橡胶制品业 | 2970 | 158 | 106 | 22 | 25 |
| 橡胶制品翻修业 | 2980 | 39 | 37 | 17 | 7 |
| 其他橡胶制品业 | 2990 | 292 | 207 | 28 | 53 |
| 塑料制品业 | 3000 | 8020 | 5691 | 591 | 1114 |
| 塑料薄膜制造业 | 3010 | 820 | 621 | 96 | 136 |
| 塑料板、管、棒材制造业 | 3020 | 1161 | 888 | 96 | 152 |
| 塑料丝、绳及编织品制造业 | 3030 | 1208 | 1069 | 152 | 255 |
| 泡沫塑料及人造革、合成革制造业 | 3040 | 857 | 604 | 53 | 113 |
| 塑料包装箱及容器制造业 | 3050 | 664 | 457 | 45 | 88 |
| 塑料鞋制造业 | 3060 | 416 | 272 | 4 | 54 |
| 日用塑料杂品制造业 | 3070 | 774 | 512 | 47 | 80 |
| 塑料零件制造业 | 3080 | 534 | 342 | 21 | 62 |
| 其他塑料制品业 | 3090 | 1586 | 926 | 77 | 174 |
| 非金属矿物制品业 | 3100 | 16332 | 14638 | 2867 | 3506 |
| 水泥制造业 | 3110 | 4804 | 4632 | 818 | 1127 |
| 水泥制品和石棉水泥制品业 | 3120 | 1981 | 1776 | 502 | 401 |
| 砖瓦、石灰和轻质建筑材料制造业 | 3130 | 3495 | 3161 | 771 | 918 |
| 玻璃及玻璃制品业 | 3140 | 1395 | 1133 | 163 | 188 |
| 陶瓷制品业 | 3150 | 2159 | 1706 | 248 | 308 |

单位:个

| 股份合作企业 | 国有联营企业 | 集体联营企业 | 国有与集体联营 | 国有独资公司 | 其他企业 | 港、澳、台商投资企业 | 外商投资企业 | 代码 |
| --- | --- | --- | --- | --- | --- | --- | --- | --- |
| 50 | 3 | 1 | 3 | 8 | 312 | 111 | 51 | 2820 |
| 10 | | 1 | | | 48 | 20 | 27 | 2850 |
| 122 | 3 | 2 | 10 | 19 | 794 | 226 | 169 | 2900 |
| 8 | 2 | | 2 | 10 | 141 | 17 | 19 | 2910 |
| 9 | | | | 1 | 34 | 12 | 4 | 2920 |
| 23 | | | 2 | 4 | 178 | 17 | 27 | 2930 |
| 24 | | | 1 | 1 | 124 | 33 | 40 | 2940 |
| 9 | 1 | | 1 | 1 | 48 | 1 | 2 | 2950 |
| 22 | | 1 | 3 | 1 | 101 | 56 | 28 | 2960 |
| 5 | | | | 1 | 53 | 35 | 17 | 2970 |
| | | 1 | | | 12 | 1 | 1 | 2980 |
| 22 | | | 1 | | 103 | 54 | 31 | 2990 |
| 478 | 16 | 24 | 19 | 11 | 3438 | 1573 | 756 | 3000 |
| 42 | 1 | 2 | 2 | 5 | 337 | 131 | 68 | 3010 |
| 61 | 5 | 4 | 3 | 3 | 564 | 158 | 115 | 3020 |
| 111 | 1 | 3 | 4 | 1 | 542 | 82 | 57 | 3030 |
| 50 | 1 | 6 | 3 | | 378 | 177 | 76 | 3040 |
| 30 | 2 | 3 | 1 | | 288 | 155 | 52 | 3050 |
| 26 | | 1 | | | 187 | 110 | 34 | 3060 |
| 44 | | 2 | | 1 | 338 | 181 | 81 | 3070 |
| 49 | 2 | | 2 | 1 | 205 | 106 | 86 | 3080 |
| 65 | 4 | 3 | 4 | | 599 | 473 | 187 | 3090 |
| 885 | 37 | 68 | 51 | 85 | 7139 | 1007 | 687 | 3100 |
| 283 | 13 | 21 | 13 | 30 | 2327 | 114 | 58 | 3110 |
| 90 | 12 | 12 | 15 | 8 | 736 | 119 | 86 | 3120 |
| 199 | 5 | 19 | 10 | 7 | 1232 | 184 | 150 | 3130 |
| 70 | | 4 | 6 | 10 | 692 | 157 | 105 | 3140 |
| 105 | 1 | 3 | 1 | 9 | 1031 | 322 | 131 | 3150 |

2－13 续表 5

| 行业中类 | 代码 | 企业单位数 | 内资企业 | 国有企业 | 集体企业 |
|---|---|---|---|---|---|
| 耐火材料制品业 | 3160 | 920 | 861 | 111 | 267 |
| 石墨及碳素制品业 | 3170 | 447 | 405 | 67 | 93 |
| 矿物纤维及其制品业 | 3180 | 452 | 375 | 61 | 78 |
| 其他类未包括的非金属矿物制品业 | 3190 | 679 | 589 | 126 | 126 |
| 黑色金属冶炼及压延加工业 | 3200 | 3457 | 3248 | 411 | 727 |
| 炼铁业 | 3210 | 693 | 676 | 116 | 149 |
| 炼钢业 | 3220 | 290 | 268 | 46 | 56 |
| 钢压延加工业 | 3240 | 1828 | 1686 | 120 | 381 |
| 铁合金冶炼业 | 3260 | 646 | 618 | 129 | 141 |
| 有色金属冶炼及压延加工业 | 3300 | 3166 | 2858 | 402 | 596 |
| 重有色金属冶炼业 | 3310 | 845 | 800 | 135 | 175 |
| 轻有色金属冶炼业 | 3320 | 482 | 437 | 68 | 95 |
| 贵金属冶炼业 | 3330 | 182 | 179 | 72 | 29 |
| 稀有稀土金属冶炼业 | 3340 | 247 | 212 | 26 | 40 |
| 有色金属合金业 | 3360 | 154 | 131 | 16 | 23 |
| 有色金属压延加工业 | 3380 | 1256 | 1099 | 85 | 234 |
| 金属制品业 | 3400 | 10677 | 8486 | 1096 | 1797 |
| 金属结构制造业 | 3410 | 1195 | 1017 | 144 | 235 |
| 铸铁管制造业 | 3420 | 340 | 306 | 41 | 89 |
| 工具制造业 | 3430 | 1451 | 1083 | 206 | 181 |
| 集装箱和金属包装物品制造业 | 3440 | 816 | 615 | 87 | 150 |
| 金属丝绳及其制品业 | 3450 | 895 | 752 | 96 | 173 |
| 建筑用金属制品业 | 3460 | 1772 | 1488 | 200 | 298 |
| 金属表面处理及热处理业 | 3470 | 736 | 611 | 53 | 160 |
| 日用金属制品业 | 3480 | 2657 | 1984 | 167 | 356 |
| 其他金属制品业 | 3490 | 815 | 630 | 102 | 155 |
| 普通机械制造业 | 3500 | 11351 | 9999 | 2018 | 1752 |
| 锅炉及原动机制造业 | 3510 | 1237 | 1139 | 288 | 203 |

单位：个

| 股份合作企业 | 国有联营企业 | 集体联营企业 | 国有与集体联营 | 国有独资公司 | 其他企业 | 港、澳、台商投资企业 | 外商投资企业 | 代码 |
|---|---|---|---|---|---|---|---|---|
| 58 | 2 | 3 |  | 7 | 413 | 21 | 38 | 3160 |
| 26 | 1 | 3 | 2 | 5 | 208 | 18 | 24 | 3170 |
| 27 | 1 | 2 | 1 | 4 | 201 | 32 | 45 | 3180 |
| 27 | 2 | 1 | 3 | 5 | 299 | 40 | 50 | 3190 |
| 208 | 7 | 17 | 17 | 57 | 1804 | 118 | 91 | 3200 |
| 26 | 1 | 4 |  | 5 | 375 | 10 | 7 | 3210 |
| 7 | 1 | 4 |  | 13 | 141 | 17 | 5 | 3220 |
| 137 | 3 | 4 | 13 | 34 | 994 | 74 | 68 | 3240 |
| 38 | 2 | 5 | 4 | 5 | 294 | 17 | 11 | 3260 |
| 196 | 13 | 9 | 20 | 35 | 1587 | 175 | 133 | 3300 |
| 58 | 4 |  | 2 | 11 | 415 | 31 | 14 | 3310 |
| 20 | 4 | 1 | 2 | 6 | 241 | 29 | 16 | 3320 |
| 6 |  | 1 | 2 | 2 | 67 | 1 | 2 | 3330 |
| 10 | 1 | 3 |  | 2 | 130 | 11 | 24 | 3340 |
| 15 |  | 1 | 1 | 2 | 73 | 9 | 14 | 3360 |
| 87 | 4 | 3 | 13 | 12 | 661 | 94 | 63 | 3380 |
| 652 | 11 | 27 | 54 | 23 | 4826 | 1319 | 872 | 3400 |
| 67 | 3 | 4 | 18 | 2 | 544 | 82 | 96 | 3410 |
| 26 |  | 2 | 1 | 4 | 143 | 16 | 18 | 3420 |
| 74 | 4 | 4 | 4 | 8 | 602 | 222 | 146 | 3430 |
| 62 |  | 2 | 8 |  | 306 | 121 | 80 | 3440 |
| 68 | 1 | 2 | 7 | 1 | 404 | 73 | 70 | 3450 |
| 112 |  | 2 | 3 | 3 | 870 | 155 | 129 | 3460 |
| 70 |  | 5 | 4 | 1 | 318 | 89 | 36 | 3470 |
| 134 | 2 | 2 | 8 | 3 | 1312 | 453 | 220 | 3480 |
| 39 | 1 | 4 | 1 | 1 | 327 | 108 | 77 | 3490 |
| 1003 | 13 | 33 | 67 | 95 | 5018 | 561 | 791 | 3500 |
| 103 | 1 | 4 | 11 | 20 | 509 | 27 | 71 | 3510 |

| 行业中类 | 代码 | 企业单位数 | 内资企业 | 国有企业 | 集体企业 |
|---|---|---|---|---|---|
| 金属加工机械制造业 | 3520 | 1369 | 1212 | 404 | 193 |
| 通用设备制造业 | 3530 | 2487 | 2103 | 427 | 319 |
| 轴承、阀门制造业 | 3540 | 1379 | 1193 | 166 | 174 |
| 其他通用零部件制造业 | 3560 | 2143 | 1844 | 326 | 306 |
| 铸锻件制造业 | 3570 | 2152 | 1970 | 207 | 471 |
| 普通机械修理业 | 3580 | 118 | 114 | 67 | 21 |
| 其他普通机械制造业 | 3590 | 466 | 424 | 133 | 65 |
| 专用设备制造业 | 3600 | 7155 | 6292 | 1887 | 888 |
| 冶金、矿山、机电工业专用设备制造业 | 3610 | 860 | 775 | 257 | 123 |
| 石化及其他工业专用设备制造业 | 3620 | 1287 | 1101 | 274 | 149 |
| 轻纺工业专用设备制造业 | 3630 | 1469 | 1285 | 305 | 176 |
| 农、林、牧、渔、水利业机械制造业 | 3640 | 1173 | 1144 | 406 | 180 |
| 医疗器械制造业 | 3650 | 691 | 532 | 132 | 69 |
| 其他专用设备制造业 | 3670 | 1301 | 1098 | 273 | 143 |
| 专用机械设备修理业 | 3680 | 374 | 357 | 240 | 48 |
| 交通运输设备制造业 | 3700 | 8398 | 7215 | 2361 | 1052 |
| 铁路运输设备制造业 | 3710 | 419 | 393 | 190 | 78 |
| 汽车制造业 | 3720 | 3807 | 3159 | 682 | 556 |
| 摩托车制造业 | 3730 | 1198 | 1033 | 66 | 143 |
| 自行车制造业 | 3740 | 498 | 328 | 47 | 45 |
| 电车制造业 | 3750 | 8 | 7 | 3 | |
| 船舶制造业 | 3760 | 335 | 306 | 108 | 40 |
| 航空航天器制造业 | 3770 | 143 | 139 | 94 | 1 |
| 交通运输设备修理业 | 3780 | 1911 | 1781 | 1155 | 170 |
| 其他交通运输设备制造业 | 3790 | 79 | 69 | 16 | 19 |
| 电气机械及器材制造业 | 4000 | 9888 | 7720 | 1047 | 1399 |
| 电机制造业 | 4010 | 961 | 778 | 169 | 94 |
| 输配电及控制设备制造业 | 4020 | 2779 | 2212 | 372 | 463 |
| 电工器材制造业 | 4040 | 3027 | 2471 | 240 | 541 |

单位:个

| 股份合作企业 | 国有联营企业 | 集体联营企业 | 国有与集体联营 | 国有独资公司 | 其他企业 | 港、澳、台商投资企业 | 外商投资企业 | 代码 |
|---|---|---|---|---|---|---|---|---|
| 76 | 1 | 2 | 9 | 15 | 512 | 75 | 82 | 3520 |
| 223 | 2 | 7 | 10 | 20 | 1095 | 141 | 243 | 3530 |
| 172 | 1 | 1 | 6 | 9 | 664 | 68 | 118 | 3540 |
| 205 | 3 | 7 | 16 | 9 | 972 | 138 | 161 | 3560 |
| 201 | 4 | 11 | 13 | 16 | 1047 | 81 | 101 | 3570 |
| 1 | | | | | 25 | 4 | | 3580 |
| 22 | 1 | 1 | 2 | 6 | 194 | 27 | 15 | 3590 |
| 488 | 12 | 11 | 32 | 73 | 2901 | 420 | 443 | 3600 |
| 56 | 3 | 1 | 2 | 22 | 311 | 39 | 46 | 3610 |
| 106 | | 1 | 7 | 11 | 553 | 104 | 82 | 3620 |
| 100 | 1 | 5 | 2 | 9 | 687 | 97 | 87 | 3630 |
| 68 | 5 | 1 | 5 | 13 | 466 | 9 | 20 | 3640 |
| 56 | 1 | | 5 | 3 | 266 | 65 | 94 | 3650 |
| 95 | 2 | 3 | 11 | 14 | 557 | 97 | 106 | 3670 |
| 7 | | | | 1 | 61 | 9 | 8 | 3680 |
| 466 | 17 | 35 | 66 | 119 | 3099 | 571 | 612 | 3700 |
| 17 | 1 | | 2 | 1 | 104 | 7 | 19 | 3710 |
| 243 | 9 | 20 | 37 | 62 | 1550 | 239 | 409 | 3720 |
| 85 | 1 | 5 | 6 | 7 | 720 | 91 | 74 | 3730 |
| 25 | 1 | 1 | 4 | 2 | 203 | 133 | 37 | 3740 |
| 1 | | | | | 3 | 1 | | 3750 |
| 32 | | 1 | 5 | 9 | 111 | 9 | 20 | 3760 |
| | | | | 27 | 17 | | 4 | 3770 |
| 63 | 5 | 7 | 10 | 11 | 360 | 85 | 45 | 3780 |
| | | 1 | 2 | | 31 | 6 | 4 | 3790 |
| 713 | 15 | 36 | 45 | 40 | 4425 | 1264 | 904 | 4000 |
| 74 | 2 | 3 | 7 | 10 | 419 | 98 | 85 | 4010 |
| 229 | 5 | 9 | 16 | 8 | 1110 | 290 | 277 | 4020 |
| 233 | 3 | 15 | 12 | 9 | 1418 | 337 | 219 | 4040 |

| 行业中类 | 代码 | 企业单位数 | 内资企业 | 国有企业 | 集体企业 |
|---|---|---|---|---|---|
| 日用电器制造业 | 4060 | 1332 | 950 | 68 | 140 |
| 照明器具制造业 | 4070 | 1383 | 958 | 83 | 111 |
| 电气机械修理业 | 4080 | 82 | 80 | 47 | 14 |
| 其他电气机械制造业 | 4090 | 324 | 271 | 68 | 36 |
| 电子及通信设备制造业 | 4100 | 5841 | 3096 | 609 | 249 |
| 通信设备制造业 | 4110 | 956 | 628 | 132 | 45 |
| 雷达制造业 | 4120 | 51 | 50 | 25 | 1 |
| 广播电视设备制造业 | 4130 | 125 | 90 | 24 | 7 |
| 电子计算机制造业 | 4140 | 608 | 262 | 43 | 14 |
| 电子器件制造业 | 4150 | 635 | 305 | 94 | 15 |
| 电子元件制造业 | 4160 | 2186 | 1084 | 175 | 118 |
| 日用电子器具制造业 | 4170 | 677 | 331 | 49 | 31 |
| 电子设备及通信设备修理业 | 4180 | 36 | 28 | 15 | 2 |
| 其他电子设备制造业 | 4190 | 567 | 318 | 52 | 16 |
| 仪器仪表及文化、办公用机械制造业 | 4200 | 2410 | 1730 | 553 | 200 |
| 通用仪器仪表制造业 | 4210 | 1145 | 901 | 246 | 91 |
| 专用仪器仪表制造业 | 4220 | 317 | 266 | 120 | 28 |
| 电子测量仪器制造业 | 4230 | 108 | 82 | 26 | 10 |
| 计量器具制造业 | 4240 | 190 | 158 | 38 | 27 |
| 文化、办公用机械制造业 | 4250 | 233 | 107 | 44 | 6 |
| 钟表制造业 | 4260 | 294 | 122 | 40 | 24 |
| 仪器仪表及文化、办公用机械修理业 | 4280 | 23 | 19 | 13 | 4 |
| 其他仪器仪表制造业 | 4290 | 100 | 75 | 26 | 10 |
| 其他制造业 | 4300 | 4729 | 3187 | 390 | 632 |
| 工艺美术品制造业 | 4310 | 3209 | 2162 | 176 | 490 |
| 日用杂品制造业 | 4350 | 624 | 344 | 23 | 48 |
| 其他生产、生活用品制造业 | 4390 | 896 | 681 | 191 | 94 |
| **电力、煤气及水的生产和供应业** | **D** | **8736** | **8365** | **6476** | **407** |

单位:个

| 股份合作企业 | 国有联营企业 | 集体联营企业 | 国有与集体联营 | 国有独资公司 | 其他企业 | 港、澳、台商投资企业 | 外商投资企业 | 代码 |
|---|---|---|---|---|---|---|---|---|
| 62 | 1 | 5 | 5 | 7 | 662 | 223 | 159 | 4060 |
| 88 | 1 | 4 | 4 | 4 | 663 | 287 | 138 | 4070 |
| 1 | | | | | 18 | 1 | 1 | 4080 |
| 26 | 3 | | 1 | 2 | 135 | 28 | 25 | 4090 |
| 159 | 18 | 15 | 23 | 48 | 1975 | 1535 | 1210 | 4100 |
| 18 | 4 | 4 | 7 | 10 | 408 | 163 | 165 | 4110 |
| | | | | 5 | 19 | 1 | | 4120 |
| 5 | | | 1 | | 53 | 23 | 12 | 4130 |
| 8 | 2 | 1 | 1 | 4 | 189 | 193 | 153 | 4140 |
| 10 | 1 | | 1 | 6 | 178 | 180 | 150 | 4150 |
| 86 | 8 | 7 | 10 | 13 | 667 | 602 | 500 | 4160 |
| 15 | 1 | 2 | 3 | 6 | 224 | 223 | 123 | 4170 |
| 1 | | | | | 10 | 5 | 3 | 4180 |
| 16 | 2 | 1 | | 4 | 227 | 145 | 104 | 4190 |
| 133 | 13 | 3 | 4 | 24 | 800 | 348 | 332 | 4200 |
| 77 | 6 | 2 | 2 | 18 | 459 | 98 | 146 | 4210 |
| 16 | 3 | 1 | 1 | 2 | 95 | 16 | 35 | 4220 |
| 3 | | | | | 43 | 11 | 15 | 4230 |
| 15 | | | 1 | 2 | 75 | 11 | 21 | 4240 |
| 10 | 1 | | | 2 | 44 | 59 | 67 | 4250 |
| 6 | 2 | | | | 50 | 141 | 31 | 4260 |
| | | | | | 2 | 3 | 1 | 4280 |
| 6 | 1 | | | | 32 | 9 | 16 | 4290 |
| 325 | 4 | 7 | 8 | 20 | 1801 | 976 | 566 | 4300 |
| 232 | 2 | 6 | 5 | 1 | 1250 | 640 | 407 | 4310 |
| 36 | | 1 | | 1 | 235 | 191 | 89 | 4350 |
| 57 | 2 | | 3 | 18 | 316 | 145 | 70 | 4390 |
| **96** | **33** | **9** | **17** | **173** | **1154** | **210** | **161** | **D** |

| 行业中类 | 代　码 | 企　业<br>单位数 | 内资企业 | 国有企业 | 集体企业 |
|---|---|---|---|---|---|
| 电力、蒸汽、热水的生产和供应业 | 4400 | 5827 | 5524 | 4062 | 237 |
| 电力生产业 | 4410 | 3135 | 2849 | 1812 | 161 |
| 电力供应业 | 4420 | 2249 | 2237 | 1956 | 54 |
| 蒸汽、热水生产和供应业 | 4430 | 443 | 438 | 294 | 22 |
| 煤气生产和供应业 | 4500 | 376 | 335 | 229 | 14 |
| 煤气生产业 | 4510 | 64 | 56 | 39 | 3 |
| 煤气供应业 | 4520 | 312 | 279 | 190 | 11 |
| 自来水的生产和供应业 | 4600 | 2533 | 2506 | 2185 | 156 |
| 自来水生产业 | 4610 | 1356 | 1336 | 1155 | 80 |
| 自来水供应业 | 4620 | 1177 | 1170 | 1030 | 76 |
| **建筑业** | **E** | **53559** | **52530** | **8375** | **14818** |
| 土木工程建筑业 | 4700 | 37285 | 37043 | 6438 | 12158 |
| 房屋建筑业 | 4710 | 29213 | 29071 | 3772 | 10788 |
| 矿山建筑业 | 4720 | 305 | 305 | 121 | 50 |
| 铁路、公路、遂道、桥梁建筑业 | 4730 | 3079 | 3056 | 1199 | 415 |
| 堤坝、电站、码头建筑业 | 4740 | 1015 | 1014 | 508 | 156 |
| 其他土木工程建筑业 | 4790 | 3673 | 3597 | 838 | 749 |
| 线路、管道和设备安装业 | 4800 | 7342 | 7185 | 1318 | 1672 |
| 线路、管道安装业 | 4810 | 2805 | 2775 | 594 | 742 |
| 设备安装业 | 4820 | 4537 | 4410 | 724 | 930 |
| 装修装饰业 | 4900 | 8932 | 8302 | 619 | 988 |
| **批发和零售贸易、餐饮业** | **H** | **36037** | **34830** | **12235** | **4950** |
| 食品、饮料、烟草和家庭用品批发业 | 6100 | 8631 | 8540 | 4750 | 712 |
| 食品、饮料、烟草批发业 | 6110 | 4397 | 4365 | 3355 | 172 |
| 棉、麻、土畜产品批发业 | 6120 | 475 | 475 | 120 | 274 |
| 纺织品、服装和鞋帽批发业 | 6130 | 893 | 879 | 333 | 19 |
| 日用百货批发业 | 6140 | 575 | 551 | 136 | 78 |
| 日用杂品批发业 | 6150 | 99 | 99 | 26 | 29 |

单位:个

| 股份合作企业 | 国有联营企业 | 集体联营企业 | 国有与集体联营 | 国有独资公司 | 其他企业 | 港、澳、台商投资企业 | 外商投资企业 | 代码 |
|---|---|---|---|---|---|---|---|---|
| 82 | 30 | 6 | 15 | 113 | 979 | 175 | 128 | 4400 |
| 66 | 19 | 6 | 11 | 54 | 720 | 165 | 121 | 4410 |
| 9 | 7 |  | 1 | 39 | 171 | 9 | 3 | 4420 |
| 7 | 4 |  | 3 | 20 | 88 | 1 | 4 | 4430 |
| 4 | 2 |  | 1 | 16 | 69 | 19 | 22 | 4500 |
|  | 1 |  |  | 4 | 9 | 6 | 2 | 4510 |
| 4 | 1 |  | 1 | 12 | 60 | 13 | 20 | 4520 |
| 10 | 1 | 3 | 1 | 44 | 106 | 16 | 11 | 4600 |
| 9 |  | 1 | 1 | 32 | 58 | 11 | 9 | 4610 |
| 1 | 1 | 2 |  | 12 | 48 | 5 | 2 | 4620 |
| **1927** | **72** | **136** | **71** | **339** | **26792** | **725** | **304** | **E** |
| 1318 | 47 | 103 | 43 | 254 | 16682 | 141 | 101 | 4700 |
| 1108 | 24 | 87 | 26 | 136 | 13130 | 88 | 54 | 4710 |
| 7 |  |  | 1 | 15 | 111 |  |  | 4720 |
| 82 | 6 | 6 | 5 | 61 | 1282 | 11 | 12 | 4730 |
| 20 | 6 | 1 | 3 | 18 | 302 | 1 |  | 4740 |
| 101 | 11 | 9 | 8 | 24 | 1857 | 41 | 35 | 4790 |
| 306 | 8 | 13 | 10 | 49 | 3809 | 100 | 57 | 4800 |
| 114 | 4 | 1 | 3 | 9 | 1308 | 16 | 14 | 4810 |
| 192 | 4 | 12 | 7 | 40 | 2501 | 84 | 43 | 4820 |
| 303 | 17 | 20 | 18 | 36 | 6301 | 484 | 146 | 4900 |
| **1205** | **206** | **48** | **79** | **471** | **15636** | **713** | **494** | **H** |
| 145 | 48 | 4 | 20 | 206 | 2655 | 44 | 47 | 6100 |
| 35 | 19 | 1 | 6 | 124 | 653 | 15 | 17 | 6110 |
| 7 |  | 1 | 2 | 1 | 70 |  |  | 6120 |
| 10 | 11 | 1 | 3 | 34 | 468 | 9 | 5 | 6130 |
| 18 | 7 |  | 3 | 10 | 299 | 9 | 15 | 6140 |
|  | 2 |  |  | 3 | 39 |  |  | 6150 |

| 行业中类 | 代码 | 企业单位数 | 内资企业 | 国有企业 | 集体企业 |
|---|---|---|---|---|---|
| 五金、交电、化工批发业 | 6160 | 997 | 980 | 228 | 111 |
| 药品及医疗器械批发业 | 6170 | 1195 | 1191 | 552 | 29 |
| 能源、材料和机械电子设备批发业 | 6200 | 7005 | 6889 | 2181 | 560 |
| 能源批发业 | 6210 | 2111 | 2076 | 775 | 136 |
| 化工材料批发业 | 6220 | 696 | 688 | 210 | 55 |
| 木材批发业 | 6230 | 83 | 83 | 36 | 7 |
| 建筑材料批发业 | 6240 | 375 | 372 | 94 | 32 |
| 矿产品批发业 | 6250 | 82 | 81 | 37 | 2 |
| 金属材料批发业 | 6260 | 1298 | 1295 | 416 | 97 |
| 机械、电子设备批发业 | 6270 | 1362 | 1324 | 394 | 96 |
| 汽车、摩托车及零配件批发业 | 6280 | 707 | 681 | 166 | 29 |
| 再生物资回收批发业 | 6290 | 291 | 289 | 53 | 106 |
| 其他批发业 | 6300 | 1974 | 1952 | 619 | 744 |
| 工艺美术品批发业 | 6310 | 88 | 88 | 44 | 5 |
| 图书报刊批发业 | 6320 | 217 | 217 | 177 | 8 |
| 农业生产资料批发业 | 6330 | 1288 | 1287 | 246 | 702 |
| 其他类未包括的批发业 | 6390 | 381 | 360 | 152 | 29 |
| 零售业 | 6400 | 12854 | 12596 | 3872 | 2293 |
| 食品、饮料和烟草零售业 | 6410 | 1366 | 1346 | 672 | 192 |
| 日用百货零售业 | 6420 | 4442 | 4295 | 923 | 1352 |
| 纺织品、服装和鞋帽零售业 | 6430 | 420 | 396 | 102 | 58 |
| 日用杂品零售业 | 6440 | 129 | 127 | 11 | 81 |
| 五金、交电、化工零售业 | 6450 | 1432 | 1423 | 261 | 194 |
| 药品及医疗器械零售业 | 6470 | 870 | 866 | 425 | 46 |
| 图书报刊零售业 | 6480 | 987 | 984 | 874 | 13 |
| 其他零售业 | 6490 | 3208 | 3159 | 604 | 357 |
| 餐饮业 | 6700 | 5573 | 4853 | 813 | 641 |
| 正餐 | 6710 | 5234 | 4647 | 778 | 619 |
| 快餐 | 6720 | 231 | 107 | 12 | 8 |
| 其他餐饮业 | 6790 | 108 | 99 | 23 | 14 |

单位:个

| 股份合作企业 | 国有联营企业 | 集体联营企业 | 国有与集体联营 | 国有独资公司 | 其他企业 | 港、澳、台商投资企业 | 外商投资企业 | 代码 |
|---|---|---|---|---|---|---|---|---|
| 39 | 2 | | 3 | 11 | 586 | 9 | 8 | 6160 |
| 36 | 7 | 1 | 3 | 23 | 540 | 2 | 2 | 6170 |
| 213 | 79 | 12 | 19 | 97 | 3728 | 65 | 51 | 6200 |
| 49 | 31 | 4 | 7 | 33 | 1041 | 24 | 11 | 6210 |
| 24 | 11 | 2 | 1 | 9 | 376 | 5 | 3 | 6220 |
| 4 | | | | | 36 | | | 6230 |
| 18 | 1 | | 1 | 4 | 222 | 1 | 2 | 6240 |
| 3 | 1 | | | 4 | 34 | 1 | | 6250 |
| 43 | 11 | 3 | 1 | 22 | 702 | 1 | 2 | 6260 |
| 35 | 10 | 1 | 5 | 18 | 765 | 23 | 15 | 6270 |
| 26 | 13 | 1 | 3 | 5 | 438 | 10 | 16 | 6280 |
| 11 | 1 | 1 | 1 | 2 | 114 | | 2 | 6290 |
| 32 | 7 | 4 | 1 | 33 | 512 | 7 | 15 | 6300 |
| 2 | 1 | | | 2 | 34 | | | 6310 |
| | | | | 11 | 21 | | | 6320 |
| 25 | 1 | 1 | | 8 | 304 | | 1 | 6330 |
| 5 | 5 | 3 | 1 | 12 | 153 | 7 | 14 | 6390 |
| 484 | 58 | 22 | 32 | 126 | 5709 | 130 | 128 | 6400 |
| 51 | 2 | | 1 | 21 | 407 | 8 | 12 | 6410 |
| 184 | 11 | 4 | 3 | 24 | 1794 | 68 | 79 | 6420 |
| 15 | 2 | | | 1 | 218 | 19 | 5 | 6430 |
| 1 | | | | | 34 | 2 | | 6440 |
| 61 | 4 | 3 | 1 | 8 | 891 | 3 | 6 | 6450 |
| 46 | 3 | | 1 | 11 | 334 | 3 | 1 | 6470 |
| 2 | | | 1 | 49 | 45 | 1 | 2 | 6480 |
| 124 | 36 | 15 | 25 | 12 | 1986 | 26 | 23 | 6490 |
| 331 | 14 | 6 | 7 | 9 | 3032 | 467 | 253 | 6700 |
| 320 | 14 | 6 | 7 | 9 | 2894 | 425 | 162 | 6710 |
| 7 | | | | | 80 | 39 | 85 | 6720 |
| 4 | | | | | 58 | 3 | 6 | 6790 |

## 2－14 限额以上企业按登记注册类型、

(2002 年)

| 登记注册类型 | 代码 | 企 业<br>单位数 | 7 人及以下 | 8－19 人 | 20－49 人 |
|---|---|---|---|---|---|
| **全国总计** | **000** | **283748** | **8971** | **20195** | **48759** |
| ＃内资 | | 245887 | 8719 | 18980 | 43935 |
| 国有 | 110 | 59233 | 3527 | 5745 | 10416 |
| 集体 | 120 | 47175 | 1454 | 3088 | 7956 |
| 股份合作 | 130 | 13243 | 204 | 705 | 2398 |
| 国有联营 | 141 | 656 | 21 | 73 | 148 |
| 集体联营 | 142 | 745 | 11 | 40 | 140 |
| 国有与集体联营 | 143 | 868 | 11 | 35 | 115 |
| 其他联营 | 149 | 569 | 10 | 42 | 135 |
| 国有独资公司 | 151 | 2220 | 32 | 87 | 219 |
| 其他有限责任公司 | 159 | 38819 | 922 | 2505 | 5838 |
| 股份有限公司 | 160 | 11273 | 129 | 436 | 1124 |
| 私营独资 | 171 | 19864 | 463 | 1667 | 5024 |
| 私营合伙 | 172 | 4329 | 111 | 349 | 1007 |
| 私营有限责任公司 | 173 | 42555 | 1666 | 3880 | 8585 |
| 私营股份有限公司 | 174 | 3740 | 134 | 269 | 684 |
| 其他内资 | 190 | 598 | 24 | 59 | 146 |
| ＃港澳台商投资 | | 22217 | 142 | 600 | 2707 |
| 与港澳台商合资经营 | 210 | 10312 | 72 | 319 | 1331 |
| 与港澳台商合作经营 | 220 | 2469 | 19 | 66 | 309 |
| 港澳台商独资 | 230 | 9152 | 51 | 208 | 1034 |
| 港澳台商投资股份有限公司 | 240 | 284 | | 7 | 33 |
| ＃外商投资 | | 15644 | 110 | 615 | 2117 |
| 中外合资经营 | 310 | 8433 | 65 | 267 | 1083 |
| 中外合作经营 | 320 | 1110 | 7 | 36 | 156 |
| 外资企业 | 330 | 5910 | 36 | 299 | 857 |
| 外商投资股份有限公司 | 340 | 191 | 2 | 13 | 21 |

# 从业人员规模分组的单位数

单位:个

| 50－99 人 | 100－299 人 | 300－499 人 | 500－999 人 | 1000－4999 人 | 5000－9999 人 | 10000 人以上 | 代码 |
|---|---|---|---|---|---|---|---|
| **58949** | **85834** | **25240** | **19612** | **14106** | **1419** | **663** | **000** |
| 50963 | 71714 | 20796 | 16359 | 12426 | 1355 | 640 | |
| 10182 | 15402 | 4978 | 4561 | 3944 | 330 | 148 | 110 |
| 9682 | 14548 | 4443 | 3314 | 2253 | 305 | 132 | 120 |
| 3272 | 4497 | 1163 | 627 | 321 | 42 | 14 | 130 |
| 127 | 170 | 53 | 34 | 26 | 3 | 1 | 141 |
| 184 | 248 | 63 | 39 | 18 | 2 | | 142 |
| 220 | 336 | 73 | 53 | 25 | | | 143 |
| 137 | 159 | 49 | 20 | 16 | | 1 | 149 |
| 231 | 478 | 207 | 255 | 532 | 100 | 79 | 151 |
| 7267 | 11729 | 4079 | 3499 | 2568 | 265 | 147 | 159 |
| 1761 | 3288 | 1399 | 1506 | 1420 | 142 | 68 | 160 |
| 5725 | 5672 | 828 | 344 | 120 | 19 | 2 | 171 |
| 1277 | 1252 | 212 | 93 | 26 | 2 | | 172 |
| 9940 | 12588 | 2932 | 1772 | 1025 | 122 | 45 | 173 |
| 816 | 1185 | 285 | 222 | 122 | 20 | 3 | 174 |
| 142 | 162 | 32 | 20 | 10 | 3 | | 190 |
| 4696 | 8471 | 2649 | 1969 | 937 | 36 | 10 | |
| 2315 | 3973 | 1173 | 773 | 345 | 9 | 2 | 210 |
| 543 | 922 | 284 | 242 | 77 | 7 | | 220 |
| 1776 | 3494 | 1157 | 925 | 486 | 17 | 4 | 230 |
| 62 | 82 | 35 | 29 | 29 | 3 | 4 | 240 |
| 3290 | 5649 | 1795 | 1284 | 743 | 28 | 13 | |
| 1838 | 3192 | 984 | 661 | 324 | 14 | 5 | 310 |
| 241 | 388 | 128 | 101 | 52 | | 1 | 320 |
| 1186 | 2019 | 662 | 500 | 332 | 14 | 5 | 330 |
| 25 | 50 | 21 | 22 | 35 | | 2 | 340 |

## 2－15 限额以上企业按行业类型、

（2002 年）

| 行业中型 | 代码 | 企业单位数 | 50 万元及以下 | 50－100 万元 |
|---|---|---|---|---|
| **全国总计** | **0000** | **283748** | **25920** | **9435** |
| **采掘业** | **B** | **7888** | **699** | **246** |
| 煤炭采选业 | 0600 | 3223 | 215 | 91 |
| 煤炭开采业 | 0610 | 2897 | 195 | 90 |
| 煤炭洗选业 | 0620 | 326 | 20 | 1 |
| 石油和天然气开采业 | 0700 | 99 | 4 | |
| 天然原油开采业 | 0710 | 90 | 4 | |
| 天然气开采业 | 0720 | 8 | | |
| 油页岩开采业 | 0730 | 1 | | |
| 黑色金属矿采选业 | 0800 | 743 | 40 | 5 |
| 铁矿采选业 | 0810 | 654 | 27 | 4 |
| 其他黑色金属矿采选业 | 0820 | 89 | 13 | 1 |
| 有色金属矿采选业 | 0900 | 1431 | 137 | 44 |
| 重有色金属矿采选业 | 0910 | 601 | 40 | 16 |
| 轻有色金属矿采选业 | 0930 | 56 | 8 | 2 |
| 非金属矿采选业 | 1000 | 1947 | 217 | 70 |
| 土砂石开采业 | 1010 | 1101 | 141 | 36 |
| 化学矿采选业 | 1020 | 204 | 24 | 12 |
| 采盐业 | 1030 | 184 | 10 | 8 |
| 其他非金属矿采选业 | 1090 | 458 | 42 | 14 |
| 木材及竹材采运业 | 1200 | 422 | 82 | 35 |
| 木材采运业 | 1210 | 413 | 80 | 35 |
| 竹材采运业 | 1220 | 9 | 2 | |
| **制造业** | **C** | **177528** | **11720** | **3326** |
| 食品加工业 | 1300 | 11644 | 1626 | 326 |
| 粮食及饲料加工业 | 1310 | 5433 | 949 | 166 |
| 植物油加工业 | 1320 | 1354 | 182 | 31 |
| 制糖业 | 1330 | 379 | 34 | 2 |
| 屠宰及肉类蛋类加工业 | 1340 | 2170 | 359 | 83 |
| 水产品加工业 | 1350 | 1127 | 36 | 18 |
| 盐加工业 | 1360 | 51 | 5 | 3 |
| 其他食品加工业 | 1390 | 1130 | 61 | 23 |
| 食品制造业 | 1400 | 5046 | 779 | 153 |

# 营业收入规模分组的单位数

单位:个

| 100－500 万元 | 500－1000 万元 | 1000－5000 万元 | 5000 万元－1 亿元 | 1 亿元以上 | 代码 |
|---|---|---|---|---|---|
| **42382** | **60646** | **100993** | **21784** | **22588** | **0000** |
| **1345** | **2137** | **2607** | **397** | **457** | **B** |
| 632 | 958 | 973 | 136 | 218 | 0600 |
| 612 | 849 | 837 | 112 | 202 | 0610 |
| 20 | 109 | 136 | 24 | 16 | 0620 |
| 19 | 6 | 23 | 5 | 42 | 0700 |
| 18 | 4 | 22 | 3 | 39 | 0710 |
| 1 | 1 | 1 | 2 | 3 | 0720 |
| | 1 | | | | 0730 |
| 80 | 227 | 305 | 42 | 44 | 0800 |
| 66 | 201 | 275 | 39 | 42 | 0810 |
| 14 | 26 | 30 | 3 | 2 | 0820 |
| 199 | 328 | 556 | 93 | 74 | 0900 |
| 88 | 166 | 239 | 25 | 27 | 0910 |
| 8 | 20 | 15 | 2 | 1 | 0930 |
| 283 | 572 | 673 | 83 | 49 | 1000 |
| 156 | 319 | 396 | 39 | 14 | 1010 |
| 29 | 66 | 53 | 11 | 9 | 1020 |
| 25 | 43 | 63 | 16 | 19 | 1030 |
| 73 | 144 | 161 | 17 | 7 | 1090 |
| 132 | 38 | 68 | 37 | 30 | 1200 |
| 126 | 38 | 67 | 37 | 30 | 1210 |
| 6 | | 1 | | | 1220 |
| **18754** | **45991** | **71292** | **13565** | **12880** | **C** |
| 1660 | 2450 | 3930 | 889 | 763 | 1300 |
| 875 | 1135 | 1671 | 368 | 269 | 1310 |
| 197 | 228 | 454 | 125 | 137 | 1320 |
| 21 | 33 | 149 | 65 | 75 | 1330 |
| 318 | 414 | 711 | 145 | 140 | 1340 |
| 95 | 273 | 492 | 112 | 101 | 1350 |
| 12 | 13 | 14 | 3 | 1 | 1360 |
| 142 | 354 | 439 | 71 | 40 | 1390 |
| 641 | 1199 | 1647 | 294 | 333 | 1400 |

2－15续表1

| 行业中型 | 代码 | 企业单位数 | 50万元及以下 | 50－100万元 |
|---|---|---|---|---|
| 糕点、糖果制造业 | 1410 | 1593 | 314 | 62 |
| 乳制品制造业 | 1420 | 560 | 38 | 8 |
| 罐头食品制造业 | 1430 | 544 | 57 | 7 |
| 发酵制品业 | 1440 | 278 | 27 | 2 |
| 调味品制造业 | 1450 | 748 | 178 | 32 |
| 其他食品制造业 | 1490 | 1323 | 165 | 42 |
| 饮料制造业 | 1500 | 3613 | 558 | 130 |
| 酒精及饮料酒制造业 | 1510 | 2144 | 333 | 78 |
| 软饮料制造业 | 1520 | 956 | 161 | 28 |
| 制茶业 | 1550 | 416 | 51 | 21 |
| 其他饮料制造业 | 1590 | 97 | 13 | 3 |
| 烟草加工业 | 1600 | 299 | 19 | 4 |
| 烟叶复烤业 | 1610 | 82 | 9 | 1 |
| 卷烟制造业 | 1620 | 187 | 5 | |
| 其他烟草加工业 | 1690 | 30 | 5 | 3 |
| 纺织业 | 1700 | 13668 | 558 | 127 |
| 纤维原料初步加工业 | 1710 | 1100 | 47 | 11 |
| 棉纺织业 | 1720 | 5798 | 222 | 52 |
| 毛纺织业 | 1740 | 1232 | 57 | 13 |
| 麻纺织业 | 1760 | 269 | 31 | 8 |
| 丝绢纺织业 | 1770 | 1854 | 47 | 14 |
| 针织品业 | 1780 | 2690 | 139 | 23 |
| 其他纺织业 | 1790 | 725 | 15 | 6 |
| 服装及其他纤维制品制造业 | 1800 | 9316 | 231 | 79 |
| 服装制造业 | 1810 | 8150 | 199 | 70 |
| 制帽业 | 1820 | 174 | 3 | 1 |
| 制鞋业 | 1830 | 637 | 13 | 3 |
| 其他纤维制品制造业 | 1890 | 355 | 16 | 5 |
| 皮革、毛皮、羽绒及其制品业 | 1900 | 3992 | 135 | 25 |
| 制革业 | 1910 | 602 | 33 | 7 |
| 皮革制品制造业 | 1920 | 2769 | 73 | 16 |
| 毛皮鞣制及制品业 | 1930 | 219 | 18 | |
| 羽毛(绒)加工及制品业 | 1950 | 402 | 11 | 2 |

单位:个

| 100-500万元 | 500-1000万元 | 1000-5000万元 | 5000万元-1亿元 | 1亿元以上 | 代码 |
|---|---|---|---|---|---|
| 203 | 360 | 460 | 85 | 109 | 1410 |
| 81 | 126 | 203 | 46 | 58 | 1420 |
| 57 | 136 | 243 | 21 | 23 | 1430 |
| 25 | 63 | 98 | 27 | 36 | 1440 |
| 116 | 174 | 188 | 36 | 24 | 1450 |
| 159 | 340 | 455 | 79 | 83 | 1490 |
| 500 | 801 | 993 | 285 | 346 | 1500 |
| 287 | 421 | 606 | 192 | 227 | 1510 |
| 129 | 224 | 238 | 67 | 109 | 1520 |
| 74 | 133 | 118 | 15 | 4 | 1550 |
| 10 | 23 | 31 | 11 | 6 | 1590 |
| 18 | 23 | 63 | 39 | 133 | 1600 |
| 5 | 14 | 22 | 14 | 17 | 1610 |
| 8 | 5 | 32 | 22 | 115 | 1620 |
| 5 | 4 | 9 | 3 | 1 | 1690 |
| 1027 | 3175 | 6283 | 1309 | 1189 | 1700 |
| 132 | 272 | 499 | 81 | 58 | 1710 |
| 433 | 1272 | 2492 | 637 | 690 | 1720 |
| 83 | 248 | 569 | 138 | 124 | 1740 |
| 25 | 64 | 103 | 23 | 15 | 1760 |
| 91 | 369 | 1005 | 176 | 152 | 1770 |
| 195 | 748 | 1256 | 205 | 124 | 1780 |
| 68 | 202 | 359 | 49 | 26 | 1790 |
| 674 | 2710 | 4571 | 683 | 368 | 1800 |
| 602 | 2382 | 3982 | 597 | 318 | 1810 |
| 9 | 60 | 86 | 10 | 5 | 1820 |
| 42 | 178 | 326 | 45 | 30 | 1830 |
| 21 | 90 | 177 | 31 | 15 | 1890 |
| 336 | 984 | 1821 | 389 | 302 | 1900 |
| 70 | 116 | 252 | 62 | 62 | 1910 |
| 199 | 724 | 1312 | 250 | 195 | 1920 |
| 33 | 57 | 89 | 11 | 11 | 1930 |
| 34 | 87 | 168 | 66 | 34 | 1950 |

2-15 续表 2

| 行业中型 | 代码 | 企业单位数 | 50万元及以下 | 50-100万元 |
|---|---|---|---|---|
| 木材加工及竹、藤、棕、草制品业 | 2000 | 3398 | 332 | 88 |
| 锯材、木片加工业 | 2010 | 539 | 122 | 20 |
| 人造板制造业 | 2020 | 1621 | 99 | 36 |
| 木制品业 | 2030 | 910 | 97 | 25 |
| 竹、藤、棕、草制品业 | 2040 | 328 | 14 | 7 |
| 家具制造业 | 2100 | 1901 | 139 | 40 |
| 木制家具制造业 | 2110 | 1275 | 110 | 34 |
| 竹、藤家具制造业 | 2120 | 20 | 1 | |
| 金属家具制造业 | 2130 | 368 | 15 | 6 |
| 塑料家具制造业 | 2140 | 15 | 1 | |
| 其他家具制造业 | 2190 | 223 | 12 | |
| 造纸及纸制品业 | 2200 | 5432 | 266 | 65 |
| 纸浆制造业 | 2210 | 93 | 5 | |
| 造纸业 | 2220 | 2628 | 151 | 23 |
| 纸制品业 | 2230 | 2711 | 110 | 42 |
| 印刷业、记录媒介的复制 | 2300 | 4288 | 697 | 283 |
| 印刷业 | 2310 | 4219 | 690 | 282 |
| 记录媒介的复制 | 2320 | 69 | 7 | 1 |
| 文教体育用品制造业 | 2400 | 2368 | 98 | 26 |
| 文化用品制造业 | 2410 | 699 | 69 | 16 |
| 体育用品制造业 | 2420 | 419 | 7 | 7 |
| 乐器及其他文娱用品制造业 | 2430 | 154 | 4 | 1 |
| 玩具制造业 | 2440 | 1021 | 15 | 2 |
| 游艺器材制造业 | 2450 | 27 | 1 | |
| 其他类未包括的文教体育用品制造业 | 2490 | 48 | 2 | |
| 石油加工及炼焦业 | 2500 | 1228 | 41 | 8 |
| 人造原油生产业 | 2510 | 25 | 1 | |
| 原油加工业 | 2520 | 298 | 12 | 4 |
| 石油制品业 | 2530 | 453 | 10 | 3 |
| 炼焦业 | 2570 | 452 | 18 | 1 |
| 化学原料及化学制品制造业 | 2600 | 13276 | 770 | 223 |
| 基本化学原料制造业 | 2610 | 2366 | 143 | 45 |
| 化学肥料制造业 | 2620 | 1930 | 165 | 42 |

单位：个

| 100－500 万元 | 500－1000 万元 | 1000－5000 万元 | 5000 万元－1 亿元 | 1 亿元以上 | 代码 |
|---|---|---|---|---|---|
| 421 | 1084 | 1194 | 159 | 120 | 2000 |
| 99 | 133 | 144 | 14 | 7 | 2010 |
| 189 | 513 | 600 | 94 | 90 | 2020 |
| 93 | 306 | 322 | 48 | 19 | 2030 |
| 40 | 132 | 128 | 3 | 4 | 2040 |
| 165 | 579 | 778 | 115 | 85 | 2100 |
| 115 | 386 | 516 | 71 | 43 | 2110 |
| 1 | 4 | 10 | 2 | 2 | 2120 |
| 33 | 105 | 160 | 24 | 25 | 2130 |
|  | 6 | 6 | 1 | 1 | 2140 |
| 16 | 78 | 86 | 17 | 14 | 2190 |
| 535 | 1519 | 2362 | 414 | 271 | 2200 |
| 14 | 26 | 34 | 5 | 9 | 2210 |
| 242 | 638 | 1165 | 229 | 180 | 2220 |
| 279 | 855 | 1163 | 180 | 82 | 2230 |
| 854 | 1021 | 1155 | 167 | 111 | 2300 |
| 846 | 1009 | 1123 | 160 | 109 | 2310 |
| 8 | 12 | 32 | 7 | 2 | 2320 |
| 196 | 672 | 1065 | 179 | 132 | 2400 |
| 85 | 230 | 236 | 41 | 22 | 2410 |
| 26 | 123 | 196 | 32 | 28 | 2420 |
| 15 | 47 | 65 | 11 | 11 | 2430 |
| 62 | 253 | 536 | 87 | 66 | 2440 |
| 5 | 4 | 13 | 3 | 1 | 2450 |
| 3 | 15 | 19 | 5 | 4 | 2490 |
| 89 | 296 | 475 | 110 | 209 | 2500 |
| 1 | 10 | 11 | 1 | 1 | 2510 |
| 27 | 55 | 87 | 22 | 91 | 2520 |
| 38 | 97 | 181 | 40 | 84 | 2530 |
| 23 | 134 | 196 | 47 | 33 | 2570 |
| 1326 | 3377 | 5331 | 1125 | 1124 | 2600 |
| 270 | 604 | 918 | 195 | 191 | 2610 |
| 218 | 399 | 715 | 178 | 213 | 2620 |

2-15续表3

| 行业中型 | 代码 | 企业单位数 | 50万元及以下 | 50-100万元 |
|---|---|---|---|---|
| 化学农药制造业 | 2630 | 624 | 34 | 15 |
| 有机化学产品制造业 | 2650 | 3338 | 153 | 44 |
| 合成材料制造业 | 2660 | 1065 | 37 | 11 |
| 专用化学产品制造业 | 2670 | 2702 | 148 | 44 |
| 日用化学产品制造业 | 2680 | 1251 | 90 | 22 |
| 医药制造业 | 2700 | 3781 | 231 | 71 |
| 化学药品原药制造业 | 2710 | 736 | 37 | 6 |
| 化学药品制剂制造业 | 2720 | 1083 | 48 | 17 |
| 中药材及中成药加工业 | 2730 | 1323 | 80 | 30 |
| 动物药品制造业 | 2740 | 285 | 42 | 10 |
| 生物制品业 | 2750 | 354 | 24 | 8 |
| 化学纤维制造业 | 2800 | 953 | 28 | 10 |
| 纤维素纤维制造业 | 2810 | 143 | 6 | 1 |
| 合成纤维制造业 | 2820 | 673 | 16 | 5 |
| 渔具及渔具材料制造业 | 2850 | 137 | 6 | 4 |
| 橡胶制品业 | 2900 | 1901 | 102 | 18 |
| 轮胎制造业 | 2910 | 245 | 7 | |
| 力车胎制造业 | 2920 | 84 | 9 | 1 |
| 橡胶板、管、带制造业 | 2930 | 374 | 19 | 4 |
| 橡胶零件制品业 | 2940 | 311 | 20 | 3 |
| 再生橡胶制造业 | 2950 | 99 | 7 | 2 |
| 橡胶靴鞋制造业 | 2960 | 299 | 13 | 2 |
| 日用橡胶制品业 | 2970 | 158 | 13 | 2 |
| 橡胶制品翻修业 | 2980 | 39 | 5 | 1 |
| 其他橡胶制品业 | 2990 | 292 | 9 | 3 |
| 塑料制品业 | 3000 | 8020 | 306 | 112 |
| 塑料薄膜制造业 | 3010 | 820 | 43 | 14 |
| 塑料板、管、棒材制造业 | 3020 | 1161 | 48 | 17 |
| 塑料丝、绳及编织品制造业 | 3030 | 1208 | 89 | 24 |
| 泡沫塑料及人造革、合成革制造业 | 3040 | 857 | 22 | 15 |
| 塑料包装箱及容器制造业 | 3050 | 664 | 23 | 6 |

单位:个

| 100－500 万元 | 500－1000 万元 | 1000－5000 万元 | 5000 万元－1 亿元 | 1 亿元以上 | 代码 |
|---|---|---|---|---|---|
| 66 | 121 | 255 | 68 | 65 | 2630 |
| 275 | 945 | 1396 | 275 | 250 | 2650 |
| 78 | 279 | 418 | 106 | 136 | 2660 |
| 280 | 714 | 1176 | 198 | 142 | 2670 |
| 139 | 315 | 453 | 105 | 127 | 2680 |
| 471 | 774 | 1472 | 362 | 400 | 2700 |
| 73 | 133 | 308 | 83 | 96 | 2710 |
| 111 | 193 | 419 | 135 | 160 | 2720 |
| 194 | 294 | 512 | 102 | 111 | 2730 |
| 53 | 83 | 82 | 7 | 8 | 2740 |
| 40 | 71 | 151 | 35 | 25 | 2750 |
| 61 | 177 | 361 | 122 | 194 | 2800 |
| 15 | 30 | 45 | 14 | 32 | 2810 |
| 32 | 102 | 262 | 99 | 157 | 2820 |
| 14 | 45 | 54 | 9 | 5 | 2850 |
| 183 | 555 | 761 | 145 | 137 | 2900 |
| 17 | 42 | 82 | 30 | 67 | 2910 |
| 7 | 15 | 36 | 7 | 9 | 2920 |
| 49 | 109 | 149 | 29 | 15 | 2930 |
| 30 | 118 | 112 | 19 | 9 | 2940 |
| 11 | 41 | 31 | 5 | 2 | 2950 |
| 14 | 77 | 156 | 19 | 18 | 2960 |
| 13 | 38 | 70 | 13 | 9 | 2970 |
| 12 | 8 | 11 | 2 |  | 2980 |
| 30 | 107 | 114 | 21 | 8 | 2990 |
| 768 | 2472 | 3418 | 564 | 380 | 3000 |
| 73 | 221 | 316 | 81 | 72 | 3010 |
| 107 | 352 | 489 | 81 | 67 | 3020 |
| 206 | 404 | 417 | 47 | 21 | 3030 |
| 61 | 223 | 401 | 85 | 50 | 3040 |
| 77 | 210 | 277 | 45 | 26 | 3050 |

2－15 续表 4

| 行业中型 | 代码 | 企业单位数 | 50 万元及以下 | 50－100 万元 |
|---|---|---|---|---|
| 塑料鞋制造业 | 3060 | 416 | 3 | 2 |
| 日用塑料杂品制造业 | 3070 | 774 | 30 | 9 |
| 塑料零件制造业 | 3080 | 534 | 5 | 4 |
| 其他塑料制品业 | 3090 | 1586 | 43 | 21 |
| 非金属矿物制品业 | 3100 | 16332 | 1159 | 416 |
| 水泥制造业 | 3110 | 4804 | 110 | 33 |
| 水泥制品和石棉水泥制品业 | 3120 | 1981 | 244 | 91 |
| 砖瓦、石灰和轻质建筑材料制造业 | 3130 | 3495 | 475 | 208 |
| 玻璃及玻璃制品业 | 3140 | 1395 | 72 | 18 |
| 陶瓷制品业 | 3150 | 2159 | 111 | 14 |
| 耐火材料制品业 | 3160 | 920 | 46 | 16 |
| 石墨及碳素制品业 | 3170 | 447 | 29 | 9 |
| 矿物纤维及其制品业 | 3180 | 452 | 27 | 12 |
| 其他类未包括的非金属矿物制品业 | 3190 | 679 | 45 | 15 |
| 黑色金属冶炼及压延加工业 | 3200 | 3457 | 151 | 27 |
| 炼铁业 | 3210 | 693 | 46 | 6 |
| 炼钢业 | 3220 | 290 | 13 | 3 |
| 钢压延加工业 | 3240 | 1828 | 54 | 10 |
| 铁合金冶炼业 | 3260 | 646 | 38 | 8 |
| 有色金属冶炼及压延加工业 | 3300 | 3166 | 153 | 23 |
| 重有色金属冶炼业 | 3310 | 845 | 54 | 5 |
| 轻有色金属冶炼业 | 3320 | 482 | 26 | 3 |
| 贵金属冶炼业 | 3330 | 182 | 40 | 3 |
| 稀有稀土金属冶炼业 | 3340 | 247 | 6 | 4 |
| 有色金属合金业 | 3360 | 154 | 3 | 2 |
| 有色金属压延加工业 | 3380 | 1256 | 24 | 6 |
| 金属制品业 | 3400 | 10677 | 526 | 155 |
| 金属结构制造业 | 3410 | 1195 | 50 | 9 |
| 铸铁管制造业 | 3420 | 340 | 24 | 6 |
| 工具制造业 | 3430 | 1451 | 70 | 26 |
| 集装箱和金属包装物品制造业 | 3440 | 816 | 22 | 14 |

单位:个

| 100－500 万元 | 500－1000 万元 | 1000－5000 万元 | 5000 万元－1 亿元 | 1 亿元以上 | 代码 |
|---|---|---|---|---|---|
| 22 | 154 | 202 | 25 | 8 | 3060 |
| 71 | 231 | 366 | 37 | 30 | 3070 |
| 32 | 156 | 258 | 46 | 33 | 3080 |
| 119 | 521 | 692 | 117 | 73 | 3090 |
| 1990 | 4585 | 6581 | 967 | 634 | 3100 |
| 360 | 1307 | 2435 | 336 | 223 | 3110 |
| 296 | 459 | 700 | 132 | 59 | 3120 |
| 648 | 1038 | 997 | 91 | 38 | 3130 |
| 133 | 384 | 560 | 117 | 111 | 3140 |
| 206 | 663 | 904 | 150 | 111 | 3150 |
| 119 | 278 | 378 | 43 | 40 | 3160 |
| 62 | 119 | 173 | 38 | 17 | 3170 |
| 50 | 127 | 188 | 27 | 21 | 3180 |
| 116 | 210 | 246 | 33 | 14 | 3190 |
| 236 | 775 | 1434 | 331 | 503 | 3200 |
| 38 | 149 | 301 | 78 | 75 | 3210 |
| 19 | 51 | 76 | 30 | 98 | 3220 |
| 103 | 393 | 793 | 180 | 295 | 3240 |
| 76 | 182 | 264 | 43 | 35 | 3260 |
| 246 | 696 | 1277 | 349 | 422 | 3300 |
| 71 | 224 | 305 | 86 | 100 | 3310 |
| 36 | 82 | 190 | 52 | 93 | 3320 |
| 20 | 37 | 52 | 11 | 19 | 3330 |
| 19 | 58 | 104 | 28 | 28 | 3340 |
| 16 | 30 | 69 | 22 | 12 | 3360 |
| 84 | 265 | 557 | 150 | 170 | 3380 |
| 1095 | 3265 | 4489 | 640 | 507 | 3400 |
| 115 | 364 | 513 | 83 | 61 | 3410 |
| 45 | 100 | 134 | 18 | 13 | 3420 |
| 162 | 446 | 619 | 85 | 43 | 3430 |
| 77 | 243 | 324 | 53 | 83 | 3440 |

2－15 续表 5

| 行业中型 | 代码 | 企业单位数 | 50 万元及以下 | 50－100 万元 |
|---|---|---|---|---|
| 金属丝绳及其制品业 | 3450 | 895 | 45 | 9 |
| 建筑用金属制品业 | 3460 | 1772 | 135 | 46 |
| 金属表面处理及热处理业 | 3470 | 736 | 17 | 11 |
| 日用金属制品业 | 3480 | 2657 | 106 | 20 |
| 其他金属制品业 | 3490 | 815 | 57 | 14 |
| 普通机械制造业 | 3500 | 11351 | 551 | 203 |
| 锅炉及原动机制造业 | 3510 | 1237 | 63 | 31 |
| 金属加工机械制造业 | 3520 | 1369 | 96 | 33 |
| 通用设备制造业 | 3530 | 2487 | 85 | 33 |
| 轴承、阀门制造业 | 3540 | 1379 | 33 | 15 |
| 其他通用零部件制造业 | 3560 | 2143 | 93 | 41 |
| 铸锻件制造业 | 3570 | 2152 | 76 | 24 |
| 普通机械修理业 | 3580 | 118 | 38 | 13 |
| 其他普通机械制造业 | 3590 | 466 | 67 | 13 |
| 专用设备制造业 | 3600 | 7155 | 591 | 181 |
| 冶金、矿山、机电工业专用设备制造业 | 3610 | 860 | 53 | 15 |
| 石化及其他工业专用设备制造业 | 3620 | 1287 | 55 | 16 |
| 轻纺工业专用设备制造业 | 3630 | 1469 | 84 | 29 |
| 农、林、牧、渔、水利业机械制造业 | 3640 | 1173 | 164 | 54 |
| 医疗器械制造业 | 3650 | 691 | 36 | 13 |
| 其他专用设备制造业 | 3670 | 1301 | 59 | 26 |
| 专用机械设备修理业 | 3680 | 374 | 140 | 28 |
| 交通运输设备制造业 | 3700 | 8398 | 740 | 265 |
| 铁路运输设备制造业 | 3710 | 419 | 21 | 17 |
| 汽车制造业 | 3720 | 3807 | 141 | 46 |
| 摩托车制造业 | 3730 | 1198 | 21 | 12 |
| 自行车制造业 | 3740 | 498 | 24 | 5 |
| 电车制造业 | 3750 | 8 | 1 | |
| 船舶制造业 | 3760 | 335 | 12 | 3 |
| 航空航天器制造业 | 3770 | 143 | | 1 |
| 交通运输设备修理业 | 3780 | 1911 | 517 | 180 |

单位:个

| 100－500万元 | 500－1000万元 | 1000－5000万元 | 5000万元－1亿元 | 1亿元以上 | 代码 |
|---|---|---|---|---|---|
| 92 | 259 | 388 | 58 | 44 | 3450 |
| 228 | 545 | 689 | 70 | 59 | 3460 |
| 60 | 261 | 317 | 38 | 32 | 3470 |
| 227 | 807 | 1172 | 194 | 131 | 3480 |
| 89 | 240 | 333 | 41 | 41 | 3490 |
| 1311 | 3355 | 4641 | 719 | 571 | 3500 |
| 165 | 318 | 457 | 89 | 114 | 3510 |
| 195 | 360 | 536 | 93 | 56 | 3520 |
| 280 | 671 | 1040 | 181 | 197 | 3530 |
| 131 | 409 | 617 | 99 | 75 | 3540 |
| 232 | 697 | 879 | 131 | 70 | 3560 |
| 231 | 759 | 915 | 103 | 44 | 3570 |
| 18 | 26 | 21 | 2 |  | 3580 |
| 59 | 115 | 176 | 21 | 15 | 3590 |
| 1060 | 1819 | 2587 | 477 | 440 | 3600 |
| 127 | 207 | 325 | 69 | 64 | 3610 |
| 152 | 317 | 545 | 131 | 71 | 3620 |
| 214 | 396 | 573 | 86 | 87 | 3630 |
| 210 | 302 | 326 | 48 | 69 | 3640 |
| 107 | 184 | 261 | 44 | 46 | 3650 |
| 192 | 353 | 493 | 90 | 88 | 3670 |
| 58 | 60 | 64 | 9 | 15 | 3680 |
| 951 | 1871 | 3023 | 708 | 840 | 3700 |
| 59 | 95 | 162 | 25 | 40 | 3710 |
| 291 | 901 | 1527 | 402 | 499 | 3720 |
| 89 | 323 | 543 | 108 | 102 | 3730 |
| 36 | 110 | 215 | 65 | 43 | 3740 |
| 1 |  | 5 | 1 |  | 3750 |
| 36 | 75 | 132 | 31 | 46 | 3760 |
| 13 | 12 | 44 | 25 | 48 | 3770 |
| 414 | 330 | 364 | 45 | 61 | 3780 |

2-15 续表 6

| 行业中型 | 代码 | 企业单位数 | 50万元及以下 | 50-100万元 |
|---|---|---|---|---|
| 其他交通运输设备制造业 | 3790 | 79 | 3 | 1 |
| 电气机械及器材制造业 | 4000 | 9888 | 356 | 101 |
| 电机制造业 | 4010 | 961 | 44 | 13 |
| 输配电及控制设备制造业 | 4020 | 2779 | 106 | 29 |
| 电工器材制造业 | 4040 | 3027 | 80 | 24 |
| 日用电器制造业 | 4060 | 1332 | 35 | 9 |
| 照明器具制造业 | 4070 | 1383 | 33 | 10 |
| 电气机械修理业 | 4080 | 82 | 31 | 5 |
| 其他电气机械制造业 | 4090 | 324 | 27 | 11 |
| 电子及通信设备制造业 | 4100 | 5841 | 190 | 52 |
| 通信设备制造业 | 4110 | 956 | 23 | 12 |
| 雷达制造业 | 4120 | 51 | 3 | |
| 广播电视设备制造业 | 4130 | 125 | 12 | 4 |
| 电子计算机制造业 | 4140 | 608 | 10 | 4 |
| 电子器件制造业 | 4150 | 635 | 23 | 5 |
| 电子元件制造业 | 4160 | 2186 | 67 | 19 |
| 日用电子器具制造业 | 4170 | 677 | 18 | 3 |
| 电子设备及通信设备修理业 | 4180 | 36 | 8 | 1 |
| 其他电子设备制造业 | 4190 | 567 | 26 | 4 |
| 仪器仪表及文化、办公用机械制造业 | 4200 | 2410 | 161 | 62 |
| 通用仪器仪表制造业 | 4210 | 1145 | 70 | 21 |
| 专用仪器仪表制造业 | 4220 | 317 | 27 | 15 |
| 电子测量仪器制造业 | 4230 | 108 | 7 | 6 |
| 计量器具制造业 | 4240 | 190 | 11 | 6 |
| 文化、办公用机械制造业 | 4250 | 233 | 14 | 3 |
| 钟表制造业 | 4260 | 294 | 12 | 6 |
| 仪器仪表及文化、办公用机械修理业 | 4280 | 23 | 7 | 1 |
| 他仪器仪表制造业 | 4290 | 100 | 13 | 4 |
| 造业 | 4300 | 4729 | 226 | 53 |
| 艺美术品制造业 | 4310 | 3209 | 127 | 31 |
| 用杂品制造业 | 4350 | 624 | 18 | 6 |

单位:个

| 100－500 万元 | 500－1000 万元 | 1000－5000 万元 | 5000 万元－1 亿元 | 1 亿元以上 | 代码 |
|---|---|---|---|---|---|
| 12 | 25 | 31 | 6 | 1 | 3790 |
| 794 | 2432 | 4299 | 945 | 961 | 4000 |
| 85 | 242 | 403 | 88 | 86 | 4010 |
| 296 | 706 | 1198 | 238 | 206 | 4020 |
| 208 | 688 | 1364 | 322 | 341 | 4040 |
| 61 | 272 | 557 | 163 | 235 | 4060 |
| 98 | 420 | 638 | 111 | 73 | 4070 |
| 10 | 17 | 14 | 3 | 2 | 4080 |
| 36 | 87 | 125 | 20 | 18 | 4090 |
| 391 | 1210 | 2340 | 610 | 1048 | 4100 |
| 88 | 186 | 346 | 94 | 207 | 4110 |
| 4 | 9 | 20 | 6 | 9 | 4120 |
| 12 | 21 | 60 | 7 | 9 | 4130 |
| 29 | 98 | 214 | 80 | 173 | 4140 |
| 36 | 112 | 247 | 62 | 150 | 4150 |
| 126 | 540 | 928 | 233 | 273 | 4160 |
| 46 | 116 | 258 | 69 | 167 | 4170 |
| 7 | 10 | 9 | 1 | | 4180 |
| 43 | 118 | 258 | 58 | 60 | 4190 |
| 298 | 602 | 944 | 178 | 165 | 4200 |
| 152 | 307 | 445 | 81 | 69 | 4210 |
| 47 | 72 | 120 | 22 | 14 | 4220 |
| 13 | 25 | 43 | 9 | 5 | 4230 |
| 28 | 53 | 77 | 8 | 7 | 4240 |
| 21 | 38 | 81 | 27 | 49 | 4250 |
| 20 | 76 | 139 | 24 | 17 | 4260 |
| 3 | 5 | 6 | 1 | | 4280 |
| 14 | 26 | 33 | 6 | 4 | 4290 |
| 457 | 1513 | 1997 | 291 | 192 | 4300 |
| 322 | 1078 | 1380 | 176 | 95 | 4310 |
| 48 | 182 | 301 | 46 | 23 | 4350 |

| 行业中型 | 代码 | 企业单位数 | 50 万元及以下 | 50－100 万元 |
|---|---|---|---|---|
| 其他生产、生活用品制造业 | 4390 | 896 | 81 | 16 |
| **电力、煤气及水的生产和供应业** | **D** | **8736** | **943** | **551** |
| 电力、蒸汽、热水的生产和供应业 | 4400 | 5827 | 628 | 256 |
| 电力生产业 | 4410 | 3135 | 399 | 204 |
| 电力供应业 | 4420 | 2249 | 181 | 35 |
| 蒸汽、热水生产和供应业 | 4430 | 443 | 48 | 17 |
| 煤气生产和供应业 | 4500 | 376 | 32 | 5 |
| 煤气生产业 | 4510 | 64 | 6 | |
| 煤气供应业 | 4520 | 312 | 26 | 5 |
| 自来水的生产和供应业 | 4600 | 2533 | 283 | 290 |
| 自来水生产业 | 4610 | 1356 | 117 | 130 |
| 自来水供应业 | 4620 | 1177 | 166 | 160 |
| **建筑业** | **E** | **53559** | **10263** | **4531** |
| 土木工程建筑业 | 4700 | 37285 | 5246 | 2680 |
| 房屋建筑业 | 4710 | 29213 | 3816 | 2037 |
| 矿山建筑业 | 4720 | 305 | 32 | 18 |
| 铁路、公路、遂道、桥梁建筑业 | 4730 | 3079 | 334 | 190 |
| 堤坝、电站、码头建筑业 | 4740 | 1015 | 130 | 62 |
| 其他土木工程建筑业 | 4790 | 3673 | 934 | 373 |
| 线路、管道和设备安装业 | 4800 | 7342 | 1623 | 736 |
| 线路、管道安装业 | 4810 | 2805 | 521 | 255 |
| 设备安装业 | 4820 | 4537 | 1102 | 481 |
| 装修装饰业 | 4900 | 8932 | 3394 | 1115 |
| **批发和零售贸易、餐饮业** | **H** | **36037** | **2295** | **781** |
| 食品、饮料、烟草和家庭用品批发业 | 6100 | 8631 | 361 | 123 |
| 食品、饮料、烟草批发业 | 6110 | 4397 | 159 | 64 |
| 棉、麻、土畜产品批发业 | 6120 | 475 | 45 | 3 |
| 纺织品、服装和鞋帽批发业 | 6130 | 893 | 28 | 5 |
| 日用百货批发业 | 6140 | 575 | 23 | 11 |
| 日用杂品批发业 | 6150 | 99 | 11 | 3 |
| 五金、交电、化工批发业 | 6160 | 997 | 66 | 31 |

单位:个

| 100－500 万元 | 500－1000 万元 | 1000－5000 万元 | 5000 万元－1 亿元 | 1 亿元以上 | 代码 |
|---|---|---|---|---|---|
| 87 | 253 | 316 | 69 | 74 | 4390 |
| **1890** | **1127** | **2239** | **767** | **1219** | **D** |
| 820 | 679 | 1687 | 664 | 1093 | 4400 |
| 534 | 420 | 770 | 276 | 532 | 4410 |
| 194 | 193 | 764 | 344 | 538 | 4420 |
| 92 | 66 | 153 | 44 | 23 | 4430 |
| 53 | 61 | 122 | 36 | 67 | 4500 |
| 11 | 5 | 17 | 8 | 17 | 4510 |
| 42 | 56 | 105 | 28 | 50 | 4520 |
| 1017 | 387 | 430 | 67 | 59 | 4600 |
| 529 | 226 | 270 | 44 | 40 | 4610 |
| 488 | 161 | 160 | 23 | 19 | 4620 |
| **15316** | **6529** | **12094** | **2718** | **2108** | **E** |
| 10584 | 4883 | 9836 | 2316 | 1740 | 4700 |
| 8354 | 3859 | 8090 | 1854 | 1203 | 4710 |
| 77 | 26 | 98 | 33 | 21 | 4720 |
| 778 | 408 | 761 | 262 | 346 | 4730 |
| 284 | 140 | 259 | 49 | 91 | 4740 |
| 1091 | 450 | 628 | 118 | 79 | 4790 |
| 2110 | 923 | 1370 | 285 | 295 | 4800 |
| 777 | 356 | 620 | 136 | 140 | 4810 |
| 1333 | 567 | 750 | 149 | 155 | 4820 |
| 2622 | 723 | 888 | 117 | 73 | 4900 |
| **5077** | **4862** | **12761** | **4337** | **5924** | **H** |
| 518 | 319 | 3297 | 1683 | 2330 | 6100 |
| 258 | 179 | 1691 | 892 | 1154 | 6110 |
| 28 | 16 | 189 | 79 | 115 | 6120 |
| 26 | 21 | 276 | 161 | 376 | 6130 |
| 44 | 17 | 235 | 105 | 140 | 6140 |
| 12 |  | 43 | 14 | 16 | 6150 |
| 86 | 37 | 352 | 198 | 227 | 6160 |

| 行业中型 | 代码 | 企业单位数 | 50万元及以下 | 50-100万元 |
|---|---|---|---|---|
| 药品及医疗器械批发业 | 6170 | 1195 | 29 | 6 |
| 能源、材料和机械电子设备批发业 | 6200 | 7005 | 380 | 123 |
| 能源批发业 | 6210 | 2111 | 96 | 29 |
| 化工材料批发业 | 6220 | 696 | 23 | 8 |
| 木材批发业 | 6230 | 83 | 11 | 2 |
| 建筑材料批发业 | 6240 | 375 | 34 | 10 |
| 矿产品批发业 | 6250 | 82 | 5 | |
| 金属材料批发业 | 6260 | 1298 | 48 | 26 |
| 机械、电子设备批发业 | 6270 | 1362 | 114 | 37 |
| 汽车、摩托车及零配件批发业 | 6280 | 707 | 28 | 3 |
| 再生物资回收批发业 | 6290 | 291 | 21 | 8 |
| 其他批发业 | 6300 | 1974 | 130 | 55 |
| 工艺美术品批发业 | 6310 | 88 | 1 | |
| 图书报刊批发业 | 6320 | 217 | 6 | 2 |
| 农业生产资料批发业 | 6330 | 1288 | 111 | 49 |
| 其他类未包括的批发业 | 6390 | 381 | 12 | 4 |
| 零售业 | 6400 | 12854 | 1184 | 386 |
| 食品、饮料和烟草零售业 | 6410 | 1366 | 192 | 37 |
| 日用百货零售业 | 6420 | 4442 | 347 | 118 |
| 纺织品、服装和鞋帽零售业 | 6430 | 420 | 27 | 13 |
| 日用杂品零售业 | 6440 | 129 | 29 | 6 |
| 五金、交电、化工零售业 | 6450 | 1432 | 196 | 75 |
| 药品及医疗器械零售业 | 6470 | 870 | 35 | 16 |
| 图书报刊零售业 | 6480 | 987 | 34 | 13 |
| 其他零售业 | 6490 | 3208 | 324 | 108 |
| 餐饮业 | 6700 | 5573 | 240 | 94 |
| 正餐 | 6710 | 5234 | 220 | 91 |
| 快餐 | 6720 | 231 | 6 | |
| 其他餐饮业 | 6790 | 108 | 14 | 3 |

单位:个

| 100－500 万元 | 500－1000 万元 | 1000－5000 万元 | 5000 万元－1 亿元 | 1 亿元以上 | 代码 |
|---|---|---|---|---|---|
| 64 | 49 | 511 | 234 | 302 | 6170 |
| 435 | 213 | 2566 | 1287 | 2001 | 6200 |
| 58 | 49 | 741 | 440 | 698 | 6210 |
| 50 | 28 | 270 | 122 | 195 | 6220 |
| 5 | 4 | 33 | 9 | 19 | 6230 |
| 55 | 17 | 139 | 63 | 57 | 6240 |
| 4 | 2 | 32 | 13 | 26 | 6250 |
| 93 | 37 | 463 | 240 | 391 | 6260 |
| 128 | 44 | 499 | 222 | 318 | 6270 |
| 29 | 26 | 260 | 125 | 236 | 6280 |
| 13 | 6 | 129 | 53 | 61 | 6290 |
| 189 | 115 | 859 | 288 | 338 | 6300 |
| 1 | 1 | 31 | 15 | 39 | 6310 |
| 13 | 13 | 123 | 24 | 36 | 6320 |
| 158 | 86 | 563 | 174 | 147 | 6330 |
| 17 | 15 | 142 | 75 | 116 | 6390 |
| 1603 | 2787 | 4713 | 975 | 1206 | 6400 |
| 170 | 334 | 489 | 72 | 72 | 6410 |
| 595 | 948 | 1428 | 377 | 629 | 6420 |
| 55 | 92 | 188 | 26 | 19 | 6430 |
| 18 | 35 | 32 | 7 | 2 | 6440 |
| 227 | 314 | 463 | 82 | 75 | 6450 |
| 80 | 215 | 385 | 81 | 58 | 6470 |
| 75 | 225 | 571 | 46 | 23 | 6480 |
| 383 | 624 | 1157 | 284 | 328 | 6490 |
| 2332 | 1428 | 1326 | 104 | 49 | 6700 |
| 2214 | 1373 | 1226 | 87 | 23 | 6710 |
| 79 | 35 | 72 | 14 | 25 | 6720 |
| 39 | 20 | 28 | 3 | 1 | 6790 |

# 2-16 限额以上企业按登记注册类型、营业状态分组的单位数

(2002 年)　　单位:个

| 登记注册类型 | 代码 | 企业单位数 | 营业 | 停业 | 当年撤消 | 其他 |
|---|---|---|---|---|---|---|
| **全国总计** | **000** | **283748** | **272774** | **7655** | **1204** | **2115** |
| #内资 | | 245887 | 235419 | 7465 | 1161 | 1842 |
| 国有 | 110 | 59233 | 52884 | 5139 | 577 | 633 |
| 集体 | 120 | 47175 | 45708 | 1075 | 246 | 146 |
| 股份合作 | 130 | 13243 | 13026 | 124 | 36 | 57 |
| 国有联营 | 141 | 656 | 633 | 13 | 3 | 7 |
| 集体联营 | 142 | 745 | 724 | 15 | 3 | 3 |
| 国有与集体联营 | 143 | 868 | 839 | 16 | 5 | 8 |
| 其他联营 | 149 | 569 | 559 | 5 | 3 | 2 |
| 国有独资公司 | 151 | 2220 | 2164 | 33 | 9 | 14 |
| 其他有限责任公司 | 159 | 38819 | 38140 | 308 | 71 | 300 |
| 股份有限公司 | 160 | 11273 | 11061 | 108 | 23 | 81 |
| 私营独资 | 171 | 19864 | 19388 | 257 | 89 | 130 |
| 私营合伙 | 172 | 4329 | 4229 | 53 | 17 | 30 |
| 私营有限责任公司 | 173 | 42555 | 41831 | 280 | 59 | 385 |
| 私营股份有限公司 | 174 | 3740 | 3659 | 32 | 11 | 38 |
| 其他内资 | 190 | 598 | 574 | 7 | 9 | 8 |
| #港澳台商投资 | | 22217 | 21929 | 125 | 27 | 136 |
| 与港澳台商合资经营 | 210 | 10312 | 10159 | 84 | 14 | 55 |
| 与港澳台商合作经营 | 220 | 2469 | 2446 | 12 | 5 | 6 |
| 港澳台商独资 | 230 | 9152 | 9043 | 28 | 8 | 73 |
| 港澳台商投资股份有限公司 | 240 | 284 | 281 | 1 | | 2 |
| #外商投资 | | 15644 | 15426 | 65 | 16 | 137 |
| 中外合资经营 | 310 | 8433 | 8322 | 38 | 8 | 65 |
| 中外合作经营 | 320 | 1110 | 1095 | 8 | 2 | 5 |
| 外资企业 | 330 | 5910 | 5824 | 17 | 6 | 63 |
| 外商投资股份有限公司 | 340 | 191 | 185 | 2 | | 4 |

# 2-17 限额以上企业按开业时间、营业状态分组的单位数

(2002年)

| 开业时间 | 代码 | 企业单位数(个) | 营业 | 停业 | 当年撤消 | 其他 |
|---|---|---|---|---|---|---|
| 全国总计 | 00 | 283748 | 272774 | 7655 | 1204 | 2115 |
| 1978年以前 | 01 | 47393 | 43649 | 2904 | 336 | 504 |
| 1979-1981年 | 02 | 8157 | 7777 | 317 | 33 | 30 |
| 1982-1984年 | 03 | 10861 | 10311 | 443 | 61 | 46 |
| 1985-1988年 | 04 | 19671 | 18804 | 694 | 96 | 77 |
| 1989-1991年 | 05 | 15739 | 15107 | 484 | 81 | 67 |
| 1992年 | 06 | 12927 | 12512 | 305 | 60 | 50 |
| 1993年 | 07 | 18069 | 17549 | 395 | 60 | 65 |
| 1994年 | 08 | 15506 | 15103 | 299 | 60 | 44 |
| 1995年 | 09 | 15836 | 15443 | 292 | 63 | 38 |
| 1996年 | 10 | 15783 | 15335 | 318 | 78 | 52 |
| 1997年 | 11 | 16497 | 16173 | 224 | 53 | 47 |
| 1998年 | 12 | 21194 | 20734 | 328 | 69 | 63 |
| 1999年 | 13 | 20626 | 20230 | 258 | 60 | 78 |
| 2000年 | 14 | 21132 | 20714 | 195 | 59 | 164 |
| 2001年 | 15 | 18529 | 17752 | 147 | 31 | 599 |
| 2002年 | 16 | 5821 | 5575 | 51 | 4 | 191 |
| 年份不祥 | 17 | 7 | 6 | 1 | | |

# 第三部分　部分限额以上企业名录（按行业大类索引）

# 2002年部分限额以上

(2002年)

| 企业名称 | 法人代表 | 电　话 | 分　机 | 邮政编码 |
|---|---|---|---|---|
| **煤炭采选业** | | | | |
| 兖矿集团有限公司 | 赵经彻 | 5380666 | 7204 | 273500 |
| 大同煤矿集团有限责任公司 | 朱晓喜 | 7013080 | | 037003 |
| 新汶矿业集团有限责任公司 | 郎庆田 | 7872835 | | 271233 |
| 开滦(集团)有限责任公司 | 杨　中 | 2823811 | 22361 | 063018 |
| 淮南矿业(集团)有限责任公司 | 王　源 | 6644356 | | 232001 |
| 淮北矿业(集团)有限责任公司 | 安兆宗 | 4952581 | | 235000 |
| 平顶山煤业(集团)有限责任公司 | 陈庆禄 | 2921770 | | 467000 |
| 阳泉煤业(集团)有限责任公司 | 王亦农 | 7073112 | | 045000 |
| 平朔煤炭工业公司 | 王德志 | 2054455 | | 036006 |
| 神华神府东胜煤炭有限责任公司 | 杨景才 | 8222718 | | 719315 |
| 鹤壁市煤业集团有限责任公司 | 李永新 | 2911191 | | 458000 |
| 峰峰矿务局 | 张文学 | 5012323 | 23305 | 056201 |
| 铁法煤业(集团)有限责任公司 | 张明元 | 6835663 | | 112700 |
| 沛县大屯煤电公司有限责任公司 | 李钟奇 | 4025204 | | 221611 |
| 七台河矿业精煤集团有限责任公司 | 乔洪涛 | 8790234 | | 154600 |
| 山西省潞安矿业集团公司 | 任润厚 | 5921443 | | 046204 |
| 河北省邢台市矿业(集团)有限责任公司 | 郑存良 | 2068232 | | 054000 |
| 抚顺矿业集团有限责任公司 | 王占洲 | 2533377 | | 113008 |
| 阜新矿务局 | 李凤威 | 2823032 | | 123000 |
| 皖北煤电集团有限责任公司 | 许崇信 | 3981427 | | 235000 |
| 攀枝花市煤业(集团)有限责任公司 | 诸韶华 | 5991281 | | 617066 |
| 山西省晋城无烟煤矿业集团有限责任公司 | 袁宗本 | 3664145 | | 048006 |
| 上海大屯能源股份有限责任公司 | 曹祖良 | 58218560 | | 200135 |
| 焦作煤业(集团)有限责任公司 | 辛世都 | 3532715 | | 454002 |
| 沈阳煤业(集团)有限责任公司 | 赵子德 | 89872535 | | 110122 |
| 山西焦煤集团有限责任公司 | 杜复新 | 6215380 | | 030053 |
| 国投新集能源股份有限公司 | 邹泽宇 | 8668241 | | 232100 |
| 山西西山煤电股份有限公司 | 李　仪 | 6217286 | | 030053 |
| 神华集团准格尔能源有限责任公司 | 李　东 | 4316206 | | 010300 |
| 义马煤业(集团)有限责任公司 | 付树林 | 5898324 | | 472300 |
| 北京京煤集团有限责任公司 | 倪文驹 | 69842461 | 21215 | 102300 |
| 鹤岗矿务局 | 李忠勤 | 3733077 | | 154100 |

## 企业名录一览表

| 企业所在地区 | 企业详细地址 | 主要产品(主要业务活动) |
|---|---|---|
| 山东省济宁市邹城市 | 凫山路40号 | 煤炭生产 |
| 山西省大同市矿区 | 新平旺东门街11号 | 煤炭开采、煤炭洗选 |
| 山东省泰安市新泰市 | 孙村 | 原煤、洗精煤、水泥 |
| 河北省唐山市路南区 | 新华东道70号 | 煤炭开采 |
| 安徽省淮南市田家庵区 | 洞山中路 | 煤炭开采、煤炭洗选 |
| 安徽省淮北市杜集区 | 孟山路 | 原煤 |
| 河南省平顶山市新华区 | 矿工路西9号 | 原煤生产、洗精煤、发供电 |
| 山西省阳泉市矿区 | 北大西街5号 | 煤炭采选 |
| 山西省朔州市朔城区 | 生活区 | 煤炭开采、煤炭运销、计划内物资供应 |
| 陕西省榆林市神木县 | 大柳塔 | 煤炭 |
| 河南省鹤壁市山城区 | 红旗街98号 | 煤炭开采、火力发电、棉纺织 |
| 河北省邯郸市峰峰矿区 | 鼓山北街太中路2号 | 原煤、精煤 |
| 辽宁省铁岭市调兵山市 | 人民路117号 | 煤炭开采、洗选加工 |
| 江苏省徐州市沛县 | 郝寨居委会 | 煤炭开采、煤炭洗选、火力发电 |
| 黑龙江省七台河市桃山区 | 东进街43号 | 原煤开采 |
| 山西省长治市襄垣县 | 侯堡 | 原煤、洗精煤 |
| 河北省邢台市桥西区 | 中兴西大街191号 | 原煤 |
| 辽宁省抚顺市新抚区 | 中央大街24号 | 煤炭开采、洗煤、天然气 |
| 辽宁省阜新市海州区 | 中华路 | 煤炭开采 |
| 安徽省淮北市杜集区 | 西昌路 | 原煤 |
| 四川省攀枝花市西区 | 陶家渡95号 | 原煤、洗精煤、火力发电 |
| 山西省晋城市城区 | 北石店村 | 煤炭开采 |
| 上海市浦东新区 | 桃林路18号环球广场 | 煤炭开采、煤炭洗选 |
| 河南省焦作市山阳区 | 解放中路239号 | 原煤、洗选、电力 |
| 辽宁省沈阳市新城子区 | 虎石台镇 | 原煤、洗精煤、石膏 |
| 山西省太原市万柏林区 | 西矿街319号 | 煤炭开采洗选 |
| 安徽省淮南市凤台县 | 新集 | 煤矿采选业、火力发电 |
| 山西省太原市万柏林区 | 西矿街319号 | 煤炭开采洗选 |
| 内蒙古自治区鄂尔多斯市准格尔旗 | 蓝天区 | 烟煤 |
| 河南省三门峡市义马市 | 千秋路东段6号 | 原煤、炼焦用洗精煤、水泥 |
| 北京市门头沟区 | 新桥南大街2号 | 煤炭开采 |
| 黑龙江省鹤岗市向阳区 | 红军路二道街188号 | 煤炭开采、煤炭加工 |

续表 1

| 企业名称 | 法人代表 | 电　　话 | 分　　机 | 邮政编码 |
|---|---|---|---|---|
| 太西集团有限责任公司 | 张文江 | 2428688 | | 753000 |
| 肥城矿业集团有限责任公司 | 管允明 | 3127230 | | 271603 |
| 山西国阳新能股份有限公司 | 石盛奎 | 7078539 | | 045000 |
| 双鸭山矿业集团有限公司 | 张成祥 | 4222656 | 63539 | 155103 |
| 神华集东胜煤田有限责任公司 | 杨金才 | 8222091 | | 017200 |
| 萍乡矿业有限责任公司 | 文培斌 | 6582803 | | 337000 |
| 内蒙古霍林河煤业集团有限责任公司 | 王利民 | 7952909 | | 029200 |
| 济宁矿业集团有限公司 | 王彦伦 | 2907823 | | 272000 |
| 内蒙古伊泰煤碳有限公司 | 祁文斌 | 8525584 | 2434 | 017000 |
| 内蒙古平庄煤业集团有限责任公司 | 刘　绵 | 3510190 | 24318 | 024076 |
| 霍州煤电集团有限责任公司 | 白培中 | 5631305 | | 031400 |
| 郑州煤炭工业(集团)有限责任公司 | 李国安 | 9782445 | | 452371 |
| 山西晋城金驹集团 | 袁宗本 | 3662360 | | 048000 |
| 浙江长广(集团)有限责任公司 | 姚炳甫 | 6207088 | | 313100 |
| 山西神州煤电焦化股份有限公司 | 麻禄斗 | 6019395 | | 030024 |
| 盘江煤电(集团)有限责任公司 | 张世新 | 3700035 | | 553536 |
| 徐州矿务集团有限公司 | 闵长江 | 5753940 | | 221006 |
| 北京神华昌运高技术配煤中心 | 韩建国 | 64046980 | | 100009 |
| **石油和天然气开采业** | | | | |
| 中国石油天然气股份有限公司大庆油田公司 | 苏树林 | 5996212 | | 163453 |
| 中国石化胜利油田有限公司 | 曹耀峰 | 8552074 | | 257001 |
| 中国石油天然气股份有限公司辽河油田分公司 | 王春鹏 | 7820090 | | 124010 |
| 辽河石油勘探局 | 王　革 | 7821325 | | 124010 |
| 中国石油天然气股份有限公司新疆油田分公司 | 王宜林 | 6888092 | | 834000 |
| 中国石油长庆油田分公司 | 胡文瑞 | 6598888 | | 710021 |
| 中海石油(中国)有限公司天津分公司 | 朱明才 | 25809744 | | 300452 |
| 中国石油天然气股份公司塔里木油田分公司 | 廖永远 | 2171744 | | 841000 |
| 中海石油(中国)有限公司深圳分公司 | 方　志 | 66992880 | 3274 | 518067 |
| 中海石油(中国)有限公司湛江分公司 | 祁保蕃 | 3900093 | | 524057 |
| 中国石油天然气股份有限公司大港油田公司 | 姚和清 | 25971708 | | 300280 |
| 中国石油天然气股份有限公司吉林油田分公司 | 王永春 | 6224650 | | 138000 |
| 中国石油化工股份有限公司中原油 | 刘恩学 | 4822172 | | 457001 |
| 中国石油天然气股份有限责任公司玉门油田公司 | 刘世洲 | 3921345 | | 735200 |

| 企业所在地区 | 企业详细地址 | 主要产品(主要业务活动) |
| --- | --- | --- |
| 宁夏回族自治区石嘴山市大武口区 | 贺兰山南路 362 号 | 煤炭开采、煤炭洗选、水泥制造 |
| 山东省泰安市肥城市 | 东大封村 | 煤炭开采 |
| 山西省阳泉市矿区 | 北大西街 5 号 | 煤炭采选 |
| 黑龙江省双鸭山市尖山区 | 新兴大街 84 号 | 煤炭开采 |
| 内蒙古自治区鄂尔多斯市伊金霍洛旗 | 上湾村 | 原煤 |
| 江西省萍乡市安源区 | 昭萍东路 27 号 | 原煤、平板玻璃、改装汽车 |
| 内蒙古自治区通辽市霍林郭勒市 | 珠斯花大街 | 煤炭、建材、机电产品 |
| 山东省济宁市市中区 | 红星东路 27 号 | 煤炭开发 |
| 内蒙古自治区鄂尔多斯市东胜区 | 鄂尔多斯西街 | 煤碳 |
| 内蒙古自治区赤峰市元宝山区 | 哈河 | 原煤 |
| 山西省临汾市霍州市 | 东大街 188 号 | 煤炭 |
| 河南省郑州市中原区 | 航海西路金苑小区 | 煤炭、电力、水泥 |
| 山西省晋城市城区 | 北石店村 | 煤炭、电 |
| 浙江省湖州市长兴县 | 雉城镇金陵南路 2 号 | 煤炭、电力、水泥 |
| 山西省太原市万柏林区 | 和平南路 83 号 | 原煤、炼焦煤、煤气 |
| 贵州省六盘水市盘县 | 蛾螂铺 | 原煤、精煤、混煤 |
| 江苏省徐州市泉山区 | 淮海西路 | 原煤、洗煤 |
| 北京市昌平区 | 城北城北 | 煤炭 |
| | | |
| 黑龙江省大庆市让胡路区 | 西宾 | 天然原油开采 |
| 山东省东营市东营区 | 济南路 258 号 | 原油、天然气 |
| 辽宁省盘锦市兴隆台区 | 石油大街 | 原油开采、天然气 |
| 辽宁省盘锦市兴隆台区 | 石油大街 92 号 | 油气水井钻井修复 |
| 新疆维吾尔自治区克拉玛依市克拉玛依区 | 友谊路 100 号 | 原油开采 |
| 陕西省西安市未央区 | 未央路 151 号 | 天然原油、天然气、原油加工 |
| 天津市塘沽区 | 河口街 2－37 号 | 石油天然气勘探开发 |
| 新疆维吾尔自治区巴音郭楞蒙古自治州库尔勒市 | 石化大道 | 原油开采、尿素、柴油 |
| 广东省深圳市南山区 | 工业二路一号 | 天然原油开采 |
| 广东省湛江市坡头区 | 南调路 | 天然原油、天然气 |
| 天津市大港区 | 海滨街 | 天然原油开采、天然气开采 |
| 吉林省松原市宁江区 | 沿江 | 天然原油 |
| 河南省濮阳市市区 | 中原路 227 号 | 石油天然气开采、石油加工 |
| 甘肃省酒泉地区玉门市 | 南坪五村 | 石油、天然气开采、原油加工 |

续表 2

| 企业名称 | 法人代表 | 电话 | 分机 | 邮政编码 |
|---|---|---|---|---|
| 中国石油吐哈油田分公司 | 蔡志刚 | 8375014 | | 838202 |
| 大港油田集团有限责任公司 | 王　鹏 | 25922240 | | 300280 |
| 中国石油天然气股份有限公司海西油田分公司 | 黄立功 | 8926811 | | 736202 |
| 中国石油化工股份有限公司河南油田分公司 | 李联伍 | 3830188 | | 473132 |
| 中国石化集团江苏石油勘探局 | 雍自强 | 7761312 | | 225009 |
| 中国石油华北油田二连公司 | 田金德 | 8292376 | | 026000 |
| 中国石化集团江汉石油管理局 | 常子恒 | 6502744 | | 433124 |
| 中国石化中原油气高新股份有限公司 | 刘恩学 | 7981018 | | 450001 |
| 河南石油勘探局 | 袁政文 | 3830188 | | 473132 |
| 中国石油天然气股份有限公司冀东油田分公司 | 徐中清 | 8766733 | | 063004 |
| 胜利油田大明集团股份有限公司 | 曹耀峰 | 8558412 | | 257091 |
| 胜利油田东胜精攻石油开发集团有限公司 | 孙奎荣 | 8210677 | | 257000 |
| 大庆树林油田开发有限责任公司 | 刘铁岩 | 4651121 | | 151126 |
| HAFNIVM 有限公司 | 徐小鲁 | 6888546 | | 834000 |
| 中国海洋石油渤海公司 | 曹兴和 | 25801703 | | 300452 |
| 大庆模范屯油田有限责任公司 | 随　军 | 8513399 | | 166400 |
| 定边县原油运销有限责任公司 | 姚双喜 | 4216203 | | 718600 |
| 靖边县石油化学工业管理局 | 柏岱锋 | 4620386 | | 718500 |
| 大庆头台油田开发有限责任公司 | 刘铁岩 | 4464229 | | 166512 |
| 安达市庆新油田开发有限责任公司 | 冯树义 | 7331519 | | 151413 |
| 吉林石油天然气开发有限责任公司 | 王乐天 | 8965860 | 407 | 130061 |
| 大庆肇源县新肇油田有限公司 | 史　新 | 4698654 | | 163853 |
| 延川石油开发责任有限公司横山县分公司 | 张奋勤 | 7611703 | | 719100 |
| 万通集团乾安石油天然气开发有限责任公司 | 杨乃成 | 8250109 | | 131400 |
| 定边县石油钻采公司 | 张林森 | 4227151 | | 718600 |
| 大庆市杜尔伯特龙虎泡油田有限责任公司 | 史　新 | 4695166 | | 166259 |
| 吉林京源石油开发有限责任公司 | 李永义 | 6226132 | | 138000 |
| 吉林恒源石油天然气开发有限公司 | 李　霜 | 6226905 | | 131100 |
| 中国石油化工有限公司滇黔桂油田田东分公司 | 雷　鸣 | 5222701 | 2121 | 531500 |
| 大庆油田有限责任公司呼伦贝尔分公司 | 韩维友 | 8290315 | | 021008 |
| 华池县石油经销公司 | 方海军 | 5121485 | | 745600 |
| 上海石油天然气有限公司 | 吴家骅 | 62555888 | | 200041 |
| 德阳新场气田开发有限责任公司 | 王一兵 | 2273132 | | 618000 |

| 企业所在地区 | 企业详细地址 | 主要产品(主要业务活动) |
|---|---|---|
| 新疆维吾尔自治区吐鲁番地区鄯善县 | 解放路 | 原油天然气开采 |
| 天津市大港区 | 海滨街 | 石油天然气开采服务 |
| 青海省海西蒙古族藏族自治州茫崖 | 行委花土沟镇 | 原油、天然气、炼油加工 |
| 河南省南阳市宛城区 | 田李庄村委会 | 天然原油开采 |
| 江苏省扬州市郊区 | 文汇西路 1 号 | 天然原油开采 |
| 内蒙古自治区锡林郭勒盟锡林浩特市 | 团结大街 | 天然原油开采 |
| 湖北省省直辖行政单位潜江市 | 江汉路 1 号 | 油田堪探开发技术服务、机械制造 |
| 河南省郑州市中原区 | 高新区瑞达路 87 号 | 原油、天然气、油田液化气 |
| 河南省南阳市宛城区 | 田李庄 | 天然原油开采 |
| 河北省唐山市路北区 | 新华西道 51 号甲区 | 原油和天然气开采 |
| 山东省东营市东营区 | 济南路 228 号 | 石油开采 |
| 山东省东营市东营区 | 西四路 260 号 | 石油开采 |
| 黑龙江省绥化市肇东市 | 向前 | 原油 |
| 新疆维吾尔自治区克拉玛依市克拉玛依区 | 北斗路 19 号 | 矿产资源勘探开发 |
| 天津市塘沽区 | 河口街 2－37 号 | 天然原油开采 |
| 黑龙江省大庆市肇州县 | 和平 | 石油开采 |
| 陕西省榆林市定边县 | 长城南街 | 原油 |
| 陕西省榆林市靖边县 | | 天然原油 |
| 黑龙江省大庆市肇源县 | 古恰 | 天然原油开采 |
| 黑龙江省绥化市安达市 | 昌德 | 原油开采 |
| 吉林省长春市朝阳区 | 北安路 74 号 | 原油 |
| 黑龙江省大庆市肇源县 | 新站镇 | 天然原油开采 |
| 陕西省榆林市横山县 | 李家洼 | 天然原油开发 |
| 吉林省松原市乾安县 | 西北 | 原油 |
| 陕西省榆林市定边县 | 定边镇长城南街 | 天然原油开采 |
| 黑龙江省大庆市杜尔伯特蒙古族自治县 | 好尔陶 | 原油开采 |
| 吉林省松原市宁江区 | 沿江街 | 石油、天然气 |
| 吉林省松原市前郭尔罗斯蒙古族自治县 | 韩家店 | 原油 |
| 广西壮族自治区百色市田东县 | 油城路 | 石油开采 |
| 内蒙古自治区呼伦贝尔市新巴尔虎右旗 | 白音特力木嘎查 | 天然原油开采 |
| 甘肃省庆阳地区华池县 | 南街 | 天然原油开采 |
| 上海市静安区 | 江宁路 336 号 | 天然气开采、天然原油开采 |
| 四川省德阳市旌阳区 | 泰山北路二段 86 号 | 天然气开采 |

续表 3

| 企业名称 | 法人代表 | 电　话 | 分　机 | 邮政编码 |
|---|---|---|---|---|
| 重庆鼎发实业股份有限公司 | 许义达 | 74512449 | | 408300 |
| 重庆中梁山煤田气有限责任公司 | 康连群 | 65264937 | | 400052 |
| 德阳联益石油天然气勘探开发有限公司 | 谢　丹 | 2800372 | | 618000 |
| **黑色金属矿采选业** | | | | |
| 马钢(集团)控股有限公司 | 顾建国 | 2882581 | | 243003 |
| 邯邢冶金矿山管理局 | 王清堂 | 3023951 | 6493 | 056032 |
| 大冶市陈贵矿业集团有限责任公司 | 万经怀 | 8996378 | | 435124 |
| 上海梅山矿业有限公司 | 焦贤仲 | 4084030 | | 210041 |
| 广东大顶铁矿股份有限公司 | 钟寿献 | 8446007 | | 517169 |
| 大冶市华灵集团矿业有限责任公司 | 闵佰友 | 8472498 | | 435121 |
| 武钢集团矿业有限责任公司大冶铁矿 | 尹小鹏 | 5429588 | | 435006 |
| 太原钢铁公司矿山公司峨口铁矿 | 张隆伟 | 5266747 | | 034207 |
| 鲁中冶金矿山公司 | 章湖杰 | 6811264 | | 271113 |
| 海南钢铁公司 | 马肇修 | 26609109 | | 572700 |
| 山东宏鲁集团有限公司 | 段连文 | 7602076 | | 255419 |
| 山东金岭铁矿 | 张相军 | 3081201 | 63305 | 255081 |
| 大冶市灵乡镇长坪集团 | 闵富华 | 8484288 | | 435121 |
| 南京钢铁集团冶山矿业有限公司 | 张迪民 | 7570465 | | 211523 |
| 迁安市荣茂矿业有限公司 | 宫翠花 | 7018710 | | 064401 |
| 广东省大宝山矿业有限公司 | 李应儒 | 6618321 | | 512128 |
| 通化钢铁集团板石矿业有限责任公司 | 尤春林 | 3391593 | | 134304 |
| 新疆钢铁雅满苏矿业有限责任公司 | 陶　跃 | 7282128 | | 839000 |
| 唐山市富鑫企业集团公司 | 杨凤林 | 6050005 | | 064200 |
| 淄博顺达企业集团公司 | 王　淦 | 7600760 | | 255419 |
| 武钢集团矿业有限责任公司金山店铁矿 | 夏金瑞 | 8600050 | | 435116 |
| 石家庄太行矿业有限公司 | 王　义 | 2791213 | | 050600 |
| 河北省邢台市沙河市金康实业集团有限公司 | 崔刘住 | 8681685 | | 054104 |
| 河北省邢台市沙河市太行矿业有限公司 | 杨英朝 | 8633801 | | 054006 |
| 遵化市北方矿业公司 | 梁平安 | 6634808 | | 064200 |
| 淄博北金矿业公司 | 王德洋 | 7602106 | | 255419 |
| 灯塔市鞍塔铁矿选矿厂 | 夏永瑞 | 8145241 | | 111315 |
| 河北省邢台市沙河市广进实业集团公司 | 任广进 | 8896169 | | 054100 |
| 承德宽丰矿业有限公司 | 张继国 | 699461 | | 067602 |

| 企业所在地区 | 企业详细地址 | 主要产品(主要业务活动) |
|---|---|---|
| 重庆市垫江县 | 工农路 296 号 | (原生)天然气、(净化)天然气、墙地砖 |
| 重庆市九龙坡区 | 中梁山田坝二村 18 幢 | 瓦斯气 |
| 四川省德阳市旌阳区 | 段家坝村 | 天然气开采 |
| 安徽省马鞍山市金家庄区 | 红旗中路 8 号 | 铁矿石、铁精矿 |
| 河北省邯郸市丛台区 | 中华北大街 54 号 | 铁矿石、铁精矿 |
| 湖北省黄石市大冶市 | 陈贵居委会 | 铁矿石、铁精矿 |
| 江苏省南京市雨花台区 | 西善桥 | 铁精矿、硫精矿、工业硫酸 |
| 广东省河源市连平县 | 石背 | 铁矿采运 |
| 湖北省黄石市大冶市 | 长坪居委会 | 铁矿石 |
| 湖北省黄石市铁山区 | 胜利路 35 号 | 矿石产品 |
| 山西省忻州市代县 | 郝街村 | 铁精矿采选、球团矿 |
| 山东省莱芜市莱城区 | 张家洼 | 铁矿采选 |
| 海南省昌江黎族自治县 | 海钢 | 炼钢块矿、炼铁块矿、铁富粉矿 |
| 山东省淄博市临淄区 | 南金 | 生铁、水泥 |
| 山东省淄博市张店区 | 中埠 | 铁矿石原矿、铁精矿粉 |
| 湖北省黄石市大冶市 | 长坪居委会 | 铁矿石、铁精矿 |
| 江苏省南京市六合区 | 冶山街道百峰村 | 原矿铁精矿自熔粉 |
| 河北省唐山市迁安市 | 管庄子 | 铁精粉、生铁 |
| 广东省韶关市曲江县 | 沙溪镇 | 铁矿石、铜精矿 |
| 吉林省白山市八道江区 | 板石 | 铁矿采造业 |
| 新疆维吾尔自治区哈密地区哈密市 | 天山北路 25 号 | 铁矿石、石灰石、水泥 |
| 河北省唐山市遵化市 | 安平庄 | 炼铁、铁精粉、烧结球 |
| 山东省淄博市临淄区 | 东召西 | 铁精粉、生物醇、化工产品 |
| 湖北省黄石市大冶市 | 仙山村居委会 | 铁精矿、附高硫精矿、硫酸 |
| 河北省石家庄市行唐县 | 口 头 | 铁矿粉 |
| 河北省邢台市沙河市 | 全呼 | 铁矿石、铁精粉 |
| 河北省邢台市沙河市 | 西毛村 | 铁矿石 |
| 河北省唐山市遵化市 | 驸马寨 | 铁精粉、扁钢、弹簧 |
| 山东省淄博市临淄区 | 北金 | 铁矿石、铁精粉、氧绿化锆 |
| 辽宁省辽阳市灯塔市 | 于家村 | 铁矿石 |
| 河北省邢台市沙河市 | 下解 | 铁精粉 |
| 河北省承德市宽城满族自治县 | 西村 | 铁精粉 |

续表 4

| 企业名称 | 法人代表 | 电　话 | 分　机 | 邮政编码 |
|---|---|---|---|---|
| 徐州铁矿集团 | 孟实华 | 6710173 | | 221138 |
| 涞源球团厂 | 李风力 | 7392641 | | 074300 |
| 重庆钢铁集团矿业有限公司 | 梁正明 | 68846964 | | 400080 |
| 唐山首钢马兰庄铁矿有限责任公司 | 王志军 | 7039023 | | 064413 |
| 灯塔西钢矿业公司 | 闫春发 | 6650078 | | 111315 |
| 浙江漓铁集团有限公司 | 魏仕校 | 4011111 | 2177 | 312041 |
| 山东腾达集团总公司 | 吕长宝 | 3781017 | | 262503 |
| 河北省邢台市沙河市西冯工业有限公司 | 周社收 | 8881186 | | 054100 |
| 云南新平鲁奎集团矿业有限公司 | 潘林生 | 7080005 | | 653401 |
| 大冶市长宏矿业有限责任公司 | 胡其寿 | 8473017 | | 435121 |
| 遵化市三星有限责任公司 | 王余庄 | 6030105 | | 064201 |
| 山西翼城尧森农工商实业有限公司 | 李殿普 | 4942038 | | 043501 |
| 抚顺市罕王实业集团有限公司 | 杨　敏 | 6693355 | | 113001 |
| 武安市冶金矿山集团营井钢铁有限公司 | 贾增林 | 5736568 | | 056300 |
| 山西省黎城铁矿(集团)有限公司 | 申金喜 | 6682281 | | 047606 |
| 吐鲁番金源矿冶有限责任公司 | 曾小刚 | 8330678 | | 838204 |
| 迁安市杨店子镇铁石坨铁矿 | 樊　保 | 7982650 | | 064404 |
| 遵化市球团厂 | 李连泽 | 6631729 | | 064200 |
| 云南建水锰矿 | 岳修勇 | 7686601 | | 654300 |
| 广西壮族自治区大新锰矿 | 李维健 | 3783178 | | 532315 |
| 西藏矿产发展股份有限公司 | 肖永恩 | 6324146 | | 850000 |
| **非金属矿采选业** | | | | |
| 江苏船山集团有限责任公司 | 冷青松 | 5821888 | 2011 | 212113 |
| 湖州道场矿产集团公司 | 浦佩佩 | 2045925 | | 313001 |
| 岑溪市归义镇归义花岗岩开发公司 | 严飞宏 | 8417078 | | 543207 |
| 珠海市万山区建材开发公司 | 陈　贤 | 2238043 | | 519004 |
| 镇江市茅迪实业有限公司 | 刘义福 | 7426188 | | 212411 |
| 招远市石材总公司 | 栾吉寿 | 8342038 | | 265405 |
| 青岛磊鑫集团有限公司 | 胡崇胜 | 7785288 | | 266107 |
| 华容县胜峰乡矿石建材厂 | 蔡先科 | 4470389 | | 414200 |
| 衡阳县井头建材有限公司 | 龙　靖 | 6855055 | | 421221 |
| 山东铝业股份有限公司山东公司 | 刘兴亮 | 2980953 | | 266052 |
| 高要市河台镇高岭土开发集团有限公司 | 卢健成 | 8218582 | | 526127 |

| 企业所在地区 | 企业详细地址 | 主要产品(主要业务活动) |
|---|---|---|
| 江苏省徐州市九里区 | 利国居委会 | 铁矿石采选 |
| 河北省保定市涞源县 | 木吉 | 球团矿 |
| 重庆市大渡口区 | 大堰一村81幢 | 铁矿石开采加工、石灰石开采加工、白云石开采加工 |
| 河北省唐山市迁安市 | 西马 | 铁精矿粉、铁矿石 |
| 辽宁省辽阳市灯塔市 | 高家村 | 铁精矿粉 |
| 浙江省绍兴市绍兴县 | 胜利西路657号 | 铁精矿生产、普通钢材生产、电子计价称生产 |
| 山东省潍坊市青州市 | 兴旺店 | 矿石 |
| 河北省邢台市沙河市 | 西冯 | 铁矿石、铁精粉 |
| 云南省玉溪市新平彝族傣族自治县 | 扬武 | 铁矿、生铁 |
| 湖北省黄石市大冶市 | 长坪居委会 | 铁矿石、铁精矿 |
| 河北省唐山市遵化市 | 西娘娘庄 | 铁精粉、矿石 |
| 山西省临汾市翼城县 | 董家洼村 | 选矿 |
| 辽宁省抚顺市望花区 | 建设街16-1号 | 铁矿采选 |
| 河北省邯郸市武安市 | 营井 | 铁精粉、生铁 |
| 山西省长治市黎城县 | 小寨村 | 铁精矿粉 |
| 新疆维吾尔自治区吐鲁番地区鄯善县 | 地质队 | 铁矿石、采选加工 |
| 河北省唐山市迁安市 | 车辕村 | 铁精粉 |
| 河北省唐山市遵化市 | 北十里铺 | 球团矿 |
| 云南省红河哈尼族彝族自治州建水县 | 庄子河 | 放电锰粉、碳素锰粉、电解金属锰 |
| 广西壮族自治区南宁地区大新县 | 下雷 | 电锰金属锰、硫酸锰、天然放电锰粉 |
| 西藏自治区拉萨市城关区 | 扎基路 | 铬矿采掘 |
| | | |
| 江苏省镇江市润州区 | 蒋乔村 | 石灰石开采、模架 |
| 浙江省湖州市市辖区 | 道场乡政府内 | 建筑装饰用石开采、石子 |
| 广西壮族自治区梧州市岑溪市 | 金鸡 | 花岗岩板材、大理石 |
| 广东省珠海市香洲区 | 桂山 | 管理石场等 |
| 江苏省镇江市句容市 | 天王镇潘冲村 | 玄武岩石料 |
| 山东省烟台市招远市 | 年头宋家村 | 花岗石荒料 |
| 山东省青岛市城阳区 | 罗圈涧 | 石料、石子开采加工 |
| 湖南省岳阳市华容县 | 石伏 | 花岗荒料加工 |
| 湖南省衡阳市衡阳县 | 井头 | 花岗石 |
| 山东省淄博市张店区 | 五公里路1号 | 石灰石开采 |
| 广东省肇庆市高要市 | 河台 | 高岭土 |

续表 5

| 企业名称 | 法人代表 | 电　话 | 分　机 | 邮政编码 |
|---|---|---|---|---|
| 海城市镁矿耐火材料总厂 | 刘振月 | 3772047 | | 114207 |
| 包头钢铁集团固阳矿山有限公司 | 张志刚 | 8115736 | | 014200 |
| 宿豫县侍岭黄砂管理站 | 曹礼恕 | 4881602 | | 223852 |
| 潍坊鸿阳石英砂有限公司 | 计　龙 | 7722360 | | 261317 |
| 云浮硫铁矿企业集团公司 | 刘兴渝 | 8723208 | | 527343 |
| 贵州宏福实业开发有限总公司 | 涂兴沼 | 2184303 | | 550501 |
| 贵州开磷(集团)有限责任公司 | 屈庆麟 | 5868485 | | 550002 |
| 云南磷化学工业(集团)公司 | 李天惠 | 7869020 | | 650600 |
| 宜昌弘洋矿业有限责任公司 | 周连香 | 7852678 | | 443100 |
| 绵竹市清平集团有限责任公司 | 王多胜 | 6370113 | | 618200 |
| 河北矾山磷矿 | 王玉山 | 6750015 | | 075641 |
| 浙江中萤实业有限公司 | 唐士栋 | 2312400 | | 321017 |
| 重庆市大足天青石矿业公司 | 李德刚 | 43451525 | | 402365 |
| 山东海化集团有限公司 | 肖庆周 | 5329888 | | 262737 |
| 山东海源盐化集团有限公司 | 于益增 | 5221807 | | 262700 |
| 天津长芦海晶集团有限公司 | 张金茹 | 66887185 | | 300450 |
| 河北省南堡盐场 | 宋辰良 | 8503234 | | 063305 |
| 江苏省金桥盐业有限公司 | 伏运景 | 5411116 | | 222001 |
| 天津长芦汉沽盐场有限责任公司 | 李维民 | 67906509 | | 300480 |
| 文登市小观盐场 | 侯世礼 | 8853107 | | 264402 |
| 莱州市盐业集团有限责任公司 | 王守先 | 2211659 | | 261400 |
| 江苏银宝盐业有限公司 | 杨庭华 | 8429085 | | 224002 |
| 营口海花盐业有限公司 | 杨玉磐 | 3551525 | | 115002 |
| 内蒙古兰太实业股份有限公司 | 王　刚 | 8838044 | | 750333 |
| 四川久大制盐有限责任公司 | 傅刚义 | 8105828 | | 643000 |
| 重庆索特股份有限公司 | 文传书 | 58960318 | | 404005 |
| 自贡市张家坝盐化有限公司 | 谢锡钊 | 5202297 | | 643011 |
| 江西盐矿有限责任公司 | 江立学 | 7372505 | | 331200 |
| 江苏省井神盐业有限公司 | 徐学春 | 5998347 | | 223200 |
| 定远县盐矿 | 袁明礼 | 4480027 | | 233201 |
| 湖南省湘澧盐矿 | 高守梅 | 4223188 | | 415400 |
| 湖南省湘衡盐矿 | 杨汉清 | 8302286 | | 421006 |
| 海城市牌楼滑石矿 | 张绍谦 | 3772306 | | 114207 |

| 企业所在地区 | 企业详细地址 | 主要产品(主要业务活动) |
| --- | --- | --- |
| 辽宁省鞍山市海城市 | 牌楼镇25号 | 镁砂生产 |
| 内蒙古自治区包头市固阳县 | 工人 | 白云石、铁精矿粉、轻烧白云石 |
| 江苏省宿迁市宿豫县 | 侍岭村委会 | 黄砂开采 |
| 山东省潍坊市昌邑市 | 昌邑市山阳村 | 石英砂 |
| 广东省云浮市云城区 | 高峰 | 硫铁矿、硫酸、磷肥 |
| 贵州省黔南布依族苗族自治州福泉市 | 马场坪 | 磷矿石、磷酸二铵 |
| 贵州省贵阳市开阳县 | 中华南路203号海天大夏12层 | 磷矿石 |
| 云南省昆明市晋宁县 | 昆阳镇南门 | 磷矿石 |
| 湖北省宜昌市夷陵区 | 三峡路1号 | 磷矿石加工销售 |
| 四川省德阳市绵竹市 | 院通村 | 磷矿石、原煤、硫酸 |
| 河北省张家口市涿鹿县 | 龙王堂 | 磷矿石、磷酸氢钙、硫酸 |
| 浙江省金华市婺城区 | 八一南街458号 | 萤石精粉产品加工 |
| 重庆市大足县 | 新街一组 | 天青石 |
| 山东省潍坊市寿光市 | 大家洼镇 | 原盐 |
| 山东省潍坊市寿光市 | 迎宾路91号 | 原盐、溴素、十溴二苯醚 |
| 天津市塘沽区 | 营口道1088号 | 海盐 |
| 河北省唐山市丰南区 | 南堡开发区 | 原盐、工业溴、氯化钾 |
| 江苏省连云港市新浦区 | 海连中路10＃ | 海水制盐、盐化工生产 |
| 天津市汉沽区 | 国家庄28号 | 海盐 |
| 山东省威海市文登市 | 小观 | 海盐 |
| 山东省烟台市莱州市 | 文昌北路698号 | 原盐、溴素、加碘盐 |
| 江苏省盐城市城区 | 解放南路158号 | 海盐制造 |
| 辽宁省营口市站前区 | 红革社区 | 海盐、精盐、洗盐 |
| 内蒙古自治区阿拉善盟阿拉善左旗 | 吉兰太路 | 原盐、精制盐、金属钠 |
| 四川省自贡市自流井区 | 东兴寺89号 | 卤水、液体盐 |
| 重庆市万州区 | 龙宝观音岩1号 | 井盐 |
| 四川省自贡市大安区 | 马冲口街 | 精盐、氢氧化钾 |
| 江西省宜春市樟树市 | 龙溪 | 精制盐、工业无水硫酸钠 |
| 江苏省淮安市楚州区 | 公园村 | 矿盐开采、火力发电 |
| 安徽省滁州市定远县 | 下合村 | 精制盐、聚丙烯塑编袋、芒硝 |
| 湖南省常德市津市市 | 盐矿路10号 | 精制盐、工业无水硫酸钠 |
| 湖南省衡阳市珠晖区 | 盐矿新村 | 原盐 |
| 辽宁省鞍山市海城市 | 牌楼街道 | 生产滑石、滑石粉 |

续表 6

| 企业名称 | 法人代表 | 电　话 | 分　机 | 邮政编码 |
|---|---|---|---|---|
| 栖霞市滑石粉总厂 | 林世龙 | 5541018 | | 265306 |
| 龙胜各族自治县滑石矿 | 侯仁华 | 7512392 | | 541700 |
| 海城市水泉滑石矿 | 冯晓旭 | 3270789 | | 114213 |
| 广西壮族自治区滑石工业公司 | 卢德云 | 5592275 | | 541100 |
| 广州市梯面矿产资源有限公司 | 韩仰波 | 86851532 | | 510870 |
| **木材及竹材采运业** | | | | |
| 吉林延边林业集团有限公司白河林业分公司 | 杜文彦 | 5718216 | | 133613 |
| 吉林省临江林业局 | 张显成 | 5224337 | | 134600 |
| 吉林省抚松县抚松林业集团有限公司 | 吴殿侠 | 6311714 | | 134504 |
| 吉林森林工业股份有限公司红石林业分公司 | 石国新 | 6886716 | | 132405 |
| 吉林森工集团松江河林业有限公司 | 纪连营 | 6311115 | | 134504 |
| 吉林敦化丹峰林业有限公司 | 姚世家 | 6209781 | | 133714 |
| 大兴安岭新林林业局 | 白胜文 | 2725577 | | 165023 |
| 大兴安岭十八站林业局 | 李彦平 | 2745207 | | 165201 |
| 黑龙江省柴河林业局 | 许海沧 | 7520521 | | 157131 |
| 黑龙江省大海林林业局 | 张龙安 | 7550047 | | 157125 |
| 吉林省三岔子林业局 | 刘　力 | 3748380 | | 134302 |
| 松岭林业局 | 王学义 | 2721007 | | 165012 |
| 敦化市乡企工业公司 | 张永林 | 6222612 | | 133700 |
| 黑龙江省东方红林业局 | 张　雷 | 5914036 | | 158402 |
| 内蒙古根河林业局 | 鹿占山 | 7442161 | | 022350 |
| 黑龙江省穆棱林业局 | 岳宝昌 | 3096029 | | 157513 |
| 大兴安岭呼中林业局 | 刘树山 | 2733086 | | 165036 |
| 内蒙森工集团莫尔道嘎森林工业有限公司 | 孙　瑞 | 7444241 | | 022191 |
| 大兴安岭林业集团图强林业有限责任公司 | 包国荣 | 2756966 | | 165301 |
| 黑龙江省兴隆林业局 | 颉晓伟 | 7539389 | | 151801 |
| 大兴安岭塔河林业局 | 戴　利 | 3609001 | | 165200 |
| 内蒙古金河林业局 | 王　财 | 7466013 | | 022359 |
| 大兴安岭西林吉林业局 | 吴玉波 | 2737012 | | 165300 |
| 吉林延边林业集团汪清分公司 | 田静波 | 8813007 | | 133200 |
| 吉林省白石山林业局 | 田关喜 | 7056023 | | 132503 |
| 黑龙江省朗乡林业局 | 关思伟 | 2586084 | | 152519 |
| 宁安市东京城林业局 | 王庆跃 | 7919212 | | 157421 |

| 企业所在地区 | 企业详细地址 | 主要产品(主要业务活动) |
| --- | --- | --- |
| 山东省烟台市栖霞市 | 庙后村 | 滑石粉滑石 |
| 广西壮族自治区桂林市龙胜各族自治县 | 兴龙南路 68 号 | 滑石块、滑石粉 |
| 辽宁省鞍山市海城市 | 赵家堡村委会 | 滑石经销、滑石小粒经销、滑石渣经销 |
| 广西壮族自治区桂林市临桂县 | 榕山路 1 号 | 滑石块、滑石粉、纸袋 |
| 广东省广州市花都区 | 金梯大道 | 瓷土 |
| 吉林省延边朝鲜族自治州安图县 | 白河林业局 | 锯材 |
| 吉林省白山市临江市 | 鸭绿江大街 | 木材、刨花板、细木工板 |
| 吉林省白山市抚松县 | 站前 | 木材 |
| 吉林省吉林市桦甸市 | 临江 | 木材 |
| 吉林省白山市抚松县 | 白山 | 木材采运 |
| 吉林省延边朝鲜族自治州敦化市 | 丹江街 | 木材 |
| 黑龙江省大兴安岭地区新林区 | 永安 | 木材采运 |
| 黑龙江省大兴安岭地区塔河县 | 中央大 | 木材采运、锯材加工、原煤开采 |
| 黑龙江省牡丹江市海林市 | 阳明街 | 木材采运、林业 |
| 黑龙江省牡丹江市海林市 | 林海街 | 木材采运 |
| 吉林省白山市江源县 | 林昌街 1 号 | 木材、锯材 |
| 黑龙江省大兴安岭地区松岭区 | 第四居委会 | 木材采运、木材销售 |
| 吉林省延边朝鲜族自治州敦化市 | 渤海街 77 号 | 地板块 |
| 黑龙江省鸡西市虎林市 | 新华路 | 木材采运、卫生筷子、锯材 |
| 内蒙古自治区呼伦贝尔市根河市 | 中央 | 木材、刨花板 |
| 黑龙江省牡丹江市穆棱市 | 兴林路 | 木材采运 |
| 黑龙江省大兴安岭地区呼中区 | 站前 | 木材采运 |
| 内蒙古自治区呼伦贝尔市额尔古纳市 | 第四 | 木材采运 |
| 黑龙江省大兴安岭地区漠河县 | | 木材采运 |
| 黑龙江省哈尔滨市巴彦县 | 铁东 | 木材采运 |
| 黑龙江省大兴安岭地区塔河县 | 建设大 | 木材采运 |
| 内蒙古自治区呼伦贝尔市根河市 | 中央 | 木材采运 |
| 黑龙江省大兴安岭地区漠河县 | | 木材采运 |
| 吉林省延边朝鲜族自治州汪清县 | 东振路 14 号 | 原木、锯材、人造板 |
| 吉林省吉林市蛟河市 | 白林路 18 号 | 木材、中密度纤维板、锯材 |
| 黑龙江省伊春市铁力市 | 朗乡 | 木材生产、人造板生产 |
| 黑龙江省牡丹江市宁安市 | 振兴路 | 木材采伐 |

续表 7

| 企业名称 | 法人代表 | 电　话 | 分　机 | 邮政编码 |
|---|---|---|---|---|
| 东宁县绥阳林业局 | 董　杰 | 3720544 | | 157212 |
| 黑龙江省清河林业局 | 田喜军 | 7483561 | | 150913 |
| 大兴安岭韩家园林业局 | 陈　罡 | 2761281 | | 165126 |
| 吉林省珲春林业局 | 甄江河 | 7507409 | | 133300 |
| 黑龙江省苇河林业局 | 高木瑛 | 3402822 | | 150623 |
| 建瓯市林业总公司 | 林恒茂 | 3832875 | | 353100 |
| 中国内蒙古森工集团满归森工有限公司 | 张良武 | 7461359 | | 022363 |
| 黑龙江省鹤北林业局 | 邓恩元 | 6081392 | | 154212 |
| 延边林业集团亚光有限公司 | 孙士勇 | 6507868 | | 133702 |
| 黑龙江省方正林业局 | 黄德昌 | 7194214 | | 150822 |
| 吉林延边林业集团黄泥河林业有限公司 | 杜文国 | 6558039 | | 133704 |
| 大兴安岭阿木尔林业局 | 李文顺 | 2751218 | | 165302 |
| 黑龙江省海林林业局 | 程云山 | 7322493 | | 157100 |
| 黑龙江省林口林业局 | 侯乃生 | 3300423 | | 157621 |
| 黑龙江省亚布力林业局 | 井东文 | 3440321 | | 150631 |
| 穆棱市八面通林业局 | 赵廷远 | 3190218 | | 157500 |
| 吉林延边林业集团八家子林业有限公司 | 刘建民 | 4860686 | | 133505 |
| 内蒙古乌尔旗汉森林工业有限公司 | 韩志坚 | 7809136 | | 022159 |
| 内蒙古阿里河林业局 | 刘洪国 | 5693293 | | 165450 |
| 吉林省湾沟林业局 | 曹世兴 | 3613829 | | 134704 |
| 库都尔森林工业有限公司 | 王志英 | 7473953 | | 022164 |
| 吉林省和龙林业局 | 翟守发 | 4223551 | | 133500 |
| 图里河森工公司 | 吴国良 | 7449375 | | 022167 |
| **食品加工业** | | | | |
| 江西民星企业集团公司 | 刘平安 | 5758777 | | 330000 |
| 上海大江(集团)股份有限公司 | 雷黎光 | 57817684 | | 201600 |
| 青岛正大有限公司 | 游汝谦 | 4715889 | | 266109 |
| 上海爱农饲料有限公司 | 英大卫 | 64912493 | | 201112 |
| 湖南正虹科技发展有限公司 | 吴明夏 | 5728005 | | 414418 |
| 大成食品(大连)有限公司 | 韩家宇 | 5250495 | | 116308 |
| 张家港保税区东海粮油工业有限公司 | 周明臣 | 8381018 | | 215634 |
| 秦皇岛金海粮油工业有限公司 | 李岩新 | 3097133 | | 066002 |
| 南海油脂工业(赤湾)有限公司 | 郭建海 | 6694322 | 254 | 518068 |

| 企业所在地区 | 企业详细地址 | 主要产品(主要业务活动) |
|---|---|---|
| 黑龙江省牡丹江市东宁县 | 正阳村 | 木材采运 |
| 黑龙江省哈尔滨市通河县 | 二委 | 木材采运 |
| 黑龙江省大兴安岭地区呼玛县 | 韩家园林业局 | 木材采运 |
| 吉林省延边朝鲜族自治州珲春市 | 靖和 | 木材采运、地板块 |
| 黑龙江省哈尔滨市尚志市 | 第九居委会 | 木材采运 |
| 福建省南平市建瓯市 | 解放路 179 号 | 木材 |
| 内蒙古自治区呼伦贝尔市根河市 | 林源 | 木材采运 |
| 黑龙江省鹤岗市萝北县 | 局址 | 木材生产 |
| 吉林省延边朝鲜族自治州敦化市 | 向阳 | 木材 |
| 黑龙江省哈尔滨市方正县 | 红旗 | 木材采运 |
| 吉林省延边朝鲜族自治州敦化市 | 黄林街 | 木材 |
| 黑龙江省大兴安岭地区漠河县 | 建设街 39 | 木材采运 |
| 黑龙江省牡丹江市海林市 | 新华街 96 号 | 木材采运 |
| 黑龙江省牡丹江市林口县 | | 木材采运、生产用木制品、花岗石荒料 |
| 黑龙江省哈尔滨市尚志市 | 林茂路 | 木材采运 |
| 黑龙江省牡丹江市穆棱市 | 兴林路 | 木材采运、木材、多种经营 |
| 吉林省延边朝鲜族自治州和龙市 | 上南村 | 木材采运、木材加工 |
| 内蒙古自治区呼伦贝尔市牙克石市 | 乌明 | 木材采运业、锯材加工 |
| 内蒙古自治区呼伦贝尔市鄂伦春自治旗 | 平安 | 木材采运、锯材加工、人造板制造 |
| 吉林省白山市江源县 | 和平 | 原木、水泥 |
| 内蒙古自治区呼伦贝尔市牙克石市 | 库政 | 木材采运 |
| 吉林省延边朝鲜族自治州和龙市 | 文化路 11 号 | 木材、锯材、胶合板 |
| 内蒙古自治区呼伦贝尔市牙克石市 | 护林 | 木材采运、中纤板 |
| 江西省南昌市青云谱区 | 南莲路 598 号 | 饲料、动物保健品、肥料 |
| 上海市松江区 | 谷阳南路 26 号 | 饲料加工、肉制品加工 |
| 山东省青岛市城阳区 | 后桃林 | 饲料、鸡苗、鸡肉及深加工产品 |
| 上海市闵行区 | 鲁汇镇闸巷路 260 号 | 饲料加工 |
| 湖南省岳阳市汨罗市 | 正虹 | 配合饲料、浓缩饲料、添加剂预混合饲料 |
| 辽宁省大连市瓦房店市 | 三家子 | 饲料、冻鸡肉、鸡雏 |
| 江苏省苏州市张家港市 | 长江中路 | 食用油 |
| 河北省秦皇岛市海港区 | 海滨路 35 号 | 豆油、豆粕 |
| 广东省深圳市南山区 | 蛇口赤湾右炮台路 15 号 | 食用油 |

续表 8

| 企业名称 | 法人代表 | 电　话 | 分　机 | 邮政编码 |
|---|---|---|---|---|
| 上海嘉里粮油工业有限公司 | 潘昆利 | 68462277 | | 201208 |
| 山东渤海油脂工业有限公司 | 舒中峰 | 2325654 | | 256500 |
| 大连华农豆业集团股份有限责任公司 | 李广富 | 7292525 | | 116101 |
| 三河汇福粮油食品制作有限公司 | 石克荣 | 3310999 | | 065201 |
| 辽阳食用油品有限公司 | 李志富 | 2268808 | | 111000 |
| 广州植之元油脂有限公司 | 赖宁昌 | 82979900 | 8053 | 511356 |
| 金光食品(宁波)有限公司 | 萧木荣 | 86888188 | | 315803 |
| 山东香驰粮油有限公司 | 刘连民 | 2510263 | | 256505 |
| 莱阳鲁花浓香花生油有限公司 | 孙孟全 | 7288568 | | 265200 |
| 山东三维油脂企业集团总公司 | 张增润 | 8641118 | | 276036 |
| 龙口新龙食油有限公司 | 黄加种 | 8857263 | | 265700 |
| 湛江华农饲料蛋白开发有限公司 | 李广富 | 2255898 | | 524027 |
| 青岛嘉里植物油有限公司 | 傅建兴 | 3806805 | | 266021 |
| 嘉祥县嘉冠油脂化工有限公司 | 李兆祥 | 6862458 | | 272400 |
| 南通宝港油脂发展有限公司 | 陈保存 | 5703133 | | 226006 |
| 黑龙江省九三油脂有限责任公司 | 田仁礼 | 2281164 | | 150090 |
| 中盛粮油工业(镇江)有限公司 | 林　杉 | 3366999 | | 212006 |
| 深圳南天油粕工业有限公司 | 李炳兴 | 6694688 | | 518068 |
| 南宁糖业股份有限公司 | 熊可模 | 4910567 | | 530031 |
| 沧源县勐省糖业有限责任公司 | 代光伟 | 7511040 | | 677408 |
| 广西贵糖(集团)股份有限公司 | 杨和荣 | 4262888 | 22042 | 537100 |
| 盐城宝鑫集团有限公司 | 陈保存 | 3812158 | | 224100 |
| 吉林德大有限公司 | 王秀林 | 7201013 | | 130300 |
| 河南省潢川华英禽业集团总公司 | 曹家富 | 3931030 | | 465150 |
| 河南省漯河市双汇实业集团有限责任公司 | 万　隆 | 2622616 | | 462000 |
| 山东金锣企业集团总公司 | 蒋金铭 | 2977300 | | 276036 |
| 诸城市大龙实业有限公司 | 王金友 | 6063672 | | 262200 |
| 山东华盛集团总公司 | 王廷江 | 8276295 | | 276017 |
| 山东凤祥有限责任公司 | 刘学景 | 6779260 | | 252325 |
| 内蒙古草原兴发股份有限公司 | 张振武 | 3511856 | | 024076 |
| 诸城市得利斯集团公司 | 郑和平 | 6339999 | | 262216 |
| 南京雨润肉食品有限公司 | 祝义才 | 6802757 | | 210041 |
| 秦皇岛正大有限公司 | 王国安 | 5051102 | 2011 | 066200 |

| 企业所在地区 | 企业详细地址 | 主要产品(主要业务活动) |
| --- | --- | --- |
| 上海市浦东新区 | 东塘路168号 | 金龙鱼调和油、金龙鱼色拉油 |
| 山东省滨州市博兴县 | 外向型工业园 | 色拉油、豆粕 |
| 辽宁省大连市金州区 | 石河村西窑地461号 | 食用植物油、饲料豆粕、浓缩磷脂 |
| 河北省廊坊市三河市 | 冶金 | 色拉油 |
| 辽宁省辽阳市白塔区 | 辽鞍路5-6号 | 豆粕、豆油、色拉油 |
| 广东省广州市增城市 | 汽车工业城东路71号 | 豆粕、毛豆油、二级油 |
| 浙江省宁波市北仑区 | 黄山路1号 | 食品食用油的生产 |
| 山东省滨州市博兴县 | 陈户镇驻地 | 豆油、豆粕 |
| 山东省烟台市莱阳市 | 龙门东路39号 | 纯正花生油 |
| 山东省临沂市兰山区 | 半程 | 豆油、豆粕 |
| 山东省烟台市龙口市 | 新港路39号 | 生产色拉油、生产专用油、生产豆粕 |
| 广东省湛江市霞山区 | 友谊路一号 | 豆油、豆粕 |
| 山东省青岛市黄岛区 | 辽宁路90号 | 食用植物油 |
| 山东省济宁市嘉祥县 | 建设南路263号 | 植物油 |
| 江苏省南通市崇川区 | 跃龙南路195# | 精制油生产、菜油生产、菜籽生产 |
| 黑龙江省哈尔滨市道里区 | 长江路145号 | 豆油生产、豆粕生产 |
| 江苏省镇江市京口区 | 粮山村委会 | 食用植物油生产 |
| 广东省深圳市南山区 | 蛇口赤湾右炮台路12号 | 豆粕、菜粕、茌生粕、豆油、菜油、茌生油、精选大豆、卵磷脂 |
| 广西壮族自治区南宁市江南区 | 亭洪路48号 | 甘庶糖业、机制纸、蔗渣浆 |
| 云南省临沧地区沧源佤族自治县 | 勐省 | 机制甘蔗糖、酒精 |
| 广西壮族自治区贵港市港北区 | 幸福路100号 | 机制糖、机制纸、酒精 |
| 江苏省盐城市大丰市 | 城区大刘路西五华里 | 食用植物油、饲料 |
| 吉林省长春市德惠市 | 建设街 | 肉鸡饲养繁育加工饲料、加工 |
| 河南省信阳市潢川县 | 中山街居委会 | 冻鲜产品、饲料、羽绒 |
| 河南省漯河市源汇区 | 双汇路一号 | 火腿肠、牛肉、鲜冻猪肉 |
| 山东省临沂市兰山区 | 半程 | 猪、鸡产品、火腿肠 |
| 山东省潍坊市诸城市 | 密州路东首 | 冻鸡、混合饲料、玉米淀粉 |
| 山东省临沂市罗庄区 | 沈泉庄村 | 肉制品、建筑机械及陶瓷 |
| 山东省聊城市阳谷县 | 刘庙 | 肉制品加工 |
| 内蒙古自治区赤峰市元宝山区 | 英河 | 羊牛肉、鸡产品 |
| 山东省潍坊市诸城市 | 得利斯 | 低温肉制品、鲜冻禽肉 |
| 江苏省南京市建邺区 | 双和行政村 | 肉食品生产 |
| 河北省秦皇岛市山海关区 | 关城东路30号 | 鸡肉、饲料、雏鸡 |

| 企业名称 | 法人代表 | 电　话 | 分　机 | 邮政编码 |
|---|---|---|---|---|
| 南京金福润食品有限责任公司 | 祝义亮 | 5507725 | | 210037 |
| 大庆金锣肉制品有限公司 | 李　瑛 | 6358830 | | 163453 |
| 山东崮山水产集团公司 | 邹积明 | 5387599 | | 264207 |
| 好当家集团有限公司 | 唐传勤 | 7438999 | | 264305 |
| 丹徒县龙山鳗业联合公司 | 黄澄清 | 3511560 | | 212142 |
| 山东龙大企业集团有限公司 | 宫学斌 | 7717369 | | 265209 |
| 山东吉龙实业有限公司 | 宋志星 | 7296129 | | 265200 |
| 青岛万福集团股份有限公司 | 史福良 | 8438763 | | 266600 |
| **食品制造业** | | | | |
| 广州箭牌口香糖有限公司 | 杜文进 | 82218816 | | 510730 |
| 爱芬食品(北京)有限公司 | 朱思致 | 61667410 | | 101407 |
| 东莞徐记食品有限公司 | 徐　乘 | 2268957 | | 523118 |
| 南京喜之郎食品有限公司 | 李永良 | 7206999 | | 211200 |
| 上海不凡帝糖果有限公司 | 柯　满 | 64626300 | 211 | 200245 |
| 佳口食品(中国)有限公司 | 沙葆德 | 84732801 | 272 | 511483 |
| 山东青援食品集团有限公司 | 徐传亮 | 2252837 | | 276400 |
| 上海市达能饼干食品有限公司 | 秦　鹏 | 34144588 | 3049 | 200233 |
| 上好佳(中国)有限公司 | 施恭旗 | 59766770 | | 201702 |
| 昆山统一企业食品有限公司 | 萧蓬时 | 7310333 | | 215300 |
| 杭州顶益国际食品有限公司 | 赵慧敬 | 86910122 | 3060 | 310018 |
| 河北省邢台市隆尧县华龙食品集团有限公司 | 范现国 | 6591908 | | 055350 |
| 河南省南街村有限公司 | 王洪彬 | 8011274 | | 462600 |
| 沈阳顶益国际食品有限公司 | 赵慧敬 | 25815240 | | 110141 |
| 成都统一企业食品有限公司 | 林苍生 | 2910888 | | 611137 |
| 焦作黄河集团公司 | 王在富 | 7566400 | | 454981 |
| 广西黑五类食品集团有限责任公司 | 韦清文 | 5519589 | | 530022 |
| 广州统一企业有限公司 | 吴一挺 | 82240088 | | 510470 |
| 重庆顶益国际食品有限公司 | 曹生麟 | 62826999 | | 400060 |
| 广州顶益国际食品有限公司 | 赵慧敬 | 82268331 | 2202 | 510760 |
| 武汉统一企业食品有限公司 | 林苍生 | 83891886 | 3243 | 430040 |
| 山东龙丰集团公司 | 吕恒敬 | 8527869 | | 265701 |
| 上海光明乳业股份有限公司 | 王佳芬 | 54584520 | | 201103 |
| 内蒙古伊利实业集团股份有限公司 | 郑俊怀 | 3602403 | | 010080 |

| 企业所在地区 | 企业详细地址 | 主要产品(主要业务活动) |
|---|---|---|
| 江苏省南京市下关区 | 东门前街2号 | 罐头食品生产销售、低温食品生产销售 |
| 黑龙江省大庆市萨尔图区 | 西宾路47号 | 加工副食品 |
| 山东省威海市环翠区 | 沙龙王 | 海产品加工、海藻胶、建筑及造船业 |
| 山东省威海市荣成市 | 沙咀子 | 冷冻食品 |
| 江苏省镇江市丹徒区 | 龙山村委会 | 烤鳗 |
| 山东省烟台市莱阳市 | 东庙后村 | 加工销售各种果蔬 |
| 山东省烟台市莱阳市 | 清水南路44号 | 蔬菜水果、饮品、机械 |
| 山东省青岛市莱西市 | 威海西路42号 | 速冻菜、肉制品 |
| | | |
| 广东省广州市黄埔区 | 友谊路111号 | 生产、销售口香糖 |
| 北京市怀柔区 | 雁栖工业开区 | 巧克力生产、配合混合饲料 |
| 广东省东莞市 | 周屋 | 糖果、点心、果冻 |
| 江苏省南京市溧水县 | 开发区 | 果冻布丁糖果 |
| 上海市闵行区 | 绿春路318号 | 奶糖、泡泡糖 |
| 广东省广州市番禺区 | 沙湾镇涌口村 | 泡泡糖、棒棒糖、口香糖 |
| 山东省临沂市沂水县 | 沂博路39号 | 饼干、糖果、方便面 |
| 上海市徐汇区 | 漕宝路440号 | 饼干 |
| 上海市青浦区 | 徐泾镇前明 | 饼干及其他焙烤、食品制造 |
| 江苏省苏州市昆山市 | 开发区青阳路301号 | 食品 |
| 浙江省杭州市江干区 | 经济开发区十号路 | 生产方便面 |
| 河北省邢台市隆尧县 | 西范 | 方便面 |
| 河南省漯河市临颍县 | 南街村 | 食品制造业 |
| 辽宁省沈阳市于洪区 | 开发区6号街 | 生产销售方便面 |
| 四川省成都市温江县 | 金义 | 方便面、饮料、肉制品 |
| 河南省焦作市武陟县 | 西滑封村 | 方便面、白纸、电力点缆 |
| 广西壮族自治区南宁市新城区 | 民族大道111号发展大厦8楼 | “南方”黑芝麻糊、“南方”黑豆奶 |
| 广东省广州市黄埔区 | 南港镇康南路788号 | 方便面、饮料 |
| 重庆市南岸区 | 七小区丹龙路77号 | 方便面 |
| 广东省广州市黄埔区 | 宏明路14号 | 方便面 |
| 湖北省武汉市东西湖区 | 吴家山街东啤居委会 | 方便面、饮料、汽水 |
| 山东省烟台市龙口市 | 北环路10号 | 方便面主食品 |
| 上海市闵行区 | 吴中路路578号 | 液体乳、乳制品、含乳饮料 |
| 内蒙古自治区呼和浩特市土默特左旗 | 金四道8号 | 液体乳、冷冻饮品、乳制品 |

续表 10

| 企业名称 | 法人代表 | 电话 | 分机 | 邮政编码 |
|---|---|---|---|---|
| 石家庄三鹿集团股份有限公司 | 田文华 | 7044184 | | 050071 |
| 上海均瑶(集团)有限公司 | 王均瑶 | 58135813 | | 201319 |
| 双城市雀巢有限公司 | 詹宇栋 | 3123734 | | 150100 |
| 内蒙古蒙牛股份有限公司 | 牛根生 | 6921621 | 8019 | 011500 |
| 北京三元食品股份有限公司 | 邢春华 | 64031310 | | 100009 |
| 英特儿营养乳品有限公司 | 麦惠舜 | 58990899 | 2519 | 201206 |
| 黑龙江省完达山股份有限公司 | 王德胜 | 2341887 | | 150090 |
| 江苏梁丰食品集团公司 | 蔡兴华 | 8221624 | | 215600 |
| 露露集团有限责任公司 | 王宝林 | 2062808 | | 067000 |
| 河南省莲花味精集团有限公司 | 李怀清 | 4298909 | | 466200 |
| 济宁市菱花集团公司 | 江保安 | 2085100 | | 272073 |
| 上海太太乐调味食品有限公司 | 穆　立 | 59139518 | | 201812 |
| 江苏菊花味精集团公司 | 缪正兴 | 8481288 | | 215612 |
| 山东三九味精有限公司 | 赵新先 | 4285419 | | 252100 |
| 安徽丰原生物化学集团有限公司 | 李荣杰 | 4928500 | | 233010 |
| 佛山市海天调味食品有限公司 | 庞　康 | 2832023 | | 528000 |
| 长春宽城玉米开发有限公司 | 徐周闻 | 7870733 | | 130062 |
| 长春大成实业集团有限公司 | 徐周文 | 7870773 | | 130061 |
| 黄龙食品工业有限公司 | 刘少敏 | 6215466 | 317 | 136100 |
| 甘肃荣华集团公司 | 张严德 | 2292301 | | 733000 |
| 秦皇岛市骊骅淀粉股份有限公司 | 贺俊士 | 6034302 | | 066300 |
| 合肥华泰食品有限责任公司 | 陈先保 | 3812385 | | 230601 |
| 深圳太太药业股份有限公司 | 朱保国 | 2463888 | 8112 | 518008 |
| 山东九发集团公司 | 蒋绍庆 | 4622311 | | 264100 |
| 哈尔滨工大高新技术产业有限公司 | 王德林 | 6253559 | | 150006 |
| 广州麦芽有限公司 | 江国强 | 82224341 | | 510730 |
| **饮料制造业** | | | | |
| 黑龙江省华润金玉实业有限公司 | 吴学军 | 7712077 | | 151100 |
| 四川省宜宾五粮液集团有限公司 | 王国春 | 3553988 | 5332 | 644007 |
| 中国贵州茅台酒厂有限责任公司 | 季克良 | 2386074 | | 564501 |
| 四川剑南春集团有限责任公司 | 乔天明 | 6202206 | | 618200 |
| 泸州老窖集团有限责任公司 | 袁秀平 | 2296262 | 2712 | 646000 |
| 安徽古井集团有限责任公司 | 王效金 | 5710760 | | 236820 |

| 企业所在地区 | 企业详细地址 | 主要产品(主要业务活动) |
|---|---|---|
| 河北省石家庄市新华区 | 和平西路539号 | 奶粉、液态奶、冷食 |
| 上海市南汇区 | 康桥镇康桥东路8号 | 乳制品 |
| 黑龙江省哈尔滨市双城市 | 承旭 | 生产销售系列乳制品 |
| 内蒙古自治区呼和浩特市和林格尔县 | 工业园区 | 乳制品、冷冻饮品、液体乳 |
| 北京市西城区 | 鼓楼西大街75号 | 奶制品 |
| 上海市浦东新区 | 金桥宁桥路188号 | 乳制品 |
| 黑龙江省哈尔滨市南岗区 | 长江路368号 | 生产奶粉、生产豆粉、生产豆奶粉 |
| 江苏省苏州市张家港市 | 长安路 | 巧克力、晶类固体饮料、液态奶 |
| 河北省承德市双桥区 | 翠桥街路南6号 | 杏仁露、米奥渴、矿泉水 |
| 河南省周口市项城市 | 莲花大道18号 | 味精、副产品 |
| 山东省济宁市任城区 | 凌云 | 味精 |
| 上海市嘉定区 | 江桥镇新华村 | 调味食品 |
| 江苏省苏州市张家港市 | 双塘村 | 味精 |
| 山东省聊城市茌平县 | 齐韩 | 味精制造 |
| 安徽省蚌埠市西市区 | 丰原大道73号 | 柠檬酸及其盐类产品、色拉油、演粉糖 |
| 广东省佛山市城区 | 文沙路16号 | 酱油、蚝油 |
| 吉林省长春市宽城区 | 杨家村 | 玉米淀粉 |
| 吉林省长春市绿园区 | 西环路28号 | 淀粉、赖氨酸、变性淀粉 |
| 吉林省四平市公主岭市 | 文化街207号 | 玉米粉、玉米蛋白饲料、玉米麸质饲料 |
| 甘肃省武威市凉州区 | 荣华东路 | 淀粉、味精 |
| 河北省秦皇岛市抚宁县 | 三里杨 | 玉米淀粉、口服葡萄糖、肌醇 |
| 安徽省合肥市蜀山区 | 经济技术开展区莲花路32号 | 洽洽瓜子 |
| 广东省深圳市南山区 | 松坪山第五工业区 | 太太口服液、静心口服液、意可贴 |
| 山东省烟台市牟平区 | 孙格庄 | 双胞菇 |
| 黑龙江省哈尔滨市南岗区 | 护军街40号 | 食品生产 |
| 广东省广州市黄埔区 | 创业路2号 | 生产加工麦芽 |
| 黑龙江省绥化市肇东市 | 肇兰 | 酒精 |
| 四川省宜宾市翠屏区 | 岷江西路150号 | 白酒、多色印刷品、塑胶 |
| 贵州省遵义市仁怀市 | 羊叉 | 茅台酒、习酒、茅台醇系列 |
| 四川省德阳市绵竹市 | 春溢 | 白酒制造 |
| 四川省泸州市江阳区 | 国窖广场 | 白酒、纸制品、玻璃制品 |
| 安徽省亳州市谯城区 | 减店村委会 | 白酒 |

续表 11

| 企业名称 | 法人代表 | 电　话 | 分　机 | 邮政编码 |
|---|---|---|---|---|
| 四川沱牌集团有限公司 | 李家顺 | 6766352 | | 629209 |
| 四川全兴股份有限公司 | 杨肇基 | 7513999 | | 610036 |
| 四川沱牌曲酒股份有限公司 | 李家顺 | 6766352 | | 629292 |
| 山东天府集团公司 | 姜志德 | 7541002 | | 265217 |
| 安徽金种子集团有限公司 | 锁炳勋 | 2212836 | 2252 | 236018 |
| 湖南湘泉集团有限公司 | 杨　波 | 8312961 | | 416000 |
| 北京红星股份有限公司 | 陈天宝 | 69641061 | | 101400 |
| 湖北枝江酒业股份有限公司 | 蒋红星 | 4294688 | | 443200 |
| 青岛啤酒股份有限公司 | 李桂荣 | 5711119 | | 266071 |
| 广州市珠江啤酒集团公司 | 杨荣明 | 84206636 | | 510308 |
| 百威(武汉)国际啤酒有限公司 | 程业仁 | 84615574 | | 430051 |
| 桂林漓泉股份有限公司 | 孔繁健 | 3832078 | | 541002 |
| 哈尔滨啤酒有限公司 | 区致华 | 5311781 | | 150030 |
| 福建雪津啤酒集团公司 | 陈志华 | 3597297 | | 351111 |
| 福建惠泉啤酒股份集团公司 | 程汉川 | 7384985 | | 362100 |
| 沈阳华润雪花啤酒有限公司 | 王　群 | 25872059 | | 110021 |
| 甘肃亚盛实业(集团)股份有限公司 | 周长生 | 8483195 | | 730030 |
| 深圳金威实业有限公司 | 江国强 | 5516328 | | 518019 |
| 山东省文登市啤酒厂 | 祝业敏 | 8561086 | | 264417 |
| 重庆啤酒股份有限公司 | 华正兴 | 68611557 | | 400039 |
| 武汉欧联东西湖啤酒有限公司 | 秦　鹏 | 83223513 | 2299 | 430047 |
| 中国绍兴黄酒集团有限公司 | 邱仁甫 | 5157501 | 8218 | 312000 |
| 烟台张裕集团有限公司 | 孙利强 | 6691265 | | 264000 |
| 湖北稻花香集团 | 蔡宏柱 | 7761399 | | 443112 |
| 上海申美饮料食品有限公司 | 翁　懋 | 50311688 | 2415 | 201206 |
| 上海百事可乐饮料有限公司 | 陈秋芳 | 64303280 | | 200245 |
| 广东太古可口可乐有限公司 | 施逸伦 | 82296288 | 8615 | 510700 |
| 天津可口可乐饮料有限公司 | 刘福春 | 25328404 | | 300457 |
| 杭州中萃食品有限公司 | 樊国强 | 86042244 | | 310016 |
| 南京中萃食品有限公司 | 沈玉明 | 5410950 | 1120 | 210037 |
| 百事(中国)有限公司 | 施振康 | 82214888 | | 510730 |
| 河北旭日保健制品有限公司 | 刘守中 | 8612532 | | 053200 |
| 河南省漯河市昌达实业有限公司 | 陈松富 | 6181666 | | 462300 |

| 企业所在地区 | 企业详细地址 | 主要产品(主要业务活动) |
|---|---|---|
| 四川省遂宁市射洪县 | 柳树镇中街 149 号 | 白酒、玻瓶、纸箱 |
| 四川省成都市金牛区 | 全兴路九号 | 白酒生产 |
| 四川省遂宁市射洪县 | 中街 149 号 | 白酒制造 |
| 山东省烟台市莱阳市 | 西团旺后村 | 酒类、饮料 |
| 安徽省阜阳市颍州区 | 莲花路 259 号 | 白酒、皮革、酒精 |
| 湖南省湘西土家族苗族自治州吉首市 | 团结东路 | 白酒、制药 |
| 北京市朝阳区 | 红星路 1 号 | 制造销售酒类生物制品、人员培训、技术开发转让咨询服务 |
| 湖北省宜昌市枝江市 | 迎宾大道西段 199 号 | 白酒 |
| 山东省青岛市市南区 | 香港中路青啤大厦 | 啤酒 |
| 广东省广州市海珠区 | 新港东路磨碟砂大街 118 号 | 啤酒 |
| 湖北省武汉市汉阳区 | 琴断口上首 | 百威啤酒冰啤 |
| 广西壮族自治区桂林市象山区 | 黑山街翠竹路 5 号 | 漓泉啤酒制造 |
| 黑龙江省哈尔滨市香坊区 | 油坊街 20 号 | 生产、销售啤 |
| 福建省莆田市涵江区 | 工业 | 啤酒 |
| 福建省泉州市惠安县 | 东关居 | 啤酒 |
| 辽宁省沈阳市铁西区 | 建设东路 42 号 | 啤酒 |
| 甘肃省兰州市城关区 | 张掖路 219＃基陇大厦 20 楼 | 啤酒花、元明粉、硫化碱 |
| 广东省深圳市罗湖区 | 布心东昌路一号 | 啤酒制造 |
| 山东省威海市文登市 | 大宅库 | 啤酒、洗瓶 |
| 重庆市九龙坡区 | 石杨路 16 号 | 啤酒生产 |
| 湖北省武汉市东西湖区 | 吴家山街东啤居委会 | 啤酒 |
| 浙江省绍兴市越城区 | 北海桥 | 黄酒生产、白酒生产、瓶酒生产 |
| 山东省烟台市芝罘区 | 世回尧路 174 号 | 葡萄酒 |
| 湖北省宜昌市夷陵区 | 龙镇 | 白酒生产 |
| 上海市浦东新区 | 桂桥路 539 号 | 碳酸饮料 |
| 上海市闵行区 | 文井路 288 号 | 碳酸饮料 |
| 广东省广州市黄埔区 | 黄埔大道东 998 号 | 汽水 |
| 天津市塘沽区 | 洞庭路 140 号 | 碳酸饮料制造 |
| 浙江省杭州市江干区 | 下沙经济技术开发区 M8－7－31 内 | 可口可乐生产、雪碧生产、芬达生产 |
| 江苏省南京市玄武区 | 龙蟠路新庄村 51－6 号 | 生产饮料 |
| 广东省广州市黄埔区 | 开发区金碧路金华二街 3 号 | 浓缩液 |
| 河北省衡水市冀州市 | 冀衡大街 25 号 | 饮料 |
| 河南省漯河市郾城县 | 王堂 | “澳的利”系列饮料 |

续表 12

| 企业名称 | 法人代表 | 电　　话 | 分　　机 | 邮政编码 |
|---|---|---|---|---|
| 广州百事可乐饮料有限公司 | 朱华煦 | 84223284 | | 510300 |
| 四川蓝剑(集团)有限责任公司 | 曾清荣 | 8205438 | | 618400 |
| 北京汇源食品饮料有限公司 | 朱新礼 | 60483366 | | 101305 |
| 东莞雀巢有限公司 | 施默德 | 2404088 | 194 | 523076 |
| 维维集团股份有限公司 | 杨启典 | 3290169 | | 221114 |
| 阳东喜之郎实业有限公司 | 李永军 | 6617019 | | 529931 |
| 乐百氏(广东)食品饮料有限公司 | 伊盛盟 | 2101803 | 350 | 528415 |
| 广东健力宝饮料有限公司 | 李经纬 | 7721102 | | 528100 |
| 广州市开发区顶津食品有限公司 | 赵慧敬 | 82268125 | 218 | 510760 |
| 杭州顶津食品有限公司 | 赵慧敬 | 86910856 | | 310018 |
| 杭州娃哈哈集团有限公司 | 宗庆后 | 86093933 | | 310020 |
| **烟草加工业** | | | | |
| 上海烟草(集团)公司 | 董浩林 | 65418740 | | 200082 |
| 玉溪红塔烟草集团有限责任公司 | 字国瑞 | 2968165 | | 653100 |
| 昆明卷烟厂 | 李万兴 | 5811713 | 3137 | 650202 |
| 长沙卷烟厂 | 卢　平 | 5516888 | 10133 | 410014 |
| 红河卷烟厂 | 邱建康 | 6122739 | | 652300 |
| 常德卷烟厂 | 曾献兵 | 7299999 | | 415000 |
| 杭州卷烟厂 | 刘建设 | 86052044 | | 310008 |
| 颐中烟草(集团)有限公司 | 蒲　强 | 3835151 | | 266021 |
| 宁波卷烟厂 | 徐芳权 | 87332916 | | 315040 |
| 曲靖卷烟厂 | 魏　剑 | 3360540 | | 655001 |
| 南京卷烟厂 | 张岩磊 | 6479666 | | 210018 |
| 武汉卷烟厂 | 陈慧斌 | 84872610 | | 430051 |
| 成都卷烟厂 | 程佳华 | 4714544 | 842 | 610051 |
| 武汉烟草集团有限公司 | 康永胜 | 84872610 | | 430015 |
| 龙岩卷烟厂 | 李跃民 | 2213888 | 2333 | 364000 |
| 贵州黄果树烟草(集团)有限责任公司 | 段兆元 | 5973494 | | 550003 |
| 淮阴卷烟厂 | 蒋洪喜 | 3553180 | 3112 | 223002 |
| 广州卷烟二厂 | 余嘉安 | 81812508 | | 510145 |
| 徐州卷烟厂 | 张铭业 | 3676208 | 3558 | 221005 |
| 将军烟草集团有限公司济南卷烟厂 | 段　玲 | 8776007 | | 250100 |
| 蚌埠卷烟厂 | 卢安宁 | 4959999 | | 233010 |

| 企业所在地区 | 企业详细地址 | 主要产品(主要业务活动) |
|---|---|---|
| 广东省广州市海珠区 | 敦和路 57 号 | 碳酸饮料制造 |
| 四川省德阳市什邡市 | 元石镇蓝剑大道 | 啤酒、饮料、包装、药品、化工 |
| 北京市顺义区 | 北小营镇北小营 | 生产果蔬汁饮料、牛奶 |
| 广东省东莞市 | 莞太路 88 号信箱 | 固体饮料制造 |
| 江苏省徐州市铜山县 | 工业区 | 软饮料生产销售 |
| 广东省阳江市阳东县 | 大令 | 果冻 |
| 广东省中山市 | 菊城大道东 37 号 | 乳酸奶、牛奶、水 |
| 广东省佛山市三水市 | 健力宝南路 | 健力宝牌系列饮料 |
| 广东省广州市黄埔区 | 沧联一路 2 号 | 生产饮料、罐装纯水 |
| 浙江省杭州市江干区 | 经济开发区 4 号路东侧 | 冰红茶饮品、绿茶饮品、乌龙茶饮品 |
| 浙江省杭州市江干区 | 秋涛北路 128－1 号 | 含乳饮料生产、瓶装水生产、碳酸饮 |
| 上海市杨浦区 | 许昌路 1062 号 | 卷烟制造 |
| 云南省玉溪市红塔区 | 凤凰路 | 卷烟制造 |
| 云南省昆明市官渡区 | 龙泉镇右营 | 卷烟、烟叶复烤 |
| 湖南省长沙市雨花区 | 劳动东路 346 号 | 卷烟 |
| 云南省红河哈尼族彝族自治州弥勒县 | 桃园路 50 号 | 卷烟、复烤烟叶 |
| 湖南省常德市武陵区 | 洞庭大道 199 号 | 卷烟 |
| 浙江省杭州市上城区 | 中山南路 77 号 | 卷烟制造 |
| 山东省青岛市市北区 | 华阳路 20 号 | 卷烟制造 |
| 浙江省宁波市江东区 | 曙光路 109 号 | 卷烟生产 |
| 云南省曲靖市麒麟区 | 麒麟北路大坡寺 | 卷烟生产 |
| 江苏省南京市玄武区 | 杨将军巷 9 号 | 卷烟制造 |
| 湖北省武汉市汉阳区 | 琴断口街王家湾十升路特 5 号 | 卷烟、雪茄烟 |
| 四川省成都市成华区 | 槐树店路 4 号 | 卷烟生产 |
| 湖北省武汉市江岸区 | 十升路 22 号 | 卷烟 |
| 福建省龙岩市新罗区 | 西安南路 24 号 | 卷烟 |
| 贵州省贵阳市云岩区 | 如意巷 25 号 | 卷烟制造 |
| 江苏省淮安市清浦区 | 大庆路 32 号 | 卷烟生产 |
| 广东省广州市荔湾区 | 中山七路 333 号 | 卷烟 |
| 江苏省徐州市鼓楼区 | 环城路 80 号 | 卷烟生产 |
| 山东省济南市历城区 | 将军路 80 号 | 卷烟生产 |
| 安徽省蚌埠市西市区 | 东海路 121 号 | 卷烟 |

续表 13

| 企业名称 | 法人代表 | 电　话 | 分　机 | 邮政编码 |
| --- | --- | --- | --- | --- |
| 厦门卷烟厂 | 张帝赞 | 5053007 | | 361004 |
| 南昌卷烟厂 | 郑　伟 | 6532347 | | 330009 |
| 重庆烟草工业有限责任公司 | 吴应禄 | 62916176 | | 400060 |
| 宝鸡卷烟厂 | 陈　晖 | 3469666 | 284 | 721000 |
| 芜湖卷烟厂 | 张建军 | 4812288 | 3020 | 241002 |
| 四川什邡卷烟厂 | 吴　宪 | 8216000 | | 618400 |
| 云南红塔集团楚雄卷烟厂 | 张国良 | 3012929 | | 675000 |
| 张家口卷烟厂 | 卢瑞刚 | 2106238 | | 075000 |
| 合肥卷烟厂 | 朱　杰 | 5339001 | | 230081 |
| 大理卷烟厂 | 叶世兴 | 2125004 | 8746 | 671000 |
| 广州卷烟一厂 | 成善松 | 84219811 | | 510310 |
| 石家庄卷烟厂 | 严金虎 | 7027979 | 3011 | 050051 |
| 兰州卷烟厂 | 王来云 | 4665311 | 8614 | 730030 |
| 襄樊市卷烟厂 | 刘静林 | 3461739 | | 441000 |
| 颐中烟草有限公司青州卷烟厂 | 蔚严春 | 3239350 | | 262500 |
| 许昌卷烟厂 | 宋有申 | 3351242 | | 461000 |
| 深圳卷烟厂 | 卢杰英 | 5538525 | 210 | 518020 |
| 广西南宁卷烟厂 | 王　金 | 3312601 | | 530001 |
| 昭通卷烟厂 | 毕志东 | 2130999 | | 657000 |
| 北京卷烟厂 | 曲志刚 | 65762922 | 201 | 100024 |
| 安阳卷烟厂 | 赵志正 | 3931801 | 1252 | 455004 |
| 营口卷烟厂 | 李德贤 | 3840386 | | 115002 |
| 贵州驰宇集团毕节卷烟厂 | 马达祥 | 8303540 | 2124 | 551700 |
| 河南省新郑卷烟厂 | 武泉水 | 2619156 | | 451150 |
| 延吉卷烟厂 | 孙国伟 | 2818659 | | 133001 |
| 广西壮族自治区柳州卷烟厂 | 张汉涛 | 3836854 | | 545005 |
| 会泽县卷烟厂 | 马子肖 | 5125030 | | 654200 |
| 韶关卷烟厂 | 赖建义 | 8772269 | | 512026 |
| 郑州卷烟厂 | 周朝琦 | 6322918 | 3148 | 450000 |
| **纺织业** | | | | |
| 江苏银都集团公司 | 王希明 | 3512579 | | 224100 |
| 浙江恒逸集团有限公司 | 邱建林 | 82797888 | | 311209 |
| 浙江开氏实业有限公司 | 项兴良 | 82798441 | | 311209 |

| 企业所在地区 | 企业详细地址 | 主要产品(主要业务活动) |
|---|---|---|
| 福建省厦门市开元区 | 湖滨中路 24 号 | 卷烟 |
| 江西省南昌市西湖区 | 抚生路 118 | 卷烟 |
| 重庆市南岸区 | 南城大道 197 号 | 卷烟 |
| 陕西省宝鸡市金台区 | 东风路 1 号 | 卷烟 |
| 安徽省芜湖市镜湖区 | 芜石路 135 号 | 卷烟 |
| 四川省德阳市什邡市 | 蓥峰南路 1 号 | 卷烟 |
| 云南省楚雄彝族自治州楚雄市 | 鹿城东路 | 卷烟制造 |
| 河北省张家口市桥东区 | 工业路 65 号 | 卷烟 |
| 安徽省合肥市蜀山区 | 长江西路 651 号 | 卷烟 |
| 云南省大理白族自治州大理市 | 下关建设东路 191 号 | 卷烟 |
| 广东省广州市海珠区 | 新港中赤岗路 62 号 | 卷烟 |
| 河北省石家庄市桥西区 | 维明南大街 1 号 | 卷烟 |
| 甘肃省兰州市城关区 | 酒泉路 62＃ | 生产卷烟 |
| 湖北省襄樊市樊城区 | 朝阳路 69 号 | 金鳄烟、佳品襄阳 |
| 山东省潍坊市青州市 | 玲珑山北路 6 号 | 卷烟制造业 |
| 河南省许昌市魏都区 | 西关大街 130 号 | 卷烟 |
| 广东省深圳市罗湖区 | 太宁路 211 号 | 卷烟 |
| 广西壮族自治区南宁市城北区 | 北湖南路 28 号 | 卷烟生产、卷烟批发、烟叶复烤、购销 |
| 云南省昭通市昭阳区 | 凤凰 | 卷烟生产 |
| 北京市朝阳区 | 管庄西里 42 号 | 烟卷制造 |
| 河南省安阳市铁西区 | 烟厂大道 | 卷烟制造 |
| 辽宁省营口市站前区 | 建设街 72 号 | 卷烟 |
| 贵州省毕节地区毕节市 | 望城坡 | 卷烟 |
| 河南省郑州市新郑市 | 新华路东段 | 卷烟 |
| 吉林省延边朝鲜族自治州延吉市 | 天池路 79 号 | 卷烟 |
| 广西壮族自治区柳州市鱼峰区 | 屏山大道 185 号 | 卷烟制造 |
| 云南省曲靖市会泽县 | 翠屏 | 卷烟 |
| 广东省韶关市武江区 | 新华南路 | 卷烟 |
| 河南省郑州市管城回族区 | 陇海东路 72 号 | 卷烟 |
| | | |
| 江苏省盐城市大丰市 | 大新路 99 号 | 皮棉、棉纱、机械 |
| 浙江省杭州市萧山区 | 衙前镇优胜村 | 涤纶长丝、聚脂切片、化纤布 |
| 浙江省杭州市萧山区 | 衙前镇优胜村衙前路 661 号 | 涤纶丝 |

续表 14

| 企业名称 | 法人代表 | 电话 | 分机 | 邮政编码 |
|---|---|---|---|---|
| 浙江永利实业集团有限公司 | 周永利 | 4069469 | | 312028 |
| 山东魏桥纺织集团有限责任公司 | 张士平 | 4721194 | | 256212 |
| 华芳集团有限公司 | 秦大乾 | 8441711 | | 215611 |
| 上海申达股份有限公司 | 席时平 | 62319898 | 8821 | 200042 |
| 山东德棉集团有限公司 | 王根源 | 2413001 | | 253002 |
| 石家庄常山纺织股份有限公司 | 韩希厚 | 6674239 | | 050011 |
| 无锡市第一棉纺织厂 | 李光明 | 2851567 | 403 | 214031 |
| 杭州道远化纤有限公司 | 裘　冲 | 82852008 | | 311217 |
| 无锡庆丰集团有限公司 | 许鲁平 | 2403612 | | 214008 |
| 莱芜市纺织厂 | 刘庆平 | 6213020 | | 271100 |
| 安徽华茂集团有限公司 | 华冠雄 | 5510810 | 286 | 246018 |
| 黑牡丹(集团)股份有限公司 | 曹德法 | 8111238 | | 213001 |
| 江苏梦兰集团 | 钱月宝 | 2835805 | | 215558 |
| 江阴市红星集团公司 | 周筱晔 | 6875094 | | 214421 |
| 东莞福安纺织印染有限公司 | 夏松芳 | 5532318 | 1110 | 523840 |
| 深圳海润实业有限公司 | 许耀光 | 6646000 | 352 | 518054 |
| 东莞德永佳纺织制衣有限公司 | 黎兆强 | 8821738 | | 523138 |
| 山东龙喜集团公司 | 王景胜 | 8565858 | | 265705 |
| 浙江航民实业集团有限公司 | 朱重庆 | 82551588 | 2021 | 311241 |
| 华纺股份有限公司 | 邹鹏宏 | 3288519 | | 256617 |
| 顺德金丰漂染有限公司 | 梁成达 | 7772909 | | 528325 |
| 南山集团 | 宋作文 | 8616009 | | 265718 |
| 厦门进雄企业有限公司 | 李胤宰 | 6022106 | | 361006 |
| 孚日家纺股份有限公司 | 孙日贵 | 2330410 | | 261500 |
| 山东亚光纺织集团 | 王延平 | 3512878 | | 256651 |
| 宁波维科精华集团股份有限公司 | 何承命 | 87253690 | 1127 | 315000 |
| 江苏骏马集团有限责任公司 | 刘林生 | 8292377 | | 215617 |
| 江苏阳光集团公司 | 陆克平 | 6121888 | | 214426 |
| 海澜集团公司 | 周建平 | 6121388 | | 214426 |
| 江苏澳洋实业(集团)有限公司 | 沈学如 | 8591800 | | 215618 |
| 广东美雅集团股份有限公司 | 冯国良 | 8888888 | 2031 | 529700 |
| 江苏新伍集团 | 陈兴洪 | 6013003 | | 214422 |
| 鄂尔多斯羊绒制品股份有限公司 | 胡三兴 | 8523812 | | 017000 |

| 企业所在地区 | 企业详细地址 | 主要产品(主要业务活动) |
|---|---|---|
| 浙江省绍兴市绍兴县 | 杨汛桥镇江南周居委会 | 涤丝、针织品、印染 |
| 山东省滨州市邹平县 | 位桥 | 棉纱、绵布、皮棉 |
| 江苏省苏州市张家港市 | 人民南路 | 棉纺纱、服装、铜业 |
| 上海市普陀区 | 上海武宁路448号 | 纱、布、服装 |
| 山东省德州市德城区 | 顺河西路18号 | 棉纱、棉布、印染布 |
| 河北省石家庄市长安区 | 和平东路183号 | 布 |
| 江苏省无锡市南长区 | 健康路122号 | 制造棉纱棉布 |
| 浙江省杭州市萧山区 | 新盛村 | por涤丝 |
| 江苏省无锡市崇安区 | 锡沪西路203号 | 棉纱、棉布、被服 |
| 山东省莱芜市莱城区 | 大桥 | 纱、布 |
| 安徽省安庆市迎江区 | 纺织南路80号 | 纱、线、坯布、投资管理 |
| 江苏省常州市天宁区 | 和平南路47号 | 牛仔布生产 |
| 江苏省苏州市常熟市 | 虞山镇梦兰 | 床上用品 |
| 江苏省无锡市江阴市 | 环城西路78号 | 色织布、人造毛皮、腈织针织绒 |
| 广东省东莞市 | 霄边 | 针织胚布、染整布针织色织布、染整筒子纱 |
| 广东省深圳市南山区 | 南山路1105号 | 各类漂色花印染布、各类服装 |
| 广东省东莞市 | 德永佳工业城 | 棉针织染整布、TC针织染整布、染整棉纱毛线 |
| 山东省烟台市龙口市 | 西台村 | 印染、水泥、饮料 |
| 浙江省杭州市萧山区 | 瓜沥镇航民村 | 印染 |
| 山东省滨州市滨城区 | 黄河二路819号 | 纯棉印染布、棉混纺印染布、纯化纤印染布 |
| 广东省佛山市顺德市 | 新涌工业区 | 筒子纱漂染、印花布 |
| 山东省烟台市龙口市 | 前宋家 | 铝材、呢绒、枕巾 |
| 福建省厦门市湖里区 | 湖里悦华路151号 | 帐篷 |
| 山东省潍坊市高密市 | 城东路23号 | 毛巾、毛巾被 |
| 山东省滨州市滨城区 | 经二路八号 | 毛巾、毛巾被、棉纱 |
| 浙江省宁波市海曙区 | 和义路99号 | 纱生产、缝纫线、布 |
| 江苏省苏州市张家港市 | 双鹿村 | 锦纶帘子线 |
| 江苏省无锡市江阴市 | 新桥镇居委会 | 毛织业生产 |
| 江苏省无锡市江阴市 | 新桥镇居委会 | 毛纺业生产 |
| 江苏省苏州市张家港市 | 镇中路 | 机织纱、粘胶呢绒、毛纱 |
| 广东省江门市鹤山市 | 人民西路40号 | 晴纶毛条、晴纶长丝、拉舍尔毛毯 |
| 江苏省无锡市江阴市 | 新伍村 | 精纺呢绒、毛纺织 |
| 内蒙古自治区鄂尔多斯市东胜区 | 达南路 | 羊绒衫、羊绒纱、无毛绒 |

续表 15

| 企业名称 | 法人代表 | 电　话 | 分　机 | 邮政编码 |
|---|---|---|---|---|
| 东莞沙田丽海纺织印染有限公司 | 夏松芳 | 8866583 | 1056 | 523999 |
| 包头鹿金羊绒制品有限公司 | 高　丰 | 4171155 | 3452 | 014040 |
| 浙江永通染织集团有限公司 | 李传海 | 4056122 | 4056011 | 312025 |
| 江苏吴江丝绸集团有限公司 | 周留生 | 2546677 | | 215200 |
| 浙江纵横轻纺集团有限公司 | 袁柏仁 | 8037998 | | 312071 |
| 天龙控股集团有限公司 | 赵旱雨 | 4082098 | | 312033 |
| 绍兴县轻纺城纺织有限公司 | 孙永根 | 4094549 | | 312030 |
| 浙江雄峰实业集团有限公司 | 何兴荣 | 4020761 | | 312046 |
| 浙江小龙纺织集团有限公司 | 李进成 | 3330768 | 6068 | 313021 |
| 鹰翔化纤有限责任公司 | 徐关祥 | 3555588 | | 215228 |
| 浙江亚太高科股份有限公司 | 濮匡正 | 5652689 | | 312080 |
| 青岛即发集团股份有限公司 | 陈玉兰 | 8513493 | | 266200 |
| 深圳市坑梓经济发展有限公司 | 黄健春 | 4133981 | | 518122 |
| 杭州临安锦江集团有限公司 | 钭正刚 | 88389111 | | 310005 |
| **服装及其他纤维制品制造业** | | | | |
| 江苏综艺股份有限公司 | 昝圣达 | 6563931 | | 226376 |
| 江苏波司登股份有限公司 | 董炳根 | 2532888 | 6807 | 215532 |
| 浙江南方集团有限公司 | 徐顺云 | 87040599 | | 310009 |
| 宁波申洲织造集团有限公司 | 马宝兴 | 86885510 | | 315800 |
| 武汉经济技术开发区沌口实业总公司 | 宗贤亮 | 84891608 | | 430056 |
| 广东溢达纺织有限公司 | 杨敏德 | 8826112 | 8342 | 528500 |
| 浙江嘉欣丝绸股份有限公司 | 周国建 | 2085227 | | 314000 |
| 承德帝贤针纺股份有限公司 | 王淑贤 | 3115014 | | 067400 |
| 红豆集团公司 | 周耀庭 | 8761888 | | 214199 |
| 江苏晨风集团股份有限公司 | 尹国新 | 2323888 | | 213224 |
| 宁波罗蒙集团股份有限公司 | 盛军海 | 88558888 | 8868 | 315504 |
| 大杨集团有限责任公司 | 李桂莲 | 3450093 | | 116215 |
| 平湖茉织华实业发展有限公司 | 李勤夫 | 5704811 | | 314205 |
| 花园工贸集团有限公司 | 邵钦祥 | 87153733 | | 310006 |
| 恒柏集团有限公司 | 夏柏潮 | 4061150 | | 312026 |
| 庄吉集团有限公司 | 陈　敏 | 86531700 | | 325011 |
| 中国报喜鸟集团有限公司 | 吴志泽 | 67315986 | | 325105 |
| 江苏吴中实业股份有限公司 | 赵唯一 | 5275057 | | 215007 |

| 企业所在地区 | 企业详细地址 | 主要产品(主要业务活动) |
|---|---|---|
| 广东省东莞市 | 稔洲 | 其他丝绢纺织 |
| 内蒙古自治区包头市东河区 | 巴彦塔拉大街东河桥南 | 羊绒衫等针织品、羊绒纱 |
| 浙江省绍兴市绍兴县 | 钱清镇车站路 | 进出口各类化纤布麻布、印花各类化纤布、染色各类化纤布 |
| 江苏省苏州市吴江市 | 西庙街 | 丝织品 |
| 浙江省绍兴市越城区 | 杨望村 | 纺织品生产 |
| 浙江省绍兴市绍兴县 | 华舍街道人利村 | 制造加工纺织品 |
| 浙江省绍兴市绍兴县 | 柯桥中梅村 | 丝织品 |
| 浙江省绍兴市绍兴县 | 福全镇对二村 | 丝织品 |
| 浙江省湖州市市辖区 | 湖州市东林镇 | 丝织品 |
| 江苏省苏州市吴江市 | 吴江市盛泽镇 | 化学纤维 |
| 浙江省绍兴市绍兴县 | 安昌镇清风桥居委会 | 纺织品服装 |
| 山东省青岛市即墨市 | 即发路1号 | 针织内衣、发制品 |
| 广东省深圳市龙岗区 | 人民西路192号 | 服装制造 |
| 浙江省杭州市临安市 | 锦城镇苕溪南路6号 | 纺织品生产 |
| 江苏省南通市通州市 | 黄金村 | 服装、胶合板、IC卡 |
| 江苏省苏州市常熟市 | 白茆镇紫芙 | 羽绒服 |
| 浙江省杭州市上城区 | 庆春路11号凯旋门商业中心21A | 服装制造 |
| 浙江省宁波市北仑区 | 塘湾工业区 | 服装制造 |
| 湖北省武汉市蔡甸区 | 吴家山 | 软饮料、服装 |
| 广东省佛山市高明市 | 高丰路1号 | 成衣、纺纱、棉布 |
| 浙江省嘉兴市秀城区 | 嘉兴市中山路22号 | 茧丝及服装生产 |
| 河北省承德市承德县 | 帝贤大街 | 针织服装、棉纱、造纸 |
| 江苏省无锡市锡山区 | 港下镇居委 | 服装、摩托车 |
| 江苏省常州市金坛市 | 晨风路88号 | 服装、丝绸制造、相关技术出口 |
| 浙江省宁波市奉化市 | 江宁路94-96号 | 服装制造、裤子、衬衫 |
| 辽宁省大连市普兰店市 | 杨树房 | 服装 |
| 浙江省嘉兴市平湖市 | 新仓镇工业园区 | 服装 |
| 浙江省杭州市西湖区 | 松木场桃花弄1号 | 服装制造 |
| 浙江省绍兴市绍兴县 | 夏履镇埠头村 | 毛麻纺织品 |
| 浙江省温州市龙湾区 | 经济技术开发区2号小区 | 西服生产 |
| 浙江省温州市永嘉县 | 瓯江三桥工业区 | 服装生产 |
| 江苏省苏州市吴中区 | 宝带东路 | 服装 |

续表 16

| 企业名称 | 法人代表 | 电　　话 | 分　　机 | 邮政编码 |
|---|---|---|---|---|
| 广东雷伊股份有限公司 | 陈鸿成 | 2229898 | | 515322 |
| 广东省罗定市华天龙制衣有限公司 | 郭鉴泉 | 3823218 | | 527200 |
| 湖州丝得莉丝绸纺织有限公司 | 徐淦芳 | 3620333 | | 313012 |
| 宁波洛兹制衣实业有限公司 | 罗奇华 | 88260224 | | 315153 |
| 湖北省幸福实业股份有限公司 | 刘道明 | 6644111 | | 433109 |
| 美尔雅纺织服装实业公司 | 罗日炎 | 6360288 | | 435003 |
| 浙江依多金企业集团公司 | 盛云龙 | 3952211 | | 313013 |
| 阿迪达斯(苏州)有限公司 | CHRISTIANTOS | 7611502 | | 215021 |
| 山东金泉发展集团公司 | 张建伟 | 5366240 | 8002 | 264206 |
| 江苏云蝠集团 | 郭　建 | 6321999 | | 214413 |
| 青岛海珊服装服饰集团有限责任公司 | 王志源 | 5768910 | | 266071 |
| 诸城市桑莎制衣有限责任公司 | 周　勇 | 6212934 | | 262200 |
| 江苏老三集团公司 | 姚幼卿 | 8813818 | | 213018 |
| 杭州汇丽绣花制衣有限公司 | 高志伟 | 82831717 | 229 | 311202 |
| 江苏虎豹集团公司 | 蒋茂远 | 7840090 | | 225127 |
| 茉织华实业(集团)有限公司 | 李勤夫 | 5704809 | | 314205 |
| 浙江神鹰集团有限公司 | 朱百超 | 7213048 | | 311800 |
| 美特斯邦威集团有限公司 | 周成建 | 88727291 | | 325000 |
| 上海凯托＜集团＞有限公司 | 蔡福忠 | 57463666 | | 201415 |
| 杭州西湖达利工业有限公司 | 林富华 | 85229201 | 8351 | 310023 |
| 浙江步森集团有限公司 | 陈能恩 | 7046933 | | 311811 |
| 石家庄三五零二服装总厂 | 赵卫生 | 2023502 | 2406 | 050308 |
| 中孚国际集团有限公司金标分公司 | 荣维和 | 87341793 | | 300110 |
| 浙江野风集团有限公司 | 俞国生 | 6730191 | | 322105 |
| 江苏琴曼集团公司 | 孙志丁 | 7941598 | | 225126 |
| 广东台山标信制衣厂 | 余翩翩 | 5526747 | | 529200 |
| 河北兴达集团有限公司 | 孙春红 | 8232013 | | 053100 |
| 四会金宝利橡胶鞋厂有限公司 | 谢甫生 | 3367112 | | 526200 |
| 耐克(苏州)体育用品有限公司 | 罗　丹 | 3539898 | 2101 | 215400 |
| 上海协通(集团)有限公司 | 唐庆余 | 59598888 | | 201804 |
| 江苏江南高纤股份有限公司 | 陶国平 | 5481181 | | 215143 |
| 营口一心箱包有限公司 | 权荣富 | 6251650 | | 115007 |
| **皮革、毛皮、羽绒及其制品业** | | | | |

| 企业所在地区 | 企业详细地址 | 主要产品(主要业务活动) |
|---|---|---|
| 广东省揭阳市普宁市 | 美新工业园 | 服装 |
| 广东省云浮市罗定市 | 泷州路55号 | 服装 |
| 浙江省湖州市市辖区 | 南浔区双林镇镇西 | 服装丝织品针织品服装 |
| 浙江省宁波市鄞州区 | 石契村 | 服装制造销售 |
| 湖北省省直辖行政单位潜江市 | 幸福大道 | 服装、铝材 |
| 湖北省黄石市下陆区 | 团城山开发区8号 | 服装制造 |
| 浙江省湖州市市辖区 | 练市湖盐公路北侧 | 服装生产、服装面料生产 |
| 江苏省苏州市平江区 | 星汉街5号C幢03-04 | 运动服装、销售本企业产品 |
| 山东省威海市环翠区 | 江家寨 | 服装、喷胶棉、皮包 |
| 江苏省无锡市江阴市 | 顾山镇居委会 | 化纤毛纺棉针纺织制品 |
| 山东省青岛市市南区 | 宁夏路266号 | 服装、巾被、牛仔布、坯布 |
| 山东省潍坊市诸城市 | 广场路16号 | 梭织服装 |
| 江苏省常州市钟楼区 | 郊区雕庄乡凤凰路9号 | 生产针织服装、生产针织坯布 |
| 浙江省杭州市萧山区 | 开发区北塘路6号 | 真丝服装、棉麻服装 |
| 江苏省扬州市邗江区 | 汉河村内 | 生产衬衫西服服装、辅料鞋帽旅游用品 |
| 浙江省嘉兴市平湖市 | 新仓镇工业区 | 服装 |
| 浙江省绍兴市诸暨市 | 友谊路9号 | 真丝服装 |
| 浙江省温州市鹿城区 | 工业区泰力路48号 | 服装制造 |
| 上海市奉贤区 | 庄行镇华严开发区 | 服装 |
| 浙江省杭州市西湖区 | 留下街1号 | 真丝服装制造 |
| 浙江省绍兴市诸暨市 | 步森大道 | 服装 |
| 河北省石家庄市井陉县 | 微水 | 梭织面料服装、印染布 |
| 天津市河西区 | (南)张自忠路56号 | 服装 |
| 浙江省金华市东阳市 | 北江工业区 | 轻工业服装、化工、纸制品 |
| 江苏省扬州市邗江区 | 红旗东大街 | 衬衫、西服 |
| 广东省江门市台山市 | 台城镇桥湖路106号 | 制衣 |
| 河北省衡水市枣强县 | 丁庄 | 布面胶鞋、玻璃钢 |
| 广东省肇庆市四会市 | 四会市三棵容 | 鞋业 |
| 江苏省苏州市太仓市 | 浏太路 | 皮鞋 |
| 上海市嘉定区 | 曹安路4671号 | 其它纺织品制造、房产 |
| 江苏省苏州市相城区 | 黄埭镇 | 涤纶短丝 |
| 辽宁省营口市鲅鱼圈区 | 青龙山大街 | 缝制箱包 |

续表 17

| 企业名称 | 法人代表 | 电　话 | 分　机 | 邮政编码 |
| --- | --- | --- | --- | --- |
| 浙江卡森实业股份有限公司 | 朱张金 | 7781111 | | 314403 |
| 辛集制革工业区管理委员会 | 谢平信 | 3206122 | | 052360 |
| 河南鞋城皮革制品有限公司 | 崔明杰 | 7585189 | | 477293 |
| 上海富国皮革有限公司 | 严慈亮 | 62503354 | 113 | 200436 |
| 华达利皮革(中国)有限公司 | 潘用品 | 7636130 | | 215334 |
| 辛集市试炮营皮革工业区 | 杨　峰 | 3329288 | | 052360 |
| 青岛信五皮革有限公司 | 金福宰 | 7221145 | | 266300 |
| 温州远东皮革有限公司 | 王　楚 | 63859888 | | 325405 |
| 河北天同齐盛皮革股份有限公司 | 李白娃 | 5590602 | | 052460 |
| 泰庆皮革有限公司 | 杨　正 | 86636645 | | 325013 |
| 青岛大明皮革有限公司 | 李光洙 | 2212449 | | 266300 |
| 江苏森达集团公司 | 朱相桂 | 6213511 | | 224700 |
| 青岛泰光制鞋有限公司 | 朴渊次 | 6491140 | | 266604 |
| 福建顺大运动品有限公司 | 梅村建二 | 3628888 | | 350014 |
| 中国奥康集团有限公司 | 王振滔 | 67284444 | | 325101 |
| 中国红蜻蜓集团有限公司 | 钱金波 | 67362988 | | 325102 |
| 广州市番禺创信鞋业有限公司 | 吴振昌 | 34931988 | | 511473 |
| 福建荔丰鞋业开发有限公司 | 王秋雄 | 3991998 | | 351119 |
| 青岛世原鞋业有限公司 | 申夸东 | 6239241 | | 266323 |
| 福建三丰鞋业有限公司 | 王秋雄 | 3497668 | 8349 | 350018 |
| 广州万邦鞋业有限公司 | 陈锦郎 | 86029591 | | 510440 |
| 广东育丰鞋业有限公司 | 王震乾 | 82928888 | 6205 | 511330 |
| 福建协丰鞋业有限公司 | 王秋雄 | 2894210 | | 351131 |
| 南海金星鞋业有限公司 | 陈海山 | 5113995 | | 528241 |
| 青岛昌新鞋业有限公司 | 郑焕一 | 7224091 | 117 | 266300 |
| 广州荣诚鞋业有限公司 | 张荣梧 | 86409469 | 108 | 510430 |
| 福建清禄鞋业有限公司 | 梅村建二 | 3688888 | | 350015 |
| 中山通佳鞋业有限公司 | 杨基烈 | 5218853 | | 528451 |
| 深圳珍兴鞋业有限公司 | 陈玉珍 | 5202364 | 21 | 518083 |
| 丰源制靴大连有限公司 | 关国亮 | 7677620 | | 116031 |
| 福建省建乐鞋业有限公司 | 毛桂荣 | 8923956 | | 350200 |
| 广州市广荣鞋业有限公司 | 冼美洁 | 86638735 | 141 | 510430 |
| 康奈集团有限公司 | 郑秀康 | 88629991 | | 325028 |

| 企业所在地区 | 企业详细地址 | 主要产品(主要业务活动) |
|---|---|---|
| 浙江省嘉兴市海宁市 | 斜桥镇华丰村 | 猪皮革、绵羊皮、皮衣 |
| 河北省石家庄市辛集市 | 锚营 | 革皮 |
| 河南省周口市鹿邑县 | 涡北村 | 黄牛皮软面革、旅游鞋 |
| 上海市宝山区 | 南大路 800 弄 19 号 | 轻革 |
| 江苏省苏州市昆山市 | 吴淞江南路 18 号 | 皮革 |
| 河北省石家庄市辛集市 | 田家庄乡 | 轻革 |
| 山东省青岛市胶州市 | 郑家小庄 | 牛皮革 |
| 浙江省温州市平阳县 | 水头镇建设路 4 号 | 猪皮革生产 |
| 河北省石家庄市无极县 | 齐洽 | 皮革制品 |
| 浙江省温州市龙湾区 | 扶贫经济开发区龙东村 | 牛皮革生产 |
| 山东省青岛市胶州市 | 庄里头 | 皮革制品 |
| 江苏省盐城市建湖县 | 建湖县建湖镇湖中南路 888 号 | 皮鞋 |
| 山东省青岛市莱西市 | 泰光路 | 旅游鞋 |
| 福建省福州市晋安区 | | 运动鞋 |
| 浙江省温州市永嘉县 | 奥康大道 | 皮鞋制造 |
| 浙江省温州市永嘉县 | 瓯北镇阳光大道 | 皮鞋生产 |
| 广东省广州市番禺区 | 九比 | 休闲鞋、滑水鞋、凉鞋 |
| 福建省莆田市涵江区 | 沁后 | 运动鞋 |
| 山东省青岛市胶州市 | 大朱戈 | 鞋、鞋面、鞋底 |
| 福建省福州市仓山区 | 排下洋 | 运动鞋 |
| 广东省广州市白云区 | 平沙 | adidas 系列运动鞋 |
| 广东省广州市增城市 | 横岭村、荔石路 | 制鞋 |
| 福建省莆田市荔城区 | 北大 | 成品鞋 |
| 广东省佛山市南海市 | 和顺城区官和路 | 生产运动鞋 |
| 山东省青岛市胶州市 | 泉洲路 6 号 | 鞋及鞋附件 |
| 广东省广州市白云区 | 石井镇石沙路 300 号 | 运动鞋 |
| 福建省福州市马尾区 | 开发区上岐路 1 号 | 运动鞋 |
| 广东省中山市 | 南朗镇第二工业区 | 皮鞋 |
| 广东省深圳市盐田区 | 四村工业村 | 生产经营真皮及鞋 |
| 辽宁省大连市甘井子区 | 苏家 | 旅游鞋 |
| 福建省福州市长乐市 | 湖边溪工业加工区 | 运动鞋 |
| 广东省广州市白云区 | 石井镇小坪村 | 运动鞋 |
| 浙江省温州市鹿城区 | 温州吴桥工业区康奈路 | 皮鞋制造 |

续表 18

| 企业名称 | 法人代表 | 电　　话 | 分　　机 | 邮政编码 |
|---|---|---|---|---|
| 天津韩飞鞋业有限公司 | 李容九 | 26750035 | 25 | 300240 |
| 温州东艺鞋业有限公司 | 陈国荣 | 86531408 | | 325011 |
| 威海市金猴集团有限责任公司 | 柳富林 | 5289200 | | 264200 |
| 高要市中宝鞋业有限公司 | 谭文英 | 8501848 | | 526100 |
| 中国辛集皮革商业城管理委员会 | 霍延波 | 3223371 | | 052360 |
| 浙江富可达皮业集团股份有限公司 | 徐水连 | 82407858 | | 311256 |
| 浙江兽王集团有限公司 | 姜　华 | 88174995 | | 310015 |
| 雪豹集团公司 | 沈月明 | 7411025 | | 314408 |
| 浙江富邦集团有限公司 | 许瑞坤 | 7532789 | | 314407 |
| 平湖服装集团有限公司 | 张余林 | 5523957 | | 314201 |
| 番禺世门手袋有限公司 | 朴股宽 | 84754777 | | 511434 |
| 江苏美迪洋集团公司 | 毛建华 | 2815001 | | 215500 |
| 华达利家具(中国)有限公司 | 潘用品 | 7631692 | | 215334 |
| 浙江三弘国际羽毛有限公司 | 章军华 | 82475666 | 823 | 311251 |
| 浙江柳桥羽毛有限公司 | 付妙奎 | 82721751 | | 311201 |
| 光隆羽绒制品(苏州)有限公司 | 詹正荣 | 7632999 | | 215334 |
| 江苏广丰羽毛有限公司 | 巫文益 | 8183935 | | 211800 |
| **木材加工及竹、藤、棕、草制品业** | | | | |
| 北京森华人造板有限公司 | 张洪根 | 67272266 | 5099 | 100075 |
| 南海市华光板材实业有限公司 | 冯明昌 | 6917628 | | 528208 |
| 新美集团公司 | 李加清 | 58120888 | 8201 | 201409 |
| 德仁集团有限公司 | 郭世德 | 5125626 | | 317000 |
| 维德木业(苏州)有限公司 | 庄启程 | 5393113 | | 215151 |
| 新英木业公司 | 李加清 | 58120888 | 8215 | 201409 |
| 上海新越木业有限公司 | 吴育成 | 58120888 | 8220 | 201315 |
| 上海新美阁木制别墅有限公司 | 姚建刚 | 58120888 | 8214 | 201405 |
| 维隆木业(苏州)有限公司 | 庄启程 | 5393117 | | 215151 |
| 上海新福木业有限公司 | 万余贵 | 58120888 | 8227 | 201315 |
| 环球木业有限公司 | 黄毓智 | 5600308 | | 265600 |
| 上海新辰防火板有限公司 | 李加清 | 58120888 | | 201409 |
| 永安林业集团股份有限公司 | 吴景贤 | 3631180 | 8016 | 366000 |
| 鲁丽集团有限公司 | 薛茂林 | 5361300 | | 262724 |

| 企业所在地区 | 企业详细地址 | 主要产品(主要业务活动) |
|---|---|---|
| 天津市东丽区 | 何兴庄 | 生产销售鞋 |
| 浙江省温州市鹿城区 | 经济技术开发区4号小区 | 皮鞋制造 |
| 山东省威海市环翠区 | 和平路106号 | 皮鞋、皮包、服装 |
| 广东省肇庆市高要市 | 湖西路 | 皮鞋 |
| 河北省石家庄市辛集市 | 东华路北段 | 皮衣 |
| 浙江省杭州市萧山区 | 义桥镇罗峰居委会 | 皮革服装、PVC服装 |
| 浙江省杭州市拱墅区 | 石祥路432号 | 皮衣制品、餐饮、服务 |
| 浙江省嘉兴市海宁市 | 辛江村 | 革皮服装、革皮 |
| 浙江省嘉兴市海宁市 | 周王庙镇上林村 | 革皮服装 |
| 浙江省嘉兴市平湖市 | 乍浦镇黄山村多凌园区 | 仿皮服装制造 |
| 广东省广州市番禺区 | 水门村 | 手袋、银包 |
| 江苏省苏州市常熟市 | 虞山镇长江中路 | 票夹 |
| 江苏省苏州市昆山市 | 开发区吴淞江南路18号 | 其他毛皮制品 |
| 浙江省杭州市萧山区 | 临浦桥里村新大桥1-1号 | 羽绒加工 |
| 浙江省杭州市萧山区 | 北干办事处柳桥村 | 羽毛羽绒服装、羽绒制品及服装 |
| 江苏省苏州市昆山市 | 盛希东路1号 | 羽绒 |
| 江苏省南京市浦口区 | 珠江镇巩固 | 羽绒制品 |
| | | |
| 北京市丰台区 | 大红门西马场南里 | 人造板 |
| 广东省佛山市南海市 | 石江 | 胶合板、贴面板、装材 |
| 上海市奉贤区 | 头桥镇 | 胶合板 |
| 浙江省台州市临海市 | 泾头项村 | 三夹板制造 |
| 江苏省苏州市虎丘区 | 文昌路1号 | 胶合板 |
| 上海市奉贤区 | 浦东康桥路787号 | 胶合板 |
| 上海市奉贤区 | 叶大公路51-58号 | 胶合板 |
| 上海市奉贤区 | 泰日镇大叶公路118号 | 拼板 |
| 江苏省苏州市虎丘区 | 浒关新区文昌路 | 胶合板、合板 |
| 上海市南汇区 | 康桥工业区康桥路787号 | 化妆板、胶合板 |
| 山东省烟台市蓬莱市 | 矫格庄 | 胶合板、中密度板 |
| 上海市奉贤区 | 头桥镇朝阳村85号 | 胶合板 |
| 福建省三明市永安市 | 忠义 | 木材、胶合板、中纤板 |
| 山东省潍坊市寿光市 | 侯镇 | 胶合板、钢材 |

续表 19

| 企业名称 | 法人代表 | 电　　话 | 分　机 | 邮政编码 |
|---|---|---|---|---|
| 南海华光装饰板材有限公司 | 冯明昌 | 6917628 | | 528208 |
| 光大木材工业(深圳)有限公司 | 陈小平 | 6695030 | 209 | 518052 |
| 杭州海通木业有限公司 | 王慧俊 | 88113679 | 8017 | 310021 |
| 东台市中阳木业有限公司 | 赵应明 | 5420198 | | 224217 |
| 新乐市协神胶合板集团 | 强志英 | 8531042 | | 050700 |
| 连云港宏杨木业有限公司 | 陈洪藩 | 7563388 | | 222341 |
| 广东肇庆康蓝中密板企业集团公司 | 何励贤 | 7788388 | | 526600 |
| 肇庆粤海康蓝纤维板发展有限公司 | 李名生 | 7788388 | | 526600 |
| 乐山吉象人造林制品有限公司 | 丹尼尔史宾哲 | 248888 | | 614000 |
| 藁城市岗上镇工商总公司 | 李全德 | 8112832 | | 052160 |
| 封开枫华中纤板有限公司 | 陈建华 | 6713311 | | 526500 |
| 福建福人木业有限公司 | 陈铭奎 | 3662395 | | 350009 |
| 湖北吉象人造林制品有限公司 | 丹尼尔史宾哲 | 7298888 | | 434400 |
| 梧州市三威林产工业有限公司 | 苏　克 | 3827180 | 3008 | 543002 |
| 山东禹城市贺友集团公司 | 马久春 | 7421205 | 8032 | 251200 |
| 河北银港人造板公司 | 杜玉海 | 8711505 | | 050800 |
| 浙江德华木业股份有限公司 | 丁鸿敏 | 8405625 | | 313218 |
| 上海新加木业公司 | 宋家安 | 58120888 | 8216 | 201315 |
| 顺德市力凯包装有限公司 | 韩学华 | 2282501 | | 528300 |
| 上海新林木业有限公司 | 夏稳根 | 58120888 | 8216 | 201315 |
| 德华建材(苏州)有限公司 | 庄启程 | 5393117 | | 215151 |
| 江苏丹化集团公司 | 曾晓宁 | 6522311 | | 212300 |
| 大连环球木业有限公司 | 黄进益 | 6428310 | 1210 | 116035 |
| 上海森大木业有限公司 | 徐文华 | 64087592 | | 200232 |
| 常熟市东方人造板总厂 | 李友余 | 2672388 | | 215535 |
| 台州吉利装璜材料有限公司 | 应再生 | 2520381 | | 318050 |
| 浙江德升木业有限公司 | 丁鸿敏 | 8435291 | | 313216 |
| 上海富美家装饰材料有限公司 | 施大卫 | 59201143 | | 201700 |
| 湖北福江木业有限公司 | 陈东山 | 3302888 | | 433300 |
| 抚顺市梨花木业有限公司 | 杨伟言 | 4058190 | | 113116 |
| 抚顺市金花地板集团 | 金希标 | 7643017 | | 113126 |
| 北京圣象百隆装饰材料有限公司 | 翁少彬 | 84584466 | | 100016 |
| 广东省宜华企业(集团)有限公司 | 刘绍喜 | 5100989 | | 515834 |

| 企业所在地区 | 企业详细地址 | 主要产品(主要业务活动) |
|---|---|---|
| 广东省佛山市南海市 | 石江工业区 | 美铝曲面板、宝丽板 |
| 广东省深圳市南山区 | 月亮湾大道 93 号 | 胶合板、中密度纤维 |
| 浙江省杭州市江干区 | 城北工业园区内 | 胶合装饰板 |
| 江苏省盐城市东台市 | 东台五烈 | 胶合板、贴面板、细木工板 |
| 河北省石家庄市新乐市 | 褚邱 | 胶合板 |
| 江苏省连云港市东海县 | 房南村部 | 胶合板加工 |
| 广东省肇庆市德庆县 | 大桥鹤山咀 | 中密度纤维板、强化耐磨木地板 |
| 广东省肇庆市德庆县 | 大桥 | 中密度纤维板 |
| 四川省乐山市市中区 | 优龙工业开发区 | 中密度纤维板、强化木地板 |
| 河北省石家庄市藁城市 | 故献村 | 人造板、机制砖 |
| 广东省肇庆市封开县 | 三元西路 76 号 | 中纤板 |
| 福建省福州市台江区 | 鳌峰路 118 号 | 中密度纤维板、强化木地板 |
| 湖北省荆州市石首市 | 高新技术园区 | 中密度纤维板 |
| 广西壮族自治区梧州市蝶山区 | 西堤三路 63 号 | 中纤板、刨花板、强化林地板 |
| 山东省德州市禹城市 | 禹临路一号 | 中纤板、家具 |
| 河北省石家庄市正定县 | 东柏棠 | 刨花板、纤维板 |
| 浙江省湖州市德清县 | 洛舍镇工业园区 | 各类装饰面板生产、木制品、家具生产 |
| 上海市南汇区 | 康桥工业区康桥路 787 号 | 装饰板 |
| 广东省佛山市顺德市 | 文秀居委会环城路 224 号 | 铝塑复合膜 |
| 上海市南汇区 | 康桥路 787 号 | 木板 |
| 江苏省苏州市虎丘区 | 浒关新区文昌路 | 切片 |
| 江苏省镇江市丹阳市 | 北环路 12 号 | 中密度纤维板、乙基苯、碳酸氢氨 |
| 辽宁省大连市甘井子区 | 革镇堡 | 集成材 |
| 上海市徐汇区 | 喜泰路 229 号 | 软木制品 |
| 江苏省苏州市常熟市 | 徐市镇归市南渡桥堍 | 中密度纤维板 |
| 浙江省台州市路桥区 | 机场路 | 美铝曲板制造 |
| 浙江省湖州市德清县 | 城关镇联星村 | 三夹板生产、贴面板生产 |
| 上海市青浦区 | 盈中胜利路 2 号 | 防火板、人造石才、贴面板地板 |
| 湖北省荆州市监利县 | 环城路 | 木芯板、刨花板、素芯板 |
| 辽宁省抚顺市抚顺县 | 救兵村 | 地板 |
| 辽宁省抚顺市顺城区 | 龚家村 | 地板 |
| 北京市朝阳区 | 蕾云路 | 生产木制地板 |
| 广东省汕头市澄海市 | 莲下镇大坪工业区 | 地板、家具、其他制品 |

续表 20 (2002 年)

| 企业名称 | 法人代表 | 电　　话 | 分　　机 | 邮政编码 |
|---|---|---|---|---|
| 穆棱市穆棱镇富邦木业公司 | 杨作君 | 3061227 | | 157513 |
| 祁东县金桥草席集团有限公司 | 刘　总 | 6320378 | | 421671 |
| **家具制造业** | | | | |
| 大连华丰家俱有限公司 | 何云峰 | 8702688 | 2517 | 116400 |
| 伊春永和家具有限公司 | 周永久 | 3652145 | | 153000 |
| 天津市隆庆股份有限公司 | 于培田 | 27471587 | | 300102 |
| 瑞丰木业(深圳)有限公司 | 梁厚镇 | 6527380 | 186 | 518055 |
| 光明集团家具股份有限公司 | 高金波 | 3667170 | | 153000 |
| 青岛良木健厚木业有限公司 | 王友旭 | 4820641 | | 266108 |
| 青岛木器十一厂 | 孙国华 | 8139735 | | 266400 |
| 沈阳宏发家具有限公司 | 孙国财 | 89361500 | 8003 | 110141 |
| 肇庆欧美家私厂 | 曹婉儿 | 8495888 | | 526116 |
| 文登星都工艺家具有限公司 | 李元雨 | 8545027 | | 264447 |
| 曾都区淅河镇商贸公司 | 陈义东 | 4513511 | | 441326 |
| 兴京木制品北京有限公司 | 刘谟荣 | 65895692 | | 100024 |
| 深圳天诚家具有限公司 | 林南臻 | 8136236 | 26 | 518109 |
| 尧富家具(漳州)有限公司 | 江国精 | 2100678 | | 363005 |
| 阳江市阳春市春晖工艺制品有限公司 | 张德锋 | 7756023 | | 529600 |
| 丰笙实业(漳州)有限公司 | 何日兴 | 2522012 | | 363000 |
| 福建联福林业有限公司 | 许明候 | 2249947 | | 350111 |
| 文登东洋堂家具有限公司 | 李云龙 | 8545707 | | 264414 |
| 思达可家具(上海)有限公司 | 张群星 | 32050165 | | 200331 |
| 阳江市阳春永利工艺制品有限公司 | 陆富荣 | 7777839 | | 529600 |
| 日照三木木业股份有限公司 | 杨宝友 | 8221888 | | 276807 |
| 阳江市阳春市恒利家具有限公司 | 林小勇 | 7756236 | | 529613 |
| 曾都区淅河镇桃园经贸公司 | 何建萍 | 4511625 | | 441326 |
| 上海家具总公司 | 柳卓宏 | 62488855 | 8807 | 200040 |
| 广东英维饲料有限公司 | 陈宗海 | 84925026 | | 511480 |
| 华润励致洋行家私(珠海)有限公司 | 俞　敏 | 3382738 | | 519085 |
| 淮南市金三角家具有限公司 | 吴君锁 | 6311615 | 301 | 232007 |
| 广州市南方家具有限公司 | 张良佐 | 84905844 | | 511453 |
| 浙江华越家具工业有限公司 | 陈俊镛 | 82836086 | | 311215 |
| 北京天坛股份有限公司 | 陈志达 | 84287502 | | 100013 |

| 企业所在地区 | 企业详细地址 | 主要产品(主要业务活动) |
| --- | --- | --- |
| 黑龙江省牡丹江市穆棱市 | 中心委 | 高档实木地板加工、集成材、贴面地面 |
| 湖南省衡阳市祁东县 | 金竹 | 草席 |
| 辽宁省大连市庄河市 | 延安路二段 125 号 | 家具 |
| 黑龙江省伊春市伊春区 | 红光 | 家具制造 |
| 天津市南开区 | 白堤路 17 号 | 家具、厨房设备 |
| 广东省深圳市南山区 | 大勘 | 家具、相框 |
| 黑龙江省伊春市伊春区 | 青山西路 118 号 | 木制家具 |
| 山东省青岛市城阳区 | 红埠 | 桐木拼板 |
| 山东省青岛市胶南市 | 铁山路 241 | 木制家具、木制品 |
| 辽宁省沈阳市于洪区 | 西和平村 | 办公家具制造 |
| 广东省肇庆市高要市 | 开发区 | 办公家具系列 |
| 山东省威海市文登市 | 西苘山 | 家具 |
| 湖北省随州市曾都区 | 淅河镇云龙 | 木制家具制造 |
| 北京市朝阳区 | 豆各庄双桥中路于家围村甲 28 号 | 木制家具制造 |
| 广东省深圳市宝安区 | 龙华 | 家具(木制家具) |
| 福建省漳州市龙文区 | 蔡坂 | 木制家具 |
| 广东省阳江市阳春市 | 黎湖工业区 | 木家具 |
| 福建省漳州市芗城区 | 金峰开发区龙塘山小区 | 木制家具 |
| 福建省福州市闽侯县 | 陈厝 | 木制家具 |
| 山东省威海市文登市 | 西苘山 | 家具 |
| 上海市普陀区 | 武威路 259 号 | 家具 |
| 广东省阳江市阳春市 | 城北长坡路 | 家具 |
| 山东省日照市东港区 | 李家庄 | 木制家具 |
| 广东省阳江市阳春市 | 黎湖工业开发区人民桥北 300 米路边 | 木料家具 |
| 湖北省随州市曾都区 | 淅河镇桃园寨 | 木制家具制造 |
| 上海市黄浦区 | 江西中路 349 号 | 木制家具 |
| 广东省广州市番禺区 | 甘岗路 | 中猪料、肥鸭料、大鸡料 |
| 广东省珠海市香洲区 | 金鼎工业开发区 | 办公桌、办公椅 |
| 安徽省淮南市田家庵区 | 洞山 | 家具 |
| 广东省广州市番禺区 | 市南公路东涌段 2 号 | 藤家具 |
| 浙江省杭州市萧山区 | 建设一路 88 号 | 钢塑家具 |
| 北京市东城区 | 安外小黄庄路 9 号 | 家具制造、耐火材料 |

续表 21

| 企业名称 | 法人代表 | 电　　话 | 分　　机 | 邮政编码 |
| --- | --- | --- | --- | --- |
| 康贝斯实业(深圳)有限公司 | 张振锋 | 4085588 | | 518117 |
| 上海震旦家具有限公司 | 陈冠名 | 59161010 | 247 | 201818 |
| 浙江华邦家俱工业有限公司 | 蔡文正 | 82618240 | | 311217 |
| 厦门新技术集成有限公司 | 李基天 | 5773666 | | 361009 |
| 杭州宏越家具工业有限公司 | 游　谦 | 82835223 | | 311215 |
| 欣金昌实业(深圳)有限公司 | 林信义 | 8860755 | | 518115 |
| 嘉兴市豪杰金属家具有限公司 | 许水林 | 3544776 | | 314015 |
| 顺德锡安家具有限公司 | 梁炳棠 | 6654950 | | 528311 |
| 广东天健实业集团有限公司 | 梁少勋 | 6578798 | | 529159 |
| 泉州市菲莉家俱发展有限公司 | 杨建辉 | 2480999 | | 362000 |
| 新会区天健钢家具厂 | 梁少勋 | 6578798 | | 529159 |
| 迪高乐梳化家私(深圳)有限公司 | 鲁克瑞奇 | 4892797 | 1037 | 518172 |
| 福建正盛日用品有限公司 | 郑世飞 | 3410195 | | 350026 |
| 湖南省保安设备集团公司 | 单新皇 | 5680000 | | 414411 |
| 浙江花为媒集团有限公司 | 金瑞堂 | 4026666 | | 312046 |
| 国靖办公家具(番禺)有限公司 | 韩顺雄 | 84776005 | | 511495 |
| 喜临门集团有限公司 | 陈阿裕 | 5160844 | | 312001 |
| 意特尔(上海)有限公司 | 黄树明 | 54386363 | | 201100 |
| 哈尔滨长安实业股份有限公司 | 李玉坤 | 6802734 | | 150069 |
| 常州红星家具工业城 | 车建新 | 5318888 | 5026 | 213017 |
| **造纸及纸制品业** | | | | |
| 金东纸业(江苏)有限公司 | 黄志源 | 3375800 | 6212 | 212132 |
| 山东晨鸣纸业集团股份有限公司 | 陈洪国 | 5280000 | | 262700 |
| 华泰集团有限公司 | 李建华 | 6888839 | 8795 | 257335 |
| 山东太阳纸业股份有限公司 | 李洪信 | 3658713 | | 272100 |
| 芬欧汇川(苏州)纸业有限公司 | 塞佩帝 | 2651818 | | 215536 |
| 东莞玖龙纸业有限公司 | 张　茵 | 8826888 | | 523147 |
| 金华盛纸业(苏州工业园区)有限公司 | 黄志源 | 2826666 | | 215126 |
| 湖南省岳阳纸业集团有限责任公司 | 王　祥 | 8561435 | | 414002 |
| 珠海经济特区红塔仁恒纸业有限公司 | 李振国 | 8610208 | 817 | 519070 |
| 广州造纸有限公司 | 谢树文 | 84336888 | | 510281 |
| 武汉晨鸣汉阳纸业股份有限公司 | 陈洪国 | 84894245 | | 430056 |
| 浙江胜达集团有限公司 | 方悟校 | 82835850 | | 311200 |

| 企业所在地区 | 企业详细地址 | 主要产品(主要业务活动) |
| --- | --- | --- |
| 广东省深圳市龙岗区 | 同富裕工业区 | 手把椅、旋转倚、玻璃台 |
| 上海市嘉定区 | 戬浜镇申霞路369号 | 办公家具 |
| 浙江省杭州市萧山区 | 新盛村 | 钢塑木家俱制造 |
| 福建省厦门市湖里区 | 枋湖西路139号 | 桌椅、铁床、帐篷 |
| 浙江省杭州市萧山区 | 开发区建设三路108号 | 生产钢塑木家具、健身器材 |
| 广东省深圳市龙岗区 | 横岗 | 铁手把椅 |
| 浙江省嘉兴市秀洲区 | 郊区洛东乡西文桥 | 金属家具制造、室内铝合金装饰 |
| 广东省佛山市顺德市 | 北窖居委会 | 金属家具 |
| 广东省江门市新会区 | 新会司前镇河村工业区 | 钢家具、高频管 |
| 福建省泉州市鲤城区 | 江南火炬 | 钢折家俱 |
| 广东省江门市新会区 | 司前镇河村工业区 | 钢家具 |
| 广东省深圳市龙岗区 | 宝龙工业城 | 真皮沙发 |
| 福建省福州市仓山区 | 盖山投资区 | 沙滩椅 |
| 湖南省岳阳市汨罗市 | 长乐 | 保险柜 |
| 浙江省绍兴市绍兴县 | 福全村畈里舍村 | 软垫席梦思 |
| 广东省广州市番禺区 | 钟村镇钟一工业区 | 办公家具及其零配件 |
| 浙江省绍兴市越城区 | 西大门钟家湾 | 床垫生产、床俱、家俱 |
| 上海市闵行区 | 春申路2658弄67号 | 沙发 |
| 黑龙江省哈尔滨市动力区 | 朝阳 | 家具制造 |
| 江苏省常州市天宁区 | 北环路32号 | 家具生产 |
| | | |
| 江苏省镇江市京口区 | 兴港东路8号 | 生产加工各类纸张 |
| 山东省潍坊市寿光市 | 圣城街595号 | 机制纸、机制纸板 |
| 山东省东营市广饶县 | 维高 | 机制纸、烧碱 |
| 山东省济宁市兖州市 | 西关 | 机制纸及纸板 |
| 江苏省苏州市常熟市 | 吴市镇通港路 | 纸品 |
| 广东省东莞市 | 麻二 | 机制纸 |
| 江苏省苏州市平江区 | 园区胜浦镇金胜路2号 | 低定量涂布纸、无碳复写纸、电脑打印纸 |
| 湖南省岳阳市岳阳楼区 | 城陵矶街道 | 纸业 |
| 广东省珠海市香洲区 | 前山金鸡路508号 | 生产和销售白卡纸 |
| 广东省广州市海珠区 | 广纸路40号 | 新闻纸、瓦楞原纸 |
| 湖北省武汉市蔡甸区 | 沌口 | 机制纸及纸板 |
| 浙江省杭州市萧山区 | 经济开发区北塘河北侧 | 纸制品 |

续表 22

| 企业名称 | 法人代表 | 电　　话 | 分　　机 | 邮政编码 |
|---|---|---|---|---|
| 福建南纸股份有限公司 | 黄国英 | 8808888 | | 353000 |
| 山东泉林纸业有限责任公司 | 李洪法 | 3961824 | | 252800 |
| 保定钞票纸厂 | 陈挺业 | 3198091 | | 071071 |
| 苏州紫兴纸业有限公司 | 贺廷南 | 8251060 | | 215011 |
| 金红叶纸业(苏州工业园区)有限公司 | 黄志源 | 2810228 | 2220 | 215126 |
| 临清银河纸业有限责任公司 | 孙占元 | 2435949 | | 252600 |
| 青岛海王纸业股份有限公司 | 冷玉喜 | 6171652 | | 266400 |
| 浙江景兴纸业股份有限公司 | 朱在龙 | 5966228 | | 314214 |
| 山东华众纸业有限公司 | 张清泉 | 4676639 | | 277014 |
| 福建省青山纸业股份有限公司 | 刘天金 | 5656888 | | 365506 |
| 山东省郯城纸板厂 | 佟克本 | 6221670 | 8050 | 276100 |
| 黑龙江黑龙股份有限公司 | 张伟东 | 2816931 | 2543 | 161005 |
| 维达纸业(广东)有限公司 | 李朝旺 | 6122846 | | 529100 |
| 金城造纸集团有限责任公司 | 柏　丹 | 8285193 | | 121203 |
| 上海泛亚潜力纸业有限公司 | 陈正男 | 56649708 | 108 | 200942 |
| 湖北帅伦实业集团有限公司 | 龚家龙 | 82326808 | | 430011 |
| 安徽山鹰纸业股份有限公司 | 王德贤 | 2826316 | | 243021 |
| 山东华金集团总公司 | 邢东尚 | 4036860 | | 273201 |
| 山东博汇实业股份有限公司 | 杨延良 | 8530542 | | 256405 |
| 山东晨鸣纸业集团齐河板纸有限公司 | 张延军 | 5691899 | | 251100 |
| 延边石岘白麓纸业股份有限公司 | 王相阁 | 3869092 | | 133101 |
| 河北冀腾纸业公司 | 杨义新 | 41223124 | | 063500 |
| 山东望岛集团公司 | 卢常峰 | 5329077 | | 264200 |
| 佛山华丰纸业有限公司 | 王　奇 | 2821126 | | 528000 |
| 镇江大东纸业有限公司 | 黄亦方 | 8820202 | 8002 | 212001 |
| 宁夏美利纸业股份有限公司 | 刘崇喜 | 7679429 | | 751700 |
| 杭州华丰纸业有限公司 | 黄胜利 | 88092693 | | 310011 |
| 牡丹江大宇制纸有限公司 | 金起春 | 6325707 | | 157013 |
| 牡丹江恒丰纸业集团有限责任公司 | 李荣华 | 6331111 | 6449 | 157013 |
| 宁波中华纸业有限公司 | 黄志源 | 87464811 | 2107 | 315012 |
| 亚龙纸制品(昆山)有限公司 | 黄志源 | 7536988 | 118 | 215300 |
| 浙江永泰纸业集团股份有限公司 | 孙柏贵 | 63583523 | | 311421 |
| 北京利乐包包装有限公司 | 李赫逊 | 67739355 | | 100022 |

| 企业所在地区 | 企业详细地址 | 主要产品(主要业务活动) |
| --- | --- | --- |
| 福建省南平市延平区 | 滨江北路 177 号 | 新闻纸 |
| 山东省聊城市高唐县 | 官道街北首 | 机制纸 |
| 河北省保定市新市区 | 纸厂路 98 号 | 机制主纸板 |
| 江苏省苏州市虎丘区 | 竹园路 1 号 | 机制纸、双胶纸书写纸 |
| 江苏省苏州市平江区 | 园区胜浦镇金胜路 | 纸手帕、纸面纸、简纸、餐纸 |
| 山东省聊城市临清市 | 西门里街 297 号 | 机制纸 |
| 山东省青岛市胶南市 | 铁山路 210 号 | A 等牛皮箱板纸、打字纸、书写纸 |
| 浙江省嘉兴市平湖市 | 平湖市曹桥乡曹桥镇北 | 机制纸及纸板 |
| 山东省枣庄市薛城区 | 宋庄 | 涂布白板纸、牛皮箱板纸、火力发电 |
| 福建省三明市沙县 | 青州造纸工业区 | 机制纸 |
| 山东省临沂市郯城县 | 人民路 297 号 | 机制纸制造业 |
| 黑龙江省齐齐哈尔市龙沙区 | 新立街长青路 27 号 | 生产机制纸 |
| 广东省江门市新会区 | 会城镇东侯工业区 | 生活用纸 |
| 辽宁省锦州市凌海市 | 金城路 23 号 | 机制纸、书写纸、粘合剂 |
| 上海市宝山区 | 盛桥镇工业小区内 | 胶印新闻纸 |
| 湖北省武汉市江岸区 | 湛家矶河边 1 号 | 纸制品、浆板、造纸机 |
| 安徽省马鞍山市金家庄区 | 江边街道勤俭路 3 号 | 机制纸及纸板、纸箱、纸管 |
| 山东省济宁市泗水县 | 金庄 | 机制纸 |
| 山东省淄博市桓台县 | 后金 | 机制纸 |
| 山东省德州市齐河县 | 晨鸣路 | 板纸、瓦楞纸生产 |
| 吉林省延边朝鲜族自治州图们市 | 春光居委会 | 机制指、商品木浆 |
| 河北省唐山市滦南县 | 西马路 88 号 | 机制纸板 |
| 山东省威海市环翠区 | 望岛 83 号 | 板纸、油漆 |
| 广东省佛山市城区 | 河滨路 17 号 | 机制纸板 |
| 江苏省镇江市京口区 | 东吴路 16 号 | 机制纸及纸板生产、加工纸 |
| 宁夏回族自治区吴忠市中卫县 | 施庙村 | 机制纸 |
| 浙江省杭州市拱墅区 | 和睦路 155 号 | 机制纸及纸板制造 |
| 黑龙江省牡丹江市阳明区 | 光华街 8 号 | 机制纸铜版纸制造 |
| 黑龙江省牡丹江市阳明区 | 光华街 | 生产机制纸、生产铝箔衬纸、生产滤咀棒纸 |
| 浙江省宁波市海曙区 | 丁家街 108 号 | 涂布灰底白纸板制造、涂布白底白纸板、涂布白卡白纸板 |
| 江苏省苏州市昆山市 | 开发区 | 纸制品 |
| 浙江省杭州市富阳市 | 新建村 | 生产各类涂布白板 |
| 北京市朝阳区 | 广渠门外大街 29 号 | 生产利乐包包装材料 |

| 企业名称 | 法人代表 | 电　话 | 分　机 | 邮政编码 |
|---|---|---|---|---|
| 广州宝洁纸品有限公司 | 罗宏斐 | 86698828 | 3058 | 510730 |
| 利乐包装(昆山)有限公司 | 李赫逊 | 7307725 | | 215300 |
| 利乐华新(佛山)包装有限公司 | 李赫逊 | 3831626 | | 528041 |
| 上海尤妮佳有限公司 | 葛文耀 | 53854166 | 6204 | 200001 |
| 浙江华川实业集团有限公司 | 冯潮兴 | 5775176 | | 322003 |
| **印刷业、记录媒介的复制** | | | | |
| 鹤山市雅图仕印刷有限公司 | 冯学洪 | 8766115 | | 529738 |
| 利丰雅高印刷(深圳)有限公司 | 沈明申 | 6645100 | | 518051 |
| 湖南新华印刷集团有限责任公司 | 刘宏钧 | 5584119 | | 410014 |
| 深圳市当纳旭日印刷有限公司 | 朗诺待德力 | 4190499 | | 518129 |
| 深圳市特区报业印务有限公司 | 吴松营 | 3518206 | | 518009 |
| 天时印刷(深圳)有限公司 | 张勋贤 | 8885162 | | 518112 |
| 北京日邦印刷有限公司 | 浅田芳雄 | 67881680 | | 100176 |
| 深圳利丰雅高印刷有限公司 | 沈明申 | 6645100 | | 518051 |
| 广丰县月兔丰华产业股份有限 | 吴信江 | 2617080 | | 334600 |
| 鸿兴印刷(深圳)有限公司 | 任泽明 | 7392288 | | 518103 |
| 大连盛道集团有限公司 | 刘丽春 | 2669191 | 650 | 116013 |
| 黄山市化工总厂 | 余根基 | 3511142 | | 245061 |
| 天津环球磁卡股份有限公司 | 王盛珍 | 23262878 | | 300202 |
| 上海烟草工业印刷厂 | 俞志康 | 65459091 | | 200082 |
| 湖南金沙利彩色印刷有限公司 | 翁广松 | 4060188 | | 410100 |
| 常德金鹏凹版印刷有限公司 | 高丕光 | 7270736 | | 415000 |
| 云南侨通包装印刷有限公司 | 许经振 | 2232445 | | 657000 |
| 东莞市虎门彩色印刷有限公司 | 陈成德 | 5113189 | | 523905 |
| 杭州顶正包材有限公司 | 魏应交 | 86912339 | | 310018 |
| 江苏联通集团公司 | 六以方 | 6886472 | | 214401 |
| 云南九九彩印有限公司 | 李熙瑶 | 5813564 | | 650222 |
| 天津市人民印刷厂 | 姜肃敌 | 23262878 | | 300202 |
| 玉溪环球印纸盒有限公司 | 杨发甲 | 2051818 | | 653100 |
| 海宁市长海包装印刷有限公司 | 唐德林 | 7783548 | | 314403 |
| 宁波盛光包装印刷有限公司 | 吴忠静 | 88330628 | | 315111 |
| 杭州伟成印刷有限公司 | 金伟成 | 82836888 | 225 | 311215 |
| 武汉诚成文化投资集团股份有限公司 | 刘　波 | 85866663 | 805 | 430022 |

| 企业所在地区 | 企业详细地址 | 主要产品(主要业务活动) |
|---|---|---|
| 广东省广州市黄埔区 | 开发区滨河路1号 | 卫生巾、纸尿片 |
| 江苏省苏州市昆山市 | 开发区顺帆南路108号 | 印刷机 |
| 广东省佛山市石湾区 | 高新技术产业开发区 | 利乐包材 |
| 上海市黄浦区 | 延安东路618号东海大厦22楼A座 | 卫生巾 |
| 浙江省金华市义乌市 | 赤岸镇赤岸四村 | 纸及纸制品生产 |
| 广东省江门市鹤山市 | 古劳墟 | 印刷品 |
| 广东省深圳市南山区 | 南光路口 | 图书、挂历制版印刷 |
| 湖南省长沙市天心区 | 韶山路158号 | 单色印刷、多色印刷 |
| 广东省深圳市龙岗区 | 坂田村五和大道 | 印刷电话 |
| 广东省深圳市福田区 | 华富街深南大道6008号 | 书报刊印刷 |
| 广东省深圳市龙岗区 | 木棉湾 | 印刷品 |
| 北京市大兴区 | 永昌北路6号 | 制造彩色印刷 |
| 广东省深圳市南山区 | 内环路南光路口 | 印刷、制版 |
| 江西省上饶市广丰县 | 芦林工业区 | 彩色印刷品 |
| 广东省深圳市宝安区 | 怀德村翠岗工业区 | 彩盒 |
| 辽宁省大连市中山区 | 捷山街奋斗巷30号 | 塑料包装印刷制品 |
| 安徽省黄山市屯溪区 | 永佳大道168号 | 高级粉末涂料、彩印包装制品、油墨 |
| 天津市河西区 | 解放南路325号 | 胶印印刷、磁卡 |
| 上海市杨浦区 | 许昌路1018号 | 多色印刷品 |
| 湖南省长沙市长沙县 | 星沙开发区星沙南路8号 | 印刷业 |
| 湖南省常德市武陵区 | 常桃路8号 | 印刷、设计 |
| 云南省昭通市昭阳区 | 团结路 | 印刷 |
| 广东省东莞市 | 博冲东较场 | 印刷 |
| 浙江省杭州市江干区 | 经济开发区四号路29号 | 生产包装材料、生产包装机械、包装装潢印刷 |
| 江苏省无锡市江阴市 | 人民中路200号 | 多色印刷品 |
| 云南省昆明市官渡区 | 北郊上庄沙坝营 | 卷烟配套商标、卷烟盘纸、云南白药包装盒 |
| 天津市河西区 | 解放南路325号 | 印刷 |
| 云南省玉溪市红塔区 | 玉江东路 | 卷烟商标印刷、饮料包装盒印刷 |
| 浙江省嘉兴市海宁市 | 斜桥镇庆云街 | 包装纸印刷、包装袋印刷 |
| 浙江省宁波市鄞州区 | 宁穿路 | 烟盒、电池零件 |
| 浙江省杭州市萧山区 | 开发区建设一路28号 | 烟标印刷、非烟标印刷 |
| 湖北省武汉市乔口区 | 意四路55号 | 多色印刷品 |

续表 24

| 企业名称 | 法人代表 | 电　话 | 分　机 | 邮政编码 |
|---|---|---|---|---|
| 潮州宏泽印务有限公司 | 张宏清 | 2800918 | | 521000 |
| 佛山太阳包装有限公司 | 谢伟志 | 2216116 | | 528051 |
| 青岛黎马敦包装有限公司 | 韩　林 | 4961139 | | 266100 |
| 上海纺印利丰印刷包装有限公司 | 蔡春华 | 65432325 | | 200090 |
| 云南通印股份有限公司 | 李亚雄 | 3802073 | | 652700 |
| 中山市鸿兴柯式印务有限公司 | 任泽明 | 5597288 | | 528436 |
| 武汉南洋印务有限公司 | 吴　俊 | 84891610 | | 430056 |
| 四川五牛印务有限公司 | 黄文驰 | 2687963 | 8004 | 611130 |
| 顺德万昌印刷包装有限公司 | 梁　洪 | 8330763 | | 528315 |
| 中山中荣纸类印刷制品有限公司 | 黄焕然 | 5591388 | 298 | 528436 |
| 天津乐达利印刷制品有限公司 | 谢晓虹 | 24997466 | | 300300 |
| 浙江美浓丝网印刷有限公司 | 马民权 | 88852012 | | 310012 |
| 北京印钞厂 | 古道明 | 63543344 | 2716 | 100054 |
| 成都印钞公司 | 赵金柱 | 82995934 | | 611130 |
| 上海印钞厂 | 罗鸿翔 | 52931111 | | 200063 |
| 石家庄印钞厂 | 刘智伟 | 5051875 | | 050031 |
| 南昌印钞厂 | 陈义清 | 5278354 | 2206 | 330043 |
| 南京三隆包装有限公司 | 张岩磊 | 2109988 | 128 | 211100 |
| 深圳劲嘉彩印有限公司 | 乔鲁豫 | 7300555 | | 518103 |
| 北京邮票厂 | 王振宏 | 63524455 | 2040 | 100054 |
| 保定地质图制印厂 | 陈元发 | 3135971 | 306 | 071051 |
| 永德信(福建)磁带有限公司 | 李云孝 | 5380195 | | 350301 |
| 深圳华旋印刷制品有限公司 | 唐德明 | 7494008 | 2034 | 518126 |
| **文教体育用品制造业** | | | | |
| 华茂集团股份有限公司 | 张国民 | 88449510 | 2017 | 315175 |
| 宁波得力集团有限公司 | 娄甫君 | 65278079 | | 315608 |
| 浙江广博文具发展有限公司 | 王利平 | 87425746 | | 315153 |
| 宁波贝发集团有限公司 | 邱智铭 | 86186888 | | 315801 |
| 南京金陵教具集团有限公司 | 陈金根 | 2428132 | | 210012 |
| 江苏省淮安市旭日教学用品集团 | 董玉坤 | 5660001 | | 223229 |
| 上海基舜休闲制品有限公司 | 刘宗信 | 59753612 | 503 | 201703 |
| 中山广盛运动器材有限公司 | 江庆生 | 5596821 | | 528436 |
| 泰山集团 | 卞志良 | 6602013 | | 253600 |

| 企业所在地区 | 企业详细地址 | 主要产品(主要业务活动) |
|---|---|---|
| 广东省潮州市湘桥区 | 潮州大道北片工业园北站二路宏泽工业园 | 印刷包装 |
| 广东省佛山市石湾区 | 玉带路 | 印刷品 |
| 山东省青岛市市南区 | 德兴路 28 号 | 包装印刷 |
| 上海市杨浦区 | 隆昌路 399 号 | 各类印刷品 |
| 云南省玉溪市通海县 | 桑园工业区 | 包装装潢印刷 |
| 广东省中山市 | 工业区 | 印刷包装 |
| 湖北省武汉市蔡甸区 | 沌阳大街 190 号 | 包装印刷 |
| 四川省成都市温江县 | 笼堰 | 多色印刷品 |
| 广东省佛山市顺德市 | 平步工业区 | 生产经营铝箔商标印刷 |
| 广东省中山市 | 张家边 | 笔记本、彩合、彩照 |
| 天津市东丽区 | 东丽开发区 | 彩票制作 |
| 浙江省杭州市西湖区 | 古荡湾思娘桥 58 号 | 光固化印刷包装制品 |
| 北京市宣武区 | 白纸坊街 23 号 | 其它印刷 |
| 四川省成都市温江县 | 新建路 60 号 | 印钞、贵重金属冶炼加工、钞票纸 |
| 上海市普陀区 | 曹扬路 158 号 | 其他印刷 |
| 河北省石家庄市裕华区 | 翟营大街 289 号 | 其他印刷服务活动 |
| 江西省南昌市青云谱区 | 岱山车路 9 号 | 其他印刷 |
| 江苏省南京市江宁区 | 利源北路 38 号 | 纸类包装 |
| 广东省深圳市宝安区 | 怀德翠岗南路 | 烟火包、印刷、包装 |
| 北京市宣武区 | 右内大街 8 号 | 邮票 |
| 河北省保定市新市区 | 七一中路 137 号 | 多色印刷 |
| 福建省福州市福清市 | 棋山村 | 空白录像带 |
| 广东省深圳市宝安区 | 固戍村路 45 号 | 印刷制品、五金塑胶玩具 |
| 浙江省宁波市鄞州区 | 望春工业区 | 教育配套材料的生产 |
| 浙江省宁波市宁海县 | 甬临线 | 削笔器制造、切纸刀、文件夹 |
| 浙江省宁波市鄞州区 | 雅渡村 | 像册、薄册 |
| 浙江省宁波市北仑区 | 红联泥湾 | 笔类制造 |
| 江苏省南京市雨花台区 | 丁墙行政村 | 教学仪器制造、标本切片、工艺模型制造 |
| 江苏省淮安市楚州区 | 园区居委会 | 教具生产 |
| 上海市青浦区 | 赵巷崧泽科技园 | 室内外休闲用品 |
| 广东省中山市 | 中山港出口加工区一区 | 高尔夫球杆头 |
| 山东省德州市乐陵市 | 堤北董 | 体育器材 |

续表 25

| 企业名称 | 法人代表 | 电　话 | 分　机 | 邮政编码 |
|---|---|---|---|---|
| 浙江天龙集团有限公司 | 陈奎洪 | 86356616 | | 325011 |
| 天旗运动用品(宁波)有限公司 | 古正辉 | 86874199 | | 315800 |
| 珠海宝刚休闲器材有限公司 | 陈财利 | 3391950 | | 519085 |
| 增城市顺龙高尔夫球制品有限公司 | 朱振民 | 81971336 | | 511356 |
| 惠阳沥林国威运动器材有限公司 | 李明泉 | 3869888 | 4012 | 516235 |
| 厦门群鑫机械工业有限公司 | 林汉松 | 5216578 | | 361009 |
| 发美利健康器械(上海)有限公司 | 稻田二千武 | 54421789 | 63 | 201108 |
| 大东傲胜保健器(苏州)有限公司 | 清水伸一 | 7611238 | | 215021 |
| 广州珠江钢琴集团有限公司 | 童志成 | 81502729 | | 510388 |
| 北京星海乐器有限责任公司 | 翟康乐 | 67718885 | 281 | 100022 |
| 天津杰麦多乐器有限公司 | 陈昆山 | 82122742 | 811 | 301700 |
| 营口东北钢琴集团公司 | 张大鸣 | 4838500 | | 115004 |
| 天津雅马哈电子乐器有限公司 | 吉川良正 | 25329379 | | 300457 |
| 好孩子集团有限公司 | 宋郑还 | 7671558 | | 215331 |
| 南海市中美玩具厂 | 李贤佳 | 5881238 | | 528237 |
| 东莞市龙昌玩具有限公司 | 梁　麟 | 2200168 | 355 | 523106 |
| 中山国际玩具有限公司 | 谢力健 | 5596778 | 238 | 528436 |
| 上海柏威塑胶制品有限公司 | 朱　强 | 59138883 | | 201812 |
| 中山市隆成日用制品有限公司 | 曾溢江 | 3372800 | | 528414 |
| 南海市华轩玩具厂 | 刘肖兴 | 5889203 | | 528237 |
| 中山隆顺日用制品有限公司 | 陈信兴 | 3372800 | | 528414 |
| 江苏福斯特工艺品集团股份有限公司 | 杨卫国 | 3932158 | | 226212 |
| 东莞乐迪卡游戏机制造厂有限公司 | 贺大维 | 5551775 | 450 | 523920 |
| 镇泰(广州)有限公司 | 卢沃棠 | 86659739 | | 510440 |
| 镇泰(中国)工业有限公司 | 卢沃棠 | 84926666 | | 511480 |
| 灿明实业(深圳)有限公司 | 李广茂 | 5556356 | | 518081 |
| 苏州泰渊玩具有限公司 | 朴光渊 | 5010660 | 8702 | 215127 |
| 广州市镇泰海珠有限公司 | 卢沃棠 | 84220589 | 103 | 510320 |
| 南海市美泰精密压铸有限公司 | 高山龙 | 5880312 | | 528237 |
| 希安琦玩具(苏州)有限公司 | 崔　奎 | 3536555 | 281 | 215400 |
| 宁波神马集团有限公司 | 徐银昌 | 63578061 | | 315322 |
| 中山崇高玩具制品厂有限公司 | 张宝伦 | 8402969 | | 528447 |
| 威海家乐玩具集团公司 | 丁进毅 | 8531032 | | 264419 |

| 企业所在地区 | 企业详细地址 | 主要产品(主要业务活动) |
|---|---|---|
| 浙江省温州市龙湾区 | 状元镇前潘路4号 | 制造文体用品 |
| 浙江省宁波市北仑区 | 珠江南路438号 | 运动器材、滑雪器材、水上运动器材 |
| 广东省珠海市香洲区 | 宁堂社区 | 瓦斯烤炉 |
| 广东省广州市增城市 | 永顺大道 | 高尔夫球头、高尔夫球杆、高尔夫球棒 |
| 广东省惠州市惠阳市 | 君子营管理区 | 健身单车、跑步机、滑步器 |
| 福建省厦门市湖里区 | 禾山高林 | 健身器 |
| 上海市闵行区 | 申南路215号 | 生产按摩椅 |
| 江苏省苏州市平江区 | 工业园区苏桐路16号 | 保健器材 |
| 广东省广州市芳村区 | 花地大道南渔尾四路8号 | 钢琴、吉它、提琴 |
| 北京市朝阳区 | 黄木场6号 | 钢琴、管乐、民乐 |
| 天津市武清区 | 开发区 | 乐器 |
| 辽宁省营口市西市区 | 渤海大街西82号 | 立式钢琴、三角钢琴 |
| 天津市塘沽区 | 洞庭湖130号 | 电子琴 |
| 江苏省苏州市昆山市 | 陆家镇陆溪东路 | 童车 |
| 广东省佛山市南海市 | 凤源西路4号 | 玩具公仔 |
| 广东省东莞市 | 堑头汉塘街 | 玩具制造 |
| 广东省中山市 | 张家边 | 塑料玩具 |
| 上海市嘉定区 | 江桥镇曹安路 | 吹塑玩具 |
| 广东省中山市 | 东升镇东港大道北 | 童车 |
| 广东省佛山市南海市 | 官窑永安东路 | 合金塑料玩具车 |
| 广东省中山市 | 东升 | 童车、童床、背巾 |
| 江苏省南通市启东市 | 长安村委会 | 长毛绒玩具 |
| 广东省东莞市 | 龙眼 | 玩具游戏机 |
| 广东省广州市白云区 | 鹤边 | 塑胶玩具 |
| 广东省广州市番禺区 | 蔡新路 | 塑料玩具、塑胶电子玩具、干式电池 |
| 广东省深圳市盐田区 | 保税区15栋 | 电动玩具 |
| 江苏省苏州市吴中区 | 甪直镇陶浜村 | 玩具 |
| 广东省广州市海珠区 | 新窖华洲路18号 | 塑料玩具、电子玩具 |
| 广东省佛山市南海市 | 官窑镇永东路 | 锌合金玩具车 |
| 江苏省苏州市太仓市 | 浏太路 | 毛绒玩具 |
| 浙江省宁波市慈溪市 | 余家路村 | 童车 |
| 广东省中山市 | 岐港公路 | 塑胶玩具、电子玩具、布绒玩具 |
| 山东省威海市文登市 | 昆嵛路84号 | 玩具 |

续表 26

| 企业名称 | 法人代表 | 电　　话 | 分　　机 | 邮政编码 |
|---|---|---|---|---|
| 华行玩具(深圳)有限公司 | 张赛娥 | 8700204 | | 518123 |
| 东莞广达塑胶制品有限公司 | 丁鹤寿 | 3314618 | | 523779 |
| 扬州华艺集团公司 | 夏德义 | 6581205 | | 225261 |
| 南海永和玩具制品有限公司 | 林健锋 | 5775547 | | 528247 |
| 广州市番禺区沙湾冠田玩具有限公司 | 高月明 | 84740999 | 2128 | 511483 |
| 高标准实业(深圳)有限公司 | 朱年耀 | 7968555 | | 518133 |
| 上海中路实业有限公司 | 陈　荣 | 58033099 | | 201300 |
| 珠海飞马耗材有限公司 | 冯宝珍 | 8671328 | | 519060 |
| **石油加工及炼焦业** | | | | |
| 中国石化集团北京燕山石油化工有限公司 | 王永健 | 69342281 | | 102500 |
| 中国石化镇海炼油化工股份有限公司 | 孙伟君 | 86444213 | | 315207 |
| 中国石化上海石油化工股份有限公司 | 陆益平 | 57941941 | | 200540 |
| 中国石化茂名炼油化工股份有限公司 | 何德先 | 2242241 | | 525011 |
| 中国石油天然气股份有限公司抚顺石化分公司 | 刘　强 | 2433351 | | 113008 |
| 中国石油化工股份有限公司齐鲁分公司 | 张　深 | 7588637 | | 255408 |
| 中国石化股份有限公司上海高桥分公司 | 章建华 | 58711001 | 22509 | 201208 |
| 中国石油化工股份有限公司金陵分公司 | 王永杰 | 5092392 | | 210033 |
| 中国石油天然气股份有限公司大连石化分公司 | 蒋　凡 | 6671371 | | 116032 |
| 中国石油化工股份有限公司广州分公司 | 郑长波 | 82121181 | | 510726 |
| 大连西太平洋石油化工有限公司 | 蔺爱国 | 7506777 | | 116600 |
| 中国石油天然气股份有限公司大庆炼化分公司 | 董孝利 | 5616111 | | 163411 |
| 中国石油天然气股份有限公司锦西石化分公司 | 刘宝林 | 2178075 | | 125001 |
| 中国石油天然气股份公司锦州石化分公司 | 吕文君 | 4152281 | | 121001 |
| 中国石油股份有限公司独山子石化分公司 | 徐福贵 | 3871082 | | 833600 |
| 中国石油化工股份有限公司天津分公司 | 常镇勇 | 25990393 | | 300271 |
| 中国石化洛阳石油化工总厂 | 郑怀杰 | 6992850 | | 471012 |
| 中国石油化工股份有限公司安庆分公司 | 余夕志 | 5372666 | | 246001 |
| 中国石化集团股份公司武汉分公司 | 张敬武 | 86515662 | 44595 | 430082 |
| 中国石化集团武汉石油化工厂 | 邬昆华 | 86515662 | 52351 | 430082 |
| 福建省炼化有限公司 | 康　飚 | 7789127 | | 362113 |
| 中石化股份有限公司长炼分公司(上市) | 黄景汉 | 8451000 | | 414012 |
| 中国石化股份有限公司九江分公司 | 杜文如 | 8492073 | | 332004 |
| 中国石化集团公司石家庄炼油厂 | 毕建国 | 5162985 | | 050032 |

| 企业所在地区 | 企业详细地址 | 主要产品(主要业务活动) |
| --- | --- | --- |
| 广东省深圳市龙岗区 | 南岭西路 20 号 | 电子玩具、塑胶玩具 |
| 广东省东莞市 | 长塘 | 塑胶制品 |
| 江苏省扬州市江都市 | 南渡村蒋庄组 | 玩具配件、长毛绒玩具、纸包袋物 |
| 广东省佛山市南海市 | 东秀 | 各类塑料玩具制品、仿象牙工艺品 |
| 广东省广州市番禺区 | 沙湾镇福龙工业区 | 玩具 |
| 广东省深圳市宝安区 | 新安 35 区 B4 栋 | 游戏机控制杆 |
| 上海市南汇区 | 三灶镇工业园区 888 号 | 保龄球设备 |
| 广东省珠海市香洲区 | 山芝坑 1 号 | 激光碳粉盒 |
| | | |
| 北京市房山区 | 岗南路 1 号 | 原油加工、乙烯、合成塑料 |
| 浙江省宁波市镇海区 | 炼化厂区 | 原油加工、尿素、聚丙烯 |
| 上海市金山区 | 石化街道金一路 48 号 | 原油加工、乙烯、塑料 |
| 广东省茂名市茂南区 | 红旗北路 2 号 | 原油加工量、石英钟化产品生产 |
| 辽宁省抚顺市新抚区 | 凤翔路 45 号 | 原油加工、汽煤柴油、聚乙聚丙塑料 |
| 山东省淄博市临淄区 | 桓公路北杨坡西 | 炼油、辛醇、腈纶 |
| 上海市浦东新区 | 3000 号 | 原油加工量、合成橡胶、聚烯烃塑料 |
| 江苏省南京市栖霞区 | 栖霞镇甘家巷 | 汽油煤油柴油、化工轻油苯类等、化肥 |
| 辽宁省大连市甘井子区 | 山中街 1 号 | 原油加工 |
| 广东省广州市黄埔区 | 石化路 176 号 | 原油加工、乙烯 |
| 辽宁省大连市金州区 | 海青岛 | 原油加工 |
| 黑龙江省大庆市让胡路区 | 乘风街第二社区 | 汽油柴油液化气、燃料油丙烯、丙烯腈聚丙烯酰胺 |
| 辽宁省葫芦岛市连山区 | 新华大街 42 号 | 汽油、煤油、柴油 |
| 辽宁省锦州市古塔区 | 重庆路二号 | 原油加工、汽油、柴油 |
| 新疆维吾尔自治区克拉玛依市独山子区 | 大庆路 30 号 | 原油加工、乙烯生产 |
| 天津市大港区 | 胜利街 | 原油加工 |
| 河南省洛阳市吉利区 | 大庆路 | 化学纤维制造 |
| 安徽省安庆市迎江区 | 集贤路 | 原油加工量、尿素、腈纶 |
| 湖北省武汉市青山区 | 青山镇 | 汽油、煤油、柴油 |
| 湖北省武汉市青山区 | 青山镇 | 新鲜水、原油加工业、循环水、蒸汽 |
| 福建省泉州市 | 外厝 | 原油、石油制品、化工产品 |
| 湖南省岳阳市云溪区 | 路口 | 石油炼制、聚丙烯生 产 |
| 江西省九江市浔阳区 | 滨江路 230 号 | 原油加工、聚丙烯、尿素 |
| 河北省石家庄市长安区 | 高新 | 石油加工、聚丙稀、弹力丝 |

续表 27

| 企业名称 | 法人代表 | 电　话 | 分　机 | 邮政编码 |
|---|---|---|---|---|
| 中国石油化工股份有限公司荆门分公司 | 江寿林 | 2211501 | | 448039 |
| 中国石油化工股份有限公司济南分公司 | 李国梁 | 8832403 | | 250101 |
| 湛江东兴石油企业有限公司 | 谢瑞玲 | 2280499 | | 524012 |
| 中国石化集团沧州炼油厂 | 黄焯明 | 2042221 | | 061000 |
| 中国石油天然气股份有限公司辽河石化分公司 | 李占宁 | 7658045 | | 124022 |
| 中国石油克拉玛依石化公司 | 张有林 | 6833061 | | 834003 |
| 中国石油天然气股份有限公司大港石化分公司 | 齐庆利 | 25924130 | | 300280 |
| 中国石油天然气股份有限公司前郭石化分公司 | 曾宪君 | 2188926 | 5352 | 138000 |
| 青岛石油化工厂 | 王英彬 | 4816591 | 2316 | 266043 |
| 中国石油天然气股份有限公司呼和浩特分公司 | 白泽生 | 5941041 | | 010070 |
| 中国石化集团清江石油化工有限责任公司 | 王永和 | 3631017 | | 223002 |
| 山东东明县石化集团有限公司 | 李湘平 | 7288662 | | 274500 |
| 沈阳石蜡化工有限公司 | 何克新 | 25833686 | 6200 | 110141 |
| 榆林市炼油厂 | 马继来 | 4610099 | | 718500 |
| 杭州炼油厂 | 陈　霆 | 88041011 | | 310015 |
| 中国石油天然气股份有限公司大庆石化分公司 | 喻宝才 | 6742440 | | 163714 |
| 中国石油天然气股份有限公司兰州石化公司 | 周国勋 | 7931718 | | 730060 |
| 山东滨化集团有限责任公司 | 张忠正 | 3308189 | | 256619 |
| 青岛广源发集团公司 | 胡谅论 | 7785168 | 8112 | 266107 |
| 中国石化湖北兴化股份有限公司 | 郑国华 | 2211501 | | 448002 |
| 中国石化股份有限公司茂名分公司 | 何德先 | 2242241 | | 525011 |
| 中国石油抚顺石油化工公司 | 于　力 | 2636292 | | 113008 |
| 中国石化长城润滑油集团有限公司 | 孙毓霜 | 62949864 | | 100085 |
| 金桐石油化工有限公司 | 周厚松 | 5563140 | 512 | 210046 |
| 上海焦化有限公司 | 胡公明 | 64343649 | 30813 | 200241 |
| 北京炼焦化学厂 | 李永成 | 67364218 | | 100023 |
| **化学原料及化学制品制造业** | | | | |
| 天津大沽化工有限责任公司 | 肖卫国 | 25391450 | 2393 | 300455 |
| 太原化学工业集团有限公司 | 周宜平 | 6070013 | | 030021 |
| 天津渤海化工有限责任公司天津化工厂 | 张东民 | 67992095 | | 300480 |
| 大化集团有限责任公司 | 邢学朴 | 6672229 | | 116032 |
| 江苏澄星磷化工股份有限公司 | 李　兴 | 6281316 | | 214432 |
| 青岛红星化工集团有限责任公司 | 姜志光 | 2826087 | | 266011 |

| 企业所在地区 | 企业详细地址 | 主要产品(主要业务活动) |
|---|---|---|
| 湖北省荆门市掇刀区 | 月亮湖路南 | 原油加工、聚丙烯 |
| 山东省济南市历下区 | 工业南路 26 号 | 汽油、柴油、润滑油 |
| 广东省湛江市霞山区 | 湖光路 15 号 | 汽油、柴油 |
| 河北省沧州市新华区 | 石化街 | 原油加工量、汽油、柴油 |
| 辽宁省盘锦市兴隆台区 | 新工街 | 汽油、柴油 |
| 新疆维吾尔自治区克拉玛依市克拉玛依区 | 金龙镇 | 原油加工 |
| 天津市大港区 | 海滨街 | 原油加工 |
| 吉林省松原市宁江区 | 石化 | 炼油化工、汽油、柴油 |
| 山东省青岛市李沧区 | 滨海路 8 号 | 原油加工 |
| 内蒙古自治区呼和浩特市赛罕区 | 八拜 | 液化气、汽油、柴油 |
| 江苏省淮安市清浦区 | 化工路 22 号 | 汽油生产、乙醇胺生产、破乳剂生产 |
| 山东省菏泽市东明县 | 东关 | 汽油、柴油、液化气 |
| 辽宁省沈阳市于洪区 | 沈大路 888 号 | 汽油、柴油、丙烯 |
| 陕西省榆林市靖边县 | | 加工原油 |
| 浙江省杭州市拱墅区 | 康桥平炼路 48 号 | 原油加工、原油延伸产品加工 |
| 黑龙江省大庆市龙凤区 | 兴化村 | 炼油、化工、化肥 |
| 甘肃省兰州市西固区 | 玉门街 10 号 | 石油制品 |
| 山东省滨州市滨城区 | 黄河五路 560 号 | 烧碱、环氧丙烷、原油加工 |
| 山东省青岛市城阳区 | 丹山 | 沥青 |
| 湖北省荆门市掇刀区 | 月亮湖路南 | 石油加工、聚丙烯 |
| 广东省茂名市茂南区 | 红旗北路 2 号 | 石油炼制、生产、销售、技术及信息、研究 |
| 辽宁省抚顺市新抚区 | 东二街 3 号 | 甲乙酮、供汽供水供电、催化剂 |
| 北京市海淀区 | 清河安宁庄路 | 润滑油生产 |
| 江苏省南京市栖霞区 | 尧新路 201 号 | 直链烷基苯、直链烷基苯 |
| 上海市闵行区 | 龙吴路 4280 号 | 焦炭、煤气、羰基醋酸甲醇 |
| 北京市朝阳区 | 化工路东口 | 焦炭、煤气、硫酸铵 |
| 天津市塘沽区 | 新村街兴化道 1 号 | 100％烧碱、聚氯乙烯、环氧丙烷 |
| 山西省太原市晋源区 | 义井东街 54 号 | 烧碱、液氯、焦炭 |
| 天津市汉沽区 | 新开南路 | 烧碱、聚氯乙烯树脂、一氯化苯 |
| 辽宁省大连市甘井子区 | 工兴路 10 号 | 合成氨 |
| 江苏省无锡市江阴市 | 花山路 208 号 | 生产磷酸磷盐系列产品、日用化工、汽涤用品 |
| 山东省青岛市市北区 | 济阳路 8 号 | 碳酸钡、碳酸锶、硫酸钡 |

续表 28

| 企业名称 | 法人代表 | 电　话 | 分　机 | 邮政编码 |
|---|---|---|---|---|
| 南京钢铁集团有限公司 | 肖同友 | 7791609 | | 210035 |
| 江苏陵光集团 | 张锦华 | 6558888 | | 225300 |
| 辽宁华锦化工(集团)有限责任公司 | 冯恩良 | 5855113 | | 124021 |
| 中国石化集团南京化学工业有限公司 | 陈鸿光 | 7792038 | | 210048 |
| 山东鲁北企业集团总公司 | 冯怡生 | 6451057 | | 251909 |
| 江苏化工农药集团有限公司 | 杨振华 | 5251605 | | 215007 |
| 湖北省沙隆达股份有限公司 | 张茂立 | 8314802 | 2232 | 434001 |
| 扬子石油化工股份有限公司 | 马志平 | 7782954 | | 210048 |
| 中国石油股份有限公司吉林石化分公司 | 于　力 | 3903912 | | 132021 |
| 中国石化集团金陵石油化工有限责任公司 | 周厚松 | 5097755 | | 210037 |
| 北京化学工业集团有限责任公司 | 蔡德军 | 63022806 | | 100053 |
| 吉化集团公司 | 张晓霈 | 3903366 | | 132021 |
| 天津联合化学有限公司 | 朱理琛 | 63822035 | | 300271 |
| 上海宝钢化工有限公司 | 魏国瑞 | 26648409 | | 201900 |
| 河北沧州化工实业集团有限公司 | 周振德 | 3042644 | 544 | 061000 |
| 浙江龙盛集团股份有限公司 | 阮水龙 | 2042778 | 2011 | 312368 |
| 中国石化集团茂名石油化工公司 | 房广信 | 2242241 | | 525011 |
| 中国石化齐鲁股份有限公司 | 张　深 | 3583728 | | 255086 |
| 东营市东辰集团有限公司 | 张振武 | 2061256 | | 257506 |
| 茂名石化实华股份有限公司 | 何德先 | 2883198 | | 525011 |
| 中原石油化工有限责任公司 | 徐金龙 | 4471212 | | 457000 |
| 扬子巴斯夫苯乙烯系列有限公司 | 汤　敏 | 7884666 | 6504 | 210048 |
| 上海氯碱化工股份有限公司 | 周　波 | 64340000 | 3313 | 200241 |
| 中国石化上海高桥石化公司 | 江正洪 | 58711001 | 22509 | 201208 |
| 美国通用电器塑料中国有限公司 | John. Rile | 84980148 | | 511458 |
| 宁波乐金甬兴化工有限公司 | 林成谈 | 86268123 | | 315200 |
| 华峰集团公司 | 尤小平 | 65178023 | | 325206 |
| 巨化集团公司 | 刘　奇 | 3096668 | | 324004 |
| 辽阳石化分公司 | 韩述岐 | 5154459 | | 111003 |
| 中国石化集团总公司天津石化公司 | 李希宏 | 63804634 | | 300270 |
| 广东省开平涤纶企业集团公司 | 梁树湘 | 2213758 | | 529300 |
| 烟台万华合成革集团有限公司 | 李建奎 | 6837888 | 8409 | 264002 |
| 江苏亚邦集团公司 | 许小初 | 6395881 | | 213163 |

| 企业所在地区 | 企业详细地址 | 主要产品(主要业务活动) |
|---|---|---|
| 江苏省南京市六合区 | 六合卸甲甸 | 工业气体、发电、自来水 |
| 江苏省泰州市海陵区 | 江洲北路36# | 化工产品、原油加工 |
| 辽宁省盘锦市双台子区 | 红旗大街 | 尿素、塑料制品、聚乙烯 |
| 江苏省南京市六合区 | 葛关路361号 | 普通过磷酸钙、纯碱、己内酰胺 |
| 山东省滨州市无棣县 | 冯家庄 | 磷铵、复合肥、原盐 |
| 江苏省苏州市沧浪区 | 南门路1号 | 甲胺磷、烧碱、间苯氧基苯甲醛 |
| 湖北省荆州市沙市区 | 北京东路93号 | 农药、化工 |
| 江苏省南京市六合区 | 新华路777号 | 精对苯二甲酸、塑料树脂及共聚物、乙二醇 |
| 吉林省吉林市龙潭区 | 龙潭大街9号 | 乙烯、聚乙烯、ABS |
| 江苏省南京市玄武区 | 龙蟠路51-8号 | 烷基苯、苯酐、聚丙烯 |
| 北京市宣武区 | 槐柏树街2号 | 有机化工原料制造 |
| 吉林省吉林市龙潭区 | 龙潭大街9号 | 丙烯腈、丙酮氰醇、甲基丙烯酸甲脂 |
| 天津市大港区 | 胜利街 | 乙烯、聚乙烯、聚丙烯 |
| 上海市宝山区 | 同济路1800号 | 纯苯、硫酸铵、工业萘 |
| 河北省沧州市新华区 | 南环中路18号 | PVC树脂、烧碱、盐酸 |
| 浙江省绍兴市上虞市 | 道墟镇杜浦村 | 各类染料、各类助剂 |
| 广东省茂名市茂南区 | 红旗北路2号 | 乙烯、塑料树脂、橡胶、机械制造、建筑、安装、检修工程、汽车运 |
| 山东省淄博市张店区 | 魏北路北中段 | 聚乙烯、烧碱、丁苯橡胶 |
| 山东省东营市垦利县 | 坨 西 | 无铅汽油、生物制品 |
| 广东省茂名市茂南区 | 官渡路162号 | 聚丙烯、液化气、溶剂油 |
| 河南省濮阳市市区 | 后漳消村委会 | 聚烯烃制造 |
| 江苏省南京市六合区 | 新华路 | 苯乙烯、聚苯乙烯 |
| 上海市闵行区 | 龙吴路4747号 | 烧碱、聚氯乙烯、盐酸 |
| 上海市浦东新区 | 浦东大道3000号 | 聚醚、过氧化二异丙苯、发电量 |
| 广东省广州市番禺区 | 南沙经济技术开发区西部工业区塑料路1号 | 工程热塑料 |
| 浙江省宁波市镇海区 | 海天路66号 | ABS制造 |
| 浙江省温州市瑞安市 | 工业园区 | 鞋用聚氨酯树脂制造、革用聚氨酯树脂制造 |
| 浙江省衢州市柯城区 | | 聚四氟乙烯、聚氯乙烯树脂、F22 |
| 辽宁省辽阳市宏伟区 | 火炬大街5号 | 生产合成纤维单体、合成纤维聚合物、合成纤维 |
| 天津市大港区 | 胜利街 | 聚脂、合成纤维短丝、长丝 |
| 广东省江门市开平市 | 美华路1号 | 聚酯切片 |
| 山东省烟台市芝罘区 | 幸福南路7号 | MDI、PU树脂、合成革 |
| 江苏省常州市武进区 | 牛塘镇牛塘镇 | 分散红生产、分散黄、分散兰 |

| 企业名称 | 法人代表 | 电　　话 | 分　　机 | 邮政编码 |
|---|---|---|---|---|
| 柯达(中国)股份有限公司厦门分公司 | 华立大 | 5051001 | 1749 | 361012 |
| 无锡夏普电子元器件有限公司 | 近藤泰彦 | 5211792 | | 214028 |
| 广州宝洁有限公司 | 潘纳友 | 86698828 | 3277 | 510730 |
| 浙江纳爱斯化工股份有限公司 | 庄启传 | 2179954 | | 323000 |
| 安利(中国)日用品有限公司 | 郑李锦芬 | 87552368 | 852 | 510730 |
| 联合利华股份有限公司 | 柏亚伦 | 62370788 | | 200051 |
| 江苏隆力奇集团有限公司 | 徐之伟 | 2482515 | | 215555 |
| 湖北丝宝股份有限公司 | 梁亮胜 | 3222539 | | 433000 |
| 上海家化联合股份有限公司 | 葛文耀 | 65456400 | 3473 | 200082 |
| 强生(中国)有限公司 | 吴人伟 | 64302010 | 6197 | 200245 |
| 广州高露洁棕榄有限公司 | P. W. FONG | 87551991 | | 510730 |
| **医药制造业** | | | | |
| 华北制药集团有限责任公司 | 吕渭川 | 5051133 | 2145 | 050015 |
| 哈药集团有限公司 | 刘存周 | 4851994 | | 150018 |
| 石家庄制药集团有限公司 | 蔡东晨 | 7029285 | | 050051 |
| 山东新华医药集团股份有限公司 | 贺端是 | 2184223 | | 255005 |
| 天津金耀集团有限公司 | 师春生 | 24160853 | | 300171 |
| 山东鲁抗医药集团有限公司 | 章建辉 | 2213961 | 3210 | 272021 |
| 天津药业集团有限公司 | 刘振武 | 24537146 | | 300161 |
| 东北制药总厂 | 陈　钢 | 25806110 | | 110026 |
| 河北省高营企业集团公司 | 何胜国 | 5054973 | | 050031 |
| 浙江海正集团有限公司 | 章阿恩 | 8827890 | | 318000 |
| 浙江新和成股份有限公司 | 胡柏藩 | 6128692 | | 312500 |
| 张家口市制药(集团)有限责任公司 | 王承效 | 2037376 | | 075000 |
| 罗氏(上海)维生素有限公司 | 张家林 | 57504888 | | 201419 |
| 浙江中贝九洲集团公司 | 花轩德 | 8827575 | | 318000 |
| 肇庆星湖生物科技股份有限公司 | 黄增麟 | 2227048 | | 526060 |
| 天津太平(集团)有限公司 | 赵戌生 | 23392317 | | 300040 |
| 丽珠医药集团服份有限公司 | 易振球 | 8135902 | | 519020 |
| 杭州华东医药集团有限公司 | 李邦良 | 88173388 | | 310011 |
| 中美上海施贵宝制药有限公司 | 汤德平 | 64302740 | | 200240 |
| 浙江医药股份有限公司－新昌制药厂 | 李春波 | 6022860 | | 312500 |
| 中美史克制药有限公司 | 张　宁 | 24700249 | | 300163 |

| 企业所在地区 | 企业详细地址 | 主要产品(主要业务活动) |
| --- | --- | --- |
| 福建省厦门市开元区 | 湖滨中路北段 | 彩色相纸、彩色胶片 |
| 江苏省无锡市滨湖区 | 开发区54号地块 | 制造液晶显示器、制造电子调谐器 |
| 广东省广州市黄埔区 | 开发区滨河路1号 | 合成洗涤剂、化妆品 |
| 浙江省丽水市莲都区 | 上水南3号 | 洗涤皂生产、香皂生产、合成洗涤剂生产 |
| 广东省广州市黄埔区 | 开发区北围工业区一区 | 洗涤剂、食品 |
| 上海市长宁区 | 遵义路100号B座30楼 | 合成洗涤剂、化妆品、牙膏 |
| 江苏省苏州市常熟市 | 辛庄镇常南 | 蛇类保健品 |
| 湖北省省直辖行政单位仙桃市 | 干河办事处 | 化妆品 |
| 上海市虹口区 | 保定路527号 | 化妆品、合成洗涤剂、香皂 |
| 上海市闵行区 | 东川路3285号 | 婴儿保健品、妇女卫生用品 |
| 广东省广州市黄埔区 | 开发区青年路338号 | 牙膏、洗发水 |
| | | |
| 河北省石家庄市长安区 | 和平东路388号 | 抗生素原料 |
| 黑龙江省哈尔滨市道里区 | 友谊路431号 | 化学原料药、粉针、片剂 |
| 河北省石家庄市桥西区 | 中山西路276号 | 维生素丙、青霉素丙、咖啡因 |
| 山东省淄博市张店区 | 东一路14号 | 化学原料药、制剂、化工产品 |
| 天津市河东区 | 劝业场街道嫩江路居委会 | 化学原料药、化学药品制剂 |
| 山东省济宁市市中区 | 太白西路152号 | 化学医药、粉针剂、片剂 |
| 天津市河东区 | 程林庄道91号 | 化学原料药、化学药品制剂 |
| 辽宁省沈阳市铁西区 | 重工北街37号 | 维生素C、脑复康、磷霉素钠 |
| 河北省石家庄市长安区 | 高营大街1号 | 土霉素碱、淀粉、搪瓷制品 |
| 浙江省台州市椒江区 | 外沙路46号 | 化学药品原制造 |
| 浙江省绍兴市新昌县 | 城关镇江北路4号 | 生产维生素E粗品、生产异植物醇、生产乙氧甲叉 |
| 河北省张家口市桥东区 | 建国路24号 | 青霉素钠(钾)、氨苄西林钠、青霉素工业盐 |
| 上海市奉贤区 | 浦东星火开发区白沙路118号 | 化学药品原药 |
| 浙江省台州市椒江区 | 外沙路99号 | 原料药及中间体制造 |
| 广东省肇庆市端州区 | 工农北路67号 | 肌苷、味精、利巴伟林 |
| 天津市和平区 | 新华路201号 | 西药制剂 |
| 广东省珠海市香洲区 | 拱北桂花路132 | 片剂、冲剂、胶朱 |
| 浙江省杭州市拱墅区 | 莫干山路866号 | 药品生产 |
| 上海市闵行区 | 剑川路1315号 | 化学药品制剂 |
| 浙江省绍兴市新昌县 | 环城东路59号 | 生产维生素E、生产利福平、生产来立信制剂 |
| 天津市东丽区 | 程林庄工业区 | 芬必得、新康泰克、肠虫清 |

续表 30

| 企业名称 | 法人代表 | 电　　话 | 分　　机 | 邮政编码 |
|---|---|---|---|---|
| 上海罗氏制药有限公司 | 黄彦正 | 50801888 | | 201203 |
| 阿斯特拉(无锡)制药有限公司 | 史帝文斯 | 5220000 | | 214028 |
| 广州白云山制药股份有限公司 | 李益民 | 87706688 | | 510515 |
| 上海医药(集团)总公司先锋药业公司 | 吴建文 | 58552452 | 3234 | 201203 |
| 珠海联邦制药厂有限公司 | 蔡金乐 | 776777 | | 519040 |
| 上海新亚药业有限公司 | 吴建文 | 58563780 | 124 | 201209 |
| 上海信谊药业有限公司 | 陆培康 | 58995818 | | 201206 |
| 葛兰素史克制药(苏州)有限公司 | RAUL CARTER | 2571660 | | 215021 |
| 辉瑞制药有限公司(中国·大连) | 白康瑞 | 7615400 | | 116600 |
| 江苏恒瑞医药股份有限公司 | 孙飘扬 | 5465748 | | 222002 |
| 江苏扬子江药业集团公司 | 徐镜人 | 6961999 | | 225321 |
| 天津中新药业(集团)股份有限公司 | 詹原竞 | 27500212 | | 300100 |
| 重庆太极实业(集团)股份有限公司 | 白礼西 | 72800613 | | 408000 |
| 深圳万基药业有限公司 | 陈伟东 | 5628314 | | 518020 |
| 无锡山禾集团有限公司 | 孙志剑 | 2734183 | | 214031 |
| 上海雷允上药业有限公司 | 朱　翔 | 63503535 | 7086 | 200001 |
| 南京医药产业(集团)有限责任公司 | 李家淼 | 4415515 | 1403 | 210002 |
| 北京同仁堂股份有限公司 | 殷顺海 | 67171775 | | 100062 |
| 正大青春宝药业有限公司 | 卓福民 | 85121024 | 289 | 310023 |
| 湖南九芝堂股份有限公司 | 余克建 | 4473182 | | 410008 |
| 成都地奥集团 | 李伯刚 | 2900499 | | 610041 |
| 鲁南制药股份有限公司 | 赵志全 | 8225067 | | 276000 |
| 天津天士力联合制药公司 | 闫希军 | 26354214 | | 300402 |
| 吉林修正药业集团股分有限公司 | 修涞贵 | 3943014 | | 134000 |
| 药材有限公司 | 许琴法 | 63295450 | | 200002 |
| 桂林三金药业集团有限责任分司 | 邹节明 | 5820332 | | 541004 |
| 三九医药股份有限公司 | 赵新先 | 3360999 | | 518029 |
| 山东东阿阿胶集团有限责任公司 | 刘维志 | 3264085 | | 252201 |
| 升华集团控股有限公司 | 夏士林 | 8401888 | | 313220 |
| **化学纤维制造业** | | | | |
| 山东高密化纤股份有限公司 | 李贵荣 | 2323121 | 6046 | 261500 |
| 吉林化纤集团有限责任公司 | 王进军 | 3502205 | | 132101 |
| 丹东化学纤维集团股份有限公司 | 赵向东 | 6197898 | | 118002 |

| 企业所在地区 | 企业详细地址 | 主要产品(主要业务活动) |
| --- | --- | --- |
| 上海市浦东新区 | 东龙东大道1100号 | 化学药品制剂制造 |
| 江苏省无锡市滨湖区 | 黄山路2号 | 制造洛赛克 |
| 广东省广州市白云区 | 沙河同和 | 化学药品制剂片剂、中成药、化学原料药 |
| 上海市浦东新区 | 张江路92号 | 化学药品制剂制造 |
| 广东省珠海市金湾区 | 鱼林村工业区 | 阿莫西林、头孢曲松钠 |
| 上海市浦东新区 | 川沙路978号 | 化学药品制剂制造 |
| 上海市浦东新区 | 新金桥路905号 | 化学药品制剂 |
| 江苏省苏州市平江区 | 苏虹西路40号 | 医药 |
| 辽宁省大连市金州区 | 大庆路22号 | 化学药品 |
| 江苏省连云港市新浦区 | 人民东路145号 | 片剂、针剂制造、原料药制造 |
| 江苏省泰州市高港区 | 口东居委会 | 氟康唑片、氟罗沙星注射液、硫酸阿米卡星注射液 |
| 天津市南开区 | 南京路358号今晚大厦2103 | 制药工业、资本经营 |
| 重庆市涪陵区 | 建设路68号 | 曲美、急支糖浆、通天口服液 |
| 广东省深圳市罗湖区 | 水贝一路四号六楼 | 保健食品、中成药 |
| 江苏省无锡市北塘区 | 人民西路94号 | 黄氏响声丸、醒脑静、悉能(8907) |
| 上海市黄浦区 | 汉口路398号 | 中成药制造 |
| 江苏省南京市白下区 | 五老村 | 化学原料药、中成药、脉络宁注射液 |
| 北京市崇文区 | 崇外大街42 | 制造中药 |
| 浙江省杭州市西湖区 | 西溪路551号 | 中药针剂 |
| 湖南省长沙市开福区 | 芙蓉北路155号 | 驴胶外血冲剂、乙肝宁冲剂、乙肝宁颗料剂 |
| 四川省成都市武侯区 | 创业路26号 | 地奥心血康胶囊、黄芪注射液、脂必妥片 |
| 山东省临沂市兰山区 | 临西路107号 | 中成药、化学药品制剂、化学原料药 |
| 天津市北辰区 | 新宜白大道 | 复方单参滴丸 |
| 吉林省通化市东昌区 | 金厂村修正路36号 | 胶囊、冲剂、片剂 |
| 上海市黄浦区 | 汉口路239号 | 中成药制造 |
| 广西壮族自治区桂林市七星区 | 金星路 | 西瓜霜润喉片、三金片、桂林西瓜霜 |
| 广东省深圳市罗湖区 | 九环大道 | 三九胃泰冲剂 |
| 山东省聊城市东阿县 | 阿胶街78号 | 复方阿胶浆 |
| 浙江省湖州市德清县 | 钟管镇青墩村 | 生物农药制造、生物兽药 |
| 山东省潍坊市高密市 | 人民大街101号 | 棉浆粕 |
| 吉林省吉林市昌邑区 | 九站街516-1号 | 粘胶长丝、粘胶短丝、腈纶纤维 |
| 辽宁省丹东市振兴区 | 纤维街58号 | 生产粘胶短纤维、绦纶短纤维、涤纶长丝 |

续表 31

| 企业名称 | 法人代表 | 电　　话 | 分　　机 | 邮政编码 |
|---|---|---|---|---|
| 吉林化纤股份有限公司 | 付万才 | 3502432 | | 132101 |
| 湖北化纤集团 | 赵双桂 | 2108437 | | 441133 |
| 山东潍坊海龙股份有限公司 | 逄奉建 | 7275000 | | 261100 |
| 宜宾丝丽雅集团有限公司 | 冯　涛 | 2360046 | | 644002 |
| 新乡白鹭化纤集团有限责任公司 | 陈玉林 | 3978958 | | 453011 |
| 保定天鹅化纤集团有限公司 | 佟维力 | 3137941 | | 071055 |
| 南京化纤股份有限公司 | 周发亮 | 5561403 | | 210038 |
| 中国神马集团有限责任公司 | 季松青 | 3921901 | | 467000 |
| 广东新会美达锦纶股份有限公司 | 陈柏森 | 6103333 | | 529100 |
| 中国石化仪征化纤股份有限公司 | 傅兴堂 | 3231693 | | 211900 |
| 浙江桐昆化纤集团股份有限公司 | 陈士良 | 8510006 | | 314513 |
| 浙江远东化纤集团 | 徐茂根 | 5101079 | | 312072 |
| 万杰集团公司 | 孙启玉 | 4650660 | | 255213 |
| 翔鹭涤纶纺纤(厦门)有限公司 | 吴鸿显 | 6051111 | | 361026 |
| 远纺工业(上海)有限公司 | 席家宜 | 57501888 | 2505 | 201419 |
| 浙江荣盛化学纤维有限公司 | 李水荣 | 82526378 | | 311247 |
| 浙江赐富化纤有限公司 | 赵张夫 | 5101927 | | 312072 |
| 浙江大普集团有限公司 | 王列东 | 2820888 | | 312361 |
| 广东省开平春晖股分有限公司 | 梁树湘 | 2228111 | 285 | 529300 |
| 加兴超同化纤有限责任公司 | 吴李明 | 6776949 | | 314312 |
| 黑龙江龙涤股份有限公司 | 赵瑞民 | 3717068 | | 150316 |
| 青岛高合有限公司 | 崔三吉 | 6768215 | | 266510 |
| 桐乡市新凤鸣化纤有限公司 | 庄奎龙 | 8511240 | | 314513 |
| 中国济南化纤总公司 | 贾　罗 | 8068220 | | 250100 |
| 江阴市金达来集团 | 张逸明 | 6533354 | | 214407 |
| 吴江市差别化涤纶厂 | 王建荣 | 3681330 | | 215225 |
| 苏州杜邦聚酯有限公司 | 史大伟 | 8235299 | | 215011 |
| 湖南金迪化纤有限责任公司 | 柏　波 | 8661742 | | 411101 |
| 江苏万翔集团公司 | 王明慧 | 6520111 | | 214406 |
| 无锡市太极实业股份有限公司 | 荆朝晖 | 3101695 | | 214008 |
| 和顺(中国)实业集团有限公司 | 陈顺利 | 8619676 | 5268 | 350209 |
| 东丽合成纤维(南通)有限公司 | 为田周明 | 3593012 | | 226009 |
| 吴江市迪富特种聚脂起切片厂 | 孙雪坤 | 2679669 | | 215225 |

| 企业所在地区 | 企业详细地址 | 主要产品(主要业务活动) |
|---|---|---|
| 吉林省吉林市昌邑区 | 九站街 516-1 号 | 粘胶短纤维、粘胶长丝 |
| 湖北省襄樊市樊城区 | 共建街 1 号 | 粘胶长丝、粘胶短件 |
| 山东省潍坊市寒亭区 | 潍县北路 555 号 | 粘胶短纤维、粘胶长丝、化纤用棉浆粕 |
| 四川省宜宾市翠屏区 | 航天路中段 | 维卡纤维、棉浆粕 |
| 河南省新乡市北站区 | 锦园路 1 号 | 长丝、棉型 |
| 河北省保定市新市区 | 纸厂路 1 号 | 粘胶长丝 |
| 江苏省南京市栖霞区 | 燕子矶街道伏家场 | 粘胶长丝、自来水 |
| 河南省平顶山市卫东区 | 建设路中段 63 号 | 锦纶长丝、浸胶帘子布 |
| 广东省江门市新会区 | 会城镇江会路上浅口 | 锦纶丝、聚酰胺、化纤长丝机织物 |
| 江苏省扬州市仪征市 | 浦西一村 | 聚酯切片、涤纶纤维、涤纶加工丝 |
| 浙江省嘉兴市桐乡市 | 金鸡路 188 号 | 涤纶丝 |
| 浙江省绍兴市绍兴县 | 马鞍镇东街 | 化纤原料 |
| 山东省淄博市博山区 | 岜山 | 多功能涤纶长丝、塔夫稠 |
| 福建省厦门市杏林区 | 南部工业区马青路 | 聚酯切片、涤纶长丝、涤纶短丝 |
| 上海市奉贤区 | 星火开发区白沙路 198 号 | 聚酯、化学纤维、印染布 |
| 浙江省杭州市萧山区 | 益农镇红阳路 98 号 | 化纤纺织品 |
| 浙江省绍兴市绍兴县 | 马鞍镇车站南路 102 号 | 涤纶纤维纺织布 |
| 浙江省绍兴市上虞市 | 丰惠镇大普路 | 涤纶长丝 |
| 广东省江门市开平市 | 长沙港口路 10 号 | 涤纶长丝、锦纶长丝、聚脂切片 |
| 浙江省嘉兴市海盐县 | 盐湖路 68 号 | 绦纶长丝、切片、三单体 |
| 黑龙江省哈尔滨市阿城市 | 轻纺路 | 涤纶短丝、涤纶长丝、聚酯切片 |
| 山东省青岛市黄岛区 | 港头陈 | 聚脂切片、涤纶长丝、涤纶短丝 |
| 浙江省嘉兴市桐乡市 | 金鸡路 | 涤纶长丝 |
| 山东省济南市历下区 | 化纤厂路 2 号 | 聚酯、涤纶长丝、涤纶短纤 |
| 江苏省无锡市江阴市 | 璜塘镇居委会 | 涤纶短纤维生产 |
| 江苏省苏州市吴江市 | 开发区内 | 绦纶丝 |
| 江苏省苏州市虎丘区 | 横山路 6 号 | 聚脂切片 |
| 湖南省湘潭市岳塘区 | 书院路 38 号 | 聚酯切片、涤纶全牵伸丝、绦纶低弹丝 |
| 江苏省无锡市江阴市 | 马镇镇居委会 | 涤纶短纤维、化纤纱 |
| 江苏省无锡市崇安区 | 锡澄路化工桥南 | 加工化学纤维 |
| 福建省福州市长乐市 | 路顶 | 涤沦纤维 |
| 江苏省南通市崇川区 | 营新路 111 号 | 涤纶纤维生产 |
| 江苏省苏州市吴江市 | 双浜村 | 切片 |

| 企业名称 | 法人代表 | 电　话 | 分　机 | 邮政编码 |
|---|---|---|---|---|
| 湖北省昌丰化纤工业有限公司 | 李朝斌 | 6556763 | | 443001 |
| 张家港市欣欣化纤有限公司 | 苋永宝 | 8750388 | | 215635 |
| 桐乡市凤鸣合纤有限公司 | 范新星 | 8512773 | | 314513 |
| 绍兴县展望企业集团公司 | 唐利民 | 4508064 | | 312028 |
| 杭州红山化纤有限公司 | 周凤剑 | 82609082 | | 311234 |
| 江苏三房巷实业集团总公司 | 卞兴才 | 6227928 | | 214423 |
| 吉林奇峰化纤有限公司 | 付万才 | 3502784 | | 132101 |
| 浙江金甬腈纶有限公司 | 车　地 | 86300000 | | 315221 |
| 中国石化四川维尼纶厂 | 刘家荣 | 68974746 | | 401254 |
| 安徽皖维高新材料股份有限公司 | 陈信生 | 2317212 | 38497 | 238002 |
| 南通醋酸纤维有限公司 | 边有伦 | 3560512 | | 226008 |
| 中国化纤总公司 | 陈俊国 | 65816699 | | 100020 |
| 上海市杜邦纤维(中国)有限公司 | 路久成 | 59721434 | 4109 | 201700 |
| 烟台氨纶集团有限公司 | 孙茂建 | 6371291 | | 264006 |
| **橡胶制品业** | | | | |
| 安徽佳通轮胎有限公司 | 林美凤 | 3811555 | | 231202 |
| 杭州中策橡胶有限公司 | 沈金荣 | 86053939 | | 310008 |
| 三角集团有限公司 | 丁玉华 | 5322983 | | 264200 |
| 上海轮胎橡胶(集团)股份有限公司 | 范　宪 | 64735577 | 2122 | 200023 |
| 青岛黄海橡胶集团有限责任公司 | 高巨谦 | 4993640 | | 266041 |
| 厦门正新橡胶工业有限公司 | 陈秀雄 | 6211606 | 305 | 361022 |
| 贵州轮胎股份有限公司 | 马世春 | 4816316 | | 550008 |
| 河南轮胎集团有限责任公司 | 陈元荣 | 3924536 | | 454003 |
| 贵州前进轮胎集团有限公司 | 马世春 | 4847515 | | 550008 |
| 山东玲珑橡胶有限公司 | 王希成 | 8242670 | | 265400 |
| 山东成山轮胎有限公司 | 车宏志 | 7523205 | | 264300 |
| 正新橡胶(中国)有限公司 | 罗才仁 | 7673888 | 8218 | 215331 |
| 韩泰轮胎(嘉兴)有限公司 | 韩英吉 | 2205088 | 330 | 314003 |
| 南京锦湖轮胎有限公司 | 李元泰 | 5319999 | 2108 | 210038 |
| 福建佳通轮胎有限公司 | 林美凤 | 5898385 | | 351146 |
| 江苏韩泰轮胎有限公司 | 许荣吉 | 3505022 | | 223005 |
| 牡丹江市桦林集团有限责任公司 | 吕耀勋 | 6306900 | | 157032 |
| 米其林沈阳轮胎有限公司 | 祖　杰 | 25814040 | 8047 | 110141 |

| 企业所在地区 | 企业详细地址 | 主要产品(主要业务活动) |
|---|---|---|
| 湖北省宜昌市伍家岗区 | 伍临路34号 | 聚铣切片、涤纶长丝、涤纶短纤 |
| 江苏省苏州市张家港市 | 德积村 | 涤纶丝、涤纶DTY低弹簧制造、涤纶POY长丝制造 |
| 浙江省嘉兴市桐乡市 | 金鸡路198号 | 涤纶长丝 |
| 浙江省绍兴市绍兴县 | 杨汛桥镇展望村 | 涤纶纤维长丝 |
| 浙江省杭州市萧山区 | 红山农场 | 涤纶纺丝、POY加弹 |
| 江苏省无锡市江阴市 | 三房巷 | 涤纶纤维、纱、染色布 |
| 吉林省吉林市昌邑区 | 九站街516-1号 | 腈纶纤维 |
| 浙江省宁波市镇海区 | 五里牌 | 腈纶纤维制造、腈纶毛条制造 |
| 重庆市长寿区 | 正街 | 甲醇、聚乙烯醇、维纶纤维 |
| 安徽省巢湖市居巢区 | 巢维路56号 | 维纶高强高膜纤维、聚乙烯醇、电石 |
| 江苏省南通市崇川区 | 钟秀东路和27号 | 醋酸纤维丝束、二醋酸纤维素片 |
| 北京市海淀区 | 清华东路南 | 聚合物型阻燃涤纶、合成纤维 |
| 上海市青浦区 | 华青路603号 | 化学纤维制造、氨纶纤维 |
| 山东省烟台市福山区 | 黑龙江路10号 | 氨纶丝 |
| 安徽省合肥市蜀山区 | 经济技术开发区 | 轮胎外胎 |
| 浙江省杭州市上城区 | 海潮路1号 | 轮胎、力车胎 |
| 山东省威海市环翠区 | 青岛中路56号 | 轮胎制造 |
| 上海市黄浦区 | 四川中路63号 | 轮胎外胎 |
| 山东省青岛市崂山区 | 沧安路1号 | 轮胎制造、力车胎、摩托车胎 |
| 福建省厦门市杏林区 | 西滨路15号 | 自行车内外胎、汽车内外胎、摩托车、工业车内外胎 |
| 贵州省贵阳市云岩区 | 百花大道41号 | 轮胎制造、销售 |
| 河南省焦作市山阳区 | 焦东南路48号 | 轮胎制造、水泥、化学纤维 |
| 贵州省贵阳市云岩区 | 百花大道41号 | 轮胎 |
| 山东省烟台市招远市 | 金城路170号 | 轮胎外胎 |
| 山东省威海市荣成市 | 国泰 | 轮胎 |
| 江苏省苏州市昆山市 | 经济技术开发区朝阳东路(陆家) | 轮胎 |
| 浙江省嘉兴市秀洲区 | 经济开发区东方路 | 汽车子午线轮胎及内胎 |
| 江苏省南京市栖霞区 | 和燕路418号 | 轮胎生产及销售 |
| 福建省莆田市秀屿区 | 红埔工业区 | 子午线轮胎、斜交轮胎 |
| 江苏省淮安市清河区 | 韩泰南路1号 | 子午胎生产、斜交胎生产 |
| 黑龙江省牡丹江市阳明区 | 桦林西大街 | 轮胎制造、供电 |
| 辽宁省沈阳市于洪区 | 沈新路15号 | 子午线轮胎 |

续表 33

| 企业名称 | 法人代表 | 电　　话 | 分　　机 | 邮政编码 |
|---|---|---|---|---|
| 牡丹江市桦林轮胎股份有限公司 | 吕耀勋 | 6304048 | | 157032 |
| 青岛华天旭橡胶制品有限公司 | 刘桂平 | 3123087 | | 266424 |
| 天津市万达轮胎供销有限公司 | 谷洪金 | 26990254 | | 300402 |
| 普利司通(沈阳)轮胎有限公司 | 浦野 隆 | 25816200 | 206 | 110141 |
| 十堰市东风金师轮胎有限公司 | 黄家玉 | 8611480 | | 442011 |
| 山东泸河集团有限公司 | 许传弟 | 6336001 | | 262216 |
| 上海米其林回力轮胎股份有限公司 | eric jvg | 68604500 | 512 | 200122 |
| 山东西水橡胶集团有限公司 | 宋继明 | 6498602 | | 257336 |
| 广州珠江轮胎有限公司 | 陈镇国 | 86748000 | | 510828 |
| 青岛振华工业集团有限公司 | 赵天来 | 3192006 | | 266431 |
| 新疆昆仑股份有限公司 | 武立民 | 2187840 | | 841011 |
| 广州市华南橡胶轮胎有限公司 | 李宇君 | 84693759 | | 511400 |
| 大连固特异轮胎有限公司 | 迈克 马丁斯 | 6653946 | | 116033 |
| 普利司通(天津)轮胎有限公司 | 中村邦弥 | 26974030 | 229 | 300400 |
| 北京首创轮胎有限责任公司 | 王　琪 | 82915102 | | 100096 |
| 山东三工橡胶有限公司 | 孙乐华 | 6581258 | | 262229 |
| 桂林南方橡胶(集团)公司 | 王竞华 | 5815653 | | 541004 |
| 鞍山市轮胎厂 | 陈仁华 | 7982161 | | 114323 |
| 山东泰山轮胎厂 | 翟远新 | 3269616 | 3269001 | 271600 |
| 龙口兴隆轮胎有限公司 | 邹方亮 | 8862768 | | 265703 |
| 莱芜市橡胶集团公司 | 吕务民 | 8895647 | | 271100 |
| 建大橡胶(中国)有限公司 | 杨银明 | 7614172 | | 215333 |
| 天津市万达摩托车胎厂 | 张　健 | 26990915 | | 300402 |
| 无锡双飞轻型轮胎有限公司 | 章献伦 | 5752127 | | 214023 |
| 华丰橡胶(中国)有限公司 | 颜明善 | 2811788 | | 215500 |
| 银河德普胶带有限公司 | 牛宜顺 | 3653319 | | 272100 |
| 安徽宁国中鼎密封件有限公司 | 夏鼎湖 | 4181851 | | 242300 |
| 日星电气(中山)有限公司 | 河野胜男 | 6653481 | | 528467 |
| 双星集团有限责任公司 | 江　海 | 2680528 | | 266002 |
| 青岛三湖制鞋有限公司 | 朴渊九 | 2592442 | | 266232 |
| 广州番禺大兴制鞋实业有限公司 | 郭耀辉 | 84937909 | | 511470 |
| **塑料制品业** | | | | |

| 企业所在地区 | 企业详细地址 | 主要产品(主要业务活动) |
|---|---|---|
| 黑龙江省牡丹江市阳明区 | 桦橡西大街 | 生产轮胎 |
| 山东省青岛市胶南市 | 薛家庄 | 轮胎 |
| 天津市北辰区 | 一街 | 轮胎 |
| 辽宁省沈阳市于洪区 | 昆明湖街 17 号 | 子午线轮胎 |
| 湖北省十堰市张湾区 | 北村 | 汽车轮胎生产销售 |
| 山东省潍坊市诸城市 | 昌城路道口 | 轮胎 |
| 上海市闵行区 | 江川路 1251 号 | 轮胎外胎 |
| 山东省东营市广饶县 | 西水磨村 | 轮胎 |
| 广东省广州市花都区 | 炭步镇松仔岗 | 汽车轮胎 |
| 山东省青岛市胶南市 | 北高家庄 | 轮胎 |
| 新疆维吾尔自治区巴音郭楞蒙古自治州库尔勒市 | 塔什店南路 | 轮胎制造 |
| 广东省广州市番禺区 | 市桥东环路 | 轮胎制造 |
| 辽宁省大连市沙河口区 | 石桥街 25 号 | 子午线轿车胎、轻卡胎 |
| 天津市北辰区 | 引河桥北铁道东 | 子午线轮胎 |
| 北京市海淀区 | 西三旗新都东路 | 生产轮胎 |
| 山东省潍坊市诸城市 | 皇华店村 | 卡车轮胎、农用车轮胎、摩托轮胎 |
| 广西壮族自治区桂林市七星区 | 七星路 26 号 | 轮胎制造、力车胎制造、乳胶制品 |
| 辽宁省鞍山市岫岩满族自治县 | 大山街道 | 轮胎生产 |
| 山东省泰安市肥城市 | 济兖路 | 轮胎制造 |
| 山东省烟台市龙口市 | 兴隆庄村 | 生产轮胎 |
| 山东省莱芜市莱城区 | 冯家林 | 轮胎 |
| 江苏省苏州市昆山市 | 开发区蓬朗配套区 | 自行车内外胎 |
| 天津市北辰区 | 畜牧研究所路 | 车胎 |
| 江苏省无锡市南长区 | 清扬路 | 生产摩托车外胎 |
| 江苏省苏州市常熟市 | 虞山镇兴隆 | 自行车胎 |
| 山东省济宁市兖州市 | 新义 | 阻燃输送带 |
| 安徽省宣城市宁国市 | 千亩 | 橡胶密封件及减震件、千斤鼎、OA 胶辊 |
| 广东省中山市 | 坦洲镇第一工业区 | 橡胶液子 |
| 山东省青岛市市南区 | 贵州路 5 号 | 胶鞋制造、皮鞋制造、轮胎制造 |
| 山东省青岛市即墨市 | 二里府前街 4 号 | 旅游鞋、成品鞋、鞋帮、鞋底、鞋模具 |
| 广东省广州市番禺区 | 兴业路八号 | 运动鞋 |

续表 34

| 企业名称 | 法人代表 | 电　　话 | 分　　机 | 邮政编码 |
|---|---|---|---|---|
| 浙江大东南塑胶集团公司 | 黄水寿 | 7092218 | | 311809 |
| 佛山塑料集团股份有限公司 | 冯兆征 | 2297484 | | 528000 |
| 申达集团公司 | 张国兴 | 6621666 | | 214443 |
| 河北宝硕集团有限公司 | 周　山 | 3209683 | | 071051 |
| 苏州华苏塑料有限公司 | 赵元修 | 3645554 | | 215433 |
| 明达塑胶(厦门)有限公司 | 徐天培 | 6512222 | 166 | 361022 |
| 太平洋塑胶(福建)有限公司 | 李义雄 | 5376032 | | 350301 |
| 南亚塑胶工业(广州)有限公司 | 吴钦仁 | 86407900 | 2110 | 510430 |
| 广州市塑料工业股份有限公司 | 张永铨 | 83312936 | | 510120 |
| 新疆天业股份有限公司 | 郭庆人 | 2865242 | | 832000 |
| 芜湖海螺型材科技股份有限公司 | 郭景彬 | 5240196 | | 241009 |
| 江阴市模塑集团有限公司 | 曹明芳 | 6221229 | | 214423 |
| 安徽国风集团有限公司 | 郑忠勋 | 2885333 | 3798 | 230001 |
| 大连实德塑料工业有限公司 | 徐　明 | 7609888 | 42024 | 116011 |
| 江苏省银杉实业集团有限公司 | 包斌之 | 4128743 | | 211135 |
| 江苏琼花集团 | 于在青 | 7271301 | | 225111 |
| 大连实德塑料建材有限公司 | 徐　斌 | 7609888 | 42116 | 116113 |
| 广州宏信塑胶工业有限公司 | 黄涣文 | 82266188 | | 510530 |
| 福建亚通塑胶有限公司 | 余孔琳 | 5315909 | 909 | 350304 |
| 湖北凯乐集团 | 朱弟雄 | 5209604 | | 434300 |
| 常州巨力塑料集团有限公司 | 周海忠 | 6974949 | | 213015 |
| 扬州惠通万福化纤有限公司 | 王秀村 | 7525110 | | 225131 |
| 深圳石化塑胶集团股份有限公司 | 丁富义 | 5517888 | | 518019 |
| 顺德市联塑科技实业有限公司 | 黄联禧 | 3888333 | | 528318 |
| 中国石油乌鲁木齐石油化工总厂 | 杨炳升 | 6902601 | | 830019 |
| 无锡市兴达泡塑新材料有限公司 | 华若中 | 8701598 | | 214101 |
| 江阴市龙山集团公司 | 承泉兴 | 6221511 | | 214423 |
| 浙江无名皮塑集团有限责任公司 | 秋国良 | 4029818 | | 312046 |
| 广州宏铭塑胶工业有限公司 | 郭焕铭 | 82266188 | 1240 | 510530 |
| 镒得塑胶(福建)有限公司 | 李义雄 | 3651495 | | 350009 |
| 三水市中海石油(三水)化工有限公司 | 李文湘 | 7518034 | | 528132 |
| 上海紫江企业集团股份有限公司 | 郭　峰 | 54421100 | | 201100 |
| 浙江鸿达集团有限公司 | 赵云飞 | 6333108 | | 317525 |

| 企业所在地区 | 企业详细地址 | 主要产品(主要业务活动) |
|---|---|---|
| 浙江省绍兴市诸暨市 | 建新路 88 号 | 塑料制品 |
| 广东省佛山市城区 | 汾江中路 82－84 号 | 各类制品鞋类粘胶制品、包装及印刷复合制品 |
| 江苏省无锡市江阴市 | 申港镇居委会 | 生产塑料薄膜 |
| 河北省保定市新市区 | 向阳南路 117 号 | 塑料薄膜、塑料管材及门窗 |
| 江苏省苏州市太仓市 | 华苏路 | PVC 树脂 |
| 福建省厦门市杏林区 | 新阳工业区翁角路 858 号 | PVC 胶布、户外游戏用品 |
| 福建省福州市福清市 | 宏路村上郑 | 聚氯乙稀薄膜 |
| 广东省广州市白云区 | 滘心 | 生产销售胶布胶皮 |
| 广东省广州市越秀区 | 沿江西路 147 号六楼 | 塑料薄膜、塑料板材、塑料包装箱及容器 |
| 新疆维吾尔自治区石河子市 | 北一路 94 号 | 塑料制品、化工产品 |
| 安徽省芜湖市鸠江区 | 经济技术开发区 | 塑料型材、塑钢门窗 |
| 江苏省无锡市江阴市 | 龙山路 8 号 | 桑塔纳保险杠、桑塔纳防擦条、专用料 |
| 安徽省合肥市包河区 | 马鞍山路 1 号 | 塑胶建材、塑料薄膜、塑料管材 |
| 辽宁省大连市甘井子区 | 李家 | 塑料门窗型材 |
| 江苏省南京市江宁区 | 其林门村委会 | 塑钢型材、塑料装饰板 |
| 江苏省扬州市邗江区 | 三笑大道 | 塑料片板材、镀铝膜、烫印 |
| 辽宁省大连市甘井子区 | 李泉州工业园区 | PUC 塑钢型材 |
| 广东省广州市白云区 | 云埔一路一号 | pvc 硬质胶布 |
| 福建省福州市福清市 | 光荣村 | 塑料管材、管件、硅芯管、波纹管 |
| 湖北省荆州市公安县 | 杨公堤 | PVC 平管、PVC 波纹管、HDPE 硅芯管 |
| 江苏省常州市钟楼区 | 清潭路 254 号 | 工业配件生产、塑料模具销售 |
| 江苏省扬州市邗江区 | 八里村内 | 聚酯切片生产销售 |
| 广东省深圳市罗湖区 | 水贝布心路 3006 号 | 管材、管件、电览料 |
| 广东省佛山市顺德市 | 龙江西溪第三工业区 | 塑料线槽管、金属塑料管材 |
| 新疆维吾尔自治区乌鲁木齐市东山区 | 石化总厂 | 塑料编织袋 |
| 江苏省无锡市锡山区 | 东街居委会 | 制造可发性聚苯乙烯珠 |
| 江苏省无锡市江阴市 | 龙山路龙岐路 1 号 | 人造革、铝型材、铸钢闸线球线 |
| 浙江省绍兴市绍兴县 | 福全寿店头松埠 | 人造革、合成革、植绒革 |
| 广东省广州市白云区 | 云埔工业区一号 | 聚丙烯腈 |
| 福建省福州市台江区 | 鳌峰路 35 号 | 泳镜 |
| 广东省佛山市三水市 | 五顶岗 | 化工原料 |
| 上海市闵行区 | 沪闵路 5481 号 | 塑料包装箱及容器 |
| 浙江省台州市温岭市 | 注塑工业区 | 塑料水桶制造、塑料纸篓制造 |

续表 35

| 企业名称 | 法人代表 | 电　　话 | 分　　机 | 邮政编码 |
|---|---|---|---|---|
| 深圳南山区常源开强塑胶五金来料加工厂 | 程志雄 | 6979342 | | 518055 |
| 江苏三笑集团 | 韩国平 | 7278498 | | 225111 |
| 宁波利时塑胶有限公司 | 李之新 | 88021888 | 2058 | 315171 |
| 江苏蝙蝠塑料集团有限公司 | 孟永华 | 6214551 | | 214421 |
| 安能利塑胶(上海)有限公司 | 李金木 | 50481805 | | 200131 |
| 安徽天大企业(集团)公司 | 叶士渠 | 7511022 | 2005 | 239311 |
| 深圳美阳注塑有限公司 | 博田康二 | 3308459 | | 518040 |
| 耐普罗塑胶五金制品(深圳)有限公司 | 詹　武 | 8709218 | | 518114 |
| 亚光耐普罗精密注塑(天津)有限公司 | 张路生 | 88241960 | | 300221 |
| 武汉塑料工业集团股份有限公司 | 刘文彦 | 85898652 | | 430022 |
| 乔奥华塑胶制品(深圳)有限公司 | 野泽重晴 | 4193140 | | 518129 |
| 惠州新兴精密有限公司 | 郑圭享 | 3325325 | | 516229 |
| 金像磁讯(深圳)有限公司 | 蔡经阳 | 8893768 | | 518129 |
| 威海光威渔具有限公司 | 陈光威 | 5298619 | | 264202 |
| GE 塑料上海有限公司 | MARK WALL | 50460000 | 3501 | 200131 |
| 福清市明达塑胶(福建)有限公司 | 陈克恭 | 5381890 | | 350301 |
| 漯河华强塑胶有限公司 | 方燕燕 | 2167026 | | 462000 |
| **非金属矿物制品业** | | | | |
| 北京金隅集团有限责任公司 | 张　毅 | 66416688 | 8819 | 100031 |
| 唐山冀东水泥股份有限公司 | 杜金弘 | 3241351 | | 063031 |
| 浙江尖峰集团股份有限公司 | 杜自弘 | 2326868 | 3806 | 321000 |
| 华新集团有限公司 | 陈木森 | 6224971 | | 435000 |
| 山东沂州水泥集团总公司 | 张怀连 | 8928017 | | 276018 |
| 安徽巢东水泥股份有限公司 | 陈学祥 | 2391918 | | 238001 |
| 华新水泥股份有限公司 | 陈木森 | 6224971 | | 435000 |
| 江苏双龙集团有限公司 | 吴　刚 | 3759249 | | 210024 |
| 哈尔滨建筑材料工业集团公司 | 丁洪利 | 4624854 | | 150076 |
| 济南建筑材料工业集团有限公司 | 张才奎 | 7991931 | 8460 | 250022 |
| 安徽省宁国水泥厂 | 李顺安 | 4888405 | | 242312 |
| 吉林亚泰水泥有限公司 | 宋尚龙 | 4352201 | 3061 | 130617 |
| 嘉新京阳水泥有限公司 | 张永平 | 7762222 | | 212413 |
| 梅州市塔牌集团有限公司 | 钟烈华 | 7887029 | | 514100 |
| 苏州金猫水泥有限公司 | 孙金男 | 6261108 | | 215101 |

| 企业所在地区 | 企业详细地址 | 主要产品(主要业务活动) |
| --- | --- | --- |
| 广东省深圳市南山区 | 常源 | 塑胶日用品 |
| 江苏省扬州市邗江区 | 三笑大道1号 | 牙刷、牙膏、香皂 |
| 浙江省宁波市鄞州区 | 镇东十八巷 | 塑料制品、模具制造 |
| 江苏省无锡市江阴市 | 华士镇居委会 | 生产人造革、生产树脂粉 |
| 上海市浦东新区 | 外高桥保税区法赛路318号 | 塑胶制品加工 |
| 安徽省滁州市天长市 | 北元村 | 工程塑料、光缆、塑料编织袋 |
| 广东省深圳市福田区 | 泰然九路皇冠小区2栋 | 复印机配件 |
| 广东省深圳市龙岗区 | 百门前工业区2栋1-5层 | 手机电话外壳 |
| 天津市河西区 | 解放南路珠江道69号 | 塑料件加工 |
| 湖北省武汉市江汉区 | 新华 | 汽车塑料燃油箱、汽车塑料保险杠、新材料 |
| 广东省深圳市龙岗区 | 坂田第二工业区五和大道发达路 | 复印机外壳 |
| 广东省惠州市惠阳市 |  | CD机芯 |
| 广东省深圳市龙岗区 | 坂田第二工业区 | 塑胶外壳 |
| 山东省威海市环翠区 | 烟台路 | 渔具 |
| 上海市浦东新区 | 外高桥保税区爱都路58号 | 聚碳酸脂、改性聚苯醚、塑料合金 |
| 福建省福州市福清市 | 宏路村上郑 | PVC塑胶制品 |
| 河南省漯河市源汇区 | 漯舞路188号 | 手提塑料包装袋 |
|  |  |  |
| 北京市西城区 | 宣武门西大街甲129号 | 水泥、建材、家具 |
| 河北省唐山市丰润区 | 贾家洼 | 水泥 |
| 浙江省金华市婺城区 | 金华市婺江东路88号 | 普硅水泥生产、药品生产与销售 |
| 湖北省黄石市黄石港区 | 华新路16号 | 水泥 |
| 山东省临沂市罗庄区 | 付庄 | 普硅水泥、塑编袋、热电 |
| 安徽省巢湖市居巢区 | 长江西路269号 | 水泥及相关产品、轻钢结构.化学建材、纳米材料 |
| 湖北省黄石市黄石港区 | 黄石大道897号 | 水泥 |
| 江苏省南京市鼓楼区 | 虎踞关60号 | 水泥、商品砼 |
| 黑龙江省哈尔滨市道里区 | 共乐街182号 | 水泥 |
| 山东省济南市市中区 | 党家 | 水泥、商品混凝土、加气砌块 |
| 安徽省宣城市宁国市 | 大栗树 | 水泥、熟料 |
| 吉林省长春市双阳区 | 羊圈村 | 水泥制造 |
| 江苏省镇江市句容市 | 下蜀桥头集镇 | 水泥 |
| 广东省梅州市蕉岭县 | 塔牌大道 | 水泥 |
| 江苏省苏州市吴中区 | 木渎镇七子村 | 水泥制造 |

续表 36

| 企业名称 | 法人代表 | 电　话 | 分　机 | 邮政编码 |
|---|---|---|---|---|
| 陕西秦岭水泥股份有限公司 | 祁华山 | 6231303 | | 727100 |
| 大宇水泥(山东)有限公司 | 金在镛 | 4224736 | | 273200 |
| 江油市四川双马水泥(集团)有限公司 | 唐月明 | 3721400 | 2221 | 621716 |
| 上海市建筑构件制品公司 | 辛发龙 | 65681817 | 215 | 200090 |
| 北新集团建材股份有限公司 | 宋志平 | 82913831 | 2301 | 100096 |
| 方大集团股份有限公司 | 熊建明 | 6788571 | 5518 | 518055 |
| 江苏华润集团公司 | 陈惠南 | 8550102 | 3098 | 215625 |
| 绍兴县光宇集团公司 | 冯光成 | 4509556 | | 312028 |
| 上海耀华皮尔金顿玻璃股份有限公司 | 朱伯安 | 58839305 | | 200126 |
| 中国耀华玻璃集团公司 | 曹田平 | 3031133 | 5203 | 066013 |
| 中国洛阳玻璃集团有限责任公司 | 郭晓寰 | 3908630 | | 471009 |
| 山东玻璃总公司 | 王　刚 | 4166055 | | 255200 |
| 福建省耀华玻璃工业股份有限公司 | 曹德旺 | 5383777 | 341 | 350301 |
| 福建省万达汽车玻璃工业有限公司 | 曹德旺 | 5383777 | | 350301 |
| 中国南玻科技控股(集团)股份有限公司 | 陈　潮 | 6695970 | | 518067 |
| 三水市新中源陶瓷有限公司 | 曾彦炽 | 7567338 | | 528131 |
| 深圳成霖洁具有限公司 | 欧阳明 | 8011493 | | 518110 |
| 泉州腾辉陶瓷有限公司 | 吴良良 | 5765068 | | 362261 |
| 上海佳欣陶瓷工业有限公司 | 沈传诵 | 67725888 | | 201600 |
| 上海斯米克建筑陶瓷有限公司 | 李慈雄 | 64110567 | 199 | 201112 |
| 杭州协和陶瓷有限公司 | 林光明 | 88686818 | | 311122 |
| 高明市利得丰陶瓷厂 | 廖伟良 | 8842571 | | 528522 |
| 河南省葛天集团有限责任公司 | 王国宝 | 6611088 | | 461503 |
| 唐山陶瓷(集团)有限公司 | 邢平均 | 3271011 | | 063022 |
| 饶平县丰泽瓷艺厂 | 张钊活 | 8628388 | | 515736 |
| 海城市西洋耐火材料有限公司 | 周福仁 | 3276666 | | 114213 |
| 营口青花集团有限公司 | 王守彬 | 5631810 | | 115100 |
| 海城市后英经贸集团有限公司 | 何宪恕 | 3277056 | | 114213 |
| 吉林炭素集团有限责任公司 | 李勇智 | 2738590 | 2219 | 132002 |
| 吉林炭素股份有限公司 | 史景山 | 2738591 | 2219 | 132002 |
| 巨石集团有限公司 | 张毓强 | 8107195 | | 314500 |
| 江苏九鼎集团股份有限公司 | 顾清波 | 7513392 | | 226500 |
| 浙江东方集团公司 | 滕增寿 | 88850088 | | 325003 |

| 企业所在地区 | 企业详细地址 | 主要产品(主要业务活动) |
|---|---|---|
| 陕西省铜川市耀州区 | 五台 | 水泥 |
| 山东省济宁市泗水县 | 鲁舒 | 水泥 |
| 四川省绵阳市江油市 | 场镇 | 普通硅酸盐水泥 |
| 上海市杨浦区 | 黎平路2号 | 混凝土构件、成型钢筋、商品混凝土 |
| 北京市海淀区 | 西三旗建材城中路 | 生产纸面石膏板、轻钢龙骨 |
| 广东省深圳市南山区 | 西丽镇方大城 | 新型建筑材料 |
| 江苏省苏州市张家港市 | 锦丰村 | 浮法玻璃 |
| 浙江省绍兴市绍兴县 | 杨汛桥镇唐家桥村 | 浮法玻璃 |
| 上海市浦东新区 | 济阳路100号 | 平板玻璃、中空玻璃、夹层玻璃 |
| 河北省秦皇岛市海港区 | 西港路1号码 | 平板玻璃 |
| 河南省洛阳市西工区 | 唐宫中路9号 | 浮法玻璃、工业技术玻璃 |
| 山东省淄博市博山区 | 双山街216号 | 平板玻璃、钢化玻璃、中空玻璃 |
| 福建省福州市福清市 | 福耀工业村 | 夹层玻璃、钢化玻璃 |
| 福建省福州市福清市 | 耀华工业村 | 汽车夹层玻璃、钢化玻璃 |
| 广东省深圳市南山区 | 蛇口工业六路一号南玻大厦 | 浮法玻璃产品、新型电子元器件、新型显示器件及材料 |
| 广东省佛山市三水市 | 白金路 | 各种耐磨装饰砖生产 |
| 广东省深圳市宝安区 | 福民 | 水龙头、卫浴洁具及配件 |
| 福建省泉州市晋江市 | 丙厝 | 墙地砖 |
| 上海市松江区 | 仓桥工业开发区玉秀路6号 | 卫生陶瓷洁具 |
| 上海市闵行区 | 杜行谈家港南首 | 建筑陶瓷制品 |
| 浙江省杭州市余杭区 | 闲林西路36号 | 建筑陶瓷制造 |
| 广东省佛山市高明市 | 白石开发区 | 建筑陶瓷 |
| 河南省许昌市长葛市 | 后河 | 电瓷、电器 |
| 河北省唐山市路北区 | 缸窑路29号 | 日用陶瓷制造业、卫生陶瓷制造 |
| 广东省潮州市饶平县 | 新丰镇丰联管区工业开发区 | 日用陶瓷 |
| 辽宁省鞍山市海城市 | 西洋峪村委会 | 生产耐火材料制品 |
| 辽宁省营口市大石桥市 | 青花峪村 | 镁砖、镁碳砖 |
| 辽宁省鞍山市海城市 | 后英村委会 | 生产镁砂、生产镁砖、大豆深加工 |
| 吉林省吉林市昌邑区 | 和平街9号 | 石墨电极、炭块类 |
| 吉林省吉林市昌邑区 | 和平街9号 | 石墨电极类、炭块、炭糊 |
| 浙江省嘉兴市桐乡市 | 经济开发区 | 玻璃纤维纱、玻纤制品 |
| 江苏省南通市如皋市 | 跃进路219号 | 玻纤布生产、玻纤纱生产 |
| 浙江省温州市鹿城区 | 矮凳桥92号 | 玻璃钢制品生产、民用钢质船舶生产、灯具生产 |

| 企业名称 | 法人代表 | 电　话 | 分　机 | 邮政编码 |
|---|---|---|---|---|
| 苏州爱普生有限公司 | 山崎淑夫 | 8257002 | | 215011 |
| 苏州日本电波工业有限公司 | 竹内宽 | 8252355 | | 215011 |
| **黑色金属冶炼及压延加工业** | | | | |
| 鞍山钢铁集团公司 | 刘　芥 | 6724292 | | 114021 |
| 武汉钢铁(集团)公司 | 刘本仁 | 86863718 | | 430083 |
| 攀枝花钢铁(集团)公司 | 洪及鄙 | 3394261 | | 617067 |
| 马鞍山钢铁股份有限公司 | 顾建国 | 2883492 | | 243003 |
| 邯郸钢铁集团有限责任公司 | 刘如军 | 6072141 | | 056015 |
| 唐山钢铁(集团)有限责任公司 | 王天义 | 2702409 | | 063016 |
| 济南钢铁厂 | 李长顺 | 8868180 | | 250101 |
| 武汉钢铁股份有限公司 | 刘本仁 | 86807870 | | 430080 |
| 青岛钢铁控股集团有限责任公司 | 王玉科 | 4816857 | | 266043 |
| 新余钢铁有限责任公司 | 施嘉良 | 6292925 | | 338001 |
| 宝钢集团上海五钢有限公司 | 谢　蔚 | 56679080 | | 200940 |
| 上海三钢有限责任公司 | 汪金德 | 58839180 | | 200126 |
| 湘潭钢铁集团有限公司 | 林　武 | 8654888 | | 411101 |
| 杭州钢铁集团公司 | 童云芳 | 88144380 | | 310022 |
| 安阳钢铁集团有限责任公司 | 李文山 | 3122145 | | 455004 |
| 南京钢铁股份有限公司 | 肖同友 | 7052160 | | 210035 |
| 宝钢集团上海第一钢铁有限公司 | 伏中哲 | 56826185 | | 200431 |
| 昆明钢铁集团有限责任公司 | 郝蜀东 | 8603459 | | 650302 |
| 通化钢铁集团有限责任公司 | 王茂清 | 3793130 | | 134003 |
| 酒泉钢铁(集团)有限责任公司 | 马鸿烈 | 6713294 | | 735100 |
| 天津天铁冶金集团有限公司 | 刘志嘉 | 3972776 | 0310 | 056404 |
| 广西柳州钢铁(集团)公司 | 吴集成 | 2592651 | | 545002 |
| 山西省海鑫钢铁集团有限公司 | 李兆会 | 7302916 | | 043800 |
| 福建省三钢集团有限公司 | 欧阳元和 | 8205181 | | 365000 |
| 辽宁特殊钢集团有限责任公司 | 赵明远 | 6672112 | | 116031 |
| 通化钢铁股份有限公司 | 王茂清 | 3771694 | | 134002 |
| 萍乡钢铁有限责任公司 | 涂建民 | 3498230 | | 337019 |
| 天津天钢集团有限公司 | 韩贵义 | 84262709 | | 300180 |
| 宝山钢铁股份有限公司 | 谢企华 | 26648040 | | 201900 |
| 江苏沙钢集团有限公司 | 沈文荣 | 8550801 | | 215625 |

| 企业所在地区 | 企业详细地址 | 主要产品(主要业务活动) |
|---|---|---|
| 江苏省苏州市虎丘区 | 新区金枫路 | 液晶显示器 |
| 江苏省苏州市虎丘区 | 竹园路92号 | 水晶振动子 |
| | | |
| 辽宁省鞍山市铁西区 | 启明街1号 | 生产钢材 |
| 湖北省武汉市青山区 | 厂前 | 钢、铁、钢材 |
| 四川省攀枝花市东区 | 向阳一村 | 钢、铁冶炼及加工 |
| 安徽省马鞍山市金家庄区 | 红旗中路8号 | 钢材、生铁、钢 |
| 河北省邯郸市复兴区 | 复兴路232号 | 生铁、钢坯、钢材 |
| 河北省唐山市路北区 | 滨河路9号 | 钢铁钢材、铁矿开采 |
| 山东省济南市历城区 | 工业北路21号 | 生铁、钢、钢材 |
| 湖北省武汉市青山区 | 沿港路3# | 冶金产品及副产品、冶金产品和技术开发 |
| 山东省青岛市李沧区 | 遵义路5号 | 铁、钢、钢材 |
| 江西省新余市渝水区 | 冶金路 | 钢、钢材、铁合金 |
| 上海市宝山区 | 同济路333号 | 钢锭、钢坯、钢材 |
| 上海市浦东新区 | 上南路300号 | 钢板、型钢材、钢 |
| 湖南省湘潭市岳塘区 | 下摄司 | 钢、生铁、钢材 |
| 浙江省杭州市拱墅区 | 半山路176号 | 炼钢 |
| 河南省安阳市铁西区 | 安钢大道 | 生产钢、生铁、钢材 |
| 江苏省南京市六合区 | 六合卸甲甸 | 中厚钢板、棒材、钢带 |
| 上海市宝山区 | 长江路735号 | 钢、铁、钢材 |
| 云南省昆明市安宁市 | 连然镇郎家庄 | 钢、生铁、钢材 |
| 吉林省通化市二道江区 | 东盛路14号 | 生铁、钢、钢材 |
| 甘肃省嘉峪关市市辖区 | 雄关东路12号 | 黑色金属压延及加工 |
| 天津市河东区 | 天津铁厂 | 炼钢 |
| 广西壮族自治区柳州市柳北区 | 北雀路117号 | 钢生产、生铁生产、钢材生产 |
| 山西省运城市闻喜县 | 川口 | 钢坯、线材、螺纹钢 |
| 福建省三明市梅列区 | 工业中路 | 钢、铁、钢材 |
| 辽宁省大连市甘井子区 | 工兴路4号 | 钢 |
| 吉林省通化市二道江区 | 东通化 | 钢材 |
| 江西省萍乡市湘东区 | 湘东新街 | 生铁、钢、钢材 |
| 天津市河东区 | 张达庄大街1号 | 热轧中厚板、高速线材、热轧带钢 |
| 上海市宝山区 | 富锦路果园宝钢指挥中心大楼 | 钢板、无缝钢管、线材 |
| 江苏省苏州市张家港市 | 镇北首 | 电炉钢 |

续表 38

| 企业名称 | 法人代表 | 电　　话 | 分　　机 | 邮政编码 |
|---|---|---|---|---|
| 北台钢铁(集团)有限责任公司 | 杨新华 | 4868855 | | 117022 |
| 本钢钢铁(集团)有限责任公司 | 张营富 | 7827523 | | 117000 |
| 包头钢铁(集团)有限责任公司 | 林东鲁 | 2182543 | | 014010 |
| 柳州钢铁股份有限公司 | 梁景理 | 2595998 | | 545002 |
| 莱芜钢铁股份有限公司 | 李名岷 | 6820601 | | 271104 |
| 太原钢铁(集团集团)有限公司 | 陈川平 | 3134454 | | 030003 |
| 内蒙古包钢钢联股份公司 | 林东鲁 | 2105012 | | 014010 |
| 江苏华西集团公司 | 吴协东 | 6216080 | | 214420 |
| 上海梅山钢铁股份有限公司 | 张思明 | 6703644 | | 210039 |
| 宣化钢铁集团有限责任公司 | 乔贵祥 | 8674421 | | 075103 |
| 涟源钢铁集团有限公司 | 李建国 | 8661234 | | 417009 |
| 重庆钢铁股份有限公司 | 唐民伟 | 68845030 | | 400084 |
| 天津钢管有限责任公司 | 张振纲 | 24802625 | | 300301 |
| 新兴铸管股份有限公司 | 范英俊 | 5792263 | | 056300 |
| 承德钢铁集团有限公司 | 刘克忠 | 4074291 | | 067002 |
| 江苏淮钢集团有限公司 | 何达平 | 3802468 | | 223002 |
| 水城钢铁(集团)有限责任公司 | 王黎明 | 8922795 | | 553028 |
| 石家庄钢铁有限责任公司 | 阎胜科 | 5052577 | 2020 | 050031 |
| 江苏永钢集团公司 | 吴耀芳 | 8612888 | | 215628 |
| 凌源钢铁集团有限责任公司 | 高益荣 | 6834242 | | 122504 |
| **有色金属冶炼及压延加工业** | | | | |
| 铜陵有色金属集团公司 | 杨振超 | 2833457 | | 244000 |
| 云南铜业股份有限公司 | 邹韶禄 | 8390888 | 27238 | 650102 |
| 白银有色金属公司 | 杨志强 | 8811985 | | 730900 |
| 大冶有色金属公司 | 罗忠民 | 5392415 | | 435005 |
| 张家港联合铜业有限公司 | 孟永范 | 8270127 | | 215624 |
| 烟台有色金属集团有限公司 | 徐金山 | 6842561 | | 264002 |
| 上海大昌铜业有限公司 | 付自清 | 59937426 | | 201823 |
| 芜湖恒鑫铜业集团有限公司 | 周瑞庭 | 5801169 | | 241009 |
| 葫芦岛锌厂 | 侯宝泉 | 2025040 | | 125003 |
| 湖南株冶火炬金属股份有限公司 | 李枝芳 | 8391231 | | 412004 |
| 深圳市中金岭南股份有限公司韶关冶炼厂 | 李夏林 | 8399399 | | 512024 |
| 水口山有色金属有限责任公司 | 刘振国 | 7582281 | | 421513 |

| 企业所在地区 | 企业详细地址 | 主要产品(主要业务活动) |
| --- | --- | --- |
| 辽宁省本溪市平山区 | 环山路 36 号 | 生铁、钢坯、钢材 |
| 辽宁省本溪市平山区 | 人民路 16 号 | 生铁、钢、钢材 |
| 内蒙古自治区包头市昆都仑区 | 河西工业区 | 钢铁生产 |
| 广西壮族自治区柳州市柳北区 | 北雀路 117 号 | 钢铁冶炼、轧制及销售 |
| 山东省莱芜市钢城区 | 友谊大街 | 钢、钢材、生铁 |
| 山西省太原市尖草坪区 | 尖草坪 2 号 | 钢锭(坯)、钢材 |
| 内蒙古自治区包头市昆都仑区 | 钢铁大街 58 号 | 钢压延加工 |
| 江苏省无锡市江阴市 | 华西村 | 钢锭钢丝生产 |
| 江苏省南京市雨花台区 | 板桥街道板桥 | 热轧板卷、生铁、焦炭 |
| 河北省张家口市宣化区 | 牌楼东街 30 号 | 钢材 |
| 湖南省娄底市娄星区 | 黄泥塘街道办事处 | 钢材、钢、生铁 |
| 重庆市大渡口区 | 跃进村钢花路 30 号 | 钢材、钢坯、焦炭副产品 |
| 天津市东丽区 | 无暇街 | 无缝钢管、连铸钢坯 |
| 河北省邯郸市武安市 | 上洛阳村 | 钢铁冶炼 |
| 河北省承德市双滦区 | 承钢虚拟 | 钢材、钢、V2O5 |
| 江苏省淮安市清浦区 | 化工路 53 号 | 钢生产、生铁加工、钢材加工 |
| 贵州省六盘水市钟山区 | 巴西路 | 钢材、钢、铁 |
| 河北省石家庄市长安区 | 和平东路 363 号 | 钢钢、铁、材 |
| 江苏省苏州市张家港市 | 南丰村 | 钢材 |
| 辽宁省朝阳市凌源市 | 钢铁路 3 号 | 钢材生产、钢生产、生铁生产 |
| | | |
| 安徽省铜陵市铜陵县 | 天桥村 | 电解铜、黄金、硫酸 |
| 云南省昆明市西山区 | 黑林铺镇王家桥 | 电解铜、硫酸、铜盘条 |
| 甘肃省白银市白银区 | 友好路 96 号 | 铅锌、铜、铝 |
| 湖北省黄石市下陆区 | 新下陆街道办事处铜都社区 | 阴极铜、粗铜、硫酸 |
| 江苏省苏州市张家港市 | 本和村 | 电解铜 |
| 山东省烟台市芝罘区 | 幸福中路 178 号 | 铜冶炼、同加工、化肥 |
| 上海市嘉定区 | 望新镇工业小区 | 电解铜 |
| 安徽省芜湖市镜湖区 | 褐山北路 | 电解铜、铜盘条、黄金 |
| 辽宁省葫芦岛市龙港区 | 东街 13 号 15 号 | 锌、铜、硫酸 |
| 湖南省株洲市石峰区 | 清水塘 | 锌、硫酸 |
| 广东省韶关市浈江区 | 南郊九公里 | 铅锭、锌锭、硫酸 |
| 湖南省衡阳市常宁市 | 渡西 | 电铅、电锌、电铜 |

续表 39

| 企业名称 | 法人代表 | 电　话 | 分　机 | 邮政编码 |
| --- | --- | --- | --- | --- |
| 四川宏达集团有限公司 | 刘沧龙 | 8620402 | | 618408 |
| 株洲冶炼集团有限责任公司 | 方炳祺 | 8391231 | | 412004 |
| 金川集团有限公司 | 李永军 | 8812230 | | 737104 |
| 云南锡业集团有限责任公司 | 肖建明 | 2123381 | | 661000 |
| 云南锡业股份有限公司 | 肖建明 | 3118328 | | 661000 |
| 柳州华锡团有限责任公司来宾冶炼厂 | 廖春图 | 4282679 | | 546115 |
| 中国铝业股份有限公司贵州分公司 | 常顺清 | 4898049 | | 550014 |
| 中国铝业股份有限公司山西分公司 | 孙兆学 | 5044046 | | 043300 |
| 青海铝业有限责任公司 | 蒋英刚 | 2726454 | | 810108 |
| 山东铝业股份有限公司 | 刘兴亮 | 2945086 | | 255052 |
| 中国铝业股份有限公司广西分公司 | 殷恩生 | 5802800 | | 531400 |
| 云南铝业股份有限公司 | 陈　智 | 1455924 | | 650502 |
| 包头铝业(集团)有限责任公司 | 芦　林 | 4193388 | | 014046 |
| 山西运城关铝股份有限公司 | 许复活 | 2825202 | | 044001 |
| 上海新格有色金属有限公司 | 黄耀滨 | 56041111 | 121 | 201907 |
| 中国铝业股份有限公司中州分公司 | 刘祥民 | 3501968 | | 454174 |
| 兰州铝业股份有限公司 | 冯诗伟 | 7549102 | | 730060 |
| 焦作市万方铝业股份有限公司 | 金保庆 | 3261166 | | 454172 |
| 抚顺铝厂 | 王君国 | 6428471 | 3425 | 113001 |
| 河南鑫旺集团有限公司 | 张春旺 | 4335888 | | 451263 |
| 三门峡天元铝业集团有限公司 | 李永正 | 2916001 | | 472000 |
| 浙江华东铝业有限公司 | 朱虎根 | 8230888 | | 321103 |
| 湖北华盛铝电有限责任公司 | 邹康林 | 6643766 | | 433109 |
| 宁夏东方钽业股份有限公司 | 何季麟 | 2012012 | 6033 | 753000 |
| 株洲硬质合金集团有限公司 | 杨伯华 | 8260731 | | 412000 |
| 自贡硬质合金有限表任公司 | 张　毅 | 4716591 | | 643011 |
| 海亮集团有限公司 | 冯海良 | 7061561 | | 311814 |
| 常州金源铜业有限公司 | 刘一青 | 8828420 | | 213018 |
| 宁波金田铜业(集团)股份有限公司 | 楼国强 | 87597760 | | 315034 |
| 镍都实业公司 | 王贵平 | 8812385 | | 737100 |
| 安徽鑫科新材料股份有限公司 | 周瑞庭 | 5848529 | | 241009 |
| 洛阳铜加工集团有限责任公司 | 宋厚启 | 4922411 | 3253 | 471039 |
| 山东丛林集团公司 | 张修基 | 8563138 | | 265705 |

续表10

| 企业所在地区 | 企业详细地址 | 主要产品(主要业务活动) |
| --- | --- | --- |
| 四川省德阳市什邡市 | 民主镇成林村 | 电解锌、磷铵、磷酸氢钙 |
| 湖南省株洲市石峰区 | 清水塘 | 铅 |
| 甘肃省金昌市金川区 | 金川路98号 | 电解镍、电解铜、电解钴 |
| 云南省红河哈尼族彝族自治州个旧市 | 金湖东路121号 | 锡、铅锭、铜精矿含铜 |
| 云南省红河哈尼族彝族自治州个旧市 | 金湖东路121号 | 锡、铅锭、铜精矿含铜 |
| 广西壮族自治区兴宾区 | 河西 | 锡、锌、铟 |
| 贵州省贵阳市白云区 | 铝兴街24号 | 铝冶炼 |
| 山西省运城市河津市 | 清四村 | 氢氧化铝、氧化铝、拟薄水铝石 |
| 青海省西宁市大通回族土族自治县 | 宁张公路28公里 | 重熔用铝锭、预焙阳极块 |
| 山东省淄博市张店区 | 五公里路1号 | 氧化铝、电解铝、铝型才 |
| 广西壮族自治区百色市平果县 | 雷感村 | 重熔铝锭、氧化铝 |
| 云南省昆明市呈贡县 | 七甸乡胡家庄村 | 铝、铝材、预焙阳极炭块 |
| 内蒙古自治区包头市东河区 | 毛其来 | 铝 |
| 山西省运城市盐湖区 | 新建路36号 | 普通铝锭、铝杆、铜杆 |
| 上海市宝山区 | 泰和西路2727号 | 铝合金锭 |
| 河南省焦作市修武县 | 王庄 | 氧化铝 |
| 甘肃省兰州市西固区 | 山丹街375号 | 铝冶炼及加工 |
| 河南省焦作市马村区 | 东孔庄 | 重熔用铝锭 |
| 辽宁省抚顺市望花区 | 鞍山路东段6号 | 铝锭、铝材、铝合金 |
| 河南省郑州市巩义市 | 米河镇小里河村民委员会 | 铝锭、碳素制品 |
| 河南省三门峡市湖滨区 | 野鹿村 | 铝锭、铝加工材 |
| 浙江省金华市兰溪市 | 城郊西路17号 | 电解铝、铜加工材、阳极糊 |
| 湖北省省直辖行政单位潜江市 | 兴隆路38号 | 发电量、铝 |
| 宁夏回族自治区石嘴山市大武口区 | 冶金路 | 钽粉、钽丝 |
| 湖南省株洲市荷塘区 | 钻石路 | 硬质合金、钨钼、钽铌 |
| 四川省自贡市大安区 | 马冲街人民路111号 | 硬质合金、稀有金属、钨钼化合物 |
| 浙江省绍兴市诸暨市 | 江东路107号 | 重有色金属压延加工业 |
| 江苏省常州市天宁区 | 雕庄乡常锡路 | 铜加工生产 |
| 浙江省宁波市江北区 | 城西西路1号 | 电解铜、铜棒 |
| 甘肃省金昌市金川区 | 北京路 | 有色金属冶炼加工 |
| 安徽省芜湖市镜湖区 | 珠江路23号 | 稀土光亮铜杆、稀土合金铜带、异型铜材 |
| 河南省洛阳市涧西区 | 建设路50号 | 阴极铜、铜材、铝材 |
| 山东省烟台市龙口市 | 诸由村 | 水泥、铝型材 |

续表 40

| 企业名称 | 法人代表 | 电　话 | 分　机 | 邮政编码 |
|---|---|---|---|---|
| 西南铝业集团有限责任公司 | 肖亚庆 | 65809118 | | 401326 |
| 高新张铜金属材料有限公司 | 俞蔚东 | 8681579 | | 215600 |
| 东北轻合金有限责任公司 | 周鸿章 | 6564075 | | 150060 |
| 江苏大亚集团公司 | 陈兴康 | 6882222 | | 212313 |
| 渤海铝业有限公司 | 王　军 | 3016002 | 240 | 066003 |
| **金属制品业** | | | | |
| 深圳市中金岭南有色金属股份有限公司 | 郭声琨 | 2138688 | | 518001 |
| 巴特勒上海有限公司 | 艾罗西 | 57741717 | | 201613 |
| 浙江东南网架集团 | 殷建木 | 82783318 | | 311209 |
| 浙江杭萧钢构股份有限公司 | 单银木 | 82614788 | | 311217 |
| 浙江虞乐工贸集团公司 | 王六艺 | 2011808 | | 312300 |
| 山东球墨铸铁有限公司 | 董长林 | 8860006 | | 250101 |
| 浙江威陵金属集团有限公司 | 莫妙海 | 86684668 | | 310051 |
| 江苏天工实业集团公司 | 朱小坤 | 6312598 | | 212312 |
| 江苏飞达工具集团股份有限公司 | 朱国平 | 6321001 | | 212312 |
| 浙江万利工具集团公司 | 韩水明 | 86625088 | | 310052 |
| 浙江万达集团公司 | 陈　强 | 82301088 | | 311258 |
| 顺德顺安达太平货柜有限公司 | 吴志强 | 5330138 | | 528323 |
| 深圳南方中集集装箱制造有限公司 | 麦伯良 | 6691131 | 241 | 518067 |
| 上海中集冷藏箱有限公司 | 李伯良 | 56010088 | | 201908 |
| 广东现代集装箱制造有限公司 | 容遂升 | 6864128 | | 529165 |
| 新会中集集装箱有限公司 | 刘学斌 | 6254688 | | 529144 |
| 上海远东集装箱有限公司 | 周柏生 | 58991280 | | 201206 |
| 惠州麦科特集装箱(惠州)有限公司 | 段增荣 | 2119135 | | 516001 |
| 青岛马士基集装箱工业有限公司 | 科特安德森 | 7725410 | | 266108 |
| 中外合资扬州通运集装箱有限公司 | 张受勇 | 7231691 | | 225003 |
| 江苏新华昌集团有限公司 | 潘传荣 | 8701088 | | 213102 |
| 南通中集顺达集装箱有限公司 | 唐国才 | 5562116 | | 226003 |
| 广州进道集装箱有限公司 | 金永进 | 84861085 | 132 | 511440 |
| 上海太平国际货柜有限公司 | 金旭初 | 59165888 | 262 | 201821 |
| 山东环日集团总公司 | 潘书昌 | 2335206 | | 261413 |
| 三水健力宝富特容器有限公司 | 张金富 | 7831888 | | 528100 |
| 法尔胜集团公司 | 周建松 | 6112883 | | 214433 |

| 企业所在地区 | 企业详细地址 | 主要产品(主要业务活动) |
|---|---|---|
| 重庆市九龙坡区 | 第一村 | 铝材 |
| 江苏省苏州市张家港市 | 城北-居委会 | 铜管 |
| 黑龙江省哈尔滨市平房区 | 新疆三道街 11 号 | 铝材生产加工、铝镁粉加工 |
| 江苏省镇江市丹阳市 | 开发区善巷 | 铝箔纸、铝箔、丙纤丝束 |
| 河北省秦皇岛市海港区 | 北环路 95 号 | 板带材、铝型材、铝板材 |
| | | |
| 广东省深圳市罗湖区 | 嘉宾路 4028 号太平洋商贸大厦 12 层 | 电铅、精锌 |
| 上海市松江区 | 工业区俞塘路 512 号 | 钢结构 |
| 浙江省杭州市萧山区 | 衙前路 704 号 | 金属网架、轻钢结构、轻质板材 |
| 浙江省杭州市萧山区 | 新街镇盛东村 | 钢结构件 |
| 浙江省绍兴市上虞市 | 经济开发区舜江西路 728 号 | 热镀锌钢管、铝塑复合管、牛仔布 |
| 山东省济南市历城区 | 工业北路铁骑路 25 号 | 生产铸铁管、生产生铁、生产水渣 |
| 浙江省杭州市滨江区 | 西兴镇滨安路 | 钢带轧制、自行车零件 |
| 江苏省镇江市丹阳市 | 中心大街 | 麻花钻、钢材、天线 |
| 江苏省镇江市丹阳市 | 飞达 | 麻花钻、钢材 |
| 浙江省杭州市滨江区 | 长河镇江一村 | 五金工具生产 |
| 浙江省杭州市萧山区 | 闻堰镇三江路 88 号 | 五金工具 |
| 广东省佛山市顺德市 | 勒流镇黄连居委会 | 集装箱 |
| 广东省深圳市南山区 | 港湾大道 | 集装箱 |
| 上海市宝山区 | 宝山沪太路 6888 号 | 集装箱 |
| 广东省江门市新会区 | 围仔工业开发区 | 金属集装箱 |
| 广东省江门市新会区 | 大鳌镇圩镇沙角工业区 | 集装箱 |
| 上海市浦东新区 | 杨高路 1729-1731 号 | 集装箱 |
| 广东省惠州市惠城区 | 麦地路 63 号 | 生产经营货式集装箱 |
| 山东省青岛市城阳区 | 苇衫 | 集装箱 |
| 江苏省扬州市广陵区 | 东花园路 61 号 | 钢质集装箱 |
| 江苏省常州市武进区 | 遥观镇工业大道 | 集装箱生产 |
| 江苏省南通市港闸区 | 城港路 159 号 | 集装箱 制造、钢结构件制造 |
| 广东省广州市番禺区 | 莲花山镇浮莲岗 | 集装箱 |
| 上海市嘉定区 | 沪宜公路 3637 号 | 集装箱制造业 |
| 山东省烟台市莱州市 | 潘家村 | 钢瓶、铜材 |
| 广东省佛山市三水市 | 三达路 6 号 | 铝质易开盖二片罐、马口铁三片罐 |
| 江苏省无锡市江阴市 | 通江北路 203 号 | 钢丝、钢丝绳、钢绞线 |

| 企业名称 | 法人代表 | 电话 | 分机 | 邮政编码 |
| --- | --- | --- | --- | --- |
| 湖北福星科技股份有限公司 | 谭功炎 | 8740038 | 8091 | 432307 |
| 浙江元立金属制品集团有限公司 | 叶新华 | 8195168 | | 323300 |
| 河北省冀州市暖气片厂 | 王占国 | 8612427 | 3054 | 053200 |
| 浙江枫叶管业有限公司 | 傅松权 | 7061888 | 3688 | 311814 |
| 辽宁忠旺集团 | 刘忠田 | 4150469 | | 111003 |
| 盼盼集团有限公司 | 韩召善 | 5140197 | | 115116 |
| 浙江金洲集团股份有限公司 | 俞锦方 | 2072542 | | 313000 |
| 福建统一马口铁有限公司 | 秦亚以 | 6766266 | 134 | 363107 |
| 南海市太平洋铜业有限公司 | 黎树英 | 5221613 | 8021 | 528234 |
| 江苏统一马口铁有限公司 | 卢宗贤 | 5215096 | | 214028 |
| 中山中粤马口铁工业有限公司 | 蒋录君 | 5596487 | 205 | 528437 |
| 天津市井田实业公司 | 韩井田 | 86822200 | | 300402 |
| 北方国际合作股份有限公司 | 刘跃森 | 7853006 | 610 | 518133 |
| 苏泊尔集团有限公司 | 苏增福 | 7338359 | | 317604 |
| 新会区日新不锈钢材料厂有限公司 | 李耀如 | 6101288 | | 529100 |
| 无锡市浦新不锈钢有限公司 | 郁晓春 | 2105400 | | 214028 |
| 上海兴信厨房用具有限公司 | 盛建平 | 69361967 | | 202165 |
| 烟台三环锁业集团有限公司 | 解维坤 | 6254401 | 223 | 264000 |
| 樱花卫厨(中国)有限公司 | 张宗明 | 7300968 | | 215300 |
| 珠海经济特区飞利浦家庭电器有限公司 | 陈耀强 | 7621898 | 2005 | 519040 |
| 上海吉列有限公司 | 彭博思 | 58498000 | 8612 | 200124 |
| 彰茂兴五金(深圳)有限公司 | 杨民永 | 4829835 | | 518116 |
| 天津市大桥集团有限公司 | 郑子行 | 28303113 | | 300210 |
| **普通机械制造业** | | | | |
| 上海锅炉厂有限公司 | 周国仁 | 64302391 | | 200245 |
| 无锡水星集团有限公司 | 华金荣 | 5215556 | | 214028 |
| 哈尔滨锅炉厂有限责任公司 | 袁启鸿 | 2198888 | | 150046 |
| 一汽无锡柴油机厂 | 蒋彬洪 | 5014990 | | 214026 |
| 潍坊柴油机厂 | 谭旭光 | 8197078 | | 261001 |
| 中国第一汽车集团大连柴油机厂 | 刘　岩 | 3631588 | 2106 | 116021 |
| 哈尔滨东安汽车动力股份有限公司 | 须桐兴 | 6502120 | | 150066 |
| 广西玉柴机器股份有限公司 | 王建明 | 3289168 | | 537005 |
| 上海柴油机股份有限公司 | 陈龙兴 | 65745656 | 2457 | 200432 |

| 企业所在地区 | 企业详细地址 | 主要产品(主要业务活动) |
|---|---|---|
| 湖北省孝感市汉川市 | 福星街1号 | 钢丝、钢丝绳、钢铰线 |
| 浙江省丽水市遂昌县 | 妙高镇庄山 | 铁丝铁钉生产、金属制品原材料生产、线材生产 |
| 河北省衡水市冀州市 | 冀新路94号 | 暖气片 |
| 浙江省绍兴市诸暨市 | 振兴路125号 | 水暖管道零件制造业 |
| 辽宁省辽阳市宏伟区 | 徐家村 | 铝型材、塑料编织袋、塑型材 |
| 辽宁省营口市大石桥市 | 盖家村 | 防撬门 |
| 浙江省湖州市市辖区 | 湖州市东门二里桥57号 | 金属管材管件、塑料管材管件、防腐管材管件 |
| 福建省漳州市龙海市 | 角美开发区 | 镀锡钢板、彩印铁 |
| 广东省佛山市南海市 | 山南 | 电解铜 |
| 江苏省无锡市滨湖区 | 泰山路1号 | 制造马口铁 |
| 广东省中山市 | 中山港第二加工区 | 镀锅薄钢板、发电量 |
| 天津市北辰区 | 季庄村 | 搪瓷 |
| 广东省深圳市宝安区 | 新城上川路15号 | 铝型材、门窗幕墙 |
| 浙江省台州市玉环县 | 珠港镇陈屿兴港西路71号 | 压力锅制造 |
| 广东省江门市新会区 | 会城镇东候许家村工业开发区 | 不锈钢加工、钢板 |
| 江苏省无锡市滨湖区 | 东裕村 | 制造不锈钢管、制造不锈钢板 |
| 上海市崇明县 | 江口镇王家桥 | 日用不锈钢 |
| 山东省烟台市芝罘区 | 西南河路47号 | 挂锁、轿车锁、防盗门 |
| 江苏省苏州市昆山市 | 开发区青阳南路1号 | 热水器 |
| 广东省珠海市金湾区 | 琴石工业区 | 电须刨、电风筒 |
| 上海市浦东新区 | 浦东三林路550号 | 刮脸刀片、刀架 |
| 广东省深圳市龙岗区 | 五联村 | 铁管 |
| 天津市西青区 | 大寺镇 | 电焊条 |
| | | |
| 上海市闵行区 | 华宁路250号 | 电站锅炉、核电设备、化工容器 |
| 江苏省无锡市滨湖区 | 城南路3号 | 生产电站锅炉、生产工业锅炉、生产辅机 |
| 黑龙江省哈尔滨市动力区 | 大庆路17号 | 电站锅炉制造 |
| 江苏省无锡市南长区 | 塘南一支路9号 | 柴油机生产 |
| 山东省潍坊市奎文区 | 民生街 | WD15柴油机、6160A柴油机 |
| 辽宁省大连市沙河口区 | 东北路49号 | ca6110型柴油机 |
| 黑龙江省哈尔滨市平房区 | 保国大街51号 | 销售生产微型车发动机、制造锻铸件液压件 |
| 广西壮族自治区玉林市玉州区 | 天桥路168号 | 柴油机产销、柴油发电机组、技术咨询服务 |
| 上海市杨浦区 | 军工路2636号 | 内燃机制造 |

续表 42

| 企业名称 | 法人代表 | 电　话 | 分　机 | 邮政编码 |
|---|---|---|---|---|
| 东风朝阳柴油机有限责任公司 | 范　仲 | 2720221 | | 122000 |
| 常柴股份有限公司 | 李汉华 | 6603656 | | 213002 |
| 江苏江动集团有限公司 | 朱瑞龙 | 8311495 | | 224001 |
| 沈阳航天三菱汽车发动机制造有限公司 | 马良杰 | 24333030 | 266 | 110043 |
| 昆明云内动力股份有限公司 | 段华生 | 5633185 | | 650224 |
| 东风康明斯发动机有限公司 | 李绍烛 | 3391122 | | 441004 |
| 东方汽轮机厂 | 许正威 | 6355966 | | 618201 |
| 上海汽轮机有限公司 | 周飞达 | 64358331 | 2501 | 200240 |
| 大连机床集团有限责任公司 | 陈永开 | 3631851 | 2020 | 116022 |
| 沈阳机床股份有限公司 | 陈惠仁 | 25878003 | | 110025 |
| 上海三菱电梯有限公司 | 范秉勋 | 64303030 | | 200245 |
| 上海振华港口机械股份有限公司 | 刘怀远 | 58396666 | 20686 | 200125 |
| 奥的斯电梯有限公司 | 杨立恒 | 28225342 | | 300210 |
| 广州日立电梯有限公司 | 平元武治 | 84793333 | | 511430 |
| 杭州西子奥的斯电梯有限公司 | 王水福 | 85140888 | 3010 | 310021 |
| 太原重型机械集团制造有限公司 | 王国正 | 6363636 | | 030024 |
| 江苏通润机电集团有限公司 | 顾雄斌 | 2880518 | | 215500 |
| 徐州工程机械集团有限公司 | 王　民 | 5756044 | 2411 | 221006 |
| 湖南省浦沅集团有限公司 | 高　桐 | 5667233 | | 410007 |
| 安徽合力股份有限公司 | 刘汉生 | 3632133 | | 230022 |
| 青岛泰发集团股份有限公司 | 张世义 | 3195509 | | 266431 |
| 广西柳工机械股份有限公司 | 王晓华 | 3886054 | | 545007 |
| 浙江上风实业股份有限公司 | 徐灿根 | 2365905 | | 312375 |
| 杭州制氧机集团有限公司 | 许虎忠 | 85372001 | 3516 | 310004 |
| 大连冰山集团有限公司 | 张　和 | 6653081 | | 116033 |
| 上海日立电器有限公司 | 顾惠龙 | 50554560 | 2511 | 201206 |
| 江苏双良集团公司 | 缪双大 | 6631909 | | 214444 |
| 烟台冰轮集团有限公司 | 于元波 | 6243451 | 6412 | 264000 |
| 浙江春晖集团有限公司 | 杨言荣 | 2164484 | | 312352 |
| 约克广州空调冷冻设备有限公司 | 孙永明 | 4681111 | | 511685 |
| 百得(苏州)电动工具有限公司 | 戴维胜 | 7620906 | | 215021 |
| 牧田(中国)有限公司 | 渡边觉 | 7307710 | | 215300 |
| 江苏金鼎电动工具有限公司 | 鲁仲清 | 3341245 | | 213151 |

| 企业所在地区 | 企业详细地址 | 主要产品(主要业务活动) |
|---|---|---|
| 辽宁省朝阳市双塔区 | 黄河路三段51号 | 柴油机制造 |
| 江苏省常州市钟楼区 | 怀德中路123号 | 柴油机生产、柴油机配件及铸件、模具、夹具 |
| 江苏省盐城市城区 | 环城西路213号 | 柴油机 |
| 辽宁省沈阳市大东区 | 东塔街8号 | 4G6系列发动机 |
| 云南省昆明市官渡区 | 联盟镇穿金路715号 | 柴油机 |
| 湖北省襄樊市樊城区 | 汽车产业开发区东风襄基地柴发厂内 | 出产、销售发动机 |
| 四川省德阳市绵竹市 | 迎宾路 | 汽轮机制造 |
| 上海市闵行区 | 江川路333号 | 电站汽轮机、工业汽轮机、钢 |
| 辽宁省大连市沙河口区 | 鞍山路38号 | 普通车床、数控机床、组合机床 |
| 辽宁省沈阳市铁西区 | 北二东路10-1号 | 金属切削机床 |
| 上海市闵行区 | 江川路811号 | 电梯 |
| 上海市浦东新区 | 浦东南路3470号 | 起重设备 |
| 天津市河西区 | 解放南路443号 | 电梯 |
| 广东省广州市番禺区 | 石北工业区 | 电梯、自动扶梯 |
| 浙江省杭州市江干区 | 机场路62号 | 电梯、自动扶梯、自动人行道 |
| 山西省太原市万柏林区 | 玉河街53号 | 挖掘设备起重设备、车轴车轮冶金设备、锻压设备 |
| 江苏省苏州市常熟市 | 虞山镇泰安街283号 | 千斤顶、高低压配电柜、电梯及电梯部件 |
| 江苏省徐州市泉山区 | 苏堤北路5号 | 汽车起重机、压路机、装载机 |
| 湖南省长沙市雨花区 | 芙蓉南路2号 | 起重、工程制造、建筑机械及配件的制造、销售、修理 |
| 安徽省合肥市蜀山区 | 望江西路15号 | 叉车、锻件、铸件 |
| 山东省青岛市胶南市 | 大卢家疃 | 手推车系列、橡胶制品、铸造机械 |
| 广西壮族自治区柳州市柳南区 | 柳太路1号 | 装载机、工矿配件 |
| 浙江省绍兴市上虞市 | 上浦镇小坞村 | 风机及制冷设备 |
| 浙江省杭州市下城区 | 东新路90号 | 气体分离及液化设备、压缩机及风机、环保设备 |
| 辽宁省大连市沙河口区 | 西南路888号 | 制冷设备 |
| 上海市浦东新区 | 金桥出口加工区云桥路1051号 | 制冷、空调设备、制造 |
| 江苏省无锡市江阴市 | 西利路88号 | 溴化锂制冷机系列生产、风机盘管生产、锅炉生产 |
| 山东省烟台市芝罘区 | 西山路80号 | 制冷设备、组合设备、制冷附属设备 |
| 浙江省绍兴市上虞市 | 曹娥街道新沙村 | 制冷设备制造、汽车配件制造、玻璃纸制造 |
| 广东省清远市佛冈县 | 龙山学田 | 水冷柜机、风冷热泵、组合风柜 |
| 江苏省苏州市平江区 | 白榆路56号 | 电动工具 |
| 江苏省苏州市昆山市 | 开发区黄浦江南路288号 | 电动工具 |
| 江苏省常州市武进区 | 湟里镇金鼎路 | 电动工具 |

续表 43

| 企业名称 | 法人代表 | 电　话 | 分　机 | 邮政编码 |
|---|---|---|---|---|
| 上海美蓓亚精密机电有限公司 | 腾　田 | 59290113 | 03402 | 201721 |
| 瓦房店轴承集团有限责任公司 | 王路顺 | 5509888 | 2747 | 116300 |
| 洛阳轴承集团公司 | 贵安珩 | 4986218 | | 471039 |
| 横店集团东磁有限公司 | 何时金 | 6551359 | | 322118 |
| 浙江三花集团有限公司 | 张道才 | 6221859 | | 312500 |
| 江苏常发制冷集团有限公司 | 黄小平 | 5231108 | | 213176 |
| 江苏铁本钢铁有限公司 | 戴国芳 | 3732439 | | 213155 |
| 烟台首钢东星(集团)公司 | 杜宝栋 | 6371341 | | 264006 |
| **专用设备制造业** | | | | |
| 上海建设路桥机械设备有限公司 | 张庆伟 | 63134136 | 110 | 200011 |
| 沈阳矿山机械(集团)有限责任公司 | 杨广林 | 24326206 | | 110042 |
| 大连大重.起重工集团有限公司 | 祁玉民 | 4604201 | 2965 | 116022 |
| 中国第二重型机械集团公司 | 石　村 | 2341192 | | 618013 |
| 湖北振声(集团)股份有限公司 | 杨新远 | 2872002 | | 433203 |
| 宝鸡石油机械厂 | 张冠军 | 3462001 | 2058 | 721002 |
| 宁波海天股份有限公司 | 张静章 | 86188888 | | 315821 |
| 宁波大港海天机械有限公司 | 张静章 | 86177145 | | 315803 |
| 山东工友集团股份有限公司 | 董延伟 | 5366999 | | 264206 |
| 北人印刷机械股份有限公司 | 朱武安 | 67737711 | 3474 | 100022 |
| 京山县轻工机械股份有限公司 | 孙友元 | 7222294 | | 431800 |
| 浙江精工集团有限公司 | 金良顺 | 4069190 | | 312028 |
| 青岛星火纺织集团股份有限公司 | 崔兆启 | 3131057 | | 266425 |
| 无锡宏源集团有限责任公司 | 王峙柯 | 5804827 | | 214062 |
| 经纬机械(集团)通用机械有限公司 | 孟宪云 | 2493210 | | 030601 |
| 浙江金鹰股份有限公司 | 傅国定 | 8021189 | | 316051 |
| 常熟纺织机械厂有限公司 | 汪建明 | 2856985 | | 215500 |
| 上海二纺机股份有限公司 | 郑元湖 | 65318888 | 2993 | 200434 |
| 青岛宏大纺织机械有限责任公司 | 宫恩晴 | 4892706 | | 266042 |
| 中国一拖集团有限公司 | 方　刚 | 4967280 | | 471004 |
| 成都王牌车辆股份有限公司 | 袁成军 | 83672794 | | 610305 |
| 新乡一拖股份有限公司 | 职洪文 | 4584522 | | 453800 |
| 北汽福田汽车股份有限公司长沙汽车厂 | 赵宝瑞 | 4615156 | | 410125 |
| 山东巨力集团有限公司 | 王清华 | 8555822 | | 261021 |

| 企业所在地区 | 企业详细地址 | 主要产品(主要业务活动) |
|---|---|---|
| 上海市青浦区 | 西岑镇陈港村 | 轴承制造 |
| 辽宁省大连市瓦房店市 | 北共济街一段1号 | 工业轴承 |
| 河南省洛阳市涧西区 | 建设路96号 | 轴承制造 |
| 浙江省金华市东阳市 | 横店工业区 | 永磁铁氧球、功本铁氧体、电池 |
| 浙江省绍兴市新昌县 | 新昌县城关镇下礼泉 | 生产冷冻机配件 |
| 江苏省常州市武进区 | 礼嘉镇建东村 | 制冷器材生产、邦迪管生产 |
| 江苏省常州市武进区 | 东安镇人民路 | 炼钢生产、轧钢 |
| 山东省烟台市福山区 | 珠江路20号 | 冶金备件、汽车空调器、石油射孔弹 |
| | | |
| 上海市黄浦区 | 半淞园路480号 | 矿山设备、冶炼设备、重矿机械配件 |
| 辽宁省沈阳市大东区 | 大东路178号 | 矿山设备、运输设备、工程机械 |
| 辽宁省大连市甘井子区 | 火炬路1号 | 金属冶炼设备、装卸机械、其他产品 |
| 四川省德阳市旌阳区 | 岷江西路70号 | 冶金设备制造、锻压设备制造、钢生产 |
| 湖北省荆州市洪湖市 | 振声大道39号 | 压力容器 |
| 陕西省宝鸡市金台区 | 东风路2号 | 石油钻采设备 |
| 浙江省宁波市北仑区 | 衙前村 | 塑料加工机械生产 |
| 浙江省宁波市北仑区 | 大港工业城 | 注塑机 |
| 山东省威海市环翠区 | 江家寨 | 木工机床、微电机 |
| 北京市朝阳区 | 广渠路南侧44号 | J2108B对开单色胶印机、J2205对开双色胶印机、P2489001B对开四色 |
| 湖北省荆门市京山县 | 轻机大道 | 轻工机械 |
| 浙江省绍兴市绍兴县 | 杨汛桥高家村 | 建材机械、经质夹心板、经编织物 |
| 山东省青岛市胶南市 | 王台东村 | 纺织机械、环保机械、建筑材料 |
| 江苏省无锡市滨湖区 | 梁溪路11号 | 制造化纤机械、制造棉纺机械、制造印染机械 |
| 山西省晋中市榆次区 | 经纬路150号 | 制造纺织机械 |
| 浙江省舟山市定海区 | 小沙镇 | 纺机成套设备制造、绢丝生产、麻纱生产 |
| 江苏省苏州市常熟市 | 虞山镇南沙路1号 | 多臂装置 |
| 上海市虹口区 | 场中路687号 | 纺纱机械设备、合纤机械设备、自动络筒机 |
| 山东省青岛市四方区 | 四流南路 | 生产梳棉机、生产自动络筒机、生产清梳联 |
| 河南省洛阳市涧西区 | 建设路154号 | 大中型拖拉机、小四轮拖拉机、柴油机 |
| 四川省成都市青白江区 | 弥牟 | 中轻型载货汽车、四轮农用运输车、小型运输拖拉机 |
| 河南省新乡市获嘉县 | 城西80号 | 四轮拖拉机、四轮农用运输车、小型联合收割机 |
| 湖南省长沙市芙蓉区 | 东岸 | 汽车、工程车 |
| 山东省潍坊市潍城区 | 长松路69号 | 三轮农用运输车、四轮农用运输车 |

续表 44

| 企业名称 | 法人代表 | 电　话 | 分　　机 | 邮政编码 |
|---|---|---|---|---|
| 北汽福田汽车股份有限公司潍坊农业装备分公 | 王金富 | 7603591 | | 261206 |
| 山东五征农用车有限公司 | 姜卫东 | 5321166 | | 262300 |
| 北汽福田公司诸城汽车厂 | 余东华 | 6187095 | | 262200 |
| 安徽飞彩(集团)有限公司 | 洪理芳 | 2612679 | | 242000 |
| 山东双力集团股份有限公司 | 时书龙 | 8335409 | | 252000 |
| 杭州前进齿轮箱集团公司 | 王兆勤 | 82683112 | | 311203 |
| 南京金蛙股份有限公司 | 杜小马 | 7224998 | | 211200 |
| 山东时风(集团)有限责任公司 | 刘义发 | 3953153 | | 252800 |
| 江苏宏宝集团有限公司 | 朱玉宝 | 8760088 | | 215636 |
| 欧姆龙(大连)有限公司 | 赤星庆一郎 | 7614222 | 20 | 116600 |
| 宣化工程机械集团有限公司 | 王建军 | 3012255 | | 075105 |
| 合肥日立挖掘机有限公司 | 木川理二郎 | 3813907 | | 231202 |
| 常州现代工程机械有限公司 | 金钟基 | 6750393 | | 213002 |
| 成都工程机械(集团)有限公司 | 王　锦 | 2959941 | | 610067 |
| 大宇重工业(烟台)有限公司 | 梁在信 | 6382000 | | 264006 |
| 山东临沂工程机械股份有限公司 | 王志中 | 8315782 | | 276004 |
| 小松山推工程机械有限公司 | 张秀文 | 2360036 | | 272023 |
| 常林股份有限公司 | 尚德鑫 | 6751888 | | 213002 |
| 厦门工程机械股份有限公司 | 王昆东 | 2044827 | | 361004 |
| 三一重工股份有限公司 | 梁稳根 | 4031748 | | 410100 |
| 山推工程机械股份有限公司 | 周庆庭 | 2909644 | | 272035 |
| 福建龙岩工程机械(集团)有限公司 | 李新炎 | 2522188 | | 364000 |
| 太原重型机械(集团)有限公司 | 王国正 | 6363636 | | 030024 |
| 长沙中联重工科技发展股份有限公司 | 詹纯新 | 8923923 | | 410013 |
| 飞跃集团有限公司 | 邱继宝 | 8155828 | | 318010 |
| 天洁集团有限公司 | 边建光 | 7051717 | | 311825 |
| **交通运输设备制造业** | | | | |
| 四方机车车辆厂 | 刘　杰 | 3762287 | | 266031 |
| 大连机车车辆厂 | 谭成旭 | 4602043 | | 116021 |
| 长春客车厂 | 马树坤 | 7902301 | | 130062 |
| 中国第一汽车集团公司 | 竺延风 | 5903030 | | 130011 |
| 东风汽车有限公司 | 苗　圩 | 8223402 | | 442001 |
| 跃进汽车集团公司 | 董小平 | 3437788 | 30521 | 210037 |

| 企业所在地区 | 企业详细地址 | 主要产品(主要业务活动) |
|---|---|---|
| 山东省潍坊市坊子区 | 北海路 | 联合收获机、拖拉机、模具 |
| 山东省日照市五莲县 | 洪凝 | 农用三轮车、农用四轮车 |
| 山东省潍坊市诸城市 | 龙都街道杨家庄子村 | 汽车、农用车 |
| 安徽省宣城市宣州区 | 石板桥 | 三轮农用运输车、四轮农用运输车 |
| 山东省聊城市东昌府区 | 建设东路 27 号 | 农用运输车、稻麦联合收割机 |
| 浙江省杭州市萧山区 | 肖金路 45 号 | 船用齿轮箱、工程液变箱、汽车变速箱 |
| 江苏省南京市溧水县 | 毓秀路 85 号 | 农用运输车 |
| 山东省聊城市高唐县 | 时风路 1 号 | 农用三轮车、农用四轮车、拖拉机 |
| 江苏省苏州市张家港市 | 人民西路 | 医疗器械 |
| 辽宁省大连市金州区 | 松江路 3 号 | 血压计、体温计 |
| 河北省张家口市宣化区 | 东升路 21 号 | 推土机、挖掘机、装载机 |
| 安徽省合肥市蜀山区 | 经济技术开发区 | 液压挖掘机 |
| 江苏省常州市钟楼区 | 西仓桥街道芦墅村 | 挖掘机 650 台生产 |
| 四川省成都市锦江区 | 大田坎街 162 号 | 建筑机械制造 |
| 山东省烟台市福山区 | 五指山路 E－10 小区 | 液压挖掘机、叉车 |
| 山东省临沂市兰山区 | 金雀山 18 号 | 装载机 |
| 山东省济宁市市中区 | 吴泰闸东路 69 号 | 生产销售液压挖掘机 |
| 江苏省常州市钟楼区 | 新区常澄路 55 号 | 装载机研制、平地机研制、压路机研制 |
| 福建省厦门市开元区 | 厦禾路 668 号 | 装载机 |
| 湖南省长沙市长沙县 | 三一工业城 | 砼机械、路面机械、土石方机械 |
| 山东省济宁市市中区 | 太白东路 58 号 | 推土机、液压变钜器、履带链轨总成 |
| 福建省龙岩市新罗区 | 西陂街道石桥村江岭路 11 号 | 轮式装载机 |
| 山西省太原市万柏林区 | 玉河街 53 号 | 挖掘设备、起重设备、车轴车轮、冶金设备、锻压设备 |
| 湖南省长沙市岳麓区 | 银盆岭南路 307 号 | 泵、塔机、压路机 |
| 浙江省台州市椒江区 | 机场中路 109 号 | 工业缝纫机制造、家用缝纫机制造 |
| 浙江省绍兴市诸暨市 | 杨傅村 | 环保设备机械 |
| | | |
| 山东省青岛市四方区 | 杭州路 16 号 | 配件、客车修理 |
| 辽宁省大连市沙河口区 | 中长街 51 号 | 机车 |
| 吉林省长春市绿园区 | 青荫路 5 号 | 铁路客车制造、地铁客车制造、铁路客车修理 |
| 吉林省长春市绿园区 | 东风大街 83 号 | 载货汽车、客车、轿车 |
| 湖北省十堰市张湾区 | 公园路 38 号 | 汽车、汽车配件、商品发动机 |
| 江苏省南京市鼓楼区 | 中央路 31 号 | 载货汽车、客车、客货车制造 |

| 企业名称 | 法人代表 | 电　话 | 分　机 | 邮政编码 |
| --- | --- | --- | --- | --- |
| 东风汽车股份有限公司 | 苗　圩 | 3392155 | | 441004 |
| 中国重型汽车集团公司 | 马纯济 | 5952530 | | 250031 |
| 江铃汽车集团公司 | 孙　敏 | 5232888 | 6241 | 330001 |
| 北京福田车辆股份有限公司 | 安庆衡 | 80716401 | | 102206 |
| 庆铃汽车(集团)有限公司 | 关　云 | 65262233 | 5393 | 400052 |
| 中国第一汽车集团公司吉林轻型车厂 | 姜延春 | 4661616 | | 132013 |
| 金杯汽车股份有限公司 | 何国华 | 23745249 | | 110015 |
| 东南(福建)汽车工业有限公司 | 凌玉章 | 2766566 | | 350119 |
| 安徽江淮汽车股份有限公司 | 左延安 | 3415133 | | 230022 |
| 东风客车底盘有限公司 | 杨少杰 | 8254067 | | 442013 |
| 上海大众汽车有限公司 | 陈志鑫 | 69561888 | | 201805 |
| 一汽一大众汽车有限公司 | 竺延风 | 5990131 | | 130011 |
| 上海通用汽车有限公司 | 陈　虹 | 28902890 | | 201206 |
| 广州本田汽车有限公司 | 曾庆洪 | 82277789 | 410 | 510700 |
| 神龙汽车有限公司 | 刘卫东 | 84622505 | | 430056 |
| 天津汽车工业(集团)有限公司 | 钟建华 | 23310858 | | 300040 |
| 上汽集团奇瑞汽车有限公司 | 詹夏来 | 5840325 | | 241009 |
| 天津汽车夏利股份有限公司 | 刘清茂 | 27021900 | | 300073 |
| 一汽轿车股份有限公司 | 张　磊 | 5987778 | 5110 | 130011 |
| 重庆长安铃木汽车有限公司 | 严正家绪 | 66222892 | | 401321 |
| 重庆长安汽车股份有限公司 | 尹家绪 | 67590114 | | 400023 |
| 哈尔滨哈飞汽车制造有限公司 | 崔学文 | 6501122 | | 150066 |
| 上汽五菱汽车股份有限公司 | 蒋志伟 | 3750124 | | 545007 |
| 长丰(集团)有限责任公司 | 李建新 | 8456019 | 3015 | 425002 |
| 长丰汽车制造股份有限公司 | 李建新 | 8456019 | 3290 | 425002 |
| 中国第一汽车集团青岛汽车厂 | 徐衍男 | 4913615 | | 266043 |
| 江苏牡丹汽车集团有限公司 | 孙敏彪 | 8660322 | | 215621 |
| 保定长城汽车股份有限公司 | 魏建军 | 2192907 | | 071000 |
| 万向集团公司 | 鲁冠球 | 82832999 | 8506 | 311215 |
| 东风本田发动机有限公司 | 苗　圩 | 82277789 | | 510700 |
| 无锡威孚集团有限公司 | 许良飞 | 2708345 | | 214031 |
| 上海汇众汽车制造有限公司 | 蒋志伟 | 58201188 | 593 | 200122 |
| 湘火炬投资股份有限公司 | 聂新勇 | 8450478 | | 412001 |

| 企业所在地区 | 企业详细地址 | 主要产品(主要业务活动) |
| --- | --- | --- |
| 湖北省襄樊市樊城区 | 汽车产业开发区东风襄樊基地 | 轻型车、柴油发动机、铸件 |
| 山东省济南市天桥区 | 无影山中路 53 号 | 载重汽车制造业、内燃机、汽车配件 |
| 江西省南昌市青云谱区 | 迎宾大道 509 号 | 五十铃系列、全顺系列、发动机 |
| 北京市昌平区 | 沙河沙阳路老牛湾 | 生产汽车、农用车 |
| 重庆市九龙坡区 | 协兴村 1 号 | 汽车及零部件制造销售 |
| 吉林省吉林市丰满区 | 吉林大街恒山东路 18 号 | 轻型汽车、微型客车 |
| 辽宁省沈阳市沈河区 | 万柳塘路 38 号 | 轻型客车、轿车、轻型货车 |
| 福建省福州市闽侯县 | 东南汽车城 | 东南轻型客车 - 得利卡、东南轻型客车 - 富利卡、东南轻型客车 - 专用 |
| 安徽省合肥市包河区 | 东流路 176 号 | 客车及客车底盘 |
| 湖北省十堰市茅箭区 | 白浪中路 36 号 | 东风系列客车底盘、专用车及底盘、配件销售 |
| 上海市嘉定区 | 安亭洛浦路 63 号 | 小轿车、发动机 |
| 吉林省长春市绿园区 | 东风大 | 轿车制造 |
| 上海市浦东新区 | 申江路 1500 号 | 轿车、发动机、变速箱 |
| 广东省广州市黄埔区 | 横沙 | 广州雅阁 ACCRD2.3VTI、广州雅阁 ACCOR2.0EXI、广州雅阁 ACCORD3.0V |
| 湖北省武汉市蔡甸区 | 建成 | 轿车制造 |
| 天津市和平区 | 烟台道 78 号 | 夏利轿车 |
| 安徽省芜湖市镜湖区 | 开发区长春路 8 号 | 汽车制造 |
| 天津市西青区 | 南京路 355 号 | 夏利轿车、汽车发动机 |
| 吉林省长春市绿园区 | 东风大街 83 号 | 轿车生产 |
| 重庆市巴南区 | 鱼洋街 | 奥拓轿车、羚羊轿车 |
| 重庆市江北区 | 建新东路 260 号 | 汽车发动机系列产品 |
| 黑龙江省哈尔滨市平房区 | 友协大街 15 号 | 生产松花江系列车 |
| 广西壮族自治区柳州市柳南区 | 河西路 18 号 | 微型汽车 |
| 湖南省永州市冷水滩区 | 张家铺 1 号 | 汽车 |
| 湖南省永州市冷水滩区 | 张家铺 1 号 | 汽车 |
| 山东省青岛市李沧区 | 楼山路 2 号 | 中型柴油载货汽车、重型柴油载货汽车 |
| 江苏省苏州市张家港市 | 乐余村 | 轻型客车 |
| 河北省保定市南市区 | 工农路 115 号 | CC1021s 轻型客货 |
| 浙江省杭州市萧山区 | 经济技术开发区 | 汽车零部件 |
| 广东省广州市黄埔区 | 鱼珠 | 轿车发动机 |
| 江苏省无锡市南长区 | 人民西路 107 号 | 高压油泵总成制造、三对偶件制造、喷油器总成制造 |
| 上海市浦东新区 | 浦东南路 1493 号 | 桑车前悬挂总成、桑车后桥总成、十五吨载货汽车 |
| 湖南省株洲市石峰区 | 红旗北路 3 号 | 汽车零部件、重型汽车、机电产品 |

续表 46

| 企业名称 | 法人代表 | 电　话 | 分　机 | 邮政编码 |
|---|---|---|---|---|
| 长春一汽四环汽车股份有限公司 | 徐建一 | 7629092 | | 130011 |
| 沈阳兴远东汽车零部件有限公司 | 洪　星 | 23787385 | 8046 | 110179 |
| 富奥汽车零部件有限公司 | 吴　畏 | 4659781 | | 130000 |
| 中国嘉陵工业股份有限公司(集团) | 何世斌 | 65190114 | | 400032 |
| 钱江集团有限公司 | 林华中 | 6115188 | | 317500 |
| 江门市大长江集团有限公司 | 黄振山 | 3221511 | | 529000 |
| 新大洲本田摩托有限公司 | 门胁轰二 | 88251925 | | 300221 |
| 重庆力帆实业(集团)有限公司 | 尹明善 | 65200162 | | 400037 |
| 沪东中华造船(集团)有限公司 | 顾宝龙 | 58713222 | | 200129 |
| 昌河飞机工业(集团)有限责任公司 | 杨金槐 | 8442019 | 2250 | 333002 |
| 沈阳飞机工业(集团)有限公司 | 李方勇 | 86595112 | | 110034 |
| **电气机械及器材制造业** | | | | |
| 日本电产(大连)有限公司 | 泽村贤志 | 7310202 | 127 | 116600 |
| 超霸电器(深圳)有限公司 | 黄志煌 | 4698290 | | 518111 |
| TCL 移动通信(呼和浩特)有限公司 | 万明坚 | 4610538 | | 010070 |
| 雅达电子有限公司 | 孙万库 | 7813450 | 388 | 518133 |
| 保定天威集团有限公司 | 丁　强 | 3227971 | 5672 | 071056 |
| 安伏(苏州)电子有限公司 | HannusFahrs | 7617744 | | 215021 |
| 深圳桑达实业股份有限公司 | 佟保安 | 3221483 | | 518031 |
| 正泰集团公司 | 南存辉 | 62777777 | | 325604 |
| 德力西集团有限公司 | 胡成中 | 62723888 | 8120 | 325604 |
| 许继集团有限公司 | 王纪年 | 3212285 | | 461000 |
| 宏安集团有限公司 | 孙佑安 | 8463696 | | 264400 |
| 山东鲁能泰山电缆股份有限公司 | 赵启昌 | 7238609 | | 271200 |
| 南京华新光电股份有限公司 | 郑君武 | 5567572 | 507 | 210038 |
| 亨通集团有限公司 | 孙锦荣 | 3810101 | | 215234 |
| 永鼎集团有限公司 | 顾云奎 | 3255483 | | 215211 |
| 浙江富春江通信集团有限公司 | 孙庆炎 | 63371406 | | 311400 |
| 万达集团股份有限公司 | 尚吉永 | 2063989 | | 257506 |
| 青岛汉缆集团有限公司 | 张思夏 | 8817759 | | 266102 |
| 江苏小天鹅集团有限公司 | 朱德坤 | 3704003 | 2080 | 214035 |
| 山东小鸭集团有限责任公司 | 石守恭 | 8685739 | | 250101 |
| 合肥荣事达集团有限责任公司 | 仇旭东 | 5318332 | | 230088 |

| 企业所在地区 | 企业详细地址 | 主要产品(主要业务活动) |
| --- | --- | --- |
| 吉林省长春市绿园区 | 锦程大街 | 改装汽车 |
| 辽宁省沈阳市东陵区 | 浑南产业区 55 号 | 汽车零部件 |
| 吉林省长春市二道区 | 深圳街 5 号 | 中型车转向机、钢板弹簧、散热器 |
| 重庆市沙坪坝区 | 双碑自由村 100 号 | 摩托车整车制造、摩托车发动机制造 |
| 浙江省台州市温岭市 | 万昌中路 318 号 | 二轮摩托车制造、摩托车配件加工 |
| 广东省江门市蓬江区 | 建达北路 5 号 | 摩托车、摩托车发动及配件 |
| 天津市河西区 | 第三大街 16 号 | 摩托车制造 |
| 重庆市沙坪坝区 | 上桥张家湾 60 号 | 摩托车、摩托车发动机 |
| 上海市浦东新区 | 浦东大道 2851 号 | 金属船舶制造、钢结构制造 |
| 江西省景德镇市珠山区 | 朝阳路 539 号 | 微型汽车系列生产 |
| 辽宁省沈阳市皇姑区 | 陵北街一号 | 民机、吉普车、烟机 |
| | | |
| 辽宁省大连市金州区 | 辽河西二路 1 号 | 微电机 |
| 广东省深圳市龙岗区 | 大皇公工业区 | 微电机、搅拌机、打蛋机 |
| 内蒙古自治区呼和浩特市赛罕区 | 如意开发区 | TCL 手机 |
| 广东省深圳市宝安区 | 新城 26 区 | 高频开关电源 |
| 河北省保定市新市区 | 江城路 318 号 | 变压器、互咸器、电磁线 |
| 江苏省苏州市平江区 | 星汉街 5 号 A 幢 4 层 07－08 | PSWA 基沾电源 |
| 广东省深圳市福田区 | 振华路 78 号 414 栋西二楼 | 程控交换机 |
| 浙江省温州市乐清市 | 柳市镇车站路 168 号 | 低压电器主要元件生产、仪器仪表、通讯设备 |
| 浙江省温州市乐清市 | 柳市镇车站路 183 号 | 低压电器生产、仪器仪表、高低压成套设备 |
| 河南省许昌市魏都区 | 建设路 38 号 | 继电器、自动化装置、继电器保护屏 |
| 山东省威海市文登市 | 横山路西段 | 通信电缆 |
| 山东省泰安市新泰市 | 西关 | 电力电缆、裸电缆、通信电缆 |
| 江苏省南京市栖霞区 | 新港大道 78 号 | 低氧铜杆 |
| 江苏省苏州市吴江市 | 沈家湾 | 电缆 |
| 江苏省苏州市吴江市 | 吴江市芦墟镇浦北 | 电缆 |
| 浙江省杭州市富阳市 | 迎宾北路 129 号 | 通信电缆生产、通信光缆、光器件、电力电缆、导线 |
| 山东省东营市垦利县 | 海中 | 电线、电力电缆、变压器 |
| 山东省青岛市崂山区 | 汉河村 | 电线、电力电缆 |
| 江苏省无锡市北塘区 | 惠钱路 67 号 | 洗衣机、空调 |
| 山东省济南市历下区 | 工业北路 51 号 | 家用洗衣机(滚筒.双桶、电热水器、冷柜(家用.商用) |
| 安徽省合肥市蜀山区 | 长江西路 669 号 | 家用洗衣机、家用电冰箱、微波炉 |

续表 47

| 企业名称 | 法人代表 | 电　话 | 分　机 | 邮政编码 |
| --- | --- | --- | --- | --- |
| 海尔集团公司 | 张瑞敏 | 8938233 | | 266103 |
| 青岛澳柯玛集团总公司 | 鲁群生 | 6765688 | | 266510 |
| 广东科龙电器股份有限公司 | 王国端 | 8362811 | 179 | 528305 |
| 苏州三星电子有限公司 | 林钟诃 | 5321234 | 3752 | 215004 |
| 河南新飞电器有限公司 | 李　根 | 3371387 | | 453002 |
| 合肥美菱集团公司 | 王家章 | 2869344 | | 230001 |
| 广东科龙冰箱有限公司 | 徐铁峰 | 8362811 | | 528305 |
| 顺德市美的家庭电器制造有限公司 | 何享健 | 6338889 | | 528311 |
| 山东金龙企业集团公司 | 孟繁丛 | 8859930 | | 265700 |
| 广东美的集团股份有限公司 | 何享健 | 6338888 | | 528311 |
| 珠海格力电器股份有限公司 | 朱江洪 | 8614883 | 2127 | 519070 |
| 乐金电子(天津)电器有限公司 | 孙晋邦 | 26999888 | 3014 | 300402 |
| 广东科龙空调器有限公司 | 徐铁峰 | 8362811 | | 528305 |
| 广东志高空调有限公司 | 李兴浩 | 5682383 | | 528244 |
| 上海夏普电器有限公司 | 王成明 | 58341111 | 3118 | 201206 |
| 广东美的集团芜湖制冷设备有限公司 | 朱九东 | 5840803 | | 241009 |
| 松下.万宝(广州)压缩机有限公司 | 魏长明 | 84778123 | 2270 | 511495 |
| 上海日立家用电器有限公司 | 罗关龙 | 52809363 | | 200062 |
| 富士通将军(上海)有限公司 | 吉村昭彦 | 59161476 | 226 | 201821 |
| 松下.万宝(广州)空调器有限公司 | 魏长明 | 84778123 | 2270 | 511495 |
| 广州华凌空调设备有限公司 | 陈小石 | 84786698 | | 511430 |
| 江苏春兰制冷设备股份有限公司 | 张鸿志 | 6661688 | | 225300 |
| 广东美芝制冷设备有限公司 | 何享健 | 2297888 | | 528333 |
| 广东格兰仕企业(集团)公司 | 梁庆德 | 8886389 | | 528305 |
| 上海松下电子应用机器有限公司 | 黎继皋 | 50801031 | 217 | 201203 |
| 厦门灿坤实业股份有限公司 | 吴灿坤 | 6021708 | 262 | 361006 |
| 捷家宝电器(深圳)有限公司 | 朱启江 | 7608818 | | 518108 |
| 顺德市惠而浦家电制品有限公司 | 李炽铭 | 6656922 | | 528311 |
| 中国华录集团有限公司 | 王松山 | 4790599 | 2820 | 116023 |
| **电子及通信设备制造业** | | | | |
| 熊猫电子集团有限公司 | 奚永明 | 4800855 | 8222 | 210002 |
| 华为技术有限公司 | 孙亚芳 | 8780808 | | 518129 |
| 深圳市中兴通讯股份有限公司 | 张太峰 | 6790000 | 3258 | 518057 |

| 企业所在地区 | 企业详细地址 | 主要产品(主要业务活动) |
| --- | --- | --- |
| 山东省青岛市崂山区 | 高科技工业园海尔路1号 | 家电、通讯、金融、生物、房地产、软件等 |
| 山东省青岛市黄岛区 | 前湾港路315号 | 冷柜、冰箱、空调器、洗衣机 |
| 广东省佛山市顺德市 | 容港路8号 | 电冰箱、空调器、冷藏柜 |
| 江苏省苏州市金阊区 | 金门路221号 | 电冰箱、洗衣机、空调微波炉 |
| 河南省新乡市红旗区 | 北干道东段370号 | 电冰箱制造 |
| 安徽省合肥市包河区 | 芜湖路48号 | 电冰箱、洗衣机、纸箱 |
| 广东省佛山市顺德市 | 容港路8号 | 电冰箱 |
| 广东省佛山市顺德市 | 北窖居委会 | 电风扇、电饭煲、饮水机 |
| 山东省烟台市龙口市 | 金龙路51号 | 电风扇、空调、电机 |
| 广东省佛山市顺德市 | 北窖居委会 | 空调器、电风扇、电饭煲 |
| 广东省珠海市香洲区 | 前山金鸡西路六号 | 家用空调器、商用空调器 |
| 天津市北辰区 | 兴淀公路 | 空调器、微波炉、吸尘器 |
| 广东省佛山市顺德市 | 容桂桥东路2号 | 空调器 |
| 广东省佛山市南海市 | 胜利村 | 空调机 |
| 上海市浦东新区 | 金桥出口加工区金海路1111号 | 家用空调器、家用电冰箱、家用洗衣机 |
| 安徽省芜湖市芜湖县 | 开发区港湾路 | 房间空调器 |
| 广东省广州市番禺区 | 钟村镇谢村乡万宝基地 | 空调器用压缩机、零部件 |
| 上海市普陀区 | 丹巴路361号 | 家用空调器、家用洗衣机 |
| 上海市嘉定区 | 工业开发区第23号地块 | 空调器 |
| 广东省广州市番禺区 | 钟村镇谢村乡万宝基地 | 空调器、零部件 |
| 广东省广州市番禺区 | 礼村 | 窗式房间空调器 |
| 江苏省泰州市海陵区 | 春兰路1号 | 房间空调器 |
| 广东省佛山市顺德市 | 顺峰居委会 | 空调制造 |
| 广东省佛山市顺德市 | 容桂大道南25号 | 经营本企业自产产品、相关枝术出口 |
| 上海市浦东新区 | 龙东大道888号 | 磁控管 |
| 福建省厦门市湖里区 | 湖里兴隆路88号 | 电熨斗、咖啡器、剪烤器 |
| 广东省深圳市宝安区 | 水田 | 家庭电器 |
| 广东省佛山市顺德市 | 北窖居委会 | 微波炉 |
| 辽宁省大连市甘井子区 | 华路1号 | dvd视盘机、录像机整机机关键件 |
| 江苏省南京市玄武区 | 中山东路301号 | 无线电通信设备、电视机 |
| 广东省深圳市南山区 | 科技园北区 | 程控交换机、传输、其他通信设备制造 |
| 广东省深圳市南山区 | 科技园路高新工业区 | 交换产品、移动产品、传输产品 |

| 企业名称 | 法人代表 | 电　话 | 分　机 | 邮政编码 |
|---|---|---|---|---|
| 北京诺基亚航星通讯系统有限公司 | 康宇博 | 84212288 | 8815 | 100013 |
| 广东北电通信设备有限公司 | 栾正禧 | 6621515 | 3182 | 528306 |
| 南京爱立信熊猫通信有限公司 | 芮思迈 | 2101188 | 2134 | 211100 |
| 北京国际交换系统有限公司 | 魏恩鸿 | 84571177 | | 100013 |
| 上海西门子移动通信有限公司 | 徐　为 | 58541688 | 2570 | 201206 |
| 东莞诺基亚移动电话有限公司 | 丁镜群 | 2402844 | | 523077 |
| UT 斯达康(杭州)通讯有限公司 | 吴　鹰 | 88862342 | | 310012 |
| 宁波市波导股份有限公司 | 余红艺 | 88918941 | | 315500 |
| 杭州摩托罗拉移动通信设备有限公司 | 张延爱 | 86698888 | | 310053 |
| 浙江东方通信集团有限公司 | 欧阳忠谋 | 88865262 | | 310013 |
| 北京爱立信移动通信有限公司 | 欧阳忠谋 | 64571188 | | 101312 |
| 鸿富锦精密工业(深圳)有限公司 | 简宝彬 | 8128070 | 71484 | 518109 |
| 联想(北京)有限公司 | 柳传志 | 82877098 | | 100085 |
| 长城国际信息产品(深圳)有限公司 | 王　之 | 6639841 | 2315 | 518057 |
| 顺德市顺达电脑厂有限公司 | 蔡丰赐 | 7753168 | 1515 | 528308 |
| 明基电通信息技术有限公司 | 李锟耀 | 8251233 | 279 | 215011 |
| 达丰上海电脑有限公司 | 黄健堂 | 37740168 | | 201613 |
| 戴尔计算机(中国)有限公司 | GORANSTUREMI | 8181504 | 1504 | 361011 |
| 昆山广志电子有限公司 | 王　瑞 | 7355000 | | 215300 |
| 浪潮电子信息产业有限公司 | 王爱先 | 8932888 | 8412 | 250014 |
| 上海惠普有限公司 | 林鸿满 | 28982998 | | 201206 |
| 神州数码(中国)有限公司 | 郭　为 | 88096999 | | 100080 |
| 希捷国际科技(无锡)有限公司 | 威廉道格 | 5282828 | | 214028 |
| 冠捷电子(福建)有限公司 | 潘方仁 | 5285555 | 8336 | 350301 |
| 鑫茂科技(深圳)有限公司 | 林培坚 | 5350698 | 8946 | 518081 |
| 伟创力实业(珠海)有限公司 | 曼　尼 | 5128600 | | 519180 |
| 仁宝电脑工业(中国)有限公司 | 许胜雄 | 7323000 | | 215335 |
| 希捷国际科技(深圳)有限公司 | 斯蒂芬.罗素 | 3263888 | 3839 | 518035 |
| 东莞三星电机有限公司 | 郑在焕 | 3305000 | 1134 | 523413 |
| 中华映管(福州)有限公司 | 林镇源 | 3971357 | | 350015 |
| 上海永新彩色显像管股份有限公司 | 顾德庆 | 64760000 | 257 | 200237 |
| 乐金飞利浦曙光电子有限公司 | 李静安 | 4063471 | | 410100 |
| 深圳赛意法微电子有限公司 | 杜泰尔 | 3590950 | | 518038 |

| 企业所在地区 | 企业详细地址 | 主要产品(主要业务活动) |
|---|---|---|
| 北京市东城区 | 和平里东街 11 号 | (移动)交换设备制造 |
| 广东省佛山市顺德市 | 容里工业区六横路 | 通讯设备制造 |
| 江苏省南京市江宁区 | 经济技术开发区池田路 32 号 | 程控交换机、无线基站 |
| 北京市朝阳区 | 酒仙桥路 14 号 | 邮电通信设备制造 |
| 上海市浦东新区 | 川桥路 777 号 | 移动电话机、基站 |
| 广东省东莞市 | 周溪高新科技工业园 | 手机 |
| 浙江省杭州市西湖区 | 杭州文一路 129 号益乐工业园 2-3 楼 | 通信产品制造 |
| 浙江省宁波市奉化市 | 城山路 99 号 | 手机、寻呼机 |
| 浙江省杭州市滨江区 | 东信大道 66 号 B 座 | 通信产品制造 |
| 浙江省杭州市西湖区 | 杭州文三路 398 号 | 寻呼机 |
| 北京市顺义区 | 天竺地区办事处空港开发区 A 区 | 手机、基站 |
| 广东省深圳市宝安区 | 第十工业区 | 微型电脑 |
| 北京市海淀区 | 上地创业路 6 号 | 电子计算机 |
| 广东省深圳市南山区 | 科技园长城大厦三楼 C、D 座 | 微机 |
| 广东省佛山市顺德市 | 常教居委会三洪奇 | 电脑主机、母板、显示卡 |
| 江苏省苏州市虎丘区 | 珠江路 169 号 | 显示器、扫描仪、光驱 |
| 上海市松江区 | 松江出口加工区 3 号 a 座 | 电脑主机 |
| 福建省厦门市湖里区 | 金尚路 2388 号 | 微型计算机 |
| 江苏省苏州市昆山市 | 开发区长江南路 | 电脑 |
| 山东省济南市历下区 | 山大路 224 号 | 浪潮电子计算机、浪潮服务器 |
| 上海市浦东新区 | 金桥云桥路 25 号 | 计算机 |
| 北京市海淀区 | 知春路 49 号 | IT 产品 |
| 江苏省无锡市滨湖区 | 行创二路 106 号 | 制造 U6 硬盘、制造 U4 硬盘、制造硬盘 |
| 福建省福州市福清市 | 宏路村上郑 | 电脑显示器 |
| 广东省深圳市盐田区 | 沙头角保税区 20 栋 5 楼 | 电脑高机柜、电脑周边产品 |
| 广东省珠海市斗门区 | 新青 | 手机主板、电脑配件 |
| 江苏省苏州市昆山市 | 开发区同丰东路 988 号 | 显示器 |
| 广东省深圳市福田区 | 彩田路 7006 号 | 电脑硬盘驱动器 |
| 广东省东莞市 | 横坑管理区 | 软盘驱动器、VCD 机芯、偏转线圈 |
| 福建省福州市马尾区 | 快安延伸区兴业路 1 号 | 彩色显示管、单色显示管、彩色电子枪 |
| 上海市闵行区 | 朱梅路 201 号 | 电真空器件制造 |
| 湖南省长沙市长沙县 | 星沙 | 彩色显示管 |
| 广东省深圳市福田区 | 保税区 6 号 | 半导体分立器件、集放电路 |

续表 49

| 企业名称 | 法人代表 | 电　话 | 分　机 | 邮政编码 |
|---|---|---|---|---|
| 飞利浦电子元件(上海)有限公司 | 张一清 | 50481188 | 2126 | 200131 |
| 摩托罗拉(中国)电子有限公司 | 谭宗定 | 25325050 | | 300457 |
| 旭电(苏州)科技有限公司 | 陈文祥 | 7612300 | | 215021 |
| 天津三星电机有限公司 | 田浩本 | 28301307 | | 300210 |
| 海信集团有限公司 | 周厚健 | 3878888 | 8105 | 266071 |
| 四川长虹电子集团公司 | 倪润峰 | 2418378 | | 621000 |
| 大连大显集团有限公司 | 刘秉强 | 4313437 | | 116022 |
| 康佳集团股份有限公司 | 任克雷 | 6608866 | 335 | 518053 |
| TCL 王牌电器(惠州)有限公司 | 袁信成 | 2601888 | 3075 | 516006 |
| 厦门华侨电子企业有限公司 | 王宪榕 | 6021091 | | 361006 |
| 常州市新科数字技术有限公司 | 秦志尚 | 8792168 | | 213105 |
| 苏州飞利浦消费电子有限公司 | 冯大江 | 8251042 | | 215011 |
| 深圳创维－RGB 电子有限公司 | 黄宏生 | 2264105 | | 518029 |
| 乐金电子(惠州)有限公司 | 金永民 | 2600944 | 3143 | 516006 |
| **仪器仪表及文化、办公用机械制造业** | | | | |
| 上海自动化仪表股份有限公司 | 肖宗义 | 62521870 | 273 | 200050 |
| 上海福克斯波罗有限公司 | 俞浩铨 | 64362380 | | 200233 |
| 吴忠仪表集团有限公司 | 赵广生 | 2069082 | | 751100 |
| 武汉仪表自动化工业集团公司 | 刘应平 | 82831145 | | 430014 |
| 华立集团有限公司 | 汪力成 | 88900710 | | 310005 |
| 宁波三星科技股份有限公司 | 郑坚江 | 88220158 | | 315104 |
| 鸿城电子(深圳)有限公司 | 吴维雄 | 8557432 | 249 | 518112 |
| 艾佩斯(苏州)不间断电源有限公司 | 吉　姆 | 7618400 | | 215021 |
| 江苏林洋电子有限公司 | 陆永华 | 3329751 | | 226200 |
| 云南北方光学电子集团有限公司 | 胡士保 | 8590440 | | 650114 |
| 东莞信泰光学有限公司 | 赖以仁 | 5535435 | 6311 | 523849 |
| 凤凰光学控股有限公司 | 王熙晏 | 8250245 | | 334000 |
| 江西凤凰光学仪器集团(有限)公司 | 任　捷 | 8260533 | | 334000 |
| 柯尼卡(大连)有限公司 | 松丸隆 | 7622575 | 107 | 116600 |
| 苏州板硝子电子有限公司 | 庄野晋吉 | 8257409 | | 215011 |
| 德州皇明太阳能真空管有限公司 | 黄　明 | 2561141 | | 253034 |
| 浙江舜宇集团有限公司 | 吴进贤 | 62638029 | | 315400 |
| 安捷伦科技(上海)有限公司 | 樊志强 | 50644658 | | 200131 |

| 企业所在地区 | 企业详细地址 | 主要产品(主要业务活动) |
|---|---|---|
| 上海市浦东新区 | 外高桥保税区巴圣路272号 | 液晶显示器、光盘驱动器 |
| 天津市塘沽区 | 第四大街10号 | 半导体、手机、机站 |
| 江苏省苏州市平江区 | 苏茜路9号 | 电子线路板 |
| 天津市河西区 | 黑牛城道27号 | 录相机磁鼓、录相机磁头、电子调谐器 |
| 山东省青岛市市南区 | 东海西路17号 | 电视机、空调、计算机 |
| 四川省绵阳市涪城区 | 绵兴东路35号 | 电视机、空调、激光视盘机 |
| 辽宁省大连市西岗区 | 胜利路98号 | 电视机 |
| 广东省深圳市南山区 | 深南大道9008 | 彩电 |
| 广东省惠州市惠城区 | 仲恺开发区19号小区 | 彩色电视机、冰箱、空调、洗衣机 |
| 福建省厦门市湖里区 | 湖里大道22号 | 彩色电视机、彩色显示器、GSM手机 |
| 江苏省常州市武进区 | 洛阳镇洛阳村 | 生产DVD、VCD |
| 江苏省苏州市平江区 | 高新技术开发区狮山路88号 | 彩色电视机、彩显、遥控器 |
| 广东省深圳市福田区 | 八卦四路425栋2、3层 | 彩色电视机、VCD、SVCD、DVD |
| 广东省惠州市惠城区 | 仲恺高新技术开发区第十八号小区 | 收音机、音响设备、光驱驱动器 |
| 上海市长宁区 | 延安西路1599号7楼 | 自动化仪表系统 |
| 上海市徐汇区 | 漕宝路161号 | I/A智能化控制、SPEC200系统装 |
| 宁夏回族自治区吴忠市利通区 | 朝阳 | 调节阀、定位器、电度表 |
| 湖北省武汉市江汉区 | 前进四路86# | 工业自动化仪表、分析仪表 |
| 浙江省杭州市西湖区 | 莫干山路501号 | 电工仪表生产 |
| 浙江省宁波市鄞州区 | 鄞县大道东段566号 | 电能表制造 |
| 广东省深圳市龙岗区 | 甘坑村秀峰工业城7-2F | 扫描仪、调制解调器PCB板 |
| 江苏省苏州市平江区 | 苏虹西路189号 | UPS |
| 江苏省南通市启东市 | 人民西路 | 单相电子表、单相复费率表 |
| 云南省昆明市西山区 | 海口镇中滩街 | 望远镜、医用光学仪器、微光红外产品 |
| 广东省东莞市 | 霄边 | 光学仪器制造 |
| 江西省上饶市信州区 | 光学路 | 光学仪器、照相机械 |
| 江西省上饶市信州区 | 光学路1号 | 生产照相机、显微镜、光学镜头 |
| 辽宁省大连市金州区 | 东北二街20号 | CD镜片、摄像机镜头、照相机镜头 |
| 江苏省苏州市虎丘区 | 珠江路106号 | 液晶显示基板玻璃 |
| 山东省德州市德城区 | 西刘集 | 真空管 |
| 浙江省宁波市余姚市 | 新建北路116-118号 | 电器元件 |
| 上海市浦东新区 | 外高桥保税区英伦路412号 | 成分分析仪器、光学分析仪器 |

续表 50

| 企业名称 | 法人代表 | 电　　话 | 分　　机 | 邮政编码 |
|---|---|---|---|---|
| 上海精密科学仪器有限公司 | 陈正国 | 64957636 | | 200233 |
| 西门子威迪欧汽车电子(芜湖)有限公司 | 阚　雷 | 5844088 | 135 | 241009 |
| 伟世通电子(上海)有限公司 | 马盛隆 | 57741278 | 1235 | 201613 |
| 上海德科电子仪表有限公司 | 杨　毅 | 59666140 | 8418 | 202178 |
| 苏州松下通信工业有限公司 | 王尚勇 | 8255606 | 151 | 215011 |
| 武汉市精伦电子股份有限公司 | 张学阳 | 87921111 | | 430223 |
| 梅特勒-托利多常州称重设备系统有限公司 | 郭大为 | 6642040 | 3028 | 213001 |
| 广东福地彩色显像管股份有限公司 | 詹宗庆 | 2404888 | 3295 | 523077 |
| 佳能珠海有限公司 | 仁村右辅 | 8888101 | | 519020 |
| 佛山普立华科技有限公司 | 林德济 | 2965028 | | 528000 |
| 柯达电子(上海)有限公司 | WISNEWSKI | 58345678 | | 201206 |
| 奥林巴斯深圳工业有限公司 | 小宫弘 | 6980118 | | 518052 |
| 天津三星光电子有限公司 | 朴钟钦 | 27619212 | | 300190 |
| 苏州富士胶片映像元器件有限公司 | 佐藤恒彦 | 8251188 | | 215011 |
| 上海美能达光学仪器有限公司 | 大埸胜 | 57741620 | | 201600 |
| 东莞石龙京瓷光学有限公司 | 西口泰夫 | 6119611 | | 523000 |
| 天瀚科技(吴江)有限公司 | 陈振茂 | 3320268 | | 215217 |
| 腾龙光学(佛山)有限公司 | 野口一康 | 2982223 | | 528000 |
| 苏州富士胶片映像机器有限公司 | 佐藤恒彦 | 8251188 | | 215011 |
| 上海达海照相机有限公司 | 裴学德 | 58345678 | 3206 | 201206 |
| 理光(深圳)工业发展有限公司 | 几野光彦 | 3360885 | 155 | 518035 |
| 夏普办公设备(常熟)有限公司 | 内山宏明 | 2856019 | | 215500 |
| 东芝复印机 | 浜中浩 | 7311901 | | 518103 |
| 可比雅工业发展(深圳)有限公司 | 升政昭 | 3596300 | | 518040 |
| 上海富士施乐复印机有限公司 | 张　昆 | 64300480 | 218 | 200245 |
| 上海三荣电器有限公司 | 高桥大吉 | 59159324 | | 201801 |
| 武汉美能达办公机器有限公司 | 关诚之 | 85882500 | | 430015 |
| 爱普生技术深圳有限公司 | 丸山三明 | 6500888 | | 518057 |
| 虹光精密工业(苏州)有限公司 | 盛少澜 | 2565888 | | 215021 |
| 伟创力实业(深圳)有限公司 | 马万行 | 7497333 | | 518126 |
| 珠海新明珠表业有限公司 | 白理安 | 8134440 | | 519020 |
| 迪堡金融设备有限公司 | 顾可维 | 58545678 | 248 | 201202 |
| **其他制造业** | | | | |

| 企业所在地区 | 企业详细地址 | 主要产品(主要业务活动) |
|---|---|---|
| 上海市徐汇区 | 田林路168号 | 成分分析仪、分析天平、电化学分析仪器 |
| 安徽省芜湖市鸠江区 | 芜湖经济技术开发区 | 生产汽车组合仪表、传感器节气门体、供油系统 |
| 上海市松江区 | 工业区美能达路300号 | 汽车仪器仪表 |
| 上海市崇明县 | 长江农场 | 汽车仪器仪表 |
| 江苏省苏州市虎丘区 | 新区滨河路 | 语言学习系统 |
| 湖北省武汉市江夏区 | 湖口 | 公用电话计费器、IC卡电话机 |
| 江苏省常州市天宁区 | 常锡路111号 | 生活称重传感器生产、商用电子衡器 |
| 广东省东莞市 | 科技路39号 | 彩色显像管 |
| 广东省珠海市香洲区 | 九洲大道中2323号 | 照相机、激光打印机、传真机、扫描仪 |
| 广东省佛山市石湾区 | 工业开发长虹东路1号 | 自动照相机、数弱机 |
| 上海市浦东新区 | 金桥出口加工区桂桥路1201号52-7幢照相影像设备 | 数码照相机、传统照相机、 |
| 广东省深圳市南山区 | 第五工业区 | 照相机 |
| 天津市南开区 | 平昌道7号 | 生产销售照相机及配件、光学仪器 精密电机、提供信息服务 |
| 江苏省苏州市虎丘区 | 新区长江路 | 数码照相机 |
| 上海市松江区 | 美能达路368号 | 照相机及器材制造 |
| 广东省东莞市 | 石龙新城区京瓷路8号 | 制造照相机 |
| 江苏省苏州市吴江市 | 富土路8号 | 数码相机 |
| 广东省佛山市石湾区 | 城南工业开发区朗宝西路 | 照相机摄像机镜头、光学仪器及CCTV镜头 |
| 江苏省苏州市虎丘区 | 新区长江路 | 照相机 |
| 上海市浦东新区 | 金桥出口加工区宁桥路999号4号楼 | 照相机及器材制 |
| 广东省深圳市福田区 | 皇岗北路5005号 | 复印机、打印机、传真机 |
| 江苏省苏州市常熟市 | 虞山镇黄河路 | 复印机 |
| 广东省深圳市宝安区 | 大洋开发区 | 复印机 |
| 广东省深圳市福田区 | 泰然九路皇冠小区第3栋 | 数码复印机、激光打印机、复印机纸盒 |
| 上海市闵行区 | 闵行经济技术开发区南谷路46号 | 复印机 |
| 上海市嘉定区 | 马陆镇邓桥村 | 复印机制造 |
| 湖北省武汉市江汉区 | 香港路390号 | 复印机 |
| 广东省深圳市南山区 | 第五工业区西侧 | 打印机、马达 |
| 江苏省苏州市平江区 | 苏虹西路1号 | 扫描议生产 |
| 广东省深圳市宝安区 | 西乡镇固戍村工业区55号 | PCBA线路板 |
| 广东省珠海市香洲区 | 拱北婆石村 | 表芯、马达、指针 |
| 上海市浦东新区 | 川桥路747号 | ATM自动柜员机 |

续表 51

| 企业名称 | 法人代表 | 电　话 | 分　机 | 邮政编码 |
|---|---|---|---|---|
| 南京装饰联合总公司 | 许　炯 | 3601750 | | 210008 |
| 广州鑫林工艺有限公司 | 何永川 | 87993098 | | 510925 |
| 古代(台山)礼品厂 | 游清辉 | 5528978 | | 529200 |
| 南京金箔集团有限责任公司 | 江宝全 | 2282616 | | 211100 |
| 莱州小河工艺品有限公司 | 徐建军 | 2812275 | | 261413 |
| 闽侯闽兴编织品有限公司 | 林水弟 | 2951252 | | 350102 |
| 山东省莱州工艺品集团有限责任公司 | 栾根所 | 2213239 | | 261400 |
| 山东云龙绣品工业公司 | 李国贤 | 8353307 | | 264400 |
| 上海佳丽绒绣厂 | 张来娣 | 65650002 | 24 | 200433 |
| 招远锦绣家用纺织品有限责任公司 | 石德文 | 8216553 | | 265400 |
| 上海汽车地毯总厂 | 刘福根 | 67727091 | 202 | 201600 |
| 威海市山花地毯集团有限公司 | 刘新惠 | 5980861 | | 264200 |
| 威海地毯一厂 | 王兆岐 | 5225880 | | 264200 |
| 从化东麟钻石有限公司 | 邝华启 | 87862050 | | 510935 |
| 浙江日月首饰集团有限公司 | 虞阿五 | 4025665 | | 312046 |
| 深圳市翠绿珠宝首饰有限公司 | 黄炳标 | 5361888 | 138 | 518081 |
| 上海老凤祥有限公司 | 石力华 | 64833388 | | 200235 |
| 深圳市金森珠宝首饰有限公司 | 黄建荣 | 5551888 | | 518081 |
| 顺德市伦教首饰钻石加工厂 | 何伯陶 | 7758531 | | 528308 |
| 深圳市艺华珠宝首饰有限公司 | 俞学柏 | 2182128 | | 518029 |
| 深圳爱塔珠宝公司 | 王仲会 | 5260212 | | 518081 |
| 佛山市工艺总厂有限公司 | 盛小兵 | 2222583 | | 528000 |
| 深圳艺洋首饰工业有限公司 | 叶无琪 | 6611485 | | 518051 |
| 深圳市欧瑞德珠宝首饰有限公司 | 闫冀恒 | 5356794 | | 518081 |
| 浙江阮仕珍珠首饰有限公司 | 阮铁军 | 7686662 | | 311804 |
| 深圳市安盛华实业发展有限公司 | 许勉星 | 5358999 | | 518081 |
| 上海老城隍庙金银珠宝首饰厂 | 陈　久 | 58726081 | | 200126 |
| 深圳市宝昌钻石饰品实业有限公司 | 李崇华 | 3403694 | | 518048 |
| 青岛飞龙工艺品集团公司 | 张希春 | 8200395 | | 266316 |
| 河南瑞贝卡发制品股份有限公司 | 郑有全 | 5137605 | | 461100 |
| 天津高丽亚那工艺品有限公司 | 田炳稷 | 24360792 | | 300301 |
| 浙江省台州亚达实业有限公司 | 吴伟淡 | 3119693 | | 317102 |
| 厦门福太伞业有限公司 | 陈添福 | 6210181 | | 361022 |

| 企业所在地区 | 企业详细地址 | 主要产品(主要业务活动) |
|---|---|---|
| 江苏省南京市玄武区 | 北京东路31号三楼 | 建筑装饰装修 |
| 广东省广州市从化市 | 江村工业区 | 工艺美术品 |
| 广东省江门市台山市 | 富城大道130号 | 波丽装饰礼品 |
| 江苏省南京市江宁区 | 金箔路28号 | 金箔、烟箔、金拉线 |
| 山东省烟台市莱州市 | 寨里徐家村 | 工艺挂毯 |
| 福建省福州市闽侯县 | 仙山边56号 | 铁花篮、铁家具 |
| 山东省烟台市莱州市 | 莱州南路367号 | 草制工艺品 |
| 山东省威海市文登市 | 龙山路89号 | 工艺美术 |
| 上海市杨浦区 | 国京路51号 | 绒绣制品、绗缝被 |
| 山东省烟台市招远市 | 金城路388号 | 抽纱刺绣工艺品 |
| 上海市松江区 | 松蒸路189号 | 轿车地毯、化纤地毯、丙纶短纤维 |
| 山东省威海市环翠区 | 和平路113号 | 簇绒地毯、编织地毯、方块地毯 |
| 山东省威海市环翠区 | 和平路110号 | 威尔顿机织地毯、管绒机织地毯、阿克明机织地毯 |
| 广东省广州市从化市 | 府前路5号 | 钻石首饰 |
| 浙江省绍兴市绍兴县 | 福全镇水任家畈村 | 黄金首饰、铂金珠宝首饰 |
| 广东省深圳市盐田区 | 保税区17栋7楼 | 黄金.铂金.钻石、翡翠、珠宝加工、批发 |
| 上海市徐汇区 | 漕溪路260号 | 首饰制造 |
| 广东省深圳市盐田区 | 沙头角保税区海关楼五楼 | 黄金首饰 |
| 广东省佛山市顺德市 | 伦福路1-3号 | 足白金首饰、西金首饰、钻石成品 |
| 广东省深圳市福田区 | 八卦一路八卦岭617栋5楼西座 | 黄金饰品、镶嵌饰品、工艺品 |
| 广东省深圳市盐田区 | 沙头角保税区保发大厦3楼 | 足金饰品、18K饰品、铂金饰品 |
| 广东省佛山市城区 | 人民西路13号 | 金饰品及人造花卉 |
| 广东省深圳市南山区 | 马家龙工业区大新一号厂房 | 金银珠宝首饰、K金手表 |
| 广东省深圳市盐田区 | 保税区第一生活区综合楼第二层 | 黄金珠宝首饰生产、批发零售 |
| 浙江省绍兴市诸暨市 | 枫江路79号 | 珍珠首饰品 |
| 广东省深圳市盐田区 | 田东村沙盐路2007号19东 | 金、饰生产、加工、境外来料加工 |
| 上海市浦东新区 | 西营路28号 | 首饰 |
| 广东省深圳市福田区 | 金地工业区114栋二、四、五楼 | 黄金饰品制造购销 |
| 山东省青岛市胶州市 | 李哥庄 | 假发、球帽、皮衣 |
| 河南省许昌市魏都区 | 文峰路南段 | 工艺发条、假发 |
| 天津市东丽区 | 刘台村 | 生产销售假发 |
| 浙江省台州市三门县 | 吴岙村 | 太阳伞制造 |
| 福建省厦门市杏林区 | 新源路37号 | 雨伞、伞骨、钢管 |

续表 52

| 企业名称 | 法人代表 | 电　话 | 分　机 | 邮政编码 |
|---|---|---|---|---|
| 杭州天堂伞业集团有限公司 | 王斌章 | 85283333 | | 310003 |
| 台州永强工艺品有限公司 | 谢建勇 | 5282303 | | 317000 |
| 富士康(昆山)电脑接插件有限公司 | 赖进益 | 7790998 | 2216 | 215316 |
| 新会区双水拆船加工厂 | 谭洋仔 | 6412059 | | 529153 |
| 台州齐合天地金属有限公司 | 方安空 | 2693918 | | 318054 |
| 长富不锈钢中心(苏州)有限公司 | 田中卓男 | 3540800 | | 215400 |
| 顺德市容奇科龙配件有限公司 | 陈同兴 | 8362811 | | 528305 |
| 北京康宁光缆有限公司 | 鲍玉桐 | 67881199 | | 100176 |
| 北京百慕航材高科技股份有限公司 | 葛子干 | 62457719 | | 100095 |
| 巨力集团 | 杨建中 | 8600000 | 8608 | 072550 |
| 上海业通金属有限公司 | 王建明 | 56698888 | 3331 | 201900 |
| 宝吉工艺品(深圳)有限公司 | 高长昌 | 8792378 | 5531 | 518129 |
| 山东皇明太阳能有限公司 | 黄　鸣 | 2312755 | | 253023 |
| 吉田拉链(深圳)有限公司 | 芝崎修 | 7377448 | | 518103 |
| 伟星集团有限公司 | 胡素文 | 5930182 | | 317025 |
| 宁波新海电子制造有限公司 | 黄新华 | 63023088 | | 315300 |
| 大连吉田拉链有限公司 | 川田宽 | 7621216 | 135 | 116600 |
| **电力、蒸汽、热水的生产和供应业** | | | | |
| 山东省电力集团公司 | 曹培玺 | 6034530 | | 250001 |
| 大庆石油管理局 | 曾玉康 | 5996155 | | 163453 |
| 北京大唐发电股份有限公司张家口发电厂 | 高智溥 | 8603035 | | 075133 |
| 贵州省电力公司 | 向德洪 | 5593152 | | 550002 |
| 深圳市能源集团有限公司 | 劳德容 | 3680288 | | 518031 |
| 广东广合电力有限公司(东莞) | 郑林福 | 5165698 | | 523936 |
| 广东省珠海发电厂有限公司 | 余福敏 | 3363978 | 8808 | 519050 |
| 上海电力股份有限公司 | 于新阳 | 64721060 | | 200025 |
| 浙江北仑发电有限公司 | 沈志云 | 86892176 | | 315800 |
| 中国石化集团齐鲁石油化工公司 | 张瑞生 | 7585517 | | 255408 |
| 广东省电力集团公司汕头电力工业局 | 黄壮盛 | 8307917 | | 515041 |
| 华阳电业有限公司 | 王永庆 | 6891295 | | 363105 |
| 广东核电合营有限公司 | 昝云龙 | 4477888 | | 518124 |
| 广东核电投资有限公司 | 刘锡才 | 3636159 | | 518031 |
| 浙江省电力公司 | 陈积民 | 85162314 | | 310007 |

| 企业所在地区 | 企业详细地址 | 主要产品(主要业务活动) |
|---|---|---|
| 浙江省杭州市西湖区 | 西溪路928号 | 晴雨伞生产 |
| 浙江省台州市临海市 | 水云塘村 | 太阳伞制造、沙滩椅伞、帐篷 |
| 江苏省苏州市昆山市 | 城北镇北门路999号 | 电件 |
| 广东省江门市新会区 | 双水镇工业开发区 | (拆船)钢板及其它金属 |
| 浙江省台州市路桥区 | 十份村 | 废电机折解 |
| 江苏省苏州市太仓市 | 上海路 | 不锈钢剪板 |
| 广东省佛山市顺德市 | 容港路8号 | 生产配件 |
| 北京市大兴区 | 经济技术开发区隆庆街9号 | 生产光缆产品 |
| 北京市海淀区 | 温泉镇环山村 | 钛合金、航空刹车片、生物医学制品 |
| 河北省保定市徐水县 | 城内 | 吊索具 |
| 上海市宝山区 | 牡丹江路1813号宝山宾馆南楼3331房 | 废料剪切加工 |
| 广东省深圳市龙岗区 | 雪象村 | 塑料圣诞树、圣诞工艺品、塑料及五金制品 |
| 山东省德州市德城区 | 湖滨路37号 | 太阳能热水器 |
| 广东省深圳市宝安区 | 塘尾工业村 | 拉链 |
| 浙江省台州市临海市 | 联合村 | 钮扣制造 |
| 浙江省宁波市慈溪市 | 开发大道大发路38－42# | 打火机 |
| 辽宁省大连市金州区 | 铁山西路50号 | 拉链 |
| | | |
| 山东省济南市市中区 | 经二路150号 | 电力 |
| 黑龙江省大庆市让胡路区 | 龙南 | 电力供应、电力生产、自来水生产 |
| 河北省张家口市宣化区 | 朱家庄村(电厂院内) | 火电设备容量 |
| 贵州省贵阳市南明区 | 少年宫河路1号 | 发电量、售电量 |
| 广东省深圳市福田区 | 深南中路2068号 | 火力发电 |
| 广东省东莞市 | 沙角村委会 | 电力 |
| 广东省珠海市金湾区 | 珠海港石门 | 电力 |
| 上海市卢湾区 | 徐家汇路430号 | 火力发电 |
| 浙江省宁波市北仑区 | 永丰村 | 火力发电 |
| 山东省淄博市临淄区 | 桓公路北杨坡西 | 火力发电、催化剂 |
| 广东省汕头市金园区 | 金砂路55号 | 电力 |
| 福建省漳州市龙海市 | 白坑 | 火力发电 |
| 广东省深圳市龙岗区 | 鹏城 | 核力发电 |
| 广东省深圳市福田区 | 深南中路2043号核电大厦18楼1806 | 经营电力 |
| 浙江省杭州市西湖区 | 金祝南路2号 | 电力供应管理 |

| 企业名称 | 法人代表 | 电　话 | 分　机 | 邮政编码 |
|---|---|---|---|---|
| 辽宁省电力有限公司 | 赵首先 | 23112404 | | 110006 |
| 上海市电力公司 | 于新阳 | 63291010 | 2519 | 200002 |
| 广电集团广州供电分公司 | 吴周春 | 87774223 | 82062 | 510600 |
| 东莞电力工业局 | 祁寿枝 | 2462988 | | 523009 |
| 广电集团有限公司佛山供电分公司 | 龚文权 | 3331218 | | 528000 |
| 山西省电力公司 | 陈进行 | 3116377 | | 030001 |
| 江苏省电力公司苏州供电公司 | 施广华 | 8294631 | 2020 | 215004 |
| 深圳供电局 | 陈广生 | 5599333 | | 518001 |
| 陕西电力公司 | 张　林 | 7402487 | | 710003 |
| 湖北省电力公司 | 孙玉才 | 86766114 | | 430077 |
| 天津市电力公司 | 杨　庆 | 24406133 | | 300010 |
| 江苏省电力公司无锡供电公司 | 龚　冰 | 5807678 | | 214061 |
| 深圳市农电总公司 | 杨爱民 | 7784026 | | 518101 |
| 广东省广电集团有限公司中山供电分公司 | 郭如觉 | 8806388 | | 528400 |
| 国家电力公司东北公司 | 刘　忱 | 23115555 | | 110006 |
| 石家庄电业局 | 王振清 | 7096372 | | 050051 |
| 华北电力集团天津市电力公司城南供电分公司 | 于士斌 | 28243793 | | 300010 |
| 辽宁省电力有限公司大连供电公司(电业局) | 孙吉昌 | 2637650 | | 116001 |
| 青岛供电公司 | 刘建旬 | 2952033 | | 266002 |
| 重庆市电力公司 | 叶　明 | 63865750 | | 400014 |
| 沈阳电业局 | 许广政 | 23125104 | | 110003 |
| 中国华北电力集团公司唐山供电公司 | 周安春 | 2904022 | | 063000 |
| 淄博电业局 | 于良民 | 2192034 | | 255032 |
| 大庆市电业局 | 赵建中 | 6602201 | | 163454 |
| 潍坊供电公司 | 苏胜新 | 8362030 | | 261021 |
| 中国华北电力集团公司 | 翟若愚 | 83581244 | | 100053 |
| 江门电力工业局 | 张荣桐 | 3262111 | | 529030 |
| 邯郸供电公司 | 张建坤 | 3072146 | | 056035 |
| 成都电业局 | 益　左 | 6668999 | 3328 | 610016 |
| 哈尔滨电业局 | 牛黎军 | 4662731 | | 150010 |
| 济南供电局 | 时家林 | 6042121 | | 250012 |
| 辽宁省电力有限公司鞍山供电公司 | 陈忠一 | 5533035 | | 114001 |
| 甘肃省兰州供电局 | 顾平安 | 2650220 | | 730050 |

| 企业所在地区 | 企业详细地址 | 主要产品(主要业务活动) |
|---|---|---|
| 辽宁省沈阳市和平区 | 宁波路 18 号 | 火力发电、供电 |
| 上海市黄浦区 | 南京东路 181 号 | 发电、供电 |
| 广东省广州市东山区 | 梅花路 1 号 | 电力供应 |
| 广东省东莞市 | 可园南路 | 电力供应管理 |
| 广东省佛山市石湾区 | 同济西路 18 号 | 电力供应 |
| 山西省太原市杏花岭区 | 府东街 169 号 | 电力供应 |
| 江苏省苏州市金阊区 | 三香路 154 号 | 电力供应 |
| 广东省深圳市罗湖区 | 深南东路 4020 号 | 电力供应 |
| 陕西省西安市新城区 | 尚德路 57 号 | 火电 |
| 湖北省武汉市武昌区 | 徐东大街 343 号 | 电力生产、电力供应 |
| 天津市河北区 | 进步道 29 | 电力供应 |
| 江苏省无锡市滨湖区 | 梁溪路 12 号 | 电力供应服务 |
| 广东省深圳市宝安区 | 宝城六区家北巷 124 号 | 电力代售 |
| 广东省中山市 | 悦来南路 12 号 | 供电 |
| 辽宁省沈阳市和平区 | 宁波路 18 号 | 电力供应 |
| 河北省石家庄市桥西区 | 中华北大街 18 号 | 电力供应 |
| 天津市河西区 | 解放南路 399 号 | 电力供应 |
| 辽宁省大连市中山区 | 中山路 102 号 | 供电 |
| 山东省青岛市市南区 | 刘家峡路 17 号 | 电力供应 |
| 重庆市渝中区 | 中山三路 21 号 | 国有资产管理 |
| 辽宁省沈阳市和平区 | 八经街 94 号 | 供电量、售电量 |
| 河北省唐山市路北区 | 建设北路 7 号 | 电力供应 |
| 山东省淄博市张店区 | 新村西路 61 号 | 供电量、售电量 |
| 黑龙江省大庆市让胡路区 | 中央大街 77 号 | 供电 |
| 山东省潍坊市潍城区 | 东风西街 425 号 | 电力供应 |
| 北京市宣武区 | 广安门内大街 482 号 | 发供电 |
| 广东省江门市蓬江区 | 江门港口路 87 号 | 电力供应 |
| 河北省邯郸市丛台区 | 中华北大街 19 号 | 售电量 |
| 四川省成都市锦江区 | 中新街 21 号 | 电力供应 |
| 黑龙江省哈尔滨市道里区 | 尚志大街 188 号 | 电力供应 |
| 山东省济南市市中区 | 泺源大街 238 号 | 电力供应 |
| 辽宁省鞍山市铁东区 | 南胜利路 48 号 | 电力供应 |
| 甘肃省兰州市七里河区 | 西津东路 663 号 | 电力供应 |

续表 54

| 企业名称 | 法人代表 | 电　话 | 分　机 | 邮政编码 |
|---|---|---|---|---|
| 保定供电公司 | 佟卫东 | 3092151 | | 071051 |
| 长春供电公司 | 樊　军 | 2717121 | | 130000 |
| **煤气生产和供应业** | | | | |
| 扬子石化百江能源公司 | 周一敏 | 8393717 | | 210047 |
| 青岛燃气集团有限责任公司 | 杜秀君 | 5814330 | | 266071 |
| 广州市煤气公司 | 陈国平 | 87302186 | | 510060 |
| 常州化工厂 | 金焯贤 | 8812044 | | 213004 |
| 天津市第二煤气厂 | 曹书经 | 26321775 | | 300251 |
| 天津市第三煤气厂 | 姜辉明 | 24367546 | | 300301 |
| 上海浦东煤气制气有限公司 | 李振琪 | 68466898 | 2431 | 201208 |
| 昆明焦化制气厂 | 杨玉昌 | 6263211 | | 650211 |
| 上海吴淞煤气制气有限公司 | 柳百伦 | 56826666 | | 200431 |
| 太原钢铁气体有限公司 | 林企曹 | 3135019 | | 030003 |
| 贵阳煤气气源厂 | 关学斌 | 2561170 | | 551402 |
| 大连煤气公司 | 李　超 | 3603222 | 20419 | 116011 |
| 沈阳市煤气总公司 | 张国辉 | 23525809 | | 110005 |
| 北京市燃气集团有限责任公司 | 孙乐新 | 65125594 | | 100010 |
| 珠海九丰阿科能源有限公司 | 夏理德 | 7268384 | | 519050 |
| 上海大众燃气有限公司 | 杨国平 | 62311249 | | 200060 |
| 加德士海洋燃气能源有限公司 | PETER WANG | 8920400 | | 515041 |
| 上海燃气市北销售有限公司 | 崔忠毅 | 63222311 | 5134 | 200001 |
| 上海燃气浦东销售有限公司 | 谈金龙 | 58995588 | 2609 | 201206 |
| 成都市煤气总公司 | 彭俊福 | 7776101 | | 610072 |
| 天津市燃气集团有限公司第三销售分公司 | 刘安光 | 23369750 | | 300110 |
| 天津燃气集团有限公司 | 孙伯全 | 23348515 | | 300070 |
| 重庆市燃气有限责任公司 | 蒲自庆 | 67850685 | | 400020 |
| 沈阳燃气股份有限公司 | 张国辉 | 23521410 | | 110005 |
| 长春燃气股份有限公司 | 张俊明 | 892628 | | 130041 |
| 宁波兴光煤气集团公司 | 李　英 | 87361060 | | 315010 |
| 湛江华洋石化有限公司 | 邹宛廷 | 2253388 | | 524027 |
| 哈尔滨燃气化工总公司 | 白庆泰 | 4600275 | | 150076 |
| 上海液化石油气经营有限公司 | 施展明 | 53080466 | | 200001 |
| 北京市液化石油气公司 | 郝宝坤 | 68315559 | 3309 | 100044 |

| 企业所在地区 | 企业详细地址 | 主要产品(主要业务活动) |
|---|---|---|
| 河北省保定市新市区 | 五四中路258# | 电力销售 |
| 吉林省长春市南关区 | 人民大街62号 | 售电 |
| | | |
| 江苏省南京市六合区 | 长芦方水路99号 | 液化气清洁能源的生产、液化气配套产品的生产 |
| 山东省青岛市市南区 | 宁夏路123号 | 燃气、焦炭、燃气设备、液化气、灶具销售 |
| 广东省广州市东山区 | 环市东路416号之一 | 煤气生产、煤气供应、液化石油气灌装 |
| 江苏省常州市天宁区 | 清凉路165号 | 无机碱及氢氧化合物生 |
| 天津市东丽区 | 大毕庄村 | 焦炉煤气生产、焦炭生产、硫酸铵 |
| 天津市东丽区 | 无暇街 | 焦炭、煤气 |
| 上海市浦东新区 | 东塘路55号 | 煤气生产、焦炭 |
| 云南省昆明市官渡区 | 大板桥镇山脚村 | 城市煤气、焦炭、煤化工产品 |
| 上海市宝山区 | 长江路555号 | 煤气生产 |
| 山西省太原市尖草坪区 | 草坪街2号 | 工业气体 |
| 贵州省贵阳市清镇市 | 有机厂西部居委会 | 焦炭、焦炉煤气、改质沥青 |
| 辽宁省大连市西岗区 | 黄河路221号 | 煤气 |
| 辽宁省沈阳市和平区 | 新华路8号 | 天燃气产品、焦炭产品、焦炉气产品 |
| 北京市东城区 | 朝阳门内大街130 | 燃气供应与销售、制造销售燃气设备用具、燃气管道施工 |
| 广东省珠海市金湾区 | 珠海港高栏环岛西路九丰码头 | 液化石油气 |
| 上海市普陀区 | 安远路706号 | 燃气供应 |
| 广东省汕头市达濠区 | 长荣大厦12楼BC单元 | 液化石油气 |
| 上海市黄浦区 | 西藏中路656号 | 燃气供应 |
| 上海市浦东新区 | 杨高北路5588号 | 城市燃气供应 |
| 四川省成都市青羊区 | 十二桥街14号 | 煤气供应 |
| 天津市和平区 | 迎水道6号 | 供气 |
| 天津市和平区 | 吴家窑二号路44号 | 煤气供应 |
| 重庆市江北区 | 嘉陵四村一号 | 天燃气供应 |
| 辽宁省沈阳市和平区 | 新华路8号 | 供应各类城市燃气 |
| 吉林省长春市朝阳区 | 同志街48号 | 城市燃气、焦炭、柴焦油 |
| 浙江省宁波市海曙区 | 中山西路166-168号 | 液化石油气供应 |
| 广东省湛江市霞山区 | 霞山友谊路1号湛港大厦18楼 | 液化石油气 |
| 黑龙江省哈尔滨市道里区 | 河图街 | 燃气供应 |
| 上海市黄浦区 | 西藏中路728号 | 液化气供应 |
| 北京市海淀区 | 车公庄西路13号 | 液化石油气销售 |

续表 55

| 企业名称 | 法人代表 | 电　　话 | 分　　机 | 邮政编码 |
|---|---|---|---|---|
| 海洋石油(阳江)储运有限公司 | 蒋志斌 | 3312450 | 111 | 529500 |
| 福建华星石化有限公司 | 苏俊逸 | 7088106 | | 362113 |
| 武汉煤气(集团)公司 | 张江臬 | 85796711 | | 430015 |
| 杭州市燃气有限公司 | 章维明 | 88828788 | 7009 | 310007 |
| 饶平县润德燃化有限公司 | 陈诏文 | 8781448 | | 515724 |
| 石家庄燃气集团 | 张国庆 | 5053391 | 3277 | 050031 |
| 徐州市燃气总公司 | 丁存立 | 5737374 | | 221006 |
| 绵阳燃气集团公司 | 敬克文 | 2376166 | | 621000 |
| 湛江富多煤气有限公司 | 张震远 | 3380411 | 25 | 524012 |
| 厦门市燃气总公司 | 刘天伟 | 2205937 | | 361004 |
| 河南东方燃气股份有限公司 | 孙政群 | 3925188 | 2006 | 455004 |
| BP(福建)石油有限公司 | 何可爱 | 8996608 | | 350201 |
| 苏州燃气集团有限责任公司 | 顾金明 | 8267821 | | 215002 |
| 南京百江液化气有限公司 | 沈联进 | 5391416 | | 210028 |
| 常州市燃气热力总公司 | 朱　严 | 6600034 | | 213003 |
| 温州龙达石油液化气有限公司燃气分公司 | 林　坚 | 64190850 | | 325802 |
| 扬州市燃气总公司 | 王　锋 | 7205205 | 3076 | 225001 |
| 珠海岩谷液化石油气有限公司 | 森重兴 | 7268279 | | 519050 |
| 江门市新江煤气有限公司 | 戴德洪 | 3371770 | | 529030 |
| 南京市煤气总公司 | 周小云 | 3615124 | | 210009 |
| **自来水的生产和供应业** | | | | |
| 深圳市自来水(集团)有限公司 | 梁相钦 | 2137990 | | 518031 |
| 上海市自来水市北有限公司 | 王希高 | 55150088 | 195 | 200086 |
| 上海市自来水市南公司 | 丁朝治 | 63215577 | | 200002 |
| 大连市自来水集团有限公司 | 姜雄城 | 3644644 | | 116011 |
| 长春市自来水公司 | 刘中国 | 8978370 | | 130041 |
| 武汉自来水公司 | 左诗佳 | 83882346 | 804 | 430034 |
| 天津市自来水集团有限公司 | 黄立民 | 23393887 | | 300040 |
| 杭州市自来水总公司 | 竺豪立 | 87815788 | 80904 | 310009 |
| 北京北控制水有限公司 | 孙震岩 | 65156649 | | 100022 |
| 哈尔滨自来水集团有限责任公司 | 纪取文 | 4671471 | | 150010 |
| 昆明市自来水总公司 | 朱　智 | 3135610 | | 650051 |
| 重庆市自来水公司 | 张利洲 | 63846579 | | 400013 |

| 企业所在地区 | 企业详细地址 | 主要产品(主要业务活动) |
|---|---|---|
| 广东省阳江市江城区 | 漠江路怀园小区一幢 8 号 | 经营油气码头、油气批发 |
| 福建省泉州市 | 后龙 | 液化气生产 |
| 湖北省武汉市江汉区 | 青年路 356 号 | 液化气 |
| 浙江省杭州市西湖区 | 天目山路 30 号 | 企业管理 |
| 广东省潮州市饶平县 | 坂上三百门港西侧 | 液化石油汽仓储、供应 |
| 河北省石家庄市裕华区 | 建华南大街 161 号 | 燃气生产和供应 |
| 江苏省徐州市泉山区 | 淮海西路 214 号 | 煤气供应站 |
| 四川省绵阳市涪城区 | 临园路西段 25 号 | 天然气、热、生产电 |
| 广东省湛江市霞山区 | 湛江宝东路 8 号 | 石油液化气、运输 |
| 福建省厦门市开元区 | 湖滨南路 51 号湖滨名宫五楼 | 燃气供应、管道安装维修、钢瓶检测 |
| 河南省安阳市铁西区 | 文明大道 91 号 | 燃气经营、市政建设工程施工 |
| 福建省福州市长乐市 | 营前 | 液化石油气、润滑油 |
| 江苏省苏州市沧浪区 | 干将西路 383 号 | 燃气生产 |
| 江苏省南京市栖霞区 | 迈皋桥万寿村 10 号 | 瓶装液化气生产销售 |
| 江苏省常州市天宁区 | 局前街 98 | 管道煤气供应 |
| 浙江省温州市苍南县 | 龙港镇 | 液化气供应 |
| 江苏省扬州市广陵区 | 运河北路 16 号 | 煤气供应 |
| 广东省珠海市金湾区 | 珠海临港工业区高栏岛环岛西路 | 液化石油气 |
| 广东省江门市蓬江区 | 江门港口路晓港苑三号 5 楼 | 液化石油气供应 |
| 江苏省南京市玄武区 | 中央路 214 号 | 煤气生产 |
| | | |
| 广东省深圳市福田区 | 深南中路万德大厦 23 层 | 自来水生产和供应、污水处理 |
| 上海市虹口区 | 四平路 206 号 | 自来水生产供应 |
| 上海市黄浦区 | 江西中路 484 号 | 自来水生产供应 |
| 辽宁省大连市西岗区 | 高尔基路 42 号 | 自来水 |
| 吉林省长春市南关区 | 67 号 | 自来水生产和供应 |
| 湖北省武汉市乔口区 | 解放大道 240 号 | 自来水 |
| 天津市和平区 | 建设路 54 号 | 自来水生产、自来水供应 |
| 浙江省杭州市上城区 | 建国南路 168 号 | 自来水生产 |
| 北京市朝阳区 | 建外大街 24 号京泰大厦 19 层 | 自来水生产 |
| 黑龙江省哈尔滨市道里区 | 尚志大街 31 号 | 生产销售自来水 |
| 云南省昆明市盘龙区 | 北京路 626 号 | 日供自来水 |
| 重庆市渝中区 | 金汤街 81 号 | 自来水生产及供应 |

续表 56

| 企业名称 | 法人代表 | 电话 | 分机 | 邮政编码 |
|---|---|---|---|---|
| 珠海市供水总公司 | 王世泉 | 8132381 | | 519020 |
| 武汉三镇实业控股股份有限公司 | 陆春保 | 85877108 | | 430056 |
| 成都市自来水总公司 | 林建国 | 7774762 | | 610072 |
| 长沙市自来水公司 | 邱振华 | 5197218 | | 410015 |
| 济南市自来水公司 | 赵玉德 | 6074045 | | 250012 |
| 温州水务集团公司 | 周道义 | 88348082 | | 325027 |
| 厦门市自来水公司 | 铁志毅 | 2033436 | | 361001 |
| 宁波市自来水总公司 | 张晴浩 | 87396483 | | 315040 |
| 石家庄市供水总公司 | 徐　久 | 6013162 | | 050021 |
| 福州市自来水总公司 | 邹一平 | 7533793 | | 350001 |
| 郑州市自来水总公司 | 张天全 | 7631688 | 6826 | 450007 |
| 无锡市自来水总公司 | 胡建晨 | 5128151 | | 214073 |
| 合肥供水集团有限公司 | 窦庆淮 | 4421821 | | 230011 |
| 鞍山市自来水总公司 | 冯广志 | 2200084 | | 114002 |
| 南宁市自来水公司 | 谭良良 | 4835371 | | 530031 |
| 上海市自来水闵行有限公司 | 王正达 | 54722739 | 362 | 200245 |
| 抚顺市自来水公司 | 王志民 | 2605722 | | 113008 |
| 东莞市自来水股份有限公司 | 罗伟权 | 2117282 | | 523009 |
| 顺德市供水总公司 | 梁灿明 | 2222230 | | 528300 |
| 常熟市自来水公司 | 李祖龙 | 2810080 | | 215500 |
| 乌鲁木齐市自来水公司 | 马成群 | 5814598 | | 830000 |
| 辽宁省锦州市自来水总公司 | 马云峰 | 2125893 | | 121000 |
| 广东粤港供水有限公司 | 叶旭全 | 5429321 | | 518021 |
| 北京市自来水集团有限责任公司 | 冯国熙 | 66410088 | | 100031 |
| 广州市自来水公司 | 李裕桂 | 81816951 | | 510160 |
| 上海浦东威望迪自来水有限公司 | 周克明 | 58811366 | 211 | 200127 |
| 沈阳市自来水总公司 | 张国祥 | 22824682 | | 110002 |
| 南京市自来水总公司 | 吴庆生 | 4402716 | 2261 | 210002 |
| 大连市供水公司 | 黄奎良 | 3634665 | | 116011 |
| 佛山市供水总公司 | 陈嘉波 | 3367794 | | 528000 |
| 鹤岗矿务局水电热力公司 | 宋　唯 | 3733265 | | 154100 |
| 南海发展股份有限公司 | 谢育智 | 6333944 | | 528200 |
| 汕头市自来水总公司 | 李广道 | 8237155 | | 515041 |

| 企业所在地区 | 企业详细地址 | 主要产品(主要业务活动) |
|---|---|---|
| 广东省珠海市香洲区 | 拱北粤海中路2083号13幢 | 自来水 |
| 湖北省武汉市蔡甸区 | 建成 | 自来水 |
| 四川省成都市青羊区 | 蜀都大道十二桥街16号 | 自来水 |
| 湖南省长沙市天心区 | 人民中路279 | 自来水制造 |
| 山东省济南市市中区 | 普利街107号 | 自来水生产业及供应 |
| 浙江省温州市鹿城区 | 车站大道文化艺术中心西首 | 自来水生产 |
| 福建省厦门市思明区 | 鹭江道海滨大厦十二层 | 自来水 |
| 浙江省宁波市江东区 | 甬港南路180号 | 自来水生产 |
| 河北省石家庄市桥东区 | 建设南大街136号 | 自来水生产和供应 |
| 福建省福州市鼓楼区 | 六一北路 | 净水、浑水 |
| 河南省郑州市中原区 | 中原西路67号 | 自来水 |
| 江苏省无锡市北塘区 | 人民西路128号 | 自来水生产和供应 |
| 安徽省合肥市瑶海区 | 大王庙 | 自来水生产和供应 |
| 辽宁省鞍山市铁东区 | 站前街56号 | 自来水生产 |
| 广西壮族自治区南宁市江南区 | 体育路4号 | 自来水 |
| 上海市闵行区 | 江川路2009号 | 自来水 制造 |
| 辽宁省抚顺市新抚区 | 自由路14号 | 自来水 |
| 广东省东莞市 | 解放路33号 | 自来水、生产与销售、水泥管、钢管的销售 |
| 广东省佛山市顺德市 | 金榜居委会 | 自来水生产供应 |
| 江苏省苏州市常熟市 | 虞山镇长江路276号 | 自来水、道安装 |
| 新疆维吾尔自治区乌鲁木齐市沙依巴克区 | 黑龙江路23号 | 自来水 |
| 辽宁省锦州市凌河区 | 上海路四段十六号 | 自来水生产供应 |
| 广东省深圳市罗湖区 | 爱国路水库南 | 抽取东江水供应港深 |
| 北京市西城区 | 宣武门西大街甲121号 | 自来水 |
| 广东省广州市荔湾区 | 环市西路5号 | 自来水供应业、其他仪器仪表制造 |
| 上海市浦东新区 | 浦建路703号 | 自来水制水 |
| 辽宁省沈阳市和平区 | 和平北大街43号 | 自来水 |
| 江苏省南京市白下区 | 中山东路460号 | 自来水生产供应、水表 |
| 辽宁省大连市西岗区 | 高尔基路32号 | 供水 |
| 广东省佛山市石湾区 | 同济西路16号 | 自来水的生产和供应 |
| 黑龙江省鹤岗市向阳区 | 煤建路11号 | 供水售电、售燃气暖气、电话 |
| 广东省佛山市南海市 | 南桂东路 | 自来水供应 |
| 广东省汕头市金园区 | 金砂中路17号 | 自来水 |

| 企业名称 | 法人代表 | 电　　话 | 分　机 | 邮政编码 |
|---|---|---|---|---|
| 深圳市宝安自来水有限公司 | 张成香 | 7810647 | | 518133 |
| 太原市自来水公司 | 王健雄 | 3030067 | | 030009 |
| 南昌水业集团有限责任公司 | 毛木金 | 5234708 | | 330002 |
| 保定市供水总公司 | 戴　涛 | 7912426 | | 071051 |
| 兰州市自来水公司 | 傅金镒 | 7356954 | 4359 | 730060 |
| **土木工程建筑业** | | | | |
| 广州天河高新开发区天力建筑公司 | 张　力 | 87302328 | | 510600 |
| 广东省第四建筑工程公司 | 张念柏 | 83805377 | | 510100 |
| 中海发展(广州)有限公司 | 姚沛福 | 87320228 | 8882 | 510095 |
| 江苏省建筑安装工程股份有限公司 | 祝全德 | 7366313 | | 225002 |
| 中铁十三局集团有限公司 | 文普津 | 6161120 | | 130031 |
| 山西建筑工程(集团)总公司 | 贾庭福 | 2021831 | | 030002 |
| 广州市番禺区建筑安装工程公司 | 郭志雄 | 84887300 | | 511400 |
| 中国建筑三局第一建筑安装工程公司 | 梅合理 | 83212361 | | 430040 |
| 江苏省苏中建设集团股份有限公司 | 陶昌银 | 8826101 | | 226600 |
| 广州市房屋开发建设有限公司 | 冯信望 | 83339435 | | 510030 |
| 广州广钢集团工程建设有限公司 | 周锦标 | 81891212 | 2463 | 510380 |
| 北京顺天通建筑工程有限公司 | 佟佐仪 | 84817360 | | 102209 |
| 广州市番禺大石建筑工程公司 | 林明新 | 84787288 | | 511430 |
| 广东海外建设总公司 | 马瑞鑫 | 38807168 | 13104 | 510620 |
| 广州市黄埔区建筑工程总公司 | 梁永就 | 82391868 | | 510700 |
| 南通市第四建筑安装工程公司 | 耿裕华 | 6512951 | | 226300 |
| 中国建筑三局(广州)第一建筑工程公司 | 叶浩文 | 82550866 | | 510660 |
| 广东珠江工程总承包有限公司 | 文衔豪 | 85564286 | | 510630 |
| 江苏南通三建集团公司 | 杨秉法 | 2315268 | | 226100 |
| 番禺市第三建筑工程公司 | 吴满成 | 84877757 | | 511400 |
| 中建一局建设发展公司 | 季加铭 | 64726644 | 206 | 110102 |
| 广州市黄埔区第二建筑工程总公司 | 陆钜秦 | 82382838 | | 510700 |
| 广州市金辉建筑置业有限公司 | 郑龙辉 | 83649108 | | 510030 |
| 北京住总集团有限责任公司 | 连　廉 | 65061426 | | 100020 |
| 广东省建筑工程集团有限公司 | 洪祥盛 | 86686493 | | 510013 |
| 广州电力建筑安装工程有限公司 | 鍾锡成 | 86597263 | 61205 | 510405 |
| 新疆建工(集团)有限责任公司 | 郑三辰 | 2644060 | | 830002 |

| 企业所在地区 | 企业详细地址 | 主要产品(主要业务活动) |
| --- | --- | --- |
| 广东省深圳市宝安区 | 新城广深路段新安段268号 | 自来水供应 |
| 山西省太原市杏花岭区 | 解放路375号 | 自来水 |
| 江西省南昌市青云谱区 | 沿江南路294号 | 自来水供应、自来水生产 |
| 河北省保定市新市区 | 东风路 | 自来水生产供应 |
| 甘肃省兰州市西固区 | 化工街1号 | 自来水供应 |
| 广东省广州市天河区 | 中山一路21号 | 房屋建筑 |
| 广东省广州市东山区 | 白云 | 房屋建筑 |
| 广东省广州市东山区 | 先烈中路69号32楼 | 施工总承包 |
| 江苏省扬州市广陵区 | 文昌中路136号 | 房屋建筑 |
| 吉林省长春市二道区 | 188号 | 铁路、公路、桥梁、隧道、市政、水利、水电、城市轨道等 |
| 山西省太原市迎泽区 | 新建路35号 | 房屋建筑 |
| 广东省广州市番禺区 | 市桥镇大西路62号 | 工业与民用建筑工程 |
| 湖北省武汉市东西湖区 | 吴家山 | 房屋建筑施工 |
| 江苏省南通市海安县 | 中坝南路18号 | 房屋建筑 |
| 广东省广州市越秀区 | 广卫路15号之一 | 房屋建筑 |
| 广东省广州市芳村区 | 芳村大道1号 | 建筑、安装、制造 |
| 北京市昌平区 | 东小口东小口 | 房屋建筑 |
| 广东省广州市番禺区 | 大石镇朝阳东路180号 | 房屋建筑 |
| 广东省广州市天河区 | 天河路351号 | 工业与民用建筑工程、对个承包工程 |
| 广东省广州市黄埔区 | 广新路68号 | 房屋建筑、房地产开发 |
| 江苏省南通市通州市 | 新金西路93号 | 房屋建筑 |
| 广东省广州市天河区 | 黄村 | 房屋建筑、设备安装、装饰 |
| 广东省广州市天河区 | 中山大道105号华景新城豪江阁三楼 | 房屋建筑 |
| 江苏省南通市海门市 | 狮山路131号 | 房屋建筑 |
| 广东省广州市番禺区 | 市桥镇光明北路81号 | 房屋建筑 |
| 北京市朝阳区 | 望花路西里17号 | 房屋建筑 |
| 广东省广州市黄埔区 | 大沙地东路311号 | 建筑安装 |
| 广东省广州市越秀区 | 中山五路百汇广场17楼1718 | 房屋建筑 |
| 北京市朝阳区 | 东三环中路25号 | 房屋建筑 |
| 广东省广州市荔湾区 | 流花路85号 | 土木建筑工程 |
| 广东省广州市白云区 | 广园中路97号 | 建筑 |
| 新疆维吾尔自治区乌鲁木齐市天山区 | 青年路19号 | 房屋建筑 |

续表 58

| 企业名称 | 法人代表 | 电　话 | 分　机 | 邮政编码 |
|---|---|---|---|---|
| 武汉建工股份有限公司 | 郭培润 | 82778959 | | 430014 |
| 中国第十三冶金建筑公司 | 胡凤根 | 3043488 | | 030009 |
| 中国建筑第三工程局第二建筑安装工程公司 | 易文权 | 87614062 | | 430074 |
| 中国第一冶金建设公司 | 苑玉成 | 68868899 | | 433081 |
| 新疆维吾尔自治区石油管理局 | 唐　健 | 6882608 | | 834000 |
| 中铁四局集团有限公司 | 高贵平 | 3633455 | 44220 | 230023 |
| 中铁十八局集团有限公司 | 赵广发 | 26194491 | | 300222 |
| 中铁大桥局集团第三工程有限公司(广州) | 张春新 | 68638369 | 2031 | 510800 |
| 中铁十九局集团有限公司 | 李克金 | 2327114 | | 111004 |
| 路桥集团第一公路工程局 | 侯金龙 | 65761831 | | 100024 |
| 中铁三局集团有限公司 | 刘成山 | 4041076 | 50120 | 030001 |
| 中铁十一局集团有限公司 | 段昌炎 | 3267114 | | 441003 |
| 广东中原工程有限公司 | 李永忠 | 87620709 | 318 | 510070 |
| 广州市黄埔区市政建设总公司 | 陈红穗 | 82280818 | | 510700 |
| 广州市第二市政工程有限公司 | 陈舜明 | 83837363 | | 510060 |
| 湖南省公路桥梁建设总公司 | 贾哲奎 | 5585394 | | 410004 |
| 吉林省交通集团有限公司 | 杨树林 | 4654570 | 8306 | 130021 |
| 广东省源大水利水电集团公司 | 陈国鹏 | 87743988 | | 510507 |
| 广东水电二局股分有限公司 | 黄迪领 | 61777266 | | 511340 |
| 中国葛洲坝水利水电工程集团有限公司 | 张　野 | 6712923 | | 443002 |
| 葛洲坝股份有限公司 | 张　野 | 6746439 | | 443002 |
| 中国水利水电第八工程局 | 杨荣强 | 5560045 | | 410007 |
| 中国江苏国际经济技术合作公司 | 张桂生 | 3310555 | 712 | 210008 |
| **线路、管道和设备安装业** | | | | |
| 北京市政建设集团有限责任公司 | 赵国平 | 68025963 | | 100045 |
| 广东省电力工业局输变电工程公司 | 苏棣芳 | 81255627 | | 510160 |
| 广州电力建设有限公司 | 陈雄一 | 86540462 | | 510410 |
| 广州市自来水工程公司 | 陈智彪 | 83792640 | | 510100 |
| 广州南方电力建设集团有限公司 | 金基民 | 87774223 | 82710 | 510600 |
| 广东省电信工程公司 | 赖志坚 | 87327983 | | 510095 |
| 广州市通信建设有限公司 | 叶锦添 | 83128364 | | 510055 |
| 广州南方电力集团电安建设有限公司 | 彭文细 | 87256163 | | 510075 |
| 广州市海珠区市政建设工程总公司 | 徐　艳 | 84417642 | | 510240 |

| 企业所在地区 | 企业详细地址 | 主要产品(主要业务活动) |
|---|---|---|
| 湖北省武汉市江岸区 | 南京路135号金宝大厦17楼 | 房地产 |
| 山西省太原市杏花岭区 | 北大街278 | 房屋建筑 |
| 湖北省武汉市洪山区 | 鲁磨路306 | 工业与民用建筑施工、设备管道线路安装 |
| 湖北省武汉市青山区 | 和平大道1 | 房屋建设,结构件、管道安装、公路、桥梁、涵洞 |
| 新疆维吾尔自治区克拉玛依市克拉玛依区 | 友谊路98号 | 钻井工程、工程建设、供发电 |
| 安徽省芜湖市新芜区 | 望江路96号 | 铁路、工民建、市政 |
| 天津市津南区 | 宋庄 | 铁路、公路施工总承包、桥梁、隧道施工总承包、市政、水利施工总 |
| 广东省广州市花都区 | 建设路34号 | 铁路桥梁配套工程施工、公路市政桥梁工程施工、土建构筑物施工 |
| 辽宁省辽阳市白塔区 | 和平路17号 | 铁路公路、隧道桥梁 |
| 北京市朝阳区 | 管庄 | 公路桥梁隧道 |
| 山西省太原市迎泽区 | 迎泽大街269号 | 建筑 |
| 湖北省襄樊市樊城区 | 七里河路113号 | 建筑 |
| 广东省广州市东山区 | 先烈中路102号华盛大厦南塔15楼 | 公路工程、通信工程 |
| 广东省广州市黄埔区 | 大沙西路182号 | 公路桥梁排水 |
| 广东省广州市东山区 | 环市东路336号12、13楼 | 市政工程施工一级 |
| 湖南省长沙市雨花区 | 韶山南路73号 | 建筑 |
| 吉林省长春市朝阳区 | 解放大路84号 | 道桥施工 |
| 广东省广州市天河区 | 燕岭路89号 | 水电 |
| 广东省广州市增城市 | 港口大道312号 | 水利水电工程 |
| 湖北省宜昌市西陵区 | 清江路1号 | 堤坝电站、码头 |
| 湖北省宜昌市西陵区 | 石子岭3号 | 水利水电工程承包 |
| 湖南省长沙市雨花区 | 城南中路2号 | 水利建筑 |
| 江苏省南京市鼓楼区 | 北京西路5号 | 承包国内外工程,国外劳务输出,进出口贸易 |
| 北京市西城区 | 南礼士路17号 | 市政工程 |
| 广东省广州市荔湾区 | 东风西路40号 | 线路安装、设备安装、房屋建筑 |
| 广东省广州市白云区 | 新市黄石路口北区供电局附楼 | 电力线路安装 |
| 广东省广州市东山区 | 大沙头路3号 | 线路管道安装、设备安装 |
| 广东省广州市东山区 | 梅花路1号 | 电力线路设计安装 |
| 广东省广州市东山区 | 区庄原道路17号 | 通信设备、线路安装 |
| 广东省广州市东山区 | 较场西路17号 | 通信业务安装业务、通信管道线路总承包、通信配套工程总承包 |
| 广东省广州市天河区 | 水荫路131号 | 电力设备安装维护 |
| 广东省广州市海珠区 | 宝岗大道昌盛大街1号 | 道路排水、园林建设、房屋修缮、水电安装、装饰工程、预制构件 |

续表 59

| 企业名称 | 法人代表 | 电　　话 | 分　　机 | 邮政编码 |
|---|---|---|---|---|
| 广州南方电力集团西区建设有限公司 | 邵镇康 | 81936881 | | 510175 |
| 广州南方电力集团南区建设有限公司 | 何运林 | 34295848 | | 510235 |
| 中通建设股份有限公司 | 黄宪明 | 67668211 | | 100176 |
| 广州市电信工程公司 | 范建华 | 87775706 | | 510060 |
| 中国化学工程第三建设公司 | 刘维友 | 6653515 | | 232038 |
| 广州南方电力集团黄埔建设有限公司 | 曹志强 | 82274533 | | 510700 |
| 中国石化集团第四建设公司 | 周为民 | 63862347 | | 300270 |
| 广东输变电实业开发公司 | 李道源 | 81709562 | | 510160 |
| 广州四方市政工程有限公司 | 王　俐 | 87609063 | | 510060 |
| 广州自来水管道工程有限公司 | 陈胜雄 | 81819574 | | 510160 |
| 广州市穗业工程承包有限公司 | 陈卫森 | 87532263 | | 510620 |
| 广州南方电力集团东区建设有限公司 | 廖常超 | 87377949 | | 510600 |
| 广州供用电工程总公司电气安装工程公司 | 彭文细 | 87256163 | | 510075 |
| 广州南方电力集团北区建设有限公司 | 彭文细 | 86628128 | 68161 | 510410 |
| 广州南方电力集团中区建设有限公司 | 邓　骏 | 86595670 | | 510400 |
| 江苏省送变电公司 | 董四清 | 5502314 | 2236 | 210028 |
| 湖南省送变电建设公司 | 黄志安 | 5559244 | | 410015 |
| 广东省工业设备安装公司 | 钟凤标 | 87310432 | | 510080 |
| 广州市灵智自动化系统控制有限公司 | 许少波 | 38259010 | 828 | 510630 |
| 番禺市供用电工程公司 | 梁小驹 | 84874888 | 2862 | 511400 |
| 广州石油化工总厂建筑安装工程公司 | 黄立松 | 82122226 | | 510726 |
| 海洋石油工程股份有限公司 | 于喜增 | 25808018 | | 300452 |
| 广州市电力工程公司 | 赵树华 | 84072373 | | 510260 |
| 大庆油田建设集团有限责任公司 | 曲广学 | 5595132 | | 163712 |
| 广东得利满水务工程有限公司 | Mr. Marc | 87326200 | | 510075 |
| 广州恒新机电工程有限公司 | 王秀荣 | 87568856 | | 510620 |
| 大庆油田工程建设有限责任公司 | 许亚权 | 5592814 | | 163553 |
| 大庆油田安装工程有限责任公司 | 任国强 | 5712915 | | 163457 |
| 北京市设备安装工程公司 | 冯　义 | 68033588 | | 100045 |
| 广州市永红水电装修工程有限公司 | 覃烈红 | 38811968 | | 510620 |
| 广东省电力工业局技术改进公司 | 李粤穗 | 81254480 | | 510160 |
| 大庆油田建材制造安装有限责任公司 | 李德昌 | 5391329 | | 163453 |
| 广州市煤气工程公司 | 周顺生 | 87696408 | | 510600 |

| 企业所在地区 | 企业详细地址 | 主要产品(主要业务活动) |
|---|---|---|
| 广东省广州市荔湾区 | 中山八路85号 | 电力线路安装 |
| 广东省广州市海珠区 | 前进路素社直街四号二楼 | 电力线路安装 |
| 北京市大兴区 | 经济技术开发区 | 通信广电 |
| 广东省广州市东山区 | 先烈南青龙坊56号 | 通信线路、通信管道、电源设备安装 |
| 安徽省淮南市田家庵区 | 洞山西路 | 化工石油工程、机电设备安装、房屋建筑 |
| 广东省广州市黄埔区 | 黄埔港湾路26号 | 电力线路安装 |
| 天津市大港区 | 世纪大道180号 | 线路管道安装、设备安装、其他土木工程 |
| 广东省广州市荔湾区 | 东风西路40号 | 线路、管道安装、设备安装 |
| 广东省广州市东山区 | 环市东路348号604室 | 线路管道安装 |
| 广东省广州市荔湾区 | 环市西路5号自编1号 | 线路管道安装 |
| 广东省广州市越秀区 | 中山五路雨帽街道13号 | 工程 |
| 广东省广州市东山区 | 寺右北一街三巷28号 | 电力线路安装 |
| 广东省广州市天河区 | 水荫路131号 | 电力设备安装维护 |
| 广东省广州市白云区 | 黄石路口 | 电力线路安装 |
| 广东省广州市白云区 | 广园中路99号 | 电力线路安装 |
| 江苏省南京市栖霞区 | 和燕路280号 | 送电线能变电站施工、混凝土制件、贸易 |
| 湖南省长沙市天心区 | 劳动西路339号 | 送变电安装、调试 |
| 广东省广州市东山区 | 农林下路83号广发金融大厦15-16楼 | 设备管线安装 |
| 广东省广州市天河区 | 天河北路906号高科大厦29房01、08 | 家居智能控制器、酒店客房控制器、一卡通、门禁 |
| 广东省广州市番禺区 | 光明北路91号 | 电力安装 |
| 广东省广州市黄埔区 | 石化路239号 | 设备安装、线路、管道安装、非标设备制造 |
| 天津市塘沽区 | 闸北路3号 | 海上油气设施总包工程、海上油气设施设计制造、各类钢结构 |
| 广东省广州市海珠区 | 江泰路52号 | 设备安装 |
| 黑龙江省大庆市让胡路区 | 西静路2号 | 设备安装、线路管道安装、土木工程建筑 |
| 广东省广州市东山区 | 先烈中路区庄穗丰大厦8楼A座 | 各类水处理设计、安装、运转业务 |
| 广东省广州市天河区 | 黄埔大道163号富星大厦档塔10楼 | 设备安装 |
| 黑龙江省大庆市让胡路区 | 西柳街二号 | 设备安装、线路管道安装 |
| 黑龙江省大庆市让胡路区 | 乘风北路57号 | 设备安装、线路管道安装、房屋建筑 |
| 北京市西城区 | 南礼士路15号 | 设备安装 |
| 广东省广州市天河区 | 天河东路信成南街5号 | 水电装修工程 |
| 广东省广州市荔湾区 | 东风西路34号 | 电力建设与安装 |
| 黑龙江省大庆市让胡路区 | 西宾路24号 | 设备安装、线路管道安装、砼结构制造 |
| 广东省广州市东山区 | 中山一路36号2楼 | 设备安装 |

| 企业名称 | 法人代表 | 电　　话 | 分　　机 | 邮政编码 |
|---|---|---|---|---|
| 扬州市工业设备安装公司 | 邵文熙 | 7342870 | | 225002 |
| 中国机械工业建设总公司 | 王治安 | 68002673 | | 100044 |
| 江苏省电力建设第三工程公司 | 孙一峰 | 4442828 | | 212003 |
| 广州市奥特控制工程有限公司 | 古　特 | 87320891 | 261 | 510095 |
| 北京城建九建设安装工程有限公司 | 王文德 | 68026699 | | 100045 |
| 中国石化集团第二建设公司 | 彭人元 | 5561388 | | 210046 |
| 增城市联电供用电工程有限公司 | 列永波 | 82621727 | | 511300 |
| 江苏省电力建设第一工程公司 | 周治中 | 5317450 | 2200 | 210028 |
| **装修装饰业** | | | | |
| 中国联和承造实业有限公司 | 李德和 | 83193388 | 2512 | 510120 |
| 广州市第四装修公司 | 黄剑豪 | 87690368 | | 510075 |
| 广东省装饰总公司 | 王　冶 | 83356558 | | 510055 |
| 广东省集美设计工程公司 | 全　森 | 84011813 | | 510260 |
| 广州市第三装修有限公司 | 唐同海 | 71033856 | | 510170 |
| 广东省建筑装饰集团公司 | 陈婵英 | 87310888 | 3118 | 510080 |
| 广州市第二装饰公司 | 梁绍川 | 83566405 | | 510045 |
| 沈阳市远大铝业建筑有限公司 | 康宝华 | 88423688 | 626 | 110161 |
| 广州市美术公司 | 陈金荣 | 87047039 | | 510075 |
| 华辉装修建筑工程有限公司 | 关　超 | 81950896 | | 510130 |
| 苏州金螳螂建筑装饰有限公司 | 朱兴泉 | 8278363 | | 215004 |
| 武汉凌云建筑装饰工程有限公司 | 黄　恒 | 83630683 | | 430030 |
| 广州珠江建筑装饰集团公司 | 江荣宇 | 81368913 | | 510170 |
| 汕头市泰达装饰工程公司 | 郭师杰 | 8838198 | | 515000 |
| 广州铝材厂装饰工程公司 | 黄鸿立 | 81385462 | | 510140 |
| 广州市第一装修公司 | 梁　驹 | 87620975 | | 510600 |
| 广东省华侨建筑装饰公司 | 邓文忠 | 87348817 | | 510600 |
| 广东省保安消防机电装饰工程有限公司 | 刘日华 | 82578230 | 817 | 510660 |
| 广东省工业美术设计装修工程公司 | 苏　松 | 87677899 | | 510080 |
| 广州市穗通冷气装饰工程公司 | 麦次文 | 87582336 | | 510620 |
| 华侨现代装饰服务有限公司 | 郑大亮 | 83591541 | | 510095 |
| 五羊装饰设计工程公司 | 梁志成 | 86668800 | 3604 | 510017 |
| 深圳市洪涛装饰工程公司 | 刘年新 | 2264147 | | 518029 |
| 北京首都工程有限公司装饰分公司 | 陈笑滨 | 66413064 | | 100032 |
| 深圳海外装饰工程公司 | 高　刚 | 3216286 | | 518031 |

| 企业所在地区 | 企业详细地址 | 主要产品(主要业务活动) |
| --- | --- | --- |
| 江苏省扬州市郊区 | 史可法路 19 号 | 设备安装 |
| 北京市西城区 | 车公庄大街 6 号 | 施工总承包、设备安装 |
| 江苏省镇江市京口区 | 丁卯桥路 138 号 | 电力建设 |
| 广东省广州市东山区 | 先烈中路 69 号 | 设备安装 |
| 北京市西城区 | 南礼士路头条七号 | 设备安装 |
| 江苏省南京市栖霞区 | 尧石二村 100 号 | 化工石油工程施工、设备安装 |
| 广东省广州市增城市 | 荔城大道 173 号 | 配电安装 |
| 江苏省南京市栖霞区 | 合班村 303 号 | 火电建筑安装施工、中型工业设备安装、电站非标准加工 |
| 广东省广州市越秀区 | 大德路 318 号 | 装饰装修、开设承接工程的顾问、业务设计 |
| 广东省广州市东山区 | 环市东路 472 号粤海大厦 22 楼 | 室内外装饰、制冷空调机电安装、幕墙安装 |
| 广东省广州市东山区 | 德政北路 443 号三楼 | 装修装饰 |
| 广东省广州市海珠区 | 昌岗东路 257 号 | 室内外环境装饰与施工、工业产品造型设计制作、包装设计与制作 |
| 广东省广州市荔湾区 | 荔湾北路 139 号 | 建筑装修、建筑装饰设计、线路及管道安装 |
| 广东省广州市东山区 | 农林下路 83 号 31 楼 | 装饰装修、装饰设计、机电安装 |
| 广东省广州市越秀区 | 法政路 50 号 | 装修装饰、空调水电、搭棚 |
| 辽宁省沈阳市东陵区 | 东陵路 30－2 号 | 装饰装修 |
| 广东省广州市天河区 | 沙河顶水荫四横路 46 号 | 装修装饰业、文化艺术 |
| 广东省广州市荔湾区 | 和平西路 11 号之一 | 设计装修建筑工程、装修设备材料电器、销售服务 |
| 江苏省苏州市平江区 | 民营工业区 | 室内外装饰装璜 |
| 湖北省武汉市江汉区 | 建设大道 4 | 装饰装修 |
| 广东省广州市越秀区 | 东风西路 132 号流花广场园景中心 1702 室 | 建筑装饰工程、建筑装饰设计、建筑装饰材料销售 |
| 广东省汕头市达濠区 | 海旁路 5 号 | 室内装修、冷暖设备安装、排水安装 |
| 广东省广州市荔湾区 | 恩宁路 130 号 | 室内外装饰装修 |
| 广东省广州市东山区 | 中山一路 38 号 | 装修工程施工、室内外装饰设计 |
| 广东省广州市东山区 | 梅花路 32 号二楼 | 室内外装饰施工及设计、设备安装、空调、土建工程 |
| 广东省广州市天河区 | 车陂路美景花苑 2 梯 501 | 保安消防防盗工程设计、安装及维修室内装饰、保安消防防盗器材 |
| 广东省广州市东山区 | 署前路 33 号 2 号楼三楼 | 装修装卸 |
| 广东省广州市天河区 | 体育东路体育东横街 305 号 | 冷冻空调工程总承已、制冷工程设计、安装、室内装饰 |
| 广东省广州市东山区 | 华侨新村运动友爱路 75 号地下 | 装饰 |
| 广东省广州市越秀区 | 环市西路 194 号西 6 楼 | 承接建筑装饰工程 |
| 广东省深圳市罗湖区 | 泥岗西路五栋 | 室内外装饰设计与施工 |
| 北京市西城区 | 复兴门南大街 2 号甲 A 座西区 6 层 | 装饰装修 |
| 广东省深圳市福田区 | 振华路 122 号海外装饰大厦 A 座 8 楼 | 室内装饰空气调节铝合、金安装装饰工程设计、技术咨询玻璃加工制 |

| 企业名称 | 法人代表 | 电　话 | 分　机 | 邮政编码 |
|---|---|---|---|---|
| 广州市番禺新永兴消防水电装饰工程有限公司 | 褚锡伦 | 84628023 | | 511400 |
| 中国建筑第三工程局(珠海)第一建筑安装工 | 梅合理 | 3329700 | | 519015 |
| 广东建安消防机电工程有限公司 | 彭超坦 | 34302241 | | 510310 |
| 广东金圣装饰工程有限公司 | 崔　东 | 87635117 | | 510500 |
| 深圳市东润建筑工程有限公司 | 林振佳 | 3410141 | | 518040 |
| 广州市建兴装饰工程有限公司 | 张　克 | 38791256 | | 510110 |
| 深圳市建筑装饰(集团)有限公司 | 汪家玉 | 3541506 | | 518034 |
| 深圳市美和装饰设计工程有限公司 | 刘婷婷 | 3782066 | | 518031 |
| 广州市芳村区三骏装饰工程有限公司 | 伍荣峰 | 81507428 | | 510380 |
| 中国建筑装饰工程公司 | 刘晓一 | 87301546 | | 100023 |
| 广州市嘉丽装饰工程有限公司 | 罗淼麟 | 83343695 | | 510627 |
| 广州市港番装饰工程有限公司 | 郭梓文 | 34731593 | | 511400 |
| 广东省建筑装饰工程有限公司 | 万国华 | 83595617 | | 510095 |
| 深圳市深装总装饰工程工业有限公司 | 刘海云 | 5843546 | | 518029 |
| 营口东林瑞那斯铝业有限公司 | 周德才 | 7265409 | | 115212 |
| 北京港源建筑装饰工程有限公司 | 王　波 | 62319026 | | 100083 |
| 广州设计院工程建设承包公司 | 董学奎 | 87543938 | | 510620 |
| 广州市民生建筑装饰工程有限公司 | 陈德里 | 83339843 | | 510030 |
| 广州白云铝质装修工程有限公司 | 余义贤 | 87232783 | | 510510 |
| 广东晟世纪装饰工程有限公司 | 蔡汉松 | 87750741 | | 510075 |
| 镇江苏源华电电力有限责任公司 | 孙一峰 | 3357404 | | 212006 |
| 深圳市方大装饰工程有限公司 | 朱卫平 | 6788571 | 3323 | 518055 |
| 北京中建华腾装饰工程有限公司 | 陈一龙 | 64726644 | 590 | 100102 |
| 中铁二局集团装饰装修工程有限公司 | 陈小龙 | 7643516 | | 610031 |
| 广州市南华西建筑安装工程有限公司 | 李俊贤 | 84424241 | 216 | 510245 |
| **食品、饮料、烟草和家庭用品批发业** | | | | |
| 吉林粮食集团进出口有限公司 | 王海生 | 4630129 | 8909 | 130031 |
| 中粮粮油进出口公司 | 于旭波 | 65268888 | 2950 | 100005 |
| 中粮国际(北京)有限公司 | 刘福春 | 65268888 | 9313 | 100005 |
| 吉林省粮油食品进出口集团有限公司 | 刘秀忱 | 5676001 | | 130021 |
| 中谷粮油集团公司 | 张建辉 | 66094908 | | 100801 |
| 浙江省粮油食品进出口股份有限公司 | 朱子春 | 85779999 | | 310003 |
| 安徽省粮油食品进出口(集团)公司 | 张维根 | 2831094 | | 230061 |

| 企业所在地区 | 企业详细地址 | 主要产品(主要业务活动) |
|---|---|---|
| 广东省广州市番禺区 | 平康路207号 | 消防水电装饰工程、设计安装维修保养、批发零售消防器材等 |
| 广东省珠海市香洲区 | 海滨南路光大国贸中心3102室 | 建筑、设备安装 |
| 广东省广州市海珠区 | 江丽路131号207 | 安装消防工程 |
| 广东省广州市天河区 | 广州军区后勤沙河农场 | 建筑装饰 |
| 广东省深圳市福田区 | 车公庙泰然工贸园206栋7F西 | 建筑施工 |
| 广东省广州市东山区 | 沿江中路298号A幢23A房 | 室内装修装饰、设计、房屋出租 |
| 广东省深圳市福田区 | 红荔西路7024号鲁班大厦4、11楼 | 室内外装修、设计、施、空调工程安装、幕墙工程施工、设计 |
| 广东省深圳市福田区 | 新洲路47号 | 装饰 |
| 广东省广州市芳村区 | 冲口街坑口村迎来里七巷一号 | 装修装饰 |
| 北京市朝阳区 | 十八里店横街子 | 装饰工程的设计施工、艺术装璜泥塑石雕 |
| 广东省广州市天河区 | 黄埔大道西跑马地花园凯楠居B座802 | 室内装饰 |
| 广东省广州市番禺区 | 市良路金业花园综合楼 | 建筑物的装饰 |
| 广东省广州市东山区 | 欢市中路321号11楼 | 建筑装饰 |
| 广东省深圳市福田区 | 八卦一路十栋装饰工业大厦二楼 | 装饰施工设计 |
| 辽宁省营口市盖州市 | 盖州红旗镇 | 铝材装修 |
| 北京市海淀区 | 清华东路9－20号 | 建筑装饰施工、建筑装饰设计、工业与民用建筑施工 |
| 广东省广州市天河区 | 体育东路横街3号 | 建筑工程总承包 |
| 广东省广州市越秀区 | 广州市吉祥路48号九楼 | 室内装修 |
| 广东省广州市白云区 | 京溪 | 铝窗幕墙、塑料型材、塑门窗 |
| 广东省广州市东山区 | 天河路44号202# | 装修、装饰 |
| 江苏省镇江市京口区 | 石墙头 | 电厂的建筑、安装、普通机械制造、电线、电缆 |
| 广东省深圳市南山区 | 龙井 | 建筑幕墙设计.制作、安装 |
| 北京市朝阳区 | 望花路东里 | 各类建筑、室内外装饰装修工程施工 |
| 四川省成都市金牛区 | 沙湾东一路新二号 | 装饰装修工程 |
| 广东省广州市海珠区 | 江南大道中232号华海大厦29楼 | 建筑安装 |
| 吉林省长春市二道区 | 自由大路118号 | 玉米、大米、杂粮豆 |
| 北京市东城区 | 建国门内大街8号 | 粮油进口 |
| 北京市东城区 | 建内大街8号 | 粮食批发、食用油批发、饲料批发 |
| 吉林省长春市朝阳区 | 解放大路116号 | 玉米大米大豆畜禽、肉食糖茶杂粮杂豆、油脂油料罐头食品 |
| 北京市西城区 | 复兴门内大街45号 | 大豆、棕榈油、小麦 |
| 浙江省杭州市下城区 | 体育场路229号 | 粮油食品批发 |
| 安徽省合肥市庐阳区 | 金寨路389－399号 | 自营和代理各类商品及、技术进出口业务 |

续表 62

| 企业名称 | 法人代表 | 电　话 | 分　机 | 邮政编码 |
| --- | --- | --- | --- | --- |
| 广东省中山食品水产进出口集团有限公司 | 何荣洪 | 8310882 | | 528403 |
| 中国土产畜产浙江茶叶进出口公司 | 施新权 | 87069835 | 6677 | 310006 |
| 云南省烟草玉溪市公司 | 普学明 | 2968165 | | 653100 |
| 云南省烟草卷烟销售公司 | 倪鸿宾 | 5192173 | | 650031 |
| 上海烟草集团上海烟草贸易中心 | 施　超 | 65418740 | | 200090 |
| 中国烟草总公司广东省公司 | 黄永东 | 38803398 | | 510610 |
| 南京市南京烟销售有限公司 | 陈利生 | 8887081 | | 211800 |
| 四川省烟草公司成都分公司 | 胡存忠 | 6716457 | | 610021 |
| 云南省烟草红河州公司 | 谷　宏 | 6122739 | | 652300 |
| 中国烟草物资公司 | 边有伦 | 63601471 | | 100055 |
| 云南红塔集团楚雄州烟草公司 | 张国良 | 3012929 | | 675000 |
| 云南省烟草昆明市公司 | 郑天一 | 5818118 | 3152 | 650202 |
| 云南省烟草曲靖分公司 | 吴承苍 | 3360540 | | 655000 |
| 重庆烟草商业有限责任公司 | 张官金 | 62967061 | | 400060 |
| 山东潍坊烟草有限公司 | 成爱祥 | 8787161 | | 261031 |
| 中国烟叶生产购销公司 | 赵　兴 | 63605152 | | 100053 |
| 青岛烟草有限公司 | 王永昌 | 3817777 | | 266021 |
| 中国烟草总公司北京市公司 | 顾阿朝 | 64434106 | | 100029 |
| 甘肃省烟草专卖局 | 李国勋 | 8881311 | | 730000 |
| 中国烟草总公司天津市公司 | 武恒业 | 23315722 | | 300050 |
| 四川省卷烟销售公司 | 陈　霖 | 6261822 | | 610016 |
| 四川红塔卷烟销售有限责任公司 | 杨永发 | 6762509 | | 610017 |
| 云南省烟草大理州公司 | 赵　全 | 2125004 | 8746 | 671000 |
| 中国烟草总公司深圳市公司 | 罗光伟 | 2230333 | | 518002 |
| 云南省昭通市烟草公司 | 张家兵 | 2130076 | | 657000 |
| 云南省烟草物资配套公司 | 顾　波 | 5126448 | | 650031 |
| 湘南烟草集团有限公司 | 梅国庆 | 2222011 | 9805 | 423000 |
| 中国烟草总公司湖北省公司 | 曹树斌 | 83797106 | 804 | 430030 |
| 广东省烟草公司梅州分公司 | 林孟昌 | 2235660 | | 514011 |
| 广东烟草韶关市有限公司 | 赖建文 | 8883655 | | 512000 |
| 江苏省烟草公司江浦县公司 | 杨贡治 | 8887081 | | 211800 |
| 江苏省烟草公司南京分公司 | 金雪亭 | 4419040 | | 210018 |
| 辽宁省卷烟销售公司 | 宋玉强 | 22923062 | | 110014 |

| 企业所在地区 | 企业详细地址 | 主要产品(主要业务活动) |
| --- | --- | --- |
| 广东省中山市 | 三路华苑大街 113 号 | 自营和代理各类商品及、技术的进口业务 |
| 浙江省杭州市下城区 | 延安路 310 号 | 茶叶批发、其它商品批发 |
| 云南省玉溪市红塔区 | 凤凰路 | 烟草及其制品批发 |
| 云南省昆明市五华区 | 圆通街 33 号 | 卷烟批发 |
| 上海市杨浦区 | 黄兴路 18 号 | 烟草制品批发 |
| 广东省广州市天河区 | 林和东路 128 号 | 卷烟批发 |
| 江苏省南京市浦口区 | 凤凰大街 18 号 | 南京牌系列卷烟销售 |
| 四川省成都市锦江区 | 中纱帽街 1 号 | 卷烟批发 |
| 云南省红河哈尼族彝族自治州弥勒县 | 桃园路 50 号 | 卷烟批发、烤烟批发 |
| 北京市宣武区 | 广外大街 9 号 | 烟草及其制品批发 |
| 云南省楚雄彝族自治州楚雄市 | 鹿城东路 | 收购加工、调拨储运 |
| 云南省昆明市官渡区 | 龙泉路上庄 | 烟草及其制品批发 |
| 云南省曲靖市麒麟区 | 麒麟北路 | 烟叶批发 |
| 重庆市南岸区 | 南坪南路 1 号 | 调拨销售卷烟、销售文教体育用品、商贸信息咨询 |
| 山东省潍坊市奎文区 | 东风东街 181 号 | 卷烟、烟叶批发 |
| 北京市宣武区 | 广外大街 9 号 | 烟草及其制品批发 |
| 山东省青岛市市北区 | 华阳路 20 号 | 卷烟批发 |
| 北京市朝阳区 | 北三环东路樱花西街 10 号 | 批发烟 |
| 甘肃省兰州市城关区 | 东岗西路 573# | 烟草及其它制品批发 |
| 天津市和平区 | 郑州道 35 号 | 烟草及其制品批发 |
| 四川省成都市锦江区 | 桂王桥 | 卷烟批发 |
| 四川省成都市锦江区 | 桂王桥南街 26 号 | 批发零售卷烟 |
| 云南省大理白族自治州大理市 | 建设东路 191 号 | 烟叶、卷烟 |
| 广东省深圳市罗湖区 | 东门南路 3008 号 | 卷烟销售 |
| 云南省昭通市昭阳区 | 凤霞路 | 卷烟批发 |
| 云南省昆明市五华区 | 螺峰街 126 号 | 烟草专卖物资、烟草辅料 |
| 湖南省郴州市北湖区 | 七里大道 3 号 | 卷烟销售、烟叶购销 |
| 湖北省武汉市乔口区 | 解放大道 618 号 | 烟草卷烟及原材料销售 |
| 广东省梅州市梅江区 | 侨新路边 183 号 | 烟草制品 |
| 广东省韶关市北江区 | 风采路 | 卷烟批发 |
| 江苏省南京市浦口区 | 凤凰大街 18 号 | 国产卷烟批发 |
| 江苏省南京市玄武区 | 长江路 192 | 卷烟批发销售 |
| 辽宁省沈阳市铁西区 | 热闹路 12 号 | 卷烟 |

| 企业名称 | 法人代表 | 电　话 | 分　机 | 邮政编码 |
|---|---|---|---|---|
| 浙江省卷烟销售公司 | 黄晓峰 | 87073247 | | 310006 |
| 上海捷强烟草糖酒(集团)有限公司 | 过明啸 | 62522018 | | 200042 |
| 武汉烟草有限公司 | 曹新民 | 87385901 | | 430070 |
| 上海捷强烟草糖酒(集团)配销中心 | 朱厚才 | 62492583 | | 200042 |
| 山东新星购销总部 | 魏新东 | 5180173 | | 255100 |
| 中华棉花总公司 | 孙志新 | 88086550 | | 100032 |
| 华棉储备管理中心 | 雷香菊 | 88087306 | | 100032 |
| 中纺棉花进出口公司 | 魏述本 | 65285013 | | 100005 |
| 浙江特产集团有限公司 | 金津松 | 87781635 | 5181 | 310006 |
| 浙江省土产畜产进出口集团公司 | 龚荣祥 | 85773807 | | 310003 |
| 江苏国泰国际集团有限公司 | 黄金生 | 8696206 | | 215600 |
| 浙江东方集团股份有限公司 | 刘宁生 | 87215678 | | 310006 |
| 东方国际集团上海市丝绸进出口有限公司 | 徐伟民 | 64662288 | | 200030 |
| 宁波市慈溪进出口股份有限公司 | 柴晨穗 | 63813763 | | 315300 |
| 江苏苏豪国际集团股份有限公司 | 张东桂 | 4785103 | | 210005 |
| 浙江省纺织品进出口集团公司 | 何志亮 | 87075888 | 523 | 310001 |
| 中纺东方贸易进出口公司 | 回秋力 | 65281122 | 1310 | 100005 |
| 浙江凯喜雅国际股份有限公司 | 李继林 | 85195588 | 3517 | 310004 |
| 广东省丝绸(集团)公司 | 蔡高声 | 83337448 | | 510180 |
| 航天中汇集团股份有限公司 | 陈鹏飞 | 87075755 | | 310009 |
| 江苏省纺织品进出口集团股份有限公司 | 陈树扬 | 6895000 | | 210002 |
| 宁波市工艺品进出口公司 | 李富国 | 87298166 | 3200 | 315000 |
| 广东省纺织品进出口(集团)公司 | 陈金水 | 83558988 | 2067 | 510045 |
| 南京纺织品进出口股份有限公司 | 单晓钟 | 3306789 | | 210009 |
| 江苏舜天股份有限公司 | 董启彬 | 4208688 | | 210004 |
| 中基宁波对外贸易股份有限公司 | 李如成 | 87425510 | | 315153 |
| 浙江中大集团股份有限公司 | 陈继达 | 85155000 | 2705 | 310003 |
| 江苏省海外企业集团有限公司 | 杨大伟 | 7710167 | | 210008 |
| 浙江新大集团有限公司 | 姜益民 | 87795067 | | 310006 |
| 东方国际集团上海市针织品进出口有限公司 | 蒋明明 | 63218855 | | 200002 |
| 山东省绮丽集团公司 | 赵明耀 | 5797039 | | 266071 |
| 东方国际创业股份有限公司 | 王祖康 | 62789999 | | 200051 |
| 中国(福建)对外贸易中心集团 | 杨祖基 | 7553065 | | 350001 |

| 企业所在地区 | 企业详细地址 | 主要产品(主要业务活动) |
|---|---|---|
| 浙江省杭州市上城区 | 中河中路 217 号 | 卷烟批发调拨业务 |
| 上海市浦东新区 | 张杨路 579 号 | 其他食品饮料烟 |
| 湖北省武汉市洪山区 | 雄楚大街 306# | 卷烟销售 |
| 上海市静安区 | 万航渡路 525 号 | 其他食品饮料烟 |
| 山东省淄博市淄川区 | 淄城路 341# | 烟酒、饮料、食品、五金、家用电器、摩托、百货、针纺织品、服装 |
| 北京市西城区 | 金融大街 33 号通泰大厦 C 段 11 | 批发贸易(棉花) |
| 北京市西城区 | 金融街 33 号通泰大厦 B 座 1228 | 储备棉的调运抛售、储备棉的养护安全管理 |
| 北京市东城区 | 建内大街 19 号中纺大厦 7 层 | 进出口棉花、农副产品进出口、其他非配额纺织品出口 |
| 浙江省杭州市上城区 | 菩堤寺路 15 号 | 棉花麻类纺织原料批发、、棉纱进出口业务等批发 |
| 浙江省杭州市下城区 | 中山北路 308 号 | 进出口畜产品 |
| 江苏省苏州市张家港市 | 人民中路 43 号 | 纺织品针织品批发、三来一补 |
| 浙江省杭州市上城区 | 庆春路 199 号 | 服装面料批发等 |
| 上海市徐汇区 | 吴兴路 283 号 | 纺织品、针织品及原料 |
| 浙江省宁波市慈溪市 | 寺山路 269 号 | 经营纺织类产品的进出、经营综合类产品的进出 |
| 江苏省南京市白下区 | 中山南路 8 号 | 进出口贸易 |
| 浙江省杭州市上城区 | 中河中路 165 号 | 纺织品批发 |
| 北京市东城区 | 建内大街 19 号 | 纺织品出口 |
| 浙江省杭州市下城区 | 杭州市体育场路 117 号 | 丝绸纺织品及原辅料、纺织机械、仪器仪表、建材等进出口业务 |
| 广东省广州市越秀区 | 东风西路 198 号 | 丝织品出口 |
| 浙江省杭州市上城区 | 解放路 138 号纺织服装大楼二号楼 | 轻纺产品批发、针纺织品批发 |
| 江苏省南京市白下区 | 户部街 15 号 | 纺织品等商品的进出口 |
| 浙江省宁波市海曙区 | 灵桥路 190 号外经贸大厦 | 纺织品进出口、对外承包、其它进出口、劳务输出 |
| 广东省广州市越秀区 | 小北路 168 号 | 纺织、服装、轻工产品、机电产品 |
| 江苏省南京市鼓楼区 | 云南北路 77 号 | 纺织品 |
| 江苏省南京市白下区 | 建邺路 98 号 | 进出口贸易、国内贸易服装及纺织品、仓储公路运输房地产 |
| 浙江省宁波市鄞州区 | 雅戈尔大道 1 号 | 进出口业务、代购代销 |
| 浙江省杭州市下城区 | 中大广场 A 座 | 服装、纺织品批发 |
| 江苏省南京市玄武区 | 北京东路 29 号 | 服装进出口贸易 |
| 浙江省杭州市下城区 | 杭州市武林路 76 号 | 纺织服装批发 |
| 上海市黄浦区 | 延安东路 100 号 | 纺织品、针织服装、梭织服装 |
| 山东省青岛市市南区 | 南京路 2 号 | 服装批发 |
| 上海市长宁区 | 娄山关路 85 号 A 座 | 服装批发 |
| 福建省福州市鼓楼区 | 五四路 71 号 | 服装、鞋帽、五金矿 |

续表 64

| 企业名称 | 法人代表 | 电　　话 | 分　　机 | 邮政编码 |
|---|---|---|---|---|
| 上海兰生股份有限公司 | 赵效定 | 65446901 | | 200437 |
| 厦门信达股份有限公司 | 周昆山 | 6027854 | | 361006 |
| 北京华联综合超市有限公司 | 吉小安 | 63281188 | 6212 | 100055 |
| 昆明百货集团股份有限公司 | 李太安 | 3313618 | | 650041 |
| 广东省轻工业品进出口(集团)公司 | 刘发书 | 83344557 | | 510110 |
| 淄博商厦股份有限公司 | 王亮方 | 2182790 | 8614 | 255020 |
| 山东潍坊百货集团股份有限公司 | 郭万欣 | 8580007 | | 261041 |
| 福建天成集团有限公司 | 陈军华 | 7503388 | 198 | 350001 |
| 江苏开元国际集团轻工业品进出口股份有限公 | 杨元福 | 4468888 | 2763 | 210004 |
| 惠州市 TCL 电器销售有限公司 | 袁信成 | 2289885 | | 516001 |
| 东莞东城创维电器发展公司 | 祁桂森 | 2291610 | | 523113 |
| 海尔集团电器产业有限公司 | 杨绵绵 | 8939175 | | 266101 |
| 飞利浦电子(上海)有限公司 | 张　月 | 63541088 | | 200129 |
| 中国轻工业进出口总公司 | 徐烈均 | 67766688 | | 100021 |
| 泰州星威春兰连锁店有限公司 | 许承业 | 6611200 | | 225300 |
| 泰州春兰销售公司 | 许承业 | 6611200 | | 225300 |
| 江苏博西家用电器销售有限公司 | 博法兰 | 4701918 | | 210005 |
| 宁波三星奥克斯销售有限公司 | 郑　江 | 88220188 | | 315104 |
| 广东省五金矿产进出口集团公司 | 陈金龙 | 87752204 | | 510087 |
| 宁波宁兴集团公司 | 吴以刚 | 87275740 | | 315010 |
| 上海市医药股份有限公司 | 钱　进 | 58999999 | | 201206 |
| 安徽仁济医药股份有限公司 | 高彩章 | 8624291 | | 236600 |
| 中国医药(集团)总公司 | 陈为钢 | 63211750 | | 200002 |
| 广州市医药公司 | 冯赞胜 | 81817101 | | 510140 |
| 浙江英特药业有限责任公司 | 宋建华 | 87038653 | | 310006 |
| 北京医药股份有限公司 | 贺　旋 | 84031166 | 121 | 100009 |
| 华东医药股份有限公司 | 李邦良 | 85159647 | | 310003 |
| **能源、材料和机械电子设备批发业** | | | | |
| 中国石化销售华东公司 | 宋剑峰 | 62118829 | | 200050 |
| 中国石化销售中南公司 | 周嘉谋 | 85723809 | | 430022 |
| 中国石化销售华北公司 | 孟庆湘 | 27120719 | | 300041 |
| 中国石油天然气股份有限公司华北销售分公司 | 梅士琪 | 84978860 | | 100101 |
| 中国石油天然气股份有限公司东北销售分公司 | 董仁平 | 88559988 | 8511 | 110013 |

| 企业所在地区 | 企业详细地址 | 主要产品(主要业务活动) |
| --- | --- | --- |
| 上海市虹口区 | 中山北一路1230号 | 鞋帽批发 |
| 福建省厦门市湖里区 | 湖里兴隆路26号信宏大厦2楼 | 鞋帽 |
| 北京市宣武区 | 广外大街180号 | 商品零售、百货零售 |
| 云南省昆明市盘龙区 | 民航路99号 | 日用百货批发、物资供销业、进出口贸易 |
| 广东省广州市东山区 | 德政南路52号 | 轻工业品进出口业务、加工贸易业务、商品内销仓储运输等 |
| 山东省淄博市张店区 | 中心路125号 | 日用百货、烟酒糖茶、服装鞋帽 |
| 山东省潍坊市奎文区 | 新华路66号 | 食品、家庭日用品、音像制品 |
| 福建省福州市鼓楼区 | 东街33号19层 | 外贸进出口 |
| 江苏省南京市白下区 | 建邺路100号15楼 | 橡胶胶合板木材的进口、玩具鞋帽的出口、百货文体用品机电产 |
| 广东省惠州市惠城区 | 路6号 | 家用电器销售 |
| 广东省东莞市 | 柏洲边 | 家用电器 |
| 山东省青岛市崂山区 | 海尔路1号 | 家用电器 |
| 上海市浦东新区 | 新金桥路28号34层 | 家用电器批发 |
| 北京市朝阳区 | 劲松九区910号 | 进出口代理进出口 |
| 江苏省泰州市海陵区 | 青年路18号 | 空调、冰箱、彩电 |
| 江苏省泰州市海陵区 | 青年路18号 | 空调、冰箱、彩电 |
| 江苏省南京市鼓楼区 | 中山路129号 | 批发 |
| 浙江省宁波市鄞州区 | 鄞县大道东段566号 | 空调电表批发零售 |
| 广东省广州市东山区 | 东风东路774路 | 五金矿产进出口业务 |
| 浙江省宁波市海曙区 | 中山西路138号24-28楼 | 阀门进出口、木材进出口 |
| 上海市浦东新区 | 金桥路1399号 | 西药批发 |
| 安徽省阜阳市太和县 | 镜湖中路22号 | 中西药销售 |
| 上海市黄浦区 | 福州路221号 | 西药批发 |
| 广东省广州市荔湾区 | 大同路97-103 | 西药批发 |
| 浙江省杭州市下城区 | 延安路508号 | 西药批发 |
| 北京市东城区 | 安内大街257号 | 医药 |
| 浙江省杭州市下城区 | 中山北路439号 | 药品、中药材批发、医疗器械等 |
| 上海市长宁区 | 愚园路819号 | 石油批发 |
| 湖北省武汉市江汉区 | 新华街精武路39号 | 柴油销售、汽油销售、煤油销售 |
| 天津市和平区 | 建设路2号 | 石油产品及销售 |
| 北京市朝阳区 | 北辰东路8号 | 购销汽油 柴油、化工产品 |
| 辽宁省沈阳市沈河区 | 惠工街239号 | 成品油 |

续表 65

| 企业名称 | 法人代表 | 电　话 | 分　机 | 邮政编码 |
|---|---|---|---|---|
| 中国石化销售有限公司西南分公司 | 冠湘辉 | 2868292 | | 525000 |
| 中石化股份有限公司广东石油分公司 | 张国强 | 81296818 | | 510145 |
| 浙江省石油总公司 | 张海潮 | 87818833 | 3006 | 310009 |
| 石油天然气股份有限公司东北销售大庆分公司 | 张永田 | 6215380 | | 163711 |
| 中国石化集团湖北石油总公司 | 张昌木 | 83601087 | 827 | 430030 |
| 中国石油化工股份有限公司湖南石油分公司 | 马崇彪 | 4314473 | | 410005 |
| 中国石油化工股份有限公司上海石油分公司 | 黄庆荣 | 63219490 | | 200002 |
| 中石化股份有限公司安徽石油分公司 | 郇国庆 | 2860965 | | 230061 |
| 中国石油化工股份有限公司河南石油分公司 | 陈天源 | 3923394 | | 450053 |
| 中国石油天然气股份有限公司四川销售公司 | 杨顺成 | 6520001 | | 610015 |
| 中国石油化工股份有限公司山西石油分公司 | 杨槐青 | 6065116 | | 030024 |
| 中油天然气股份有限公司甘肃销售分公司 | 张德义 | 8448005 | | 730030 |
| 中航油股份有限公司 | 秦玉丰 | 64561970 | | 100621 |
| 中国石油化工股份有限公司广东佛山石油分公 | 李国强 | 3351016 | | 528000 |
| 中国石油天然气股份有限公司吉林分公司 | 华如忠 | 4844684 | | 132012 |
| 中国石油化工公司广州分公司 | 郝国强 | 83295384 | | 510111 |
| 中国石油化工公司北京石油分公司 | 郑国强 | 64678255 | | 100028 |
| 中国铁路物资上海公司 | 杨晓明 | 56635647 | | 200071 |
| 中国石化股份有限公司广东江门石油分公司 | 彭成开 | 3322724 | | 529000 |
| 中国航空油料上海分公司 | 周如成 | 62688899 | 28107 | 200335 |
| 深圳华安液化石油气有限公司 | 刘曙彬 | 4231898 | 220 | 518119 |
| 浙江省石油总公司杭州分公司 | 徐祥燕 | 85114743 | | 310007 |
| 黑龙江省石油化工销售总公司 | 王世清 | 4612530 | | 150018 |
| 广东省石油企业集团公司 | 张国强 | 81298040 | | 510145 |
| 华南蓝天航空油料有限公司 | 郭永年 | 86120888 | | 510405 |
| 中石化工公司浙江宁波石油分公司 | 岑利祥 | 87300828 | 8607 | 315010 |
| 中国铁路物资哈尔滨公司 | 刘忠惠 | 6247760 | | 150006 |
| 浙江中油华电能源有限公司 | 苏土峰 | 88993091 | | 325701 |
| 中国石化武汉石油集团股份有限公司 | 吕　品 | 85778551 | | 430022 |
| 中国石化浙江台州石油分公司 | 章坚芳 | 8225087 | | 318000 |
| 中国联合石油有限责任公司 | 任传俊 | 68041188 | | 100037 |
| 中石化有限公司浙江温州分公司 | 计益忠 | 88334388 | | 325003 |
| 中化国际石油公司 | 李　辉 | 68569907 | | 100005 |

| 企业所在地区 | 企业详细地址 | 主要产品(主要业务活动) |
|---|---|---|
| 广东省茂名市茂南区 | 官山东路 83 号忠华楼 | 汽油柴油煤油批发 |
| 广东省广州市荔湾区 | 广州市荔湾区中山七路 81 号 | 经营汽油、经营煤油、经营柴油 |
| 浙江省杭州市上城区 | 断河头 69 号 | 石油成品油储存批发 |
| 黑龙江省大庆市龙凤区 | 凤阳路 50 号 | 石油成品油销售、兼营石油化工产品 |
| 湖北省武汉市乔口区 | 宝丰一路 187 号 | 成品油销售、油品运输、设施安装批 |
| 湖南省长沙市开福区 | 湘春路 113 号 | 成品油燃料油石化产品、汽车配件五金交电、餐饮住宿汽车修理 |
| 上海市黄浦区 | 中山东一路 24 号甲 | 石油制品批发 |
| 安徽省合肥市瑶海区 | 芜湖路 391 号 | 石油制品批发 |
| 河南省郑州市金水区 | 卫生路 10 号 | 汽油、煤油、柴油批发、石油化工产品销售 |
| 四川省成都市青羊区 | 中西顺城街 206 号 | 销售成品油 |
| 山西省太原市万柏林区 | 后王街 11 号 | 石油、天然气销售、石油化工化纤产品销、售技术信息研究开发 |
| 甘肃省兰州市城关区 | 酒泉路 220# | 经营成品油 |
| 北京市朝阳区 | 首都国际机场 | 系统汽油煤没柴油内部、供应 |
| 广东省佛山市城区 | 卫国西路 24 号 | 石油制品 |
| 吉林省吉林市船营区 | 松江西路 3 号 | 石油成品 |
| 广东省广州市东山区 | 八旗二马路 48 号 24、25、26 楼 | 批发零售汽煤柴油制品 |
| 北京市朝阳区 | 静安里 12 号楼 | 销售汽油 |
| 上海市闸北区 | 会文路 50 号 | 油制品批发、黑色金属材料批发、机电、配件类批发 |
| 广东省江门市蓬江区 | 跃进路 108 号 | 石油 |
| 上海市长宁区 | 虹桥路 2550 号 | 石油化工产品批发 |
| 广东省深圳市罗湖区 | 地王大厦 2705 | 城市燃气 |
| 浙江省杭州市西湖区 | 天目山路 85 号 | 石油成品油沥青批发 |
| 黑龙江省哈尔滨市道里区 | 高谊街 58 号 | 石油、成品油 |
| 广东省广州市荔湾区 | 中山七路 81 号 | 石油制品销售、石油制品运输、代购代销油库设备 |
| 广东省广州市白云区 | 白云国际机场华南蓝天航空油料公司 | 石油及制品批发 |
| 浙江省宁波市海曙区 | 镇明路 618 号 | 石油及成品油批发 |
| 黑龙江省哈尔滨市南岗区 | 西大直街 117 号 | 石油及制品批发业、金属材料批发业、木材批发 |
| 浙江省温州市洞头县 | 大门镇小门村 | 液化石油气批发、石油制品零售、化工产品零售 |
| 湖北省武汉市江汉区 | 万松小区 18 号楼 | 石油制品 |
| 浙江省台州市椒江区 | 中山东路 351 号 | 石油及成品油批发 |
| 北京市西城区 | 阜外大街 2 号万通 A 座 22 层 | 石油、成品油、石化产品 |
| 浙江省温州市鹿城区 | 黎明中路 123 号 | 石油品批发 |
| 北京市西城区 | 复外大街中化大厦 15 层 | 经营原油成品油进出口 |

续表 66

| 企业名称 | 法人代表 | 电　　话 | 分　　机 | 邮政编码 |
|---|---|---|---|---|
| 中国石油化工股份有限公司江苏苏州分公司 | 朱建德 | 8520530 | | 215007 |
| 神华煤炭运销公司 | 韩建国 | 64485202 | 804 | 100011 |
| 广东省电力工业燃料公司 | 宋荣昌 | 85122013 | | 510600 |
| 山西煤炭进出口集团公司 | 李延赫 | 4043793 | | 030002 |
| 浙江富兴电力燃料有限公司 | 张　谨 | 87089988 | | 310003 |
| 江苏省燃料总公司 | 计宁海 | 3423220 | | 210003 |
| 中化国际贸易股份有限公司 | 施国梁 | 50498899 | | 200120 |
| 中国化工供销(集团)总公司 | 周德春 | 64238623 | | 100013 |
| 湖北化工总公司 | 章万庆 | 88071613 | | 430060 |
| 中化广东进出口公司 | 陈国雄 | 86672288 | | 510160 |
| 中化上海进出口公司 | 刘建平 | 63289888 | | 200002 |
| 中国铁路物资北京公司 | 齐志民 | 63602299 | 8174 | 100053 |
| 上海宝钢国际经济贸易有限公司 | 何文波 | 58350000 | | 200122 |
| 广东物资集团公司 | 庄　耀 | 83806485 | | 510050 |
| 鞍钢集团国际经济贸易公司 | 刘　介 | 6725489 | | 114002 |
| 上海宝钢钢材贸易有限公司 | 张　勇 | 68404613 | | 200122 |
| 浙江省金属材料公司 | 董明生 | 85271168 | | 310003 |
| 广州宝钢南方贸易有限公司 | 孙孟祥 | 38730020 | | 510730 |
| 厦门建发股份有限公司 | 王宪榕 | 2033404 | 7510 | 361001 |
| 上海宝钢商贸有限公司 | 黄兴荣 | 56121212 | | 200135 |
| 上海物资贸易中心股份有限公司 | 陈伟宝 | 62570580 | | 200063 |
| 天津宝钢北方贸易有限公司 | 孙孟祥 | 28267196 | | 300200 |
| 浙江物产国际贸易有限公司 | 张国强 | 87055397 | | 310006 |
| 中国铁路物资沈阳公司 | 王铁生 | 23506794 | | 110001 |
| 安徽省徽商股份有限公司 | 蔡文龙 | 2866139 | | 230061 |
| 天津市浩通物产有限公司 | 王志忠 | 23030736 | | 300041 |
| 上海市五金矿产进出口公司 | 刘寿培 | 63815858 | | 200070 |
| 中国首钢国际贸易工程公司 | 王青海 | 62257236 | | 100088 |
| 河北物产金属材料有限公司 | 霍振吉 | 8614680 | 46 | 050000 |
| 浙江省冶金物资有限公司 | 章寿仁 | 86452525 | | 310020 |
| 上海宝钢实业有限公司 | 曹至能 | 56784713 | | 200122 |
| 成都宝钢西部贸易有限公司 | 孙吉祥 | 7680850 | | 610031 |
| 南京金属物流集团有限公司 | 吴永钢 | 4416888 | 1308 | 210002 |

| 企业所在地区 | 企业详细地址 | 主要产品(主要业务活动) |
| --- | --- | --- |
| 江苏省苏州市沧浪区 | 竹辉路252号 | 经营、汽油、煤油、 |
| 北京市东城区 | 安定门西滨河路22号 | 煤炭及煤炭制品批发 |
| 广东省广州市东山区 | 梅花路75号 | 煤炭、燃油 |
| 山西省太原市杏花岭区 | 府西街36号 | 煤炭批发(出口) |
| 浙江省杭州市下城区 | 中山北路109号 | 电力燃料的技术开、技术服务、煤炭销售 |
| 江苏省南京市鼓楼区 | 中山北路283号 | 煤炭批发、材料批发 |
| 上海市浦东新区 | 世纪大道88号金茂大厦18楼 | 其他化工产品批发 |
| 北京市东城区 | 和平里七区4号楼 | 化工产品、钢材 |
| 湖北省武汉市武昌区 | 紫阳路147# | 化工轻工产品批发 |
| 广东省广州市荔湾区 | 站前路58号 | 石油及制品批发业、化工及制品批发零售 |
| 上海市黄浦区 | 河南南路33号17－19楼 | 其他化工产品批发 |
| 北京市宣武区 | 宣武门西大街28号 | 钢材批发 |
| 上海市浦东新区 | 浦电路370号 | 金属及金属矿批发 |
| 广东省广州市东山区 | 北较场横路12号 | 金属材料批发、汽车批发 |
| 辽宁省鞍山市铁东区 | 团结街42号 | 钢材批发 |
| 上海市浦东新区 | 浦电路370号1212室 | 金属材料制品、销售 |
| 浙江省杭州市下城区 | 凤起路78号 | 黑色金属材料批发 |
| 广东省广州市黄埔区 | 开发区管委会A座307室 | 批发钢材 |
| 福建省厦门市开元区 | 鹭江道52号海滨大厦5－7层 | 钢 |
| 上海市浦东新区 | 罗山路1285号10号楼101 | 金属材料批发 |
| 上海市普陀区 | 中山北路2550号 | 有色金属批发 |
| 天津市河西区 | 挂甲寺街围堤道100号 | 钢铁产品、金属材料 |
| 浙江省杭州市下城区 | 环城西路56号 | 黑色金属批发、化工汽车等国内贸易 |
| 辽宁省沈阳市和平区 | 胜利南街18号 | 金属材料批发、柴油批发、机电配件产品批发 |
| 安徽省合肥市瑶海区 | 芜湖路258号 | 黑色金属材料批发 |
| 天津市和平区 | 营口道四号 | 黑色金属材料批发业、汽车批发业、化工材料批发 |
| 上海市闸北区 | 光复路757号 | 金属及金属矿批发 |
| 北京市海淀区 | 西直门外小村33号 | 黑色金属材料批发 |
| 河北省石家庄市新华区 | 中华北大街3号 | 钢材、有色金属 |
| 浙江省杭州市江干区 | 秋涛北路278号 | 黑色金属材料批发 |
| 上海市浦东新区 | 浦电路370号3S15 | 黑色金属的采购、销售、废次钢铁材料的回收、机电设备仪器仪表等 |
| 四川省成都市金牛区 | 金仙桥街一号 | 批发钢材 |
| 江苏省南京市白下区 | 中山东路416号 | 金属材料及产品销售、废旧金属及废汽车回收、货物装卸及仓储 |

续表 67

| 企业名称 | 法人代表 | 电　话 | 分　机 | 邮政编码 |
|---|---|---|---|---|
| 中国铁路物资天津公司 | 杨永贵 | 24250007 | | 300171 |
| 上海有色经贸物资有限公司 | 朱津秋 | 62570000 | 1402 | 200063 |
| 中邮普泰移动通信设备股份有限公司 | 杨忠良 | 66426993 | | 100031 |
| 浙江远大进出口有限公司 | 沈志宏 | 87720170 | | 315040 |
| 山东省机械进出口集团公司 | 刘学才 | 2661555 | | 266002 |
| 中设江苏机械设备进出口集团公司 | 余本礼 | 4511888 | | 210018 |
| 中化国际化肥贸易公司 | 杜克平 | 68569601 | | 100045 |
| 青岛海尔国际贸易有限公司 | 武克松 | 8938337 | | 266103 |
| 广东省机械进出口集团公司 | 杨韶秀 | 87782168 | 81335 | 510080 |
| 安徽省技术进出口股份有限公司 | 王亚非 | 5101036 | | 230031 |
| 松下电器机电(深圳)有限公司 | 景山邦夫 | 3598500 | | 518038 |
| 上海上汽大众汽车销售有限公司 | 胡茂元 | 62441108 | | 200063 |
| 东风汽车贸易公司 | 周　强 | 8226652 | | 442000 |
| 浙江物产元通机电(集团)有限公司 | 王亚贞 | 85064563 | | 310006 |
| 上海永达集团公司 | 张德安 | 63026789 | | 200023 |
| 江西江铃汽车销售总公司 | 伍小林 | 5232888 | | 330001 |
| 南京朗驰集团有限公司 | 江建涛 | 4403998 | | 210002 |
| 天津汽车夏利销售有限公司 | 董懋勋 | 28010071 | | 300201 |
| 广东物资集团汽车贸易公司 | 郑子先 | 86329072 | | 510410 |
| 上海汽车工业销售总公司 | 叶永明 | 62300000 | 225 | 200042 |
| 一汽轿车销售有限公司 | 张　磊 | 5981943 | | 130011 |
| 唐山市冀东物贸集团有限责任公司 | 庞庆华 | 7181566 | | 063700 |
| 润华集团股份有限公司 | 栾　涛 | 7983753 | | 250117 |
| 开封机电设备(集团)股份有限公司 | 姚福顺 | 2950368 | | 475002 |
| 上海浦东新区东昌企业(集团)有限公司 | 丁建勇 | 58303858 | 45 | 200122 |
| 一汽贸易总公司 | 赵忠信 | 5904147 | | 130011 |
| 浙江康桥汽车工贸集团股份有限公司 | 吴文标 | 88283386 | | 310015 |
| 中国第一汽车集团进出口公司 | 张本杰 | 5756561 | | 130011 |
| 沈阳市兴远东汽车零部件有限公司 | 仰　融 | 25845310 | | 110021 |
| **其他批发业** | | | | |
| 上海市工艺品进出口有限公司 | 唐民辉 | 65222888 | | 200081 |
| 浙江省工艺品进出口有限公司 | 孟庆武 | 87063393 | | 310003 |
| 山东工艺品进出口(集团)股份有限公司 | 张建华 | 5021355 | | 266071 |

| 企业所在地区 | 企业详细地址 | 主要产品(主要业务活动) |
|---|---|---|
| 天津市河东区 | 津塘路21号 | 金属材料、机电产品 |
| 上海市普陀区 | 中山北路2550号 | 金属及金属矿批发 |
| 北京市西城区 | 复兴门内大街156号D座6层 | 移动通信及配件的开发、销售 |
| 浙江省宁波市江东区 | 彩虹南路16号彩虹大厦13层 | 机电产品进出口、转口贸易 |
| 山东省青岛市市南区 | 瞿塘峡路1号 | 机电产品批发 |
| 江苏省南京市玄武区 | 长江路198 | 机电产品服装、纺织皮批发 |
| 北京市西城区 | 复外大街A2号 | 代理进口及国内销售化、肥等 |
| 山东省青岛市崂山区 | 高科技工业园海尔工业园 | 机械电子设备批发 |
| 广东省广州市东山区 | 东风东路726号 | 机电产品进出口 |
| 安徽省合肥市瑶海区 | 长江西路459号 | 机电产品批发 |
| 广东省深圳市福田区 | 福田保税区7A－107 | 机械电子设备批发 |
| 上海市普陀区 | 曹阳路548号 | 汽车批发、汽车零部件及配件批发、售后服务 |
| 湖北省十堰市茅箭区 | 人民南路16号 | 汽车、轿车销售、技术咨询汽车租赁服务、汽车配件及公路运输 |
| 浙江省杭州市拱墅区 | 延安路511号 | 机电设备批发 |
| 上海市浦东新区 | 东川路5698号 | 汽车、摩托车及零配件 |
| 江西省南昌市青云谱区 | 迎宾北大道江铃西四路3号 | 汽车(小轿车除外) |
| 江苏省南京市白下区 | 娃娃桥6号 | 汽车机电产品 |
| 天津市河西区 | 围堤道156号 | 汽车销售 |
| 广东省广州市白云区 | 机场路402－420号 | 汽车摩托车及零配件 |
| 上海市静安区 | 武宁南路287号 | 汽车及配件批零 |
| 吉林省长春市绿园区 | 东风大街112－1号 | 一汽红旗轿车的销售、红旗轿车备件的销售、汽车发送 |
| 河北省唐山市滦县 | 火车站广场东侧 | 经销各种汽车 |
| 山东省济南市槐荫区 | 经十西路239号 | 汽车批发、汽车零售 |
| 河南省开封市顺河回族区 | 公园路南段18号 | 公路运输设备厂矿车轴、机械仪器仪表计量衡器、农用机械家用车辆 |
| 上海市浦东新区 | 浦电路389号12楼 | 钢材 |
| 吉林省长春市绿园区 | 迎春路23号 | 经销一汽生产的汽车、配件 |
| 浙江省杭州市拱墅区 | 大关路301号 | 汽车批发 |
| 吉林省长春市绿园区 | 东风大街99号 | 进出口贸易 |
| 辽宁省沈阳市铁西区 | 南九中路一号甲 | 汽车零部件 |
| 上海市虹口区 | 四平路273号 | 首饰、工艺品及收藏品 |
| 浙江省杭州市下城区 | 中山北路12号 | 工艺品批发、工艺美术品批发、仓储服务 |
| 山东省青岛市市南区 | 香港中路20号 | 工艺品出口 |

续表 68

| 企业名称 | 法人代表 | 电　话 | 分　机 | 邮政编码 |
|---|---|---|---|---|
| 广东省东莞工艺品进出口公司 | 陈沛华 | 2221949 | | 523002 |
| 广东省工艺品进出口(集团)公司 | 李德和 | 83193388 | | 510120 |
| 台州市国际贸易有限公司 | 张震亚 | 8811680 | | 318000 |
| 湖南省工艺品进出口公司 | 付　辉 | 2284632 | | 410001 |
| 福建省工艺品进出口公司 | 陈功农 | 7825938 | | 350003 |
| 江苏省新华书店集团有限公司 | 石启忠 | 3351184 | | 210009 |
| 山东省图书音像发行总公司山东省新华书店 | 张士宝 | 2776547 | | 250002 |
| 四川新华书店集团有限责任公司 | 王　庆 | 6627757 | | 610017 |
| 河北省新华书店 | 吴　坚 | 7884808 | 51 | 050011 |
| 安徽省新华书店 | 曾石玲 | 2656508 | | 230061 |
| 湖南省新华书店 | 傅剑华 | 4308527 | | 410005 |
| 浙江省新华书店集团有限公司 | 周立伟 | 88831111 | 8008 | 310012 |
| 湖北省新华书店 | 张　惕 | 83526233 | 804 | 430023 |
| 河南省新华书店 | 梁鹏飞 | 6230424 | | 450000 |
| 福建省新华书店 | 杨朱烈 | 7559410 | | 350001 |
| 江西省新华书店 | 何彰道 | 6292344 | | 330003 |
| 中国图书进出口(集团)总公司 | 甘师俊 | 65063058 | | 100020 |
| 新华书店总店 | 邓　耘 | 88374693 | | 100037 |
| 重庆新华书店(集团)有限责任公司 | 任永发 | 63814724 | | 400010 |
| 甘肃省新华书店 | 李雅君 | 8125425 | | 730000 |
| 北京高等教育出版社图书发行部 | 杨松涛 | 68309279 | | 100037 |
| 贵州省新华书店 | 王伟力 | 6822169 | | 550001 |
| 吉林省新华书店 | 齐书学 | 5383915 | | 130022 |
| 新疆维吾尔自治区新华书店 | 阿艾白 | 2860440 | | 830001 |
| 北京市新华书店首都发行所有限公司 | 鲁杰民 | 66053448 | | 100031 |
| 浙江农资集团有限公司 | 郑　军 | 87811747 | | 310009 |
| 四川省农业生产资料总公司 | 杨邦宁 | 6921793 | | 610017 |
| 广东省农业生产资料总公司 | 郑楚东 | 87773051 | | 510080 |
| 山东省烟台市农业生产资料采购供应站 | 宋　杰 | 6222126 | | 264001 |
| 黑龙江省农业生产资料公司 | 张永埔 | 8383752 | | 150020 |
| 宁波海田国际贸易有限公司 | 王海生 | 87345251 | | 315000 |
| 福建省农资集团公司 | 黄逞渊 | 7508666 | | 350001 |
| 华垦物资有限公司 | 徐昌年 | 68047203 | | 100037 |

| 企业所在地区 | 企业详细地址 | 主要产品(主要业务活动) |
| --- | --- | --- |
| 广东省东莞市 | 运河东路 192 号 | 工艺品进出口 |
| 广东省广州市越秀区 | 大德路 318 号 | 圣诞礼品、草藤竹柳编织品、其他日用品 |
| 浙江省台州市椒江区 | 工人路 100 号 | 工艺品进出口、来料加工、转口贸易 |
| 湖南省长沙市芙蓉区 | 五一东路 80 号 | 其他日用百货批发、鞋帽批发 |
| 福建省福州市鼓楼区 | 湖东路 154 号 | 草、竹、人造花、树等工艺品 |
| 江苏省南京市玄武区 | 百子亭 34 号 | 图书批发 |
| 山东省济南市市中区 | 万寿路 19 号 | 书刊批发、音像制品批发 |
| 四川省成都市锦江区 | 东玉龙街 52 号 | 图书、音像制品的批发、零售 |
| 河北省石家庄市桥西区 | 站前街 4 | 图书、音像制品 |
| 安徽省合肥市瑶海区 | 长江路 279 号 | 书刊批发 |
| 湖南省长沙市芙蓉区 | 芙蓉中路 338 | 图书 |
| 浙江省杭州市西湖区 | 文二路 8 号 | 图书电子出版物批发 |
| 湖北省武汉市乔口区 | 常码头 463 号 | 图书、课本、年画、杂志、文教音像制品、声像制品 |
| 河南省郑州市金水区 | 人民路 22 号 | 图书报刊课本 |
| 福建省福州市鼓楼区 | 五一北路 126 号 | 图书音像制品 |
| 江西省南昌市西湖区 | 八一大道 102 号附 2 号 | 课本 |
| 北京市朝阳区 | 工人体育场东路 16 号 | 图书报刊音像零售、承办中外合作出版、经营对外版权贸易 |
| 北京市西城区 | 北礼 135 号 | 发行图书、期刊、报纸、承办广告及发行、货物仓储、陆路运输 |
| 重庆市渝中区 | 民权路 10 号 | 图书、音像制品发行 |
| 甘肃省兰州市城关区 | 邸家庄 37# | 图书发行销售 |
| 北京市西城区 | 百万庄大街 8 号 | 图书批发 |
| 贵州省贵阳市云岩区 | 贵阳延安中路 13 号 | 发行书刊、文化用品 |
| 吉林省长春市南关区 | 人民大街 | 图书 |
| 新疆维吾尔自治区乌鲁木齐市天山区 | 延安路 4 号 | 课本、图书发行 |
| 北京市西城区 | 西绒线胡同甲 7 号 | 图书批发零售 |
| 浙江省杭州市上城区 | 清泰街 569 号 | 化肥农药薄膜等批发、汽车塑料五交化等批发、进出口业务 |
| 四川省成都市青羊区 | 太升北路 10 号 | 农业生产资料批发 |
| 广东省广州市东山区 | 东风东路 709 号 | 农业生产资料批零销售 |
| 山东省烟台市芝罘区 | 西沟街 79 号 | 化肥批发 |
| 黑龙江省哈尔滨市道外区 | 景阳街 181 号 | 销售农业生产资料、建筑材料有色金属化工、产品对外贸易 |
| 浙江省宁波市海曙区 | 中山东路 137 号 | 农产品进出口 |
| 福建省福州市鼓楼区 | 尚宾路 32 号 | 批发零售化肥农药 |
| 北京市西城区 | 阜外大街甲 28 号京润大厦西楼 | 批发化肥农药橡胶塑料、五金机电产品设备、对销贸易及转口贸易 |

续表 69

| 企业名称 | 法人代表 | 电　话 | 分　机 | 邮政编码 |
|---|---|---|---|---|
| 上海市农业生产资料公司 | 戴立根 | 63801818 | 1106 | 200070 |
| 烟台市农业生产资料总公司 | 牟志人 | 6216374 | | 264001 |
| 山东省农业生产资料公司 | 杨钟山 | 8542871 | | 250013 |
| 新疆维吾尔自治区农业生产资料集团公司 | 徐振淮 | 2840504 | | 830002 |
| 内蒙古自治区农牧业生产资料公司 | 唐利民 | 6963132 | | 010020 |
| 河北省农业生产资料总公司 | 陈立军 | 6031282 | 51 | 050000 |
| 吉林省农业生产资料集团公司 | 王乐玉 | 8976826 | | 130041 |
| 烟台市九州农业生产资料有限公司 | 常　勇 | 6206983 | | 264000 |
| 云南农业生产资料股份有限公司 | 秦利峰 | 3626367 | | 650021 |
| 广西壮族自治区农业生产资料总公司 | 王国清 | 5315448 | | 530021 |
| 辽宁省农业生产资料公司 | 王喜武 | 86522723 | | 110034 |
| 湖北宜化经贸有限责任公司 | 吴书平 | 6536262 | | 443007 |
| 河南省农业生产资料总公司 | 耿玉生 | 5956455 | | 450008 |
| 洛阳长仑农业机械有限公司 | 郭志强 | 4969293 | | 471004 |
| 廊坊市农业生产资料公司 | 贾宝祥 | 2042141 | | 065000 |
| 安徽省农业生产资料公司 | 黄照明 | 2634331 | | 230061 |
| 中国饲料集团公司 | 王志宇 | 66153978 | | 100035 |
| 湖南省农业生产资料总公司 | 朱学军 | 2224717 | | 410011 |
| 江苏省农垦商业物资集团公司 | 沈石林 | 7712405 | | 210008 |
| 青州市农业机械总公司 | 孙成功 | 3286988 | | 262500 |
| 中国农业生产资料成都公司 | 戴大荣 | 5589596 | | 610041 |
| 大连市农业生产资料公司 | 王宪广 | 2630202 | | 116001 |
| 深圳市中农生产资料有限公司 | 曾　新 | 6821975 | | 518067 |
| 深圳市中农生产资料有限公司 X | 曾　新 | 6821975 | | 518067 |
| 烟台市农业生产资料科技有限公司 | 王其选 | 6256922 | | 264000 |
| 连云港中农农资有限公司 | 散志荣 | 2310638 | | 222042 |
| 新民市农机公司 | 张少义 | 87515348 | | 110300 |
| 江夏区供销合作社联合社 | 李贤洪 | 87952390 | | 430200 |
| 湖北龙发集团公司种子公司 | 朱荣武 | 8215394 | | 434000 |
| 中国爱地集团公司 | 樊采良 | 3551971 | | 518043 |
| 云南红塔物资有限责任公司 | 施永超 | 2054735 | | 653100 |
| 广州佳杰科技有限公司 | 刘　伟 | 82259888 | | 510665 |
| 中国纺织物资(集团)总公司 | 常俊传 | 64922798 | | 100029 |

| 企业所在地区 | 企业详细地址 | 主要产品(主要业务活动) |
| --- | --- | --- |
| 上海市闸北区 | 恒丰路1号1106室 | 农业生产资料 |
| 山东省烟台市芝罘区 | 南大街44－46号 | 农业生产资料批发 |
| 山东省济南市历下区 | 解放路14号 | 化肥、批发、农药、批发 |
| 新疆维吾尔自治区乌鲁木齐市天山区 | 中山路185号 | 化肥农药 |
| 内蒙古自治区呼和浩特市回民区 | 文化宫街3号(农资大厦) | 经营化肥 |
| 河北省石家庄市桥东区 | 平安南大街10号 | 化肥、农药 |
| 吉林省长春市南关区 | 自强街13号 | 农药化肥、农膜、粮油 |
| 山东省烟台市芝罘区 | 北大街92号 | 化肥农药批发 |
| 云南省昆明市五华区 | 沿河路2号 | 农资商品批发 |
| 广西壮族自治区南宁市新城区 | 桃源路82－3号 | 农业生产资料批发 |
| 辽宁省沈阳市皇姑区 | 黄河北大街9号甲 | 化肥类、农药类、农膜类 |
| 湖北省宜昌市虎亭区 | 猇亭大道399号 | 化肥销售、煤炭采购、汽车运输 |
| 河南省郑州市金水区 | 东明路北段174号 | 化学肥料农药、农用薄膜 |
| 河南省洛阳市涧西区 | 建设路178号 | 拖拉机、汽车、柴油机、工程机械及配、农机具 |
| 河北省廊坊市广阳区 | 和平路63号 | 化肥、粮油、农药 |
| 安徽省合肥市庐阳区 | 庐江路123号 | 化肥农业生产资料批发 |
| 北京市西城区 | 南大安胡同6号 | 饲料原辅料粮油添加剂、粮油储运系统商品的、进出口技术进出口 |
| 湖南省长沙市芙蓉区 | 韶山北路180号 | 化肥、农药、农膜 |
| 江苏省南京市玄武区 | 珠江路4号 | 化肥农药批发 |
| 山东省潍坊市青州市 | 稷山路13号 | 农业机械批发零售 |
| 四川省成都市武侯区 | 小天西街6号 | 销售销尿素 |
| 辽宁省大连市中山区 | 新安街9－1号 | 农业生产资料批发 |
| 广东省深圳市南山区 | 工业八路68号中农大厦 | 化肥、钢材、酒店服务 |
| 广东省深圳市南山区 | 工业八路68号中农大厦 | 化肥、钢材、酒店服务 |
| 山东省烟台市芝罘区 | 北大西街41号 | 批发农业科技推广用肥 |
| 江苏省连云港市连云区 | 中山中路293号 | 农业生产资料批发、代理服务 |
| 辽宁省沈阳市新民市 | 东城1号 | 农用机械、农用运输车、农机配件 |
| 湖北省武汉市江夏区 | 兴新街1号 | 化肥销售、棉花收购 |
| 湖北省荆州市沙市区 | 江津东路167号 | 种子、水产品养殖、钢管 |
| 广东省深圳市福田区 | 滨河大道5003号爱地大厦东16楼 | 贸易、物业管理 |
| 云南省玉溪市红塔区 | 红塔山 | 其它类未包括的批发 |
| 广东省广州市黄埔区 | 东江大道284号智友大厦6050号 | 贸易批发 |
| 北京市朝阳区 | 安苑路15号 | 纺织原料批发 |

| 企业名称 | 法人代表 | 电　话 | 分　机 | 邮政编码 |
| --- | --- | --- | --- | --- |
| 中国技术进出口总公司 | 蒋新生 | 68404676 | | 100089 |
| 中国国旅贸易有限责任公司 | 蓝　海 | 84973322 | 301 | 100101 |
| 厦门国贸集团股份有限公司 | 何福龙 | 5161888 | 1757 | 361004 |
| 太仓市对外贸易公司 | 时建明 | 3573551 | | 215400 |
| 杭州金光纸业产品服务有限公司 | 黄志源 | 87222185 | 263 | 310003 |
| 东方国际集团上海荣恒国际贸易有限公司 | 陶　洪 | 50624567 | | 200120 |
| 江苏省出版印刷物资公司 | 鞠宁章 | 6639947 | | 210009 |
| 中国集邮总公司 | 牛素娟 | 63022717 | | 100051 |
| 上海三联集团有限公司 | 王兆岗 | 63220538 | | 200001 |
| 中国包装进出口广东公司 | 李炎标 | 83329270 | 211 | 510116 |
| 天津外总集团有限公司 | 周绍先 | 23390697 | | 300050 |
| 安徽省进出口股份有限公司 | 王亚非 | 2674914 | | 230061 |
| 山东省印刷物资公司 | 张丽生 | 8955240 | | 250014 |
| 中国金币总公司 | 易都佑 | 63101577 | | 100052 |
| 中山市中粮外贸发展有限公司 | 高振武 | 8800514 | | 528400 |
| 浙江省义乌市对外经济贸易有限公司 | 王义阳 | 5318801 | | 322000 |
| 江苏省宜兴市对外贸易公司 | 黄　兵 | 7905729 | 8066 | 214207 |
| 广东省东莞市对外贸易发展集团公司 | 陈旭文 | 2632830 | | 523106 |
| 国投先科光盘有限公司 | 余海龙 | 2265731 | | 518029 |
| 中山市广勤贸易有限公司 | 彭伟贤 | 2130163 | | 528415 |
| 广州市煤气公司工贸有限公司 | 伍碧海 | 38749053 | | 510630 |
| 上海浦东进出口有限公司 | 李南涌 | 58895588 | | 200127 |
| 山西大晋国际(集团)股份有限公司 | 孙旭东 | 7221258 | | 030001 |
| 中国教学仪器设备总公司 | 李兴植 | 66096475 | | 100032 |
| 满洲里国际经济技术合作有限公司 | 冯志斌 | 6223179 | | 021400 |
| 广州保税区捷宝运动用品有限公司 | 巴斯卡德兰 | 85576868 | | 510730 |
| 北京北化凯明特种化工有限责任公司 | 金长荣 | 68963250 | | 102488 |
| 上海东源企业发展股份有限公司 | 夏斯德 | 32064500 | | 200063 |
| 东方国际商业(集团)有限公司 | 钱　熊 | 52920877 | | 200041 |
| 云南电力物资公司 | 吴培根 | 3163803 | | 650011 |
| 白云区商业企业总公司 | 陈伟雄 | 86342458 | | 510403 |
| **零售业** | | | | |
| 北京物美综合超市有限公司 | 张　斌 | 68274588 | | 100039 |

| 企业所在地区 | 企业详细地址 | 主要产品(主要业务活动) |
|---|---|---|
| 北京市海淀区 | 西三环北21号 | 进出口业务其他贸易 |
| 北京市朝阳区 | 北辰东路8号北京国际会议中心二层 | 批发纸浆 |
| 福建省厦门市开元区 | 湖滨南路388号国贸大厦8－18层 | 经营进出口及代理贸易 |
| 江苏省苏州市太仓市 | 上海路 | 对外贸易进出口业务 |
| 浙江省杭州市下城区 | 新华路39号铭成商务楼6楼 | 纸制品相关产品批发 |
| 上海市浦东新区 | 陆家嘴东路166号17楼 | 其他未列明的批发 |
| 江苏省南京市鼓楼区 | 中央路165号 | 经销出版、社会用纸 |
| 北京市宣武区 | 宣武门东大街2号 | 其他未包括的批发 |
| 上海市黄浦区 | 南京东路463号 | 其他未列明的批发 |
| 广东省广州市越秀区 | 侨光路2号 | 包装材料进出口、包装机械等商品进出、补偿贸易和转口贸易 |
| 天津市和平区 | 南京路59号 | 进出口贸易 |
| 安徽省合肥市瑶海区 | 金寨路256号 | 玩具纺织品服装机电产、品鞋帽 |
| 山东省济南市历下区 | 解放东路69号 | 印刷用纸、印刷设备、器材、造纸原料等 |
| 北京市宣武区 | 宣外大街6号庄胜广场北楼14层东区 | 金银饰品、币、章、其他类未包括的批发 |
| 广东省中山市 | 中山二路36号 | 自营和代理各类商品技、术来料加工三来一补 |
| 浙江省金华市义乌市 | 稠州中路350号 | 进出口贸易 |
| 江苏省无锡市宜兴市 | 宜城镇九滨中路179号 | 进出口贸易 |
| 广东省东莞市 | 红荔路39号 | 自营和代理本市商品、技术的进出口业务 |
| 广东省深圳市福田区 | 八卦四路3001号先科激光大厦2楼 | 光盘及放送机购销 |
| 广东省中山市 | 升平中路10号12楼 | 自营和代理各类商品进、出口业务 |
| 广东省广州市天河区 | 龙口东路77－83号地下 | 其他类未包括的批发 |
| 上海市浦东新区 | 茂兴路92号2号楼2楼 | 进出口贸易、来料加工、贸易咨询 |
| 山西省太原市迎泽区 | 桃园南路旭兴花园10号 | 进出口贸易 |
| 北京市西城区 | 大木仓胡同北一巷1号 | 批发教学科研仪器设备 |
| 内蒙古自治区呼伦贝尔市满洲里市 | 五道街 | 境外工程承包、进出口贸易 |
| 广东省广州市黄埔区 | 保税区纬二路上海电气大楼5B－12 | 国际贸易、转口贸易 |
| 北京市房山区 | 凯旋大街 | 民爆器材 |
| 上海市普陀区 | 中山北路2000号14楼 | 其他未列明的批发 |
| 上海市静安区 | 威海路755号文新报业大厦七楼 | 其他未列明的批发 |
| 云南省昆明市盘龙区 | 春城路19号 | 批发电力物资公司 |
| 广东省广州市白云区 | 机场路131号五楼 | 综合经营批发 |
| 北京市石景山区 | 老山玉泉大厦十层 | 副食品零售 |

续表 71

| 企业名称 | 法人代表 | 电　　话 | 分　　机 | 邮政编码 |
|---|---|---|---|---|
| 成都红旗连锁有限公司 | 曹世如 | 5176118 | 820 | 610041 |
| 中贸联万客隆商业有限公司 | 张正明 | 86731099 | | 100075 |
| 北京京客隆商厦 | 卫停战 | 64688233 | | 100027 |
| 北京超市发连锁股份有限公司 | 李秀珍 | 62636026 | | 100086 |
| 济南人民大润发商业有限公司 | 郭连海 | 6957789 | 801 | 250014 |
| 上海农工商超市有限公司 | 杨德新 | 52706666 | | 200333 |
| 联华超市股份有限公司 | 王宗南 | 63937700 | 046 | 200080 |
| 华联超市股份有限公司 | 华　洲 | 65201818 | | 200090 |
| 锦江麦德龙现购自运有限公司 | 陈文君 | 62658888 | | 200333 |
| 武汉武商集团股份有限公司 | 毛冬声 | 85714165 | | 430022 |
| 上海大润发有限公司 | 徐仁羽 | 56657857 | 820 | 200435 |
| 武汉中商集团股份有限公司 | 严规方 | 87822939 | | 430071 |
| 武汉中百集团股份有限公司 | 汪爱群 | 82824058 | | 430021 |
| 苏果超市有限公司 | 苗敬柱 | 3462220 | | 210003 |
| 上海联家超市有限公司 | 王宗南 | 38784500 | | 200090 |
| 上海易初莲花连锁超市有限公司 | 蔡绪铎 | 64658788 | 5630 | 201103 |
| 江苏无锡商业大厦集团有限公司 | 陈　昌 | 2700313 | 8204 | 214001 |
| 上海豫园旅游商城股份有限公司 | 吴　平 | 63559999 | 1042 | 200010 |
| 长春欧亚集团股份有限公司 | 曹和平 | 5620075 | 2001 | 130021 |
| 大连大商集团股份有限公司 | 牛　钢 | 3880998 | | 116001 |
| 万佳百货股份有限公司 | 徐　刚 | 5626700 | 107 | 518020 |
| 南京新街口百货商店股份有限公司 | 李三宁 | 4719832 | | 210005 |
| 长春百货大楼集团股份有限公司 | 范士良 | 8922310 | 2323 | 130061 |
| 上海康城仓储有限公司 | 巍应交 | 52942239 | | 200061 |
| 山东银座商城股份有限公司 | 季湘绮 | 6065586 | | 250063 |
| 上海新世界股份有限公司 | 顾振奋 | 63587739 | | 200003 |
| 天津市劝业场(集团)股份有限公司 | 汪恒广 | 27302378 | | 300022 |
| 北京市西单商场股份有限公司 | 刘秀玲 | 66056531 | 6501 | 100031 |
| 安徽商之都有限责任公司 | 刘书久 | 2649684 | | 230001 |
| 南京中央商场股份有限公司 | 胡晓军 | 4718288 | | 210005 |
| 深圳沃尔玛珠江百货有限公司 | 钟浩威 | 5623288 | | 518020 |
| 天津滨江商厦有限公司 | 张广玮 | 27117880 | | 300022 |
| 上海市世纪联华超市发展公司 | 王宗南 | 53544600 | | 200080 |

| 企业所在地区 | 企业详细地址 | 主要产品(主要业务活动) |
|---|---|---|
| 四川省成都市武侯区 | 创业路211号 | 副食品零售、日用品、肉禽 |
| 北京市丰台区 | 大红门西路19号 | 零售 |
| 北京市朝阳区 | 新源街45号楼 | 其它食品零售 |
| 北京市海淀区 | 双榆树东里15号 | 副食品零售 |
| 山东省济南市历下区 | 文化西路1号 | 零售食品、副食、饮料烟酒 |
| 上海市普陀区 | 金沙江路1685号 | 批发零售、其他服务、附设分支结构 |
| 上海市虹口区 | 四川北路1666号 | 超市商品零售、超市行业网点拓展 |
| 上海市杨浦区 | 隆昌路609号 | 超级市场零售 |
| 上海市普陀区 | 真北路1425号 | 百货零售 |
| 湖北省武汉市江汉区 | 解放大道688号 | 房地产、进出口、百货 |
| 上海市闸北区 | 共和新路3318号 | 零售 |
| 湖北省武汉市武昌区 | 中南路 | 商品零售批发 |
| 湖北省武汉市江汉区 | 水塔江汉路129# | 百货、针织、日用杂品零售兼批发、家用电器等 |
| 江苏省南京市鼓楼区 | 三牌楼大街91号 | 食品饮料烟草零售业、日用百货零售 |
| 上海市虹口区 | 曲阳路560号 | 超级市场零售 |
| 上海市闵行区 | 吴中路1218号 | 百货零售 |
| 江苏省无锡市崇安区 | 中山路343号 | 零售百货 |
| 上海市黄浦区 | 方浜中路269号四楼 | 大型百货零售 |
| 吉林省长春市朝阳区 | 红旗街工农大路14号 | 百货 |
| 辽宁省大连市中山区 | 青三街1号 | 百货零售 |
| 广东省深圳市罗湖区 | 水贝二路27号 | 日用百货 |
| 江苏省南京市白下区 | 中山南路3号 | 百货零售及批发 |
| 吉林省长春市朝阳区 | 人民大街77号 | 百货家电服装 |
| 上海市普陀区 | 中山北路1855号 | 超级市场零售 |
| 山东省济南市历下区 | 泺源大街66号 | 日用商品零售 |
| 上海市黄浦区 | 南京西路2号 | 百货零售 |
| 天津市和平区 | 和平路290号 | 批发、零售 |
| 北京市西城区 | 西单北大街120号 | 主应购销针纺织百货 |
| 安徽省合肥市庐阳区 | 宿州路4号 | 百货零售 |
| 江苏省南京市白下区 | 中山南路79号 | 百货针织鞋帽服装零售、零售家电电讯文化用品、零售钟表手饰箱包 |
| 广东省深圳市罗湖区 | 洪湖路湖景花园1－3层 | 日用品 |
| 天津市和平区 | 滨江道193号 | 批发零售 |
| 上海市虹口区 | 四川北路1666号 | 超级市场零售 |

续表 72

| 企业名称 | 法人代表 | 电　话 | 分　机 | 邮政编码 |
|---|---|---|---|---|
| 广州市好又多百货商业广场有限公司 | 于日江 | 85530888 | | 510665 |
| 合肥市百货大楼股份有限公司 | 郑小燕 | 2647133 | 6023 | 230001 |
| 中兴－－沈阳商业大厦(集团)股份有限公司 | 刘芝旭 | 23833643 | | 110001 |
| 上海华联商厦股份有限公司 | 吕勇明 | 63224466 | | 200001 |
| 成都人民商场(集团)股份有限公司 | 吕根旭 | 6660965 | | 610011 |
| 北京蓝岛大厦 | 黄　豪 | 65044422 | | 100020 |
| 北京王府井百货(集团)股份有限公司 | 汤庆顺 | 65126677 | | 100006 |
| 湖南友谊阿波罗股份有限公司 | 胡子敬 | 2299448 | 3071 | 410001 |
| 百大集团股份有限公司 | 董伟平 | 85158800 | | 310006 |
| 成都市百货大楼集团有限公司 | 郑启沃 | 6663585 | 8868 | 610016 |
| 宁波三江购物俱乐部有限公司 | 陈念慈 | 87361509 | | 315010 |
| 深圳市国有免税商品有限公司 | 田巨峰 | 5119688 | | 518002 |
| 北京双安商场有限责任公司 | 汤笑青 | 62155511 | 6403 | 100086 |
| 北京翠微集团 | 栾茂茹 | 68167749 | | 100036 |
| 沈阳商业城(集团) | 张殿华 | 24848876 | | 110011 |
| 北京燕莎友谊商城有限公司 | 蒋丽芸 | 64651188 | 617 | 100016 |
| 上海第一八佰伴有限公司 | 谢振华 | 58301111 | | 200120 |
| 南昌百货大楼股份有限公司 | 左井林 | 6222552 | | 330006 |
| 广州友谊商店股分有限公司 | 郭振球 | 83576628 | 3615 | 510095 |
| 上海家得利超市有限公司 | 王一民 | 54107717 | | 200030 |
| 广州市广州百货大厦 | 房向前 | 83322348 | | 510030 |
| 天津百货大楼股份有限公司 | 史建华 | 27225916 | | 300020 |
| 北京百盛轻工发展有限公司 | 钟廷森 | 66013377 | 7427 | 100031 |
| 华联集团吉买盛购物中心有限公司 | 张　渭 | 56888666 | | 200435 |
| 浙江银泰百货有限公司 | 沈国军 | 85069888 | 2925 | 310006 |
| 临沂市石油公司 | 韩贵福 | 8183683 | | 276002 |
| 石家庄北国商城有限责任公司 | 王印行 | 6974370 | 51 | 050011 |
| 北京庄胜崇光百货商场 | 杨　建 | 63103388 | 5015 | 100052 |
| 杭州解百集团股份有限公司 | 胡崇杏 | 87080499 | | 310001 |
| 深圳易初配销有限公司 | 陈宏明 | 3934059 | | 518034 |
| 北京华联商厦股份有限公司 | 吉小安 | 68364657 | | 100037 |
| 深圳新一佳投资发展有限公司 | 李彬兰 | 82400965 | | 518044 |
| 内蒙古民族实业集团股份有限公司 | 云文广 | 6968822 | 2247 | 010020 |

| 企业所在地区 | 企业详细地址 | 主要产品(主要业务活动) |
|---|---|---|
| 广东省广州市天河区 | 天园街棠下中山大道 188 号 | 百货、食品 |
| 安徽省合肥市庐阳区 | 长江中路 150 号 | 百货批发兼零售 |
| 辽宁省沈阳市和平区 | 太原北街 86 号 | 百货 |
| 上海市黄浦区 | 南京东路 635 号 | 百货零售 |
| 四川省成都市锦江区 | 东御街 19 号 | 批发零售贸易 |
| 北京市朝阳区 | 朝阳门外大街 8 号 | 商品零售批发 |
| 北京市东城区 | 王府井大街 255 号 | 百货零售、房地产、服装加工等 |
| 湖南省长沙市芙蓉区 | 八一路 1 号 | 服装针纺百货副食、家电音像 |
| 浙江省杭州市下城区 | 延安路 546 号 | 百货零售 |
| 四川省成都市锦江区 | 东御街 18 号 | 零售批发贸易 |
| 浙江省宁波市海曙区 | 孝闻街 29 弄 1 号中洲大厦八楼 | 百货零售 |
| 广东省深圳市罗湖区 | 春风路联城大厦三楼 | 日用百货零售、批发 |
| 北京市海淀区 | 北三环西路 38 号 | 百货零售 |
| 北京市海淀区 | 复兴路 33 号 | 零售百货、健身服务、修理日用机械 |
| 辽宁省沈阳市沈河区 | 中街路 212 号 | 百货 |
| 北京市朝阳区 | 东三环北路 | 商业零售 |
| 上海市浦东新区 | 张杨路 501 号 | 百货零售 |
| 江西省南昌市东湖区 | 中山路 1 号 | 百货零售 |
| 广东省广州市东山区 | 环市东路 369 号 | 日用百货零售 |
| 上海市徐汇区 | 天钥桥路 888 号 | 零售 |
| 广东省广州市越秀区 | 广州市北京路 295 号 | 日用百货零售 |
| 天津市和平区 | 和平路 172 号 | 零售批发 |
| 北京市西城区 | 复兴门内大街 101 号 | 百货零售 |
| 上海市闸北区 | 安业路 21 号 | 超级市场零售 |
| 浙江省杭州市下城区 | 延安路 530 号 | 百货零售 |
| 山东省临沂市兰山区 | 兰山路 148 号 | 汽油、柴油 |
| 河北省石家庄市桥东区 | 中山东路 188 号 | 日用百货、家电、纺织品 |
| 北京市宣武区 | 宣武门外大街 8 号 | 百货零售 |
| 浙江省杭州市上城区 | 解放路 251 号 | 百货零售 |
| 广东省深圳市福田区 | 香梅路山姆会员店 | 食品饮料销售、百货零售 |
| 北京市西城区 | 阜外大街 1 号 | 零售百货 |
| 广东省深圳市罗湖区 | 八卦路泥岗路 | 百货 |
| 内蒙古自治区呼和浩特市回民区 | 中山西路 69 号 | 日用百货、服装零售 |

续表 73

| 企业名称 | 法人代表 | 电　话 | 分　机 | 邮政编码 |
|---|---|---|---|---|
| 北京城乡贸易中心股份有限公司 | 周和平 | 68296595 | | 100036 |
| 银泰控股股份有限公司 | 沈国军 | 87092011 | | 315000 |
| 杭州联华华商集团有限公司 | 蔡兰英 | 87215588 | 8179 | 310003 |
| 北京北辰购物中心 | 刘铁林 | 64910526 | | 100101 |
| 天津华联商厦股份有限公司 | 杨　川 | 27301744 | | 300022 |
| 东方商厦有限公司 | 厉伟达 | 64870000 | 5084 | 200030 |
| 新疆友好(集团)股份有限公司 | 马雍全 | 4836888 | 88000 | 830000 |
| 苏州市百润贸易商行 | 吕　晓 | 8292532 | | 215004 |
| 上海可的便利店有限公司 | 邱源昶 | 62668179 | | 200040 |
| 重庆百货大楼股份有限公司 | 龚小力 | 63843197 | | 400010 |
| 三联商社 | 张　岩 | 6086351 | 66667 | 250011 |
| 上海永乐家用电器有限公司 | 陈　晓 | 58123188 | | 201315 |
| 江苏苏宁电器连锁集团股份有限公司 | 张近东 | 4418888 | | 210005 |
| 北京国美电器有限公司 | 张志铭 | 84584071 | | 100016 |
| 上海国美电器公司 | 华　天 | 52391257 | | 200042 |
| 北京市大中电器有限公司 | 张大中 | 88271130 | | 100040 |
| 江苏五星电器有限公司 | 王　健 | 3707214 | | 210009 |
| 天津国美电器有限公司 | 何　炬 | 24022803 | | 300190 |
| 华联集团家用电器有限公司 | 张志良 | 65461126 | | 200080 |
| 成都国美电器有限公司 | 何　炬 | 86762239 | | 610031 |
| 上海好美家装潢建材有限公司 | 林声勇 | 64128248 | 31346 | 201102 |
| 深圳市顺电连锁股份有限公司 | 费国强 | 3236666 | | 518028 |
| 四川天麒医药有限公司 | 刘明星 | 5176817 | | 610036 |
| 天津百货大楼股份有限公司百欧家具一城 | 郭凤鸣 | 27365169 | | 300110 |
| 长江燃料供应总站 | 姚京汉 | 82766398 | | 430014 |
| 深圳招商石化有限公司 | 李雅生 | 6696888 | 62 | 518067 |
| 中国石油化工股份有限公司烟台石油分公司 | 马培献 | 6871555 | | 264000 |
| 江苏省苏舜工贸集团有限公司 | 朱建一 | 7713844 | | 210016 |
| 广东新协力集团有限公司 | 卢桂戈 | 2233393 | | 528300 |
| 成都西部汽车城股份有限公司 | 黄瑞君 | 5086053 | | 610041 |
| 中国农业机械华北公司 | 杨书德 | 23394240 | | 300041 |
| 中国汽车工业西南销售公司 | 冯　宇 | 68614054 | | 400039 |
| 深圳市天音通信发展有限公司 | 吴继光 | 2096666 | | 518027 |

| 企业所在地区 | 企业详细地址 | 主要产品(主要业务活动) |
|---|---|---|
| 北京市海淀区 | 复兴路甲 23 号 | 商业 |
| 浙江省宁波市海曙区 | 中山东路 238 号 | 百货零售 |
| 浙江省杭州市下城区 | 庆春路 86 号 | 批发百货 |
| 北京市朝阳区 | 北辰东路 8 号 | 百货零售业、针纺织品、五金交电 |
| 天津市和平区 | 滨江道 200 号 | 批发零售贸易 |
| 上海市徐汇区 | 漕溪北路 8 号 | 百货零售 |
| 新疆维吾尔自治区乌鲁木齐市沙依巴克区 | 友好北路 14 号 | 日用百货零售、五金交电和化工零售、真宝食品饮料和零售 |
| 江苏省苏州市金阊区 | 三香路 206 号光大银行大厦 21 层 | 零售百货 |
| 上海市静安区 | 武定路 881 号 | 零售 |
| 重庆市渝中区 | 民权路 2 号 | 百货、食品针织服装、家用电器、零售、批发 |
| 山东省济南市历下区 | 趵突泉北路 12 号 | 五金交电、摩托车及配件、健身器材 |
| 上海市南汇区 | 康桥康沈路 1030 号 | 家电零售 |
| 江苏省南京市白下区 | 淮海路 68 号 | 家用电器的连锁销售 |
| 北京市朝阳区 | 霄云路 26 号 | 销售机械电器设备、销售五金交电 |
| 上海市长宁区 | 长宁路 984 号 | 家电零售 |
| 北京市石景山区 | 玉泉路 51 号 | 五金、交电、化工零售 |
| 江苏省南京市鼓楼区 | 中山北路 241 号 | 电器批发 |
| 天津市南开区 | 红旗路 278 号 | 家用电器的零售与批发 |
| 上海市虹口区 | 东大名路 359 号三楼 | 家电零售 |
| 四川省成都市金牛区 | 金仙桥路 3 号 | 家用电器、音像器材 |
| 上海市闵行区 | 沪闵路 7388 号 | 装潢建材五金零售、室内装潢工程 |
| 广东省深圳市福田区 | 华强北路上步工业区 103 栋 | 家电五金日用百货零售 |
| 四川省成都市金牛区 | 外西营门口街金寨宾馆 | 药品零售 |
| 天津市和平区 | 红旗路 202 号 | 家具批发零售 |
| 湖北省武汉市江岸区 | 沿江大道 165 号 | 长航集团内部燃料供应 |
| 广东省深圳市南山区 | 蛇口兴华路 9 号 | 石油气销售 |
| 山东省烟台市芝罘区 | 幸福中路 3 号 | 汽油煤油柴油 |
| 江苏省南京市玄武区 | 龙蟠中路 93 号 | 汽车配件零售 |
| 广东省佛山市顺德市 | 新松居委会 | 汽车销售 |
| 四川省成都市武侯区 | 核桃村 | 销售汽车 |
| 天津市和平区 | 赤峰道 10 号 | 汽车批发零售、空调批发零售、拖拉机及配件等销售 |
| 重庆市九龙坡区 | 石桥铺渝州路 19# | 汽车销售 |
| 广东省深圳市福田区 | 深南中路 2 号新闻大厦 35 层 | 通信产品 |

| 企业名称 | 法人代表 | 电　话 | 分　机 | 邮政编码 |
|---|---|---|---|---|
| **餐饮业** | | | | |
| 百胜餐饮(沈阳)有限公司 | 王国俊 | 23341718 | | 110001 |
| 西安饮食服务(集团)股份有限公司 | 刘龙宇 | 7214030 | 8303 | 710001 |
| 山西阳光大酒店有限公司 | 潘俊德 | 3088888 | | 030009 |
| 武汉麦当劳餐饮食品有限公司 | 马　文 | 82848988 | | 430021 |
| 北京全聚德烤鸭股份有限公司 | 姜俊贤 | 63048992 | | 100051 |
| 上海美林阁餐饮经营管理有限公司 | 深飞宇 | 62102777 | 15 | 200052 |
| 广州市广州酒家 | 温祈福 | 81392418 | | 510140 |
| 北京顺峰饮食娱乐有限公司 | 林锐均 | 65080598 | | 102300 |
| 武汉市小南京健康美食酒店管理有限公司 | 刘国集 | 85799895 | | 430015 |
| 上海杏花楼企业股份有限公司 | 杨培根 | 63553777 | 127 | 200001 |
| 上海小绍兴集团公司 | 陈志民 | 63730279 | | 200021 |
| 浙江长堤渔港大酒店有限公司 | 王维敏 | 87046558 | 5805 | 310009 |
| 北海市南海酒店有限责任公司 | 石家伟 | 2058888 | | 536000 |
| 南海渔村有限公司 | 徐　峰 | 83818888 | | 510100 |
| 北京必胜客比萨饼有限公司 | 苏敬轼 | 65545511 | 5302 | 100027 |
| 武汉柴林集团有限公司 | 邓文振 | 86812446 | | 430063 |
| 杭州市饮食服务公司 | 戴　宁 | 87087157 | | 310001 |
| 武汉艳阳天商贸发展有限公司东西湖分店 | 余振彦 | 83221436 | | 430040 |
| 武汉湖锦娱乐发展有限责任公司 | 郭玉芳 | 82726977 | | 430010 |
| 武汉市亢太子酒轩有限责任公司 | 宋红玉 | 82715688 | | 430010 |
| 江夏区人民政府第二招待所 | 谢　军 | 87527300 | | 430200 |
| 上海虹桥小南国大酒店 | 王慧敏 | 64655605 | | 201103 |
| 四川省成都市饮食公司 | 肖荣阳 | 6935489 | 233 | 610031 |
| 东莞市长安镇乌沙大酒店 | 戴永乐 | 5548888 | | 523857 |
| 黄石港升工贸有限责任公司 | 李勇俊 | 6527657 | | 435000 |
| 深圳南海酒店有限公司 | 周旗芳 | 6692888 | | 518067 |
| 中国北京全聚德集团有限责任公司 | 姜俊贤 | 63048992 | | 100051 |
| 上海老丰阁酒家有限公司 | 项　军 | 56880028 | | 200435 |
| 佛山市珠江饮食有限公司 | 李　亮 | 2290940 | | 528000 |
| 上海浦东小南国餐饮有限公司 | 顾倚珍 | 58879198 | 8202 | 200120 |
| 南京金都饮食服务(集团)总公司 | 蒋忠勤 | 3366418 | | 210008 |

| 企业所在地区 | 企业详细地址 | 主要产品(主要业务活动) |
|---|---|---|
| 辽宁省沈阳市和平区 | 南京北街 206 号 | 餐饮 |
| 陕西省西安市碑林区 | 东大街 298 号 | 正餐 |
| 山西省太原市杏花岭区 | 北大街中段 47 号 | 餐饮、住宿、洗浴 |
| 湖北省武汉市江汉区 | 江汉路 71 号四楼 | 汉堡、薯条、汽水 |
| 北京市宣武区 | 前门西河沿街 217 号 | 饮食服务、中式正餐北京烤鸭、中餐 |
| 上海市松江区 | 学子创业园 | 正餐服务 |
| 广东省广州市荔湾区 | 文昌南路 2 号 | 正餐 |
| 北京市朝阳区 | 东三环北路 16 号 | 正餐 |
| 湖北省武汉市江汉区 | | 中餐 |
| 上海市黄浦区 | 福州路 343 号 | 正餐服务 |
| 上海市黄浦区 | 云南南路 98 号 | 餐饮 |
| 浙江省杭州市上城区 | 庆春路 9 号 | 正餐 |
| 广西壮族自治区北海市海城区 | 深圳路 45 号 | 餐饮、住宿、娱乐 |
| 广东省广州市东山区 | 沿江中路 298 号江湾新城 C 座 19 楼 | 餐饮、烟酒零售 |
| 北京市东城区 | 朝阳门北大街 8 号富华大厦 B 座 6 层 | 正餐 |
| 湖北省武汉市洪山区 | 柴林 | 餐饮 |
| 浙江省杭州市上城区 | 国货路 1 号 | 正餐 |
| 湖北省武汉市东西湖区 | 吴家山 | 正餐 |
| 湖北省武汉市江岸区 | 三阳路 8 号 | 中餐、娱乐 |
| 湖北省武汉市江岸区 | 胜利街 226 号 | 酒店餐饮 |
| 湖北省武汉市江夏区 | 纸坊大道 | 招待所 |
| 上海市闵行区 | 虹梅路 3337 号 | 正餐饮 |
| 四川省成都市青羊区 | 人民中路 37－51 号 | 饮食 |
| 广东省东莞市 | 乌沙村 | 餐饮、歌舞厅 |
| 湖北省黄石市黄石港区 | 新街 16 号 | 餐馆 |
| 广东省深圳市南山区 | 工业一路一号 | 酒店 |
| 北京市宣武区 | 前门西河沿街 217 号 | 餐饮、正餐 |
| 上海市闸北区 | 阳曲路 462 号 | 正餐服务 |
| 广东省佛山市城区 | 莲花路 138 号(西侧) | 饮食服务、食品馅料加工 |
| 上海市浦东新区 | 银城西路 618 号 | 正餐 |
| 江苏省南京市玄武区 | 丹凤新寓 11 幢东—1 | 正餐、旅馆业 |

| 企业名称 | 法人代表 | 电　　话 | 分　机 | 邮政编码 |
|---|---|---|---|---|
| 重庆陶然居风味饮食娱乐有限公司 | 严　琦 | 68624666 | | 400039 |
| 东莞宾馆 | 端木立 | 2222222 | | 523005 |
| 西安福迎门大香港鲍翅酒楼有限公司 | 刘龙宇 | 8227266 | | 710075 |
| 广州市岭南会新荔枝湾饮食娱乐有限公司 | 谢国材 | 87353238 | | 510100 |
| 南京向阳渔港酒店有限公司 | 华金良 | 6551907 | | 210029 |
| 湖北三五酒店有限公司 | 孙桃香 | 87361276 | | 430071 |
| 绵阳市富临海鲜有限责任公司 | 黄丽君 | 2239998 | | 621000 |
| 东莞银城酒店 | 韩　辉 | 2818888 | | 523072 |
| 开平三埠假日酒店 | 周炳源 | 2286333 | | 529300 |
| 青岛海景花园大酒店 | 宋　勤 | 5875777 | 5507 | 266071 |
| 北京华天饮食集团公司核心层 | 朱玉岭 | 62024640 | | 100088 |
| 安徽省金满楼饮食集团有限责任公司 | 张青华 | 2847979 | 415 | 230061 |
| 广州市莲香楼 | 彭学成 | 81391191 | | 510140 |
| 广州必胜薄饼有限公司 | 唐　吉 | 83182299 | | 510115 |
| 长沙鹿回头酒楼实业有限公司 | 肖春源 | 4724107 | | 410001 |
| 江苏省常熟市饮食服务总公司 | 刘懋成 | 2784276 | | 215500 |
| 杭州楼外楼实业有限公司 | 沈关忠 | 87965463 | | 310007 |
| 广州饮食服务企业集团有限公司 | 李鸿钧 | 83335707 | | 510180 |
| 潍坊富华大酒店有限公司 | 黄有余 | 8881988 | 2082 | 261031 |
| 天津市瀚金佰餐饮有限公司 | 周绍杰 | 88323663 | | 300220 |
| 福州牡丹大酒楼有限公司 | 王正育 | 3643366 | | 350011 |
| 无锡国际饭店 | 谢菊宝 | 2318888 | | 214005 |
| 武汉三五酒店管理有限公司 | 汪福莉 | 82831719 | | 430014 |
| 广州长隆酒店有限公司 | aaaa | 84786838 | | 511430 |
| 广西南宁国际大酒店有限公司 | 陈　尧 | 5531818 | | 530022 |
| 宁波市江东向阳渔港餐饮发展有限公司 | 毕金良 | 87875555 | 8277 | 315040 |
| 东莞市樟木头半山酒店有限公司 | 黄立昌 | 7799333 | 8996 | 523631 |
| 深圳香蜜湖好世界海鲜大酒楼有限公司 | 刘继忠 | 3701997 | 138 | 518034 |
| 广州市番禺大石镇香江大酒店有限公司 | 苏志刚 | 84786888 | | 511430 |
| 上海福记好世界餐饮发展有限公司 | 魏　乐 | 68764067 | 807 | 200122 |
| 广州酒家滨江西有限公司 | 温祈福 | 84428018 | | 510235 |
| 东莞市长安镇莲城酒店 | 麦全意 | 5536888 | 8888 | 523847 |
| 青岛佳日实业有限公司 | 崔　舰 | 3899888 | | 266071 |

| 企业所在地区 | 企业详细地址 | 主要产品(主要业务活动) |
| --- | --- | --- |
| 重庆市九龙坡区 | 王志王路 | 餐饮 |
| 广东省东莞市 | 东正路 11 号 | 旅馆、中西餐 |
| 陕西省西安市雁塔区 | 高新路 3 号 | 正餐 |
| 广东省广州市东山区 | 二沙岛晴波路 15 号 | 餐饮 |
| 江苏省南京市鼓楼区 | 江东北路 189 号 | 餐饮 |
| 湖北省武汉市武昌区 | | 餐饮 |
| 四川省绵阳市涪城区 | 安昌路 18 号 | 餐饮 |
| 广东省东莞市 | 胜和银丰路一号 | 餐饮 |
| 广东省江门市开平市 | 长沙港口路 10 号 | 饮食服务 |
| 山东省青岛市市南区 | 漳化路 1 号 | 正餐 |
| 北京市西城区 | 德外大街新明胡同甲 8 号 | 公共饮食、食品 |
| 安徽省合肥市庐阳区 | 桐城路 97 号 | 正餐 |
| 广东省广州市荔湾区 | 第十甫路 67 号 | 饮食 |
| 广东省广州市越秀区 | 大南路 82 号 A 座三楼 | 经营中西饮食服务、配售烟酒 |
| 湖南省长沙市芙蓉区 | 马王堆街道办事处 | 餐饮 |
| 江苏省苏州市常熟市 | 虞山镇方塔街 | 餐饮 |
| 浙江省杭州市西湖区 | 孤山路 30 号 | 正餐 |
| 广东省广州市越秀区 | 中山六路 46 号 | 饮食服务 |
| 山东省潍坊市奎文区 | 福寿东街 168 号 | 餐饮、住宿、娱乐 |
| 天津市河西区 | 大沽南路 985 号 | 正餐 |
| 福建省福州市晋安区 | 福马路 199 号 | 餐饮 |
| 江苏省无锡市崇安区 | 县前东街 118 号 | 餐饮 |
| 湖北省武汉市江岸区 | 上海街合作路 18 号 | 饮食 |
| 广东省广州市番禺区 | 大石镇大公路河村路段 | 酒店 |
| 广西壮族自治区南宁市新城区 | 民族大道 88 号 | 餐饮、住宿 |
| 浙江省宁波市江东区 | 彩虹南路 236 号 | 正餐、送菜服务 |
| 广东省东莞市 | 石新 | 旅馆、餐饮、娱乐 |
| 广东省深圳市福田区 | 深南大道香蜜湖渡假村内 | 餐饮 |
| 广东省广州市番禺区 | 迎宾路 538 号 | 餐饮 |
| 上海市浦东新区 | 东方路 800 号 1－3 楼 | 正餐 |
| 广东省广州市海珠区 | 滨江西路 20 号 | 正餐 |
| 广东省东莞市 | 咸西 | 酒店 |
| 山东省青岛市市南区 | 东海路中端 | 餐饮 |

| 企业名称 | 法人代表 | 电　话 | 分　机 | 邮政编码 |
|---|---|---|---|---|
| 南宁肯德基有限公司 | 苏敬轼 | 2852868 | | 530022 |
| 北京麦当劳食品有限公司 | 赖林胜 | 65281188 | | 100005 |
| 上海肯得基有限公司 | 占九龙 | 53514588 | 1984 | 200021 |
| 北京肯德基有限公司 | 苏敬轼 | 65545888 | | 100027 |
| 广东三元麦当劳食品有限公司 | 邢春华 | 83635008 | | 510030 |
| 麦当劳餐厅(深圳)有限公司 | 陈必得 | 3220226 | 318 | 518041 |
| 天津肯德亟基有限公司 | 陈光全 | 27022531 | | 300100 |
| 上海华联麦当劳有限公司 | 马　文 | 64455446 | | 200020 |
| 天津麦当劳食品有限公司 | 陈必得 | 23045608 | | 300204 |
| 百胜餐饮武汉有限公司 | 苏启轼 | 85715103 | | 430022 |
| 深圳肯德基有限公司 | 朱国华 | 3390489 | | 518026 |
| 南京肯德基有限公司 | 艾云峰 | 2233888 | | 210006 |
| 上海新亚大包有限公司 | 孙　平 | 63643875 | | 200080 |
| 广东肯德基有限公司 | 崔焕铭 | 83853878 | | 510095 |
| 南京麦当劳餐饮食品有限公司 | 陈彼得 | 3226058 | | 210008 |
| 苏州肯德基有限公司 | 卢　怡 | 8255085 | | 215011 |
| 无锡市肯德基有限公司 | 刘茂坤 | 2729369 | | 214001 |
| 厦门肯德基有限公司 | 区永昌 | 5185822 | | 361004 |
| 长沙肯德基有限公司 | 李传章 | 2244208 | | 410005 |
| 陕西松茂食品娱乐有限公司 | 孙芳山 | 7280981 | 223 | 710001 |
| 百盛餐饮有限公司 | 陈洗权 | 6198866 | | 610015 |
| 沈阳麦当劳餐厅食品有限公司 | 陈必得 | 86853499 | | 110031 |
| 大连肯德基有限公司 | 王国俊 | 2735280 | | 116001 |
| 深圳面点王饮食连锁有限公司 | 张和平 | 2404905 | | 518029 |
| 四川麦当劳餐厅食品有限公司 | 陈必得 | 6673018 | | 610014 |
| 江苏大娘水饺餐饮有限公司 | 吴国强 | 8118171 | | 213003 |
| 厦门麦当劳食品发展有限公司 | 林文科 | 2968088 | | 361004 |
| 上海永和大王餐饮有限公司 | 林猷澳 | 62900666 | | 200336 |
| 大连麦当劳餐厅食品有限公司 | 林　明 | 2706101 | 5631 | 116001 |
| 东莞麦长食品有限公司长安 | 陈毕得 | 2457010 | | 523841 |
| 北京合兴隆快餐发展有限公司 | 李柏荣 | 66171021 | 299 | 100035 |
| 湖南麦当劳(餐厅食品)有限公司 | 陈必得 | 2238288 | 178 | 410005 |
| 天津市桂发祥十八街麻花总店 | 李辉忠 | 28138952 | | 300200 |
| 云南翔羽航空服务有限公司 | 罗朝庚 | 7113106 | | 650200 |
| 上海必胜客有限公司 | 高　耀 | 64267733 | | 200030 |

| 企业所在地区 | 企业详细地址 | 主要产品(主要业务活动) |
| --- | --- | --- |
| 广西壮族自治区南宁市新城区 | 七星路136号1栋1-2 | 肯德基家乡鸡快餐餐厅、冷热品和促销用品、肯德基公司认可食品 |
| 北京市东城区 | 王府井大街道200号 | 快餐 |
| 上海市卢湾区 | 淮海中路6-8号兰生大厦19楼 | 餐饮 |
| 北京市东城区 | 朝阳门北大街8号富华大厦A座6层 | 快餐、经营冷热饮和肉鸡、出售肯德基礼品 |
| 广东省广州市东山区 | 中山四路249-258号信德商务大厦 | 经营快餐 |
| 广东省深圳市福田区 | 振华路航苑大厦裙楼3层东座 | 快餐 |
| 天津市南开区 | 服装街116号 | 鸡产品 |
| 上海市卢湾区 | 淮海中路755号西楼12层 | 快餐服务 |
| 天津市河西区 | 马场道207号五层 | 生产加工销售麦当劳 |
| 湖北省武汉市江汉区 | 解放大道688号 | 中西餐饮 |
| 广东省深圳市福田区 | 彩田路2066号 | 快餐 |
| 江苏省南京市秦淮区 | 中华路518号 | 中西餐 |
| 上海市虹口区 | 海宁路6-8号 | 餐饮 |
| 广东省广州市东山区 | 环市中路312号三楼 | 快餐 |
| 江苏省南京市玄武区 | 中央路6号三楼 | 快餐 |
| 江苏省苏州市虎丘区 | 狮山路52号 | 快餐 |
| 江苏省无锡市崇安区 | 中山路309号3楼 | 销售肯德基食品 |
| 福建省厦门市开元区 | 湖滨南路258号鸿翔大厦18A | 肯德基家乡鸡快餐、中西饮食 |
| 湖南省长沙市芙蓉区 | 中山路249 | 西式快餐 |
| 陕西省西安市碑林区 | 南大街52号 | 快餐 |
| 四川省成都市青羊区 | 西御街27号 | 肯得鸡炸鸡、饮料、促销 |
| 辽宁省沈阳市皇姑区 | 长江街81号 | 麦当劳系列食品加工、销售饮料 |
| 辽宁省大连市中山区 | 解放路42号 | 西式快餐 |
| 广东省深圳市福田区 | 八卦二路545栋首层 | 餐饮 |
| 四川省成都市锦江区 | 大业路盐市口广场二楼 | 快餐 |
| 江苏省常州市天宁区 | 古村7号 | 水饺供应 |
| 福建省厦门市开元区 | 厦禾路820号帝豪大厦1402室 | 餐饮 |
| 上海市长宁区 | 仙霞路899号 | 快餐服务 |
| 辽宁省大连市中山区 | 人民路68号 | 快餐 |
| 广东省东莞市 | 长安镇中兴南街5号首层 | 饮食快餐 |
| 北京市西城区 | 新街口南大街24号 | 快餐 |
| 湖南省长沙市天心区 | 黄兴中路88号 | 生产、加工“麦当劳”、销售“麦当劳”、食品饮料等系列产品 |
| 天津市河西区 | 大沽南路816号 | 麻花 |
| 云南省昆明市官渡区 | 关上 | 航空食品加工、中西餐服务、冷饮服务 |
| 上海市徐汇区 | 天钥桥路30号美罗大厦1508室 | 其他餐饮服务 |